Texte détérioré — reliure défectueuse

NF Z 43-120-11

LES ROMANS PARISIENS

LES MYSTÈRES DE PARIS

QUATRIÈME PARTIE

PIQUE-VINAIGRE.

20 Mai 1878.

LES MYSTÈRES DE PARIS

QUATRIÈME PARTIE

CHAPITRE PREMIER
PIQUE-VINAIGRE

Le détenu qui se trouvait à côté de Barbillon était un homme de quarante-cinq ans environ, grêle, chétif, et d'une physionomie fine, intelligente, joviale et railleuse ; il avait une bouche énorme, presque entièrement édentée ; dès qu'il parlait, il la contournait de droite à gauche, selon l'habitude assez générale des gens accoutumés à s'adresser à la populace des carrefours ; son nez était camard, sa tête démesurément grosse, presque complétement chauve ; il portait un vieux gilet de tricot gris, un pantalon d'une couleur inappréciable, lacéré, rapiécé en mille endroits ; ses pieds nus, rougis par le froid, à demi enveloppés de vieux linges, étaient chaussés de sabots. Cet homme, nommé Fortuné Gobert, dit *Pique-Vinaigre*, ancien joueur de gobelets, réclusionnaire libéré d'une condamnation pour crime d'émission de fausse monnaie, était prévenu de rupture de ban et de vol commis la nuit avec effraction et escalade. Écroué depuis très-peu de jours à la Force, déjà Pique-Vinaigre remplissait, à la satisfaction générale de ses compagnons de prison, le métier de *conteur*.

Aujourd'hui les *conteurs* sont très-rares ; mais autrefois chaque chambrée avait généralement, moyennant une légère contribution individuelle, son conteur d'office, qui, par ses improvisations, faisait paraître moins longues les interminables soirées d'hiver, les détenus se couchant à la fin du jour. S'il est assez curieux de signaler ce besoin de fictions, de récits émouvants, qui se retrouve chez ces misérables, il est une chose bien plus considérable aux yeux des penseurs : ces gens corrompus jusqu'à la moelle, ces voleurs, ces meurtriers, préfèrent surtout les *histoires* où sont exprimés des sentiments généreux, héroïques, les récits où la faiblesse et la bonté sont vengées d'une oppression farouche. Il en est de même des filles perdues : elles affectionnent singulièrement la lecture des romans naïfs, touchants et élégiaques, et répugnent presque toujours aux lectures obscènes. L'instinct naturel du bien, joint au besoin d'échapper par la pensée à tout ce qui leur rappelle la dégradation où elles vivent, ne cause-t-il pas chez ces malheureuses les sympathies et les répulsions intellectuelles dont nous venons de parler ?

Pique-Vinaigre excellait donc dans ce genre de récits héroïques où la faiblesse, après mille traverses, finit par triompher de son persécuteur. Pique-Vinaigre possédait en outre un grand fonds d'ironie qui lui avait valu son sobriquet, ses reparties étant souvent sardoniques ou plaisantes. Il venait d'entrer au parloir. En face de lui, de l'autre côté de la grille, on voyait une femme de trente-cinq ans environ, d'une figure pâle, douce et intéressante, pauvrement, mais proprement vêtue ; elle pleurait amèrement et tenait son mouchoir sur ses yeux.

Pique-Vinaigre la regardait avec un mélange d'impatience et d'affection.

— Voyons donc, Jeanne, — lui dit-il, — ne fais pas l'enfant ; voilà seize ans que nous ne nous sommes vus ; si tu gardes toujours ton mouchoir sur tes yeux, ça n'est pas le moyen de nous reconnaître...

— Mon frère, mon pauvre Fortuné... j'étouffe... je ne peux pas parler.

— Es-tu drôle... va !... Mais qu'est-ce que tu as ?...

Sa sœur, car cette femme était sa sœur, contint ses sanglots, essuya ses yeux, et, le regardant avec stupeur, reprit :

— Ce que j'ai? Comment! je te retrouve en prison, toi qui y es déjà resté quinze ans!...

— C'est vrai; il y a aujourd'hui six mois que je suis sorti de la *centrale* de Melun... sans t'aller voir à Paris, parce que la *capitale* m'était défendue...

— Déjà repris!... Qu'est-ce que tu as donc encore fait, mon Dieu? Pourquoi as-tu quitté Beaugency, où on t'avait envoyé en surveillance?

— Pourquoi?... Faudrait me demander pourquoi j'y suis allé.

— Tu as raison.

— D'abord, ma pauvre Jeanne, puisque ces grilles sont entre nous deux, figure-toi que je t'ai embrassée, serrée dans mes bras, comme ça se doit quand on revoit sa sœur après une éternité... Maintenant, causons : un détenu de Melun, qu'on appelait le Gros-Boiteux, m'avait dit qu'il y avait à Beaugency un ancien forçat de sa connaissance qui employait les libérés à une fabrique de blanc de céruse... Sais-tu ce que c'est que de fabriquer du blanc de céruse?

— Non, mon frère.

— C'est un bien joli métier; ceux qui le font, au bout d'un mois ou deux, attrapent la *colique de plomb*... Sur trois *coliqués*, il y en a un qui crève... Par exemple, faut être juste, les deux autres crèvent aussi... mais à leur aise... ils prennent leur temps... se gobergent et durent environ un an, dix-huit mois au plus... Après ça, le métier n'est pas si mal payé qu'un autre, et il y a des gens nés coiffés qui y résistent deux ou trois ans... Mais ceux-là sont les anciens, les centenaires des *blanc-de-cérusiens*. On en meurt, c'est vrai... mais il n'est pas fatigant.

— Et pourquoi as-tu choisi un état si dangereux qu'on en meurt, mon pauvre Fortuné?

— Qu'est-ce que tu voulais que je fasse? Quand je suis entré à Melun pour cette affaire de fausse monnaie, j'étais joueur de gobelets. Comme à la prison il n'y avait pas d'atelier pour mon état, et que je ne suis pas plus fort qu'une puce, on m'a mis à la fabrication des jouets d'enfants. C'était un fabricant de Paris qui trouvait plus avantageux de faire confectionner par les détenus ses pantins, ses trompettes de bois et ses sabres *idem*... Aussi, c'est le cas de dire : *Sabre de bois!* en ai-je affilé, percé et taillé pendant quinze ans, de ces jouets! je suis sûr que j'en ai défrayé les moutards de tout un quartier de Paris... C'était surtout aux trompettes que je mordais... Et les crécelles, donc!... Avec deux de ces instruments-là, on aurait fait grincer les dents à tout un bataillon; je m'en vante... Mon temps de prison fini, me voilà surtout passé maître en fait de trompettes à deux sous. On me donne à choisir pour lieu de ma résidence entre trois ou quatre bourgs à quarante lieues de Paris; j'avais pour toute ressource mon savoir-faire en jouets d'enfants... or, en admettant que, depuis les vieillards jusqu'aux marmots, tous les habitants du bourg auraient eu la passion de faire *turlututu* dans mes trompettes, j'aurais eu encore bien de la peine à faire mes frais; mais je ne pouvais insinuer à toute une bourgade de trompetter du matin au soir... On m'aurait pris pour un intrigant...

— Mon Dieu!... tu ris toujours...

— Cela vaut mieux que de pleurer... Finalement, voyant qu'à quarante lieues de Paris mon métier d'escamoteur ne me serait pas plus de ressource que mes trompettes, j'ai demandé la surveillance à Beaugency, voulant m'engager dans les *blanc-de cérusiens*. C'est une pâtisserie qui vous donne des indigestions de *miserere*; mais, jusqu'à ce qu'on en crève, on en vit, c'est toujours ça de gagné, et j'aimais autant cet état-là que celui de voleur; pour voler, je ne suis pas assez brave ni assez fort, et c'est par pur hasard que j'ai commis la *chose* dont je te parlerai tout à l'heure.

— Tu aurais été brave et fort, que par *idée* tu n'aurais pas volé davantage.

— Ah! tu crois cela, toi?

— Oui, au fond tu n'es pas méchant; car dans cette malheureuse affaire de fausse monnaie tu as été entraîné malgré toi, presque forcé, tu le sais bien.

— Oui, ma fille; mais, vois-tu, quinze ans dans une maison centrale... ça vous *culotte* un homme comme mon brûle-gueule que voilà, quand même il serait entré à la geôle blanc comme une pipe neuve; en sortant de Melun, je me sentais donc trop poltron pour voler.

— Et tu avais le courage de prendre un métier mortel! Tiens, Fortuné, je te dis que tu veux te faire plus mauvais que tu ne l'es.

— Attends donc !... Tout gringalet que j'étais, j'avais dans l'idée, que le diable m'emporte si je sais pourquoi ! que je ferais la nique à la colique de plomb, que la maladie aurait trop peu à ronger sur moi, et qu'elle irait ailleurs; enfin, que je deviendrais un des vieux *blanc-de-cérusiens*... En sortant de prison, je commence par fricasser ma masse, bien entendu augmentée de ce que j'avais gagné en contant des histoires le soir à la chambrée.

— Comme tu nous en contais autrefois, mon frère. Ça amusait tant notre pauvre mère ! t'en souviens-tu ?

— Pardieu !... Bonne femme ! Et elle ne s'est jamais doutée, avant de mourir, que j'étais à Melun ?

— Jamais... jusqu'à son dernier moment, elle a cru que tu étais passé aux Iles...

— Que veux-tu, ma fille ? mes bêtises, c'est de la faute de mon père, qui m'avait dressé pour être paillasse, pour l'assister dans ses tours de gobelets, manger de l'étoupe et cracher du feu; ce qui faisait que je n'avais pas le temps de frayer avec des fils de pairs de France, et j'ai fait de mauvaises connaissances. Mais, pour revenir à Beaugency, une fois sorti de Melun, je fricasse ma masse, comme de juste. Après quinze ans de cage, il faut bien prendre un peu l'air et égayer son existence, d'autant plus que sans être trop gourmand le blanc de céruse pouvait me donner une dernière indigestion; alors, à quoi m'aurait servi mon argent de prison... je te le demande ?... Finalement, j'arrive à Beaugency à peu près sans le sou; je demande Velu, l'ami du Gros-Boiteux, le chef de fabrique... Serviteur ! pas plus de fabrique de blanc de céruse que dessus la main ; il y était mort onze personnes dans l'année ; l'ancien forçat avait fermé boutique. Me voilà au milieu de ce bourg, toujours avec mon talent pour les trompettes de bois pour tout potage, et ma cartouche de libéré pour toute recommandation. Je demande à m'employer selon ma force, et, comme je n'avais pas de force, tu comprends comme on me reçoit : voleur par-ci, gueux par-là, échappé de prison ! Enfin, dès que je paraissais quelque part, chacun mettait ses mains sur ses poches ; je ne pouvais donc pas m'empêcher de crever de faim dans un trou pareil, que je ne devais pas quitter pendant cinq ans. Voyant ça, je romps mon ban pour venir à Paris utiliser mes talents. Comme je n'avais pas de quoi venir en carrosse à quatre chevaux, je suis venu en gueusant et en mendiant tout le long de la route, évitant les gendarmes comme un chien les coups de bâton ;

j'avais eu du bonheur, j'étais arrivé sans encombre jusqu'auprès d'Auteuil. J'étais harassé, j'avais une faim d'enfer, j'étais vêtu... comme tu vois, sans luxe... — Et Pique-Vinaigre jeta un coup d'œil goguenard sur ses haillons. — Je ne portais pas un sou sur moi, je pouvais être arrêté comme vagabond... Ma foi ! une occasion s'est présentée, le diable m'a tenté, et malgré ma poltronnerie...

— Assez... mon frère, assez !... — dit sa sœur craignant que le gardien, quoique à ce moment assez éloigné de Pique-Vinaigre, n'entendît ce dangereux aveu.

— Tu as peur qu'on n'écoute ? — reprit-il ; — sois tranquille, je ne m'en cache pas, j'ai été pris sur le fait ; il n'y avait pas moyen de nier ; j'ai tout avoué, je sais ce qui m'attend, mon compte est bon.

— Mon Dieu ! mon Dieu ! — reprit la pauvre femme en pleurant, — avec quel sang-froid tu parles de cela !...

— Quand j'en parlerais avec un sang chaud, qu'est-ce que j'y gagnerais ? Voyons... sois donc raisonnable, Jeanne ; faut-il que ce soit moi qui te console ?...

Jeanne essuya ses larmes et soupira.

— Pour en revenir à mon affaire, — reprit Pique-Vinaigre, — j'étais arrivé tout près d'Auteuil, à la brune ; je n'en pouvais plus ; je ne voulais entrer dans Paris qu'à la nuit ; je m'étais assis derrière une haie pour me reposer et réfléchir à mon plan de campagne. A force de réfléchir, j'ai fini par m'endormir ; un bruit de voix m'a réveillé ; il faisait tout à fait nuit ; j'écoute... c'était un homme et une femme qui causaient sur la route, de l'autre côté de ma haie ; l'homme disait à la femme :

« — Qui veux-tu qui pense à venir nous voler ? Est-ce que nous n'avons pas cent fois laissé la maison toute seule ?

« — Oui, que reprend la femme ; mais nous n'y avions pas cent francs, dans notre commode.

« — Qu'est-ce qui le sait, bête ? dit le mari.

« — T'as raison, » reprend la femme ; et ils filent.

« Ma foi ! l'occasion me paraît trop belle pour la manquer ; il n'y avait aucun danger. J'attends que l'homme et la femme soient un peu loin pour sortir de derrière ma haie ; je regarde : à vingt pas de là, je vois une petite maison de paysans : ça devait être la maison aux cent francs ; il n'y avait que cette bicoque sur la route ; Auteuil était à cinq cents pas de là... Je me dis : Courage, mon vieux ! il n'y a personne, il fait nuit; s'il n'y a pas de chien de garde (tu sais que j'ai toujours eu peur des chiens), l'affaire est faite... Par bonheur, il n'y avait pas de chien. Pour être plus sûr, je cogne à la porte ; rien... ça m'encourage. Les volets du rez-de-chaussée étaient fermés ; je passe mon bâton entre eux deux, je les force, j'entre par la fenêtre dans une chambre ; il restait un peu de feu dans la cheminée, ça m'éclaire ; je vois une commode dont la clef était ôtée ; je prends la pincette, je force les tiroirs, et sous un tas de linge je trouve le magot enveloppé dans un vieux bas de laine ; je ne m'amuse pas à prendre autre chose ; je saute par la fenêtre... et je tombe... devine où ?... Voilà une chance !...

— Mon Dieu ! dis donc !

— Sur le dos du garde champêtre qui rentrait au village.

— Quel malheur !...

— La lune s'était levée ; il me voit sortir par la fenêtre ; il m'empoigne... C'était un camarade qui en aurait mangé dix comme moi... Trop poltron pour résister, je me résigne. Je tenais encore le bas à la main ; il entend sonner l'argent, il prend le tout, il met ça dans sa gibecière et me force de le suivre à Auteuil. Nous arrivons chez le maire avec accompagnement de gamins et de gendarmes ; on va attendre les propriétaires chez eux ; à leur retour, ils font leur déclaration... Il n'y avait pas moyen de nier ; j'avoue tout, je signe le procès-verbal ; on me met les menottes... et en route...

— Et te voilà en prison encore... pour longtemps peut-être ?

— Écoute, Jeanne, je ne veux pas te tromper, ma fille : autant te dire cela tout de suite...

— Quoi donc encore, mon Dieu ?...

— Voyons, du courage !...

— Mais parle donc !

— Eh bien ! il ne s'agit plus de prison...

— Comment cela ?

— A cause de la récidive, de l'effraction et de l'escalade de nuit dans une maison habitée... l'avocat me l'a dit, c'est un compte fait comme des petits pâtés... j'en aurai pour quinze ou vingt ans de bagne et l'exposition par-dessus le marché.

— Aux galères ! mais, toi si faible, tu y mourras ! — s'écria la malheureuse femme en éclatant en sanglots...

— Et si je m'étais enrôlé dans les *blanc-cérusiens*?...

— Mais les galères, mon Dieu ! les galères !

— C'est la prison au grand air, avec une casa-que rouge au lieu d'une brune, et puis j'ai toujours été curieux de voir la mer... Quel badaud de Parisien je fais... hein ?

— Mais l'exposition... malheureux !... Être là exposé au mépris de tout le monde !... O mon Dieu ! mon Dieu ! mon pauvre frère !...

Et l'infortunée se reprit à pleurer.

— Voyons, voyons, Jeanne... sois donc raisonnable... c'est un mauvais quart d'heure à passer... et encore je crois qu'on est assis... Et puis, est-ce que je ne suis pas habitué à voir la foule ? Quand je faisais mes tours de gobelets, j'avais toujours un tas de monde autour de moi ; je me figurerai que j'escamote ; et si ça me fait trop d'effet je fermerai les yeux : ce sera absolument comme si on ne me voyait pas.

En parlant avec autant de cynisme, ce malheureux voulait moins faire acte d'une criminelle insensibilité que consoler et rassurer sa sœur par cette apparence d'indifférence. Pour un homme habitué aux mœurs des prisons et chez lequel toute honte est nécessairement morte, le bagne n'est, en effet, qu'un changement de condition, un *changement de casaque*, comme Pique-Vinaigre le disait avec une effrayante vérité. Beaucoup de détenus des prisons centrales, préférant même le bagne, à cause de la vie bruyante qu'on y mène, commettent souvent des tentatives de meurtre pour être envoyés à Brest ou à Toulon. Cela se conçoit : avant d'entrer au bagne, ils avaient presque autant de labeur, selon leur profession. La condition des plus honnêtes ouvriers des ports n'est pas moins dure que celle des forçats ; ils entrent aux ateliers et en sortent aux mêmes heures ; enfin les grabats où ils reposent leurs membres brisés de fatigue ne sont souvent pas meilleurs que ceux de la chiourme.

Ils sont libres, dira-t-on. Oui, libres, un jour... le dimanche, et ce jour est aussi un jour de repos pour les forçats. Mais ils n'ont pas la honte, la flétrissure ? Et qu'est-ce que la honte et la flétrissure pour ces misérables qui, chaque jour, se bronzent l'âme dans cette fournaise infernale, qui prennent tous les grades d'infamie dans cette école mutuelle de perdition, où les plus criminels sont les plus considérés ?

Telles sont donc les conséquences du système de pénalité actuelle :

L'incarcération est très-recherchée ; le bagne... souvent demandé...

. . . .

(*La suite au prochain numéro.*)

COMMENT ON AIME

FLEUR-DE-PRINTEMPS
(SUITE)

Pendant ce récit, invraisemblable à certains égards, Marcel était devenu soucieux; sans doute il croyait peu à la nature irréprochable des rapports de Fleur-de-Printemps avec le baron Max d'Exter.

La jeune fille devina ses perplexités et se dirigea vers la porte, sans le saluer.

— Où allez-vous? demanda-t-il avec agitation.

— Je pars.

— Déjà! Vous ai-je offensée, juste ciel!

— Vous ne me croyez pas; adieu.

— Restez, je vous en conjure!... Restez! s'écria Marcel frappé de la franchise et de la dignité qui pénétraient la voix et l'attitude de la jeune fille. Je vous crois.

— Me croirez-vous aussi, monsieur, quand je vous dirai que je viens de quitter une vie de luxe et d'opulence parce que le baron Max d'Exter a découvert mes assiduités en cette maison et m'a fait de ces reproches qu'une femme de cœur ne peut supporter?

— Serait-ce vrai, mademoiselle? Qu'allez-vous faire maintenant?

— M'aimez-vous?

— Si je vous aime! Ma vie vous appartient!

— Merci. Ma présence ici vous en dit assez sur mes sentiments et mes résolutions.

Marcel ne répondit pas. Il tomba aux pieds de Fleur-de-Printemps et couvrit ses mains de larmes et de baisers.

V

Marcel acquit bientôt la conviction que tout ce que lui avait la jeune fille était l'exacte vérité. La belle enfant était allée demander de l'ouvrage dans quelques ateliers de fleuristes, quand un homme se présenta chez lui.

— Mademoiselle Fleur-de-Printemps? demanda le visiteur avec un accent germanique très-prononcé.

— Que lui voulez-vous?

— Je regrette de l'avoir tourmentée parce qu'elle venait ici, et je viens la supplier de retourner chez elle.

— C'était donc votre maîtresse?

— Oh! oui... Oh! non... C'est-à-dire que je prenais soin d'elle et j'attendais sa bonne volonté... Savez-vous où elle est?

— Elle est au diable! s'écria Marcel.

Et il ferma la porte de sa mansarde au nez du baron.

Quelque confiance qu'il eût en celle qu'il aimait, le doute, ver rongeur, était au fond de sa pensée. Assez généreux pour n'en rien laisser soupçonner, il souffrait en secret, car son amour pour Fleur-de-Printemps n'était pas un de ces sentiments frivoles qui s'évanouissent au moindre souffle de l'inconstance. C'était une passion sérieuse, qui s'était accrue encore à l'aspect des qualités qu'il avait appréciées en elle depuis qu'il avait appris à la connaître et à l'estimer profondément.

— Oui, se dit-il avec un transport de joie, elle ne m'avait pas trompé! elle était irréprochable! et le contact de cet opulent satyre ne l'avait pas flétrie. O mes amours, mes charmantes amours, je vous suis maintenant dévoué pour la vie!

Quand la jeune fille fut de retour, Marcel lui raconta la singulière visite qu'il avait reçue et la pressa contre sa poitrine avec enthousiasme. Elle ne manifesta aucune satisfaction, resta calme et dit :

— Aviez-vous besoin de cela pour croire à ma sincérité, Marcel?

— Oh! non! répondit-il en rougissant.

— Allons, allons, il vous restait quelque soupçon; mais je vous pardonne, incrédule.

— Ma chère petite Marie, vous êtes l'ange de la vérité!

— Je vous l'ai déjà dit, monsieur, je ne suis pas un ange; je suis une pauvre ouvrière fleuriste, et bien malheureuse, assurément.

— Comment cela?

— Hélas! les fleurs ne vont pas, nous sommes

en pleine morte saison; l'ouvrage manque, et je suis désolée!

— Bah! consolez-vous! Vous vous occuperez de l'intérieur, moi de l'extérieur. Je vais me mettre en quête pour obtenir de nouvelles leçons, et je serai bien maudit du sort si je n'y parviens pas. Pendant ce temps, vous soignerez notre petit ménage, nous vivrons de peu, et je serai le plus heureux des hommes si vous ne souffrez pas de la pauvreté.

— Je ne souffrirai que quand vous ne m'aimerez plus.

— Alors je suis tranquille, car je vous aime et vous aimerai toujours!

Et les deux amants, pour ainsi dire ravis de leur indigence, échangeaient mille protestations de dévouement et se juraient avec exaltation une éternelle fidélité.

En effet, si le bonheur, cet oiseau de passage, semblait avoir fait quelque part son nid, c'était certainement dans l'humble mansarde des deux amoureux; tout y était sourires, chants, parfums, comme en une belle matinée de printemps. Aucun nuage ne troublait la sérénité de leur tendresse ; aucune ombre n'obscurcissait l'éclat de leur félicité.

Marcel avait réussi dans ses démarches; il avait facilement trouvé l'occupation qu'il cherchait. De son côté, sa compagne était si proprette, si active, si intelligente, que tout rayonnait dans l'humble intérieur. Au milieu de cette intimité, peu régulière aux yeux de la loi, moins répréhensible peut-être aux yeux des bonnes gens, le temps s'écoulait rapide et joyeux.

Le baron Max d'Exter, avec une opiniâtreté toute germanique, tenta quelques démarches pour ramener à lui la fugitive, mais celle-ci ne daigna pas même l'écouter, et le noble Allemand se retira plus furieux, mais plus amoureux que jamais.

Fleur-d'Été vint aussi visiter son amie et lui fit naturellement mille protestations d'amitié. D'un ton plaintif, elle lui avoua qu'elle était devenue la maîtresse du baron, et lui déclara qu'elle n'avait accepté cette riche position que sur le refus persistant et formel de son ancienne compagne.

— Tu as bien fait, reprit Fleur-de-Printemps en riant; je ne t'en veux pas, et te je souhaite bon courage et grande prospérité.

Depuis lors elle n'avait revu ni l'un ni l'autre, et sa vie s'était écoulée, modeste et tranquille, au milieu des douceurs de son amour partagé et des soins de son ménage charmant. S'il lui arrivait de comparer son opulence d'autrefois à sa pauvreté du moment, rendons-lui cette justice, jamais elle n'hésitait dans ses préférences. Elle n'avait plus, il est vrai, ce superflu de toutes choses qui devient si vite une nécessité, ces caprices satisfaits qui sont bientôt des besoins impérieux; mais, en revanche, son esprit n'était pas tourmenté par les rigueurs d'une perspective cruelle, et son âme obéissait à l'inspiration de son cœur, sans contrainte et en toute liberté. A défaut des satisfactions du luxe, elle avait les joies de l'âme : ce qui, soit dit en passant, vaut mieux qu'on n'affecte de le croire en général. Il n'en est pas moins vrai, cependant, que si l'argent ne fait pas le bonheur il y contribue beaucoup. Il est difficile de jouir de la meilleure des situations, d'une situation préférée, quand on craint de voir se tarir les ressources ordinaires qui font vivre! C'est ce qui advint, hélas! à nos aimables amoureux. La fortune, qui les avait favorisés un moment, les abandonna tout à coup. Sous divers prétextes, les élèves de Marcel cessèrent leurs leçons; il fit de vaines démarches pour les remplacer. S'il n'eût craint que pour lui seul, il se fût tranquillement croisé les bras et, comme un fataliste, il eût attendu une chance plus favorable et des jours meilleurs; mais la pensée que Fleur-de-Printemps allait manquer du nécessaire stimulant son activité, il fit des tentatives désespérées pour obtenir un emploi. Ses sollicitations n'eurent aucun succès. Sa compagne remarqua son air abattu et lui en demanda la cause.

— Amie, lui répondit-il, je regrette maintenant que tu te sois attachée à moi.

La jeune fille le regarda avec anxiété.

— Déjà las de notre existence? murmura-t-elle avec un gros soupir.

— Non, chère enfant; mais désolé d'avoir accepté ton sacrifice.

— Il n'y a de sacrifice que dans le renoncement à ce qu'on aime; or je haïssais tout ce qui m'entourait autrefois.

— Mais, imprudente, ne détesteras-tu pas bientôt la misère qui va nous assaillir, et ne songeras-tu pas tristement à l'opulence perdue?

— Jamais! jamais! La misère avec toi cent fois plutôt que la richesse avec un autre!

Elle prononça ces mots avec un accent que Rachel n'eût pas dédaigné. Les femmes de cœur ont toujours du génie; elles sont toujours un peu comédiennes, sans le savoir.

— Adorable créature, tu me rends mon courage! s'écria Marcel.

Il fit des prodiges d'activité, postula dans toutes les administrations publiques, se présenta chez cent industriels sans pouvoir obtenir le plus petit poste, la moindre comptabilité, enfin le plus mince emploi.

Il y a dans la vie de ces séries d'infortunes qui semblent d'autant plus persistantes qu'on les combat avec plus d'énergie. La chance contraire, qui accablait Marcel, s'attaqua même à la vaillante Fleur-de-Printemps, car à peine était-elle entrée dans un grand atelier dont elle devait diriger les travaux que l'établissement tomba en faillite, et qu'elle vit de la sorte lui échapper cette lucrative occupation. Alors commença pour les deux enfants une existence pleine de tourments et de privations. Il fallut recourir à des expédients extrêmes, et, peu à peu, la gracieuse chambrette de nos amoureux se dégarnit d'une partie de son gentil mobilier.

Au sein de cette détresse, Fleur-de-Printemps s'efforçait de paraître souriante, mais un noir chagrin s'était emparé de Marcel. Comme suprême ressource, il s'était adressé à sa famille, qui, dans une dure réponse, avait refusé nettement de lui venir en aide, lui offrant, au reste, de le recevoir dans son aimable giron. Libre, il n'eût jamais consenti à retourner vers la marâtre qui lui avait reproché le pain qu'il mangeait; pouvait-il abandonner sa compagne, l'intrépide jeune fille qui avait préféré son amour à la richesse? Il n'y songea pas un seul instant, et, solliciteur infatigable, il recommença ses éternelles démarches, suivies d'éternelles déceptions.

Un jour, cependant, la chance parut lui sourire : une promesse lui fut faite, dans laquelle il prit confiance; elle devait se réaliser immédiatement. L'espoir refleurit dans son cœur, et ce fut avec joie qu'il annonça cette bonne nouvelle à celle qu'il aimait.

Il faisait une de ces belles journées d'automne où la nature, tiède et rayonnante, semble redoubler de grâce et de douceur, comme une femme déjà sur le retour redouble de tendresse et de coquetterie. La campagne devait être bien belle, la verdure bien diaprée, les fleurs bien épanouies, les brises bien parfumées! Marcel et Fleur-de-Printemps, pour fêter le retour à l'espérance, se mirent en chemin et se dirigèrent vers les Prés Saint-Gervais, emportant une frugale collation. Après avoir, oublieux de leurs soucis, folâtré gaiement dans les champs, ils s'établirent sur l'herbe au pied d'une haie et y disposèrent leur petit festin. Marcel s'absenta pour aller acheter dans un cabaret un peu de vin bleu, ce nectar des pauvres, cette ambroisie de la jeunesse.

En ce moment, un homme parut devant Fleur-de-Printemps : c'était le baron Max d'Exter.

— Je vous ai aperçue de la fenêtre d'une maison de campagne, dit-il, et je suis accouru. J'ai beaucoup de plaisir à vous revoir.

— Vous êtes mille fois trop bon, monsieur, répondit froidement la jeune fille. Comment se porte mon amie Fleur-d'Été?

— Très-bien... trop bien... Elle est là, dans la maison, où elle boit beaucoup de vin de Champagne. Elle m'ennuie énormément... Mais vous, continua-t-il, êtes-vous heureuse avec votre petit jeune homme, votre pauvre savant?

— Très-heureuse, monsieur.

— J'en suis fâché, car je vous aime toujours, et si vous vouliez...

Fleur-de-Printemps l'interrompit avec finesse.

— Vous oubliez, lui dit-elle, que mon amie vous attend. Adieu, monsieur !

— Oh! oh! je ne me moque pas mal de votre amie! Je vous répète que je vous aime avec sincérité, et que, pour vous obtenir, j'offre de vous constituer une fortune immédiatement.

— De grâce, n'insistez pas ; si j'avais dû accepter quoi que ce soit de vous, ce serait fait depuis longtemps.

— Je n'ai pas été assez généreux ; je vous donne dix mille livres de rente.

— Ne plaisantez pas, je vous prie.

— Quinze mille !

— Monsieur...

— Vingt mille... en un bon sur mon banquier !

— Assez! assez! s'écria Fleur-de-Printemps avec plus d'impatience que de colère. Si vous étiez chez moi, je vous montrerais la porte poliment, mais sans hésitation.

— Oh! c'est tout à fait surprenant! s'écria le baron. Refuser vingt mille livres de rentes... Enfin, mademoiselle, vous réfléchirez... Je suis toujours à votre disposition...

Et il s'éloigna en multipliant ses salutations et en murmurant :

(La suite au prochain numéro.)

Le propriétaire-gérant: F. ROY.

LES MYSTÈRES DE PARIS

— Il se grise tous les jours et me bat quand je me plains. (Page 10.)

— Vingt ans de galères, mon Dieu ! — répétait la pauvre sœur de Pique-Vinaigre.
— Mais rassure-toi donc, Jeanne ; on ne m'en donnera que pour mon argent ; je suis trop faible pour qu'on me mette aux travaux de force... S'il n'y a pas de fabrique de trompettes et de sabres de bois, comme à Melun, on me mettra au travail doux, on m'emploiera à l'infirmerie ; je ne suis pas récalcitrant, je suis bon enfant, je conterai des histoires comme j'en conte ici, je me ferai *adorer de mes chefs, estimer de mes camarades*, et je t'enverrai des noix de coco gravées et des boîtes de paille pour mes neveux et pour mes nièces. Enfin le vin est tiré, il faut le boire.
— Si tu m'avais seulement écrit que tu ve-

nais à Paris, j'aurais tâché de te cacher et de t'héberger en attendant que tu aies trouvé de l'ouvrage.

— Pardieu! je comptais bien aller chez toi, mais j'aimais mieux y arriver les mains pleines; car d'ailleurs, à ta mise, je vois que tu ne roules pas non plus carrosse. Ah çà! et tes enfants? et ton mari?

— Ne me parle pas de lui.

— Toujours bambocheur? C'est dommage; bon ouvrier, tout de même.

— Il me fait bien du mal...va!... j'avais assez de mes autres peines sans avoir encore celle que tu me fais...

— Comment! ton mari...

— Depuis trois ans il m'a quittée, après avoir vendu tout notre ménage, me laissant avec mes enfants sans rien, avec ma paillasse pour tout mobilier.

— Tu ne m'avais pas dit cela!

— A quoi bon?... ça t'aurait chagriné.

— Pauvre Jeanne!... Et comment as-tu fait... toute seule avec tes trois enfants?

— Dame! j'ai eu beaucoup de mal; je travaillais à ma tâche comme frangeuse, tant que je pouvais; les voisines m'aidaient un peu, gardaient mes enfants pendant que j'étais sortie; et puis moi, qui n'ai pas toujours la chance, j'ai eu du bonheur une fois dans ma vie: mais ça ne m'a pas profité, à cause de mon mari...

— Pourquoi donc cela?

— Mon passementier avait parlé de ma peine à une de ses pratiques, lui apprenant comment mon mari m'avait laissée sans rien, après avoir vendu notre ménage, et que malgré ça je travaillais de toutes mes forces pour élever mes enfants. Un jour, en rentrant, qu'est-ce que je trouve? mon ménage remonté à neuf, un bon lit, des meubles, du linge: c'était une charité de la pratique de mon passementier.

— Brave pratique!... pauvre sœur!... Pourquoi diable aussi ne m'as-tu pas écrit pour m'apprendre ta gêne? Au lieu de dépenser ma masse, je t'aurais envoyé de l'argent.

— Moi libre, te demander, à toi prisonnier!...

— Justement... J'étais nourri, chauffé, logé aux frais du gouvernement; ce que je gagnais était tout bénéfice: sachant le beau-frère bon ouvrier, et toi bonne ouvrière ménagère, j'étais tranquille, et j'ai fricassé ma masse les yeux fermés et la bouche ouverte.

— Mon mari était bon ouvrier, c'est vrai; mais il s'est dérangé. Enfin, grâce à ce secours inattendu, j'ai repris bon courage: ma fille aînée commençait à gagner quelque chose; nous étions heureux, sans le chagrin de te savoir à Melun. L'ouvrage allait, mes enfant étaient proprement habillés; ils ne manquaient à peu près de rien, ça me donnait un cœur... un cœur!... enfin j'étais même parvenue à mettre trente-cinq francs de côté, lorsque tout à coup mon mari revient. Je ne l'avais pas vu depuis un an; me trouvant bien emménagée, bien nippée, il n'en fait ni une ni deux, il me prend mon argent, s'installe chez nous sans travailler, se grise tous les jours, et me bat quand je me plains.

— Le gueux!

— Ce n'est pas tout, il avait logé dans un cabinet de notre logement une mauvaise femme avec laquelle il vivait; il fallait encore souffrir cela pour la seconde fois. Il recommença à vendre petit à petit les meubles que j'avais. Prévoyant ce qui allait m'arriver, je vais chez un avocat qui demeurait dans la maison lui demander ce qu'il faut faire pour empêcher mon mari de me mettre encore sur la paille, moi et mes enfants.

— C'était bien simple... il fallait fourrer ton mari à la porte.

— Oui, mais je n'en avais pas le droit. L'avocat me dit que mon mari pouvait disposer de tout comme chef de la communauté, et s'installer à la maison sans rien faire; que c'était un malheur, mais qu'il fallait m'y soumettre; que la circonstance de sa maîtresse, qui vivait sous notre toit, me donnait le droit de demander la séparation de corps et de biens, comme on appelle cela... d'autant plus que j'avais des témoins que mon mari m'avait battue, que je pouvais plaider contre lui, mais que cela me coûterait au moins, au moins quatre ou cinq cents francs pour obtenir ma séparation. Tu juges! c'est presque tout ce que je peux gagner en une année! Où trouver une pareille somme à emprunter?... Et puis ce n'est pas le tout d'emprunter.. il faut rendre... Et cinq cents francs... tout d'un coup... c'est une fortune.

— Il y a pourtant un moyen bien simple d'amasser cinq cents francs, — dit Pique-Vinaigre avec amertume; — c'est de mettre son estomac *au croc* pendant un an... de vivre de l'air du temps, et de travailler tout de même. C'est étonnant que l'avocat ne t'ait pas donné ce conseil-là...

— Tu plaisantes toujours...

— Oh! cette fois, non!... — s'écria Pique-

Vinaigre avec indignation; — car enfin, c'est une infamie, ça... que la loi soit trop chère pour les pauvres gens. Car te voilà, toi, brave et digne mère de famille, travaillant de toutes tes forces pour élever honnêtement tes enfants... Ton mari est un mauvais sujet fieffé, il te bat, te gruge, te pille, dépense au cabaret l'argent que tu gagnes; tu t'adresses à la justice... pour qu'elle te protège et que tu puisses mettre à l'abri des griffes de ce fainéant ton pain et celui de tes enfants... Les gens de loi te disent : Oui, vous avez raison, votre mari est un mauvais drôle, on vous fera justice. Mais cette justice-là vous coûtera cinq cents francs. Cinq cents francs !... ce qu'il te faut pour vivre, toi et ta famille, presque pendant un an !... Tiens, vois-tu, Jeanne, tout ça prouve, comme dit le proverbe, qu'il n'y a que deux espèces de gens : ceux qui sont pendus et ceux qui méritent de l'être !

Rigolette, seule et pensive, n'ayant aucun interlocuteur à écouter, n'avait perdu un mot des confidences de cette pauvre femme, au malheur de laquelle elle sympathisait vivement. Elle se promit de raconter cette infortune à Rodolphe dès qu'elle le reverrait, ne doutant pas qu'il ne la secourût. Vivement intéressée au triste sort de la sœur de Pique-Vinaigre, elle ne la quittait pas des yeux et allait tâcher de se rapprocher un peu d'elle, lorsque malheureusement un nouveau visiteur, entrant dans le parloir, demanda un détenu, qu'on alla chercher, et s'assit sur le banc entre Jeanne et la grisette. Celle-ci, à la vue de cet homme, ne put retenir un geste de surprise, presque de crainte. Elle reconnaissait en lui l'un des deux recors qui étaient venus arrêter Morel, mettant ainsi à exécution la contrainte par corps obtenue contre le lapidaire par Jacques Ferrand. Cette circonstance, rappelant à Rigolette l'opiniâtre persécuteur de Germain, redoubla sa tristesse, dont elle avait été un peu distraite par les touchantes et pénibles confidences de la sœur de Pique-Vinaigre. S'éloignant autant qu'elle le put de son nouveau voisin, la grisette s'appuya au mur et retomba dans ses affligeantes pensées.

— Tiens, Jeanne, — reprit Pique-Vinaigre dont la figure joviale et railleuse s'était subitement assombrie, — je ne suis ni fort ni brave; mais si je m'étais trouvé là pendant que ton mari te faisait ainsi la misère, ça ne se serait pas passé gentiment entre lui et moi... Mais aussi tu étais par trop bonne enfant, toi...

— Que voulais-tu que je fisse ?... J'ai bien été forcée de souffrir ce que je ne pouvais pas empêcher. Tant qu'il y a eu chez nous quelque chose à vendre, mon mari l'a vendu pour aller au cabaret avec sa maîtresse, tout, jusqu'à la robe du dimanche de ma petite fille.

— Mais l'argent de tes journées, pourquoi le lui donnais-tu?... pourquoi ne le cachais-tu pas?

— Je le cachais, mais il me battait tant... que j'étais bien obligée de le lui donner... C'était moins à cause des coups que je lui cédais... que parce que je me disais : A la fin, il n'a qu'à me blesser assez grièvement... pour que je sois hors d'état de travailler de longtemps; qu'il me casse un bras, je suppose, alors qu'est-ce que je deviendrai ?... qui soignera, qui nourrira mes enfants ?.. Si je suis forcée d'aller à l'hospice, il faudra donc qu'ils meurent de faim pendant ce temps-là ?... Aussi tu conçois, mon frère, j'aimais encore mieux donner mon argent à mon mari, afin de n'être pas battue, blessée... et de rester *bonne à travailler*...

— Pauvre femme, va!... on parle de martyrs; c'est toi qui l'as été, martyre!...

— Et pourtant je n'ai jamais fait de mal à personne; je ne demandais qu'à travailler, qu'à soigner mon mari et mes enfants; mais que veux-tu? il y a des heureux et des malheureux, comme il y a des bons et des méchants.

— Oui, et c'est étonnant comme les bons sont heureux!... Mais, enfin, en es-tu tout à fait débarrassée, de ton gueux de mari?

— Je l'espère, car il ne m'a quittée qu'après avoir vendu jusqu'à mon bois de lit et au berceau de mes deux petits enfants... Mais quand je pense qu'il voulait bien pis encore...

— Quoi donc?

— Quand je dis lui, c'était plutôt cette vilaine femme qui le poussait; c'est pour ça que je t'en parle. Enfin un jour il m'a dit : « Quand dans un ménage il y a une jeune fille de quinze ans comme la nôtre, on est des bêtes de ne pas profiter de sa beauté. »

— Ah! bon, je comprends... après avoir vendu les nippes, il veut vendre le corps!...

— Quand il a dit cela, vois-tu, Fortuné, mon sang n'a fait qu'un tour, et il faut être juste, je l'ai fait rougir de honte par mes reproches; et comme sa mauvaise femme voulait se mêler de notre querelle en soutenant que mon mari pouvait faire de sa fille ce qu'il voulait, je l'ai traitée si mal, cette malheureuse, que mon mari m'a battûe, et c'est depuis cette scène-là que je ne les ai plus revus.

— Tiens, vois-tu, Jeanne, il y a des gens condamnés à dix ans de prison qui n'en ont pas autant fait que ton mari... au moins ils ne dépouillaient que des étrangers. C'est un fier gueux!...

— Dans le fond il n'est pourtant pas méchant, vois-tu; c'est de mauvaises connaissances de cabaret qui l'ont dérangé...

— Oui, il ne ferait pas de mal à un enfant; mais à une grande personne, c'est différent...

— Enfin, que veux-tu? il faut bien prendre la vie comme le bon Dieu nous l'envoie... Au moins, mon mari parti, je n'avais plus à craindre d'être estropiée par un mauvais coup ; j'ai repris courage... Faute d'avoir de quoi racheter un matelas, car avant tout il faut vivre et payer son terme, et à nous deux ma fille aînée, ma pauvre Catherine, à peine nous gagnions quarante sous par jour, mes deux autres enfants étant trop petits pour rien gagner encore... faute d'un matelas, nous couchions sur une paillasse faite avec de la paille que nous ramassions à la porte d'un emballeur de notre rue.

— Et j'ai mangé ma masse!... et j'ai mangé ma masse!...

— Que veux-tu?... tu ne pouvais pas savoir ma peine, puisque je ne t'en parlais pas; enfin nous avons redoublé de travail, nous deux Catherine... Pauvre enfant! si tu savais comme c'est honnête, et laborieux, et bon! toujours les yeux sur les miens pour savoir ce que je désire qu'elle fasse ; jamais une plainte, et pourtant elle en a déjà vu, de cette misère, quoiqu'elle n'ait que quinze ans!... Ah! ça console de bien des choses, vois-tu, Fortuné, d'avoir une enfant pareille, — dit Jeanne en essuyant ses yeux.

— C'est tout ton portrait... à ce que je vois ; il faut bien que tu aies cette consolation-là, au moins.

— Je t'assure, va, que c'est plus pour elle que je me chagrine que pour moi; car il n'y a pas à dire, vois-tu, depuis deux mois elle ne s'est pas arrêtée de travailler un moment; une fois par semaine elle sort pour aller savonner au bateau du Pont-au-Change, à trois sous l'heure, le peu de linge que mon mari nous a laissé : tout le reste du temps, à l'attache comme un pauvre chien... Vrai! le malheur lui est venu trop tôt ; je sais bien qu'il faut toujours qu'il vienne, mais au moins il y en a qui ont une ou deux années

de tranquillité... Ce qui me fait aussi beaucoup de chagrin dans tout ça, vois-tu, Fortuné, c'est de ne pouvoir t'aider en presque rien... Pourtant je tâcherai...

— Ah çà! est-ce que tu crois que j'accepterais? Au contraire, je demandais un sou par paire d'oreilles pour leur raconter mes fariboles, j'en demanderai deux, ou ils se passeront des contes de Pique-Vinaigre... et ça t'aidera un peu dans ton ménage... Mais, j'y pense, pourquoi ne pas te mettre en garni? comme ça, ton mari ne pourrait rien vendre.

— En garni? Mais penses-y donc, nous sommes quatre, on nous demanderait au moins vingt sous par jour : qu'est-ce qui nous resterait pour vivre? Tandis que notre chambre ne nous coûte que cinquante francs par an.

— Allons, c'est juste, ma fille, — dit Pique-Vinaigre avec une ironie amère, — travaille, éreinte-toi pour refaire un peu ton ménage ; dès que tu auras encore gagné quelque chose, ton mari te pillera de nouveau... et un beau jour il vendra ta fille comme il a vendu tes nippes.

— Oh! pour ça, par exemple, il me tuerait plutôt... Ma pauvre Catherine!

— Il ne te tuera pas, et il vendra ta pauvre Catherine. Il est ton mari, n'est-ce pas? Il est le chef de la communauté, comme t'a dit l'avocat, tant que vous ne serez pas séparés par la loi ; et comme tu n'as pas cinq cents francs à donner pour ça, il faut te résigner : ton mari a le droit d'emmener sa fille de chez toi et où il veut... Une fois que lui et sa maîtresse s'acharneront à perdre cette pauvre enfant, est-ce qu'il ne faudra pas qu'elle y passe?...

— Mon Dieu!... mon Dieu!... Mais cette infamie était possible... il n'y aurait donc pas de justice!

— La justice! — dit Pique-Vinaigre avec un éclat de rire sardonique, — c'est comme la viande... c'est trop cher pour que les pauvres en mangent... Seulement, entendons-nous, s'il s'agit de les envoyer à Melun, de les mettre au carcan ou de les jeter aux galères, c'est une autre affaire, on leur donne cette justice-là gratis... On leur coupe le cou, c'est encore gratis... toujours gratis... Prrrenez vos billets ! — ajouta Pique-Vinaigre avec un accent bateleur.

— Ce n'est pas dix sous, deux sous, un sou, un centime que ça vous coûtera... non, messieurs ; ça vous coûtera la bagatelle de... rien du tout... C'est à la portée de tout le monde; on ne fournit que sa tête... La coupe et la frisure sont aux frais du gouvernement... Voilà la justice gratis... Mais la justice qui empêcherait une honnête mère de famille d'être battue et dépouillée par un gueux de mari qui veut et peut faire argent de sa fille, cette justice-là coûte cinq cents francs... et il faudra t'en passer, ma pauvre Jeanne.

— Tiens, Fortuné, — dit la malheureuse mère en fondant en larmes, — tu me mets la mort dans l'âme...

— C'est qu'aussi je l'ai... la mort dans l'âme, en pensant à ton sort... à celui de ta famille... et en reconnaissant que je n'y peux rien... J'ai l'air de toujours rire... mais ne t'y trompe pas, j'ai deux sortes de gaieté, vois-tu, Jeanne, ma gaieté gaie et ma gaieté triste... Je n'ai ni la force ni le courage d'être méchant, colère ou haineux comme les autres... ça s'en va toujours chez moi en paroles plus ou moins farces. Ma poltronnerie et ma faiblesse de corps m'ont empêché de devenir pire que je suis... Il a fallu l'occasion de cette bicoque isolée, où il n'y avait pas un chat, et surtout pas un chien, pour me pousser à voler. Il a fallu encore que par hasard il ait fait un beau clair de lune superbe; car la nuit, et seul, j'ai une peur de tous les diables !

— C'est ce qui me fait toujours te dire, mon pauvre Fortuné, que tu es meilleur que tu ne crois... Aussi j'espère que les juges auront pitié de toi...

— Pitié de moi? un libéré récidiviste? compte là-dessus ! Après ça, je ne leur en veux pas ; être ici, là ou ailleurs, ça m'est égal; et puis tu as raison, je ne suis pas méchant... et ceux qui le sont, je les hais à ma manière, en me moquant d'eux; faut croire qu'à force de conter des histoires où, pour plaire à mes auditeurs, je fais toujours en sorte que ceux qui tourmentent les autres par pure cruauté reçoivent à la fin des raclées indignes... je me serai habitué à sentir comme je raconte.

— Ils aiment des histoires pareilles, ces gens avec qui tu es... mon pauvre frère ? Je n'aurais pas cru cela.

— Minute !... Si je leur contais des récits où un gaillard qui vole ou qui tue pour voler est roulé à la fin, ils ne me laisseraient pas finir; mais s'il s'agit ou d'une femme ou d'un enfant, ou, par exemple, d'un pauvre diable comme moi qu'on jetterait par terre en soufflant dessus, et qu'il soit poursuivi à outrance par une barbe noire qui le persécute seulement pour le plaisir de le persécuter, pour l'honneur, comme on dit; oh ! alors, ils trépignent de joie quand, à la fin du conte, la barbe noire reçoit sa paye. Tiens, j'ai surtout une histoire intitulée : *Gringalet et Coupe-en-Deux*, qui faisait les délices de la centrale de Melun, et que je n'ai pas encore racontée ici. Je l'ai promise pour ce soir; mais faudra qu'ils mettent crânement à ma tirelire, et tu en profiteras... Sans compter que je l'écrirai pour tes enfants... *Gringalet et Coupe-en-Deux*, ça les amusera ; des religieuses liraient cette histoire-là ; ainsi, sois tranquille.

— Enfin, mon pauvre Fortuné, ce qui me console un peu, c'est de voir que tu n'es pas aussi malheureux que d'autres, grâce à ton caractère.

— Bien sûr que si j'étais comme un détenu qui est de notre chambrée, je serais malfaisant à moi-même. Pauvre garçon ! J'ai bien peur qu'avant la fin de la journée il ne saigne d'un côté ou d'un autre ; ça chauffe à rouge pour lui... il y a un mauvais complot monté pour ce soir à son intention...

— Ah ! mon Dieu ! on veut lui faire du mal ?... Ne te mêle pas de ça, au moins, Fortuné !...

— Pas si bête !... j'attraperais des éclaboussures... C'est en allant et venant que j'ai entendu jaboter l'un et l'autre... on parlait de bâillon pour l'empêcher de crier... et puis, afin d'empêcher qu'on ne voie son exécution... ils veulent faire cercle autour de lui, en ayant l'air d'écouter un d'eux... qui sera censé lire tout haut un journal ou autre chose.

— Mais... pourquoi veut-on le maltraiter ainsi ?...

— Comme il est toujours seul, qu'il ne parle à personne et qu'il a l'air dégoûté des autres, ils s'imaginent que c'est un mouchard, ce qui est très-bête; car, au contraire, il se faufilerait avec tout le monde s'il voulait moucharder. Mais le fin de la chose est qu'il a l'air d'un monsieur, et que ça les offusque. C'est le capitaine du dortoir, nommé le Squelette ambulant, qui est à la tête du complot. Il est comme un vrai désossé après ce pauvre Germain ; leur bête noire s'appelle ainsi. Ma foi ! qu'ils s'arrangent, cela les regarde, je ne peux rien. Mais tu vois, Jeanne, voilà à quoi ça sert d'être triste en prison, tout de suite on vous suspecte ; aussi je ne l'ai jamais été, moi, suspecté.

(*La suite au prochain numéro.*)

Le propriétaire-gérant : F. ROY.

COMMENT ON AIME

FLEUR-DE-PRINTEMPS

(SUITE ET FIN.)

— Est-ce que cette petite grisette fera toujours mentir cette grosse vérité : « *Alles fur Gold?* » Nous verrons bien !

Marcel revint bientôt, une bouteille à la main.

Fleur-de-Printemps lui raconta en riant la nouvelle équipée de son adorateur allemand.

Marcel fut soucieux tout le reste de la journée.

VI

Ce que nos amoureux avaient pris pour un rayon d'espérance n'était qu'une vague lueur qui se dissipa bientôt. En effet, Marcel apprit que la place qu'on lui avait formellement promise venait d'être donnée à un postulant mieux appuyé que lui. Cette nouvelle déception l'abattit. Un morne désespoir s'empara de son cœur, il devint sombre, taciturne, et sa compagne s'efforça vainement de raffermir son courage brisé.

Un matin, — Fleur-de-Printemps était absente, — il courut vendre une mappemonde, une boîte de mathématiques, des livres qui lui restaient encore, et il rentra dans sa mansarde le visage calme et d'un pas ferme. A le voir, on eût facilement deviné qu'il venait de prendre une résolution énergique. Il posa sur la cheminée le mince produit de la vente et s'assit à sa table où il écrivit une lettre. Sa main hésitait par moments ; une larme, glissant avec lenteur sur ses joues pâles, tomba sur le papier. Quand il eut plié sa lettre, il se leva, fit le tour de la chambre, embrassa tous les objets qu'il allait quitter, et qui lui étaient si chers depuis que Fleur-de-Printemps les avait parfumés en y touchant. Soudain il aperçut au chevet du lit un bonnet de mousseline qui parait d'ordinaire la blonde tête de la jeune fille. Il s'en empara vivement le porta à ses lèvres et se prit à sangloter.

— Adieu ! adieu ! dit-il d'une voix étouffée.

Et il s'élança hors de la mansarde.

Fleur-de-Printemps rentra ; elle frémit en voyant la petite somme et la lettre que lui avait laissées Marcel. Le douloureux pressentiment qui la saisit ne la trompait pas. Elle lut ce qui suit :

« Chère âme,

« Je ne veux pas que tu te résignes plus longtemps à une vie de misère et de douleur ! Tu es trop courageuse pour me fuir, c'est à moi de te rendre la liberté.

« Belle et bonne comme tu l'es, tu mérites une destinée meilleure ; tu l'auras, j'en suis sûr, quand tu ne seras plus soumise à l'influence funeste d'un paria tel que moi !

« Je te quitte le cœur gros de chagrin, mais j'emporte l'espérance que mon départ te rendra la prospérité.

« Je te laisse tout ce que je possède, à peine une obole, hélas ! Oublie-moi, et sois heureuse. Adieu !

« MARCEL. »

Cette lettre produisit sur la pauvre enfant une impression violente ; elle pleura à flots. Bien des jours passèrent sans adoucir sa peine, car c'était une affection profonde que lui inspirait Marcel.

Elle nourrissait l'espoir que l'éloignement lui semblerait bientôt insupportable, qu'il ne tarderait pas à revenir, et cette pensée consolante lui ranimait le cœur. Chaque fois qu'elle entendait du bruit dans l'escalier, elle courait ouvrir sa porte ; mais alors elle se trouvait en face d'un étranger, et, plus abattue, plus souffrante, elle se renfermait dans son isolement et son chagrin.

Un mois s'était écoulé ainsi ; Marcel n'avait pas reparu. Fleur-de-Printemps, pâle, amaigrie, fiévreuse, était bien changée ; on la reconnaissait à peine. Chose plus triste encore, ses minces ressources s'étaient épuisées, et elle ne songeait pas même à les renouveler ; elle se laissait littéralement mourir de faim.

Un soir, le front dans ses petites mains toutes fluettes, elle était livrée à de pénibles songes, à de navrantes inspirations, lorsqu'on frappa à sa porte; un vif reflet éclaira son visage... elle s'élança pour ouvrir...

Le baron Max d'Exter parut.

— Que me voulez-vous? demanda la pauvre fille en tremblant; venez-vous encore me faire vos offres impertinentes?

Le baron parcourut des yeux avec satisfaction la mansarde appauvrie.

— J'ai appris, mademoiselle, que vous étiez abandonnée, et je suis venu. Mes intentions sont toujours les mêmes. Acceptez.

— Je refuse, monsieur.

— Mais c'est de la folie! Je sais que vous êtes très-pauvre et sans travail.

— Je n'ai plus besoin de rien.

— En vérité, je ne vous comprends pas.

— Il est inutile que vous me compreniez.

— Vous êtes encore déraisonnable aujourd'hui; je reviendrai demain.

— Revenez donc, répondit Fleur-de-Printemps en souriant avec tristesse; je vous le permets.

Le baron se retira.

Un moment après, la jeune fille allumait tranquillement un réchaud; elle prenait quelques dispositions, puis, les mains jointes, le regard au ciel, elle s'étendait sur son lit.

Une vapeur lourde qui se répandit dans la chambre appesantit bientôt les paupières de la pauvre enfant. Tout à coup elle fit un mouvement et se pencha hors de son lit, comme pour mieux apercevoir un objet qui venait de solliciter son attention. Cet objet, c'était son étoile, c'était Sirius, dont le scintillement venait d'apparaître au ciel, dans l'encadrement de la croisée.

Fleur-de-Printemps la contempla avec une indicible expression d'amour et de douleur. Soudain plusieurs coups frappés à sa porte se firent entendre. Elle ne répondit pas. On frappa de nouveau. Elle garda encore le silence. Aussitôt une voix s'écria :

— Ouvre! c'est moi... Marcel!

La jeune fille poussa un cri; elle bondit hors de son lit et tomba sans force sur le carreau.

La porte s'ouvrit sous un coup violent.

— Malheureuse! s'écria le jeune homme en enlevant dans ses bras la chère créature; qu'allais-tu faire?

— J'allais mourir, murmura-t-elle.

— Il faut vivre, au contraire! il faut vivre pour le bien-être, pour le bonheur!

— Que dis-tu? est-ce un rêve?

— Non, c'est la vérité : une maladie terrible, le choléra, a tué mon père et ma belle-mère. Je suis leur seul héritier, et je viens te dire : Marions-nous!

Fleur-de-Printemps ne répondit pas, elle s'évanouit.

Le lendemain, le baron Max d'Exter revint à la mansarde; il fut surpris d'y retrouver Marcel.

— Eh bien! dit-il à la jeune fille avec un imperturbable aplomb, consentez-vous enfin?

— Monsieur, répondit Marcel, demi-sérieux, demi-moqueur, ne vous avisez plus de vous adresser à ma femme, ou je vous brûlerais la cervelle sans aucune hésitation!

— Votre femme?... Elle est votre femme?

— Nous nous marions dans un mois. Vous ne serez pas de la noce, assurément.

— Étourdissant! murmura le baron en descendant l'escalier. Qui aurait dit qu'une petite fleuriste?... C'est égal : *Alles fur Gold!* Nous verrons bien... avec d'autres!...

LA LETTRE DE CHANGE

Après avoir quitté la baie de la Forêt, un jeune homme remontait vers la campagne bretonne en suivant le bord d'un ruisseau qui serpentait entre deux collines verdoyantes et fleuries. Il gravit lestement une pente rapide, tapissée de bruyères roses, et arriva sur une éminence couronnée de sapins et de genêts. De larges gouttes de pluie commençaient à tomber; le grondement du tonnerre lointain mêlait sa menace au déferlement terrible de la vague contre les rochers de la côte. Déjà la tempête envahissait l'espace.

Trop éloigné de Concarneau pour espérer d'y arriver avant que la tourmente eût déployé toute sa violence, le voyageur aperçut, à peu de distance, un petit manoir à demi caché derrière un massif de bouleaux et de chênes, et se dirigea à la hâte vers cet endroit où il comptait trouver un abri. Lorsqu'il arriva devant cette vieille construction, flanquée de quatre tourelles en encorbellement dont les fossés, en partie comblés, se tapissaient de titymale, de pariétaire et de rhododendron, dont le pont-levis moussu semblait témoigner d'une immobilité centenaire, notre jeune homme frappa à la porte massive et cintrée qui ne s'ouvrit point à cet appel, malgré l'aboiement d'un chien à l'intérieur. Un coup plus énergique parut avoir plus de succès, car bientôt une voix féminine, nettement accentuée, s'écria :

— Paix, Tom ! paix donc !

Le chien cessa d'aboyer ; il se contenta de grogner sourdement.

— Qui est là? reprit la même voix. Que voulez-vous?

— Je voudrais échapper à l'orage qui menace de me tremper jusqu'aux os, et je vous supplie de m'accorder un abri pour quelques instants.

— Qui êtes-vous? demanda-t-on après un silence. Êtes-vous du pays? Êtes-vous étranger ?

— Je suis du pays, en ce sens que j'y suis né ; mais je suis étranger, en ce sens qu'après dix ans de séjour dans une contrée lointaine, je n'ai trouvé ici ni parents ni amis.

— Encore une question, monsieur, s'il vous plaît, malgré la pluie qui redouble : quel est votre nom? Je le connais peut-être, car il y a longtemps que j'habite le canton.

— Je me nomme Bernard Trémic ; mon père était armateur à Concarneau.

— Bernard Trémic, Bernard Trémic !

La porte roula sur ses gonds, et le jeune homme se trouva en face d'une jeune fille abritée sous un vaste parapluie. Cette jeune fille, brune et jolie, fixa sur son hôte un regard investigateur, d'abord plein d'inquiétude, puis promptement confiant et gracieux, car l'extérieur de Bernard Trémic, avec ses vêtements simples mais de bon goût, avec ses manières distinguées, avec sa physionomie ouverte, avec ce je ne sais quoi qui révèle l'homme de bonne éducation, était de nature à rassurer l'hospitalité la plus timide.

— Excusez-moi, monsieur, de ne vous avoir pas fait entrer plus tôt ; je suis seule ici en ce moment, et mon père m'a recommandé de ne recevoir personne.

— Alors, mademoiselle, je me retire. Il ne faut pas enfreindre la recommandation de monsieur votre père.

— Oh ! restez, je vous en prie : il fait un temps affreux : je serais vraiment cruelle de vous refuser un abri. Et, tenez, reprit-elle, après avoir fermé la porte, mettez-vous sous mon parapluie et traversons vivement la cour.

Bernard fit ce que la jeune fille désirait ; ils gagnèrent un vestibule, puis ils entrèrent dans un salon décoré d'un meuble rouge en velours d'Utrecht et de quelques pastels représentant les sites les plus pittoresques du Finistère. Deux vases de fleurs se dressaient à côté d'une pendule en marbre noir à colonnes cannelées. Un clavecin de vieille date étalait ses formes grêles sous une glace à reflets bleus, au cadre doré et découpé. Cet ameublement ne se distinguait point par l'élégance, mais on y remarquait tant de symétrie et de propreté que le regard ne pouvait manquer d'en être bientôt séduit. La jeune fille approcha un fauteuil près de la cheminée et pria son hôte de s'y asseoir ; puis elle sortit sans dire un mot, revint un moment après avec un panier rempli de chènevotte et de charmille, en jeta des poignées dans l'âtre, y mit le feu, et dit alors à Bernard :

— Maintenant, séchez-vous, monsieur, car vous êtes tout mouillé.

Et, sans écouter les remerciements du jeune Trémic, elle plaça le panier dans l'angle extérieur de la cheminée, balaya la poussière qu'elle avait faite sur la bordure de marbre, fit le tour du salon comme pour le passer en revue, et vint s'asseoir en face de Bernard, prête à raviver par de nouveaux aliments le feu qui menaçait de s'éteindre. Bernard avait admiré l'aisance élégante de ses manières, la charmante expression de sa physionomie. Svelte, elle avait une taille d'un dessin parfait, une jolie main d'enfant, un visage pur et doux, des cheveux noirs légèrement ondés, de grands yeux veloutés, un sourire d'ange et dix-huit ans. Il eût été difficile de trouver, sinon une créature plus belle, du moins une jeune fille plus mignonne et plus délicieuse. Elle se nommait Marcelle.

(La suite au prochain numéro.)

Le propriétaire-gérant : F. ROY.

LES MYSTERES DE PARIS

Il ira extraire du grès dans la forêt de Fontainebleau. (Page 19.)

« Ah çà ! ma fille, assez causé ; va-t'en voir chez toi si j'y suis ; tu prends sur ton temps pour venir ici... moi, je n'ai qu'à bavarder... toi, c'est différent... Ainsi, bonsoir... Reviens de temps en temps ; tu sais que j'en serai content.

— Mon frère... encore quelques moments, je t'en prie...

— Non, non, tes enfants t'attendent... Ah çà ! tu ne leur dis pas, j'espère, que leur *nononcle* est pensionnaire ici ?

— Ils te croient aux îles... comme autrefois ma mère... De cette manière, je peux leur parler de toi...

— A la bonne heure !... Ah çà ! va-t'en vite, vite !

— Oui, mais écoute, mon pauvre frère : je

n'ai pas grand'chose, pourtant je ne te laisserai pas ainsi. Tu dois avoir si froid, pas de bas... et ce mauvais gilet ! Nous t'arrangerons quelques hardes avec Catherine. Dame ! Fortuné... tu penses, ce n'est pas l'envie de bien faire pour toi qui nous manque...

— De quoi ? de quoi ? des hardes ? mais j'en ai plein mes malles... Dès qu'elles vont arriver, j'aurai de quoi m'habiller comme un prince... Allons, ris donc un peu ! Non ? Eh bien ! sérieusement, ma fille, ça n'est pas de refus... en attendant que *Gringalet et Coupe-en-Deux* aient rempli ma tirelire. Alors je te rendrai ça... Adieu... ma bonne Jeanne ; la première fois que tu viendras, que je perde mon nom de Pique-Vinaigre si je ne te fais pas rire. Allons, va-t'en... je t'ai déjà trop retenue...

— Mais, mon frère... écoute donc !...

— Mon brave... eh ! mon brave ! — cria Pique-Vinaigre au gardien qui était assis à l'autre bout du couloir, — j'ai fini ma conversation, je voudrais rentrer... assez causé !

— Ah ! Fortuné... ce n'est pas bien... de me renvoyer ainsi ! — dit Jeanne.

— C'est au contraire très-bien. Allons, adieu, bon courage, et demain matin dis aux enfants que tu as rêvé de leur oncle qui est aux îles et qu'il t'a priée de les embrasser... Adieu.

— Adieu, Fortuné, — dit la pauvre femme tout en larmes en voyant son frère rentrer dans l'intérieur de la prison.

Rigolette, depuis que le recors s'était assis à côté d'elle, n'avait pu entendre la conversation de Pique-Vinaigre et de Jeanne, mais elle n'avait pas quitté celle-ci des yeux, pensant au moyen de savoir l'adresse de cette pauvre femme, afin de pouvoir, selon sa première idée, la recommander à Rodolphe.

Lorsque Jeanne se leva du banc pour quitter le parloir, la grisette s'approcha d'elle en lui disant timidement :

— Madame, tout à l'heure, sans chercher à vous écouter, j'ai entendu que vous étiez frangeuse-passementière ?

— Oui, mademoiselle, — répondit Jeanne un peu surprise, mais prévenue en faveur de Rigolette par son air gracieux et sa charmante figure.

— Je suis couturière en robes, — reprit la grisette ; — maintenant que les franges et les passementeries sont à la mode, j'ai quelquefois des pratiques qui me demandent des garnitures à leur goût ; j'ai pensé qu'il serait peut-être moins cher de m'adresser à vous qui travaillez en chambre que de m'adresser à un marchand, et que d'un autre côté je pourrais vous donner plus que ne vous donne votre fabricant.

— C'est vrai, mademoiselle, en prenant de la soie à mon compte cela me ferait un petit bénéfice... Vous êtes bien bonne de penser à moi... je n'en reviens pas...

— Tenez, madame, je vous parlerai franchement : j'attends la personne que je viens voir ; n'ayant à causer avec personne, tout à l'heure, avant que ce monsieur se soit mis entre nous deux, sans le vouloir, je vous assure, je vous ai entendue parler à votre frère de vos chagrins, de vos enfants ; je me suis dit : Entre pauvres gens, on doit s'aider. L'idée m'est venue que je pourrais vous être bonne à quelque chose, puisque vous étiez frangeuse. Si en effet ce que je vous propose vous convient, voici mon adresse, donnez-moi la vôtre, de façon que, lorsque j'aurai une petite commande à vous faire, je saurai où vous trouver.

Et Rigolette donna une de ses adresses à la sœur de Pique-Vinaigre.

Celle-ci, vivement touchée des procédés de la grisette, dit avec effusion :

— Votre figure ne m'avait pas trompée, mademoiselle, et puis, ne prenez pas cela pour de l'orgueil, mais vous avez un faux air de ma fille aînée, ce qui fait qu'en entrant je vous avais regardée par deux fois. Je vous remercie bien ; si vous m'employez, vous serez contente de mon ouvrage, ce sera fait en conscience... Je me nomme Jeanne Duport... Je demeure rue de la Barillerie, numéro 1.

— Numéro 1... Ça n'est pas difficile à retenir. Merci, madame.

— C'est à moi de vous remercier, ma chère demoiselle ; c'est si bon à vous d'avoir tout de suite pensé à m'être utile ! Encore une fois, je n'en reviens pas.

— Mais c'est tout simple, madame Duport, — dit Rigolette avec un charmant sourire. Puisque j'ai un faux air de votre fille Catherine, ce que vous appelez ma bonne idée ne doit pas vous étonner.

— Êtes-vous gentille... chère demoiselle ! Tenez, grâce à vous, je m'en irai un peu moins triste que je ne croyais ; et puis peut-être que nous nous retrouverons ici quelquefois, car vous venez comme moi voir un prisonnier ?

— Oui, madame... — répondit Rigolette en soupirant.

— Alors, à revoir... du moins je l'espère, mademoiselle... Rigolette! — dit Jeanne Duport après avoir jeté les yeux sur l'adresse de la grisette.

— A revoir, madame Duport!...

« Au moins, pensa Rigolette en allant se rasseoir sur son banc, je sais maintenant l'adresse de cette pauvre femme, et bien sûr M. Rodolphe s'intéressera à elle quand il saura combien elle est malheureuse, car il m'a toujours dit : « Si vous connaissez quelqu'un de bien à plaindre, adressez-vous à moi... »

Et Rigolette, se remettant à sa place, attendit avec impatience la fin de l'entretien de son voisin, afin de pouvoir faire demander Germain.

. . . .

Maintenant quelques mots sur la scène précédente.

Malheureusement, il faut l'avouer, l'indignation du misérable frère de Jeanne Duport avait été légitime... Oui... en disant que la loi était *trop chère* pour les pauvres, il disait vrai.

Plaider devant les tribunaux civils entraîne des frais énormes et inaccessibles aux artisans, qui vivent à grand'peine d'un salaire insuffisant. Qu'une mère ou qu'un père de famille appartenant à cette classe toujours sacrifiée veuille en effet obtenir une séparation de corps, qu'il ait, pour l'obtenir, tous les droits possibles... l'obtiendront-ils? Non, car il n'y a pas un ouvrier en état de dépenser de quatre à cinq cents francs pour les onéreuses formalités d'un tel jugement.

Pourtant le pauvre n'a d'autre vie que la vie domestique; la bonne ou mauvaise conduite d'un chef de famille d'artisans n'est pas seulement une question de moralité, c'est une question de PAIN... Le sort d'une femme du peuple, tel que nous venons d'essayer de le peindre, mérite-t-il donc moins d'intérêt, moins de protection que celui d'une femme riche qui souffre des désordres ou des infidélités de son mari? Rien de plus digne de pitié, sans doute, que les douleurs de l'âme. Mais lorsqu'à ces douleurs se joint, pour une malheureuse mère, la misère de ses enfants, n'est-il pas monstrueux que la pauvreté de cette femme la mette hors la loi et la livre sans défense, elle et sa famille, aux odieux traitements d'un mari fainéant et corrompu?

Et cette monstruosité existe. Et un repris de justice peut, dans cette circonstance comme dans d'autres, nier avec droit et logique l'impartialité des institutions au nom desquelles il est condamné. Est-il besoin de dire ce qu'il y a de dangereux pour la société à justifier de pareilles attaques?

Quelle sera l'influence, l'autorité morale de ces lois dont l'application est absolument subordonnée à une question d'argent? La justice civile, comme la justice criminelle, ne devrait-elle pas être accessible à tous? Lorsque des gens sont trop pauvres pour pouvoir invoquer le bénéfice d'une loi éminemment préservatrice et tutélaire, la société ne devrait-elle pas, à ses frais, en assurer l'application, par respect pour l'honneur et pour le repos des familles?

Mais laissons cette femme, qui restera toute sa vie la victime d'un mari brutal et perverti, parce qu'elle est trop pauvre pour faire prononcer sa séparation de corps par la loi. Parlons du frère de Jeanne Duport. Ce réclusionnaire libéré sort d'un antre de corruption pour rentrer dans le monde ; il a subi sa peine, payé sa dette par l'expiation. Quelles précautions la société a-t-elle prises pour l'empêcher de retomber dans le crime? Aucune... Lui a-t-on, avec une charitable prévoyance, rendu possible le retour au bien, afin de pouvoir sévir, ainsi que l'on sévit d'une manière terrible, s'il se montre incorrigible? Non... La perversion contagieuse de vos geôles est tellement connue, est si justement redoutée, que celui qui en sort est partout un sujet de mépris, d'aversion et d'épouvante : serait-il vingt fois homme de bien, il ne trouvera presque nulle part de l'occupation.

De plus, votre surveillance flétrissante l'exile dans de petites localités où ses antécédents doivent être immédiatement connus, et où il n'aura aucun moyen d'exercer les industries exceptionnelles souvent imposées aux détenus par les fermiers de travail des maisons centrales. Si le libéré a le courage de résister aux tentations mauvaises, il se livrera donc à l'un de ces métiers homicides dont nous avons parlé, à la préparation de certains produits chimiques dont l'influence mortelle décime ceux qui exercent ces funestes professions [1], ou bien encore, s'il en a la force, il ira extraire du grès dans la forêt de Fontainebleau, métier auquel on résiste, terme moyen, six ans !!! La condition d'un libéré est donc beaucoup plus fâcheuse, plus pé-

---

[1]. On vient de trouver, assure-t-on, le moyen de préserver les malheureux ouvriers voués à ces effroyables industries. — (Voir le *Mémoire descriptif d'un nouveau procédé de* FABRICATION DE BLANC DE CÉRUSE, *présenté à l'Académie des sciences par M. J.-N. Gannal.*)

nible, plus difficile, qu'elle ne l'était avant sa première faute : il marche entouré d'entraves, d'écueils ; il lui faut braver la répulsion, les dédains, souvent même la plus profonde misère... Et s'il succombe à toutes ces chances effrayantes de criminalité, et s'il commet un second crime, vous vous montrez mille fois plus sévères envers lui que pour sa première faute...

— Cela est injuste... car c'est presque toujours la nécessité que vous lui faites qui le conduit à un second crime. Oui, car il est démontré qu'au lieu de corriger votre système pénitentiaire déprave. Au lieu d'améliorer... il empire... Au lieu de guérir de légères affections morales, il les rend incurables.

Votre aggravation de peine, impitoyablement appliquée à la récidive, est donc inique, barbare, puisque cette récidive est, pour ainsi dire, une conséquence forcée de vos institutions pénales. Le terrible châtiment qui frappe les récidivistes serait juste et logique, si vos prisons moralisaient, épuraient les détenus, et si à l'expiration de leur peine une bonne conduite leur était sinon facile, du moins généralement possible... Si l'on s'étonne de ces contradictions de la loi, que sera-ce donc lorsque l'on comparera certains délits à certains crimes, soit à cause de leurs suites inévitables, soit à cause des disproportions exorbitantes qui existent entre les punitions dont ils sont atteints ?...

L'entretien du prisonnier que venait visiter le recors nous offrira un de ces affligeants contrastes.

CHAPITRE II

MAITRE BOULARD

Le détenu qui entra dans le parloir au moment où Pique-Vinaigre en sortait était un homme de trente ans environ, aux cheveux d'un blond ardent, à la figure joviale, et rubiconde ; sa taille moyenne rendait plus remarquable encore son énorme embonpoint. Ce prisonnier si vermeil et si obèse s'enveloppait dans une longue et chaude redingote de molleton gris, pareille à son pantalon à pieds ; une sorte de casquette-chaperon en velours rouge, dite à la *Perrinet Leclerc*, complétait le costume de ce personnage qui portait d'excellentes pantoufles fourrées. Quoique la mode des breloques fût passée depuis longtemps, la chaîne d'or de sa montre soutenait bon nombre de cachets montés en pierres fines ; enfin plusieurs bagues, enrichies d'assez belles pierreries, brillaient aux grosses mains rouges de ce détenu, nommé maître Boulard, huissier, prévenu *d'abus de confiance*.

Son interlocuteur était, nous l'avons dit, Pierre Bourdin, l'un des gardes du commerce chargés d'opérer l'arrestation de Morel le lapidaire. Ce recors était ordinairement employé par maître Boulard, huissier de M. Petit-Jean, prête-nom de Jacques-Ferrand. Bourdin, plus petit et aussi replet que l'huissier, se modelait selon ses moyens sur son patron, dont il admirait la magnificence. Affectionnant comme lui les bijoux, il portait ce jour-là une superbe épingle de topaze et un long jaseron d'or serpentait, paraissait et disparaissait entre les boutonnières de son gilet.

— Bonjour, fidèle Bourdin ! j'étais bien sûr que vous ne manqueriez pas à l'appel, — dit joyeusement maître Boulard d'une petite voix grêle qui contrastait singulièrement avec son gros corps et sa large figure fleurie.

— Manquer à l'appel ! répondit le recors ; j'en étais incapable, *mon général*.

C'est ainsi que Bourdin, par une plaisanterie à la fois familière et respectueuse, appelait l'huissier sous les ordres duquel il instrumentait, cette locution militaire étant d'ailleurs assez souvent usitée parmi certaines classes d'employés et de praticiens civils.

— Je vois avec plaisir que l'amitié reste fidèle à l'infortune, — dit maître Boulard avec une gaieté cordiale ; — pourtant je commençais à m'inquiéter ; voilà trois jours que je vous avais écrit, et pas de Bourdin...

— Figurez-vous, mon général, que c'est toute une histoire. Vous vous rappelez bien ce beau vicomte de la rue de Chaillot ?

— Saint-Remy ?

— Justement ! Vous savez comment il se moquait de nos prises de corps ?

— Il en était indécent...

— A qui le dites-vous ? Nous deux Malicorne nous en étions comme abrutis, si c'est possible.

— C'est impossible, brave Bourdin.

— Heureusement, mon général ; mais voici le fait : ce beau vicomte a monté en titre.

— Il est devenu comte ?

— Non ! d'escroc, il est devenu voleur.

— Ah bah !

— On est à ses trousses pour des diamants qu'il a effarouchés. Et, par parenthèse, ils appartenaient au joaillier qui employait cette vermine de Morel, le lapidaire que nous allions pincer rue du Temple, lorsqu'un grand mince, à moustaches noires, a payé pour ce meurt-de-faim et a manqué de nous jeter du haut en bas des escaliers, nous deux Malicorne.

— Ah! oui, oui, je me souviens... vous m'avez raconté cela, mon pauvre Bourdin... c'était fort drôle. Le meilleur de la farce a été que la portière de la maison vous a vidé sur le dos une écuellée de soupe bouillante...

— Y compris l'écuelle, général, qui a éclaté comme une bombe à nos pieds... Vieille sorcière!...

— Ça comptera sur vos états de services et blessures... Mais ce beau vicomte?

— Je vous disais donc que Saint-Remy était poursuivi pour vol... après avoir fait croire à son bon enfant de père qu'il avait voulu se brûler la cervelle. Un agent de police de mes amis, sachant que j'avais longuement traqué ce vicomte, m'a demandé si je ne pourrais pas le renseigner, le mettre sur la trace de ce mirliflore... Justement j'avais su trop tard, lors de la dernière contrainte par corps à laquelle il avait échappé, qu'il s'était *terré* dans une ferme à Arnouville, à cinq lieues de Paris... Mais quand nous y étions arrivés... il n'était plus temps... l'oiseau avait déniché!...

— D'ailleurs il a, le surlendemain, payé cette lettre de change... grâce à certaine grande dame, dit-on.

— Oui, général... mais c'est égal, je connaissais le nid, il s'était déjà une fois caché là... il pouvait bien s'y être caché une seconde... c'est ce que j'ai dit à mon ami l'agent de police... Celui-ci m'a proposé de lui donner un coup de main... en amateur... et de le conduire à la ferme... Je n'avais pas d'occupation... ça me faisait une partie de campagne... j'ai accepté.

— Eh bien! le vicomte?...

— Introuvable!... Après avoir d'abord rôdé autour de la ferme, et nous y être ensuite introduits... nous sommes revenus, Jean comme devant... c'est ce qui fait que je n'ai pas pu me rendre plus tôt à vos ordres, mon général.

— J'étais bien sûr qu'il y avait impossibilité de votre part, mon brave.

— Mais, sans indiscrétion, comment diable vous trouvez-vous ici?

— Des canailles, mon cher... une nuée de canailles qui, pour une misère d'une soixantaine de mille francs dont ils se prétendent dépouillés, ont porté plainte contre moi en abus de confiance et me forcent de me défaire de ma charge...

— Vraiment, général?... Ah bien! en voilà un malheur! Comment!... nous ne travaillerons plus pour vous?...

— Je suis à la demi-solde, mon brave Bourdin... me voici sous la remise.

— Mais qui est-ce donc que ces acharnés-là?

— Figurez-vous qu'un des plus forcenés contre moi est un voleur libéré, qui m'avait donné à recouvrer le montant d'un billet de sept cents mauvais francs pour lequel il fallait poursuivre... J'ai poursuivi, j'ai été payé, j'ai encaissé l'argent... et parce que, par suite d'opérations qui ne m'ont pas réussi, j'ai fricassé cette somme ainsi que beaucoup d'autres, toute cette canaille a tant piaillé qu'on a lancé contre moi un mandat d'amener, et que vous me voyez ici, mon brave, ni plus ni moins qu'un malfaiteur...

— Si ça ne fait pas suer, mon général... vous!

— Mon Dieu! oui; mais ce qu'il y a de plus curieux, c'est que ce libéré m'a écrit il y a quelques jours que, cet argent étant sa seule ressource pour les jours mauvais, et que ces jours mauvais étant arrivés (je ne sais pas ce qu'il entend par là)... j'étais responsable des crimes qu'il pourrait commettre pour échapper à la misère.

— C'est charmant, parole d'honneur!

— N'est-ce pas? rien de plus commode... le drôle est capable de dire cela pour son excuse... Heureusement la loi ne connaît pas ces complicités-là.

— Après tout, vous n'êtes prévenu que d'abus de confiance, n'est-ce pas, mon général?

— Certainement!... est-ce que vous me prendriez pour un voleur, maître Bourdin?

— Ah! par exemple, général!... Je voulais dire qu'il n'y avait rien de grave là-dedans; après tout, il n'y a pas de quoi fouetter un chat.

— Est-ce que j'ai l'air désespéré, mon brave?

— Pas du tout; je ne vous ai jamais trouvé meilleure mine. Au fait, si vous êtes condamné, vous en aurez pour deux ou trois mois de prison et vingt-cinq francs d'amende... Je connais mon Code.

— Et ces deux ou trois mois de prison... j'obtiendrai, j'en suis sûr, de les passer bien à mon aise dans une maison de santé. J'ai un député dans ma manche.

— Oh! alors... votre affaire est sûre.

(*La suite au prochain numéro.*)

COMMENT ON AIME

LA LETTRE DE CHANGE
(SUITE)

Bernard et Marcelle étaient depuis quelques instants silencieux; ils ne paraissaient pas devoir bientôt rompre ce silence embarrassant, lorsque Tom, le dogue qui avait si bien aboyé, présenta son gros museau dans l'entrebâillement de la porte du salon, et sembla promener un regard soupçonneux sur les deux jeunes gens en présence.

— Tom, au chenil! s'écria Marcelle en souriant; votre place n'est pas au salon.

L'animal regarda fixement Bernard, et, convaincu sans doute que sa jeune maîtresse n'était point en danger près de lui, il s'en alla lentement.

— Je crois, mademoiselle, que Tom est venu m'envisager, pour voir quel degré de confiance il devait mettre en moi.

— Et le résultat de son investigation ne vous a pas été défavorable, monsieur, car il s'est retiré sans grogner, ce qui ne lui arrive que lorsqu'il a bien auguré des personnes. Je dois dire à sa louange que c'est un physionomiste excellent.

— Il vient d'être pour moi d'une bienveillance dont je le remercie de tout mon cœur, mademoiselle. Je regrette bien vivement de ne pouvoir lui témoigner ma reconnaissance par quelque relief d'ortolan.

— Hélas! il n'y serait que trop sensible, reprit la jeune fille d'un ton comique. Notre cher Tom est de bonne garde; mais sa gourmandise est si insatiable qu'elle fait taire parfois sa méfiance et sa circonspection. Un voleur aurait facilement raison de lui avec quelque morceau friand de bœuf ou de mouton. Un sourd grognement annoncerait seul alors l'approche du danger.

Marcelle avait à peine prononcé ces mots lorsque le grognement sourd dont elle parlait se fit entendre. La jeune fille tressaillit et devint pâle. Elle prêta attentivement l'oreille et crut entendre, à travers le clapotement serré de la pluie qui battait la terre, un bruit de pas sur le sable de la cour. Elle se leva avec émotion et se mit en devoir de sortir du salon; mais, remarquant que Bernard se disposait à l'accompagner, elle l'arrêta et lui dit :

— Ne me suivez pas, monsieur. Ce ne peut être un voleur qui s'introduise ici en plein jour : il n'y a guère de voleurs dans le pays.

— On aura su que votre père est sorti, et quelque mauvais sujet...

— C'est probable, monsieur, mais ce mauvais sujet-là, je crois le deviner, n'est pas de l'espèce des larrons. Laissez-moi faire, et veuillez ne sortir du salon que si vous m'entendez réclamer votre secours.

— En vérité, mademoiselle, vos paroles éveillent en moi une vive inquiétude !

— Soyez tranquille, monsieur, je ne cours aucun danger.

Elle alla cependant décrocher un poignard maltais pendu au-dessus de la cheminée, le cacha dans un pli de sa robe et sortit d'un pas ferme et d'un air calme, après avoir fait un salut de la main à Bernard qui resta stupéfait de l'étrangeté de cet incident.

Lorsque Marcelle eut fermé la porte du salon, elle se trouva face à face avec un homme de taille moyenne, mais trapue, dont le visage, dessiné à grands traits, offrait cette expression énergique qui révèle de prime abord un caractère violent et déterminé. Son teint très-pâle tranchait durement sur le contraste de ses cheveux et de sa barbe d'un noir mat, presque sans reflet. Ses yeux, enfoncés dans une orbite que semblait creuser davantage une sombre teinte de bistre, lançaient un éclat fulgurant que plus d'un regard, même hardi, n'eût pu soutenir. La physionomie de cet homme, ardente et froide en même temps, décelait une volonté implacable et prête à tout braver pour atteindre un but et satisfaire une passion. Il était mis avec recherche et paraissait avoir cinquante ans.

— Comment êtes-vous entré ici, monsieur?

lui demanda Marcelle en s'efforçant de dominer sa propre émotion; et qui demandez-vous?

— Vous, répondit tranquillement le nouveau venu. Je vous l'avoue, reprit-il avec une velléité d'enjouement, j'ai mis dans mes intérêts votre servante, qui, sous prétexte de se rendre à Concarneau, s'est empressée de venir m'apprendre l'absence de votre père. J'ai donc profité de l'occasion; et, muni d'un appât que Tom ne dédaigne jamais, j'ai escaladé le mur du jardin, de sorte que me voici près de vous, Marcelle. Je désire vous parler.

— Qu'avez-vous à me dire, monsieur? articula la jeune fille avec un accent aussi dédaigneux que le lui permettait le secret effroi dont elle se sentait l'âme oppressée.

— Je veux avoir avec vous une explication qui sera, si vous le voulez, mon dernier entretien. Je vous apporte la preuve que j'ai entre les mains... le déshonneur de votre père.

— Vous mentez, monsieur! balbutia Marcelle avec une expression de douleur. Cette preuve, vous ne l'avez pas! vous ne pouvez pas l'avoir!

— Faites-moi le plaisir de me recevoir un peu mieux qu'à la porte, et vous serez bientôt convaincue que je ne mens pas.

En disant ces mots, il se dirigeait vers le salon. Marcelle ouvrit vivement la porte du cabinet de travail de son père et y fit entrer le bizarre visiteur.

Une table en merisier, deux chaises, une petite bibliothèque, un canapé jaune et flétri composaient le mobilier de cette pièce. Des engins de pêche, des modèles de barques, gréées en cotres, en sloops, une longue-vue, une boussole, quelques instruments de précision dénonçaient les goûts du maître de la maison, ancien armateur qui avait fait le cabotage sur le littoral de l'Océan.

Marcelle alla s'appuyer contre la petite table; elle croisa les bras sur sa poitrine, comme pour en contenir les battements. Son interlocuteur s'assit sur le canapé, à deux pas, et la contempla un instant avec une fixité ardente qui attira le sang aux joues de la jeune fille, dont les yeux furent contraints de se fermer.

— Eh bien! monsieur, cette preuve? lui demanda-t-elle après un effort pour maîtriser son émotion.

— Cette preuve, je vous l'ai déjà dit, c'est une lettre de change tirée sur moi par mon ami Kernol, à une époque où ses affaires d'armateur étaient tombées dans un complet désarroi et où j'étais comme banquier en relations d'intérêts avec lui. L'acceptation que porte cette lettre de change, je vous le répète, est un faux, et le coupable, je viens de vous le nommer.

— Votre accusation est une calomnie, monsieur! Je ne veux pas vous croire, je ne vous crois pas!

— Hier, devant vous, j'ai fait allusion à cet épisode malheureux de son passé; vous avez vu pâlir votre père, des larmes ont jailli de ses yeux. Est-ce vrai?

— Que sais-je, hélas!... Enfin, quelle est votre intention? Après avoir longtemps gardé le silence, avez-vous donc réellement conçu le projet de vous adresser à la justice? Mais si vous agissiez de la sorte, en supposant que vous puissiez le faire, on saura le motif qui dicte votre conduite et l'on vous méprisera.

— Votre père en sera-t-il moins déshonoré?

— Vous êtes odieux!

— Soit. Le cœur qui se venge est-il si scrupuleux, quand on l'a blessé dans ses sentiments les plus profonds? D'ailleurs, quel rôle jouez-vous? en quoi vous montrez-vous plus noble, plus héroïque que je ne le suis? Je sape d'un coup de ma colère le renom d'honnêteté que votre père s'est arbitrairement acquis : c'est juste, et c'est mon devoir.

— C'est inique et c'est une infamie! s'écria Marcelle d'une voix altérée.

— Affaire d'opinion, répliqua froidement l'âpre contradicteur. Je continue. La dénonciation dont je menace votre père s'explique très-bien, vous en conviendrez, par le sentiment vindicatif que vous excite en moi votre dédain persistant. Mais comment excuser votre insouciance? Pour prévenir un grand scandale, il vous suffit d'un élan de générosité, et cependant, égoïste et cruelle, vous livrez votre père à la sévérité des lois. J'admets que ma vengeance soit détestable : la sécheresse de votre cœur l'est-elle donc moins? Voilà pourtant nos positions respectives. Pour la dernière fois, je vous apporte la paix ou la guerre, choisissez : perdez votre père ou sauvez-le.

Marcelle était violemment oppressée : ses paupières se gonflaient de larmes, tout son corps tremblait.

— Tenez, monsieur, murmura-t-elle d'une voix brisée, ce que vous me dites là est tellement affreux que je doute encore de la réalité. Quoi! vous qui êtes marié, vous, un ancien ami de notre famille, vous qui devriez être mon recours et mon appui pour me faire rentrer dans le chemin de l'honneur si j'essayais d'en sortir, vous m'excitez au mépris de mes devoirs! vous exigez impérieusement que je ternisse ma vie, et, pour m'y contraindre, vous ne craignez pas de spéculer sur une faute que mon père a commise, dites-vous, et vous me menacez, si je résiste à vos injonctions, de le livrer à la justice dans le but de vous venger de mes mépris! en un mot, vous avez l'audace de me placer entre mon propre déshonneur et le déshonneur de l'être que j'aime le plus au monde! Mais quel homme êtes-vous donc? quelle conscience est la vôtre? Vous prétendez que votre façon d'agir à mon égard n'est qu'une action détestable! Ah! vous vous trompez, monsieur, c'est une horrible lâcheté!

Ces paroles semblèrent frapper comme d'une balle la poitrine du sinistre interlocuteur. Il frissonna; son regard eut un lugubre rayonnement. Mais l'impression violente se dissipa vite en lui. Il retrouva bientôt toute sa présence d'esprit, tout son aplomb.

— Que m'importent vos injures, Marcelle! dit-il. Je vous les pardonne. Mais, je vous le répète, vous m'avez inspiré une passion indicible, folle, absurde, mais violente, mais tenace, et je suis prêt à tout...

— Je ne vous comprends pas, murmura Marcelle avec un secret effroi. Achevez!

— Eh bien! oui, s'écria-t-il d'une voix vibrante et saccadée, oui, je me suis armé d'une résolution désespérée, et je tenterai l'impossible pour vous obtenir, fût-ce en dépit de vous-même! Je suis un insensé, je suis un misérable, c'est possible! Je suis méprisable, si vous voulez! Mais est-ce ma faute à moi si vous avez allumé dans mon sein cette ardente passion? Est-ce ma faute à moi si je ne puis résister à l'élan coupable qui m'entraîne vers vous? J'ai voulu d'abord me retenir sur la pente fatale : mes efforts n'ont réussi qu'à me faire sentir davantage l'invincible puissance de mon penchant. J'ai laissé mon cœur éclater devant vous; je vous ai révélé mon martyre. Mais à peine avez-vous daigné vous émouvoir de mon tourment. Alors j'ai mis ma fortune à vos pieds; je vous ai offert, loin du monde où nous vivons, une existence enchantée, pleine de luxe, d'élégance et d'éclat, car j'eusse brisé toute entrave, foulé sous mon dédain toute convenance pour me réunir à vous. Mais, hélas! rien ne vous a touchée, rien ne vous a fléchie. Vos répulsions persistantes, en m'humiliant sans cesse, ont fini par surexciter en moi le désir implacable de la vengeance à tout prix!

Le ton déclamatoire qui accentuait cette tirade avait d'abord épouvanté Marcelle; cependant son instinct de femme, subtil et pénétrant, n'avait pas tardé à lui faire comprendre qu'il y avait de l'affectation et de la fanfaronnade dans un langage si dramatique. Ce fut avec un calme légèrement railleur qu'elle répondit :

— Vos menaces ne me font pas peur, monsieur. Vous avez assez d'expérience pour savoir que la brutalité ne réussit jamais près des femmes. La persuasion, voilà la seule force qu'il faut employer avec elles; c'est la seule qui soit honorable.

Puis, apercevant Tom qui venait en grognant de se présenter à la porte du cabinet, elle ajouta d'un ton à la fois ironique et triste :

— C'est aussi la seule qui soit sûre!

Elle fit un signe à Tom qui s'accroupit au seuil et continua de grogner, mais plus bas, en dardant un regard oblique et sombre sur celui qui tentait d'effrayer la jeune fille. Le terrible personnage n'eut pas l'air de remarquer cet incident; il reprit néanmoins en adoucissant singulièrement l'expression de sa voix :

— Voyons, Marcelle, décidez. Montrez-vous généreuse pour votre père, et aussi pour cet insensé qui est là, souffrant, devant vous, qui vous aime et qui vous supplie avec ardeur! Dites un mot, un mot propice, et je vous livre la lettre de change avec laquelle je puis faire condamner votre père. Condamner, entendez-vous? Tenez, Marcelle, voici cette pièce de conviction, reprit-il en tirant de son portefeuille deux papiers pliés.

Il montra l'un et le serra soigneusement; puis il déplia l'autre et dit :

— Je vais vous lire maintenant un écrit qui constate le fait incriminable. Écoutez :

« Mon cher Danglaz,

« Je suis un homme flétri, perdu! Ayez pitié d'un insensé qu'un accès de désespoir a jeté dans le crime. Ruiné par la faillite d'un commerçant, pressé de toutes parts, sans argent, sans ressources, j'ai commis... Oh! je meurs de honte et de remords!... j'ai commis un faux! oui, un faux!

(*La suite au prochain numéro.*)

Le propriétaire-gérant : F. ROY.

LES MYSTÈRES DE PARIS

— Je me suis mis tout de suite dans ses bonnes grâces en lui donnant des cigares. (Page 27.)

— Tenez, Bourdin, aussi je ne peux m'empêcher de rire; ces imbéciles qui m'ont fait mettre ici seront bien avancés! ils ne verront pas davantage un sou de l'argent qu'ils réclament. Ils me forcent de vendre ma charge, ça m'est égal, je suis censé la devoir à mon prédécesseur, comme vous dites. Vous voyez, c'est encore ces *gogos*-là qui seront les dindons de la farce, comme dit *Robert Macaire*.

— Mais ça me fait cet effet-là, général; tant pis pour eux!

— Ah çà! mon brave, venons au sujet qui m'a fait vous prier de venir me voir : il s'agit d'une mission délicate, d'une affaire de femme, — dit maître Boulard avec une fatuité mystérieuse.

— Ah! scélérat de général, je vous reconnais bien là!... De quoi s'agit-il? Comptez sur moi.

— Je m'intéresse particulièrement à une

jeune artiste des Folies-Dramatiques; je paye son terme, et, en échange, elle me paye de retour, du moins je le crois; car, mon brave, vous le savez, souvent les absents ont tort. Or je tiendrais d'autant plus à savoir si *j'ai tort* qu'Alexandrine (elle s'appelle Alexandrine) m'a fait demander quelques fonds... Je n'ai jamais été chiche avec les femmes; mais, écoutez donc, je n'aime pas à être dindonné. Ainsi, avant de faire le libéral avec cette chère amie, je voudrais savoir si elle le mérite par sa fidélité. Je sais qu'il n'y a rien de plus rococo, de plus perruque que la fidélité; mais c'est un faible que j'ai comme ça. Vous me rendriez donc un service d'ami, mon cher camarade, si vous pouviez pendant quelques jours surveiller mes amours et me mettre à même de savoir à quoi m'en tenir, soit en faisant jaser la portière d'Alexandrine, soit...

— Suffit! mon général! répondit Bourdin en interrompant l'huissier; — ceci n'est pas plus malin que de surveiller, épier et dépister un débiteur. Reposez-vous sur moi; je saurai si mademoiselle Alexandrine donne des coups de canif dans le contrat, ce qui ne me paraît guère probable, car, sans vous commander, mon général, vous êtes trop bel homme et trop généreux pour qu'on ne vous adore pas.

— J'ai beau être bel homme, je suis absent, mon cher camarade, et c'est un grand tort; enfin je compte sur vous pour savoir la vérité.

— Vous la saurez, je vous en réponds.

— Ah! mon cher camarade, comment vous exprimer ma reconnaissance?

— Allons donc, mon général!

— Il est bien entendu, mon brave Bourdin, que dans cette circonstance-là vos honoraires seront ce qu'ils seraient pour une prise de corps.

— Mon général, je ne le souffrirai pas; tant que j'ai exercé sous vos ordres, ne m'avez-vous pas toujours laissé tondre le débiteur jusqu'au vif, doubler, tripler les frais d'arrestation, frais dont vous poursuiviez ensuite le payement avec autant d'activité que s'ils vous eussent été dus à vous-même?

— Mais, mon cher camarade, ceci est différent... et à mon tour je ne souffrirai pas...

— Mon général, vous m'humilieriez si vous ne me permettiez pas de vous offrir ces renseignements sur mademoiselle Alexandrine comme une faible preuve de ma reconnaissance...

— A la bonne heure... je ne lutterai pas plus longtemps avec vous de générosité. Au reste, votre dévouement me sera une douce récompense du *moelleux* que j'ai toujours mis dans nos relations d'affaires.

— C'est bien comme cela que je l'entends, mon général; mais ne pourrai-je pas vous être bon à autre chose? Vous devez être horriblement mal ici, vous qui tenez tant à vos aises? Vous êtes à la *pistole* [1], j'espère?

— Certainement; et je suis arrivé à temps, car j'ai eu la dernière chambre vacante; les autres sont comprises dans les réparations qu'on fait à la prison. Je me suis installé le mieux possible dans ma cellule; je n'y suis pas trop mal: j'ai un poêle, j'ai fait venir un bon fauteuil, je fais trois longs repas, je digère, je me promène et je dors. Sauf les inquiétudes que me donne Alexandrine, vous voyez que je ne suis pas trop à plaindre.

— Mais pour vous, qui étiez si gourmand, général, les ressources de la prison sont bien maigres!

— Et le marchand de comestibles qui est dans ma rue, n'a-t-il pas été créé comme qui dirait à mon intention? Je suis en compte ouvert avec lui, et tous les deux jours il m'envoie une bourriche soignée... Et à ce propos, puisque vous êtes en train de me rendre service, priez donc la marchande, cette brave petite madame Michonneau, qui par parenthèse n'est pas piquée des vers...

— Ah! scélérat... scélératissime de général...

— Voyons, mon cher camarade, pas de mauvaises pensées, — dit l'huissier avec une nuance de fatuité, — je suis seulement bonne pratique et bon voisin. Donc, priez la chère madame Michonneau de mettre dans mon panier de demain un pâté de thon mariné... c'est la saison, ça me changera et ça fait boire...

— Excellente idée!...

— Et puis, que madame Michonneau me renvoie un panier de vins *composé*, bourgogne, champagne et bordeaux, pareil au dernier; elle saura ce que ça veut dire... et qu'elle y ajoute deux bouteilles de son vieux cognac de 1817 et une livre de pur moka frais grillé et frais moulu.

— Je vais écrire la date de l'eau-de-vie pour ne rien oublier, — dit Bourdin en tirant son carnet de sa poche.

— Puisque vous écrivez, mon cher camarade, ayez donc aussi la bonté de noter de demander chez moi mon édredon.

1. En chambre particulière. — Les prévenus qui peuvent faire cette dépense obtiennent cet avantage.

— Tout ceci sera exécuté à la lettre, mon général... soyez tranquille; me voilà un peu ras suré sur votre nourriture... Mais vos promenades, vous les faites pêle-mêle avec ces brigands de détenus?

— Oui, et c'est très-gai, très-animé. Je descends de chez moi après déjeuner; je vais tantôt dans une cour, tantôt dans une autre, et, comme vous dites, je m'encanaille... C'est *Régenae*... c'est *Porcheron!* Je vous assure qu'au fond ils paraissent très-braves gens; il y en a de fort amusants. Les plus féroces sont rassemblés dans ce qu'on appelle la Fosse-aux-Lions. Ah! mon cher camarade, quelles figures patibulaires! Il y a entre autres un nommé le *Squelette*... je n'ai jamais rien vu de pareil.

— Quel drôle de nom!

— Il est si maigre ou plutôt si décharné que ça n'est pas un sobriquet; je vous dis qu'il est effrayant; par là-dessus il est prévôt de sa chambrée; c'est bien le plus grand scélérat... Il sort du bagne, et il a encore volé et assassiné; mais son dernier meurtre est si horrible qu'il sait bien qu'il sera condamné à mort sans rémission; mais il s'en moque comme de colin-tampon.

— Quel bandit!...

— Tous les détenus l'admirent et tremblent devant lui. Je me suis mis tout de suite dans ses bonnes grâces en lui donnant des cigares; aussi il m'a pris en amitié et il m'apprend l'argot! Je fais des progrès.

— Ah! ah! quelle bonne farce! mon général qui apprend l'argot!

— Je vous dis que je m'amuse comme un bossu; ces gaillards-là m'adorent, il y en a même qui me tutoient... Je ne suis pas fier, moi, comme un petit monsieur nommé Germain, un va-nu-pieds qui n'a pas seulement le moyen d'être à la pistole et qui se mêle de faire le dégoûté, le grand seigneur avec eux.

— Mais il doit être enchanté de trouver un homme aussi comme il faut que vous, pour causer avec lui, s'il est dégoûté des autres?

— Bah! il n'a pas eu l'air seulement de remarquer que j'étais; mais l'eût-il remarqué, que je me serais bien gardé de répondre à ses avances. C'est la bête noire de la prison... Ils lui joueront tôt ou tard un mauvais tour, et je n'ai, pardieu! pas envie de partager l'aversion dont il est l'objet.

— Vous avey bien raison!

— Ça me gâterait ma récréation... Seulement ces brigands-là n'ont pas grande opinion de moi, *moralement*. Vous comprenez, ma prévention de simple abus de confiance... c'est une misère pour des gaillards pareils... Aussi ils me *regardent comme bien peu*, ainsi que dit Arnal.

— En effet, auprès de ces matadors du crime... vous êtes...

— Un véritable agneau pascal, mon cher camarade... Ah çà! puisque vous êtes si obligeant, n'oubliez pas mes commissions.

— Soyez tranquille, mon général : 1° mademoiselle Alexandrine; 2° le pâté de poisson et le panier de vin; 3° le vieux cognac de 1817, le café en poudre et l'édredon... vous aurez tout cela... Il n'y pas autre chose?

— Ah!... si, j'oubliais... Vous savez bien où demeure M. Badinot?

— L'agent d'affaires? Oui.

— Eh bien ! veuillez lui dire que je compte toujours sur son obligeance pour me trouver un avocat comme il me le faut pour ma cause; que je ne regarderai pas à un billet de mille francs.

— Je verrai M. Badinot, soyez tranquille, mon général; ce soir toutes vos commissions seront faites, et demain vous recevrez ce que vous demandez. A bientôt et bon courage, mon général!

— Au revoir, mon cher camarade!

Et le détenu quitta le parloir d'un côté, le visiteur de l'autre.

. . . .

Maintenant, comparez le crime de Pique-Vinaigre, récidiviste, au délit de maître Boulard, huissier. Comparez le point de départ de tous deux, et les raisons, les nécessités qui ont pu les pousser au mal. Comparez enfin le châtiment qui les attend.

Sortant de prison, inspirant partout l'éloignement et la crainte, le libéré n'a pu exercer, dans la résidence qu'on lui avait assignée, le métier qu'il savait : il espérait se livrer à une profession dangereuse pour sa vie, mais appropriée à ses forces; cette ressource lui a manqué. Alors il rompt son ban, revient à Paris, comptant y cacher plus facilement ses antécédents et trouver du travail. Il arrive épuisé de fatigue, mourant de faim; par hasard, il découvre qu'une somme d'argent est déposée dans une maison voisine, il cède à une détestable tentation, il force un volet, ouvre un meuble, vole cent francs et se sauve. On l'arrête, il est prisonnier... Il sera jugé, condamné. Comme récidiviste, quinze ou vingt ans de travaux forcés et l'exposition, voilà ce qui l'attend. Il le sait.

Cette peine formidable, il la mérite... La propriété est sacrée. Celui qui, la nuit, brise votre porte pour s'emparer de votre avoir doit subir un châtiment terrible. En vain le coupable objectera-t-il le manque d'ouvrage, la misère, la position exceptionnelle, difficile, intolérable, le besoin que sa condition de libéré lui impose... Tant pis ! la loi est une ; la société, pour son salut et pour son repos, veut et doit être armée d'un pouvoir sans bornes, et impitoyablement réprimer ces attaques audacieuses contre le bien d'autrui.

Oui, ce misérable ignorant et abruti, ce récidiviste corrompu et dédaigné a mérité son sort...

Mais que méritera donc celui qui, intelligent, riche, instruit, entouré de l'estime de tous, revêtu d'un caractère officiel, volera... non pas pour manger... mais pour satisfaire à de fastueux caprices ou pour tenter les chances de l'agiotage ? volera... non pas cent francs... mais volera cent mille francs... un million?... volera... non pas la nuit, au péril de sa vie... mais volera tranquillement, au grand jour, à la face de tous?... volera... non pas un inconnu qui aura mis son argent sous la sauvegarde d'une serrure... mais volera un client qui aura *forcément* mis son argent sous la sauvegarde de la probité de l'officier public que la loi *désigne*, impose à sa *confiance*?...

Quel châtiment terrible méritera donc celui-là qui, au lieu de voler une petite somme presque par *nécessité*... volera par *luxe* une somme considérable? Ne serait-ce pas déjà une injustice criante de ne lui appliquer qu'une peine égale à celle qu'on applique au récidiviste poussé à bout par la misère, au vol par le besoin?

— Allons donc ! dira la loi... Comment appliquer à un homme bien élevé la même peine qu'à un vagabond? Fi donc !... Comparer un délit de bonne compagnie avec une ignoble effraction !... Fi donc !...

— Après tout, de quoi s'agit-il? répondra, par exemple, maître Boulard d'accord avec la loi. En vertu des pouvoirs que me confère mon office, j'ai touché pour vous une somme d'argent ; cette somme, je l'ai dissipée, détournée ; il n'en reste pas une obole... mais n'allez pas croire que la misère m'ait poussé à cette spoliation ! Suis-je un mendiant, un nécessiteux ? Dieu merci ! non ; j'avais et j'ai de quoi vivre largement. Oh ! rassurez-vous, mes visées étaient plus hautes et plus fières... Muni de votre argent, je me suis audacieusement élancé dans la sphère éblouissante de la spéculation ; je pouvais doubler, tripler la somme à mon profit, si la fortune m'eût souri ; malheureusement elle m'a été contraire ; vous voyez bien que j'y perds autant que vous...

— Encore une fois, semble dire la loi, cette spoliation, leste, nette, preste et cavalière, faite au grand soleil, a-t-elle quelque chose de commun avec ces rapines nocturnes, ces bris de serrures, ces effractions de portes, ces fausses clefs, ces leviers, sauvage et grossier appareil de misérables voleurs du plus bas étage?

Les crimes ne changent-ils pas de pénalité, même de nom, lorsqu'ils sont commis par certains privilégiés ? Un malheureux dérobe un pain chez un boulanger, en cassant un carreau... une servante dérobe un mouchoir ou un louis à ses maîtres : cela, bien et dûment appelé vol avec circonstances aggravantes et infamantes, est du ressort de la cour d'assises.

Et cela est juste, surtout pour le dernier cas. Le serviteur qui vole son maître est doublement coupable : il fait presque partie de la famille, la maison lui est ouverte à toute heure ; il trahit indignement la confiance qu'on a en lui : c'est cette trahison que la loi frappe d'une condamnation infamante. Encore une fois, rien de plus juste, de plus moral.

Mais qu'un huissier, mais qu'un officier public quelconque, vous dérobe l'argent que vous avez forcément confié à sa qualité officielle, non-seulement ceci n'est pas assimilé au vol domestique ou au vol avec effraction, mais ceci n'est pas même qualifié vol par la loi.

— Comment?

— Non, sans doute ! Vol... ce mot est par trop brutal... il sent trop son mauvais lieu... vol !... fi donc !... *abus de confiance*, à la bonne heure ! C'est plus délicat, plus décent et plus en rapport avec la condition sociale, la considération de ceux qui sont exposés à commettre ce... délit ! car cela s'appelle *délit*... *Crime* serait aussi trop brutal.

Et puis, distinction importante, le crime ressort de la cour d'assises... l'abus de confiance, de la police correctionnelle.

O comble de l'équité ! ô comble de la justice distributive ! Répétons-le : un serviteur vole un louis à son maître, un affamé brise un carreau pour voler un pain... Voilà des crimes... vite aux assises ! Un officier public dissipe ou détourne un million, c'est un *abus de confiance*; un simple tribunal de police correctionnelle doit en connaître. En fait, en droit, en raison, en logique, en humanité, en morale, cette effrayante différence entre les pénalités est-elle justifiée par la dissemblance de criminalité? En quoi le vol domestique, puni d'une peine infamante, diffère-t-il de l'abus de confiance, puni d'une peine correctionnelle? Est-ce parce que l'abus de confiance entraîne presque toujours la ruine des familles? Qu'est-ce donc qu'un abus de confiance, sinon un vol domestique, mille fois aggravé par ses conséquences effrayantes et par le caractère officiel de celui qui le commet? Ou bien encore, en quoi un vol avec effraction est-il plus coupable qu'un vol avec abus de confiance?

Comment! vous osez déclarer que la violation morale du serment de ne jamais forfaire à la confiance que la société est forcée d'avoir en vous est moins criminelle que la violation matérielle d'une porte? Oui, on l'ose... Oui, la loi est ainsi faite... Oui, plus les crimes sont graves, plus ils compromettent l'existence des familles, plus ils portent atteinte à la sécurité, à la moralité publique... moins ils sont punis.

De sorte que plus les coupables ont de lumières, d'intelligence, de bien-être et de considération, plus la loi se montre indulgente pour eux... De sorte que la loi réserve les peines les plus terribles, les plus infamantes, pour des misérables qui ont, nous ne voudrions pas dire pour excuse... mais qui ont du moins pour prétexte l'ignorance, l'abrutissement, la misère où on les laisse plongés.

Cette partialité de la loi est barbare et profondément immorale.

Frappez impitoyablement le pauvre s'il attente au bien d'autrui, mais frappez impitoyablement aussi l'officier public qui attente au bien de ses clients.

Qu'on n'entende donc plus des avocats excuser, défendre et faire absoudre (car c'est absoudre que de condamner à si peu) des gens coupables de spoliations infâmes, par des raisons analogues à celles-ci : — Mon client ne nie pas avoir dissipé les sommes dont il s'agit; il sait dans quelle détresse affreuse son *abus de confiance* a plongé une honorable famille; mais que voulez-vous? mon client a l'esprit aventureux; il aime à courir les chances des entreprises audacieuses, et une fois qu'il est lancé dans les spéculations, une fois que la fièvre de l'agiotage le saisit, il ne fait plus aucune différence entre ce qui est à lui et ce qui est aux autres.

Ce qui, on le voit, est parfaitement consolant pour ceux qui sont dépouillés et singulièrement rassurant pour ceux qui sont en position de l'être. Il nous semble pourtant qu'un avocat serait assez mal venu en cour d'assises s'il présentait environ cette défense : — Mon client ne nie pas avoir crocheté un secrétaire pour y voler la somme dont il s'agit. Mais... que voulez-vous?... il aime la bonne chère; il adore les femmes; il chérit le bien-être et le luxe : or, une fois qu'il est dévoré de cette soif de plaisirs, il ne fait plus aucune différence entre ce qui est à lui et ce qui est aux autres.

Et nous maintenons la comparaison exacte entre le voleur et le spoliateur. Celui-ci n'agiote que dans l'espoir du gain, et il ne désire ce gain que pour augmenter sa fortune ou ses jouissances.

Résumons notre pensée. Nous voudrions que, grâce à une réforme législative, l'abus de confiance commis par un officier public fût qualifié vol, et assimilé, pour le minimum de la peine, au vol domestique, et pour le maximum, au vol avec effraction et récidive. La compagnie à laquelle appartiendrait l'officier public serait responsable des sommes qu'il aurait volées en sa qualité de mandataire forcé et salarié.

Voici, du reste, un rapprochement qui servira de corollaire à cette digression... Après les faits que nous allons citer, tout commentaire devient inutile.

Seulement, on se demande si l'on vit dans une société civilisée ou dans un monde barbare.

On lit dans le *Bulletin des tribunaux* du 17 février 1843, à propos d'un appel interjeté par un *huissier* condamné pour abus de confiance :

« La Cour, adoptant les motifs des premiers juges;

« Et attendu que les écrits produits pour la première fois devant la cour, par le prévenu, sont impuissants pour détruire et même pour affaiblir les faits qui ont été constatés devant les premiers juges;

« Attendu qu'il est prouvé que le prévenu, en sa qualité d'huissier, comme mandataire forcé et salarié, a reçu des sommes d'argent pour trois de ses clients; que, lorsque des demandes de la part de ceux-ci lui ont été adressées pour les obtenir, il a répondu à tous par des subterfuges et des mensonges;

(La suite au prochain numéro.)

COMMENT ON AIME

LA LETTRE DE CHANGE

(SUITE)

« J'ai fait traite sur vous, et, contrefaisant votre signature, j'ai signé votre acceptation. Grâce, mon cher Danglaz ! Ne me vouez pas à l'infamie ! Je vous rembourserai avec le temps. Sauvez l'honneur de ma fille, de ma pauvre Marcelle ! Pitié et miséricorde ! J'attends votre réponse ; je l'attends avec angoisses.

Adieu,

« PIERRE KERNOL. »

Il mit cette lettre sous les yeux de Marcelle.

— Reconnaissez-vous l'écriture de votre père ? lui demanda-t-il.

Après quoi, il serra le pli, tandis que la jeune fille, accablée, anéantie, restait muette, le visage ruisselant de larmes, le cœur déchiré par l'évidence de cette affreuse révélation.

— Il y a quatre ans que ces choses se sont passées, reprit tranquillement Danglaz satisfait de l'impression que la lettre avait produite sur Marcelle. J'ai toujours dit à votre père que j'avais déchiré son faux, afin de le tranquilliser. Mais je me flatte d'être un homme sérieux ; j'ai pour règle absolue de ne jamais détruire aucun papier important, même lorsque je ne prévois pas qu'il puisse jamais me devenir utile. Du reste, je l'avoue, votre père a voulu me rembourser, et j'ai refusé, ne voulant pas restreindre sensiblement la modique fortune qu'une succession est venue fort à propos lui donner, lorsque dangereusement malade il était contraint de renoncer à ses opérations d'armateur pour la pêche et de se confiner dans ce manoir délabré. Ainsi, vous le voyez, le sort de votre père est entre mes mains. Eh bien ! ma belle enfant, je le remets entre les vôtres : c'est à vous de consolider la tranquillité de votre père ou de lui enlever le repos dont il jouit.

Marcelle demeura un instant sans répondre ; elle était atterrée ; puis elle leva lentement un regard étrange vers Danglaz qui dardait sur elle des yeux étincelants.

— Revenez ce soir, dit-elle enfin d'un ton bref et résolu. Ce soir, je vous donnerai une réponse définitive. A ce soir !

— Pourquoi ce retard ? demanda le terrible interlocuteur en se levant et en s'approchant de la jeune fille avec vivacité.

Il voulut lui saisir la main. Elle fit un mouvement de dégoût et poussa un cri étouffé. Tom se dressa soudain et renfla le grognement dont il avait accompagné cette scène en sourdine. Il allait s'élancer sur l'insolent, quand Marcelle le retint.

— Paix, Tom ! paix donc ! Et vous, monsieur, reprit-elle avec une expression sardonique, prenez garde à vous ; vous connaissez cette bête ; elle ne tolère pas qu'on m'approche de trop près, surtout quand on n'est point son ami. Et vous savez que Tom ne vous aime pas.

— Je m'en flatte, répliqua Danglaz en jetant sur le chien un coup d'œil haineux, que celui-ci lui rendit énergiquement.

— J'ai besoin de me recueillir, reprit Marcelle, et je compte interroger mon père pour acquérir une certitude devant laquelle je recule, malgré les preuves que vous m'avez données.

— Refusez-vous de croire à l'authenticité des pièces que je viens de vous montrer ?

— Hélas ! je la redoute plus que je ne la suspecte ! Ce soir, vous pouvez venir, monsieur, cette fois par la porte. Vers sept heures, mon père ira faire le whist à Concarneau. J'ai l'habitude de l'accompagner ; je prétexterai quelque fatigue, quelque souffrance. J'aurai soin d'éloigner la servante, que vous avez si bien mise dans vos intérêts.

— Et alors ?...

— Alors, répliqua Marcelle en cachant dans ses mains son visage pâle et endolori, vous me livrerez la lettre de change avec l'écrit qui confirme la culpabilité.

— Mais quelle garantie ?

— Ma parole ! répondit vivement Marcelle ;

j'ai résolu de sauver mon père, dussé-je en mourir!

Puis elle murmura imperceptiblement :
— Et j'en mourrai !

Danglaz n'osa pas contester la valeur de cette garantie, qu'il interpréta mal. Il s'efforça, par quelques phrases banales, de ramener la jeune fille à une meilleure opinion sur ses sentiments. Marcelle ne daigna pas même l'écouter.

— A ce soir, huit heures, dit-il ; je serai exact, car je vous aime ardemment et sincèrement.

— A ce soir, monsieur. Moi, je vous hais, n'importe !

— Vous êtes impitoyable !

— Et vous donc ? repartit Marcelle avec une sombre animation.

— Vous me jugerez plus tard avec indulgence, et vous me pardonnerez.

— Jamais !

Tom accompagna le sinistre amoureux jusqu'à la porte de la cour, en paraissant regretter sérieusement de ne pouvoir lui sauter à la gorge et lui faire sentir la vigueur de ses crocs éblouissants.

Marcelle fut quelques minutes à se remettre des émotions qui l'avaient agitée durant cette scène violente. Quand elle eut repris du calme, elle rentra au salon. Bernard Trémic s'y promenait à grands pas. En apercevant la jeune fille, il s'avança rapidement vers elle, et lui dit avec vivacité :

— L'orage a cessé, mademoiselle ; il est tard ; je suis pressé de regagner Concarneau ; permettez-moi de me retirer.

— Il pleut toujours, monsieur. Restez encore quelques instants, si cela vous est possible. Mon père ne tardera pas à rentrer, il vous fera beaucoup mieux que moi les honneurs de l'hospitalité.

— Ne me retenez pas, mademoiselle. Une affaire très-urgente me réclame. Je suis contrarié de ne pouvoir demeurer plus longtemps ici ; je vous prie d'agréer l'expression de mes regrets et de mes remerciements.

— Je n'insiste plus, monsieur, et vous demande pardon de vous avoir laissé seul si longtemps. Mais une visite imprévue... particulière...

— J'ai entendu, en effet, le bruit confus de deux voix dans la pièce voisine, dit Bernard sans paraître ajouter aucune importance à ces paroles.

Marcelle rougit jusqu'au blanc des yeux. Elle venait de se rappeler que la sonorité du cabinet de son père pénétrait jusque dans le salon. Elle jeta sur Bernard un regard inquisiteur et perçant, que celui-ci soutint avec plus de surprise que d'embarras. Elle en conclut qu'il n'avait, sinon rien entendu, du moins rien distingué de ce qui s'était passé entre elle et son mystérieux visiteur.

— Adieu, mademoiselle ! dit le jeune homme avec une légère nuance de mélancolie. Je souhaite que le hasard me permette de vous revoir encore une fois.

— Je suis sûre, monsieur, que mon père aurait un grand plaisir à vous serrer la main, car je me souviens qu'il m'a parlé quelquefois de votre famille, originaire de Concarneau. Votre père, je crois, était comme le mien armateur pour la pêche, et tous deux s'estimaient et s'aimaient.

— Ne vous nommez-vous pas mademoiselle Kernol ? demanda Bernard avec émotion.

— Qui vous l'a dit ? balbutia Marcelle stupéfaite.

Bernard parut hésiter.

— Je l'ai appris à la ville, répondit le jeune homme avec vivacité. Oui, oui, continua-t-il en s'animant, Kernol, je me souviens ! Kernol, une vieille connaissance de mon père dont il me parlait souvent ! Un brave et digne homme qui est venu au secours de ma famille, alors qu'un affreux ouragan avait détruit presque toutes nos embarcations en mer ! Plus de dix ans passés loin de la France, dans l'Amérique du Sud, n'ont point diminué en moi le sentiment de la reconnaissance. Grâce à votre père, mon père a pu rétablir ses affaires et échapper à une ruine imminente. Cet acte de générosité ne s'effacera jamais de ma mémoire, dussé-je vivre cent ans !

— Vous avez une belle âme, monsieur, dit la jeune fille avec une mélancolie touchante. Revenez nous voir, je vous en prie ; mon père en sera bien heureux. La vue d'une personne qui nous rappelle une bonne action doit toujours nous réjouir le cœur.

— Je reviendrai, mademoiselle, je reviendrai bientôt !

— Au revoir donc ! reprit Marcelle en insistant avec grâce ; n'oubliez pas votre promesse.

— Il me faudrait vous oublier, repartit Bernard, et cela me semble impossible à présent.

Marcelle, doucement émue, le reconduisit jusqu'au sentier qui bordait les fossés de l'habitation. Tom les suivit en gambadant.

L'orage était dissipé, il ne pleuvait plus. Un rayon de soleil, traversant les nuées éparses et floconneuses, se réfléchissait en se brisant avec éclat dans les flaques d'eau et diamantait les gouttelettes suspendues au feuillage des arbres et des buissons. Les bergeronnettes trottillaient sur le sable humide, et l'hirondelle de mer se jouait dans l'air brillant et rafraîchi. Un souffle tiède semait par bouffées à travers l'espace des senteurs d'herbe verte et de fleurs printanières. Il y avait, dans le retour du beau temps, une quiétude et un bien-être inexprimables dont Marcelle subissait malgré elle l'influence. Elle accompagna Bernard d'un regard souriant et charmé jusqu'à ce qu'il fût sur le point de disparaître au détour du chemin. Tout à coup le jeune homme s'arrêta, et, se retournant, il salua de loin la jeune fille dont le cœur se mit à battre avec précipitation. Lorsqu'elle s'inclina pour lui rendre son salut, elle ne pouvait déjà plus le voir. Un soupir lui échappa; puis elle s'en revint lentement, s'appuya contre la porte entr'ouverte qu'ombrageaient deux grands tilleuls plantés à l'intérieur, et tomba dans une rêverie profonde, les bras croisés sur sa poitrine, les yeux perdus au ciel. Son père la surprit dans cette situation et vit une grosse larme briller sous ses longs cils noirs.

M. Kernol semblait avoir plus de cinquante ans; il était petit et maigre; il avait une figure pâle et souffreteuse, des yeux doux et faibles, un front chauve et chargé de rides violentes, creusées par le tourment plus encore que par les années. Quelques mèches de cheveux gris et légers, flottant sur ses tempes et sur son cou, achevaient de communiquer à sa physionomie une ascétique et touchante expression. Il souriait parfois, mais son sourire était presque toujours pensif. Sa voix avait des inflexions pleines de tristesse et de sensibilité. En un mot, il présentait toute l'apparence d'une nature éprouvée par la souffrance et le malheur.

— Eh bien! qu'as-tu donc, chère petite? dit-il. Est-ce que tu pleures?

— Moi, mon père? Mais non. Pourquoi pleurerais-je?

Elle s'efforça de paraître gaie, et, saisissant dans ses mains mignonnes la tête du bonhomme, elle l'embrassa plusieurs fois avec effusion.

— J'ai pourtant vu une perle humide là, sur ta joue, reprit Kernol... Et, tiens, voilà que j'en revois une autre dans tes yeux.

— J'aurai regardé trop fixement le ciel, répondit Marcelle avec un enjouement contraint.

— C'est possible, chère petite, c'est possible. A propos, pourquoi te trouvé-je à la porte, quand je t'avais bien recommandé de ne point l'ouvrir pendant mon absence?

— Parce que je suis une désobéissante et que j'ai enfreint votre recommandation.

— Ce n'est pas bien, Marcelle; j'avais mes raisons pour tenir à ce que la porte restât fermée. Mais, dis-moi, n'as-tu pas vu M. Danglaz, par hasard?

Marcelle tressaillit à cette question subite, qui la ramenait au sentiment de sa position. Pour se donner le temps de réfléchir, elle feignit de n'avoir point entendu. Son père répéta sa question.

— J'ai vu M. Danglaz, répondit-elle; il n'est resté qu'un instant ici.

— Ah! fit Kernol d'un air chagrin. Franchement, je voudrais bien que ce Danglaz ne revînt plus chez nous. Il m'a pourtant rendu un grand service autrefois. C'est égal, je ne saurais l'aimer, cet homme... Aussi, pourquoi a-t-il osé...

Il n'acheva pas sa pensée. Marcelle, voyant que son père abordait le sujet fatal, le fit asseoir et s'assit elle-même sur un banc de pierre que le soleil avait déjà séché, se pencha gracieusement sur son épaule; puis, d'un ton câlin et mélancolique :

— Quel grand service vous a donc rendu ce M. Danglaz? demanda-t-elle. Il en a été vaguement question entre vous et lui devant moi; mais je n'ai jamais pu comprendre ce dont il s'agissait.

— Il vaudrait mieux peut-être que tu ne comprisses jamais, balbutia le vieillard avec un pénible embarras. Au fond de la vie de plus d'un homme estimé, il se cache parfois de certaines fautes que ton ingénuité ne soupçonne pas et que ton jeune esprit condamnerait avec une juste rigueur.

— Je pense, mon père, que l'on doit indulgence et miséricorde aux culpabilités en apparence les plus graves, parce que souvent elles ont été le résultat d'un excès de faiblesse ou d'une heure d'égarement, et que les coupables, d'ailleurs, sont cruellement punis par les reproches que leur adresse leur conscience et par les remords qui troublent leur repos.

(*La suite au prochain numéro.*)

Le propriétaire-gérant : F. ROY.

LES MYSTÈRES DE PARIS

Fidèle à sa promesse, le vieux gardien avait été chercher Germain. (Page 34.)

« Qu'enfin il a détourné et dissipé des sommes d'argent au préjudice de ses trois clients ; qu'il a abusé de leur confiance et qu'il a commis le délit prévu et puni par les articles 408 et 406 du Code pénal, etc., etc.;

« Confirme la condamnation à deux mois de prison et vingt-cinq francs d'amende. »

Quelques lignes plus bas, dans le même journal, on lisait le même jour :

« *Cinquante-trois ans de travaux forcés.* — Le 13 septembre dernier, un vol de nuit fut commis avec escalade et effraction dans une maison habitée par les époux Bresson, marchands de vin au village d'Ivry. Des traces récentes attestaient qu'une échelle avait été appliquée contre le mur de la maison, et l'un des volets de la chambre dévalisée, donnant sur la rue, avait cédé sous l'effort d'une effraction vigoureuse.

«Les objets enlevés étaient en eux-mêmes moins considérables par la valeur que par le nombre : c'étaient de mauvaises hardes, de vieux draps de lit, des chaussures éculées, deux casseroles trouées, et, pour tout énumérer, deux bouteilles d'absinthe blanche de Suisse.

« Ces faits, imputés au prévenu *Tellier*, ayant été pleinement justifiés aux débats, M. l'avocat général a requis toute la sévérité de la loi contre l'accusé, à cause surtout de son *état particulier de récidive légale*.

« Aussi, le jury ayant rendu un verdict de culpabilité sur toutes les questions, sans circonstances atténuantes, la cour a condamné Tellier à vingt années de travaux forcés et à l'exposition. »

Ainsi, pour l'officier public spoliateur : — deux mois de prison.

Pour le libéré récidiviste : — VINGT ANS DE TRAVAUX FORCÉS ET L'EXPOSITION.

Qu'ajouter à ces faits ?... Ils parlent d'eux-mêmes. Quelles tristes et sérieuses réflexions (nous l'espérons du moins) ne soulèveront-ils pas !...

. . . .

Fidèle à sa promesse, le vieux gardien avait été chercher Germain. Lorsque l'huissier Boulard fut rentré dans l'intérieur de la prison, la porte du couloir s'ouvrit, Germain y entra, et Rigolette ne fut plus séparée de son pauvre protégé que par un léger grillage de fil de fer.

CHAPITRE III

FRANÇOIS GERMAIN

Les traits de Germain manquaient de régularité, mais on ne pouvait voir une figure plus intéressante ; sa tournure était distinguée ; sa taille svelte, ses vêtements simples, mais propres (un pantalon gris et une redingote noire boutonnée jusqu'au cou), ne se ressentaient en rien de l'incurie sordide où s'abandonnent généralement les prisonniers ; ses mains blanches et nettes témoignaient d'un soin pour sa personne qui avait encore augmenté l'aversion des autres détenus à son égard ; car la perversité morale se joint presque toujours à la saleté physique. Ses cheveux châtains, naturellement bouclés, qu'il portait longs et séparés sur le côté du front, selon la mode du temps, encadraient sa figure pâle et abattue ; ses yeux, d'un beau bleu, annonçaient la franchise et la bonté : son sourire, à la fois doux et triste, exprimait la bienveillance et une mélancolie habituelle ; car, quoique bien jeune, ce malheureux avait été déjà cruellement éprouvé. En un mot, rien de plus touchant que cette physionomie souffrante, affectueuse, résignée, comme aussi rien de plus honnête, de plus loyal, que le cœur de ce jeune homme. La cause même de son arrestation (en la dépouillant des aggravations calomnieuses dues à la haine de Jacques Ferrand) prouvait la bonté de Germain et n'accusait qu'un moment d'entraînement et d'imprudence coupable sans doute, mais pardonnable, si l'on songe que le fils de madame Georges pouvait remplacer le lendemain matin la somme momentanément prise dans la caisse du notaire pour sauver Morel le lapidaire.

Germain rougit légèrement lorsqu'à travers la grille du parloir il aperçut le frais et charmant visage de Rigolette. Celle-ci, selon sa coutume, voulut paraître joyeuse, pour encourager et égayer un peu son protégé ; mais la pauvre enfant dissimulait mal le chagrin et l'émotion qu'elle ressentait toujours dès son entrée dans la prison. Assise sur un banc de l'autre côté de la grille, elle tenait sur ses genoux son cabas de paille.

Le vieux gardien, au lieu de rester dans le couloir, alla s'établir auprès d'un poêle à l'extrémité de la salle ; au bout de quelques moments, il s'endormit. Germain et Rigolette purent donc causer en liberté.

— Voyons, monsieur Germain, — dit la grisette en approchant le plus près possible son gentil visage de la grille pour mieux examiner les traits de son ami, — voyons si je serai contente de votre figure... Est-elle moins triste ? Hum ! hum !... comme cela... Prenez garde !... je me fâcherai...

— Que vous êtes bonne !... Venir encore aujourd'hui !

— Encore !... mais c'est un reproche, cela.

— Ne devrais-je pas en effet vous reprocher de tant faire pour moi, pour moi qui ne peux rien... que vous dire merci ?

— Erreur, monsieur ! car je suis aussi heureuse que vous des visites que je vous fais. Ce serait donc à moi de vous dire merci à mon tour. Ah! ah! c'est là où je vous prends, monsieur l'injuste... Aussi j'aurais bien envie de vous punir de vos vilaines idées en ne vous donnant pas ce que je vous apporte.

— Encore une attention... Comme vous me gâtez !... Oh! merci !... Pardon si je répète si souvent ce mot qui vous fâche !... mais vous ne me laissez que cela à dire.

— D'abord vous ne savez pas ce que je vous apporte...

— Qu'est-ce que cela me fait?...

— Eh bien! vous êtes gentil...

— Quoi que ce soit, cela ne vient-il pas de vous? Votre bonté touchante ne me remplit-elle pas de reconnaissance et d'...

Germain n'acheva pas et baissa les yeux.

— Et de quoi?... — reprit Rigolette en rougissant.

— Et de... de dévouement, — balbutia Germain.

— Pourquoi pas de respect tout de suite, comme à la fin d'une lettre... dit Rigolette avec impatience. — Vous me trompez, ce n'est pas cela que vous vouliez dire... Vous vous êtes arrêté brusquement...

— Je vous assure...

— Vous m'assurez... vous m'assurez... je vous vois bien rougir à travers la grille... Est-ce que je ne suis pas votre petite amie, votre bonne camarade? Pourquoi me cacher quelque chose?... Soyez donc franc avec moi, dites-moi tout, — ajouta timidement la grisette; car elle n'attendait qu'un aveu de Germain pour lui dire naïvement, loyalement, qu'elle l'aimait.

Honnête et généreux amour que le malheur de Germain avait fait naître.

— Je vous assure — reprit le prisonnier avec un soupir — que je n'ai voulu rien dire de plus... que je ne vous cache rien !

— Fi, le menteur ! — s'écria Rigolette en frappant du pied ! — Eh bien ! vous voyez cette grande cravate de laine blanche que je vous apportais, — elle la tira de son cabas; — pour vous punir d'être ainsi dissimulé, vous ne l'aurez pas... Je l'avais tricotée pour vous... Je m'étais dit : Il doit faire si froid, si humide, dans ces grandes cours de la prison, qu'au moins il sera bien chaudement garanti avec cela... Il est si frileux !...

— Comment ! vous !...

— Oui, monsieur, vous êtes frileux... — dit Rigolette en l'interrompant; — je me le rappelle bien, peut-être ! ce qui ne vous empêchait pas de vouloir toujours, par délicatesse... m'empêcher de mettre du bois dans mon poêle, quand vous passiez la soirée avec moi... Oh! j'ai bonne mémoire !

— Et moi aussi... que trop bonne !... — dit Germain d'une voix émue.

Et il passa sa main sur ses yeux.

— Allons, vous voilà encore à vous attrister, quoique je vous le défende.

— Comment voulez-vous que je ne sois pas touché aux larmes quand je songe à tout ce que vous avez fait pour moi depuis mon séjour en prison?... Et cette nouvelle attention n'est-elle pas charmante? Ne sais-je pas enfin que vous prenez sur vos nuits pour avoir le temps de venir me voir? A cause de moi, vous vous imposez un travail exagéré.

— C'est ça! plaignez-moi bien vite de faire tous les deux ou trois jours une jolie promenade pour venir visiter mes amis, moi qui adore marcher... C'est si amusant de regarder les boutiques tout le long du chemin !

— Et aujourd'hui, sortir par ce vent, par cette pluie !

— Raison de plus : vous n'avez pas idée des drôles de figures qu'on rencontre !!! Les uns retiennent leur chapeau à deux mains pour que l'ouragan ne l'emporte pas; les autres, pendant que leur parapluie fait la tulipe, font des grimaces incroyables en fermant les yeux pendant que la pluie leur fouette le visage... Tenez, ce matin, pendant toute ma route, c'était une vraie comédie... Je me promettais de vous faire rire en vous la racontant... mais vous ne voulez pas seulement vous dérider un peu.

— Ce n'est pas ma faute... pardonnez-moi; mais les bonnes impressions que je vous dois tournent en attendrissement profond... Vous le savez, je n'ai pas le bonheur gai... c'est plus fort que moi...

Rigolette ne voulut pas laisser pénétrer que, malgré son gentil babil, elle était bien près de partager l'émotion de Germain; elle se hâta de changer de conversation, et reprit :

— Vous dites toujours que c'est plus fort que vous; mais il y a encore bien des choses plus fortes que vous... que vous ne faites pas, quoique je vous en aie prié, supplié, — ajouta Rigolette.

— De quoi voulez-vous parler?

— De votre opiniâtreté à vous isoler toujours des autres prisonniers... à ne jamais leur parler. . Leur gardien vient encore de me dire que, dans votre intérêt, vous devriez prendre cela sur vous... Je suis sûre que vous n'en faites rien... Vous vous taisez !... Vous voyez bien, c'est toujours la même chose !... Vous ne serez content que lorsque ces affreux hommes vous auront fait du mal !...

— C'est que vous ne savez pas l'horreur qu'ils m'inspirent... vous ne savez pas toutes les raisons personnelles que j'ai de fuir et d'exécrer eux et leurs pareils !

— Hélas ! si, je crois les savoir, ces raisons... j'ai lu ces papiers que vous aviez écrits pour moi, et que j'ai été chercher chez vous après votre emprisonnement... Là j'ai appris les dangers que vous aviez courus à votre arrivée à Paris, parce que vous vous êtes refusé à vous associer, en province, aux crimes du scélérat qui vous avait élevé... C'est même à la suite du dernier guet-apens qu'il vous a tendu que, pour le dérouter, vous avez quitté la rue du Temple... ne disant qu'à moi où vous alliez demeurer... Dans ces papiers-là... j'ai aussi lu autre chose, — ajouta Rigolette en rougissant de nouveau et en baissant les yeux ; — j'ai lu des choses... que...

— Oh ! que vous auriez toujours ignorées, je vous le jure, — s'écria vivement Germain, — sans le malheur qui me frappe... Mais, je vous en supplie, soyez tout à fait généreuse ; pardonnez-moi ces folies, oubliez-les ; autrefois seulement il m'était permis de me complaire dans ces rêves, quoique bien insensés.

Rigolette venait une seconde fois de tâcher d'amener un aveu sur les lèvres de Germain, en faisant allusion aux pensées remplies de tendresse, de passion, que celui-ci avait écrites jadis et dédiées au souvenir de la grisette ; car, nous l'avons dit, il avait toujours ressenti pour elle un vif et sincère amour ; mais pour jouir de l'intimité cordiale de sa gentille voisine il avait caché cet amour sous les dehors de l'amitié. Rendu par le malheur encore plus défiant et plus timide, il ne pouvait s'imaginer que Rigolette l'aimât d'amour, lui prisonnier, lui flétri d'une accusation terrible, tandis qu'avant les malheurs qui le frappaient elle ne lui témoignait qu'un attachement tout fraternel.

La grisette, se voyant si peu comprise, étouffa un soupir, attendant, espérant une occasion meilleure de dévoiler à Germain le fond de son cœur. Elle reprit donc avec embarras :

— Mon Dieu ! je comprends bien que la société de ces vilaines gens vous fasse horreur, mais ce n'est pas une raison pourtant pour braver des dangers inutiles.

— Je vous assure qu'afin de suivre vos recommandations j'ai plusieurs fois tâché d'adresser la parole à ceux d'entre eux qui me semblaient moins criminels ; mais si vous saviez quel langage ! quels hommes !

— Hélas ! c'est vrai, cela doit être terrible...

— Ce qu'il y a de plus terrible encore, voyez-vous, c'est de m'apercevoir que je m'habitue peu à peu aux affreux entretiens que, malgré moi, j'entends toute la journée ; oui, maintenant j'écoute avec une morne apathie des horreurs qui, pendant les premiers jours, me soulevaient d'indignation ; aussi, tenez, je commence à douter de moi ! — s'écria-t-il avec amertume.

— Oh ! monsieur Germain, que dites-vous ?

— A force de vivre dans ces horribles lieux, notre esprit finit par s'habituer aux pensées criminelles, comme notre oreille s'habitue aux paroles grossières qui retentissent continuellement autour de nous. Mon Dieu ! mon Dieu ! je comprends maintenant que l'on puisse entrer ici innocent, quoique accusé, et que l'on en sorte perverti...

— Oui, mais pas vous, pas vous !

— Si, moi, et d'autres valant mille fois mieux que moi. Hélas ! ceux qui, avant le jugement, nous condamnent à cette odieuse fréquentation, ignorent donc ce qu'elle a de douloureux et de funeste !... Ils ignorent donc qu'à la longue l'air que l'on respire ici devient contagieux... mortel à l'honneur...

— Je vous en prie, ne parlez pas ainsi, vous me faites trop de chagrin.

— Vous me demandez la cause de ma tristesse croissante, la voilà... Je ne voulais pas vous la dire... mais je n'ai qu'un moyen de reconnaître votre pitié pour moi.

— Ma pitié... ma pitié...

— Oui, c'est de ne vous rien cacher... Eh bien ! je vous l'avoue avec effroi... je ne me reconnais plus... j'ai beau mépriser, fuir ces misérables ; leur présence, leur contact agit sur moi... malgré moi... on dirait qu'ils ont la fatale puissance de vicier l'atmosphère où ils vivent... Il me semble que je sens la corruption me gagner par tous les pores... Si l'on m'absolvait de la faute que j'ai commise, la vue, les relations des honnêtes gens me rempliraient de confusion et de honte. Je n'en suis pas encore à me plaire au milieu de mes compagnons ; mais j'en suis venu à redouter le jour où je me retrouverai au milieu de personnes honorables... Et cela, parce que j'ai la conscience de ma faiblesse.

— De votre faiblesse?...

— De ma lâcheté...

— De votre lâcheté?... Mais quelles idées injustes avez-vous donc de vous-même, mon Dieu!

— Eh! n'est-ce pas être lâche et coupable que de composer avec ses devoirs, avec la probité?... et cela, je l'ai fait.

— Vous! vous!

— Moi! En entrant ici... je ne m'abusais pas sur la grandeur de ma faute... tout excusable qu'elle était peut-être. Eh bien! maintenant elle me paraît moindre; à force d'entendre ces voleurs et ces meurtriers parler de leurs crimes avec des railleries cyniques ou un orgueil féroce, je me surprends quelquefois à envier leur audacieuse indifférence et à me railler amèrement des remords dont je suis tourmenté pour un délit si insignifiant... comparé à leurs forfaits...

— Mais vous avez raison! votre action, loin d'être blâmable, est généreuse; vous étiez sûr de pouvoir le lendemain matin rendre l'argent que vous preniez seulement pour quelques heures, afin de sauver une famille entière de la ruine, de la mort peut-être.

— Il n'importe! aux yeux de la loi, aux yeux des honnêtes gens, c'est un vol. Sans doute il est moins mal de voler dans un tel but que dans tel autre; mais, voyez-vous, cela est un symptôme funeste que d'être obligé, pour s'excuser à ses propres yeux, de regarder au-dessous de soi... Je ne puis plus m'égaler aux gens sans tache... Me voici déjà forcé de me comparer aux gens dégradés avec lesquels je vis... Aussi, à la longue... je m'en aperçois bien, la conscience s'engourdit, s'endurcit... Demain, je commettrais un vol, non pas avec la certitude de pouvoir restituer la somme que j'aurais dérobée dans un but louable, mais je volerais par cupidité, que je me croirais sans doute encore innocent, en me comparant à celui qui tue pour voler... Et pourtant, à cette heure, il y a autant de distance entre moi et un assassin qu'il y en a entre moi et un homme irréprochable... Ainsi, parce qu'il est des êtres mille fois plus dégradés que moi, ma dégradation va s'amoindrir à mes yeux! Au lieu de pouvoir dire comme autrefois : Je suis aussi honnête que le plus honnête homme, je me consolerai en disant : Je suis le moins dégradé des misérables parmi lesquels je suis destiné à vivre toujours!

— Toujours? Mais une fois sorti d'ici!

— Eh! j'aurai beau être acquitté, ces gens-là me connaissent; à leur sortie de prison, s'ils me rencontrent, ils me parleront comme à leur ancien compagnon de geôle. Si l'on ignore la juste accusation qui m'a conduit aux assises, ces misérables me menaceront de la divulguer. Vous le voyez donc bien, des liens maudits et maintenant indissolubles m'attachent à eux... tandis que, enfermé seul dans ma cellule jusqu'au jour de mon jugement, inconnu d'eux comme ils eussent été inconnus de moi, je n'aurais pas été assailli de ces craintes qui peuvent paralyser les meilleures résolutions... Et puis, seul à seul avec la pensée de ma faute, elle eût grandi au lieu de diminuer à mes yeux; plus elle m'aurait paru grave, plus l'expiation que je me serais imposée dans l'avenir eût été grave... Aussi, plus j'aurais eu à me faire pardonner, plus dans ma pauvre sphère j'aurais tâché de faire le bien... Car il faut cent bonnes actions pour en expier une mauvaise... Mais songerai-je jamais à expier ce qui, à cette heure, me cause à peine un remords?... Tenez... je le sens, j'obéis à une irrésistible influence, contre laquelle j'ai longtemps lutté de toutes mes forces; on m'avait élevé pour le mal, je cède à mon destin : après tout, isolé, sans famille... qu'importe que ma destinée s'accomplisse honnête ou criminelle!... Et pourtant... mes intentions étaient bonnes et pures... Par cela même qu'on avait voulu faire de moi un infâme, j'éprouvais une satisfaction profonde à me dire : Je n'ai jamais failli à l'honneur, et cela m'a été peut-être plus difficile qu'à tout autre... Et aujourd'hui... Ah! cela est affreux... affreux!... — s'écria le prisonnier avec une explosion de sanglots si déchirants que Rigolette, profondément émue, ne put retenir ses larmes.

C'est qu'aussi l'expression de la physionomie de Germain était navrante, c'est que l'on ne pouvait s'empêcher de sympathiser à ce désespoir d'un homme de cœur qui se débattait contre les atteintes d'une contagion fatale, dont sa délicatesse exagérait encore le danger si menaçant. Oui, le danger menaçant!

Nous n'oublierons jamais ces paroles d'un homme d'une rare intelligence, auxquelles une expérience de vingt années passées dans l'administration des prisons donnait tant de poids :

(La suite au prochain numéro.)

COMMENT ON AIME

LA LETTRE DE CHANGE

(SUITE)

— Tu as raison, ma fille, bien que tu ne connaisses pas toute la portée de tes paroles : il y a des êtres en ce monde qui ont forfait à l'honneur, et qui cependant sont plus à plaindre qu'à blâmer.

— Si tu connaissais un de ces infortunés, reprit Marcelle avec émotion, acquérant déjà la douloureuse certitude que Danglaz n'avait point voulu la tromper, il me semble que je m'efforcerais de l'entourer de tendresse et de respect, pour effacer de son cœur le poignant souvenir d'une faute expiée par un long tourment.

— Bonne Marcelle ! soupira Kernol dont les yeux se mouillèrent. Qui sait? peut-être connais-tu un des malheureux dont nous parlons.

— Je ne vous comprends pas, murmura la jeune fille en pâlissant, car elle craignait de voir son père s'humilier devant elle jusqu'à lui faire l'aveu du crime qu'elle connaissait.

— Écoute, ma fille, dit alors Kernol avec effort ; il y a dans mon passé une action épouvantable, dont je t'eusse toujours fait un mystère, si les circonstances dans lesquelles nous sommes ne m'obligeaient à te la révéler.

Marcelle se sentit froid au cœur. Elle en savait assez, et voulait épargner à son père la honte d'un complet aveu. Mais Kernol continua :

— Je te disais tout à l'heure que je n'aimais pas ce Danglaz, et pourtant je ne puis méconnaître qu'il a des droits à ma reconnaissance.

Kernol s'interrompit comme s'il fléchissait sous le poids de ce qu'il allait ajouter.

— Qu'ai-je besoin d'apprendre ce qui paraît vous coûter tant à dire, mon père ? Vous paraissez bien fatigué ; tenez, ne me parlez plus de cela et rentrons.

— Non, ma fille, non, je veux aller jusqu'au bout, j'en aurai la force ; ce sera pour moi une nouvelle expiation, pour toi un avertissement utile sans doute... Eh bien ! reprit-il avec énergie, il y a quatre ans... j'ai fait...

— Je sais tout, mon père ! s'écria la jeune fille en mettant sa main sur la bouche qui allait proférer le cruel aveu.

— Comment? s'écria le vieillard stupéfait.

— Oui, je sais tout !... M. Danglaz m'a tout appris !

— Le misérable ! je m'en doutais... Quand t'a-t-il révélé cela?

— Aujourd'hui même, ce matin.

— Ah ! ma pauvre enfant, méfie-toi de cet homme ! C'est un démon !

— Je m'en méfie, mon père, mais je ne le crains pas.

Il y eut un instant de silence pendant lequel Kernol, le visage caché dans ses deux mains, resta immobile et comme anéanti : il pleurait. Sa fille l'entoura de ses bras et couvrit son front de baisers.

— Du courage ! dit-elle. M. Danglaz n'osera pas porter plainte contre vous.

— Je le crois aussi, soupira Kernol en relevant la tête. Il ne saurait me flétrir sans qu'il rejaillît sur lui-même quelque chose d'odieux.

Un instant après, le père et la fille se levaient et rentraient dans l'intérieur de l'habitation.

Marcelle apprit alors à son père quel hôte inattendu le hasard lui avait amené pendant l'orage. Au nom de Bernard Trémic, le visage du bonhomme exprima la surprise et la joie.

— Bernard Trémic, s'écria-t-il, le fils de mon vieil ami Jean Trémic, établi depuis douze ans à la Plata ! Bernard était encore tout enfant quand son père l'emmena au Brésil. Déjà cependant il se montrait plein d'intelligence et promettait de faire un homme capable. Pourquoi ne l'as-tu pas prié de m'attendre ? J'aurais été si ravi de le revoir !

— Je me suis efforcée de le retenir, mais je n'ai pas réussi. Une affaire urgente l'obligeait à partir, mais il s'est engagé à revenir bientôt.

— A la bonne heure ! S'il revient aujourd'hui, pendant mon absence, tu l'engageras de ma part à dîner pour demain. Je te recommande cela.

— Comptez sur moi, répondit la jeune fille avec animation.

— Eh! eh! ma chérie, repartit Kernol d'un air doux et légèrement moqueur, est-ce que tu lui aurais trouvé bonne mine, au petit Bernard Trémic?

— Oui, mon père, il m'a paru assez joli garçon, répondit Marcelle non sans rougir un peu.

— Le jeune homme a tenu les promesses de l'enfant. Je l'avais prévu.

— Son âme m'a semblé encore plus charmante que son visage, reprit Marcelle. Il m'a dit en effet, à propos d'un service que vous avez jadis rendu à sa famille, de touchantes paroles qui m'ont prouvé que c'est un noble cœur.

— Quoi! notre jeune ami s'est rappelé...

— Qu'il y a dans votre existence une belle action dont le souvenir, mon père, doit vous consoler de bien des ennuis!

Kernol attira sa fille dans ses bras et l'y pressa silencieusement.

— Tu trouves toujours, Marcelle, des mots qui sont comme un baume et qui cicatriseraient ma blessure, si elle n'était incurable.

— Incurable! repartit la jeune fille. Moi, je veux la guérir, et je la guérirai.

Vers le soir, sur les instances réitérées de Marcelle, Kernol, qui avait d'ailleurs grand besoin de se distraire, se rendit à Concarneau où il allait habituellement deux ou trois fois la semaine faire le whist chez un ami.

En se voyant seule alors, dans l'attente du moment terrible où Danglaz se présenterait pour lui demander l'accomplissement du marché consenti, Marcelle se sentit le frisson; elle eut peur. Silencieuse, immobile, les yeux fixés sur le parquet du salon, elle pleurait, lorsque la porte du vieux manoir résonna sous un coup violent. La foudre éclatant sur sa tête n'eût point communiqué à Marcelle un ébranlement plus profond. Elle se leva d'un bond, puis retomba comme foudroyée. Cette soudaine commotion ne la secoua qu'un instant; elle se releva ensuite avec énergie, prit résolûment le poignard dont elle s'était armée le matin, le cacha d'un air sombre et résolu, puis elle sortit du salon, traversa la cour où Tom se tenait sans aboyer, contre son habitude. Mais, sur le point d'ouvrir, elle eut une nouvelle défaillance qui paralysa ses mouvements. Un second coup frappé avec vigueur la fit tressaillir et la galvanisa en quelque sorte, car ce fut avec un geste nerveux et fébrile qu'elle tira le verrou, fit jouer le pêne de la serrure et ouvrit.

— C'est encore moi, mademoiselle, dit Bernard Trémic en la saluant.

Marcelle poussa un cri de surprise : elle pâlit, chancela et s'évanouit.

Cet incident, en trompant sa redoutable attente, venait de briser toutes ses facultés tendues vers une certitude odieuse, la certitude de voir Danglaz. Toute la force qu'elle avait recueillie pour le recevoir avait réagi sur elle-même et l'avait accablée de son poids.

Bernard la prit entre ses bras et la porta dans le salon, où il s'efforça de la secourir. Lorsqu'elle reprit ses sens, elle vit le jeune homme agenouillé devant elle : il tenait une de ses mains dans les siennes et suivait avec anxiété le progrès de son retour à la vie.

— Comment vous sentez-vous? lui dit-il d'une voix douce comme une caresse.

— Bien, murmura-t-elle en le regardant avec surprise, car elle était encore sous l'influence de cette vague perception qui suit l'évanouissement.

Elle promena bientôt autour d'elle un regard indécis, qui semblait chercher quelque chose ; puis, le repliant peu à peu sur Bernard, elle lui dit avec inquiétude, en lui faisant signe de se lever :

— N'est-il venu personne?

— Personne, répondit le jeune homme qui se tint debout dans une attitude à la fois triste et admirative. Attendez-vous quelqu'un?

— Oui, soupira-t-elle sans avoir bien conscience encore de la valeur de ses paroles. J'attends M. Danglaz.

— M. Danglaz? répéta Bernard. Êtes-vous bien certaine qu'il doit venir?

— Trop certaine, hélas!

— Vous seriez donc satisfaite s'il ne venait pas?

— Oh! je serais heureuse! Sa vue m'est insupportable. Je le hais.

— Eh bien! réjouissez-vous, car il ne viendra pas!

Cette réplique produisit un effet décisif sur l'esprit de Marcelle qui retrouva soudain le sentiment lucide de sa situation ; et, regardant Bernard d'un air stupéfait :

— Il ne viendra pas? s'écria-t-elle. Qui vous l'a dit? Vous le connaissez donc? vous l'avez donc vu? Oh! monsieur, expliquez-vous!

— Je l'ai vu, en effet, il y a quelques heures. Nous nous sommes parlé dans la gorge Saint-Laurent, au milieu d'un chemin de traverse qui conduit à sa propriété de campagne. Il regagnait tranquillement sa demeure, et j'étais parvenu à le joindre en courant.

— Mais comment saviez-vous qu'il suivait cette direction?

— Parce qu'il n'y avait pas dix minutes qu'il vous avait quittée. Un paysan que j'ai interrogé m'a indiqué le chemin que suivait ce Danglaz.

— Aviez-vous donc entendu ce qui s'était dit entre lui et moi?

— Mal, déclara Bernard en s'animant; mais j'en savais assez pour être sûr que cet homme est un infâme et un lâche!

— O mon Dieu! murmura Marcelle en se couvrant le visage de ses deux mains.

— Calmez-vous, mademoiselle, calmez-vous, si vous voulez que je vous conte ce qui est arrivé.

— Parlez! parlez!

— En l'abordant, je lui demandai s'il se nommait Danglaz; il me répondit affirmativement. « Alors, répliquai-je en lui montrant deux pistolets que nous autres colons nous portons toujours par habitude plus encore que par nécessité... choisissez; vous allez vous battre avec moi. » Il refusa et me demanda le motif de mon agression. Je le lui expliquai. Il persista dans son refus. « Vous ne me connaissez pas, monsieur! m'écriai-je. Quand j'ai pris une détermination, je ne recule devant aucun obstacle : acceptez ce duel à l'instant même, ou je vous tuerai comme un chien! » J'armai un pistolet. Il jeta autour de lui un regard effaré. J'en étais sûr, c'était un lâche. Celui qui est capable d'agir avec une femme comme il l'a fait avec vous doit trembler devant un homme.

« — Ce lieu est désert, continuai-je; ne comptez sur aucun secours et décidez-vous : vous n'avez pas une minute à perdre!

« — Mais enfin que me voulez-vous? dit-il en blêmissant.

« — Votre vie ou la lettre de change avec l'écrit confirmatif! répliquai-je avec colère. Les remettre, dès l'origine, entre les mains de la justice, c'était votre droit, votre devoir peut-être; mais en faire maintenant les instruments d'une séduction infernale, voilà qui est hideux, monsieur! voilà qui ne sera pas! Et puisqu'il n'existe aucun tribunal qui puisse vous juger, c'est moi qui vous juge et qui vais vous châtier sur l'heure, si vous ne consentez à vous battre ou à me livrer les papiers que je veux! » Il parut atterré, fit un mouvement pour saisir un de mes pistolets; puis, revenant sur sa résolution désespérée, il laissa retomber sa main et me dit :

« — Mais c'est un guet-apens, monsieur, et tremblez que les tribunaux ne vous fassent repentir...

« — Il n'y a pas de témoins, repartis-je. Et d'ailleurs ma conscience m'absout : je parierais que la vôtre vous condamne! Allons, dépêchons! je suis pressé.

« Il me regarda fixement alors. Ses yeux parurent vouloir me foudroyer. Peut-être essayait-il de scruter jusqu'à quel point j'étais résolu. Je soutins avec une froideur ironique les éclairs dont il s'efforçait de m'aveugler. L'impuissance de son ridicule magnétisme le découragea.

« — Vous êtes fou, me dit-il en haussant les épaules, et je veux vous épargner un crime. »

« Je souris railleusement. Il prit son portefeuille, en tira deux papiers, et, non sans une répugnance excessive, les remit entre mes mains. Après les avoir examinés attentivement, je le saluai en m'inclinant à peine.

« — Ceci ne se passera pas de la sorte, me dit-il avec dépit. Je me plaindrai au parquet de Quimper.

« — Faites, si vous l'osez. Je dirai, moi, ce que j'ai entendu et à quel prix vous vouliez rendre à mademoiselle Kernol les papiers que vous avez eu la bonne grâce de me remettre. Je vous couvrirai de honte et d'infamie. Ce que vous avez de mieux à faire, c'est encore de rester tranquille. Adieu. »

« Je le quittai, à ces mots, avec la pensée de vous porter immédiatement ma capture; mais j'ai réfléchi qu'il était plus prudent que je vous la remisse en l'absence de votre père, car il convient qu'il ignore que j'ai surpris le secret d'une faute qu'il a sans doute commise dans un accès de désespoir et de folie. »

Pendant tout ce récit, Marcelle avait été agitée, haletante, suspendue, pour ainsi dire, à chaque phrase qui s'échappait des lèvres de Bernard. Elle avait suivi, avec des yeux presque égarés, chaque geste du jeune homme dont l'animation s'était accrue au souvenir de la scène qu'il racontait.

(La suite au prochain numéro.)

Le propriétaire-gérant : F. ROY.

LES MYSTÈRES DE PARIS

Rigolette essuyant ses larmes et s'adressant à Germain dont le front était appuyé sur la grille... (Page 42.)

« En admettant qu'injustement accusé l'on entre complétement pur dans une prison, on en sortira toujours moins honnête qu'on n'y est entré ; ce qu'on pourrait appeler la *première fleur de l'honorabilité disparait à jamais au seul contact de cet air corrosif...* »

Disons pourtant que Germain, grâce à sa probité saine et robuste, avait longtemps et victorieusement lutté, et qu'il pressentait plutôt les approches de la maladie qu'il ne l'éprouvait réellement. Ses craintes de voir sa faute s'amoindrir à ses propres yeux prouvaient qu'à cette heure encore il en sentait toute la gravité ; mais le trouble, mais l'appréhension, mais les doutes qui agitaient cruellement cette âme honnête et généreuse n'en étaient pas moins des symptômes alarmants

Guidée par la droiture de son esprit, par sa sagacité de femme et par l'instinct de son amour, Rigolette devina ce que nous venons de dire. Quoique bien convaincue que son ami n'avait encore rien perdu de sa délicate probité, elle craignait que, malgré l'excellence de son naturel, Germain ne fût un jour indifférent à ce qui le tourmentait alors si cruellement. Rigolette, essuyant ses larmes et s'adressant à Germain dont le front était appuyé sur la grille, lui dit avec un accent touchant, sérieux, presque solennel, qu'il ne lui connaissait pas encore :

— Écoutez-moi, Germain, je m'exprimerai peut-être mal, je ne parle pas aussi bien que vous ; mais ce que je vous dirai sera juste et sincère. D'abord vous avez tort de vous plaindre d'être isolé, abandonné...

— Oh ! ne pensez pas que j'oublie jamais ce que votre pitié pour moi vous inspire !

— Tout à l'heure je ne vous ai pas interrompu quand vous avez parlé de *pitié*... mais puisque vous répétez ce mot... je dois vous dire que ce n'est pas du tout de la pitié que je ressens pour vous... Je vais vous expliquer cela de mon mieux... Quand nous étions voisins, je vous aimais comme un bon frère, comme un bon camarade ; vous me rendiez de petits services, je vous en rendais d'autres ; vous me faisiez partager vos amusements du dimanche, je tâchais d'être bien gaie, bien gentille, pour vous en remercier... nous étions quittes.

— Quittes ! oh ! non... je...

— Laissez-moi parler à mon tour... Quand vous avez été forcé de quitter la maison que nous habitions, votre départ m'a fait plus de peine que celui de mes autres voisins.

— Il serait vrai !...

— Oui, parce qu'eux autres étaient des sans-souci à qui certainement je devais manquer bien moins qu'à vous, et puis ils ne s'étaient résignés à devenir mes camarades qu'après s'être fait cent fois répéter par moi qu'ils ne seraient jamais autre chose... tandis que vous... vous avez tout de suite deviné ce que nous devions être l'un pour l'autre. Malgré ça, vous passiez auprès de moi tout le temps dont vous pouviez disposer... vous m'avez appris à écrire... vous m'avez donné de bons conseils, un peu sérieux, parce qu'ils étaient bons ; enfin vous avez été le plus dévoué de mes voisins... et le seul qui ne m'ayez rien demandé... pour la peine... Ce n'est pas tout : en quittant la maison, vous m'avez donné une grande preuve de confiance... vous voir confier un secret si important à une petite fille comme moi, dame ! ça m'a rendue fière... Aussi, quand je me suis séparée de vous, votre souvenir m'était toujours bien plus présent que celui de mes autres voisins... Ce que je vous dis là est vrai... vous le savez, je ne mens jamais.

— Il serait possible !... vous auriez fait cette différence entre moi... et les autres ?...

— Certainement, je l'ai faite, sinon j'aurais eu un mauvais cœur... Oui, je me disais : Il n'y a rien de meilleur que M. Germain ; seulement il est un peu sérieux... mais c'est égal, si j'avais une amie qui voulût se marier pour être bien, bien heureuse, certainement je lui conseillerais d'épouser M. Germain... car il serait le paradis d'une bonne petite ménagère.

— Vous pensiez à moi... pour une autre... — ne put s'empêcher de dire tristement Germain.

— C'est vrai ; j'aurais été ravie de vous voir faire un heureux mariage, puisque je vous aimais comme un bon camarade. Vous voyez, je suis franche, je vous dis tout.

— Et je vous en remercie du fond de l'âme : c'est une consolation pour moi d'apprendre que parmi vos amis j'étais celui que vous préfériez.

— Voilà où en étaient les choses lorsque vos malheurs sont arrivés... C'est alors que j'ai reçu cette pauvre et bonne lettre où vous m'instruisiez de ce que vous appelez votre faute, faute... que je trouve, moi qui ne suis pas savante, une belle et bonne action ; c'est alors que vous m'avez demandé d'aller chez vous chercher ces papiers qui m'ont appris que vous m'aviez toujours aimée d'amour sans oser me le dire ; ces papiers où j'ai lu — et Rigolette ne put retenir ses larmes — que, songeant à mon avenir, qu'une maladie ou le manque d'ouvrage pouvait rendre si pénible, vous me laissiez, si vous mouriez de mort violente, comme vous pouviez le craindre... vous me laissiez le peu que vous aviez acquis à force de travail et d'économie...

— Oui, car si de mon vivant vous vous étiez trouvée sans travail ou malade, c'est à moi plutôt qu'à tout autre que vous vous seriez adressée, n'est-ce pas ? j'y comptais bien ! Dites ? dites ?... Je ne me suis pas trompé, n'est-ce pas ?

— Mais c'est tout simple... A qui auriez-vous voulu que je m'adresse ?

— Oh ! tenez, voilà de ces paroles qui font

du bien, qui consolent de bien des chagrins !
— Moi, je ne peux pas vous exprimer ce que j'ai éprouvé en lisant... quel triste mot !... ce *testament* dont chaque ligne contenait un souvenir pour moi ou une pensée pour mon avenir ; et pourtant je ne devais connaître ces preuves de votre attachement que lorsque vous n'existeriez plus !... Dame ! que voulez-vous ?... Après une conduite si généreuse, on s'étonne que l'amour vienne tout d'un coup !... C'est pourtant bien naturel... n'est-ce pas, monsieur Germain ?

La jeune fille dit ces derniers mots avec une naïveté si touchante et si franche, en attachant ses grands yeux noirs sur ceux de Germain, que celui-ci ne comprit pas tout d'abord, tant il était loin de se croire aimé d'amour par Rigolette. Pourtant ces paroles étaient si précises que leur écho retentit au fond de l'âme du prisonnier ; il rougit, pâlit tour à tour, et s'écria :

— Que dites-vous ? Je crains... oh ! mon Dieu !.. je me trompe peut-être... je...

— Je dis que du moment où je vous ai vu si bon pour moi et où je vous ai vu si malheureux, je vous ai aimé autrement qu'un camarade... et que si maintenant une de mes amies voulait se marier... — dit Rigolette en souriant et en rougissant, — ce n'est plus vous que je lui conseillerais d'épouser... monsieur Germain.

— Vous m'aimez !... vous m'aimez !...

— Il faut bien que je vous le dise de moi-même... puisque vous ne me le demandez pas...

— Il serait possible !

— Ce n'est pourtant pas faute de vous avoir par deux fois mis sur la voie pour vous le faire comprendre... Mais, bon ! monsieur ne veut pas entendre à demi-mot, il me force à lui avouer ces choses-là... C'est mal peut-être... mais comme il n'y a que vous qui puissiez me gronder de mon effronterie, j'ai moins peur... Et puis, — ajouta Rigolette d'un ton plus sérieux et avec une tendre émotion, — tout à l'heure vous m'avez paru si accablé, si désespéré, que je n'y ai pas tenu ; j'ai eu l'amour-propre de croire que cet aveu, fait franchement et du fond du cœur, vous empêcherait d'être malheureux à l'avenir. Je me suis dit : Jusqu'à présent, je n'ai pas eu la chance dans mes efforts pour le distraire ou pour le consoler ; mes friandises lui ôtaient l'appétit, ma gaieté le faisait pleurer ; cette fois, du moins...Ah ! mon Dieu !... qu'avez-vous ? — s'écria Rigolette en voyant Germain cacher sa tête dans ses mains. — Là, voyez si ce n'est pas cruel ! — s'écria-t-elle ; — quoi que je fasse, quoi que je dise... vous restez aussi malheureux ; c'est être par trop méchant et par trop égoïste aussi !... on dirait qu'il n'y a que vous qui souffriez de vos chagrins !

— Hélas !... quel malheur est le mien ! ! ! — s'écria Germain avec désespoir. — Vous m'aimez... lorsque je ne suis plus digne de vous !

— Plus digne de moi ? Mais ça n'a pas le bon sens, ce que vous dites là... C'est comme si je disais qu'autrefois je n'étais pas digne de votre amitié, parce que j'avais été en prison... car, après tout, moi aussi j'ai été prisonnière... en suis-je moins honnête fille ?...

— Mais vous êtes allée en prison parce que vous étiez une pauvre enfant abandonnée... tandis que moi !... mon Dieu !... quelle différence !

— Enfin, quant à la prison, nous n'avons rien à nous reprocher... toujours ! C'est plutôt moi qui suis une ambitieuse... car, dans mon état, je ne devrais penser qu'à me marier avec un ouvrier. Je suis une enfant trouvée ; je ne possède rien que ma petite chambre et mon bon courage... pourtant je viens hardiment vous proposer de me prendre pour femme !

— Hélas ! autrefois ce sort eût été le rêve, le bonheur de ma vie !... mais à cette heure... moi... sous le coup d'une accusation infamante... j'abuserais de votre admirable générosité... de votre pitié qui vous égare peut-être !... Non, non...

— Mais, mon Dieu ! mon Dieu ! s'écria Rigolette avec une impatience douloureuse, — je vous dis que ce n'est pas de la pitié que j'ai pour vous ! c'est de l'amour... Je ne songe qu'à vous ! je ne dors plus, je ne mange plus. Votre triste et doux visage me suit partout... Est-ce de la pitié, cela ?... Maintenant, quand vous me parlez, votre voix, votre regard me vont au cœur... Il y a mille choses en vous qui, à cette heure, me plaisent à la folie, et que je n'avais pas remarquées... J'aime votre figure, j'aime vos yeux, j'aime votre tournure, j'aime votre esprit, j'aime votre bon cœur... Est-ce encore de la pitié, cela ?... Pourquoi, après vous avoir aimé en ami, vous aimé-je en amant ?... je n'en sais rien ! Pourquoi étais-je folle et gaie quand je vous aimais en ami... pourquoi suis-je tout absorbée depuis que je vous aime en amant ?... je n'en sais rien... Pourquoi ai-je attendu si tard pour vous trouver à la fois beau et bon... pour vous aimer à la fois des yeux et du cœur ?... je n'en sais rien... ou plutôt, si... je le sais... c'est que j'ai découvert combien vous m'aimiez sans me l'avoir jamais dit, combien vous étiez généreux et dévoué... Alors l'amour m'a monté du cœur aux yeux, comme y monte une douce larme quand on est attendri.

— Vraiment, je crois rêver en vous entendant parler ainsi...

— Et moi donc ! je n'aurais jamais cru pouvoir oser vous dire tout cela; mais votre désespoir m'y a forcée ! Eh bien ! monsieur, maintenant que vous savez que je vous aime comme mon ami ! comme mon amant ! comme mon mari !... direz-vous encore que c'est de la pitié ?

Les généreux scrupules de Germain tombèrent un moment devant un aveu si naïf et si vaillant. Une joie inespérée le ravit à ses douloureuses préoccupations.

— Vous m'aimez ! — s'écria-t-il. — Je vous crois : votre accent, votre regard, tout me le dit ! Je ne veux pas me demander comment j'ai mérité un pareil bonheur; je m'y abandonne aveuglément. Ma vie, ma vie entière ne suffira pas à m'acquitter envers vous ! Ah ! j'ai bien souffert déjà... mais ce moment efface tout !

— Enfin... vous voilà consolé... Oh ! j'étais bien sûre, moi, que j'y parviendrais ! — s'écria Rigolette avec un élan de joie charmante.

— Et c'est au milieu des horreurs d'une prison, et c'est lorsque tout m'accable, qu'une telle félicité...

Germain ne put achever. Cette pensée lui rappelait la réalité de sa position ; ses scrupules, un moment oubliés, revinrent plus cruels que jamais, et il reprit avec désespoir :

— Mais je suis prisonnier... mais je suis accusé de vol... mais je serai condamné, déshonoré peut-être !... Et j'accepterais votre valeureux sacrifice... je profiterais de votre généreuse exaltation !... Oh non ! non ! je ne suis pas assez infâme pour cela !

— Que dites-vous ?

— Je puis être condamné... à des années de prison...

— Eh bien ! — répondit Rigolette avec calme et fermeté, — on verra que je suis une honnête fille, on ne nous refusera pas de nous marier dans la chapelle de la prison...

— Mais je puis être emprisonné loin de Paris...

— Une fois votre femme, je vous suivrai; je m'établirai dans la ville où vous serez, j'y trouverai de l'ouvrage, et je viendrai vous voir tous les jours !

— Mais je serai flétri aux yeux de tous...

— Vous m'aimez plus que tous, n'est-ce pas ?

— Pouvez-vous me le demander ?...

— Alors, que vous importe ?... Loin d'être flétri à mes yeux, je vous regarderai, moi, comme le martyr de votre bon cœur.

— Mais le monde vous accusera, le monde condamnera, calomniera votre choix...

— Le monde ! c'est vous pour moi et moi pour vous ; nous laisserons dire...

— Enfin, en sortant de prison, ma vie sera précaire, misérable ; repoussé de partout, peut-être ne trouverai-je pas d'emploi !... Et puis, cela est horrible à penser, mais si cette corruption que je redoute allait malgré moi me gagner... quel avenir pour vous !

— Vous ne vous corromprez pas; non, car maintenant vous savez que je vous aime, et cette pensée vous donnera la force de résister aux mauvais exemples... vous songerez qu'alors même que tous vous repousseraient en sortant de prison, votre femme vous accueillera avec amour et reconnaissance, bien certaine que vous serez resté honnête homme... Ce langage vous étonne, n'est-ce pas ? Il m'étonne moi-même... Je ne sais pas où je vais chercher ce que je vous dis... c'est au fond de mon âme assurément... et cela doit vous convaincre... sinon, si vous dédaigniez une offre qui vous est faite de tout cœur... si vous ne vouliez pas de l'attachement d'une pauvre fille qui ne...

Germain interrompit Rigolette avec une ivresse passionnée :

— Eh bien ! j'accepte... j'accepte; oui, je le sens, il est quelquefois lâche de refuser certains sacrifices, c'est reconnaître qu'on en est indigne... J'accepte, noble et courageuse fille.

— Bien vrai ? bien vrai, cette fois ?...

— Je vous le jure... et puis vous m'avez dit d'ailleurs quelque chose qui m'a donné le courage qui me manquait.

— Quel bonheur ! Et qu'ai-je dit ?

— Que pour vous je devrai désormais rester honnête homme... Oui, dans cette pensée, je trouverai la force de résister aux détestables influences qui m'entourent... Je braverai la contagion et je saurai conserver digne de votre amour ce cœur qui vous appartient !

— Ah ! Germain, que je suis heureuse ! Si j'ai fait quelque chose pour vous, comme vous me récompensez ! ! !

— Et puis, voyez-vous, quoique vous excusiez ma faute, je n'oublierai pas sa gravité... Ma tâche à l'avenir sera double : expier le passé et mériter le bonheur que je vous dois... Pour cela, je ferai le bien... car, si pauvre que l'on soit, l'occasion ne manque jamais.

— Hélas ! mon Dieu ! c'est vrai, on trouve toujours plus malheureux que soi...

— A défaut d'argent...

— On donne des larmes, ce que je faisais pour ces pauvres Morel...

— Et c'est une sainte aumône : *La charité de l'âme vaut bien celle qui donne du pain.*

— Enfin vous acceptez... vous ne vous dédirez pas ?...

— Oh ! jamais, jamais, mon amie, ma femme ; oui, le courage me revient, il me semble sortir d'un songe, je ne doute plus de moi-même ; je m'abusais, heureusement je m'abusais. Mon cœur ne battrait pas comme il bat, s'il avait perdu de sa noble énergie.

— Oh ! Germain, que vous êtes beau en parlant ainsi ! combien vous me rassurez, non pour moi, mais pour vous-même ! Ainsi, vous me le promettez, n'est-ce pas ? maintenant que vous avez mon amour pour vous défendre, vous ne craindrez plus de parler à ces méchants hommes, afin de ne pas exciter leur colère contre vous ?

— Rassurez-vous... En me voyant triste et accablé, ils m'accuseraient sans doute d'être en proie à mes remords ; et, en me voyant fier et joyeux, ils croiront que leur cynisme m'a gagné...

— C'est vrai ; ils ne vous soupçonneront plus, et je serai tranquille... Ainsi, pas d'imprudence... maintenant vous m'appartenez... je suis votre petite femme.

A ce moment, le gardien fit un mouvement ; il s'éveillait.

— Vite ! dit tout bas Rigolette avec un sourire plein de grâce et de pudique tendresse... Vite, mon mari, donnez-moi un beau baiser sur le front à travers la grille... ce seront nos fiançailles.

Et la jeune fille, rougissant, appuya son front sur le treillis de fer. Germain, profondément ému, effleura de ses lèvres, à travers le grillage, ce front pur et blanc. Une larme du prisonnier y roula comme une perle humide... Touchant baptême de cet amour chaste, mélancolique et charmant !

. . . .

— Oh ! oh ! déjà trois heures ! dit le gardien en se levant ; — et les visiteurs doivent être partis à deux... Allons ! ma chère demoiselle, — ajouta-t-il en s'adressant à la grisette, — c'est dommage, mais il faut partir..

— Oh ! merci, merci, monsieur, de nous ainsi laissés causer seuls... J'ai donné bon courage à Germain ; il prendra sur lui pour n'avoir plus l'air si chagrin, et il n'aura plus rien à craindre de ses méchants compagnons. N'est-ce pas, mon ami ?

— Soyez tranquille... — dit Germain en souriant ; — je serai à l'avenir le plus gai de la prison...

— A la bonne heure ! alors ils ne feront plus attention à vous, — dit le gardien.

— Voilà une cravate que j'ai apportée à Germain, monsieur, — reprit Rigolette ; faut-il la déposer au greffe ?

— C'est l'usage ; mais, après tout, pendant que je suis en dehors du règlement, une petite chose de plus ou de moins... Allons ! faites la journée complète... donnez-lui vite votre cadeau vous-même.

Et le gardien ouvrit la porte du couloir.

— Ce brave homme a raison, la journée sera complète, — dit Germain en recevant la cravate des mains de Rigolette, qu'il serra tendrement. — Adieu, et à bientôt ! Maintenant je n'ai plus peur de vous demander de venir me voir le plus tôt possible...

— Ni moi de vous le promettre... Adieu, bon Germain !

— Adieu, ma bonne petite amie !...

— Et servez-vous bien de ma cravate, craignez d'avoir froid : il fait si humide !...

— Quelle jolie cravate ! Quand je pense que vous l'avez faite pour moi ! Oh ! je ne la quitterai pas, — dit Germain en la portant à ses lèvres...

— Ah çà ! maintenant vous allez avoir de l'appétit, j'espère ? Voulez-vous que je vous fasse mon petit régal ?

— Certainement, et cette fois j'y ferai honneur...

— Soyez tranquille alors, monsieur le gourmand ; vous m'en direz des nouvelles. Allons, encore adieu... Merci, monsieur le gardien ; aujourd'hui je m'en vais bien heureuse et bien rassurée. Adieu, Germain !...

— Adieu, ma petite femme... à bientôt !...

— A toujours !...

(La suite au prochain numéro.)

COMMENT ON AIME

LA LETTRE DE CHANGE

(SUITE ET FIN.)

Quand il eut achevé, Marcelle fondit en larmes, saisit les mains de Bernard et, les portant à ses lèvres, lui dit en les couvrant de pleurs :

— Je vous dois la vie, monsieur, plus que la vie, car vous avez sauvé l'honneur de mon père !

Un sanglot éteignit sa voix. Sa jolie tête endolorie s'inclina sur sa poitrine avec une navrante expression de souffrance et de honte. Bernard sentit son cœur se remplir d'une tendre commisération.

— Relevez le front, mademoiselle ! s'écriat-il, relevez le front ! vous n'avez point à rougir devant moi du dévouement que vous méditiez. Vous étiez sublime, vous étiez sainte, car vous vous prépariez au martyre !

— Oui, au martyre ! répéta Marcelle d'une voix profonde. Je me serais efforcée d'obtenir les pièces de conviction qui menaçaient mon père. Après les avoir détruites, je me serais tuée !

— Grâce à Dieu, elles vont disparaître. Les voici. Il faut les brûler à l'instant.

Il les remit à Marcelle qui les déplia et les lut. Son visage exprimait tour à tour la joie, la tristesse et la reconnaissance. Bientôt elle s'élança vers le foyer où quelques flammeroles brillaient encore, froissa dans ses mains la lettre de change et l'écrit, les jeta au feu et les regarda se consumer.

— Allez, unique action mauvaise d'un honnête homme ! soupira-t-elle ; retournez au néant d'où vous n'auriez jamais dû sortir !

Puis, se tournant vers Bernard et souriant au travers de ses pleurs :

— Le feu purifie tout, reprit-elle. La seule tache de la vie de mon père est désormais effacée. M. Danglaz n'a plus de preuves à l'appui d'une accusation. Vous seul pourriez devenir un témoin à charge, ajouta-t-elle en souriant.

— Ce Danglaz n'osera certes pas porter plainte : une enquête le couvrirait de ridicule, car il a refusé de se battre comme un poltron qu'il est ; et de honte, car il a tenté de vous séduire par des moyens odieux... Quant à moi, reprit-il avec mélancolie, ce soir même je me rends à Quimperlé ; demain je pars pour Lorient, et dans deux jours je ferai voile pour l'Amérique du Sud. J'ai terminé les affaires qui m'appelaient en France, et l'établissement que je dirige réclame mon retour immédiat à la Plata.

Cette nouvelle impressionna vivement Marcelle ; elle regarda le jeune homme avec une visible expression de tristesse et de regret. Il y eut un instant de silence, que la jeune fille rompit en disant :

— A peine ai-je le temps de vous remercier, monsieur. Vous m'en voyez toute chagrine... Je vous prie d'emporter l'expression de ma gratitude et même le témoignage de mon admiration. Sur ce coin de terre où vous avez pris naissance, où vous venez d'agir avec tant de courage et d'héroïsme, il existe maintenant un cœur pour prier le ciel de vous rendre heureux.

— J'emporte avec moi, mademoiselle, répondit Bernard avec un subit enthousiasme, le souvenir de la plus belle et de la meilleure personne que j'aie encore vue, et je suis convaincu que ce souvenir, doux et suave, ne s'effacera plus de mon cœur... Et tenez, reprit-il chaleureusement, si trois mille lieues ne vous faisaient pas peur, si l'intérêt généreux dont vous honorez le pauvre colon qui vous fait ses adieux était plus irrésistible, je vous dirais : Marcelle, je ne suis pas riche, mais j'ai un établissement qui prospère, une âme que votre vue exalte ineffablement ; partons ensemble ; emmenons avec nous votre père ; allons nous marier à la Plata, un beau pays ! Là nous vivrons tranquilles et heureux, sans inquiétude et sans ennuis. L'amour, dit-on, fleurit spontanément au soleil de la jeunesse. Cela est vrai, je le crois. Ah ! si vous éprouviez ce que je ressens, vous n'hésiteriez pas à me suivre, et le repos de votre père serait assuré. Mais, pour vous expatrier ainsi, il faudrait que je fusse parvenu à vous inspirer une sympathie soudaine, et je n'ose penser, hélas ! qu'un tel miracle se soit produit en vous !

Tandis que Bernard s'exprimait ainsi d'un ton passionné, la jeune fille rougissait et pâlissait tour à tour. La sensation dont elle était pénétrée la suffoquait un peu et l'empêchait de répondre ; mais il était évident que cette sensation n'avait rien de pénible, qu'elle était au contraire la manifestation d'une joie contenue par un sentiment de modestie et de pudeur.

— Vous vous taisez! reprit le jeune homme. Votre silence est sans doute un refus.

— Que vous dirai-je, monsieur? balbutia Marcelle. Je suis surprise, troublée, et crains de manquer de réserve ou de sincérité.

— M'autorisez-vous, du moins, à faire part de mes vœux à votre père?

— Justement me voici, tout prêt à favoriser la réalisation de vos désirs, dit une voix douce à l'entrée du salon.

Les deux jeunes gens se retournèrent et virent M. Kernol. Il avait trouvé ouverte la porte d'entrée, qui n'avait pas été refermée après l'évanouissement de Marcelle. Il venait d'entendre en partie les paroles échangées entre les deux jeunes gens. Il tendit sa main à Bernard qui la pressa avec effusion.

— Monsieur Kernol? dit le jeune colon.

— Lui-même, mon jeune ami. Je n'ai pas besoin de vous demander si vous êtes Bernard Trémic ; en vérité je vous reconnais.

— Quoi! monsieur, vous consentez à ce mariage, à cette traversée?

— Le mariage regarde ma fille. Quant à la traversée, pour mon compte, je la ferais de grand cœur... Mais, avant tout, permettez-moi de vous demander si vous avez à la Plata une position solide?...

— Je ne saurais mentir à celui qui a sauvé mon père de la pauvreté et qui m'accueille avec tant de bienveillance et de franchise : je vous dirai donc que je suis négociant, et que mes affaires sont en prospérité. Vous pourrez d'ailleurs prendre des informations chez les principaux banquiers de Lorient.

— Votre déclaration me suffit, jeune homme. Il ne sera pas dit que j'aurai mis en doute la véracité du fils de mon vieil ami Trémic. Vous lui ressemblez beaucoup; vous devez être un excellent homme. Nous partirons donc avec vous, si cependant ma fille ne s'y oppose pas.

Marcelle garda le silence, mais sa figure eut un sourire charmant.

— Vous me rendez tout joyeux ! s'écria Bernard dont le beau et franc visage rayonnait. Le bâtiment à bord duquel j'ai retenu mon passage appareille sous deux jours.

— Tant mieux !

— Aurez-vous le temps de faire vos préparatifs ?

— Avant vingt-quatre heures, nous serons prêts.

— Demain je serai à Lorient et je retiendrai vos places pour la traversée. Vous me trouverez à l'*hôtel de la Marine.*

— C'est convenu.

— Au revoir donc, monsieur Kernol... Chère Marcelle, puissiez-vous ne pas trop regretter la France ! Je ferai en sorte, d'ailleurs, que vous trouviez dans le dévouement d'un ami la félicité que vous méritez si bien.

— La patrie est surtout aux lieux où l'on aime, répondit la jeune fille. Je serai heureuse, j'en suis sûre. J'espère que votre bonheur ne sera pas moins grand que le mien.

Bernard fut reconduit jusque sur la route de Concarneau. A l'endroit où l'on allait se séparer, Kernol prit les deux jeunes gens par la main, les approcha l'un de l'autre et leur dit avec tendresse :

— En présence de ce beau ciel, mes enfants, je vous fiance ! Que votre union soit belle et douce comme lui !

— Vous prenez là, mon père, dit Marcelle avec une moue charmante, un témoin et un exemple bien changeants. Il me semble même que j'aperçois là-bas, au clair de lune, un point noir de mauvais augure.

— C'est vrai, dit le jeune colon en dirigeant ses yeux vers l'horizon ; je crois que c'est encore un grain.

— Un grain ! dit Kernol. Alors partez vite, mon ami ; pas une minute de retard.

— Dans deux jours, à Lorient, reprit Bernard. Je serai impatient de vous voir arriver.

— Nous serons exacts au rendez-vous, répondit Marcelle en tendant sa petite main mignonne au jeune homme qui la couvrit de baisers.

Puis il s'éloigna.

Dix minutes s'étaient à peine écoulées, lorsqu'une double détonation retentit dans la campagne. Marcelle frissonna.

Un instant après, une nouvelle détonation se fit entendre. Marcelle poussa un cri.

— Eh bien! qu'as-tu donc, poltronne? lui demanda son père, non sans un peu d'émotion.

— Ces coups de feu m'ont effrayée, balbutia la jeune fille toute tremblante.

— Quelque braconnier chasse sans doute dans le bois voisin.

— Si c'était plutôt...

— Quoi donc?

— Rien, rien, mon père!

— Hâtons-nous, enfant, voici la tempête qui commence à éclater.

— Tout à l'heure vous admiriez pourtant la beauté du ciel!

— Le ciel est comme la vie humaine : il s'assombrit au moment qu'on s'y attend le moins.

Et tous deux hâtèrent leur marche, silencieux et inquiets.

Le lendemain, un cadavre fut trouvé sur le chemin de Concarneau. Ce cadavre, frappé d'une balle à la tête, était celui d'un paysan de mauvaise mine et de mauvaise réputation, qu'on avait vu longtemps au service de Danglaz. Il tenait encore à la main un magnifique fusil à deux coups, dont l'état attestait qu'il avait été récemment déchargé.

Le lendemain, M. Kernol, Marcelle, Bernard et Tom s'embarquaient à Lorient sur un navire qui partait pour l'Amérique du Sud.

Une main inconnue avait envoyé au terrible créancier de l'ancien armateur un portefeuille contenant, en billets de banque, le montant de la lettre de change que la flamme avait détruite en présence de Marcelle et de Bernard.

FIN

L'ILE DES CYGNES

I

Le vallon de Müritz est situé dans le Mecklembourg-Schwérin, à peu de distance du Mecklembourg-Strélitz. La nature a pris à tâche de composer là un paysage avec une extrême coquetterie : un lac aux sinuosités harmonieuses, des rives chargées de verdures touffues et variées, un îlot arrondi, frais et diapré comme une corbeille de fleurs, des entours bocagers, des horizons de coteaux couronnés de bois, en un mot toute une magique perspective qu'on embrasse d'un seul regard. Pour ajouter encore à la séduction de ce site, les Plutus mecklembourgeois de l'un et l'autre duché ont semé la campagne de pimpantes villas à demi cachées dans de luxuriants massifs de saules, d'aunes et de peupliers.

En 184., vers la fin du mois de juin, il y avait soirée dansante dans une des plus somptueuses habitations des bords du lac. Le docteur Savarus, la plus grande célébrité médicale du pays, en était l'amphitryon. C'était un petit vieillard, très-maigre, très-laid et très-railleur. L'étude approfondie qu'il avait faite de l'espèce humaine, sur le mort et sur le vif, lui avait inspiré une fort mauvaise opinion de ses semblables. Aussi avait-il coutume de dire que, de tous les animaux sublunaires, l'homme était indubitablement le plus dangereux et le plus méchant. Son pessimisme ne le rendait cependant point insociable. Il recherchait le monde, il aimait la gaieté, il donnait des fêtes soit à Schwérin où il exerçait neuf mois de l'année, soit à Müritz où il passait la belle saison et où l'on venait le consulter de tous les points du Mecklembourg-Strélitz.

Parmi les femmes les plus diamantées et les plus belles réunies dans ses salons, on remarquait surtout la jeune veuve d'un banquier de Strélitz, Aurélia Freysberg. Elle trônait au milieu d'une cour d'admirateurs auxquels elle distribuait, avec une aisance souveraine, les faveurs d'une parole, d'un regard, d'un sourire. Mais toutes ses préférences allaient manifestement à l'adresse d'un pâle et beau jeune homme appuyé, rêveur, contre le chambranle doré d'une porte. En vain cette reine de la fête lui dardait-elle ses regards les plus magnétiques : elle ne parvenait point à l'arracher aux songes qui semblaient le dominer. Elle se leva tout à coup et se dirigea vers lui.

(La suite au prochain numéro.)

Le propriétaire-gérant : F. ROY.

LES MYSTÈRES DE PARIS

Les prisonniers se promenaient dans la cour de la Force, appelée la *Fosse-aux-Lions*. (Page 50.)

Quelques minutes après, Rigolette, ayant bravement repris ses socques et son parapluie, sortait de la prison plus allègrement qu'elle n'y était entrée.

Pendant l'entretien de Germain et de la grisette, d'autres scènes s'étaient passées dans une des cours de la prison, où nous conduirons le lecteur.

CHAPITRE IV

LA FOSSE-AUX-LIONS

Si l'aspect matériel d'une vaste maison de détention, construite dans toutes les conditions de bien-être et de salubrité que réclame l'humanité, n'offre au regard, nous l'avons dit, rien de sinistre, la vue des prisonniers cause une impression contraire.

L'on est ordinairement saisi de tristesse et de pitié, lorsqu'on se trouve au milieu d'un rassemblement de femmes prisonnières, en songeant que ces infortunées sont presque toujours poussées au mal moins par leur propre volonté que par la pernicieuse influence du premier homme qui les a séduites. Et puis encore les femmes les plus criminelles conservent au fond de l'âme deux cordes saintes que les violents ébranlements des passions les plus détestables, les plus fougueuses, ne brisent jamais entièrement... L'AMOUR ET LA MATERNITÉ ! Parler d'amour et de maternité, c'est dire que, chez ces misérables créatures, de pures et douces lueurs peuvent encore éclairer çà et là les noires ténèbres d'une corruption profonde...

Mais chez les hommes tels que la prison les fait et les rejette dans le monde, rien de semblable... C'est le crime d'un seul jet... c'est un bloc d'airain qui ne rougit plus qu'au feu des passions infernales. Aussi, à la vue des criminels qui encombrent les prisons, on est d'abord saisi d'un frisson d'épouvante et d'horreur. La réflexion seule vous ramène à des pensées plus pitoyables, mais d'une grande amertume. Oui, d'une grande amertume... car on réfléchit que les sinistres populations des geôles et des bagnes... que la sanglante moisson du bourreau... germent toujours dans la fange de l'ignorance, de la misère et de l'abrutissement. Pour comprendre cette première impression d'horreur et d'épouvante dont nous parlons, que le lecteur nous suive dans la *Fosse-aux-Lions*. L'une des cours de la Force s'appelle ainsi. Là sont ordinairement réunis les détenus les plus dangereux par leurs antécédents, par leur férocité ou par la gravité des accusations qui pèsent sur eux. Néanmoins on avait été obligé de leur adjoindre temporairement, par suite de travaux d'urgence entrepris dans un des bâtiments de la Force, plusieurs autres prisonniers. Ceux-ci, quoique également justiciables de la cour d'assises, étaient presque des gens de bien, comparés aux hôtes habituels de la Fosse-aux-Lions.

Le ciel, sombre, gris et pluvieux, jetait un jour morne sur la scène que nous allons dépeindre. Elle se passait au milieu d'une cour, assez vaste quadrilatère formé par de hautes murailles blanches, percées çà et là de quelques fenêtres grillées.

A l'un des bouts de cette cour, on voyait une étroite porte guichetée ; à l'autre bout, l'entrée du *chauffoir*, grande salle dallée, au milieu de laquelle était un calorifère de fonte entouré de bancs de bois, où se tenaient paresseusement étendus plusieurs prisonniers devisant entre eux. D'autres, préférant l'exercice au repos, se promenaient dans le préau, marchant en rangs pressés, par quatre ou cinq de front, se tenant par le bras.

Il faudrait posséder l'énergique et sombre pinceau de Salvator ou de Goya pour esquisser ces divers spécimens de laideur physique et morale, pour rendre dans sa hideuse fantaisie la variété de costumes de ces malheureux, couverts pour la plupart de vêtements misérables ; car, n'étant que *prévenus*, c'est-à-dire *supposés innocents*, ils ne revêtent pas l'habit uniforme des maisons centrales : quelques-uns pourtant le portaient ; car à leur entrée en prison leurs haillons avaient paru si sordides, si infects, qu'après le bain d'usage [1], on leur avait donné la casaque et le pantalon de gros drap gris des condamnés.

Un phrénologiste aurait attentivement observé ces figures hâves et tannées, aux fronts aplatis ou écrasés, aux regards cruels ou insidieux, à la bouche méchante ou stupide, à la nuque énorme ; presque toutes offraient d'effrayantes ressemblances bestiales. Sur les traits rusés de celui-là, on retrouvait la perfide subtilité du renard ; chez celui-ci, la rapacité sanguinaire de l'oiseau de proie ; chez cet autre, la férocité du tigre ; ailleurs enfin, l'animale stupidité de la brute. La marche circulaire de cette bande d'êtres silencieux, aux regards hardis et haineux, au rire insolent et cynique, se pressant les uns contre les autres au fond de cette cour, espèce de puits carré, avait quelque chose d'étrangement sinistre... On frémissait en songeant que cette horde féroce serait, dans un temps donné, de nouveau lâchée parmi ce monde auquel elle avait déclaré une guerre implacable. Que de vengeances sanguinaires, que de projets meurtriers couvent toujours sous ces apparences de perversité railleuse et effrontée !

Esquissons quelques-unes des physionomies saillantes de la Fosse-aux-Lions ; laissons les autres sur le second plan.

Pendant qu'un gardien surveillait les prome-

---

1. Par une excellente mesure hygiénique d'ailleurs, chaque prisonnier est, à son arrivée, et ensuite deux fois par mois, conduit à la salle des bains de la prison ; puis on soumet ses vêtements à une fumigation sanitaire. — Pour un artisan, un bain chaud est une recherche d'un luxe inouï.

neurs, une sorte de conciliabule se tenait dans le chauffoir. Parmi les détenus qui y assistaient, nous retrouverons Barbillon et Nicolas Martial, dont nous parlerons seulement pour mémoire. Celui qui paraissait, ainsi que cela se dit, *présider et conduire* la discussion était un détenu surnommé le *Squelette* [1], dont on a plusieurs fois entendu prononcer le nom chez les Martial, à l'île du Ravageur.

Le Squelette était *prévôt* ou capitaine du chauffoir. Cet homme, d'assez haute taille, de quarante ans environ, justifiait son lugubre surnom par une maigreur dont il est impossible de se faire une idée, et que nous appellerions presque ostéologique... Si la physionomie des compagnons du Squelette offrait plus ou moins d'analogie avec celle du tigre, du vautour ou du renard, la forme de son front, fuyant en arrière, et de ses mâchoires osseuses, plates et allongées, supportées par un cou démesurément long, rappelait entièrement la conformation de la tête du serpent. Une calvitie absolue augmentait encore cette hideuse ressemblance; car, sous la peau rugueuse de son front presque plan comme celui d'un reptile, on distinguait les moindres protubérances, les moindres sutures de son crâne; quant à son visage imberbe, qu'on s'imagine du vieux parchemin immédiatement collé sur les os de la face, et seulement quelque peu tendu depuis la saillie de la pommette jusqu'à l'angle de la mâchoire inférieure, dont on voyait distinctement l'attache. Les yeux, petits et louches, étaient si profondément encaissés, l'arcade sourcilière ainsi que la pommette étaient si proéminentes, qu'au-dessous du front jaunâtre où se jouait la lumière on voyait deux orbites littéralement remplies d'ombre, et qu'à peu de distance les yeux semblaient disparaître au fond de ces deux cavités sombres, de ces deux trous noirs qui donnent un aspect si funèbre à une tête de squelette. Ses longues dents, dont les saillies alvéolaires se dessinaient parfaitement sous la peau tannée des mâchoires osseuses et aplaties, se découvraient presque incessamment par un rictus habituel. Quoique les muscles corrodés de cet homme fussent presque réduits à l'état de tendons, il était d'une force extraordinaire. Les plus robustes résistaient difficilement à l'étreinte de ses longs bras, de ses longs doigts décharnés. On eût dit la formidable étreinte d'un squelette de fer.

Il portait un bourgeron bleu beaucoup trop court, qui laissait voir, et il en tirait vanité, ses mains noueuses et la moitié de son avant-bras, ou plutôt deux os (le *radius* et le *cubitus*, qu'on nous pardonne cette anatomie), deux os enveloppés d'une peau rude et noirâtre, séparés entre eux par une profonde rainure où serpentaient quelques veines dures et sèches comme des cordes. Lorsqu'il posait ses mains sur une table, *il semblait*, selon une assez juste métaphore de Pique-Vinaigre, *y étaler un jeu d'osselets*.

Le Squelette, après avoir passé quinze années de sa vie au bagne pour vol et tentative de meurtre, avait rompu son ban et avait été pris en flagrant délit de vol et de meurtre. Ce dernier assassinat avait été commis avec des circonstances d'une telle férocité que, vu la récidive, ce bandit se regardait d'avance et avec raison comme condamné à mort.

L'influence que le Squelette exerçait sur les autres détenus par sa force, par son énergie, par sa perversité, l'avait fait choisir, par le directeur de la prison, comme prévôt de dortoir, c'est-à-dire que le Squelette était chargé de la police de sa chambre, en ce qui touchait l'ordre, l'arrangement et la propreté de la salle et des lits; il s'acquittait parfaitement de ces fonctions, et jamais les détenus n'auraient osé manquer aux soins et aux devoirs dont il avait la surveillance. Chose étrange et significative!... les directeurs de prison les plus intelligents, après avoir essayé d'investir des fonctions dont nous parlons les détenus qui se recommandaient encore par quelque honnêteté, ou dont les crimes étaient moins graves, se sont vus forcés de renoncer à ce choix, cependant logique et moral, et de chercher les prévôts parmi les prisonniers les plus corrompus,

---

[1]. A ce propos, nous éprouvons un scrupule. Cette année, un pauvre diable, seulement coupable de vagabondage, et nommé Decure, a été condamné à un mois de prison; il exerçait en effet, dans une foire, le métier de *squelette ambulant*, vu son état d'incroyable et épouvantable maigreur. Ce type nous a paru curieux, nous l'avons exploité, mais le véritable squelette n'a *moralement* aucun rapport avec notre personnage fictif. Voici un fragment de l'interrogatoire de Decure:
Le président. — Que faisiez-vous dans la commune de Maisons au moment de votre arrestation?
R. — Je m'y livrais, suivant la profession que j'exerce de *squelette ambulant*, à toutes sortes d'exercices pour amuser la jeunesse; je réduis mon corps à l'état de squelette; je déploie mes os et mes muscles à volonté; je mange l'arsenic, le sublimé corrosif, les crapauds, les araignées et en général tous les insectes; je mange aussi du feu, j'avale de l'huile bouillante, je me lave dedans; je suis au moins une fois par an appelé à Paris par les médecins les plus célèbres, tels que MM. Dubois, Orfila, qui me font faire toutes sortes d'expériences avec mon corps, etc., etc.

(*Bulletin des Tribunaux.*)

les plus redoutés, ceux-ci ayant *seuls* une action positive sur leurs compagnons.

Ainsi, répétons-le encore, plus un coupable montrera de cynisme et d'audace, plus il sera compté, et, pour ainsi dire *respecté*. Ce fait, prouvé par l'expérience, sanctionné par les *choix forcés* dont nous parlons, n'est-il pas un argument irréfragable contre le vice de la réclusion en commun? Ne démontre-t-il pas, jusqu'à une évidence absolue, l'intensité de la contagion qui atteint mortellement les prisonniers dont on pourrait encore espérer quelque chance de réhabilitation? Oui, car à quoi bon songer au repentir, à l'amendement, lorsque, dans ce pandémonium où l'on doit passer de longues années, sa vie peut-être, on voit l'influence se mesurer au nombre des forfaits? Encore une fois, l'on ignore donc que le monde extérieur, que la *société honnête* n'existe plus pour le détenu? Indifférent aux lois morales qui les régissent, il prend nécessairement les mœurs de ceux qui l'entourent : toutes les distinctions de la geôle étant réservées à la supériorité du crime, inévitablement il tendra toujours vers cette farouche aristocratie.

Revenons au Squelette, prévôt de chambrée, qui causait avec plusieurs prisonniers, parmi lesquels se trouvaient Barbillon et Nicolas Martial.

— Es-tu bien sûr de ce que tu dis là? — demanda le Squelette à Martial.

— Oui, oui, cent fois oui... Le père Micou le tient du Gros-Boiteux, qui a déjà voulu le tuer, ce gredin-là... parce qu'il a *mangé*[1] quelqu'un...

— Alors, qu'on lui dévore le nez, et que ça finisse! — ajouta Barbillon. — Déjà tantôt le Squelette était pour qu'on lui donne une *tournée rouge*, à ce mouton de Germain.

Le prévôt ôta un moment sa pipe de sa bouche et dit d'une voix si basse, si crapuleusement enrouée qu'on l'entendait à peine :

— Germain faisait sa tête, il nous gênait, il nous espionnait, car moins l'on parle, plus on écoute ; il fallait le forcer de filer de la Fosse-aux-Lions... une fois que nous l'aurions fait saigner... on l'aurait ôté d'ici...

— Eh bien! alors... — dit Nicolas, — qu'est-ce qu'il y a de changé?

— Il y a de changé — reprit le Squelette — que s'il a *mangé*, comme dit le Gros-Boiteux, il n'en sera pas quitte pour saigner...

1. Dénoncé.

— A la bonne heure, — dit Barbillon.

— Il faut un exemple... — dit le Squelette en s'animant peu à peu. — Maintenant ce n'est plus la *rousse*[1] qui nous découvre, ce sont les *mangeurs*[2]. Jacques et Gauthier, qu'on a guillotinés l'autre jour... mangés... Roussillon, qu'on a envoyé aux galères à *perte de vue*[3]... mangé.

— Et moi donc? et ma mère? et Calebasse?... et mon frère de Toulon? — s'écria Nicolas. — Est-ce que nous n'avons pas tous été *mangés* par Bras-Rouge? C'est sûr maintenant... puisqu'au lieu de l'écrouer ici on l'a envoyé à la Roquette! On n'a pas osé le mettre avec nous... il sentait donc son tort, le gueux!...

— Et moi, — dit Barbillon, — est-ce que Bras-Rouge n'a pas aussi *mangé* sur moi?

— Et sur moi donc? — dit un jeune prisonnier d'une voix grêle, en grasseyant d'une manière affectée ; — j'ai été *coqué*[4] par Jobert, un homme qui m'avait proposé une affaire dans la rue Saint-Martin.

Ce dernier personnage à la voix flûtée, à la figure pâle, grasse et efféminée, au regard insidieux et lâche, était vêtu d'une façon singulière : il avait pour coiffure un foulard rouge qui laissait voir deux mèches de cheveux blonds collées sur les tempes ; les deux bouts du mouchoir formaient une rosette bouffante au-dessus du son front ; il portait pour cravate un châle de mérinos blanc à palmettes vertes, qui se croisait sur sa poitrine ; sa veste de drap marron disparaissait sous l'étroite ceinture d'un ample pantalon en étoffe écossaise à larges carreaux de couleurs variées.

— Si ce n'est pas une indignité!... faut-il qu'un homme soit gredin!... — reprit ce personnage d'une voix mignarde. — Pour rien au monde, je ne me serais défié de Jobert.

— Je le sais bien, qu'il t'a dénoncé, Javotte, — répondit le Squelette qui semblait protéger particulièrement ce prisonnier ; — à preuve qu'on a fait pour ce *mangeur* ce qu'on a fait pour Bras-Rouge... on n'a pas non plus osé laisser Jobert ici... on l'a mis au *clou* à la Conciergerie... Eh bien! il faut que ça finisse... il faut un exemple... les faux frères font la besogne de la police... ils se croient sûrs de leur peau parce qu'on les met dans une autre prison... que ceux qu'ils ont mangés...

— C'est vrai!...

1. La police. — 2. Un homme complice ou instigateur d'un crime, qu'il dénonce ensuite à l'autorité, est un *mangeur*. L'action de dénoncer se dit *manger*. — 3. A perpétuité. — 4. Trahi.

— Pour empêcher ça, il faut que les prisonniers regardent tout mangeur comme un ennemi à mort; qu'il ait mangé sur Pierre ou sur Jacques, ici ou ailleurs, ça ne fait rien ; qu'on tombe sur lui. Quand on en¹ anra refroidi quatre ou cinq dans les préaux... les autres tourneront leur langue deux fois avant de *coquer la pègre*¹.

1. Dénoncer les voleurs.

(*La suite au prochain numéro.*)

Hermann, immobile, respirant à peine, épiait des yeux chacun des mouvements de l'inconnue. (Page 56.)

COMMENT ON AIME (suite).

— A quoi pensez-vous, Hermann? lui demanda-t-elle avec vivacité. Vous n'êtes guère galant, ce soir. J'attends que vous m'invitiez pour la prochaine valse.

— Je suis à vos ordres, ma belle cousine, répondit le jeune homme.

— Oui, vous daignez les suivre, mais vous ne daignez pas les prévenir. Ah! je vous en veux!

Hermann Wrangel lui prit affectueusement la main et l'entraîna dans un cercle de valseurs qui commençaient à s'ébranler au prélude d'un excellent orchestre.

Deux hommes avaient remarqué le manége de la jeune veuve. Ils échangèrent dans l'embrasure d'une fenêtre les paroles suivantes :

— Décidément, docteur, disait le major Ornulf au vieux Savarus, décidément la brillante Aurélia fait une cour dans les règles à son sentimental cousin.

— Vous voulez dire à son petit million de florins¹, repartit l'Esculape en souriant.

1. Le florin représente environ trois francs.

— Cela se sous-entend, quoique Hermann Wrangel soit assez convenablement tourné pour qu'une femme ne considère en lui que lui-même.

— Cette chère dame Freysberg n'admire guère, entre nous, que sa magnifique personne. Et puis elle s'est trop endettée depuis la mort de son mari pour que la fortune ne soit pas à ses yeux la première de toutes les qualités dans l'homme destiné à succéder au défunt.

— On la dit à peu près ruinée. Est-ce vrai, docteur?

— Biffez votre à peu près, cher major; mettez complètement, et vous ne vous tromperez pas d'un kreutzer. Depuis trois ans, depuis son veuvage, la prodigue a jeté au vent environ cinquante mille florins, c'est-à-dire tout ce que lui a laissé le banquier, qui, lui-même, était dans d'assez mauvaises affaires, grâce surtout au train que menait son élégante moitié. Voici bientôt six ou huit mois qu'elle ne vit que d'emprunts; le bruit court qu'elle s'est mise entre les mains des usuriers. Il est, ma foi ! temps qu'elle épouse un second capitaliste.

— Hermann Wrangel peut à bon droit passer pour tel, et madame Freysberg est en train de donner là un bien joli coup de filet.

— Plus joli encore que vous ne le supposez, major.

— Et comment cela, docteur?

Savarus se haussa sur la pointe des pieds pour atteindre à l'oreille de son interlocuteur. Il y laissa tomber lentement ces mots :

— Ce jeune homme n'a pas un an à vivre.

Malgré l'imperturbabilité qui semblait caractériser son attitude, le major Ornulf tressaillit légèrement.

— Ah! vraiment? murmura-t-il. Madame Freysberg sait-elle...

— Presque aussi bien que moi. Son médecin l'a parfaitement instruite. Il était présent à une consultation pour laquelle la famille Wrangel avait réuni trois ou quatre de mes confrères de Schwérin et de Strélitz. Nous avons tous reconnu que ce pauvre Hermann est atteint d'un mal incurable. Il va sans dire que nous avons en grande partie caché la triste vérité au jeune homme ainsi qu'à ses vieux parents. Mais, comme je passais le soir même devant la villa de madame Freysberg, j'entendis de mes deux oreilles le prévenant docteur communiquer tout au long à sa charmante cliente le résultat de nos observations. Et depuis ce moment la co-quette a redoublé de grâce, de prévenance, d'amabilité auprès de son cher cousin. Ah! major, le bon Dieu a créé des femmes qui ne valent vraiment pas le diable.

Disant cela, Savarus fixait étrangement sur le visage d'Ornulf deux petits yeux ronds aussi brillants que des lucioles. Le major détourna les siens avec un peu d'embarras.

— Vous êtes impitoyable pour madame Freysberg, cher docteur, dit-il d'un ton froid et gourmé. Vous la faites probablement beaucoup plus noire qu'elle ne l'est en réalité. Les apparences sont si trompeuses !... Et, tenez, est-ce que je ne suis pas sur le point d'épouser Wilhelmine Aurich, ma pupille, dont la santé, s'il faut vous en croire, est assez gravement compromise ? Eh bien ! pourquoi ne dirait-on pas aussi que ce projet d'union est le résultat d'un calcul machiavélique de ma part? Voyez pourtant jusqu'où peuvent conduire les interprétations trop hasardées. Il faut prendre garde, docteur, il faut bien prendre garde de calomnier une intention.

L'Hippocrate mecklembourgeois se pinça les lèvres pour étrangler un petit rire sarcastique qui commençait à s'en échapper.

— Oh! oh! dit-il avec une bonhomie passablement sournoise, le major Ornulf est trop opulent pour que jamais l'ombre d'un soupçon de cette nature vienne à l'esprit de personne... Mais à propos, reprit-il, je ne vois pas cette belle enfant. Est-ce que vous ne me l'avez pas amenée? Serait-elle plus souffrante, la chère petite?

— Vous lui avez prescrit, docteur, de beaucoup se ménager, et elle s'abstient de toute fatigue. Vous excuserez son absence : Wilhelmine ne fait que vous obéir.

— A la bonne heure, et je suis content d'elle. Pauvre jeune fille ! si charmante et si sérieusement menacée!...

— Taisez-vous, docteur! je ne veux pas vous croire! interrompit le major d'un ton auquel il s'efforçait vainement de communiquer un peu d'émotion.

Savarus ne répliqua pas. Un imperceptible haussement d'épaules traduisit seul cette pensée qui lui vint à l'esprit :

— Le coquin!... Ah! il y a des hommes qui valent bien les femmes, si les femmes ne valent pas le diable!

Le major Ornulf méritait assurément cette appréciation. C'était bien une des plus vilaines âmes de toute la Confédération germanique, mais sachant cacher sous des dehors pleins de convenance la laideur de ses instincts. Il avait quarante-cinq ans, un grand reste de beauté physique, la taille haute et imposante, le visage admirablement régulier, les extrémités d'une irréprochable élégance; mais la froideur et la sécheresse de sa physionomie détruisaient le charme de toutes ces perfections. Son vice dominant était une excessive cupidité. Il avait été commissaire général des vivres de l'armée du grand-duc de Mecklembourg-Schwérin au moment où toute l'Europe augmentait son effectif militaire pour se tenir sur le pied de la paix armée, comme on disait alors. En moins de deux années, il était devenu millionnaire. Instruit de ses rapines, le grand-duc s'en était montré fort irrité. Toutefois, répugnant au scandale, il s'était contenté de lui faire rendre gorge d'une centaine de mille florins et l'avait mis en disponibilité.

Le docteur quitta le major pour offrir son bras à une jeune femme qui se plaignait en minaudant de vapeurs imaginaires. La valse venait de se terminer. Hermann reconduisait sa cousine à la place qu'elle s'était choisie. Mais Aurélia l'entraîna vers une terrasse pleine de fleurs, d'où la vue s'étendait sur le lac argenté par un rayon de lune.

— Le bruit et la foule me fatiguent, dit-elle avec une visible affectation de mélancolie. J'ai besoin d'un peu de silence et de solitude. N'êtes-vous pas comme moi, mon ami?

— Je n'aime pas le monde, vous le savez bien, répondit gravement le jeune homme. Si je le fréquente, c'est que ma famille l'exige. Une fête m'attriste, j'ignore pourquoi : mon âme ne vit bien que dans la retraite.

— La retraite à deux, soupira la jeune veuve; oui, le bonheur est là.

Elle enveloppa Hermann d'un regard brillant comme celui du basilic. Elle pressa avec une douceur féline le bras du beau misanthrope contre sa poitrine de marbre. Puis, s'arrêtant près d'un mur à hauteur d'appui qui clôt la terrasse, elle se mit à contempler, dans une pose admirablement étudiée, les claires perspectives de la campagne sous un ciel étincelant d'étoiles.

— Ah! vous êtes ravissante ainsi! ma cousine! ne put s'empêcher de lui dire Hermann, que les harmonies nocturnes disposaient à l'enthousiasme.

— C'est que je suis émue, mon ami, répondit Aurélia d'une voix mélodieuse. La poésie de la nature me monte au cœur et me refait une beauté. Tenez, reprit-elle après un long moment d'extase, je veux que nous ayons souvent des heures de recueillement et de rêverie ensemble. Mais où les prendre? Ma maison est le rendez-vous ordinaire de toute la bruyante colonie de Müritz. Je ne puis sans incivilité lui interdire ma porte. Votre demeure, à vous, est remplie d'un nombreux domestique, allant, venant, bourdonnant à vous donner la migraine. Impossible d'en faire un refuge sentimental. Où donc nous cacher? dans quel nid vraiment solitaire abriter la couvée de nos songes en commun, comme dirait un poëte?

Les yeux pensifs d'Hermann erraient en ce moment sur le lac. Ils se suspendirent à la verdure touffue de l'île, se détachant en vigueur au milieu de l'eau qui miroitait.

— Ma chère Aurélia, répondit-il en souriant, il est facile, sans aller bien loin, de découvrir un petit désert, une sorte de Thébaïde moins l'âpreté sauvage, où l'on puisse rêver à l'aise. Regardez l'île des Cygnes, là-bas. Depuis deux mois environ que je suis de retour de mon voyage à travers l'Europe, je m'y suis rendu plusieurs fois le soir, et n'y ai jamais rencontré âme qui vive, si ce n'est les deux cygnes qui y ont fait leur résidence et lui ont donné le nom qu'elle porte. Pourquoi n'iriez-vous pas quelquefois y passer une heure au coucher du soleil?

— Je suivrai bien volontiers votre conseil, mon cher Hermann, si je suis sûre de vous rencontrer.

— J'attends que vous fixiez le jour, cousine; je me mets de grand cœur à votre disposition.

— Vous êtes charmant, cousin. Je veux vous prouver mon empressement. Demain donc, à neuf heures du soir, dans l'île. Nous y commencerons le poëme de nos solitudes.

Elle tendit une admirable main qu'Hermann pressa affectueusement dans les siennes; puis elle rentra dans les salons avec une singulière expression de triomphe dans le regard. Seul Savarus en fit la remarque.

— Ah! ah! se dit-il en ricanant au fond de son gosier, il paraît que la mouche se prend à la toile; l'araignée est contente.

II

Hermann réunissait en lui toutes les conditions qui semblent devoir assurer le bonheur en ce monde, à l'exception d'une seule. Il avait vingt-deux ans à peine, il était héritier d'une grande fortune, il ne manquait point d'esprit, et on le regardait généralement comme un fort joli garçon. Par malheur, sa constitution était très-délicate, il ressentait parfois de vagues souffrances dans tous les membres, à diverses reprises il lui avait paru que son cœur faisait effort comme pour lui échapper. Cette disposition maladive influait sans doute sur son esprit, car il était presque toujours grave, mélancolique, et ne prenait aucun plaisir aux choses qui réjouissent d'ordinaire l'âme des jeunes gens. Les voyages seuls parvenaient à le distraire : aussi voyageait-il beaucoup. Depuis près de deux ans, le Mecklembourg-Schwérin l'avait à peine entrevu, et c'était la première fois qu'il se reposait de ses pérégrinations à l'ombre de la belle villa de Müritz, où s'étaient écoulés les plus doux moments de sa jeunesse, où reposaient, tristes et recueillis, les souvenirs les plus douloureux de son cœur. En effet, c'était là qu'il avait pleuré son père, riche armateur de Rostock, qui avait péri dans un voyage de long cours ; c'était là aussi qu'il avait perdu sa mère, dont il était la vivante image, et qui semblait lui avoir légué, à titre d'héritage du sang, les symptômes morbides qui avaient été pour elle le présage d'une fin imminente. Hermann ignorait la véritable cause de la mort de sa mère. Les seuls proches parents qui lui restassent, un oncle et une tante septuagénaires, la lui avaient toujours cachée. Ils craignaient de frapper son imagination dans l'état de langueur où il se trouvait et de lui voir naître la pensée qu'il était atteint du même mal et soumis à la même destinée. Longtemps ils avaient eux-mêmes redouté ce malheur. Une consultation des premiers médecins des deux duchés était venue tout récemment calmer leurs inquiétudes. Il est vrai que la science n'avait osé être sincère : elle avait respecté les dernières illusions et le dernier amour des deux vieillards, qui adoraient Hermann et qui eussent reçu un coup mortel en entendant prononcer sa condamnation.

La propriété qu'il habitait en compagnie de ses vieux parents était située sur les bords du lac, tout près de celle du docteur Savarus. Elle était également belle et vaste ; elle mirait sa blanche maison ornée de statues dans l'eau claire et verdoyante que le soleil couchant commençait à empourprer. Hermann détacha une barque de la rive et se dirigea vers l'île des Cygnes. Il allait au rendez-vous que lui avait donné sa cousine. Une émotion naturelle en pareille circonstance lui faisait battre le cœur. La voix de la jeunesse lui chantait une douce et vague mélodie d'amour que ses rames accompagnaient en cadence. Chose étrange cependant ! il pensait à peine à Aurélia. Si séduisante que fût la jeune femme, ce n'est pas elle qu'entrevoyait son imagination. Une forme divine, mais insaisissable, flottait devant lui dans l'atmosphère embrasée. Il arriva bientôt à l'île, pénétra dans un bassin intérieur et débarqua au milieu des roseaux qui palissadent la rive. La touchante et bizarre apparition s'était évanouie ; le souvenir de sa cousine lui revenait à l'esprit, mais sans le troubler. Il s'assit tranquillement sur l'herbe et se prit à contempler les magnificences du soleil couchant à travers la dentelle du feuillage des arbres qui l'entouraient. Un léger bruit se fit tout à coup entendre ; c'était comme le frôlement d'une robe sur un tapis de verdure. Hermann crut qu'Aurélia arrivait ; il se leva, regarda de tous côtés, et aperçut sur le bord de l'eau, au fond du bassin, une jeune fille vêtue de blanc comme un lis, svelte comme un roseau, gracieuse comme une colombe, pâle et mélancolique comme un rayon de lune. Il lui sembla qu'elle projetait une lumière autour d'elle, et il fut pris de stupeur en remarquant qu'elle était pour ainsi dire la réalisation du vague fantôme entrevu par lui quelques minutes auparavant. Deux cygnes, hôtes assidus de l'île depuis des années, la suivaient majestueusement en rasant la rive. Elle leur jetait les miettes d'un gâteau. Lorsqu'elle eut tout distribué, elle entra dans une petite barque blanche cachée sous les branches pendantes d'un saule, la détacha de l'arbre où elle était amarrée, puis s'adressant aux deux oiseaux qui l'observaient en silence, le col légèrement incliné vers elle comme pour la retenir :

— Au revoir, mes beaux amis ! leur dit-elle, au revoir !

L'accent de sa voix vibra si harmonieusement qu'Hermann en ressentit un frisson de plaisir au cœur. Immobile, respirant à peine, pénétré d'une indicible émotion, il épiait des yeux et de l'âme chacun des mouvements de l'inconnue, il savourait sa présence avec délices.

(La suite au prochain numéro.)

Le propriétaire-gérant : F. ROY.

LES MYSTÈRES DE PARIS

Le Squelette.

— T'as raison, Squelette, — dit Nicolas; — alors il faut que Germain y passe...
— Il y passera, — reprit le prévôt. — Mais attendons que le Gros-Boiteux soit arrivé... Quand, pour l'exemple, il aura prouvé à tout le monde que Germain est un *mangeur*, tout sera dit... Le *mouton* ne bêlera plus, on lui supprimera la respiration.

— Et comment faire avec les gardiens qui nous surveillent? — demanda le détenu que le Squelette appelait Javotte.

— J'ai mon idée... Pique-Vinaigre nous servira.

— Lui ! il est trop poltron.

— Et pas plus fort qu'une puce.

— Suffit ! je m'entends... Où est-il?

— Il était revenu du parloir, mais on vient de venir le demander pour aller *jaspiner* avec son *rat de prison*[1].

— Et Germain, il est toujours au parloir?

— Oui, avec cette petite fille qui vient le voir.

— Dès qu'il descendra, attention ! Mais il faudra attendre Pique-Vinaigre; nous ne pouvons rien faire sans lui.

— Sans Pique-Vinaigre?

— Non...

— Et on refroidira Germain?

— Je m'en charge.

— Mais avec quoi? on nous ôte nos couteaux !

— Et ces tenailles-là, y mettrais-tu ton cou? — demanda le Squelette en ouvrant ses longs doigts décharnés et durs comme du fer.

— Tu l'étoufferas?

— Un peu.

— Mais si on sait que c'est toi?

— Après? Est-ce que je suis un *veau à deux têtes*, comme ceux qu'on montre à la foire?

— C'est vrai... on n'est raccourci qu'une fois, et puisque tu es sûr de l'être...

— Archi-sûr ; le rat de prison me l'a dit encore hier. J'ai été pris la main dans le sac et le couteau dans la gorge du *pante*[2]... Je suis *cheval de retour*[3], c'est toisé... J'enverrai ma tête voir, dans le panier de Charlot, si c'est vrai qu'il filoute les condamnés et qu'il mette de la sciure de bois dans son mannequin au lieu du son que le gouvernement nous accorde...

— C'est vrai... le guillotiné a droit à du son... Mon père a été volé aussi... j'en rappelle ! — dit Nicolas Martial avec un ricanement féroce.

Cette abominable plaisanterie fit rire les détenus aux éclats.

Ceci est effrayant... mais, loin d'exagérer, nous affaiblissons l'horreur de ces entretiens si communs en prison. Il faut pourtant bien, nous le répétons, que l'on ait une idée, et encore *affaiblie*, de ce qui se dit, de ce qui se fait dans ces effroyables écoles de perdition, de cynisme, de vol et de meurtre. Il faut que l'on sache avec quel audacieux dédain presque tous les grands criminels parlent des plus terribles châtiments dont la société puisse les frapper. Alors peut-être on comprendra l'urgence de substituer à ces peines impuissantes, à ces réclusions contagieuses, la seule punition, nous allons le démontrer, qui puisse terrifier les scélérats les plus déterminés.

. . . .

Les détenus du chauffoir s'étaient donc pris à rire aux éclats.

— Mille tonnerres ! — s'écria le Squelette, — je voudrais bien qu'ils nous voient blaguer, ce tas de *curieux*[1] qui croient nous faire bouder devant leur guillotine. Ils n'ont qu'à venir à la barrière Saint-Jacques le jour de ma représentation à bénéfice ; ils m'entendront faire la nique à la foule, et dire à Charlot d'une voix crâne : *Père Samson, cordon, s'il vous plaît*[2] !...

Nouveaux rires...

— Le fait est que la chose dure le temps d'avaler une chique... Charlot, tire le cordon!...

— Et il ouvre la porte du *boulanger*[3], — dit le Squelette en continuant de fumer sa pipe.

— Ah bah !... est-ce qu'il y a un boulanger?

— Imbécile... je dis ça par farce... Il y a un couperet, une tête qu'on met dessous... et voilà. Moi, maintenant que je sais mon chemin et que je dois m'arrêter à *l'abbaye de monte-à-regret*[4], j'aimerais autant partir aujourd'hui que demain, — dit le Squelette avec une exaltation sauvage, — je voudrais déjà y être... le sang m'en vient à la bouche... quand je pense à la foule qui sera là pour me voir... Ils seront bien quatre ou cinq mille qui se bousculeront, qui se battront pour être bien placés; on louera des fenêtres et des chaises comme pour un cortége. Je les entends déjà crier: « Place à louer !... place à louer !...» Et puis il y aura de la troupe, cavalerie et infanterie, tout le tremblement à la voile... et tout ça pour moi, pour le Squelette... c'est pas pour un *pante* qu'on se dérangerait comme ça... hein !... les amis?... Voilà de quoi monter un homme... Quand il serait lâche comme Pique-Vinaigre, il y a de quoi vous faire marcher en déterminé. Tous ces yeux qui vous regar-

---

1. Causer avec son avocat. — 2. De la victime. — 3. Repris de justice arrêté de nouveau.

1. Juges. — 2. Pour comprendre le sens de cette horrible plaisanterie, il faut savoir que le couperet glisse entre les rainures de la guillotine après avoir été mis en mouvement par la détente d'un ressort au moyen d'un cordon qui y est attaché. — 3. Du diable. — 4. La guillotine.

dent vous mettent le feu au ventre... et puis... c'est un moment à passer... on meurt en crâne... ça vexe les juges et les *pantes*... et ça encourage la *pègre* à blaguer la *camarde*.

— C'est vrai, — reprit Barbillon afin d'imiter l'effroyable forfanterie du Squelette, — on croit nous faire peur et avoir tout dit quand on envoie Charlot monter sa boutique à notre profit.

— Ah bah ! — dit à son tour Nicolas, — on s'en moque pas mal... de la boutique à Charlot ! c'est comme de la prison ou du bagne, on s'en moque aussi : pourvu qu'on soit tous amis ensemble, vive la joie à mort !

— Par exemple, — dit le prisonnier à la voix mignarde, — ce qu'il y aurait de sciant, ça serait qu'on nous mette en cellule jour et nuit ; on dit qu'on en viendra là.

— En cellule ! — s'écria le Squelette avec une sorte d'effroi courroucé. — Ne parle pas de ça... En cellule... Tout seul !... Tiens, tais-toi... j'aimerais mieux qu'on me coupe les bras et les jambes. Tout seul, entre quatre murs !... Tout seul... sans avoir des vieux de la *pègre* avec qui rire !... ça ne se peut pas ! Je préfère cent fois le bagne à la centrale, parce qu'au bagne, au lieu d'être renfermé, on est dehors, on voit le monde, on va, on vient, on gaudriole avec la chiourme... Eh bien ! j'aimerais cent fois mieux être raccourci que d'être mis en cellule seulement un an... Oui, ainsi, à l'heure qu'il est, je suis sûr d'être fauché, n'est-ce pas ? Eh bien ! on me dirait : Aimes-tu mieux un an de cellule ?... je tendrais le cou... A quoi veulent-ils donc que l'on pense quand on est tout seul ?...

— Si l'on t'y mettait de force, en cellule ?...

— Je n'y resterais pas... je ferais tant des pieds et des mains que je m'évaderais, — dit le Squelette.

— Mais si tu ne pouvais pas... si tu étais sûr de ne pas te sauver ?

— Alors je tuerais le premier venu pour être guillotiné.

— Mais si au lieu de condamner les *escarpes*[1] à mort... on les condamnait à être en cellule pendant toute leur vie ?...

Le Squelette parut frappé de cette réflexion. Après un moment de silence, il reprit :

— Alors je ne sais pas ce que je ferais... je me briserais la tête contre les murs... Je me laisserais crever de faim plutôt que d'être en cellule... Comment ! tout seul... toute ma vie seul... avec moi,

1. Assassins.

sans l'espoir de me sauver ! Je vous dis que ce n'est pas possible... Tenez, il n'y en a pas de plus crâne que moi, je saignerais un homme pour six blancs... et même pour rien... pour l'honneur... On croit que je n'ai assassiné que deux personnes... mais si les morts parlaient, il y a cinq refroidis qui pourraient dire comment je travaille.

Le brigand *se vantait*. Ces forfanteries sanguinaires sont encore un des traits les plus caractéristiques des scélérats endurcis. Un directeur de prison nous disait : *Si les prétendus meurtres dont ces malheureux se glorifient étaient réels, la population serait décimée.*

— C'est comme moi, — reprit Barbillon pour se *vanter* à son tour ; — on croit que je n'ai *escarpé* que le mari de la laitière de la Cité... mais j'en ai *servi* bien d'autres avec le grand Robert qui a été fauché l'an passé.

— C'était donc pour vous dire, — reprit le Squelette, — que je ne crains ni feu ni diable... Eh bien ! si j'étais en cellule... et bien sûr de ne pouvoir jamais me sauver... tonnerre ! je crois que j'aurais peur...

— De quoi ? — demanda Nicolas.

— D'être tout seul, — répondit le prévôt.

— Ainsi, si tu avais à recommencer tes tours de *pègre* et d'*escarpe*, et si, au lieu de centrales, de bagnes et de guillotine... il n'y avait que des cellules, tu bouderais devant le mal ?

— MA FOI !... OUI... PEUT-ÊTRE (historique)... — répondit le Squelette.

Et il disait vrai... On ne peut s'imaginer l'indicible terreur qu'inspire à de pareils bandits la seule pensée de l'isolement absolu... Cette terreur n'est-elle pas encore un plaidoyer éloquent en faveur de cette pénalité ? Ce n'est pas tout : la condamnation à l'isolement, si redoutée par les scélérats, amènera peut-être forcément l'abolition de la peine de mort. Voici comment : la génération criminelle qui à cette heure peuple les bagnes regardera l'application du système cellulaire comme un supplice intolérable. Habitués à la perverse animation de l'emprisonnement en commun, dont nous venons de tâcher d'esquisser quelques traits *affaiblis*, car, nous le répétons, il nous faut reculer devant des monstruosités de toute sorte, ces hommes, disons-nous, se voyant menacés, en cas de *récidive*, d'être mis en cellule seul à seul avec les souvenirs du passé... ces hommes se révolteront à l'idée de cette punition effrayante. Beaucoup préféreront la mort et, pour encourir la peine capitale, ne reculeront pas devant l'assassinat... car, chose étrange !

sur dix criminels qui voudront se débarrasser de la vie, il y en aura neuf sur dix qui tueront... pour être tués... et un seul qui se suicidera. Alors, sans doute, nous le répétons, le suprême vestige d'une législation barbare disparaîtra de nos codes; afin d'ôter aux meurtriers ce dernier refuge qu'ils croient trouver dans le néant, on abolira forcément la peine de mort. Mais l'isolement cellulaire à perpétuité offrira-t-il une réparation, une punition assez formidable pour quelques grands crimes, tels que le parricide, entre autres? L'on s'évade de la prison la mieux gardée, ou du moins on espère s'évader; il ne faut laisser aux criminels dont nous parlons ni cette possibilité ni cette espérance.

Aussi la peine de mort, qui n'a d'autre fin que celle de débarrasser la société d'un être nuisible... la peine de mort, qui donne rarement aux condamnés le temps de se repentir, et jamais celui de se réhabiliter par l'expiation... la peine de mort, que ceux-là subissent inanimés, presque sans connaissance, et que ceux-ci bravent avec un épouvantable cynisme, la peine de mort sera peut-être remplacée par un châtiment terrible, mais qui donnera au condamné le temps du repentir, de l'expiation, et qui ne retranchera pas violemment de ce monde une créature de Dieu... L'*aveuglement* [1] mettra le meurtrier dans l'impossibilité de s'évader et de nuire désormais à personne...

La peine de mort sera donc en ceci, son seul but, efficacement remplacée;

Car la société ne tue pas au nom de la loi du talion;

Elle ne tue pas pour faire souffrir, puisqu'elle a choisi celui de tous les supplices qu'elle croit le moins douloureux [2].

Elle tue au nom de sa propre sûreté...

Or, que peut-elle craindre d'un aveugle emprisonné?

Enfin cet isolement perpétuel, adouci par les charitables entretiens de personnes honnêtes et pieuses qui se voueraient à cette secourable mission, permettrait au meurtrier de racheter

son âme par de longues années de remords et de contrition.

. . . .

Un assez grand tumulte et de bruyantes exclamations de joie poussées par les détenus qui se promenaient dans le préau interrompirent le conciliabule présidé par le Squelette. Nicolas se leva précipitamment et s'avança sur le pas de la porte du chauffoir, afin de connaître la cause de ce bruit inaccoutumé.

— C'est le Gros-Boiteux! — s'écria Nicolas en rentrant.

— Le Gros-Boiteux! — s'écria le prévôt... — Et Germain, est-il descendu au parloir?

— Pas encore, — dit Barbillon.

— Qu'il se dépêche donc, — dit le Squelette, — que je lui donne un bon pour une bière neuve.

Le Gros-Boiteux, dont l'arrivée était accueillie par les détenus de la Fosse-aux-Lions avec une joie bruyante, et dont la dénonciation pouvait être si funeste à Germain, était un homme de taille moyenne; malgré son embonpoint et son infirmité, il semblait agile et vigoureux. Sa physionomie bestiale, comme la plupart de celles de ses compagnons, se rapprochait beaucoup du type du bouledogue; son front déprimé, ses petits yeux fauves, ses joues retombantes, ses lourdes mâchoires dont l'inférieure très-saillante était armée de longues dents, ou plutôt de crocs ébréchés, qui çà et là débordaient les lèvres, rendaient cette ressemblance animale plus frappante encore; il avait pour coiffure un bonnet de loutre et portait par-dessus ses habits un manteau bleu à collet fourré.

Le Gros-Boiteux était entré dans la prison accompagné d'un homme de trente ans environ, dont la figure brune et hâlée paraissait moins dégradée que celle des autres détenus, quoiqu'il affectât de paraître aussi résolu que son compagnon; quelquefois son visage s'assombrissait et il souriait amèrement... Le Gros-Boiteux se retrouvait, comme on dit vulgairement, en *pays de connaissance*. Il pouvait à peine répondre aux félicitations et aux paroles de bienvenue qu'on lui adressait de toutes parts.

— Te voilà donc enfin, gros réjoui?... Tant mieux! nous allons rire...

— Tu nous manquais...

— T'as bien tardé...

— J'ai pourtant fait tout ce qu'il fallait pour revenir voir les amis... c'est pas ma faute si la *rousse* n'a pas voulu de moi plus tôt.

— Comme de juste, mon vieux, on ne vient

---

[1]. Nous maintenons ce barbarisme, l'expression de cécité s'appliquant à une maladie accidentelle ou à une maladie naturelle, tandis que ce dérivé du verbe aveugler rend mieux notre pensée, l'*action d'aveugler*. —
[2]. Mon père, le docteur Jean-Joseph Sue, croyait le contraire : une série d'observations intéressantes et profondes, publiées par lui à ce sujet, tendent à prouver que la *pensée survit quelques minutes à la décollation instantanée*. — Cette probabilité seule fait frissonner d'épouvante.

pas se *mettre au clou* soi-même; mais une fois qu'on y est... ça se tire, et faut gaudrioler.
— Tu as la chance, car Pique-Vinaigre est ici.
— Lui aussi? un ancien de Melun? Fameux!...
fameux! il nous aidera à passer le temps avec ses histoires, et les pratiques ne lui manqueront pas, car je vous annonce des recrues.
— Qui donc?...

(*La suite au prochain numéro.*)

COMMENT ON AIME

L'ILE DES CYGNES
(SUITE)

Quand il la vit s'éloigner en agitant ses rames légères par un mouvement doux et gracieux comme le rhythme d'une barcarolle, il fut sur le point de s'écrier :
— Une minute! une seconde encore! par grâce! par charité!
Mais la féerique batelière l'avait aperçu; elle fixait sur lui de grands yeux bleus et profonds comme le ciel, et il n'eut plus la force d'articuler un seul mot. Elle disparut bientôt à travers la passe étroite de l'île, laissant Hermann surpris et charmé.
Un instant s'écoula pendant lequel il se demandait s'il n'avait pas eu une seconde hallucination. Un souffle de l'air lui apporta le bruit décroissant de la petite barque qui s'éloignait. Il ne mit plus en doute la réalité. Il s'élança vers une pointe de l'île d'où l'on découvrait le lac presque en entier, et vit la blanche jeune fille mettre pied à terre dans une habitation riveraine qui appartenait depuis deux années environ au major Ornulf. Il éprouva de cette découverte une sorte de chagrin.
— Serait-ce sa fille? se demanda-t-il tristement.
Il connaissait seulement de vue le major, ne l'ayant rencontré que deux ou trois fois chez le docteur Savarus, mais il le connaissait beaucoup de réputation, et il le méprisait. Il lui était pénible de penser qu'un tel homme fût le père d'une si admirable enfant. Comme il était encore en observation, une main lui toucha l'épaule, il se retourna et se trouva en face d'Aurélia, qui lui dit avec un sourire un peu contraint :
— Est-ce que vous vous cachez de moi? Voici plus de dix minutes que je vous cherche.

Hermann secoua ses préoccupations. Il s'excusa de fort bonne grâce de n'être point allé au-devant d'elle, puis il la fit asseoir sur un tertre vert qui s'était naturellement formé au bord de l'eau.
— Que regardiez-vous de ce côté? reprit-elle. A coup sûr, vous ne comptiez pas m'y apercevoir, car ma direction était forcément tout opposée. Est-ce que vous admiriez d'ici la propriété du major Ornulf? Ah! prenez garde! quand je consens à partager la solitude d'un ami, je ne puis souffrir qu'il soit distrait, ne fût-ce que par un objet inanimé. Je suis un peu jalouse, mon cher cousin, même d'une jolie perspective.
Aurélia s'exprimait d'un ton moitié sérieux, moitié plaisant. Hermann remuait déjà les lèvres pour lui parler de la rencontre qu'il avait faite dans l'île. Un secret instinct lui imposa silence sur ce point.
— Je contemplais un reflet de lumière dans le ciel, répondit-il d'un air pensif; ne me faites pas l'honneur de vous en montrer jalouse, ma cousine; il s'est évanoui.
— A la bonne heure! répliqua-t-elle; j'aime mieux cela; désormais, ne pensez plus... qu'à moi.
Elle laissa tomber ce dernier mot avec infiniment de grâce et de coquetterie, puis elle déploya tant d'esprit et d'amabilité que peu à peu Hermann perdit le souvenir de celle qu'il s'était plu un moment à poétiser dans son cœur sous le nom de la belle rameuse aux deux cygnes. Aurélia était vraiment saisissante avec ses cheveux magnifiquement noirs, sa peau blanche et mate, ses yeux longs et veloutés, ses lèvres écla-

tantes, ses dents perlées, sa taille onduleuse, ses bras de marbre et ses pieds de fée. Elle savait, d'ailleurs, très-habilement faire valoir toutes les perfections de son corps par des attitudes qui en rehaussaient le mérite. Lorsqu'elle vit son cousin sous le charme de ses enchantements, elle se pencha vers lui avec une douce familiarité, et lui dit d'une voix pleine de tendresse et de compassion :

— En vérité, mon ami, votre existence est faite pour vous plonger dans la mélancolie, pour vous rendre hypocondre, et je ne m'étonne pas que vous soyez toujours si sérieux, si ennuyé. Vous passez votre jeunesse à vous agiter dans le vide, à courir seul de contrée en contrée, à travers des déserts d'hommes et de choses, puis à revenir pour vous reposer auprès de vos vieux parents. Est-ce là vivre? Non, mon cher Hermann, c'est végéter. L'activité indispensable à votre âge, c'est celle de l'âme, c'est celle du cœur. L'amour est le grand ressort d'un homme de vingt ans. Aimez, mariez-vous, et vous vous sentirez naître au bonheur, et vous vous raviverez comme une fleur languissante au doux contact d'un rayon de soleil.

— Me marier? dit Hermann d'un air réfléchi; j'y ai déjà songé.

— En vous donnant ce conseil, mon ami, reprit Aurélia dont les sourcils finement arqués se plissèrent visiblement, je me montre pleine d'abnégation ; car, je ne vous le cacherai pas, dussiez-vous en tirer quelque vanité, votre mariage me causera un peu de peine. Oui, je suis accoutumée depuis longtemps à vous voir plus empressé auprès de moi qu'auprès des autres femmes; et je ne me résignerai sans doute pas aisément à perdre les avantages d'une préférence qui me flatte et que j'aime. Cependant l'intérêt que vous m'inspirez est si sincère et si profond que je saurai maîtriser mon dépit, heureuse de savoir que vous êtes passé de l'ombre à l'éclat de la vie dans les bras d'une jeune fille souriante et adorée.

Si Aurélia avait pénétré en ce moment au fond de l'âme de son cousin, elle n'eût certainement pas, malgré ses protestations de dévouement, entrevu sans inquiétude et sans irritation que ses paroles évoquaient un souvenir, le souvenir d'une ravissante créature de seize à dix-sept ans à peine. Mais ce pâle et suave fantôme s'évanouit de nouveau dans les brumes de l'idéal, et Hermann ne vit plus que sa cousine inclinant son front vers lui, le contemplant avec des regards humides de tendresse qui l'électrisèrent. Il lui prit passionnément les mains et lui dit d'une voix émue et grave :

— Pourquoi ne deviendriez-vous pas ma femme, Aurélia? Est-ce que vous refusez de vous remarier?

Tous les manéges de la jeune veuve, toutes les coquetteries de son esprit, toutes les habiletés de son éloquence ne tendaient évidemment qu'à amener Hermann à cette ouverture. Comme l'avait dit le docteur Savarus, elle était ruinée et convoitait une nouvelle opulence. Mais elle n'espérait sans doute pas un si prompt succès, car elle en demeura comme étourdie.

En rusée tacticienne qu'elle se piquait d'être, dès qu'elle eut repris l'usage de sa volonté, elle repoussa les avances d'Hermann, craignant, disait-elle, qu'il n'eût cédé à un entraînement passager.

— Vous n'y avez point réfléchi, reprit-elle avec des accents de sirène ; je suis déjà un peu vieille pour vous, car mes vingt-huit ans ne sont que trop bien sonnés; et puis ma fortune n'est plus guère qu'un amas de débris, elle ne saurait convenablement s'allier à la vôtre; et puis encore j'ai été si médiocrement heureuse pendant mon premier mariage que je redoute d'en contracter un second. Laissez donc là, mon ami, cette folle idée, que je suis d'ailleurs bien heureuse de vous avoir inspirée, et donnez à votre cœur ainsi qu'à votre main une meilleure direction.

Elle fit tant et si bien, elle présenta des objections si faciles à réfuter, elle intéressa si adroitement la générosité du jeune homme à vaincre de si touchants scrupules, qu'il tomba bientôt à ses pieds en la suppliant de consentir à une union dans laquelle il était sûr de rencontrer toutes les joies du cœur. Aurélia parut hésiter; puis, poussant la ruse jusqu'à sa suprême puissance, elle déclara qu'avant de prendre une décision elle voulait réfléchir pendant quelques jours. Mais en même temps elle serrait la main d'Hermann avec une expressive ardeur.

— Demain, dit-elle en se levant, on fera chez moi un peu de musique, le soir. J'ai invité quelques personnes; venez de bonne heure ; je recevrai les autres ; mais je n'attendrai que vous. Après-demain nous reviendrons rêver et causer ici.

Hermann effleura de ses lèvres les doigts divinement modelés de la jeune veuve. Il la reconduisit au point où stationnait une barque dans laquelle attendait une femme de chambre qui servait de batelière.

Lorsque Aurélia fut à quelque distance sur l'eau elle sourit bizarrement, se tourna vers l'île et murmura entre ses dents éclatantes de blancheur :

— Merci, cousin ; vous m'avez rendu ma tâche facile... Vous êtes, en vérité, un homme charmant !

III

Resté seul, Hermann sentit se retirer de lui une partie de l'enthousiasme qu'y avait fait naître la présence d'Aurélia, jointe aux influences de la solitude et de la nuit. S'il ne se repentit pas positivement de lui avoir adressé une demande en mariage, il s'étonna du moins d'avoir mis tant de précipitation dans l'accomplissement de cet acte sérieux. En réalité, sa cousine, à l'exquise beauté de laquelle il rendait d'ailleurs pleine justice, ne lui avait jamais paru digne d'un profond intérêt. Il désapprouvait ses goûts dispendieux, ses penchants mondains, ses inclinations coquettes, même un peu galantes ; et sans contredit, si une heure auparavant, quand il arrivait au rendez-vous, on lui eût annoncé qu'il la conjurerait d'être sa femme, rien n'eût égalé sa surprise et son incrédulité. La vie est souvent un tissu d'inconséquences. Un esprit diabolique semble parfois se plaire à mettre les actions de l'homme en contradiction avec ses pensées et ses sentiments.

Cependant, quelque inconsidérée que lui parût être l'ouverture qu'il avait faite à sa cousine, Hermann ne songeait pas à s'en dédire. Il avait un caractère loyal et n'aimait pas à revenir sur une démarche accomplie. Mais il supposait volontiers qu'en ajournant sa réponse Aurélia avait eu l'intention de le préparer à un refus poli.

— Elle est plus sensée que je ne l'imaginais, se disait-il complaisamment ; elle n'abusera pas d'un élan trop étourdi de mon cœur. Elle l'a compris : nos deux natures ne sauraient s'unir étroitement. Elle voudra rester ma cousine, et moi je deviendrai son meilleur ami.

Hermann ne connaissait pas mieux que cela madame Freysberg.

Tandis qu'il donnait cours à son monologue, il se dirigeait instinctivement vers la partie de l'île qui faisait face à la propriété du major Ornulf. Il resta près d'une heure le regard irrésistiblement fixé sur cette résidence au pied de laquelle il apercevait la petite barque blanche mise en relief par un rayon de lune. Sa pensée était revenue à l'étrangère ; il espérait la voir glisser comme une ombre à travers les clairières du parc. Mais son espoir fut trompé. Lorsqu'il quitta l'île, l'image de la jeune fille obsédait son esprit. Il rêva d'elle toute la nuit, et tout le jour suivant il y songea. Vers le soir, poussé par cette incessante préoccupation, au lieu de se rendre chez Aurélia, il se jeta dans son bateau et s'élança vers l'endroit où la veille il avait rencontré l'inconnue, où son cœur lui disait qu'il la rencontrerait encore. En effet, il l'aperçut en pénétrant dans le bassin de l'île, et la joie souleva violemment sa poitrine.

— Elle est là ! murmura-t-il d'une voix suffoquée.

La jeune fille était assise sur l'herbe au bord de l'eau ; elle jouait avec les cygnes, qui venaient manger dans sa main. A l'arrivée d'Hermann, ils disparurent dans les joncs. Cette fuite désola notre enthousiaste ; il s'excusa d'un air si sérieusement affligé que l'étrangère se mit à rire en lui répondant :

— Ne vous désespérez pas ainsi, monsieur. Mes hôtes me quittent au moment où j'allais prendre congé d'eux. Vous voyez que le mal n'est pas bien grand.

Elle se leva et salua Hermann. Celui-ci, la voyant sur le point d'entrer dans sa barque, fit rapidement quelques pas en avant ; il étendit la main comme pour la retenir. Un incident plus fort que son vain simulacre contraignit l'élégante batelière à retarder son départ. De grands nuages noirs avaient subitement couvert la vallée. Le lac fut tout à coup criblé de larges gouttes de pluie ; les éclairs incendièrent l'horizon ; le tonnerre bondit dans l'espace ; le vent souffla avec violence, tordant la vague écumante et pliant les arbres jusqu'à les briser. Nos deux jeunes gens se réfugièrent à la hâte dans une cabane couverte de joncs qui, l'hiver, servait d'embuscade aux chasseurs de canards sauvages, et qui, l'été, offrait un abri contre les surprises de l'orage. Vivement émue par le spectacle de la nature bouleversée, la jeune fille ne paraissait pas se préoccuper beaucoup de la singularité, du danger même qu'offrait en ce moment sa position, étant seule, le soir, dans un lieu écarté, près d'un jeune homme qu'elle ne connaissait point. Sa candeur la préservait sans doute d'une sérieuse appréhension. Et d'ailleurs la physionomie douce et loyale, l'attitude respectueuse, même embarrassée, de son compagnon, étaient vraiment de nature à la rassurer. Il se tenait à quelques pas, osant à peine la regarder, craignant de l'effrayer par un geste, un mouvement, et contenant sous sa main les battements de son cœur joyeux, de peur qu'elle ne les entendît. Un coup de tonnerre plus retentissant que les autres secoua violemment la jeune fille; elle poussa un petit cri de terreur. Aussitôt, et pour ainsi dire malgré lui, Hermann fit un bond, il vint se placer devant elle comme pour la défendre contre la foudre. Il se sentait le courage et la force de lutter avec tous les éléments en fureur.

— Soyez tranquille, mademoiselle, dit-il en souriant et en se moquant de ses velléités d'héroïsme tout à fait dignes d'un chevalier de l'Arioste, l'orage n'osera vous atteindre : je suis là.

Par un mouvement gracieux et confiant, l'étrangère se rapprocha de lui ; elle lui répondit d'un air fin et charmant :

— Oh! je vois bien, monsieur, que je n'ai rien à redouter. Cette cabane a un paratonnerre... Et puis la tourmente semble s'apaiser, il commence à pleuvoir moins fort, les éclairs sont plus rares, le vent tombe sensiblement ; avant un quart d'heure, le temps sera remis, je n'en doute pas.

— Je pense comme vous, dit Hermann étourdiment; je crains bien qu'il ne fasse beau dans quelques minutes.

— Vous craignez cela, monsieur? Et pourquoi? Vous aimez donc bien le spectacle d'un ouragan ?

— Oh! beaucoup! passionnément! répondit-il avec vivacité, s'efforçant ainsi de motiver son étrange distraction. Quoi de plus imposant, de plus sublime, que les grandes secousses de la nature? Est-ce que vous ne vous plaisez pas à les contempler, mademoiselle?

— J'en ai un peu peur, comme vous avez pu le remarquer il n'y a qu'un instant. Or on admire mal, quand on n'est pas très-rassuré. En outre, je sais qu'en ce moment mon absence inspire des inquiétudes, et cela me dispose d'autant moins à la contemplation.

Hermann s'élança tout à coup hors de la cabane.

— Où donc allez-vous, monsieur? demanda la jeune fille stupéfaite.

— Prévenir votre père que vous êtes à 'abri et préservée de tout accident.

— Rentrez, monsieur, rentrez! s'écria-t-elle d'un ton ferme. Il pleut encore à verse, et le lac est furieux. D'ailleurs... je n'ai plus ni père ni mère.

A ces derniers mots seulement, Hermann revint sur ses pas.

— Je croyais, balbutia-t-il, que le major Ornulf...

— Le major Ornulf n'est que mon tuteur. Mon père était un négociant de Schwerin ; j'ai eu le chagrin de le perdre il y a près de quatre ans.

Hermann ressentit une sorte de joie d'apprendre que le major Ornulf n'était point le père de la jeune fille. Peu s'en fallut qu'il ne laissât échapper une parole de satisfaction; mais il se contint en remarquant le reflet de tristesse qui venait de s'étendre sur le visage de sa compagne au souvenir du passé. Il devint lui-même sérieux et pensif; de chers fantômes s'agitèrent au fond de son cœur, et ce fut avec un inexprimable sentiment de mélancolie qu'il dit, après quelques minutes de silence :

— Si la même infortune doit apparenter les âmes, mademoiselle, nous sommes un peu frère et sœur, car, moi aussi, je suis orphelin.

Cette conformité de malheur parut toucher la belle jeune fille. Elle se prit à considérer son compagnon avec plus d'attention et d'intérêt qu'elle ne lui en avait encore voulu accorder. La secrète sympathie qu'il commençait à lui inspirer par le charme de son esprit et la distinction de ses manières s'accrut visiblement, lorsqu'elle eut bien constaté qu'il avait une taille élégante, de grands yeux expressifs, des traits fins et réguliers, un front haut et délicatement modelé, de magnifiques cheveux noirs. Il était très-pâle, à la vérité, mais sa pâleur était harmonieuse : elle captivait et faisait rêver.

— Ce jeune homme a vraiment l'air étrange, se disait l'inconnue : on le prendrait pour une douce vision.

De son côté, Hermann savourait à longs regards furtifs chacune des beautés de l'étrangère. Il ne se lassait point d'admirer le pur éclat de son visage, la suavité angélique de ses yeux bleus, la transparence de son blanc épiderme, la vaporeuse finesse de ses cheveux blonds, les ondulations de sa taille, les délicatesses de ses mains effilées et de ses pieds mignons.

(*La suite au prochain numéro.*)

Le propriétaire-gérant : F. ROY.

LES MYSTÈRES DE PARIS

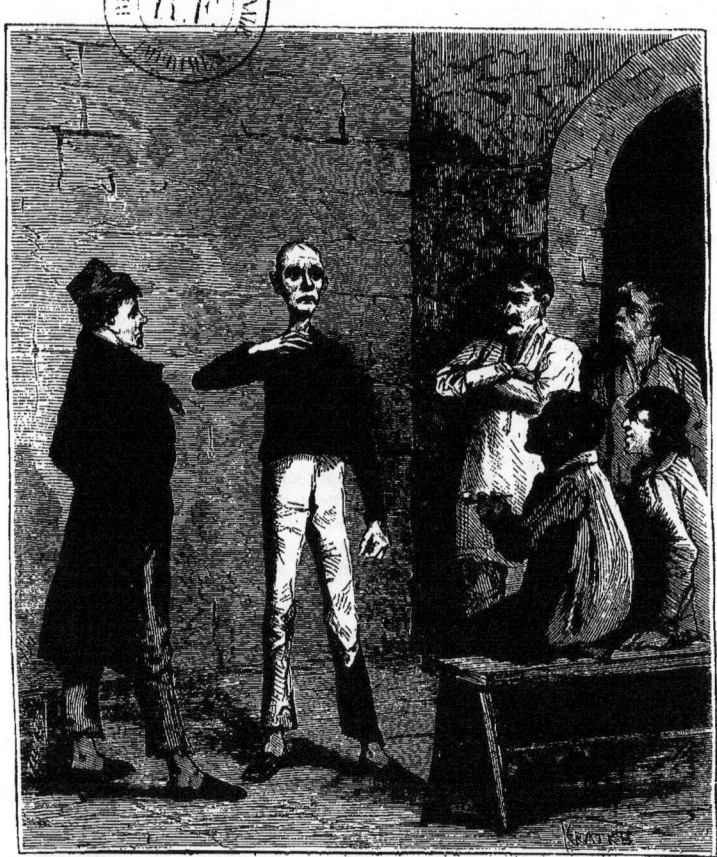

— On me dirait : Aimes-tu mieux un an de cellule ?... je tendrais le cou... (Page 59.)

— Tout à l'heure, au greffe... pendant qu'on m'écrouait, on a encore amené deux cadets... Il y en a un que je ne connais pas... mais l'autre, qui a un bonnet de coton bleu et une blouse grise, m'est resté dans l'œil... j'ai vu cette boule-là quelque part... Il me semble que c'est chez l'ogresse du *Lapin blanc*... un fort homme...

— Dis donc, Gros-Boiteux... te rappelles-tu, à Melun... que j'avais parié avec toi qu'avant un an tu serais repincé ?

— C'est vrai, tu as gagné ; car j'avais plus de chance pour être *cheval de retour* que pour être couronné rosière ; mais toi... qu'as-tu fait ?

— J'ai *grinchi à l'américaine*.

— Ah ! bon, toujours du même tonneau ?...

— Toujours... Je vas mon petit bonhomme de

chemin. Ce tour est commun... mais les *sinvés* aussi sont communs, et sans une ânerie de mon *collègue* je ne serais pas ici... C'est égal, la leçon me profitera. Quand je recommencerai, je prendrai mes précautions... J'ai mon plan...

— Tiens! voilà *Cardillac!* — dit le boiteux en voyant venir à lui un petit homme misérablement vêtu, à mine basse, méchante et rusée, qui tenait du renard et du loup.—Bonjour, vieux!...

— Allons donc! traînard! — répondit gaiement au Gros-Boiteux le détenu surnommé Cardillac; — on disait tous les jours : Il viendra, il ne viendra pas... Monsieur fait comme les jolies femmes, il faut qu'on le désire...

— Mais oui, mais oui!

— Ah çà! — reprit Cardillac, — est-ce pour quelque chose d'un peu corsé que tu es ici?

— Ma foi! mon cher, je me suis passé l'effraction. Avant, j'avais fait de très-bons coups; mais le dernier a raté... une affaire superbe... qui d'ailleurs reste encore à faire... Malheureusement nous deux Frank, que voilà, nous avons *marché dessus*[1].

Et le Gros-Boiteux montra son compagnon, sur lequel tous les yeux se tournèrent.

— Tiens! c'est vrai, voilà Frank! dit Cardillac; — je ne l'aurais pas reconnu à cause de sa barbe... Comment! c'est toi! je te croyais au moins maire de ton endroit à l'heure qu'il est... Tu voulais faire l'honnête!...

— J'étais bête, et j'en ai été puni, — dit brusquement Frank; — mais à tout péché miséricorde... c'est bon une fois; me voilà maintenant dans la *pègre* jusqu'à ce que je crève; gare à ma sortie!

— A la bonne heure! c'est parler.

— Mais qu'est-ce donc qu'il t'est arrivé, Frank?

— Ce qui arrive à tout libéré assez colas pour vouloir, comme tu dis, faire l'honnête... Le sort est si juste!... En sortant de Melun, j'avais une masse de neuf cents et tant de francs...

— C'est vrai, — dit le Gros-Boiteux; — tous ses malheurs viennent de ce qu'il a gardé sa masse au lieu de la fricoter en sortant de prison. Vous allez voir à quoi mène le repentir... et si on fait seulement ses frais.

— On m'a envoyé en surveillance à Étampes, — reprit Frank... — Serrurier de mon état, j'ai été chez un maître de mon métier; je lui ai dit : « Je suis libéré, je sais qu'on n'aime pas à les employer, mais voilà les neuf cents francs de ma masse; donnez-moi de l'ouvrage; mon argent, ça sera votre garantie; je veux travailler et être honnête. »

— Parole d'honneur! il n'y a que ce Frank pour avoir des idées pareilles.

— Il a toujours eu un petit coup de marteau.

— Ah!... comme serrurier!

— Farceur!...

— Et vous allez voir comme ça lui a réussi.

— Je propose donc ma masse en garantie au maître serrurier pour qu'il me donne de l'ouvrage.

« — Je ne suis pas banquier pour prendre de l'argent à intérêt, qu'il me dit, et je ne veux pas de libéré dans ma boutique; je vais travailler dans les maisons, ouvrir les portes dont on perd les clefs, j'ai un état de confiance, et si on savait que j'emploie un libéré parmi mes ouvriers, je perdrais mes pratiques... Bonsoir, voisin! »

— N'est-ce pas, Cardillac, qu'il n'avait que ce qu'il méritait?...

— Bien sûr...

— Enfant! — ajouta le Gros-Boiteux en s'adressant à Frank d'un air paterne; — au lieu de rompre tout de suite ton ban... et de venir à Paris fricoter ta masse, afin de n'avoir plus le sou et de te mettre dans la nécessité de voler. Alors on trouve des idées superbes...

— Quand tu me diras toujours la même chose! — dit Frank avec impatience; — c'est vrai, j'ai eu tort de pas dépenser ma masse, puisque je n'en ai pas joui. Pour en revenir à ma surveillance, comme il n'y avait que quatre serruriers à Étampes... celui à qui je m'étais adressé le premier avait jasé; quand j'ai été m'adresser aux autres, ils m'ont dit comme leur confrère : *Merci*... Partout la même chanson.

— Voyez-vous, les amis, à quoi ça sert? Nous sommes marqués pour la vie, allez!!!

— Me voilà en grève sur le pavé d'Étampes; je vis sur ma masse un mois, deux mois, — reprit Frank; — l'argent s'en allait, l'ouvrage ne venait pas. Malgré ma surveillance, je quitte Étampes.

— C'est ce que tu aurais dû faire tout de suite, colas.

— Je viens à Paris; là je trouve de l'ouvrage; mon bourgeois ne savait pas qui j'étais, je lui dis que j'arrive de province. Il n'y avait pas de meilleur ouvrier que moi. Je place sept cents francs qui me restaient chez un agent d'affaires qui me fait un billet; à l'échéance, il ne me paye pas; je mets mon billet chez un huissier... qui

[1]. Nous l'avons manquée.

poursuit et se fait payer; je laisse l'argent chez lui, et je me dis : C'est une poire pour la soif. Là-dessus je rencontre le Gros-Boiteux.

— Oui, les amis, et c'est moi qui étais la soif, comme vous l'allez voir. Frank était serrurier, fabriquait les clefs; j'avais une *affaire* où il pouvait me servir; je lui propose le coup... J'avais des empreintes, il n'y avait plus qu'à travailler dessus... c'était sa partie. L'enfant me refuse... il voulait devenir honnête.. Je me dis : Il faut faire son bien malgré lui... J'écris une lettre sans signature à son bourgeois, une autre à ses compagnons, pour leur apprendre que Frank est un libéré... Le bourgeois le met à la porte et les compagnons lui tournent le dos. Il va chez un autre bourgeois, il y travaille huit jours... même jeu... Il aurait été chez dix que je lui aurais servi toujours du même.

— Et je ne me doutais pas alors que c'était toi qui me dénonçais, — reprit Frank; — sans cela, tu aurais passé un mauvais quart d'heure.

— Oui; mais moi pas bête, je t'avais dit que je m'en allais à Longjumeau voir mon oncle; mais j'étais à Paris, et je savais tout ce que tu faisais par le petit Ledru.

— Enfin on me chasse encore de chez mon dernier maître serrurier comme un gueux bon à pendre. Travaillez donc! soyez donc paisible, pour qu'on vous dise, non pas : *Que fais-tu?* mais : *Qu'as-tu fait?* Une fois sur le pavé, je me dis : Heureusement il me reste ma masse pour attendre. Je vas chez l'huissier, il avait levé le pied, mon argent était flambé, j'étais sans le sou... je n'avais pas seulement de quoi payer une huitaine de mon garni... Fallait voir ma rage!... Là-dessus le Gros-Boiteux a l'air d'arriver de Longjumeau; il profite de ma colère... Je ne savais à quel clou me pendre... je voyais qu'il n'y avait pas moyen d'être honnête; qu'une fois dans la *pègre* on y était à vie... Ma foi! le Gros-Boiteux me talonne tant.

— Que ce brave Frank ne boude plus, — reprit le Gros-Boiteux; — il prend son parti en brave, il entre dans l'affaire; elle s'annonçait comme une reine; malheureusement... au moment où nous ouvrions la bouche pour avaler le morceau... pincés... par la *rousse!* Que veux-tu, garçon? c'est un malheur... le métier serait trop beau sans cela...

— C'est égal... si ce gredin d'huissier ne m'avait pas volé... je ne serais pas ici... — dit Frank avec une rage concentrée.

— Eh bien! eh bien! — reprit le Gros-Boiteux; — te voilà bien malade! Avec ça que tu étais plus heureux quand tu t'échinais à travailler!

— J'étais libre...

— Oui, le dimanche, et encore quand l'ouvrage ne pressait pas; mais le restant de la semaine, enchaîné comme un chien, et jamais sûr de trouver de l'ouvrage...Tiens! tu ne connais pas ton bonheur!

— Tu me l'apprendras, — dit Frank avec amertume.

— Après ça, faut être juste, tu as le droit d'être vexé; c'est dommage que le coup ait manqué, il était superbe, et il le sera encore dans un ou deux mois; les bourgeois seront rassurés, et ce sera à refaire. C'est une maison riche, riche! Je serai toujours condamné pour rupture de ban, ainsi je ne pourrai pas reprendre l'affaire; mais si je trouve un amateur, je la céderai pour pas trop cher... Les empreintes sont chez ma femme; il n'y aura qu'à fabriquer de nouvelles fausses clefs; avec ces renseignements que je pourrai donner, ça ira tout seul... Il y avait là encore un coup de dix mille francs à faire : ça doit pourtant te consoler, Frank.

Le complice du Gros-Boiteux secoua la tête, croisa les bras sur sa poitrine et ne répondit pas.

Cardillac prit le Gros-Boiteux par le bras, l'attira dans un coin du préau, et lui dit, après un moment de silence :

— L'affaire que tu as manquée est encore bonne?

— Dans deux mois, aussi bonne qu'une neuve.

— Tu peux le prouver?

— Pardieu!

— Combien en veux-tu?

— Cent francs d'avance, et je dirai le mot convenu avec ma femme pour qu'elle livre les empreintes avec quoi on refera de fausses clefs: de plus, si le coup réussit, je veux un cinquième du gain, que l'on payera à ma femme.

— C'est raisonnable.

— Comme je saurai à qui elle aura donné les empreintes, si on me flibustait ma part, je dénoncerais; tant pis!...

— Tu serais dans ton droit, si on t'enfonçait... mais dans la *pègre*... on est honnête... faut bien compter les uns sur les autres,.. sans cela il n'y aurait pas d'affaires possibles...

Autre anomalie de ces mœurs horribles... Ce misérable disait vrai. Il est assez rare que les voleurs manquent à la parole qu'ils se donnent pour des marchés de cette nature... Ces criminelles transactions s'opèrent généralement avec une sorte de bonne foi, ou plutôt, afin de ne pas prostituer ce mot, disons que la nécessité force ces bandits de tenir leur promesse, car, s'ils y manquaient, ainsi que le disait le compagnon du Gros-Boiteux, il n'y aurait plus d'affaires possibles. Un grand nombre de vols *se donnent*, s'achètent et se complotent ainsi en prison ; autre détestable conséquence de la réclusion en commun.

— Si ce que tu dis est sûr, — reprit Cardillac, — je pourrai m'arranger de l'affaire... il n'y a pas de preuves contre moi... je suis sûr d'être acquitté ; je passe au tribunal dans une quinzaine, je serai en liberté, mettons dans vingt jours ; le temps de se retourner, de faire les fausses clefs, d'aller aux renseignements... c'est un mois, six semaines...

— Juste ce qu'il faut aux bourgeois pour se remettre de l'alerte... Et puis, d'ailleurs, qui a été attaqué une fois croit ne pas l'être une seconde fois ; tu sais ça...

— Je sais ça : je prends l'affaire... c'est convenu...

— Mais auras-tu de quoi me payer ? Je veux des arrhes.

— Tiens, voilà mon dernier bouton ; et quand il n'y en a plus, il y en a encore, — dit Cardillac en arrachant un des boutons recouverts d'étoffe qui garnissaient sa mauvaise redingote bleue... Puis, à l'aide de ses ongles, il déchira l'enveloppe, et montra au Gros-Boiteux qu'au lieu de moule le bouton renfermait une pièce de quarante francs.

— Tu vois — ajouta-t-il — que je pourrai te donner des arrhes quand nous aurons causé de l'affaire.

— Alors, touche là, vieux, — dit le Gros-Boiteux. — Puisque tu sors bientôt et que tu as des fonds pour *travailler*, je pourrai te donner autre chose ; mais ça, c'est du nanan... du vrai nanan, un *petit poupard*[1] que moi et ma femelle nous nourrissions depuis deux mois, et qui ne demande qu'à marcher... Figure-toi une maison isolée, dans un quartier perdu, un rez-de-chaussée donnant d'un côté sur une rue déserte, de l'autre sur un jardin ; deux vieilles gens qui se couchent comme les poules. Depuis les émeutes, et dans la peur d'être pillés, ils ont caché dans un lambris un grand pot à confitures plein d'or...

1. Vol préparé de longue main.

C'est ma femme qui a dépisté la chose en faisant jaser la servante... Mais, je t'en préviens, cette affaire-là sera plus chère que l'autre ; c'est monnayé... c'est tout cuit et bon à manger...

— Nous nous arrangerons, sois tranquille... Mais je vois que t'as pas mal travaillé depuis que tu as quitté la centrale...

— Oui, j'ai eu assez de chance... J'ai raccroché de bric et de brac pour une quinzaine de cents francs ; un de mes meilleurs morceaux a été la grenouille de deux femmes qui logeaient dans le même garni que moi, passage de la Brasserie.

— Chez le père Micou, le recéleur ?

— Juste.

— Et Joséphine, ta femme ?

— Toujours un vrai furet : elle faisait un ménage chez les vieilles gens dont je parle ; c'est elle qui a flairé le pot aux jaunets...

— C'est une fière femme !...

— Je m'en vante... A propos de fière femme, tu connais bien la Chouette.

— Oui, Nicolas m'a dit ça ; le Maître d'école l'a estourbie, et lui, il est devenu fou.

— C'est peut-être d'avoir perdu la vue par je ne sais quel accident... Ah çà ! mon vieux Cardillac, convenu... puisque tu veux t'arranger de mes *poupards*, je n'en parlerai à personne.

— A personne... je les prends en sevrage. Nous en causerons ce soir...

— Ah çà ! qu'est-ce qu'on fait, ici ?

— On rit et on bêtise à mort.

— Qu'est-ce qui est le prévôt de la chambrée ?

— Le Squelette.

— En voilà un dur à cuire ! Je l'ai vu chez les Martial, à l'île du Ravageur... Nous avons nocé ensemble avec Joséphine et la Boulotte.

— A propos, Nicolas est ici.

— Je le sais bien, le père Micou me l'a dit... il s'est plaint que Nicolas l'a *fait chanter*, le vieux gueux... je lui ferai aussi dégoiser un petit air... Les recéleurs sont faits pour ça...

— Nous parlions du Squelette... tiens, justement, le voilà, — dit Cardillac en montrant à son compagnon le prévôt qui parut à la porte du chauffoir...

— Cadet... avance à l'appel, — dit le Squelette au Gros-Boiteux.

— Présent... — répondit celui-ci en entrant dans la salle accompagné de Frank, qu'il prit par le bras.

Pendant l'entretien du Gros-Boiteux, de Frank et de Cardillac, Barbillon avait été, par ordre du prévôt, recruter douze ou quinze prisonniers *de choix*. Ceux-ci, afin de ne pas éveiller les soupçons du gardien, s'étaient rendus isolément au chauffoir. Les autres détenus restèrent dans le préau ; quelques-uns même, d'après le conseil de Barbillon, parlèrent à voix haute d'un ton assez courroucé pour attirer l'attention du gardien et le distraire ainsi de la surveillance du chauffoir, où se trouvèrent bientôt réunis le Squelette, Barbillon, Nicolas, Frank, Cardillac, le Gros-Boiteux et une quinzaine de détenus, tous attendant avec une impatiente curiosité que le prévôt prît la parole. Barbillon, chargé d'épier et d'annoncer l'approche du surveillant, se plaça près de la porte.

(*La suite au prochain numéro.*)

COMMENT ON AIME

L'ILE DES CYGNES

(SUITE)

Une remarque, cependant, troublait parfois son extase ; un flux de sang venait à intervalle empourprer les joues de la jeune fille. Ce n'était pas l'incarnat de la pudeur, car elle ne s'apercevait point qu'elle fût si attentivement observée : c'était sans doute le symptôme d'un mal intérieur.

— Frêle organisation, nature de sensitive ! murmura Hermann. On la croirait souffrante. Peut-être n'est-elle pas heureuse chez le major Ornulf. Un tel homme ne doit pas savoir aimer, comme il convient, une si céleste créature.

Les deux jeunes gens restèrent quelques instants absorbés dans leurs réflexions. L'orage avait disparu, la pluie seule continuait avec intensité. Bientôt l'entretien se renoua. Hermann se nomma. Il sut alors que sa compagne s'appelait Wilhelmine Aurich et qu'elle avait à peine seize ans. Comme il s'étonnait de ne l'avoir vue ni chez le docteur Savarus ni dans aucune des maisons où se réunissait habituellement la joyeuse société de Müritz, elle lui répondit que, ayant une très-faible santé, elle évitait les plaisirs et les fatigues du monde et ne se permettait comme distractions que quelques promenades en bateau jusqu'à l'île ; elle aimait à ramer et à rendre visite aux deux cygnes, qui l'avaient prise en grande amitié.

— Dès qu'ils m'aperçoivent, ajouta-t-elle en souriant, ils gonflent leurs ailes comme des voiles au vent pour se hâter à ma rencontre. A la vérité, je ne manque jamais de leur apporter des gâteaux, dont ils sont très-friands. Leur tendresse pour moi vient un peu de leur gourmandise.

— Pourquoi pas de leur reconnaissance ou même d'une cause plus profonde et plus mystérieuse ?

— Je ne vous comprends pas, monsieur.

— Je ne suis pas fort éloigné de croire à la métempsycose, reprit Hermann, moitié plaisant, moitié sérieux. La transmigration des âmes ne me semble pas une théorie trop invraisemblable. En admettant donc l'idée de Pythagore, comment ne pas supposer que ces charmants oiseaux vous reconnaissent pour être de leur famille ? comment ne pas être convaincu qu'ils vous aiment... comme une sœur ?

— Je vous avoue que je ne me soupçonnais pas cette parenté, repartit Wilhelmine en souriant. Vous avez de bien singulières idées, monsieur, et, en vérité, elles ne me déplaisent pas trop. Si je devais jamais changer d'enveloppe mortelle pour séjourner encore en ce monde, je serais heureuse de me transformer en cygne et de revivre sur l'eau, car j'ai vraiment les instincts aquatiques.

— Voilà un mot qui a terriblement l'air d'une moquerie. Je n'en persisterai cependant pas moins dans ma pensée, car elle me semble gracieuse, poétique et pleine d'opportunité.

— Prenez garde ! je vais vous prendre pour un complimenteur, monsieur.

— Je ne crains pas cela, mademoiselle, répondit gravement Hermann : un compliment se dit du bout des lèvres, et il est facile de voir que je parle avec mon cœur.

Le ton animé de cette réplique amena un moment de trouble et d'embarras. Wilhelmine garda le silence; elle s'éloigna de quelques pas, mais sans affectation. Hermann se repentit de sa vivacité; il s'efforça de dissiper l'impression de gêne qu'il avait produite, et il y réussit bientôt en adressant à sa compagne des paroles calmes et mesurées, auxquelles elle répondit de bonne grâce, quoique avec un peu de réserve. Ce reste de contrainte lui-même ne tint pas longtemps contre la franchise et le respect d'Hermann. Wilhelmine se rapprocha de lui; dès lors une sorte d'abandon fraternel s'établit entre eux. Une grande heure s'écoula ainsi rapidement dans l'échange de propos spirituels ou touchants, chastes mélodies qu'ils interrompirent vingt fois, mais qu'ils reprirent aussitôt, comme si leurs âmes à l'unisson refusaient de se séparer. Si bien que le ciel s'était depuis longtemps rasséréné, la nuit était venue, qu'ils se tenaient encore abrités dans la cabane comme deux fauvettes dans un nid. Un rayon de lune vint frapper soudain le visage de Wilhelmine; elle poussa un cri de biche découverte à l'improviste.

— Ah! dit-elle, si tard!... je vais être bien grondée; ce ne sera pas à tort.

Elle adressa de la main un adieu à son compagnon et sauta lestement dans sa petite barque blanche.

Un bateau entrait en ce moment dans le bassin de l'île. Le major Ornulf, debout à l'arrière, le conduisait avec un aviron. Il s'arrêta dès qu'il aperçut Wilhelmine.

— Cruelle enfant, lui dit-il d'un ton plus sec que pénétré, votre longue absence m'a bien vivement tourmenté! Pourquoi vous attardez-vous si longtemps?

— Vous n'avez donc pas entendu l'orage, mon tuteur? J'ai été surprise par lui.

— Mais il y a plus de vingt minutes qu'il a complétement disparu. Auriez-vous dormi, par hasard?

— Je ne suis pas assez brave pour cela. J'aurais même eu grand'peur si le hasard, dont vous parlez, n'avait amené ici une personne dont la compagnie m'a un peu rassurée.

A l'instant même le major remarquait la présence d'Hermann Wrangel, qui se tenait adossé contre un des ais de la cabane éclairée par un reflet de la lune.

— En effet, reprit Ornulf avec un accent glacé, vous n'étiez pas seule. Je m'explique maintenant votre retard, sans l'approuver néanmoins. Délicate comme vous l'êtes, c'est une très-grave imprudence de vous exposer au mauvais air de la nuit.

— Je ferai en sorte que cela ne m'arrive plus, répondit Wilhelmine avec calme et dignité.

Hermann venait de saluer le major. Celui-ci dédaigna de s'en apercevoir; il vira de bord et sortit aussitôt du bassin, suivi de Wilhelmine, dont la charmante petite barque s'agitait comme une salamandre dans un sillage de feu.

IV

Dix heures sonnaient lorsque Hermann parut chez sa cousine. Aurélia venait de chanter. Elle avait une magnifique voix de mezzo-soprano; on la criblait d'applaudissements qui ne manquaient pas de sincérité. Au salut que lui adressa son cousin, elle ne répondit qu'avec une distraction affectée. Il était aisé de voir qu'elle lui en voulait de sa tardive arrivée. Il le comprit, mais il ne se sentit pas en humeur de s'excuser. Il alla s'asseoir solitairement dans un angle du salon, tandis que des amateurs de première force, comme il y en a tant en Allemagne, commençaient l'exécution d'un *quintetto* d'Haydn. Cette musique délicate, spirituelle, touchante, acheva de lui faire oublier le froid accueil d'Aurélia. A toute cette charmante mélodie, son imagination se complut à mêler, comme en un tableau d'opéra, l'île du lac Müritz, les deux cygnes familiers, la cabane au toit de joncs, la petite barque blanche et Wilhelmine Aurich. Il s'absorba même si profondément dans la contemplation intérieure de cette harmonieuse fantaisie qu'il eut bientôt l'apparence d'une statue de la Méditation. Sa cousine ne le perdait pas de vue à la dérobée; elle attribua d'abord son attitude immobile et pensive à un sentiment de tristesse et de jalousie, causé par la froideur qu'elle lui avait montrée et par les hommages dont elle venait d'être accablée à l'envi. Mais elle était trop perspicace pour demeurer longtemps la dupe d'une telle erreur. Une violente anxiété secoua son esprit.

— Se repentirait-il de l'ouverture qu'il m'a faite hier? réfléchissait-elle en assombrissant l'éclat de sa physionomie. Songerait-il à m'échapper? C'est étrange! J'ai comme un pressentiment qu'il ne pense plus même à moi.

Le quintetto fini, après avoir complimenté et remercié les exécutants, elle se débarrassa de quelques fats qui voletaient autour d'elle et s'assit brusquement à côté d'Hermann, qui tressaillit comme s'il se réveillait en sursaut. En ce moment, un violoncelle élevait au milieu d'un profond silence ses accents pour ainsi dire humains, entonnant le prélude d'une délicieuse *Rêverie* de Batta.

— Pourquoi êtes-vous arrivé si tard? demanda la jeune veuve à voix basse et d'un ton sec à Hermann.

Celui-ci se troubla d'abord légèrement ; puis, au milieu des applaudissements qui saluaient le violoncelliste, il répondit avec calme qu'il avait été à l'île des Cygnes, où l'orage l'avait surpris. Les grands yeux noirs d'Aurélia se remplirent d'étonnement.

— Mais il était convenu, reprit-elle, que nous ne nous y rencontrerions que demain. A quoi bon y être allé aujourd'hui? Je ne comprends pas votre fantaisie.

Sa voix, néanmoins, s'était sensiblement adoucie. Elle venait d'imaginer, en effet, que son cousin s'était rendu à l'île, mû par un sentiment de poétique réminiscence, et qu'il avait pris plaisir à revoir la petite solitude où la veille ils s'étaient réfugiés tous deux. Mais la pensée de ce madrigal ne vint même pas à l'esprit d'Hermann. Il se contenta de répondre prosaïquement qu'il avait fait une simple promenade sur l'eau, et qu'il était entré dans le bassin de l'île pour se reposer quelques instants. Une si insignifiante excuse n'était pas de nature à calmer le dépit et les inquiétudes d'Aurélia. Mais elle n'était pas encore assez sûre de son empire pour heurter trop violemment de front la timidité naturelle de son cousin. Les caractères doux et mélancoliques ne sont pas les plus patients aux reproches. Elle eut soin d'atténuer progressivement les siens, jusqu'à ce qu'enfin elle en arrivât à murmurer d'une voix de victime résignée :

— Ah! mon ami, je redoute sérieusement que vous ne fassiez pas un époux modèle! Peut-être un jour me repentirai-je de vous avoir accordé ma main!

En formulant ces deux phrases empreintes d'un si incomparable machiavélisme, elle achevait de déganter l'une de ses mains et la tendait avec une superbe bouderie à Hermann étourdi par l'imprévu de cet incident. A vrai dire, il était à mille lieues de la demande en mariage qu'il avait faite la veille. Aussi ne saisit-il pas bien du premier coup la véritable signification des paroles et du geste de sa cousine. Un rayon d'intelligence, jaillissant soudain du fond de sa mémoire, éclaira aussitôt toute sa situation. Il fut contraint de s'avouer qu'il avait bien et dûment provoqué l'action de sa cousine, et qu'à moins de se couvrir des apparences d'une ridicule versatilité, il lui était impossible de se dérober à une union qu'il avait lui-même sollicitée vingt-quatre heures auparavant avec une certaine ardeur. Il est des faits qui engagent en dépit de soi-même. Une fois qu'on s'est placé sur une pente, la logique, aussi bien que la force d'attraction, vous défend de vous arrêter. Il faut une grande énergie ou une grande insouciance pour s'affranchir des conséquences d'une démarche où notre destinée tout entière est inconsidérément mise en question. Or Hermann avait en même temps une âme faible et une conscience scrupuleuse. Après quelques moments d'hésitation, il soumit les répugnances de son cœur à ce qu'il croyait être son devoir ; il pressa le bout des doigts de sa cousine et la remercia par un mouvement de tête destiné plus encore à cacher son trouble qu'à signaler sa reconnaissance. Aurélia ne s'y méprit point.

— Qu'a-t-il donc? se demanda-t-elle avec une sourde colère. Pourquoi ce changement subit? sur quel fil électrique a-t-il couru? Hier je tenais son cœur en mon pouvoir ; aujourd'hui, ce cœur s'est enfui au bout du monde. O instabilité! mais que m'importe? Si le cœur d'Hermann est mobile, sa parole du moins ne l'est pas, et j'ai sa parole, c'est l'essentiel.

Un sourire de caméléon, tour à tour rose et pâle, éclatant et sombre, glissa sur les lignes sinueuses et légèrement contractées de son beau visage. Un observateur pénétrant eût découvert là le mélange expressif de la joie et du dédain, de la cupidité satisfaite et d'une vengeance projetée vaguement.

La soirée musicale se terminait par un septuor concertant sur des motifs tirés du *Freyschutz* de Weber. Aurélia reçut bientôt les adieux de ses invités. Retenu par elle, seul Hermann restait encore, lorsque Savarus entra.

— Mille pardons, belle dame! dit-il ; je me présente un peu tard, mais je n'ai point voulu passer devant votre demeure, dont les bougies ne sont pas éteintes, sans vous offrir mes excuses. Il m'est tombé ce soir tant de malades que leur encombrement m'a complétement barré le chemin pour venir à votre concert. Maudite profession que la mienne, où le plaisir que l'on espère dépend du premier imbécile venu à qui il convient de s'affubler d'une angine, d'une pleurésie ou d'une luxation ! Jugez si j'enrageais, moi qui adore la musique, surtout celle qu'on fait chez vous, aimable mezzo-soprano ! Je me suis pourtant diablement dépêché d'expédier mes infirmes, au risque de les envoyer dans l'autre monde. Mais, au moment où je me croyais libre, voilà que le major Ornulf me fait enlever au passage par un valet et me supprime brutalement la fin de votre soirée musicale, sur laquelle je comptais si bien. Que Belzébuth le trépane pour l'ennui qu'il m'a causé !

— Le major est-il donc malade? demanda Aurélia.

— Lui? Est-ce qu'un homme de sa trempe est jamais malade? Il est trop impassible pour déranger d'une manière inquiétante le jeu naturel de son organisme. Je ne connais qu'un cas où sa santé risquerait de s'altérer : s'il perdait la belle fortune qu'il a... gagnée.

— Gagnée... Vous dites ce mot-là bien singulièrement, cher docteur.

— Je le dis comme je le sens, ma belle dame, et je vois bien à votre sourire railleur que vous le sentez comme je le dis. Quoi qu'il en soit, je puis vous assurer que le major se porte à merveille, car on ne lui a rien volé.

— Alors vous avez été mandé pour sa pupille, Wilhelmine Aurich?

En entendant prononcer le nom de la jeune fille, Hermann, appuyé en ce moment contre le marbre de la cheminée du salon, ferma brusquement un album qu'il feuilletait.

— Pour sa pupille, en effet, répondit Savarus. Il paraît qu'à la suite de quelques sévères remontrances elle a eu une crise nerveuse. Lorsque je suis arrivé, elle était évanouie. J'ai eu toutes les peines du monde à la ramener au sentiment. La malheureuse ! dans l'état où elle est, il suffirait peut-être d'une seconde crise de ce genre pour la tuer. Je l'ai signifié à son tuteur.

— Il est donc brutal avec elle?

— Je n'en crois rien. Mais cette enfant a de singulières manies, manies dangereuses, qu'il s'efforce de lui faire perdre. Au lieu de se tenir dans de la ouate, comme je le lui prescris sans cesse, elle va le soir sur l'eau; elle rame à en perdre haleine; puis elle s'attarde imprudemment dans l'île, où elle joue avec les cygnes et les bourre de gâteaux. Cet excellent Ornulf, qui craint de la perdre trop vite, lui adresse naturellement, lorsqu'elle rentre tard, des reproches mérités. Seulement je soupçonne que cette fois il a un peu manqué de prudence et de mesure. Qu'il y prenne garde dans son intérêt !

— Est-il bien vrai, docteur, qu'elle soit phthisique?

— Si vrai que je doute fort qu'elle voie les premières pousses du printemps prochain. Un accident qui l'enlèverait tout à coup ne ferait, en réalité, qu'anticiper de quelques mois sur l'issue inévitable et fatale de la maladie.

— On dit pourtant que le major Ornulf est sur le point de l'épouser.

En formulant cette observation, Aurélia avait baissé la voix malgré elle ; un secret frisson courut sur ses lèvres et les pâlit. Le docteur poussa un petit éclat de rire méphistophélique.

— Et il l'épousera bien, n'en doutez pas. Que diable aussi! quand on a une pupille dotée de plus de cent mille rixdalers [1], et qu'on n'est pas trop mal conservé à quarante-cinq ans, je ne vois pas pourquoi on ne s'adjugerait pas à soi-même. Vous connaissez le proverbe : Charité bien ordonnée...

— Fi ! le major est déjà bien assez opulent.

— Assez opulent ! Est-ce qu'on l'est jamais assez? Eh ! ma chère dame, le monde se compose de deux sortes de gens : ceux qui veulent faire fortune et ceux qui ambitionnent d'augmenter celle qu'ils ont déjà faite. Ces derniers ne sont pas toujours les moins âpres au gain. Aux uns comme aux autres, tous les moyens paraissent bons, surtout les moyens qui ne sont pas absolument réprouvés par la loi. Or je ne sache aucune loi qui défende d'épouser une phthisique, de tester en sa faveur, d'obtenir par réciprocité qu'elle vous lègue ses biens et d'en hériter à coup sûr après quelques mois de mariage.

— Ah ! docteur, vous calomniez le major Ornulf.

— Je ne crois pas qu'on puisse calomnier le genre humain, ma chère cliente. La bonne opinion que vous avez du monde fait peu d'honneur à la perspicacité de votre esprit, mais en revanche elle donne la plus haute idée de sa droiture et de la noblesse de vos sentiments. Vous jugez sans doute le major Ornulf d'après vous-même, et vous êtes vraiment trop bonne pour lui.

[1]. Le rixdaler vaut quatre francs cinquante-huit centimes.

(*La suite au prochain numéro.*)

Le propriétaire-gérant: F. ROY.

Cardillac prit le Gros-Boiteux par le bras et l'attira dans un coin. (Page 67.)

Le Squelette, ôtant sa pipe de sa bouche, dit au Gros-Boiteux :
— Connais-tu un petit jeune homme nommé Germain, yeux bleus, cheveux bruns, l'air d'un *pante* [1] ?
— Germain est ici ! — s'écria le Gros-Boiteux dont les traits exprimèrent aussitôt la surprise, la haine et la colère.

1. Honnête homme.

— Tu le connais donc ? — demanda le Squelette.
— Si je le connais !... — reprit le Gros-Boiteux ; — mes amis, je vous le dénonce... c'est un *mangeur*... il faut qu'on le roule...
— Oui, oui, — reprirent les détenus.
— Ah çà ! est-ce bien sûr qu'il ait dénoncé ? — demanda Frank. — Si on se trompait ?... Rouler un homme qui ne le mérite pas...

Cette observation déplut au Squelette, qui se pencha vers le Gros-Boiteux et lui dit tout bas :
— Qu'est-ce que celui-là ?
— Un homme avec qui j'ai travaillé.
— En es-tu sûr ?
— Oui ; mais ça n'a pas de fiel, c'est mollasse.
— Suffit ; j'aurai l'œil dessus.
— Voyons comme quoi Germain est un *mangeur*, — dit un prisonnier.
— Explique-toi, Gros-Boiteux, — reprit le Squelette qui ne quitta plus Frank du regard.
— Voilà, — dit le Gros-Boiteux. — Un Nantais nommé Velu, ancien libéré, a éduqué le jeune homme, dont on ignore la naissance. Quand il a eu l'âge, il l'a fait entrer à Nantes chez un *banquezingue*, croyant mettre le loup dans sa caisse et se servir de Germain pour empaumer une affaire superbe qu'il mitonnait depuis longtemps ; il avait deux cordes à son arc : un faux et le *soulagement* de la caisse du *banquezingue* ; peut-être cent mille francs... à faire en deux coups. Tout était prêt. Velu comptait sur le petit jeune homme comme sur lui-même ; ce galopin-là couchait dans le pavillon où était la caisse. Velu lui dit son plan... Germain ne répond ni oui ni non, dénonce tout à son patron et file le soir même pour Paris.

Les détenus firent entendre de violents murmures d'indignation et des paroles menaçantes :
— C'est un *mangeur*... il faut le désosser.
— Si l'on veut, je lui cherche querelle... et je le crève...
— Faut lui signer sur la figure un billet d'hôpital.
— Silence dans la *pègre !* — cria le Squelette d'une voix impérieuse.

Les prisonniers se turent.
— Continue... — dit le prévôt au Gros-Boiteux. Et il se remit à fumer.
— Croyant que Germain avait dit oui, comptant sur son aide, Velu et deux de ses amis tentent l'affaire la nuit même ; le *banquezingue* était sur ses gardes : un des amis de Velu est pincé en escaladant une fenêtre... et lui a le bonheur de s'évader... Il arrive à Paris, furieux d'avoir été *mangé* par Germain et d'avoir manqué une affaire superbe. Un beau jour il rencontre le petit jeune homme ; il était plein jour, il n'ose rien faire, mais il le suit ; il voit où il demeure, et une nuit, nous deux Velu et le petit Ledru, nous tombons sur Germain... Malheureusement il nous échappe... il déniche de la rue du Temple où il demeurait : depuis nous n'avons pu le retrouver ; mais s'il est ici... je demande...
— Tu n'as rien à demander, — dit le Squelette avec autorité.

Le Gros-Boiteux se tut.
— Je prends ton marché, tu me cèdes la peau de Germain, je l'écorche... Je ne m'appelle pas le Squelette pour rien... je suis mort d'avance... mon trou est fait à Clamart, je ne risque rien de travailler pour la *pègre*. Les *mangeurs* nous dévorent encore plus que la police ; on met les *mangeurs* de la Force à la Roquette, et les *mangeurs* de la Roquette à la Conciergerie ; ils se croient sauvés. Minute !... quand chaque prison aura tué son *mangeur*, n'importe où il ait mangé... ça ôtera l'appétit aux autres... je donne l'exemple... on fera comme moi...

Tous les détenus, admirant la résolution du Squelette, se pressèrent autour de lui... Barbillon lui-même, au lieu de rester auprès de la porte, se joignit au groupe et ne s'aperçut pas qu'un nouveau détenu entrait dans le parloir. Ce dernier, vêtu d'une blouse grise et portant un bonnet de coton bleu brodé de laine rouge, enfoncé jusque sur ses yeux, fit un mouvement en entendant prononcer le nom de Germain... puis il alla se mêler parmi les admirateurs du Squelette et approuva vivement de la voix et du geste la criminelle détermination du prévôt.

— Est-il crâne, le Squelette !... — disait l'un ;
— quelle sorbonne !...
— Le diable en personne ne le ferait pas caner...
— Voilà un homme !...
— Si tous les *pègres* ayaient ce front-là... c'est eux qui jugeraient et qui feraient guillotiner les *pantes*...
— Ça serait juste... chacun son tour...
— Oui... mais on ne s'entend pas...
— C'est égal... il rend un fameux service à la *pègre*... En voyant qu'on les refroidit... les *mangeurs* ne *mangeront* plus...
— C'est sûr.
— Et puisque le Squelette est si sûr d'être fauché, ça ne lui coûte rien... de tuer le *mangeur*.
— Moi, je trouve que c'est rude ! — dit Frank ; — tuer ce jeune homme...
— De quoi ! de quoi ! — reprit le Squelette d'une voix courroucée ; — on n'a pas le droit de *buter* un traître ?
— Oui, au fait, c'est un traître ; tant pis pour lui ! — dit Frank après un moment de réflexion.

Ces derniers mots et la garantie du Gros-Boiteux calmèrent la défiance que Frank avait un moment soulevée chez les détenus. Le Squelette seul persévéra dans sa méfiance.

— Ah çà ! et comment faire avec le gardien ? Dis donc, *Mort-d'avance*, car c'est aussi bien ton nom que Squelette... — reprit Nicolas en ricanant.

— Eh bien ! on l'occupera d'un côté, le gardien.
— Non, on le retiendra de force.
— Oui...
— Non...
— Silence dans la *pègre!* — dit le Squelette. On fit le plus profond silence.

— Écoutez-moi bien, — reprit le prévôt de sa voix enrouée ; — il n'y a pas moyen de faire le coup pendant que le gardien sera dans le chauffoir ou dans le préau. Je n'ai pas de couteau ; il y aura quelques cris étouffés ; le *mangeur* se débattra.

— Alors, comment... ?
— Voilà comment : Pique-Vinaigre nous a promis de nous conter aujourd'hui, après dîner, son histoire de *Gringalet et Coupe-en-Deux*. Voilà la pluie, nous nous retirerons tous ici, et le *mangeur* viendra se mettre là-bas dans le coin, à la place où il se met toujours... Nous donnerons quelques sous à Pique-Vinaigre pour qu'il commence son histoire... C'est l'heure du dîner de la geôle... Le gardien nous verra tranquillement occupés à écouter les fariboles de *Gringalet et Coupe-en-Deux*, il ne se défiera pas, ira faire un tour à la cantine... Dès qu'il aura quitté la cour... nous avons un quart d'heure à nous, le *mangeur* est refroidi avant que le gardien soit revenu... Je m'en charge... j'en ai étourdi de plus roides que lui... Mais je ne veux pas qu'on m'aide...

— Minute, — s'écria Cardillac, — et l'huissier qui vient toujours blaguer ici avec nous... à l'heure du dîner ?... S'il entre dans le chauffoir pour écouter Pique-Vinaigre, et qu'il voie refroidir Germain, il est capable de crier au secours... Ça n'est pas un homme culotté, l'huissier ; c'est un pistolier, il faut s'en défier.

— C'est vrai, — dit le Squelette.
— Il y a un huissier ici ! — s'écria Frank, victime, on le sait, de l'abus de confiance de maître Boulard ; — il y a un huissier ici ! — reprit-il avec étonnement. — Et comment s'appelle-t-il ?
— Boulard, — dit Cardillac.
— C'est mon homme ! — s'écria Frank en serrant les poings ; — c'est lui qui m'a volé ma masse...

— L'huissier ? — demanda le prévôt.
— Oui... sept cent vingt francs qu'il a touchés pour moi.
— Tu le connais ?... il t'a vu ? — demanda le Squelette.
— Je crois bien que je l'ai vu... pour mon malheur... Sans lui, je ne serais pas ici...

Ces regrets sonnèrent mal aux oreilles du Squelette ; il attacha longuement ses yeux louches sur Frank qui répondait à quelques questions de ses camarades ; puis, se penchant vers le Gros-Boiteux, il lui dit tout bas :

— Voilà un cadet qui est capable d'avertir les gardiens de notre coup.

— Non, j'en réponds, il ne dénoncera personne... mais c'est encore frileux pour le vice... et il serait capable de vouloir défendre Germain... Vaudrait mieux l'éloigner du préau.

— Suffit, — dit le Squelette.
Et il reprit tout haut :
— Dis donc, Frank, est-ce que tu ne le rouleras pas, ce brigand d'huissier ?
— Laissez faire... qu'il vienne, son compte est bon.
— Il va venir, prépare-toi.
— Je suis tout prêt, il portera mes marques.
— Ça fera une batterie, on renverra l'huissier à sa pistole et Frank au cachot, — dit tout bas le Squelette au Gros-Boiteux ; — nous serons débarrassés de tous deux.

— Quelle sorbonne !... Ce Squelette est-il roué ! dit le bandit avec admiration.

Puis il reprit tout haut :
— Ah çà ! préviendra-t-on Pique-Vinaigre qu'on s'aidera de son conte pour engourdir le gardien et escarper le *mangeur* ?

— Non ; Pique-Vinaigre est trop mollasse et trop poltron ; s'il savait ça, il ne voudrait pas conter ; mais, le coup fait, il en prendra son parti.

La cloche du dîner sonna.
— A la pâtée, les chiens ! — dit le Squelette ; — Pique-Vinaigre et Germain vont rentrer au préau. Attention ! les amis, on m'appelle Mort-d'avance... mais le *mangeur* aussi est mort d'avance.

CHAPITRE V

LE CONTEUR

Le nouveau détenu dont nous avons parlé, qui portait un bonnet de coton et une blouse grise, avait attentivement écouté et énergiquement approuvé le complot qui menaçait la vie de Germain... Cet homme, aux formes athlétiques, sortit du chauffoir avec les autres prisonniers sans avoir été remarqué, et se mêla bientôt aux différents groupes qui se pressaient dans la cour autour des distributeurs d'aliments qui portaient la viande cuite dans des bassines de cuivre et le pain dans de grands paniers.

Chaque détenu recevait un morceau de bœuf bouilli désossé qui avait servi à faire la soupe grasse du matin, trempée avec la moitié d'un pain supérieur en qualité au pain des soldats [1]. Les prisonniers qui possédaient quelque argent pouvaient acheter du vin à la cantine et y aller boire, en termes de prison, la *gobette*. Ceux enfin qui, comme Nicolas, avaient reçu des vivres du dehors, improvisaient un festin auquel ils invitaient d'autres détenus. Les convives du fils du supplicié furent le Squelette, Barbillon, et, sur l'observation de celui-ci, Pique-Vinaigre, afin de le bien disposer à conter. Le jambonneau, les œufs durs, le fromage et le pain blanc dus à la libéralité forcée de Micou le recéleur furent étalés sur un des bancs du chauffoir, et le Squelette s'apprêta à faire honneur à ce repas, sans s'inquiéter du meurtre qu'il allait froidement commettre.

— Va donc voir si Pique-Vinaigre n'arrive pas. En attendant Germain, j'étrangle la faim et la soif; n'oublie pas de dire au Gros-Boiteux qu'il faut que Frank saute aux crins de l'huissier pour qu'on débarrasse la Fosse-aux-Lions de tous les deux.

— Sois tranquille, Mort-d'avance, si Frank ne roule pas l'huissier, ça ne sera pas de notre faute...

Et Nicolas sortit du chauffoir.

A ce moment même, maître Boulard entrait dans le préau en fumant un cigare, les mains plongées dans sa longue redingote de molleton gris, sa casquette à bec bien enfoncée sur ses oreilles, la figure souriante, épanouie; il avisa Nicolas, qui, de son côté, chercha aussitôt Frank des yeux. Frank et le Gros-Boiteux dînaient assis sur un des bancs de la cour; ils n'avaient pu apercevoir l'huissier, auquel ils tournaient le dos. Fidèle aux recommandations du Squelette, Nicolas, voyant du coin de l'œil maître Boulard venir à lui, n'eut pas l'air de le remarquer et se rapprocha de Frank et du Gros-Boiteux.

— Bonjour, mon brave, — dit l'huissier à Nicolas.

— Ah! bonjour, monsieur, je ne vous voyais pas; vous venez faire, comme d'habitude, votre petite promenade?

— Oui, mon garçon, et aujourd'hui j'ai deux raisons pour la faire... je vas vous dire pourquoi. D'abord, prenez ces cigares... voyons, sans façon... entre camarades, que diable! il ne faut pas se gêner.

— Merci, monsieur... Ah çà! pourquoi avez-vous deux raisons de vous promener?

— Vous allez le comprendre, mon garçon. Je ne me sens pas en appétit aujourd'hui... je me suis dit : En assistant au dîner de mes gaillards, à force de les voir travailler des mâchoires, la faim me viendra peut-être.

— C'est pas bête, tout de même... Mais tenez, si vous voulez voir deux cadets qui mastiquent crânement... — dit Nicolas en amenant peu à peu l'huissier tout près du banc de Frank qui lui tournait le dos, — regardez-moi ces deux *avale-tout-cru*, la fringale vous galopera comme si vous veniez de manger un bocal de cornichons.

— Ah! parbleu!... voyons donc ce phénomène? — dit maître Boulard.

— Eh! Gros-Boiteux! — cria Nicolas.

Le Gros-Boiteux et Frank retournèrent vivement la tête.

L'huissier resta stupéfait, la bouche béante, en reconnaissant celui qu'il avait dépouillé. Frank, jetant son pain et sa viande sur le banc, d'un bond sauta sur maître Boulard, qu'il prit à la gorge en s'écriant :

— Mon argent!

— Comment?... quoi?... Monsieur... vous m'étranglez... je...

— Mon argent!...

— Mon ami... écoutez-moi...

— Mon argent!... Et encore il est trop tard, car c'est ta faute... si je suis ici...

— Mais... je... mais...

— Si je vais aux galères, entends-tu, c'est ta faute; car si j'avais eu ce que tu m'as volé... je

---

[1]. Tel est le régime alimentaire des prisons : au repas du matin, chaque détenu reçoit une écuellée de soupe maigre ou grasse, trempée avec un demi-litre de bouillon. — Au repas du soir, une portion de bœuf d'un quarteron sans os, ou une portion de légumes, haricots, pommes de terre, etc.; jamais les mêmes légumes deux jours de suite. — Sans doute les détenus ont droit, au nom de l'humanité, à cette nourriture saine et presque abondante. Mais, répétons-le, la plupart des ouvriers les plus laborieux, les plus rangés, ne mangent pas de viande et de soupe grasse dix fois par an.

ne me serais pas vu dans la nécessité de voler... je serais resté honnête homme comme je voulais l'être... Et on t'acquittera peut-être... toi... on ne te fera rien; mais je te ferai quelque chose, moi... tu porteras mes marques... Ah! tu as des bijoux, des chaînes d'or, et tu voles le pauvre monde!... Tiens... tiens... En as-tu assez? Non... tiens, encore!...

— Au secours!... au secours!... — cria l'huissier en roulant sous les pieds de Frank qui le frappait avec furie.

(*La suite au prochain numéro.*)

—Salut, madame! dit l'usurier en entrant dans le boudoir. (Page 80.)

COMMENT ON AIME (suite).

Et le regard étrangement sarcastique de Savarus entrait comme une pointe aiguë dans la conscience d'Aurélia. Elle détourna les yeux en dépit de l'aplomb qui la caractérisait, et se mordit les lèvres avec impatience jusqu'au sang.

— Pourquoi, demanda-t-elle brusquement, n'empêchez-vous pas ce mariage de s'accomplir? Pourquoi n'avertissez-vous pas secrètement Wilhelmine Aurich des intentions que vous supposez à son tuteur?

— Est-ce que cela me regarde? Je me suis fait spectateur de cette tragi-comédie qu'on appelle la vie, non acteur, sauf le cas d'ordonnance et de bistouri, bien entendu. Vous ne réfléchissez pas d'ailleurs que, pour prévenir utilement Wilhelmine, il faudrait lui révéler sa position; et, en vérité, le remède serait pire que le mal.

— Vous avez raison, docteur; je ne songeais pas à cet inconvénient, dit Aurélia d'un air pensif. En définitive, reprit-elle délibérément, que la fortune de cette jeune fille aille au major Ornulf ou à quelque collatéral qui ne vaut sans doute pas mieux que lui, qu'importe? En conscience même, ses droits sont moralement les plus légitimes : il prend soin d'elle depuis quatre ans, il l'entoure de tendresse, de sollicitude, et il fera bien de recueillir pieusement sa succession.

— Oh! oh! pieusement! ricana le docteur; pieusement... joli mot! Mille paradis! vous avez une phraséologie de sainte, ma belle dame : on voit bien que vous êtes un ange!

— Docteur, vous êtes un démon, répliqua la jeune veuve d'une voix aigre-douce et avec une irritation concentrée.

Un violent soupir interrompit cet entretien. Aurélia et Savarus se retournèrent vers l'endroit d'où il s'était exhalé : ils virent Hermann plus pâle encore que de coutume. Une larme roulait en silence sur ses joues frémissantes; sa poitrine se soulevait avec effort.

— Qu'avez-vous donc? lui demanda la première d'un air stupéfait.

— Rien... je n'ai rien... balbutia Hermann dont la voix était altérée.

— Rien?... mais vous êtes tout tremblant et vous pleurez! Connaîtriez-vous mademoiselle Wilhelmine Aurich?

— Fort peu... à peine... Je l'ai entrevue deux fois seulement... dans l'île... par hasard. Mon émotion est véritablement extraordinaire, et je ne la comprends pas.

— Cette émotion a-t-elle donc pour cause la nouvelle que la pupille du major Ornulf est phthisique? lui demanda Savarus.

— Mon Dieu! oui, j'avoue que je me suis senti comme un frisson dans les chairs en apprenant que cette jeune fille, que j'ai tout récemment vue si vivante et si belle, n'a plus qu'un souffle d'existence. Est-ce bien vrai, docteur?

— Cela n'est que trop vrai pour Wilhelmine, interrompit gravement Savarus en appuyant sur le visage d'Hermann un regard presque attendri. Elle n'est malheureusement pas la seule créature de ce monde à qui la destinée n'accorde pas tout un jour à vivre.

— Phthisique! phthisique! la malheureuse! répétait Hermann en couvrant avec son mouchoir ses yeux qui s'emplissaient de larmes, et en appuyant une main sur son cœur dont il s'efforçait en vain d'étouffer les battements.

Aurélia, à cette vue, eut comme un mouvement de tigresse qui craint de voir lui échapper sa proie.

— Êtes-vous devenu fou? s'écria-t-elle hors d'elle-même; ou êtes-vous amoureux de Wilhelmine Aurich?

Hermann ne répondit pas.

— Pardieu! reprit-elle avec une sourde véhémence, voici quelque chose de particulier, d'incompréhensible! Il n'y a pas une heure je vous ai accordé ma main ardemment sollicitée par vous. J'avais droit de me flatter alors que j'étais la seule femme à laquelle vous dussiez donner du fond de votre âme un regret ou une larme, et voici que maintenant j'acquiers la certitude que vos sentiments sont partagés entre une jeune fille et moi! Qu'est-ce à dire, monsieur? quel double jeu jouez-vous donc en ce moment? Initiez-nous, je vous prie, au mystère de votre cœur. Wilhelmine est-elle votre parente, votre maîtresse ou votre fiancée, pour que la révélation du mal qui la tue vous réduise à un si pitoyable état? Pleurez, monsieur, pleurez tant qu'il vous plaira, mais du moins expliquez-nous vos larmes.

— Taisez-vous! lui dit Savarus à l'oreille. Craignez qu'une trop rude secousse n'amène un accident. En un clin d'œil, vous le perdriez, et ce serait vraiment trop tôt, avouez-le.

Aurélia toisa le docteur avec insolence; elle n'ajouta cependant pas un mot. Hermann parvint à maîtriser ses sensations. Il prit congé de sa cousine en lui disant d'un ton triste et froid :

— J'attribue à une disposition nerveuse l'excès de sensibilité dont je viens de faire preuve. Je ne connais pas assez, en effet, la personne dont nous parlons pour qu'il soit bien naturel que je m'y intéresse si vivement. Cependant, je l'avouerai, depuis que je l'ai rencontrée pour la première fois, elle a quelques instants occupé ma pensée. Elle m'inspirait sans doute une pitié instinctive. Ne me reprochez donc plus mes larmes, Aurélia. Ce sont des larmes généreuses, des larmes de compassion.

Il sortit à ces mots, le cœur encore gonflé. Savarus le suivit. La jeune femme, restée seule, marcha dans son salon d'un pas rapide et saccadé. Elle brisa en mille morceaux son éventail d'ivoire et de nacre, et elle ne parvint à se cal-

V

Le lendemain, dans la matinée, Hermann reçut le billet suivant :

« Mon ami,

« Venez me voir, je suis un peu malade ; le docteur m'a saignée, il m'ordonne de garder la chambre pendant quelques jours. Maudit docteur, qui m'empêchera de me rendre ce soir à l'île !

« Je compte bien que vous avez oublié mon petit emportement d'hier. Quant à moi, je ne vous garde pas la plus légère rancune de l'intérêt peut-être un peu trop vif que vous avez manifesté à l'égard de mademoiselle Wilhelmine Aurich. Soyons indulgents l'un pour l'autre : l'indulgence est la grâce du cœur.

« Je vous attends. Accourez.

« AURÉLIA. »

Les termes de ce billet touchèrent Hermann ; son âme était trop naïve, trop franche pour en deviner l'astuce. Peut-être même, si quelqu'un fût venu lui dire : « Aurélia n'a écrit cela que parce qu'elle redoute une rupture et veut empêcher que votre opulence ne lui échappe, » eût-il crié à l'imposture ; car, outre que l'homme a peine à s'imaginer qu'il ne soit point recherché pour ses mérites personnels, Hermann, dans sa candeur et son inexpérience, eût difficilement admis la réalité d'une telle dépravation morale. Il se repentit de n'avoir pas su maîtriser la veille la violence de ses impressions ; il courut chez sa cousine, qu'il trouva étendue dans un boudoir rose sur une ottomane en bois des Iles. Elle le reçut le sourire sur les lèvres, et lui ferma doucement la bouche lorsqu'il essaya de balbutier encore une excuse.

— Je vous ai pardonné, lui dit-elle. Ne parlons pas du passé. A quoi bon ? Ce serait mal employer le présent. Et, tenez, la preuve que je ne vous en veux plus, c'est que je vais vous donner des nouvelles de votre chère Élogie. Savarus l'a vue ce matin, elle a passé une bonne nuit, son tuteur se montre très-doux avec elle, et je ne serais pas étonnée que vous la rencontrassiez aujourd'hui à l'île, s'il vous prenait l'idée de diriger votre promenade de ce côté.

— Je n'irai pas à l'île, répondit gravement Hermann.

— Eh ! pourquoi, mon ami ? reprit-elle avec une coquetterie toute féline. Craignez-vous de me contrarier ? Je vous sais gré de ce scrupule, mais je ne veux pas gêner à ce point votre cœur. Mon langage vous étonne ? Mon Dieu ! il est cependant bien simple : j'ai beaucoup réfléchi depuis hier, et j'ai compris que je serais insensée d'être jalouse d'une pauvre enfant à laquelle vous daignez vous intéresser. Si j'ai montré d'abord quelque emportement, c'est, je vous l'avoue, que le saisissement a bouleversé ma raison. Vous aviez eu le tort de me cacher vos rencontres dans l'île. Mais me voici bien calme, complètement maîtresse de moi-même, et c'est en toute sincérité que je viens vous dire : Accordez à la charmante infortunée toute la part de votre tendresse dont vous la jugerez digne, je ne m'en formaliserai plus. Hélas ! ce sera pour si peu de temps !

Hermann tressaillit, mais d'une manière contenue et imperceptible.

— J'apprécie la délicatesse de vos intentions, répondit-il ; elle augmente mon affection pour vous, ma cousine ; elle me fait désirer plus vivement de vous être uni.

— Voilà ce qui s'appelle répondre à merveille ! repartit Aurélia qui ne put dissimuler son contentement en acquérant la certitude que rien n'était changé dans les projets d'Hermann. Voilà aussi ce qui montre qu'on gagne toujours à faire preuve de douceur et de conciliation. Maintenant, reprit-elle en lui tendant la main, occupons-nous de notre avenir, et dites-moi quand nous nous marions.

Cette brusque interpellation, quoique faite d'un ton peu sérieux, émut désagréablement Hermann, sans qu'il sût trop pourquoi. Il ne laissa cependant rien paraître de cette fâcheuse impression et répondit du meilleur air qu'il put donner à son visage :

— Mais dans un mois, je pense, ma cousine ; le temps de prendre toutes les dispositions, de faire tous les préparatifs.

— Dans un mois, soit, cher cousin. Dans moins d'un mois même, reprit-elle en souriant, si vous avez terminé les affaires un peu plus tôt que vous ne l'espérez. Quand un projet est résolu, j'aime qu'il se réalise promptement. Je partage l'opinion du sage qui a dit : « Concevoir avec lenteur, mais exécuter vite. » Est-ce aussi votre avis, Hermann?

— Je vais faire mon possible pour vous le prouver, Aurélia, répondit Hermann en accompagnant ces mots d'un léger froncement de sourcils. Il trouvait, en effet, que sa cousine manquait de convenance et de dignité.

Lorsqu'il prit congé d'elle, elle lui demanda s'il reviendrait le soir.

— Vous le savez, je suis prisonnière par ordre du docteur ; j'ai besoin de consolations.

— Je vous apporterai les miennes, cousine, le plus tôt possible.

— J'y compte, mon ami.

Comme il franchissait le seuil du boudoir, elle l'arrêta en lui disant :

— Si, par hasard, vous décidiez à pousser jusqu'à l'île, je vous en prie, ne vous y oubliez pas trop : je serais inquiète.

Il sourit d'un air contraint, reprocha doucement à la jeune femme de revenir sur un sujet qui lui était pénible, et referma la porte du boudoir sans laisser à Aurélia le temps de s'excuser. Dans l'antichambre, il se rencontra face à face avec un juif fort connu dans les deux duchés, mais particulièrement dans le Mecklembourg-Strélitz. Ce juif se nommait Isaac Sturner ; il avait la réputation d'être un âpre usurier. Hermann s'étonna de l'entendre demander madame Freysberg avec insistance ; il n'osa, cependant, laisser voir sa surprise ; il sortit de la villa, tandis qu'on introduisait le juif dans le boudoir d'Aurélia.

Isaac Sturner n'avait ni la tenue déguenillée ni la mine malpropre que le théâtre et le roman donnent volontiers aux enfants d'Abraham qui font la banque à gros intérêts. Son bonnet de laine, sa robe de drap, ses chausses et ses souliers étaient d'une parfaite convenance. Il avait une barbe blanche bien peignée et l'air du plus honnête Israélite du monde entier. Chose singulière ! il se flattait d'être la probité même, de ne jamais prêter qu'au taux honorable de trois ou quatre cents pour cent.

— Salut à madame Freysberg! dit-il en entrant dans le boudoir. Mes affaires m'ont conduit à Müritz, et je m'empresse de venir vous présenter un petit billet échu ce jour, et montant à la somme de six mille florins.

Aurélia envisagea le juif d'un air mécontent, et lui dit d'un ton sec :

— Il me semble, maître Sturner, que vous auriez pu vous dispenser de me faire cette visite. Que dira le monde si l'on vous a vu entrez chez moi ? Vous avez une réputation...

— Intacte ! acheva le juif en redressant fièrement son vénérable chef. Je traite les affaires avec loyauté, veuillez en convenir, vous qui me connaissez bien, madame. De ma part, point de finesse, nulle rouerie. Quand j'ouvre ma bourse, moi, il n'en sort que des marcs, des florins, des rixdalers. Jamais, au grand jamais, comme quelques-uns de mes confrères en ont la petitesse, au lieu d'argent comptant je n'offre des tonnes de vieille ferraille, des ballots de marchandises de rebut, de ménageries empaillées, enfin un tas de misères dont l'emprunteur se débarrasse au plus vite en les donnant pour rien. J'ai ma probité, madame, et j'ose croire que ma présence ne déshonore personne.

Cette étrange réplique changea aussitôt l'humeur d'Aurélia : elle eut envie de rire au nez et à la barbe du vertueux usurier. Mais elle réfléchit promptement qu'il lui importait de ménager un homme auquel elle avait eu déjà plusieurs fois recours, auquel il lui faudrait sans doute recourir encore. Elle se composa une physionomie sérieuse et convaincue et dit gravement, mais sans prendre le papier qui lui était tendu :

— Pardonnez-moi, mon bon Sturner, un moment d'irritation. Vous devez savoir que je ne suis pas bien portante ; ma femme de chambre n'a sans doute pas manqué de vous l'apprendre. Tout autre que vous fût venu aujourd'hui pour me parler d'affaires, je ne l'eusse certainement pas reçu. Oui, oui, vous avez raison d'être fier de vous-même ; vous êtes sans contredit, dans votre spécialité, un parfait honnête homme. Il serait à souhaiter que tous ceux qui tombent dans des embarras d'argent rencontrassent des capitalistes aussi obligeants, aussi positifs, aussi droits que vous. Vous ne tergiverserez pas avec les gens ; non ! vous dites : « Voici en deux mots l'opération : souscrivez-moi un billet de tant, à trois mois d'échéance ; je vous compterai un quart de la somme, espèces, rien qu'espèces. C'est à prendre ou à laisser. » Il est rare qu'on n'accepte pas comme un véritable service et avec reconnaissance vos généreuses conditions. Je vous le répète, mon digne maître, j'ai regret à ma maussade vivacité de tout à l'heure : c'était là, je le reconnais, un acte d'ingratitude.

(La suite au prochain numéro.)

Le propriétaire-gérant : F. ROY.

LES MYSTERES DE PARIS

— Tiens... tiens... En as-tu assez? Non... tiens, encore !... (Page 77.)

Les autres détenus, très-indifférents à cette rixe, faisaient cercle autour des deux combattants, ou plutôt autour du battant et du battu; car maître Boulard, essoufflé, épouvanté, ne faisait aucune résistance et tâchait de parer du mieux qu'il pouvait les coups dont son adversaire l'accablait. Heureusement, le surveillant accourut aux cris de l'huissier et le retira des mains de Frank.

Maître Boulard se releva, pâle, épouvanté, un de ses gros yeux contus, et, sans se donner le temps de ramasser sa casquette, il s'écria en courant vers le guichet :

— Gardien... ouvrez-moi... je ne veux pas

rester une seconde de plus ici... Au secours!...

— Et vous, pour avoir battu monsieur... suivez-moi chez le directeur, — dit le gardien en prenant Frank au collet; — vous en aurez pour deux jours de cachot.

— C'est égal, il a reçu sa paye, — dit Frank.

— Ah çà ! — lui dit tout bas le Gros-Boiteux en ayant l'air de l'aider à se rajuster, — pas un mot de ce qu'on veut faire au *mangeur*.

— Sois tranquille; peut-être que si j'avais été là je l'aurais défendu... car, tuer un homme pour ça... c'est dur; mais vous dénoncer, jamais!

— Allons! venez-vous? — dit le gardien.

— Nous voilà débarrassés de l'huissier et de Frank... Maintenant, chaud, chaud pour le *mangeur!* — dit Nicolas.

Au moment où Frank sortait du préau, Germain et Pique-Vinaigre y rentraient. En entrant dans le préau, Germain n'était plus reconnaissable : sa physionomie, jusqu'alors triste, abattue, était radieuse et fière, il portait le front haut, et jetait autour de lui un regard joyeux et assuré... il était aimé... l'horreur de la prison disparaissait à ses yeux. Pique-Vinaigre le suivait d'un air fort embarrassé; enfin, après avoir hésité deux ou trois fois à l'aborder, il fit un grand effort sur lui-même et toucha légèrement le bras de Germain avant que celui-ci se fût rapproché des groupes de détenus qui de loin l'examinaient avec une haine sournoise. Leur victime ne pouvait leur échapper. Malgré lui, Germain tressaillit au contact de Pique-Vinaigre; car la figure et les haillons de l'ancien joueur de gobelets prévenaient peu en faveur de ce malheureux. Mais, se rappelant les recommandations de Rigolette et se trouvant d'ailleurs trop heureux pour n'être pas bienveillant, Germain s'arrêta et dit doucement à Pique-Vinaigre :

— Que voulez-vous?

— Vous remercier.

— De quoi?

— De ce que votre jolie petite visiteuse veut faire pour ma pauvre sœur...

— Je ne vous comprends pas... — dit Germain surpris.

— Je vas vous expliquer cela... Tout à l'heure, au greffe, j'ai rencontré le surveillant qui était de garde au parloir...

— Ah! oui... un bien brave homme!...

— Ordinairement les geôliers ne répondent pas à ce nom-là, *brave homme;* mais le père Roussel, c'est différent... il le mérite... Tout à l'heure il m'a donc glissé dans le tuyau de l'oreille :

« — Pique-Vinaigre, mon garçon, vous connaissez bien M. Germain?

« — Oui... la bête noire du préau, » que je réponds. »

Puis, s'interrompant, Pique-Vinaigre dit à Germain :

— Pardon, excuse, si je vous ai appelé bête noire... ne faites pas attention... attendez la fin...

— Je vous écoute.

— « Oui donc, que je réponds, je connais M. Germain, la bête noire du préau.

« — Et la vôtre aussi peut-être, Pique-Vinaigre? me demanda le gardien d'un air sévère.

« — Mon gardien, je suis trop poltron et trop bon enfant pour me permettre d'avoir aucune espèce de bête noire, blanche ou grise, et encore moins M. Germain que tout autre, car il ne me paraît pas méchant, et on est injuste pour lui.

« — Eh bien! Pique-Vinaigre, vous avez raison d'être du parti de M. Germain; car il a été bon pour vous.

« — Pour moi, gardien? Comment donc?

« — C'est-à-dire, ce n'est pas lui... et ça n'est pas pour vous ; mais, sauf cela, vous lui devez une fière reconnaissance, » me répond le père Roussel.

— Voyons... expliquez-vous un peu plus clairement, — dit Germain en souriant.

— C'est absolument ce que j'ai dit au gardien : « Parlez plus clairement. » Alors il m'a répondu : « Ce n'est pas M. Germain, mais sa jolie petite visiteuse qui a été pleine de bontés pour votre sœur. Elle l'a entendue vous raconter les malheurs de son ménage, et au moment où la pauvre femme sortait du parloir la jeune fille lui a offert de lui être utile autant qu'elle le pourrait. »

— Bonne Rigolette! — s'écria Germain attendri... Elle s'est bien gardée de m'en rien dire !

— « Oh ! pour lors, que je réponds au gardien, je ne suis qu'une oie : vous aviez raison, M. Germain a été bon pour moi; car sa visiteuse, c'est comme qui dirait lui; et ma sœur Jeanne, c'est comme qui dirait moi... et bien plus que moi... »

— Pauvre petite Rigolette! — reprit Germain. — Cela ne m'étonne pas... elle a un cœur si généreux, si compatissant!

— Le gardien a repris :

« — J'ai entendu tout cela sans faire semblant de rien. Vous voilà prévenu maintenant ; si vous ne tâchiez pas de rendre service à M. Germain, si vous ne l'avertissiez pas dans le cas où vous sauriez quelque complot, vous seriez un gueux fini, Pique-Vinaigre.

« — Gardien, je suis un gueux commencé, c'est vrai, mais pas encore un gueux fini... Enfin, puisque la visiteuse de M. Germain a voulu du bien à ma pauvre Jeanne... qui est une brave et honnête femme, celle-là, je m'en vante... je ferai pour M. Germain ce que je pourrai... malheureusement, ce ne sera pas grand'chose...

« — C'est égal, faites toujours ; je vais aussi vous donner une bonne nouvelle à apprendre à M. Germain, je viens de la savoir à l'instant. »

— Quoi donc? — demanda Germain.

— Il y aura demain matin une cellule vacante à la pistole, le gardien m'a dit de vous en prévenir.

— Il serait vrai!... oh! quel bonheur! — s'écria Germain. — Ce brave homme avait raison; c'est une bonne nouvelle que vous m'apprenez là...

— Sans me flatter, je le crois bien, car votre place n'est pas d'être avec des gens comme nous, monsieur Germain...

Puis, s'interrompant, Pique-Vinaigre se hâta d'ajouter tout bas et rapidement en se baissant comme s'il eût ramassé quelque chose :

— Tenez, monsieur Germain, voilà les détenus qui nous regardent; ils sont étonnés de nous voir causer ensemble... je vous laisse... défiez-vous... Si on vous cherche dispute, ne répondez pas ; ils veulent un prétexte pour engager une querelle et vous battre... Barbillon doit engager la dispute... prenez garde à lui ; je tâcherai de les détourner de leur idée.

Et Pique-Vinaigre se releva comme s'il eût trouvé ce qu'il semblait chercher depuis un moment.

— Merci, mon brave homme... je serai prudent, — dit vivement Germain en se séparant de son compagnon.

Seulement instruit du complot du matin, qui consistait à provoquer une rixe dans laquelle Germain devait être maltraité, afin de forcer ainsi le directeur de la prison à le changer de préau, non-seulement Pique-Vinaigre ignorait le meurtre récemment projeté par le Squelette, mais il ignorait encore que l'on comptait sur son récit de *Gringalet et Coupe-en-Deux* pour tromper et distraire la surveillance du gardien.

— Arrive donc, *feignant*... — dit Nicolas à Pique-Vinaigre en allant à sa rencontre; — laisse là ta ration de *carne*... Il y a noce et festin... je t'invite !

— Où ça? au *Panier fleuri*? au *Petit Ramponneau*?

— Farceur ! ! ! Non, dans le chauffoir ; la table est mise... sur un banc. Nous avons un jambonneau, des œufs et du fromage... c'est moi qui paye.

— Ça me va... mais c'est dommage de perdre ma ration, et encore plus dommage que ma sœur n'en profite pas... Ni elle ni ses enfants n'en voient pas souvent... de la viande... à moins que ça ne soit à la porte des bouchers.

— Allons ! viens vite ! le Squelette s'embête, il est capable de tout dévorer avec Barbillon.

Nicolas et Pique-Vinaigre entrèrent dans le chauffoir; le Squelette, à cheval sur le bout du banc où étaient étalés les vivres de Nicolas, jurait et maugréait en attendant l'amphitryon.

— Te voilà, colimaçon, traînard ! — s'écria le bandit à la vue du conteur; — qu'est-ce que tu faisais donc?

— Il causait avec Germain, — dit Nicolas en dépeçant le jambon.

— Ah! tu causais avec Germain? — dit le Squelette en regardant attentivement Pique-Vinaigre sans s'interrompre de manger avec avidité.

— Oui, — répondit le conteur. — En voilà encore un qui n'a pas inventé les tire-bottes et les œufs durs (je dis ça parce que j'adore ce légume). Est-il bête, ce Germain, est-il bête ! Je me suis laissé dire qu'il moucharderait dans la prison : il est joliment trop colas pour ça.

— Ah! tu crois? — dit le Squelette en échangeant un coup d'œil rapide et significatif avec Nicolas et Barbillon.

— J'en suis sûr comme voilà du jambon ! Et puis, comment diable voulez-vous qu'il moucharde ? il est toujours tout seul ; il ne parle à personne et personne ne lui parle ; il se sauve de nous comme si nous avions le choléra. S'il faut qu'il fasse des rapports avec ça, excusez du peu! D'ailleurs il ne mouchardera pas longtemps; il va à la pistole.

— Lui !... — s'écria le Squelette ; — et quand?

— Demain matin, il y aura une cellule vacante...

— Tu vois bien qu'il faut le tuer tout de suite. Il ne couche pas dans ma chambre; demain il ne sera plus temps... Aujourd'hui nous n'avons que jusqu'à quatre heures... et voilà qu'il en est bientôt trois, — dit tout bas le Squelette à Nicolas, pendant que Pique-Vinaigre causait avec Barbillon.

— C'est égal, — reprit tout haut Nicolas en ayant l'air de répondre à une observation du Squelette, — Germain a l'air de nous mépriser.

— Au contraire, mes enfants, — reprit Pique-Vinaigre, — vous l'intimidez, ce jeune homme; il se regarde, auprès de vous, comme le dernier des derniers. Tout à l'heure... savez-vous ce qu'il me disait ?

— Non! voyons?...

— Il me disait : « — Vous êtes bienheureux, vous, Pique-Vinaigre, d'oser parler avec ce fameux Squelette (il a dit fameux) comme de pair à compagnon; moi, j'en meurs d'envie de lui parler, mais il me produit un effet si respectueux... si respectueux... que je verrais M. le préfet de police en chair, en os et en uniforme que je ne serais pas plus *abalobé*. »

— Il t'a dit cela ? — reprit le Squelette en feignant de croire et d'être sensible à l'impression d'*admiration* qu'il causait à Germain.

— Aussi vrai que tu es le plus grand brigand de la terre, il me l'a dit...

— Alors, c'est différent, — reprit le Squelette. — Je me raccommode avec lui. Barbillon avait envie de lui chercher dispute; il fera aussi bien de le laisser tranquille.

— Il fera mieux ! — s'écria Pique-Vinaigre persuadé d'avoir détourné le danger dont Germain était menacé. — Il fera mieux, car ce pauvre garçon ne mordrait pas à une dispute; il est dans mon genre, hardi comme un lièvre.

— Malgré ça, c'est dommage, — reprit le Squelette. — Nous comptions sur cette batterie-là pour nous amuser après dîner; le temps va nous paraître long.

— Oui, qu'est-ce que nous allons faire alors ? — dit Nicolas.

— Puisque c'est comme ça, que Pique-Vinaigre raconte une histoire à la chambrée, je ne chercherai pas querelle à Germain, — dit Barbillon.

— Ça va, ça va ! — dit le conteur; — c'est déjà une condition; mais il y en a une autre... et sans les deux je ne conte pas.

— Voyons ton autre condition ?

— C'est que l'honorable société, qui est empoisonnée de capitalistes, — dit Pique-Vinaigre en reprenant son accent de bateleur, — me fera la bagatelle d'une cotisation de vingt sous... Vingt sous, messieurs, pour entendre le fameux Pique-Vinaigre qui a eu l'honneur de travailler devant les *grinches* les plus renommés, devant les *escarpes* les plus fameux de France et de Navarre, et qui est incessamment attendu à Brest et à Toulon où il se rend par ordre du gouvernement... Vingt sous !... C'est pour rien, messieurs !

— Allons ! on te fera vingt sous... quand tu auras dit tes contes.

— Après?... Non... avant ! — s'écria Pique-Vinaigre.

— Ah çà ! dis donc, est-ce que tu nous crois capables de te filouter vingt sous? — dit le Squelette d'un air choqué.

— Du tout !... — répondit Pique-Vinaigre; — j'honore la *pègre* de ma confiance, et c'est pour ménager sa bourse que je demande vingt sous d'avance.

— Ta parole d'honneur ?

— Oui, messieurs; car après mon conte on sera si satisfait que ce n'est plus vingt sous, mais vingt francs, mais cent francs qu'on me forcerait de prendre !... Je me connais... j'aurais la petitesse d'accepter... Vous voyez donc bien que, par économie, vous ferez mieux de me donner vingt sous d'avance !

— Oh ! ce n'est pas la blague qui te manque, à toi...

— Je n'ai que ma langue, faut bien que je m'en serve... Et puis, le fin mot, c'est que ma sœur et ses enfants sont dans une atroce débine... et vingt sous dans un petit ménage... ça se sent.

— Pourquoi qu'elle ne *grinche* pas, ta sœur, et ses *mômes* aussi, s'ils ont l'âge ? — dit Nicolas.

— Ne m'en parlez pas... elle me désole, elle me déshonore... je suis trop bon...

— Dis donc trop bête... puisque tu l'encourages...

— C'est vrai, je l'encourage dans le vice d'être honnête... Mais elle n'est bonne qu'à ce métier-là, elle m'en fait pitié, quoi ! Ah çà ! c'est convenu... je vous conterai ma fameuse histoire de *Gringalet et Coupe-en-Deux*... mais on me fera vingt sous... et Barbillon ne cherchera pas querelle à cet imbécile de Germain.

— On te fera vingt sous, et Barbillon ne cherchera pas querelle à cet imbécile de Germain, — dit le Squelette.

— Alors, ouvrez vos oreilles, vous allez entendre du *chenu*... Mais voici la pluie qui fait rentrer les pratiques : il n'y aura pas besoin de les aller chercher.

En effet, la pluie commençait à tomber ; les prisonniers quittèrent la cour et vinrent se réfugier dans le chauffoir, toujours accompagnés d'un gardien. Ce chauffoir était une grande et longue salle dallée, éclairée par trois fenêtres donnant sur la cour; au milieu se trouvait le calorifère, près duquel se tenaient le Squelette, Barbillon, Nicolas et Pique-Vinaigre. A un signe d'intelligence du prévôt, le Gros-Boiteux vint rejoindre ce groupe. Germain entra l'un des premiers, absorbé dans de délicieuses pensées. Il alla machinalement s'asseoir sur le rebord de la dernière croisée de la salle, place qu'il occupait habituellement et que personne ne lui disputait, car elle était éloignée du poêle autour duquel se groupaient les détenus.

(*La suite au prochain numéro.*)

COMMENT ON AIME

L'ILE DES CYGNES

(SUITE)

— Je vous remercie, madame, dit avec un accent pénétré le vieux juif, qui crut ou feignit de croire l'éloge de bon aloi. Une telle déclaration efface tout ce que votre premier accueil a pu avoir pour moi de désobligeant, même de cruel. Elle me rehausse encore à mes propres yeux ; elle m'encourage à persévérer dans mes principes, qui, en matière de banque, sont les bons. Ah ! reprit-il en passant le bout de ses doigts sur ses yeux qui commençaient à se mouiller, si les enfants d'Israël, à toutes les époques de l'histoire, se fussent conduits comme je fais, ils n'eussent assurément pas attiré sur eux tant de persécutions... Mais vous êtes souffrante, madame, je ne veux pas vous importuner plus longtemps. Soyez assez bonne pour me compter le montant du billet que voici, et croyez qu'à l'avenir comme par le passé ma bourse vous sera toujours ouverte avec empressement.

Ce disant, il se rapprochait d'Aurélia et lui tendait avec insistance l'engagement qu'elle avait souscrit. Elle le prit enfin, mais elle le posa sans le regarder sur une petite table en laque de Chine placée près d'elle, et dit avec un ironique frémissement des lèvres :

— Excellent homme ! vos procédés me touchent. Je me réjouis de voir que je puis compter sur vous. Aussi n'hésité-je pas à vous avouer qu'il m'est impossible de solder ce billet. Mon regret en est profond, croyez-moi, car vous êtes à coup sûr celui de mes créanciers envers qui j'aimerais à m'acquitter exactement.

Sturner reprit brusquement le billet. Sa physionomie passa tout à coup de l'onction à la sécheresse. Il regarda sa débitrice de travers et lui déclara net qu'il entendait être payé, qu'il allait sur-le-champ lui envoyer une sommation. Il salua à peine et ouvrit la porte du boudoir.

— Halte! lui cria la jeune femme en partant d'un grand éclat de rire. Voilà donc comment vous vous intéressez à moi ! Je trouve vos sentiments un peu bien durs, mon vieil ami, et, je vous l'avoue, j'aime encore mieux votre intérêt d'argent que votre intérêt de cœur.

Cet accès de bonne humeur fit croire au juif qu'Aurélia n'avait voulu que se jouer un moment de lui, qu'elle était en mesure de s'acquitter. Il revint vers elle d'un air confus et lui présenta de nouveau le billet en s'excusant.

— Je suis si scrupuleux en affaires, dit-il, que j'ai peine à supporter sans irritation l'idée qu'une personne manque à un engagement. Que voulez-vous, madame, j'ai la maladie de l'honneur.

— Admirable maladie, dont vous ne guérirez jamais! repartit Aurélia en maîtrisant son fou rire.

— Jamais! répéta le sentimental usurier d'un ton solennel.

Il dit alors qu'en payement du billet il accepterait volontiers, sans distinction, de l'argent indigène ou de l'or étranger au cours du jour. Ni le Mecklembourg-Schwérin ni le Mecklembourg-Strélitz ne frappent de monnaies d'or.

Aurélia, toujours couchée sur l'ottomane, se redressa à demi, et envisageant Sturner avec une amabilité souriante :

— Mon cher créancier, je n'ai pas cinquante rixdalers dans mon coffre-fort...

Le juif venait de s'asseoir ; il se releva subitement, comme s'il eût senti des pointes lui entrer dans les chairs.

— Mais attendez donc, impétueux vieillard ! ma phrase n'est point achevée. Je n'ai pas, disje, cinquante rixdalers dans mon coffre-fort, mais dans un mois je serai la femme d'un vrai nabab, quoiqu'il n'ait pas l'avantage d'être un prince indien.

Cette nouvelle parut vivement impressionner Isaac Sturner. Il reprit place sur le siége qu'il avait abandonné et prêta une grande attention aux paroles de son interlocutrice.

— Connaissez-vous Hermann Wrangel? lui demanda-t-elle après quelques circonlocutions.

— Le fils de l'ancien armateur de Rostock, dont la famille possède une belle villa à Müritz même, au bord du lac; en un mot, votre cousin au quatrième ou cinquième degré, je crois?

— Lui-même.

— Alors je le connais... de vue seulement, car il n'a jamais eu recours à ma caisse. Il est vrai qu'il possède depuis la mort de son père et de sa mère plus d'un million de florins peut-être, ce qui met un jeune homme en position de se passer d'un pauvre diable comme moi. Eh ! j'y songe, reprit-il, ne serait-ce pas lui que j'ai rencontré tout à l'heure dans votre antichambre ? Mais oui, je le reconnais de souvenir à présent... Oh ! oh ! belle dame, est-ce que... Par Abraham ! vous pourriez vous flatter d'avoir là de magnifiques secondes noces !

Et Sturner ouvrait des yeux ronds et grands comme des verres de télescope. Aurélia se troubla à la pensée qu'Hermann venait de rencontrer le juif chez elle, mais elle se rassura en se disant que son cousin peut-être ignorait que ce sectateur de Moïse fût l'usurier Isaac Sturner.

— Dans un mois au plus tard, répondit-elle, aura lieu la célébration. Vous comprenez désormais, mon respectable banquier, que vos avances ne courent aucun risque. Acceptez donc un renouvellement à deux ou trois mois, et faites vous-même les conditions : je me confie à votre intégrité.

Le juif était devenu pensif et soucieux. Une femme de chambre entra; elle remit à sa maîtresse plusieurs factures, quelques lettres, et sortit. Aurélia les parcourut à la hâte Les factures se montaient en total à plus de vingt mille florins ; les lettres contenaient des mises en demeure très-impérieuses de payer. La jeune femme ne laissa rien paraître de ses émotions.

— Eh bien ! maître Isaac, demanda-t-elle après avoir jeté négligemment les papiers dans un tiroir de la petite table en laque de Chine, j'attends vos émotions.

— Mes conditions ! mes condition ! répéta le juif fort perplexe. Mais d'abord est-il bien certain que vous allez devenir la femme d'Hermann Wrangel? Ne vous méprenez-vous pas sur ses intentions? Oubliez-vous que vous êtes son aînée de plus de six ans pour le moins? Enfin...

— Vous êtes un impertinent, monsieur Sturner ! interrompit Aurélia d'un ton brusque et dédaigneux. Vous avez vécu presque autant que Mathusalem, et vous devriez savoir, à force d'expérience, qu'on ne jette pas leur âge à la tête des femmes ; c'est risquer de les blesser au cœur... Et maintenant, croyez-moi ou ne me croyez pas, peu m'importe ! je vous répète que j'ai la parole de M. Hermann Wrangel, qu'il a la mienne, et que dans un mois je serai sa femme. En définitive, si vous m'y obligez, je trouverai bien moyen de vous payer; je vendrai mon écrin, quelque ennui que cela puisse me causer, et vous aurez plus tard la contrariété d'avoir repoussé une transaction lucrative.

Ce langage ébranla le terrible usurier. Il avait assez de perspicacité pour voir qu'Aurélia ne le trompait point. Il la savait d'ailleurs trop orgueilleuse pour commettre un mensonge ou seulement une erreur grossière dont son amour-propre aurait plus tard beaucoup à souffrir. « Elle est sûre de ce qu'elle affirme, pensa-t-il. Je n'ai, d'ailleurs, jamais eu qu'à me louer d'elle. Bien sot serais-je de manquer une bonne occasion de gagner encore quelques marcs. »

— Ma foi ! je me risque ! dit-il à haute voix. Va pour un renouvellement ! Deux mois d'échéance et huit mille florins. Est-ce convenu?

Aurélia répondit par un signe de tête affirmatif.

— Ce n'est pas tout, ami Sturner, reprit-elle avec une expression adoucie et une mine satisfaite. Je crois vous avoir déjà déclaré que je possédais à peine cinquante rixdalers. A la veille d'un mariage, vous comprenez, c'est être beaucoup trop à la gêne. Il faut que vous me prêtiez encore quatre mille florins, en échange desquels je vous en souscrirai six avant même échéance. Total, par conséquent, quatorze mille florins. A votre tour, répondez-moi, est-ce convenu?

Le juif fit un soubresaut; puis, par un élan plus machinal que raisonné, il ouvrit une seconde fois la porte du boudoir.

— Au revoir, maître Sturner! lui dit la jeune femme avec une parfaite tranquillité; je vendrai mes diamants, voilà tout, et nous verrons lequel sera le plus penaud de nous deux.

L'usurier s'arrêta indécis. Il était facile de deviner que la prudence combattait en lui la cupidité. Aurélia mit à profit cette hésitation; elle ajouta d'une voix accentuée, incisive :

— Oui, songez-y : faute d'un peu de confiance, vous allez manquer à gagner une jolie somme, et nos rapports sont à jamais rompus. A l'avenir cependant, si la bourse de mon mari n'est pas tout à fait la mienne, je... Vous m'entendez?

Sturner parut entendre à merveille, car il lâcha le bouton de cristal de la porte. Toutefois il demeura quelques minutes à réfléchir profondément, calculant les intérêts, supputant les chances, pesant les probabilités d'un certain nombre d'affaires ultérieures. Le résultat fut favorable à la demande de sa cliente.

— Par Isaac mon patron! dit-il, il me serait pénible de vous laisser dans l'embarras. Ma conscience s'y refuse. Je consens à vous accorder la somme que vous réclamez de mon obligeance, mais à une condition, c'est que votre billet sera de seize mille florins : pas un marc de plus, pas un marc de moins ; c'est à prendre ou à laisser. Je règle sur-le-champ, en or étranger, premier choix.

— Comptez, et je signe, répondit la jeune femme en souriant; c'est peut-être un peu cher, même pour du métal de bonne qualité, mais je ne vous ferai pas l'injure de marchander.

Le billet souscrit, l'or compté, maître Sturner entonna un nouveau dithyrambe en l'honneur de sa générosité, de sa probité.

— Adieu, chevalier du désintéressement! lui cria railleusement Aurélia tandis qu'il s'éloignait. Méfiez-vous de vos vertus, elles vous feront pendre, mon ami!

Elle sonna ensuite sa femme de chambre et lui donna l'ordre de payer sans retard quelques à-compte aux fournisseurs.

— Ah! madame, lui dit la dévouée camériste, les yeux en larmes, voilà qui arrive bien à propos, car on menace de tout saisir et de tout vendre ici.

— Console-toi, petite, répondit la maîtresse; je me marie avec mon cousin Hermann, et bientôt... bientôt...

Elle s'interrompit, s'étendit gracieusement sur l'ottomane, ferma les yeux et se mit à rêver.

VI

Hermann s'était répété qu'il n'irait plus à l'île des Cygnes; mais il passa une grande partie de la journée assis sur une pelouse au bord du lac, un livre de Gœthe à la main et n'ayant pas le courage de lire. Son âme, repliée en elle-même, songeait tristement à la phthisique. Son regard errait, humide et soucieux, dans la direction de la propriété du major Ornulf. Par instants, et quoique l'éloignement ne permît de rien distinguer, il lui semblait voir se détacher de la rive opposée la petite barque blanche de Wilhelmine. Alors il se levait brusquement et courait à son bateau. Puis, soit qu'il reconnût son erreur, soit que la réflexion le retînt, il revenait sur ses pas, se rasseyait à la même place, ne pouvant s'arracher au poste d'observation qu'il avait choisi tout exprès, dans l'espérance d'entrevoir au moins à distance la jeune condamnée.

— A coup sûr, se disait-il avec une sorte d'oppression, il y a des fatalités de cœur : j'ai résolu d'éviter sa rencontre désormais, et cependant je sens que je donnerais ma jeunesse pour vivre tout un jour, toute une heure auprès d'elle. Je veux ne plus penser à elle, et je suis convaincu qu'il me sera impossible de l'oublier.

Tandis qu'il agissait et s'exprimait de la sorte avec une mélancolique ardeur, voici ce qui se passait entre Wilhelmine et le major. Wilhelmine, remise de son indisposition de la veille, voyant le ciel magnifique, sentant le soleil attiédi, venait d'entrer dans sa barque. Elle se disposait à border ses avirons, lorsque son tuteur descendit les degrés d'un kiosque construit sur la berge et lui demanda où elle allait.

— Au-devant de mes cygnes, répondit-elle d'une voix grave et mécontente. Ne les voyez-vous point hors de l'île accourant à ma rencontre? Prétendez-vous m'interdire de jouer avec eux?

Ornulf porta son regard dans la direction indiquée. Il aperçut, en effet, les deux oiseaux voguant de conserve et s'avançant vers le point qu'occupait sa propriété.

— Dieu me préserve de vous défendre jamais la seule distraction que vous aimiez! dit-il d'une voix doucereuse. Et cependant je redoute pour vous l'exercice des rames et la fraîcheur du soir.

— Le temps est délicieux, répondit Wilhelmine avec un léger mouvement d'impatience, et je me sens forte. D'ailleurs je ne vais pas loin.

Le major ne répliqua pas. Le docteur lui avait prescrit la veille de ne point irriter sa pupille, et il s'efforçait de se conformer à la prescription. Sa prudence toutefois lui échappa, lorsque, en lançant un nouveau coup d'œil sur le lac, il crut reconnaître à distance le bateau d'Hermann Wrangel se dirigeant vers l'île. Il en fit la remarque avec un sourire railleur. Wilhelmine rougit, son maintien devint embarrassé.

— Savez-vous, reprit Ornulf les lèvres toujours ironiquement plissées, savez-vous que, si j'étais jaloux, j'aurais vraiment lieu de m'inquiéter des rencontres de vos excursions nautiques? Le hasard des voyages est grand; il se peut qu'un jour quelque hardi navigateur capture votre navire ou vous inspire la résolution de vous associer à sa vie aventureuse. Alors, que deviendrais-je, moi? Adieu mon mariage projeté avec ma pupille! Il ne me resterait plus qu'à mourir dans la tristesse et le célibat.

Cette raillerie contraria et intimida la jeune fille. Dans son trouble, elle ne trouva pas un mot à répliquer. Peu à peu, cependant, et tandis que son tuteur continuait à lui jeter son tranquille sarcasme qu'il aiguisait de plus en plus, elle recueillit toute sa présence d'esprit et répondit avec fermeté:

— Vous m'avez suppliée, monsieur le major, de vous accorder ma main, j'y ai consenti. Quand sonneront mes dix-sept ans accomplis, il est décidé que je deviendrai votre femme. Bientôt même, si je ne me trompe, nous signerons le contrat. Soit. Toutefois, je ne vous le cache point, s'il vous prenait encore fantaisie de me parler avec dureté, comme vous l'avez fait hier, de vous moquer de moi avec une injurieuse froideur, comme vous le faites aujourd'hui, il m'arriverait peut-être de réfléchir aux inconvénients d'un engagement trop précipité, et la prudence m'obligerait sans doute à n'y pas donner suite. Je n'agis jamais par surprise; vous voilà parfaitement averti.

Cette menace dissipa comme par enchantement le reflet de causticité répandu sur le visage d'Ornulf. Sa voix changea tout à coup d'expression; elle reprit son timbre habituellement grave et solennel.

— Vous avez tort de vous fâcher, Wilhelmine, dit-il. Ma plaisanterie était innocente. Je n'y ai mis, je vous jure, aucune malice. Ah! poursuivit-il en s'efforçant d'articuler un soupir, si vous saviez ce que je sais, vous comprendriez qu'à moins d'être fou je ne puis m'inquiéter...

Il n'acheva pas; Wilhelmine le considéra d'un air stupéfait.

— Que savez-vous donc, lui demanda-t-elle, et que comprendrais-je si...?

Le major parut hésiter, puis il reprit en secouant la tête avec une affectation de pitié:

— Vous comprendriez que je ne puis sérieusement être inquiet de vos rencontres sur l'eau ou dans l'île avec ce pauvre Hermann Wrangel. Hélas! si jeune, si beau, si riche qu'il soit, comment serait-il un concurrent dangereux? La science vient de prononcer contre lui une sentence terrible.

Les avirons, que Wilhelmine tenait suspendus, lui échappèrent des mains; ils s'enfoncèrent bruyamment dans l'eau.

— Une sentence terrible! balbutia-t-elle d'une voix oppressée. Que signifie cela?

— Cela signifie qu'Hermann a une hypertrophie du cœur.

Wilhelmine tressaillit; un brouillard épais éteignit l'éclair de son regard; une pâleur nerveuse chassa le rose pourpré de ses lèvres.

— Parlez-vous sérieusement? reprit-elle avec effort. C'est impossible. Ce jeune homme a sans doute une constitution délicate; mais il s'en faut qu'il paraisse gravement atteint.

— Les apparences trompent, chère enfant; interrogez le docteur Savarus; il vous répétera ce qu'il m'a dit à moi-même: ce jeune homme n'a pas un an à vivre.

Un accès de douleur, joint à un redoublement de stupéfaction, paralysa la voix et le geste de Wilhelmine. Elle demeura muette et immobile, tandis que son tuteur lui expliquait complaisamment les effets inévitables de l'affection morbide qu'il venait de signaler.

(La suite au prochain numéro.)

Le propriétaire-gérant : F. ROY.

LES MYSTÈRES DE PARIS

Pique-Vinaigre, debout auprès du poêle, se préparait à conter. (Page 91.)

Nous l'avons dit, une quinzaine de prisonniers avaient d'abord été instruits et de la trahison que l'on reprochait à Germain, et du meurtre qui devait l'en punir. Mais, bientôt divulgué, ce projet compta autant d'adhérents qu'il y avait de détenus, ces misérables, dans leur aveugle cruauté, regardant cet affreux guet-apens comme une vengeance légitime et y voyant une garantie certaine contre les futures dénonciations des *mangeurs*. Germain, Pique-Vinaigre et le gardien ignoraient seuls ce qui allait se passer.

L'attention générale se partageait entre le bourreau, la victime et le conteur qui allait innocemment priver Germain du seul secours que ce dernier pût attendre, car il était presque certain que le gardien, voyant les détenus attentifs au récit de Pique-Vinaigre, croirait sa surveillance inutile et profiterait de ce moment de calme pour aller prendre son repas.

En effet, lorsque tous les détenus furent entrés, le Squelette dit au gardien :

— Dites donc, vieux, Pique-Vinaigre a une bonne idée... il va nous conter son conte de *Gringalet et Coupe-en-Deux*. Il fait un temps à ne pas mettre un municipal dehors ; nous allons attendre tranquillement l'heure d'aller à nos niches.

— Au fait, quand il bavarde, vous vous tenez tranquilles ; au moins on n'a pas besoin d'être sur votre dos.

— Oui, — répondit le Squelette, — mais Pique-Vinaigre demande cher... pour conter... il veut vingt sous.

— Oui... la bagatelle de vingt sous... et c'est pour rien ! — s'écria Pique-Vinaigre. — Oui, messieurs, pour rien ; car il ne faudrait pas avoir un liard dans sa poche pour se priver d'entendre le récit des aventures du pauvre petit *Gringalet*, du terrible *Coupe-en-Deux* et du scélérat *Gargousse*... c'est à fendre le cœur et à hérisser les cheveux !... Or, messieurs, qui est-ce qui ne pourrait pas disposer de la bagatelle de quatre liards, ou, si vous aimez mieux compter en kilomètres, de la bagatelle de cinq centimes, pour avoir le cœur fendu et les cheveux hérissés ?...

— Je mets deux sous... — dit le Squelette ; — et il jeta sa pièce devant Pique-Vinaigre. — Allons ! est-ce que la *pègre* serait chiche pour un amusement pareil ? — ajouta-t-il en regardant ses complices d'un air significatif.

Plusieurs sous tombèrent de côté et d'autre, à la grande joie de Pique-Vinaigre qui songeait à sa sœur en faisant sa collecte.

— Huit, neuf, dix, onze, douze et treize ! — s'écria-t-il en ramassant la monnaie ; — allons ! messieurs les richards, les capitalistes et autres *banquezingues*, encore un petit effort ; vous ne pouvez pas rester à treize, c'est un mauvais nombre... Il ne faut plus que sept sous... la bagatelle de sept sous ! Comment ! messieurs, il sera dit que la *pègre* de la Fosse-aux-Lions ne pourra pas réunir encore sept sous... sept malheureux sous !... Ah ! messieurs, vous feriez croire qu'on vous a mis ici injustement ou que vous avez eu la main bien malheureuse !

La voix perçante et les lazzi de Pique-Vinaigre avaient tiré Germain de sa rêverie ; autant pour suivre les avis de Rigolette en se *popularisant* un peu que pour faire une légère aumône à ce pauvre diable qui avait témoigné quelque désir de lui être utile, il se leva et jeta une pièce de dix sous aux pieds du conteur qui s'écria en désignant à la foule le généreux donateur :

— Dix sous, messieurs ! vous voyez ?... Je parlais de capitalistes... honneur à monsieur ! il se comporte en *banquezingue*, en ambassadeur, pour être agréable à la société... Oui, messieurs... car c'est à lui que vous devrez la plus grande part de *Gringalet et Coupe-en-Deux*... et vous l'en remercierez. Quant aux trois sous de surplus que vous fait sa pièce... je les mériterai en imitant la voix des personnages... au lieu de parler comme vous et moi. Ce sera encore une douceur que vous devrez à ce riche capitaliste, que vous devez adorer.

— Allons ! ne blague pas tant et commence, — dit le Squelette.

— Un moment, messieurs, — dit Pique-Vinaigre ; — il est de toute justice que le capitaliste qui m'a donné dix sous soit le mieux placé, sauf notre prévôt qui doit choisir.

Cette proposition servait si bien le projet du Squelette qu'il s'écria :

— C'est vrai... après moi, il doit être le mieux placé.

Et le bandit jeta un nouveau regard d'intelligence aux détenus.

— Oui, oui, qu'il s'approche ! — dirent-ils.

— Qu'il se mette au premier banc !

— Vous voyez, jeune homme... votre libéralité est récompensée... l'honorable société reconnaît que vous avez droit aux premières places, — dit Pique-Vinaigre à Germain.

Croyant que sa *libéralité* avait réellement mieux disposé ses odieux compagnons en sa faveur, enchanté de suivre en cela les recommandations de Rigolette, Germain, malgré une assez vive répugnance, quitta sa place de prédilection et se rapprocha du conteur. Celui-ci, aidé de Nicolas et de Barbillon, ayant rangé autour du poêle les quatre ou cinq bancs du chauffoir, dit avec emphase :

— Voici les premières loges !... à tout seigneur tout honneur... d'abord le capitaliste... Maintenant, que ceux qui ont payé s'asseyent sur les bancs, — ajouta gaiement Pique-Vinaigre croyant fermement que Germain n'avait plus, grâce à lui, aucun péril à redouter. Et ceux qui n'ont pas payé — ajouta-t-il — s'assoiront par terre ou se tiendront debout, à leur choix.

Résumons la disposition matérielle de cette scène.

Pique-Vinaigre, debout auprès du poêle, se préparait à conter. Près de lui, le Squelette, aussi debout et couvant Germain des yeux, prêt à s'élancer sur lui au moment où le gardien quitterait la salle. A quelque distance de Germain, Nicolas, Barbillon, Cardillac et d'autres détenus, parmi lesquels on remarquait l'homme au bonnet de coton bleu et à la blouse grise, occupaient les derniers bancs. Le plus grand nombre des prisonniers, groupés çà et là, les uns assis par terre, d'autres debout et adossés aux murailles, composaient les plans secondaires de ce tableau, éclairé à la Rembrandt par les trois fenêtres latérales, qui jetaient de vives lumières et de vigoureuses ombres sur ces figures si diversement caractérisées et si durement accentuées. Disons enfin que le gardien qui devait, à son insu et par son départ, donner le signal du meurtre de Germain se tenait auprès de la porte entr'ouverte.

— Y sommes-nous ? — demanda Pique-Vinaigre au Squelette.

— Silence dans la *pègre!*... — dit celui-ci en se retournant à demi ; puis, s'adressant à Pique-Vinaigre :

« Maintenant, commence ton conte, on t'écoute.

On fit un profond silence.

CHAPITRE VI

GRINGALET ET COUPE-EN-DEUX

Avant d'entamer le récit de Pique-Vinaigre, nous rappellerons au lecteur que, par un contraste bizarre, la majorité des détenus, malgré leur cynique perversité, affectionnent presque toujours les récits naïfs, nous ne voudrions pas dire puérils, où l'on voit, selon les lois d'une inexorable fatalité, l'opprimé vengé de son tyran après des épreuves et des traverses sans nombre.

Loin de nous la pensée d'établir d'ailleurs le moindre parallèle entre des gens corrompus et la masse honnête et pauvre ; mais ne sait-on pas avec quels applaudissements frénétiques le populaire des théâtres du boulevard accueille la délivrance de la victime, et de quelles malédictions passionnées il poursuit le méchant ou le traître ? On raille ordinairement ces incultes témoignages de sympathie pour ce qui est bon, faible et persécuté... d'aversion pour ce qui est puissant, injuste et cruel. On a tort, ce nous semble. Rien de plus consolant en soi que ces ressentiments de la foule. N'est-il pas évident que ces instincts salutaires pourraient devenir des principes arrêtés chez les infortunés que l'ignorance et la pauvreté exposent incessamment à la subversive obsession du mal ? Comment ne pas tout espérer d'un peuple dont le bon sens moral se manifeste si invariablement ? d'un peuple qui, malgré les prestiges de l'art, ne permettrait jamais qu'une œuvre dramatique fût dénouée par le triomphe du scélérat et par le supplice du juste ? Ce fait, dédaigné, moqué, nous paraît très-considérable en raison des tendances qu'il constate, et qui souvent même se retrouvent, nous le répétons, parmi les êtres les plus corrompus, lorsqu'ils sont pour ainsi dire *au repos* et à l'abri des instigations ou des nécessités criminelles. En un mot, puisque les gens endurcis dans le crime sympathisent encore quelquefois au récit et à l'expression des sentiments élevés, ne doit-on pas penser que tous les hommes ont plus ou moins en eux l'amour du beau, du bien, du juste, mais que la misère, mais que l'abrutissement, en faussant, en étouffant ces divins instincts, sont les causes premières de la dépravation humaine ? N'est-il pas évident qu'on ne devient généralement méchant que parce qu'on est malheureux, et qu'arracher l'homme aux terribles tentations du besoin par l'équitable amélioration de sa condition matérielle, c'est lui rendre praticables les vertus dont il a la conscience ?...

L'impression causée par le récit de Pique-Vinaigre démontrera ou plutôt exposera, nous l'espérons, quelques-unes des idées que nous venons d'émettre.

Pique-Vinaigre commença donc son récit en ces termes, au milieu du profond silence de son auditoire :

— Il y a déjà pas mal de temps que s'est passée l'histoire que je vais raconter à l'honorable société. Ce qu'on appelait *la Petite-Pologne* n'était pas encore détruit. L'honorable société sait ou ne sait pas ce que c'était que la Petite-Pologne ?

— Connu ! — dit le détenu au bonnet bleu et à la blouse grise ; — c'étaient des cassines du côté de la rue du Rocher et de la rue de la Pépinière.

« — Justement, mon garçon, — reprit Pique-

Vinaigre, — et le quartier de la Cité, qui n'est pourtant pas composé de palais, serait comme qui dirait la rue de la Paix ou la rue de Rivoli auprès de la Petite-Pologne; quelle *turne!* mais, du reste, fameux repaire pour la *pègre;* il n'y avait pas de rues, mais des ruelles; pas de maisons, mais des masures; pas de pavés, mais un petit tapis de boue et de fumier, ce qui faisait que le bruit des voitures ne vous aurait pas incommodé s'il en avait passé; mais il n'en passait pas. Du matin jusqu'au soir et surtout du soir jusqu'au matin, ce qu'on ne cessait pas d'entendre, c'étaient des cris : *A la garde! au secours! au meurtre!* mais la garde ne se dérangeait pas. Tant plus il y avait d'assommés dans la Petite-Pologne, tant moins il y avait de gens à arrêter. Ça grouillait donc de monde là-dedans, fallait voir ! il y logeait peu de bijoutiers, d'orfévres et de banquiers, mais, en revanche, il y avait des tas de joueurs d'orgues, de paillasses, de polichinelles ou de montreurs de bêtes curieuses. Parmi ceux-là il y en avait un qu'on nommait *Coupe-en-Deux*, tant il était méchant; mais il était surtout méchant pour les enfants. On l'appelait Coupe-en-Deux parce qu'on disait que d'un coup de hache il avait coupé en deux un petit Savoyard. »

A ce passage du récit de Pique-Vinaigre, l'horloge de la prison sonna trois heures un quart. Les détenus rentrant dans les dortoirs à quatre heures, le crime du Squelette devait être consommé avant ce moment.

— Mille tonnerres !... le gardien ne s'en va pas ! — dit-il tout bas au Gros-Boiteux.

— Sois tranquille, une fois l'histoire en train, il filera...

Pique-Vinaigre continua son récit :

— On ne savait pas d'où venait Coupe-en-Deux ; les uns disaient qu'il était Italien, d'autres Bohémien, d'autres Turc, d'autres Africain ; les bonnes femmes disaient magicien, quoiqu'un magicien dans ce temps-ci paraisse drôle ; moi, je serais assez tenté de dire comme les bonnes femmes. Ce qui faisait croire ça, c'est qu'il avait toujours avec lui un grand singe roux appelé *Gargousse*, et qui était si malin et si méchant qu'on aurait dit qu'il avait le diable dans le ventre. Tout à l'heure je vous reparlerai de Gargousse... Quant à Coupe-en-Deux, je vais vous le dévisager : il avait le teint couleur de revers de botte, les cheveux rouges comme les poils de son singe, les yeux verts, et ce qui ferait croire, comme les bonnes femmes, qu'il était magicien... c'est qu'il avait la langue noire.

— La langue noire ? — dit Barbillon.

— Noire comme l'encre ! — répondit Pique-Vinaigre.

— Et pourquoi ça ?

— Parce qu'étant grosse sa mère avait probablement parlé d'un nègre, — reprit Pique-Vinaigre avec une assurance modeste. — A cet agrément-là, Coupe-en-Deux joignait le métier d'avoir je ne sais combien de tortues, de singes, de cochons d'Inde, de souris blanches, de renards et de marmottes qui correspondaient à un nombre égal de petits Savoyards ou d'enfants abandonnés. Tous les matins, il distribuait à chacun sa bête et un morceau de pain noir, et en route... pour demander *un petit sou* ou faire danser la *Catarina!* Ceux qui le soir ne rapportaient pas au moins quinze sous étaient battus, mais battus que dans les premiers temps on entendait les enfants crier d'un bout de la Petite-Pologne à l'autre ! Faut vous dire aussi qu'il y avait dans la Petite-Pologne un homme qu'on appelait le *doyen* parce que c'était le plus ancien de cette espèce de quartier, et qu'il en était comme qui dirait le maire, le prévôt, le juge de paix ou plutôt de guerre, car c'était dans sa cour (il était marchand de vin gargotier) qu'on allait se peigner devant lui, quand il n'y avait que ce moyen de s'entendre et de s'arranger. Quoique déjà vieux, le doyen était fort comme un Hercule et très-craint ; on ne jurait que par lui dans la Petite-Pologne ; quand il disait : « C'est bien », tout le monde disait : « C'est très-bien » ; « C'est mal », tout le monde disait : « C'est mal. » Il était brave homme au fond, mais terrible, quand, par exemple, des gens forts faisaient la misère à de plus faibles qu'eux... alors, gare dessous !... Comme il était le voisin de Coupe-en-Deux, il avait dans le commencement entendu les enfants crier à cause des coups que le montreur de bêtes leur donnait, mais il lui avait dit :

« — Si j'entends encore les enfants crier, je te fais crier à mon tour, et, comme tu as la voix plus forte, je taperai plus fort. »

— Farceur de doyen !... j'aime le doyen, moi ! dit le détenu à bonnet bleu.

— Et moi aussi, — ajouta le gardien en se rapprochant du groupe.

Le Squelette ne put contenir un mouvement d'impatience courroucée.

Pique-Vinaigre continua :

« Grâce au doyen, qui avait menacé Coupe-en-Deux, on n'entendait donc plus les enfants crier la nuit dans la Petite-Pologne, mais les pauvres petits malheureux n'en souffraient pas moins, car s'ils ne criaient plus quand leur maître les battait, c'est qu'ils craignaient d'être battus encore plus fort... Quant à aller se plaindre au doyen, ils n'en avaient pas seulement l'idée.

(*La suite au prochain numéro.*)

COMMENT ON AIME

L'ILE DES CYGNES

(SUITE)

— L'épaississement de l'organe de la sensibilité, ajouta-t-il froidement, est arrivé, au dire du docteur, à la période où nul remède humain ne saurait être efficace. Dès lors il a été facile de calculer, à quelques jours près, le moment où le cœur, étouffé, cessera de battre. Bien entendu, on n'a pu tenir compte des accidents imprévus qui seraient de nature à en hâter l'extinction.

— Taisez-vous! soupira Wilhelmine en exhalant un sanglot. Je souffre! L'idée que ce jeune homme, si vivant, et que j'ai vu si bon, est déjà marqué du sceau funèbre, me navre jusqu'au fond de l'âme. Ah! par grâce, mon tuteur, taisez-vous! vos paroles me font horriblement mal!

L'agitation de Wilhelmine effraya le major. Il craignit une crise. Il se repentit de n'avoir pas été plus mesuré dans les termes dont il s'était servi pour annoncer à sa pupille l'état désespéré d'Hermann Wrangel.

— Cette fille terrible, pensa-t-il en s'efforçant de la calmer, est capable de m'échapper avant l'heure, et, comme me l'a dit Savarus, de succomber dans un subit ébranlement des organes, de s'éteindre, en un mot, dans un spasme. Décidément, il importe de ménager ses forces, de supporter ses caprices.

Lorsqu'il crut avoir dissipé les pensées lugubres de sa pupille, il regagna le kiosque et la laissa libre d'agir à sa fantaisie. Restée seule, elle renonça d'abord à sa promenade, voulant éviter la rencontre de l'infortuné.

— A sa vue, se disait-elle, j'aurais peine à contenir le sentiment de pitié qu'il m'inspire. Ma physionomie serait peut-être une révélation pour lui.

Mais comme elle allait mettre pied à terre et qu'elle envoyait à l'île un adieu dans un regard, elle aperçut les deux cygnes, à mi-chemin, immobiles, la tête tendue vers elle. Ces oiseaux, étant un peu sauvages, s'approchaient rarement des habitations. Ils semblaient dire de loin à la jeune fille : — Nous avons fait pour te voir plus vite la moitié de la course; nous attendons que tu fasses l'autre. Pourquoi ne viens-tu pas? Est-ce que tu nous abandonnes? — Ce muet appel lui remua le cœur. Elle reprit place dans sa petite barque, agita vivement ses rames et rejoignit bientôt ceux qu'elle nommait ses amis. Comme toujours, ce fut une grande joie pour eux d'être près de Wilhelmine. Ils évoluèrent gracieusement autour d'elle, gonflant leur plumage, se disputant ses caresses, effleurant doucement de leur bec son visage et ses mains. Wilhelmine commençait à oublier au milieu d'eux ses tristes préoccupations. Mais elle ne remarquait point que sa barque glissait au gré de quelques bouffées de vent, ainsi que d'un courant déterminé par le jet rapide de plusieurs sources à fleur d'eau, et qu'elle était insensiblement portée dans la direction de l'île. Quand elle s'en aperçut, elle n'en était plus qu'à une faible distance. Par un brusque mouvement, et dans le but de remonter le flot, elle saisit ses avirons, mais elle en brisa un en faisant un effort pour le dégager des herbes qui s'étaient enroulées autour de la palette. Dès lors toute résistance lui devint impossible; la vague entraîna sa barque dans le bassin même de l'île et l'échoua contre un bateau amarré au milieu des joncs. Dans ce bateau, un jeune homme se tenait assis; Wilhelmine reconnut en tressaillant Hermann Wrangel.

Après s'être mille fois répété qu'il fuirait l'approche de la phthisique, Hermann avait fini par s'aventurer sur le lac et n'avait pu résister à la tentation d'aborder à l'endroit où il avait quelque chance de voir venir celle qu'il ne voulait plus rencontrer. Ils se saluèrent gravement, avec une sorte de contrainte douloureuse, quoiqu'ils s'efforçassent de maîtriser les navrantes pensées qui assaillaient alors leur esprit. Puis ils se regardèrent fixement l'un après l'autre, comme pour saisir le symptôme fatal sur la physionomie de chacun d'eux. Le silence devenait embarrassant; Hermann le rompit.

— Vous avez cassé l'une de vos rames, observa-t-il en affermissant sa voix; voulez-vous permettre que je l'arrange tant bien que mal? J'ai tout ce qu'il faut pour cela dans un coffre de mon bateau.

Sans prononcer une syllabe, car elle se sentait encore trop émue pour parler, Wilhelmine lui tendit les débris de son aviron. Le jeune homme prit un marteau, des clous, de la ficelle, et se mit au travail. Toujours muette et pensive, sa compagne, par un sentiment de pudeur virginale et aussi dans la crainte de laisser voir son trouble, s'était réfugiée à l'arrière de sa petite barque. Mais sur un signe d'Hermann, qui avait besoin de son aide, elle vint se placer à côté de lui, bord à bord; leurs mains se touchaient souvent, leurs têtes mêlaient parfois les boucles de leurs cheveux; leurs haleines se confondaient.

Tout en mettant la rame brisée en état de servir, Hermann et Wilhelmine se regardaient furtivement et avec anxiété. Ils songeaient aux sinistres prédictions qu'ils avaient entendues, mais ils avaient peine à y croire. Ils étaient, en effet, si beaux tous deux en ce moment, et d'une beauté si lumineuse et si pure! Ils avaient tant de rayons dans leurs yeux pensifs, tant de fraîcheur sur leurs lèvres entr'ouvertes, tant de charme vivace dans tous leurs mouvements! Sans doute Hermann était très-pâle, mais sa pâleur avait un éclat ferme et mat. Wilhelmine, elle, étonnait par une étrange diaphanéité, mais le sang circulait vif et limpide à travers les sinuosités de ses veines délicates sous son épiderme d'albâtre. L'œil seul d'un praticien expérimenté pouvait ne pas se méprendre à de si charmantes apparences de force et de santé. Nos jeunes gens devinrent de plus en plus incrédules; ils protestèrent intérieurement contre ce que le docteur Savarus et le major Ornulf leur avaient dit de lugubre et de navrant. Ils firent mieux : ils oublièrent un moment; ils échangèrent un sourire presque heureux.

Lorsque Hermann eut convenablement cloué et ficelé l'aviron brisé, il le présenta à Wilhelmine et lui dit avec un élan de gaieté :

— Ah! par Neptune! j'ai fait là un chef-d'œuvre. Reconnaissez-le, mademoiselle, et saluez le génie!

— Je le salue, et surtout je le remercie, répondit la jeune fille. Je puis maintenant m'en retourner à merveille.

— Déjà!... tout de suite? reprit Hermann avec une sorte d'effroi. Oh! alors, c'est différent; je déclare que ma besogne est faite en dépit du bon sens, et je vais la recommencer.

— Non pas, monsieur, non pas! Je n'ai jamais rien vu en ce genre de mieux réussi, et je désire que vous n'y retouchiez point. Le mieux, vous le savez, est quelquefois l'ennemi du bien.

Disant cela, elle s'emparait vivement de l'aviron et le plaçait hors d'atteinte. Mais soit qu'elle eût fait un trop brusque effort, soit que l'imperceptible brume du soir commençât à la pénétrer, elle eut un violent accès de toux sèche. Son compagnon tressaillit; il redevint tout à coup sérieux; son cœur même se contracta si rudement qu'il y porta la main en poussant un léger cri. A son tour, Wilhelmine frissonna; elle ne put retenir un mouvement de terreur.

— Souffrez-vous? demanda-t-elle au jeune homme avec anxiété; il me semble que vous souffrez?

— Moi... nullement... je vous assure... Mais vous, vous, reprit-il en s'efforçant de dissimuler sa profonde inquiétude, ne ressentez-vous point quelque légère douleur?

— Aucune, monsieur. Je crois, au contraire, que je ne me suis jamais aussi bien portée.

— Ah! tant mieux! Je craignais... Votre constitution est si délicate!... N'est-ce pas vous-même qui me l'avez dit?

— J'en conviens; mais peut-être ai-je un peu exagéré... par coquetterie... En vérité, je souhaiterais que tous ceux à qui je m'intéresse eussent une santé égale à la mienne.

Elle soupira profondément.

— Et moi, dit Hermann, je regrette parfois

qu'en me douant de force et de vitalité Dieu ne m'ait pas donné le moyen de les partager avec quelque pauvre être moins bien favorisé à cet égard.

Ses yeux se mouillèrent malgré lui. Puis tous les deux détournèrent la tête, en apparence pour contempler un jeu de lumière dans les nuages du couchant, en réalité pour cacher le sentiment de pitié navrante qui leur remontait au cœur et venait se refléter sur leur visage ému. C'en était fait : la toux sèche de Wilhelmine, l'oppression visible d'Hermann avaient brusquement dissipé l'illusion.

— Elle est phthisique, souviens-t'en ! criait une voix impitoyable dans la pensée de l'un.

— Il a une hypertrophie du cœur, ne l'oublie pas! répétait l'écho du souvenir dans l'âme de la jeune fille.

Et les larmes se pressaient de nouveau sous leurs paupières gonflées ; ils les dévoraient péniblement pour qu'elles ne fussent point remarquées et qu'elles n'éveillassent aucun soupçon. Vainement essayèrent-ils de ranimer l'entretien. L'imagination s'était éteinte, l'esprit avait disparu. Cette situation, cependant, ne pouvait se prolonger. Wilhelmine poussa silencieusement sa petite barque hors des joncs, elle s'éloigna en adressant à Hermann un mélancolique signe d'adieu. Mais, comme elle allait franchir la passe de l'île, celui-ci la rejoignit en quelques coups d'aviron.

— Je désire vous adresser une prière, lui dit-il avec une douceur résolue.

— Je suis prête à l'exaucer, monsieur, si cela est en mon pouvoir.

— Il s'agit d'une fantaisie sentimentale, que voici : je n'ai pas de sœur, mademoiselle Wilhelmine, et cependant j'aimerais en avoir une ; voulez-vous être ma sœur?

La jeune fille parut étonnée; elle devint pensive.

— Une sœur de l'âme ! reprit Hermann. Cette parenté-là, d'ailleurs, vous imposerait peu d'obligations : un souvenir de loin, un sourire de près, voilà tout. Et puis si, par hasard, — pardonnez-moi cette sombre idée, qui me vient fatalement dans toutes mes tendresses, sans doute parce que les plus vives d'entre elles ne s'adressent plus qu'à des ombres, — si, par hasard, dis-je, l'un de nous meurt jeune, l'autre sera tenu de garder religieusement sa mémoire et de porter à sa tombe un tribut de regrets et de larmes. A ces conditions, je vous le demande encore, voulez-vous être ma sœur, mademoiselle?

— Votre sœur? répéta Wilhelmine avec un imperceptible tressaillement, car elle imaginait qu'Hermann avait en cet instant comme un vague pressentiment d'une fin prochaine. Mais c'est à peine si nous nous connaissons ! Le hasard ne nous a mis encore que trois fois en présence.

— Il y a de vieilles affections d'un jour ! Ne le croyez-vous pas comme moi?

— Je n'en sais rien ; mais, en vérité, cela ne me surprendrait pas, car il me semble...

— Que la nôtre est de ce nombre? acheva Hermann. N'est-ce point là votre opinion? Alors, daignez me regarder comme votre frère.

Après une minute d'irrésolution, Wilhelmine, n'osant refuser à celui dont les jours étaient si avarement comptés une chaste et enfantine consolation, lui répondit avec une joie un peu forcée :

— Soit, monsieur ; je consens à être la sœur de votre fantaisie, et je vous adopte pour le frère de mon imagination. Mais, quoi que vous en disiez, j'espère bien que notre existence durera plus encore que notre parenté de convention. Adieu !

Elle remit ses rames en mouvement.

— Adieu ! et... au revoir ! ajouta Hermann. Je reviendrai par les beaux soirs rêver ici en attendant ma sœur. L'attendrai-je en vain?

Il se fit un moment de silence pendant lequel on n'entendit que le bruit cadencé des rames de la jeune fille qui s'éloignait; puis une voix dans un soupir répondit :

— Au revoir !

Hermann ne tarda pas à quitter l'île.

Quelques minutes plus tard, un bateau caché sous un saule se dégageait des branches qui l'enveloppaient et allait mystérieusement aborder au pied de la villa de madame Freysberg.

VII

Aurélia avait fait épier Hermann. Elle sut qu'il était retourné à l'île et qu'il y avait passé plus d'une heure en compagnie de Wilhelmine Aurich. Elle ne s'en fâcha point cette fois, convaincue qu'aucun danger sérieux ne menaçait de ce côté ses espérances et ses ambitions.

— Quand même il y aurait là un caprice, une amourette, se dit-elle dédaigneusement, que m'importerait encore ? Un caprice pour une phthisique, une amourette avec une moribonde ! Bien sotte serais-je de m'en alarmer. Hermann n'est pas homme à fausser sa parole. Et d'ailleurs on ne songe pas à épouser une demi-morte sur le bord d'une tombe !

Cependant, si son âme avide d'opulence se sentait rassurée, sa vanité s'offensait par instants. Le tendre et compatissant intérêt qu'Hermann portait à Wilhelmine lui semblait alors une humiliation, une injure. Sa colère faillit éclater un jour que, remise de son indisposition, elle proposa à son cousin une promenade à l'île.

— Vous aimez beaucoup, je le sais, ce bouquet de verdure, lui dit-elle avec une vague expression d'ironie. Décidément, j'en veux faire le refuge privilégié de nos entretiens, de nos songes.

Hermann accueillit mal cette ouverture. Elle froissait visiblement une mystérieuse délicatesse de son cœur, elle heurtait sans aucun doute une de ses secrètes pensées. Il répondit, avec un léger mouvement d'humeur, qu'il se trouvait à merveille chez sa cousine, dans son boudoir ou sous les ombrages de son parc, et souhaitait de ne point se déplacer. Aurélia s'en étonna, elle voulut insister, mais ce fut en vain.

— Vous êtes vraiment bizarre, mon ami, lui dit-elle d'un ton aigre-doux. N'est-ce pas vous-même qui m'avez vanté cette solitude comme étant très-propice à la rêverie ? D'où vient qu'elle ne vous plaise plus ?

— Je ne me pique pas, ma chère cousine, d'une rigoureuse conséquence dans mes idées, balbutia-t-il un peu au hasard. L'homme n'est souvent qu'un grand enfant capricieux. Je réclame en cette qualité toute votre indulgence pour mes petits travers d'esprit. Me l'accordez-vous ?

— Soit ! répondit sèchement Aurélia, pourvu que votre refus ne cache pas une impertinence, ce que je commence à redouter fort.

Hermann essaya de se justifier, mais sa justification fut si embrouillée, si maladroite, qu'elle acheva d'éveiller les soupçons d'Aurélia. Subtile et pénétrante, elle comprit vite que l'île était devenue pour son cousin le sanctuaire de Wilhelmine, et qu'il regardait comme une profanation d'en fouler le sol avec une autre femme, fût-ce même avec sa propre fiancée. Elle ne se trompait pas : par une fantaisie touchante, Hermann venait de consacrer ce coin de verdure à la pauvre enfant. Il s'était juré de n'y plus avoir pour compagne que sa sœur d'adoption. Il n'y avait là aucune intention désobligeante pour sa cousine : c'était un pieux hommage rendu à une jeune fille digne d'admiration et de pitié, à une jeune fille dont la mort allait bientôt faire un ange. Mais Aurélia ne le prit pas ainsi : son amour-propre se sentit mordu jusqu'au sang. Elle fit un geste de colère pour congédier Hermann ; elle poussa un cri d'indignation destiné à compléter l'insolence ; mais son bras retomba inerte et embarrassé, sa voix n'articula qu'un son insignifiant. Par un violent effort, elle se maîtrisa tout à coup. Le chiffre de ses dettes venait de lui apparaître menaçant et terrible ; le million de florins, qui composait environ la fortune de son fiancé, tintait bruyamment dans son esprit. Tous les instincts de luxe, de dépense, de prodigalité, si puissants en elle, se réveillaient soudain ; ils écrasaient la colère et la vanité.

— En vérité, pensa-t-elle, je ne suis qu'une maladroite et une insensée. Qu'allais-je faire ? me brouiller avec une sorte de poëte élégiaque parce qu'il refuse d'achever l'idylle commencée en mon honneur et qu'il préfère chanter une romance sentimentale en l'honneur d'une poitrinaire ? Le chasser de chez moi parce qu'il destine un petit fouillis d'arbres et d'insectes à mademoiselle Wilhelmine Aurich, et qu'il désire n'en point modifier la destination en m'y conduisant ? Eh ! je me soucie bien des églogues en action, moi ! Allez, mon cousin, allez rêver et soupirer tant qu'il vous plaira auprès d'un quasi-fantôme, mais n'oubliez pas que vous êtes mon fiancé et ne me faites pas attendre un mari !

A partir de ce moment, elle ne parut plus se préoccuper beaucoup des rencontres qui pouvaient avoir lieu entre Hermann et Wilhelmine. Ces rencontres furent d'abord rares et courtes, soit que la conscience des deux jeunes gens les leur reprochât, soit qu'ils craignissent d'être surpris et d'encourir un blâme mérité. Il leur était toutefois impossible de résister à l'entraînement qui les portait l'un vers l'autre. Demeuraient-ils une semaine sans aller à l'île, une sombre tristesse s'emparait d'eux, le cœur de l'un se serrait avec force, la poitrine de l'autre s'oppressait violemment.

(La suite au prochain numéro.)

Le propriétaire-gérant : F. ROY.

LES MYSTÈRES DE PARIS

— Pauvre Gringalet ! il me semble le voir ! (Page 98.)

« Moyennant les quinze sous que chaque petit montreur de bêtes devait lui rapporter, Coupe-en-Deux les logeait, les nourrissait et les habillait. Le soir, un morceau de pain noir, comme à déjeuner... voilà pour la nourriture ; il ne leur donnait jamais d'habits... voilà pour l'habillement, et il les enfermait la nuit pêlemêle avec leurs bêtes, sur la même paille, dans un grenier où on montait par une échelle et par une trappe... voilà pour le logement. Une fois bêtes et enfants rentrés au complet, il retirait l'échelle et fermait la trappe à clef. Vous jugez la vie et le vacarme que ces singes, ces cochons d'Inde, ces renards, ces souris, ces tortues, ces marmottes et ces enfants faisaient sans lumière dans ce grenier qui était grand comme rien.

Coupe-en-Deux couchait dans une chambre au-dessous, ayant son grand singe Gargousse attaché au pied de son lit. Quand ça grouillait et que ça criait trop fort dans le grenier, le montreur de bêtes se levait sans lumière, prenait un grand fouet, montait à l'échelle, ouvrait la trappe, et sans y voir fouaillait à tour de bras. Comme il avait toujours une quinzaine d'enfants, et que quelques-uns lui rapportaient, les innocents, quelquefois jusqu'à vingt sous par jour, Coupe-en-Deux, ses frais faits, et ils n'étaient pas gros, avait pour lui environ quatre francs ou cent sous par jour; avec ça, il ribotait, car notez bien que c'était aussi le plus grand soûlard de la terre et qu'il était régulièrement mort-ivre une fois par jour... C'était son régime : il prétendait que sans cela il aurait eu mal à la tête toute la journée; faut dire aussi que sur son gain il achetait des cœurs de mouton à Gargousse, car son grand singe mangeait de la viande crue comme un vorace. Mais je vois que l'honorable société me demande Gringalet; le voici, messieurs...

— Ah! voyons Gringalet, et puis je m'en vas manger ma soupe, — dit le gardien.

Le Squelette échangea un regard de satisfaction féroce avec le Gros-Boiteux.

« Parmi les enfants à qui Coupe-en-Deux distribuait ses bêtes, — reprit Pique-Vinaigre, — il y avait un pauvre petit diable surnommé Gringalet. Sans père ni mère, sans frère ni sœur, sans feu ni lieu, il se trouvait seul... tout seul dans le monde où il n'avait pas demandé à venir et d'où il pouvait partir sans que personne y prît garde. Il ne se nommait pas Gringalet pour son plaisir, allez! il était chétif, et malingre, et souffreteux, que c'était pitié; on lui aurait donné au plus sept ou huit ans, et il en avait treize, mais s'il ne paraissait que la moitié de son âge, ce n'était pas mauvaise volonté... car il n'avait environ mangé que deux jours l'un, et encore si peu et si peu... si mal et si mal... qu'il faisait grandement les choses en paraissant avoir sept ans !

— Pauvre moutard, il me semble le voir! — dit le détenu au bonnet bleu; — il y en a tant d'enfants comme ça... sur le pavé de Paris, des petits crève-de-faim !

— Faut bien qu'ils commencent jeunes à apprendre cet état-là pour qu'ils puissent s'y faire, — reprit Pique-Vinaigre en souriant avec amertume.

— Allons! va donc, dépêche-toi donc ! — dit brusquement le Squelette; — le gardien s'impatiente, sa soupe se refroidit.

— Ah bah! c'est égal, — reprit le surveillant; — je veux encore faire un peu connaissance avec Gringalet ; c'est amusant.

— Vraiment, c'est très-intéressant, — ajouta Germain attentif à ce récit.

— Ah! merci de ce que vous me dites là, mon capitaliste, — répondit Pique-Vinaigre; — ça me fait plus de plaisir encore que votre pièce de dix sous...

— Tonnerre de lambin ! — s'écria le Squelette, — finiras-tu de nous faire languir?

— Voilà! — reprit Pique-Vinaigre.

« Un jour Coupe-en-Deux avait ramassé Gringalet dans la rue, mourant de froid et de faim : il aurait aussi bien fait de le laisser mourir. Comme Gringalet était faible, il était peureux; et comme il était peureux, il était devenu la risée et le pâtiras des autres petits montreurs de bêtes, qui le battaient et lui faisaient tant et tant de misère qu'il en serait devenu méchant si la force et le courage ne lui avaient manqué. Mais non... quand on l'avait beaucoup battu, il pleurait en disant : « — Je n'ai fait de mal à personne, et tout le monde me fait du mal... c'est injuste !... Oh! si j'étais fort... et hardi !...»

« Vous croyez peut-être que Gringalet allait ajouter : « — Je rendrais aux autres le mal qu'on m'a fait. » — Eh bien ! pas du tout... il disait : « — Oh! si j'étais fort et hardi, je défendrais les faibles contre les forts; car je suis faible, et les forts m'ont fait souffrir !.. » — En attendant, comme il était trop puceron pour empêcher les forts de molester les faibles, à commencer par lui-même, il empêchait les grosses bêtes de manger les petites... »

— En voilà-t-il une drôle d'idée ! — dit le détenu au bonnet bleu.

— Et ce qu'il y a de plus farce, — reprit le conteur, — c'est qu'on aurait dit qu'avec cette idée-là Gringalet se consolait d'être battu... ce qui prouve qu'il n'avait pas un mauvais cœur...

— Pardieu ! je crois bien... au contraire... dit le gardien. — Diable de Pique-Vinaigre, est-il amusant!

A ce moment, trois heures et demie sonnèrent. Le bourreau de Germain et le Gros-Boiteux échangèrent un coup d'œil significatif. L'heure avançait, le surveillant ne s'en allait pas, et quelques-uns des détenus, les moins endurcis, semblaient presque oublier les sinistres projets du Squelette contre Germain pour écouter avec avidité le récit de Pique-Vinaigre.

— Quand je dis — reprit celui-ci — que Gringalet empêchait les grosses bêtes de manger les petites, vous entendez bien que Gringalet n'allait pas se mêler des affaires des tigres, des lions, des loups ou même des renards et des singes de la ménagerie de Coupe-en-Deux ; il était trop peureux pour cela ; mais dès qu'il voyait, par exemple, une araignée embusquée dans sa toile pour y prendre une pauvre folle de mouche qui volait gaiement au soleil du bon Dieu sans nuire à personne, crac ! Gringalet donnait un coup de bâton dans la toile, délivrait la mouche et écrasait l'araignée en vrai César... Oui, en vrai César... car il devenait blanc comme un linge en touchant à ces vilaines bêtes ; il lui fallait donc de la résolution... à lui qui avait peur d'un hanneton et qui avait été très-longtemps à se familiariser avec la tortue que Coupe-en-Deux lui distribuait tous les matins. Aussi Gringalet, en surmontant la frayeur que lui causaient les araignées, afin d'empêcher les mouches d'être mangées, se montrait...

— Se montrait aussi crâne dans son espèce qu'un homme qui aurait attaqué un loup pour lui ôter un mouton de la gueule, — dit le détenu au bonnet bleu...

— Ou qu'un homme qui aurait attaqué Coupe-en-Deux pour lui arracher Gringalet des pattes, — ajouta Barbillon aussi vivement intéressé.

— Comme vous dites, — reprit Pique-Vinaigre.

— De sorte qu'après ces beaux coups-là Gringalet ne se sentait plus si malheureux... Lui qui ne riait jamais, il souriait, il faisait le crâne, mettait son bonnet de travers (quand il avait un bonnet) et chantonnait la *Marseillaise* d'un air vainqueur... Dans ce moment-là, il n'y avait pas une araignée capable d'oser le regarder en face !...

« Une autre fois, c'était un cri-cri qui se noyait et se débattait dans un ruisseau... Vite Gringalet jetait bravement deux de ses doigts à la nage et rattrapait le cri-cri qu'il déposait ensuite sur un brin d'herbe... Un maître nageur médailliste qui aurait repêché son dixième noyé à cinquante francs par tête n'aurait pas été plus fier que Gringalet quand il voyait son cri-cri gigotter et se sauver... Et pourtant le cri-cri ne lui donnait ni argent ni médaille et ne lui disait pas seulement merci, non plus que la mouche... Mais alors Pique-Vinaigre, mon ami, me dira l'honorable société, quel diable de plaisir Gringalet, que tout le monde battait, trouvait-il donc à être le libérateur des cri-cris et le bourreau des araignées ? Puisqu'on lui faisait du mal, pourquoi qu'il ne se revengeait pas en faisant du mal selon sa force, par exemple en faisant manger des mouches par des araignées, ou en laissant les cri-cris se noyer, ou même en en noyant exprès... des cri-cris ?...

— Oui... au fait... pourquoi ne se revengeait-il pas comme ça ?... dit Nicolas.

— A quoi ça lui aurait-il servi ? — dit un autre.

— Tiens... à faire du mal, puisqu'on lui en faisait !

— Non ! eh bien ! moi, je comprends ça, qu'il aimait à sauver des mouches... ce pauvre petit moutard ! — reprit l'homme au bonnet bleu. — Il se disait peut-être : « Qui sait si on ne me sauvera pas tout de même ? »

— Le camarade a raison ! — s'écria Pique-Vinaigre ; — il a lu dans le cœur ce que j'allais dégoiser à l'honorable société.

« Gringalet n'était pas malin ; il n'y voyait pas plus loin que le bout de son nez, mais il s'était dit : « Coupe-en-Deux est mon araignée ; « peut-être bien qu'un jour quelqu'un fera pour « moi ce que je fais pour les autres pauvres mou- « cherons, qu'on lui démolira sa toile et qu'on « m'ôtera de ses griffes. » Car, jusqu'alors, pour rien au monde il n'aurait osé se sauver de chez son maître : il serait cru mort. Pourtant, un jour que ni lui ni sa tortue n'avaient eu la chance et qu'ils avaient gagné à eux deux que trois sous, Coupe-en-Deux se mit à battre le pauvre enfant si fort, si fort, que, ma foi ! Gringalet n'y tint plus : lassé d'être le rebut et le martyr de tout le monde, il guette le moment où la trappe du grenier est ouverte et, pendant que Coupe-en-Deux donnait la pâtée à ses bêtes, il se laisse glisser le long de l'échelle...

— Ah... tant mieux ! — dit un détenu.

— Mais pourquoi qu'il n'allait pas se plaindre au doyen ? — dit le bonnet bleu ; — il aurait donné sa rincée à Coupe-en-Deux.

— Oui, mais il n'osait pas... il avait trop peur ; il aimait mieux tâcher de se sauver.

« Malheureusement Coupe-en-Deux l'avait vu ; il vous l'empoigne par le cou et le remonte dans le grenier... Cette fois-là, Gringalet, en pensant à ce qu'il attendait, frémit de tout son corps, car il n'était pas au bout de ses peines... A propos des peines de Gringalet, il faut que je vous parle de *Gargousse*, le grand singe favori de Coupe-en-Deux :

ce méchant animal était, ma foi! plus grand que Gringalet ; jugez quelle taille pour un singe !... Maintenant je vais vous dire pourquoi on ne le menait pas se montrer dans les rues comme les autres bêtes de la ménagerie : c'est que Gargousse était si méchant et si fort qu'il n'y avait eu, parmi tous les enfants, qu'un Auvergnat de quatorze ans, gaillard résolu, qui, après s'être plusieurs fois colleté et battu avec Gargousse, avait fini par pouvoir le mater, l'emmener et le tenir à la chaîne, et encore bien souvent il y avait eu des batailles où Gargousse avait mis son conducteur en sang. Embêté de ça, le petit Auvergnat s'était dit un beau jour : « — Bon, bon, « je me vengerai de toi, gredin de singe ! » — Un matin donc il part avec sa bête comme à l'ordinaire ; pour l'amorcer, il achète un cœur de mouton : pendant que Gargousse mange, il passe une corde dans le bout de sa chaîne, attache la corde à un arbre, et, une fois que le gueux de singe est bien amarré, il vous lui flanque une dégelée de coups de bâton... mais une dégelée que le feu y aurait pris.

— Ah ! c'est bien fait ! — Bravo, l'Auvergnat ! — Tape dessus, mon garçon ! — Éreinte-moi ce scélérat de Gargousse ! — dirent les détenus.

« Et il tapait de bon cœur, allez ! — reprit Pique-Vinaigre. — Il fallait voir comme Gargousse criait, grinçait des dents, sautait, gambadait et de ci et de là ; mais l'Auvergnat lui ripostait avec son bâton, en veux-tu ! en voilà !.. Malheureusement les singes sont comme les chats, ils ont la vie dure... Gargousse était aussi malin que méchant : quand il avait vu, c'est le cas de le dire, de quel bois ça chauffait pour lui, au plus beau moment de la dégelée il avait fait une dernière cabriole, était retombé à plat au pied de l'arbre, avait gigoté un moment et puis fait le mort, ne bougeant pas plus qu'une bûche. L'Auvergnat n'en voulait pas davantage ; croyant le singe assommé, il file pour ne jamais remettre les pieds chez Coupe-en-Deux. Mais le gueux de Gargousse le guettait du coin de l'œil ; tout roué de coups qu'il était, dès qu'il se voit seul et que l'Auvergnat est loin, il coupe avec ses dents la corde qui attachait sa chaîne à l'arbre. Le boulevard Monceaux, où il avait reçu sa danse, était tout près de la Petite-Pologne ; le singe connaissait son chemin comme son *Pater* : il détale donc en traînant la gigue et arrive chez son maître qui rugit, qui écume de voir son singe arrangé ainsi. Mais ça n'est pas tout : depuis ce moment-là, Gargousse avait gardé une si furieuse rancune contre les enfants en général que Coupe-en-Deux, qui n'était pourtant pas tendre, n'avait plus osé le donner à conduire à personne... de peur d'un malheur, car Gargousse aurait été capable d'étrangler ou de dévorer un enfant, et tous les petits montreurs de bêtes, sachant cela, se seraient plutôt laissé écharper par Coupe-en-Deux que d'approcher du singe.

— Il faut décidément que j'aille manger ma soupe, — dit le gardien en faisant un pas vers la porte ; — ce diable de Pique-Vinaigre ferait descendre les oiseaux des arbres pour l'entendre !... Je ne sais pas où il va pêcher ce qu'il raconte.

— Enfin le gardien s'en va ! — dit tout bas le Squelette au Gros-Boiteux. — Je suis en nage, j'en ai la fièvre... tant je rage en dedans... Attention seulement à faire le mur autour du *mangeur !...* je me charge du reste...

— Ah çà ! soyez sages, — dit le gardien en se dirigeant vers la porte.

— Sages comme des images, — répondit le Squelette en se rapprochant de Germain, pendant que le Gros-Boiteux et Nicolas, après s'être concertés d'un signe, firent deux pas dans la même direction.

— Ah ! respectable gardien... vous vous en allez au beau moment, — dit Pique-Vinaigre d'un air de reproche.

Sans le Gros-Boiteux qui prévint son mouvement en le saisissant rapidement par le bras, le Squelette s'élançait sur Pique-Vinaigre.

— Comment ! au plus beau moment ? — répondit le gardien en se retournant vers le conteur.

— Je crois bien, — dit Pique-Vinaigre ; — vous ne savez pas tout ce que vous allez perdre... Voilà ce qu'il y a de plus charmant dans mon histoire qui va commencer...

— Ne l'écoutez pas ! — dit le Squelette en contenant à peine sa fureur ; il n'est pas en train aujourd'hui ; moi, je trouve que son conte est bête comme tout...

— Mon conte est bête comme tout ? — s'écria Pique-Vinaigre froissé dans son amour-propre de narrateur. Eh bien ! gardien... je vous en prie, je vous en supplie... restez jusqu'à la fin... j'en ai au plus encore pour un bon quart d'heure... D'ailleurs votre soupe est froide... maintenant, qu'est-ce que vous risquez ? Je vas chauffer le récit pour que vous ayez encore le temps d'aller manger avant que nous remontions à nos dortoirs !

— Allons, je reste, mais dépêchez-vous !... — dit le gardien en se rapprochant.

— Et vous avez raison de rester, gardien ! sans me vanter, vous n'aurez rien entendu de pareil, surtout à la fin : il y a le triomphe du singe et de Gringalet... escortés de tous les petits montreurs de bêtes et des habitants de la Petite-Pologne. Ma parole d'honneur ! ça n'est pas pour faire le fier, mais c'est vraiment superbe.

— Alors, contez vite, mon garçon ! dit le gardien en revenant auprès du poêle.

(*La suite au prochain numéro.*)

COMMENT ON AIME

L'ILE DES CYGNES

(SUITE)

Mais qu'ils étaient heureux de se revoir ! Poitrine et cœur, tout se dilatait en eux. On eût dit qu'ils se ranimaient en respirant un air chargé de leur mutuelle haleine. Du reste, rien de plus gracieux, de plus pur, que les épisodes en action de ce petit poëme tour à tour mélancolique et souriant. Tout cela était plein de chasteté, de sensibilité, de générosité. On sentait que ces deux êtres s'aimaient en effet fraternellement, divinement, comme deux anges, comme deux prédestinés !

— Prenez garde ! disait Hermann en frémissant, lorsqu'une toux subite de sa compagne mettait en fuite l'essaim de gais propos ; l'air s'est rafraîchi : ramenez vite votre mantelet sur vos épaules ; aussi bien l'herbe commence à être humide : levons-nous et partons !

Wilhelmine cherchait alors à le rassurer. Puis, effrayée à son tour des mouvements précipités que l'inquiétude causait au cœur d'Hermann, elle disait avec une vive anxiété :

— Vous vous forgez de vraies chimères à mon égard ; vous vous torturez l'âme et l'esprit sans motif. Je vous en supplie, soyez donc raisonnable ! Ignorez-vous qu'il est mauvais d'aiguiser ainsi à tout propos la sensibilité que Dieu nous a faite ? Cette sensibilité, dit-on, est souvent une arme fatale qui se retourne contre celui qui la tourmente outre mesure. Ah ! de grâce ! contenez vos émotions : restez toujours calme et maître de vous-même, ne fût-ce que par amitié pour moi.

Mais ils ne tenaient pas grand compte de ces instances réciproques, car ils n'en soupçonnaient ni l'un ni l'autre toute la gravité. Wilhelmine, s'attachant de plus en plus à son frère d'adoption, comme elle aimait à l'appeler, commençait à multiplier ses visites à l'île, sans se soucier le moins du monde des variations de la température. Hermann, lui, chérissant chaque jour davantage sa pauvre belle petite sœur, comme il la nommait dans le secret de sa pensée, s'abandonnait sans résistance à toute la force de ses émotions. C'étaient alors de part et d'autre de silencieuses bouderies, de plaintives doléances, de doux reproches, presque toujours suivis de charmantes causeries et de frais éclats de rire. Merveilleuse organisation de la jeunesse ! en elle, la mélancolie est toujours près de la joie. N'exigez pas qu'elle ait souvent présente une image de désolation et de deuil. Pour la distraire et la consoler, Dieu lui a donné deux prismes enchantés : l'espoir et l'illusion !

L'un près de l'autre, sur l'herbe, dans leurs bateaux ou sous le toit de joncs, ils étaient sinon toujours heureux, du moins toujours satisfaits. Ils se renfermaient si bien dans leur chaste et gracieuse intimité, en compagnie de leurs cygnes, qu'ils n'y laissaient rien pénétrer du dehors. Le major Ornulf, Aurélia Freysberg leur devenaient étrangers : du moins ils n'en parlaient jamais. Qu'importaient à ces deux enfants qui s'aimaient ou croyaient s'aimer par charité les particularités de leur existence respective dans le monde et dans la famille ? Hélas ! ils en savaient déjà bien assez sur eux-mêmes, puisqu'ils connaissaient, pour ainsi dire, l'heure à laquelle seraient brisés, quels qu'ils fussent, les liens qui les attachaient à la vie. Hermann, cependant, se rappelait parfois avec anxiété ce qu'avait dit le docteur Savarus, que le major Ornulf devait épouser sa pupille. Outre qu'il trouvait à cette union un motif exécrable, infâme, il en ressentait comme une indéfinissable irritation. Plusieurs fois il avait été sur le point de questionner sa compagne au sujet de cette union projetée, mais la crainte d'embarrasser Wilhelmine et aussi la peur de ne pouvoir refouler son indignation l'avaient toujours retenu; sa conscience lui faisait d'ailleurs un devoir de respecter le silence de la jeune fille. Lui-même, par une étrange et invincible réserve, ne disait pas un mot de son prochain mariage avec Aurélia.

Les semaines s'écoulaient. Hermann et Wilhelmine en étaient arrivés à se rencontrer presque chaque jour dans l'île, à y demeurer de longues heures ensemble. Tout favorisait leurs rendez-vous. La saison était magnifique; Ornulf s'était absenté de Müritz pour suivre un procès à Schwérin; Aurélia, occupée de fastueuses emplettes, passait presque tout son temps chez les marchands de Strélitz. Mais au bout d'un mois le major revint. La fiancée d'Hermann avait achevé d'enrichir sa splendide garde-robe : elle annonça qu'elle était prête et voulut être sans plus de retard conduite à l'autel. Ce fut comme un coup de foudre pour Hermann. Il n'avait, en réalité, presque rien préparé. La corbeille, cette grande affaire de l'hymen, n'était pas même commandée; à peine si quelques invitations étaient faites, vaguement, pour un jour indéterminé; en un mot, il n'était pas en mesure. Il prétexta quelques difficultés de forme et déclara qu'un ajournement était indispensable. La vérité est qu'il n'avait pas le cœur au mariage et que, s'il ne renonçait point à épouser sa cousine, avec laquelle il croyait s'être trop engagé pour reculer, du moins il eût désiré, de quelque temps encore, ne pas changer de situation. Aurélia conçut de sérieuses inquiétudes; elle soupçonna que, toute phthisique qu'elle était, Wilhelmine Aurich pouvait bien être un obstacle à son mariage. Elle chercha le moyen de rompre promptement les relations établies entre les deux jeunes gens, et bientôt elle crut l'avoir trouvé. Dans le but d'exécuter son mystérieux projet, elle se rendit chez le major Ornulf. C'était le moment où Hermann et Wilhelmine avaient coutume d'aborder à l'île. Mais Aurélia dut renoncer à voir ce soir-là le major : il faisait le whist dans une habitation voisine.

— Voilà bien les hommes! observa-t-elle avec mépris. On menace leur ambition, leur bonheur, et ils jouent tranquillement aux cartes! Dérision!

Elle se souvint que le docteur donnait le lendemain un grand bal. Elle pensa qu'elle aurait là, au milieu de la foule et du bruit, une entrevue facile avec le major. Elle résolut d'attendre cette occasion.

VIII

Le lendemain, retiré dans son cabinet de travail, petite pièce sombre et sévèrement meublée, le major Ornulf écrivait lorsque Wilhelmine entra.

— Irez-vous ce soir au bal du docteur? lui demanda-t-elle.

— Je compte y paraître un moment. Mais pourquoi cette question?

— Parce que je désire y aller, mon tuteur. Consentez-vous à m'y conduire?

— Vous? observa le major avec surprise. Mais il me semble que, dans l'intérêt de votre santé, vous avez renoncé aux plaisirs, aux fatigues du monde.

— Je me sens bien portante aujourd'hui. Un bal par hasard n'offre pas grand danger; et puis, je meurs d'envie de me revoir en brillante toilette, avec des pervenches dans les cheveux : il y a si longtemps que cela ne m'est arrivé!

— Soyez satisfaite: nous partirons à dix heures, ce soir; tâchez d'être prête exactement.

— Soyez tranquille, je ne me ferai point attendre : j'ai hâte de m'admirer.

Elle se retirait, souriante et heureuse; le major la retint.

— Savez-vous, lui dit-il, que vos dix-sept ans seront accomplis dans moins de deux mois?

Elle ne répondit pas; son visage se rembrunit.

— Inutile de vous prévenir que nous ne tarderons pas à signer notre contrat de mariage, dit-il. J'en ai préparé les clauses pour mon notaire. A propos, reprit-il sans paraître remarquer l'attitude de sa pupille devenue tout à coup sérieuse, votre fortune se compose de cent mille rixdalers, convertis en deux hypothèques de cinquante mille chacune. L'échéance du remboursement est à peu près arrivée; les emprunteurs demandent à renouveler : y consentez-vous?

— Mais je n'entends rien à ces sortes d'affaires, monsieur le major. Agissez comme il vous plaira : c'est votre droit et c'est aussi mon désir.

Elle ouvrit la porte pour s'enfuir.

— Encore un mot, poursuivit Ornulf; j'ai quelque chose de très-important à vous apprendre. Je suis, mon enfant, un homme de précaution. J'aime à tout prévoir, même les plus tristes éventualités, même la mort. Sans être vieux, je ne puis cependant me flatter d'être encore jeune. Une maladie imprévue a, maintenant plus que jamais, quelque chance de m'emporter subitement. Il convient que je prenne mes mesures pour que, le cas échéant, ma fortune aille où je la destine. Je fais donc mon testament et je vous préviens que je vous institue ma légataire universelle.

— Mais, mon tuteur... balbutia Wilhelmine stupéfaite.

— Rassurez-vous, peureuse, cela ne tue personne... Et tenez ! si j'ai un conseil à vous donner...

Mais il n'eut pas le courage d'achever.

— Plus tard, reprit-il, plus tard, nous reprendrons cet entretien, un peu trop sérieux dans ce moment où vous songez sans doute à votre robe de bal.

Cette bizarre réticence causa à Wilhelmine une sorte d'effroi. Elle sortit aussitôt du cabinet, laissant le major au milieu de ses clauses de contrat et de sa rédaction de testament, comme un hibou au milieu des ténèbres et des ruines. Grâce aux soins qu'elle donna aux préparatifs de sa toilette, la belle enfant oublia bien vite tout ce qui l'avait attristée dans les paroles de son tuteur. Une velléité de coquetterie s'était glissée en elle : elle se promettait d'être plus charmante que jamais.

— Je veux qu'il soit fier de sa petite sœur, se disait-elle en pensant à Hermann.

C'était lui en effet qui, la trouvant mieux portante qu'il ne l'avait encore vue, lui avait fait promettre qu'elle irait au bal et qu'elle danserait sa première valse avec lui.

L'entrée de Wilhelmine dans les salons produisit une véritable sensation. Aurélia lutta seule sans désavantage contre l'ineffable beauté de la jeune fille. C'était moins par le pur éclat de son visage, par la sveltesse harmonieuse de sa taille, par les perfections idéales de ses mains et de ses pieds que l'admirable enfant éblouissait ainsi que par une sorte de transparence étrange, qui semblait éclairée des reflets lumineux d'une âme d'ange. On se sentait attendri à son aspect comme devant une divine apparition. Hermann, en la voyant, tomba dans une profonde extase. Elle lui sourit, et il crut que son cœur allait se fondre comme sous un rayon de soleil. Vingt cavaliers s'élancèrent pour l'inviter. Elle répondit qu'elle ne valserait qu'une seule fois, et qu'elle était engagée. Cette réponse fut faite assez haut pour qu'Hermann l'entendît. Il en comprit le sens, et dans un élan de gratitude enthousiaste, par un sentiment de réciprocité, il résolut de ne plus danser qu'une seule fois, et cette fois avec Wilhelmine. Aurélia les observait tous deux. Devina-t-elle ce secret parti pris des jeunes gens? Quoi qu'il en fût, au moment où, sur un prélude de l'orchestre, Hermann se disposait à prendre la main de Wilhelmine, la brillante veuve s'empara du bras de son cousin et lui dit avec précipitation :

— Je compte sur vous, mon ami. Cette fois encore nous valserons ensemble.

Mais Hermann parvint à se dégager de l'étreinte et s'excusa poliment, déclarant qu'il avait l'honneur d'être le cavalier de mademoiselle Aurich.

— Déjà ! fit dédaigneusement Aurélia. Ah çà ! mon cher Hermann, vous vous intéressez donc toujours à cette mourante? Prenez garde, poëte ! vos élégies sont un peu bien longues; elles vont devenir ennuyeuses comme un *De profundis* !

A ces mots, elle fit une légère pirouette et disparut après avoir étourdi Hermann par ce rude coup porté aux chimères qui lui berçaient le cœur en cet instant. Mais elle n'alla pas si loin qu'elle ne pût voir le divin sourire avec lequel Wilhelmine accueillit le jeune homme lorsque, remis de son étourdissement, il la conduisit au milieu des valseurs.

— Il faut en finir ! s'écria sourdement Aurélia, les sourcils contractés, les doigts tordus.

Et, prétextant un accès de migraine, elle repoussa l'essaim des adorateurs qui, la voyant seule, commençaient à tourbillonner autour d'elle, puis elle entra dans une salle de jeu où elle saisit résolûment le bras du major Ornulf.

Le major Ornulf fut quelque peu surpris de cette marque de familiarité. En effet, depuis son veuvage, Aurélia se montrait envers lui pleine de froideur et de dédain. Elle se souvenait amèrement, il est vrai, qu'il lui avait longtemps fait une cour assidue du vivant du banquier Freysberg, dont il était l'ami, et elle lui reprochait d'avoir tout à coup modéré ses hommages dès qu'il l'avait vue libre et en situation de pouvoir les agréer. Mais l'intérêt dissipe bien des rancunes. Le ressentiment d'Aurélia disparut complétement, grâce aux considérations qui l'avaient conduite vers le major.

— Mon cher monsieur Ornulf, lui dit-elle en soulevant brusquement le voile de ses préoccupations, vous avez la réputation d'un homme d'esprit, et moi je ne passe généralement pas dans le monde pour une sotte. Eh bien ! vous et moi, tous les deux gens d'expérience et de résolution, nous sommes en ce moment joués de la façon la plus ridicule par deux enfants. Ce n'est pas une situation tenable pour notre amour-propre. Il importe que nous en sortions au plus vite. Voulez-vous m'y aider? le voulez-vous ?

Cette soudaine interpellation remua malgré lui l'impassible major.

— Je ne vous comprends pas, ma belle dame, lui dit-il en imprimant un faux pli à sa cravate blanche, majestueusement empesée.

Aurélia le regarda en face et d'aplomb ; elle reprit d'un air impatient :

— Monsieur le major, ne vous ai-je pas dit tout à l'heure que vous étiez un homme d'esprit? Un homme d'esprit doit comprendre à demi-mot. Épargnez-moi donc, s'il est possible, les explications par trop catégoriques. Vous aimez votre pupille et vous songez à l'épouser; vous avez même obtenu son consentement. Moi, j'aime Hermann Wrangel ; il m'a demandé ma main, et j'ai promis de devenir sa femme. De part et d'autre, c'est chose convenue, ce doit être chose irrévocable. Il ne faut donc pas qu'une amourette, un caprice, vienne faire échouer nos résolutions. Me comprenez-vous à présent?

Le major réfléchit quelques minutes, comme il convient à tout homme qui se pique de prudence et de circonspection.

— Je vous comprends à merveille, répondit-il en abandonnant quelques lignes de son attitude guindée. Mais j'estime que vos craintes sont exagérées. Le danger n'est pas sérieux.

— Pas sérieux! pas sérieux! répéta la jeune femme avec irritation. Mais vous ignorez donc ce qui se passe? Mais vous ne savez donc pas qu'Hermann et Wilhelmine se rencontrent tous les jours dans l'île? Mais vous ne vous doutez donc en aucune façon des sentiments qui les animent l'un pour l'autre? Écoutez, alors, écoutez. Pour vous donner une idée de ces sentiments, je consens à faire devant vous abnégation de mon orgueil. Sachez qu'à l'heure où je vous parle je devrais être remariée. Mais, grâce à notre folle imprévoyance, à vous et à moi, Hermann s'est déjà si fortement attaché à votre pupille qu'il craint de se lier indissolublement avec moi. Il n'ose rompre encore, mais il est entré dans la voie des ajournements. Ce qui m'arrive aujourd'hui vous arrivera demain, je vous en avertis, si vous n'y prenez garde! Je vous parie mille florins que Wilhelmine est ici pour Hermann. Avez-vous vu comme ils ont eu hâte de valser ensemble, de s'unir dans une forte étreinte? Mais est-ce que les hommes remarquent jamais rien de ce qui les intéresse et les menace le plus? S'ils ont des yeux, en vérité, c'est pour ne pas s'en servir !

Ornulf était devenu sombre et soucieux. Ce que venait de lui dire Aurélia lui rappelait le silence de Wilhelmine, lorsqu'il lui avait annoncé que ses dix-sept ans étaient sur le point de s'accomplir et qu'il préparait le contrat de leur prochaine union.

— Vous avez raison, ma chère dame, dit-il ; le péril est plus grand que je ne le supposais. J'aviserai. La conjoncture est délicate, vraiment bien délicate, reprit-il après un instant de réflexion. Voyez un peu : si par un coup d'autorité j'empêche Wilhelmine de retourner à l'île de Cygnes, il se peut qu'en manière de représailles elle rompe l'engagement qu'elle a contracté envers moi. C'est une nature habituellement douce et docile, mais un acte de contrainte est capable de la pousser à la révolte. Néanmoins, souffrir plus longtemps cette passion naissante, c'est compromettre nos projets, nos espérances, c'est manquer le but où nous tendons.

Aurélia écoutait attentive, le front penché ; cette dernière phrase le lui releva comme par l'effet d'un ressort. Elle fixa des yeux profonds et souriants sur le visage du major qui ne sourcilla pas ; puis elle dit avec une bonhomie sournoise et féline, en soupirant :

— Mon Dieu ! oui, c'est manquer le but où nous tendons, c'est-à-dire c'est renoncer au bonheur de nous unir à la personne aimée...

(La suite au prochain numéro.)

Le propriétaire-gérant : F. ROY.

LES MYSTÈRES DE PARIS

Malgré les cris de l'enfant qui se débattait, il le mit à la portée de Gargousse. (Page 107.)

Le Squelette frémissait de rage... Il désespérait presque d'accomplir son crime. Une fois l'heure du coucher arrivée, Germain était sauvé, car il n'habitait pas le même dortoir que son implacable ennemi, et le lendemain, nous l'avons dit, il devait occuper l'une des cellules vacantes à la pistole. Puis enfin le Squelette reconnaissait, aux interruptions de plusieurs détenus, qu'ils se trouvaient, grâce au récit de Pique-Vinaigre, transportés dans un milieu d'idées presque pitoyables ; peut-être alors n'assisteraient-ils pas avec une féroce indifférence au meurtre affreux dont leur impassibilité devait les rendre complices. Le Squelette pouvait empêcher le conteur de terminer son histoire, mais alors s'évanouissait sa dernière espérance de voir le gardien s'éloigner avant l'heure où Germain serait en sûreté.

— Ah! c'est bête comme tout! — reprit Pique-Vinaigre. — Eh bien! l'honorable société va juger de la chose...

« Il n'y avait pas d'animal plus méchant que le grand singe Gargousse, qui était surtout aussi acharné que son maître après les enfants... Qu'est-ce que fait Coupe-en-Deux pour punir Gringalet d'avoir voulu se sauver?... ça... vous le saurez tout à l'heure... En attendant, il rattrape donc l'enfant, le refourre dans le grenier pour la nuit, en lui disant :

« — Demain matin, quand tous tes camarades seront partis, je t'empoignerai, et tu verras ce que je fais à ceux qui veulent s'ensauver d'ici... »

« Je vous laisse à penser la terrible nuit que passa Gringalet. Il ne ferma presque pas l'œil ; il se demandait ce que Coupe-en-Deux voulait lui faire... A force de se demander ça, il finit par s'endormir... Mais quel sommeil! Par là-dessus, il eut un rêve... un rêve affreux... c'est-à-dire le commencement... vous allez voir... Il rêva qu'il était une de ces pauvres mouches comme il en avait tant fait sauver des toiles d'araignées, et qu'à son tour il tombait dans une grande et forte toile où il se débattait, se débattait de toutes ses forces sans pouvoir s'en dépêtrer ; alors il voyait venir vers lui, doucement, traîtreusement, une espèce de monstre qui avait la figure de Coupe-en-Deux sur un corps d'araignée... Mon pauvre Gringalet recommençait à se débattre, comme vous pensez... mais plus il faisait d'efforts, plus il s'enchevêtrait dans la toile, ainsi que font les pauvres mouches... Enfin l'araignée s'approche... le touche, et il sent les grandes pattes froides et velues de l'horrible bête l'attirer, l'enlacer... pour le dévorer... il se croit mort... Mais voilà que tout à coup il entend une espèce de bourdonnement clair, sonore, aigu, et il voit un joli moucheron d'or, qui avait une espèce de dard fin et brillant comme une aiguille de diamant, voltiger autour de l'araignée d'un air furieux, et une voix (quand je dis une voix, figurez-vous la voix d'un moucheron !), une voix qui lui disait : *Pauvre petite mouche... tu as sauvé des mouches... l'araignée ne...* Malheureusement Gringalet s'éveilla en sursaut... et il ne vit pas la fin du rêve ; malgré ça, il fut d'abord un peu rassuré en se disant : « Peut-être que le mou-« cheron d'or au dard de diamant aurait tué l'a-« raignée, si j'avais vu la fin du songe. » Mais Gringalet avait beau se bercer de cela pour se rassurer et se consoler, à mesure que la nuit finissait, sa peur revenait si forte qu'à la fin il oublia le rêve ou plutôt il n'en retint que ce qui était effrayant : la grande toile où il avait été enlacé et l'araignée à figure de Coupe-en-Deux... Vous jugez quels frissons de peur il devait avoir... Dame ! jugez donc, seul... tout seul... sans personne qui voulût le défendre ! Sur le matin, quand il vit le jour petit à petit paraître par la lucarne du grenier, sa frayeur redoubla ; le moment approchait où il allait se trouver seul avec Coupe-en-Deux. Alors il se jeta à genoux au milieu du grenier et, pleurant à chaudes larmes, il supplia ses camarades de demander grâce pour lui à Coupe-en-Deux ou bien de l'aider à se sauver s'il y avait moyen. Ah bien oui ! les uns par peur du maître, les autres par insouciance, les autres par méchanceté, refusèrent au pauvre Gringalet le service qu'il leur demandait.

— Mauvais galopins ! — dit le prisonnier au bonnet bleu ; — ils n'avaient donc ni cœur ni ventre !

— C'est vrai, — reprit un autre ; — c'est tannant de voir ce petit abandonné de la nature entière.

— Et seul et sans défense encore, — reprit le prisonnier au bonnet bleu ; car quelqu'un qui ne peut que tendre le cou sans se regimber, ça fait toujours pitié. Quand on a des dents pour mordre... alors c'est différent... Ma foi !... tu as des crocs ?... Eh bien ! montre-les et défends ta queue, mon cadet !

— C'est vrai ! — dirent plusieurs détenus.

— Ah çà ! — s'écria le Squelette ne pouvant plus dissimuler sa rage et s'adressant au bonnet bleu, — est-ce que tu ne te tairas pas, toi ? est-ce que je n'ai pas dit : Silence dans la pègre !... Suis-je ou non le prévôt ici ?...

Pour toute réponse, le bonnet bleu regarda le Squelette en face, puis il lui fit ce geste gouailleur parfaitement connu des gamins, qui consiste à appuyer sur le bout du nez le pouce de la main droite ouverte en éventail et à appuyer son petit doigt sur le pouce de la gauche étendue de la même manière. Il accompagna cette *réponse* muette d'une mine si grotesque que plusieurs détenus rirent aux éclats, tandis que d'autres au contraire restèrent stupéfaits de l'audace du nouveau prisonnier, tant le Squelette était redouté.

Ce dernier montra le poing au bonnet bleu et lui dit en grinçant des dents :

— Nous compterons demain...

— Et je ferai l'addition sur ta frimousse... je poserai dix-sept calottes et je ne retiendrai rien...

De crainte que le gardien n'eût une nouvelle raison de rester afin de prévenir une rixe possible, le Squelette répondit avec calme :

— Il ne s'agit pas de ça ; j'ai la police du chauffoir et l'on doit m'écouter, n'est-ce pas, gardien ?

— C'est vrai, — dit le surveillant. — N'interrompez pas. Et toi, continue, Pique-Vinaigre ; mais dépêche-toi, mon garçon.

— Pour lors donc, — reprit Pique-Vinaigre continuant son récit, — Gringalet, se voyant abandonné de tout le monde, se résigne à son malheureux sort. Le grand jour vient, et tous les enfants s'apprêtent à décanilher avec leurs bêtes. Coupe-en-Deux ouvre la trappe et fait l'appel pour donner à chacun son morceau de pain ; tous descendent par l'échelle, et Gringalet, plus mort que vif, rencogné dans un coin du grenier avec sa tortue, ne bougeait pas plus qu'elle ; il regardait ses compagnons s'en aller les uns après les autres ; il aurait donné bien des choses pour pouvoir faire comme eux... Enfin le dernier quitte le grenier. Le cœur battait bien fort au pauvre enfant ; il espérait que peut-être son maître l'oublierait. Ah bien oui ! voilà qu'il entend Coupe-en-Deux, qui était resté au pied de l'échelle, crier d'une grosse voix :

« — Gringalet !... Gringalet !...

« — Me voilà, mon maître.

« — Descends tout de suite ou je te vais chercher ! » reprend Coupe-en-Deux.

« Pour le coup, Gringalet se croit à son dernier jour.

« — Allons ! qu'il se dit en tremblant de tous ses membres et en se souvenant de son rêve, le voilà dans la toile, petit moucheron ; l'araignée va te manger ! »

« Après avoir déposé tout doucement sa tortue par terre, il lui dit comme un adieu, car il avait fini par s'attacher à cette bête ; il s'approcha de la trappe. Il mettait le pied sur le haut de l'échelle pour descendre, quand Coupe-en-Deux, le prenant par sa pauvre jambe maigre comme un fuseau, le tira si fort, si brusquement, que Gringalet dégringola et se rabota toute la figure le long de l'échelle.

— Quel dommage que le doyen de la Petite-Pologne ne se soit pas trouvé là !... quelle danse à Coupe-en-Deux ! — dit le bonnet bleu ; — c'est dans ces moments-là qu'il est bon d'être fort...

— Oui, mon garçon ; mais malheureusement le doyen ne se trouvait pas là...

« Coupe-en-Deux vous prend donc l'enfant par la peau de son pantalon et l'emporte dans son chenil, où il gardait le grand singe attaché au pied de son lit. Rien qu'à voir seulement l'enfant, voilà la mauvaise bête qui se met à bondir, à grincer des dents comme un furieux, à s'élancer de toute la longueur de sa chaîne à l'encontre de Gringalet, comme pour le dévorer.

— Pauvre Gringalet ! comment te tirer de là ?

— Mais s'il tombe dans les pattes du singe, il est étranglé net !

— Tonnerre !... ça donne la petite mort, — dit le bonnet bleu ; — moi, dans ce moment-ci, je ne ferais pas de mal à une puce... Et vous, les amis ?

— Ma foi ! ni moi non plus.

A ce moment, la pendule de la prison sonna le troisième quart de trois heures.

Le Squelette, craignant de plus en plus que le temps ne lui manquât, s'écria, furieux de ces interruptions qui semblaient annoncer que plusieurs détenus s'apitoyaient réellement :

— Silence donc dans la *pègre !*... Il n'en finira jamais, ce conteur de malheur, si vous parlez autant que lui !

Les interrupteurs se turent. Pique-Vinaigre continua :

— Quand on pense que Gringalet avait eu toutes les peines du monde à s'habituer à sa tortue, et que les plus courageux de ses camarades tremblaient au seul nom de Gargousse, on se figure sa terreur quand il se voit apporter par son maître tout près de ce gueux de singe.

« — Grâce... mon maître ! criait-il en claquant ses deux mâchoires l'une contre l'autre, comme s'il avait eu la fièvre ; grâce, mon maître ! je ne le ferai plus, je vous le promets !... »

« Le pauvre petit criait : « — Je ne le ferai plus ! » sans savoir ce qu'il disait, car il n'avait rien à se reprocher. Mais Coupe-en-Deux se moquait bien de ça... Malgré les cris de l'enfant, qui se débattait, il le met à la portée de Gargousse qui saute dessus et l'empoigne... »

Une sorte de frémissement circula dans l'auditoire de plus en plus attentif.

— Comme j'aurais été bête de m'en aller ! — dit le gardien en se rapprochant davantage des groupes.

— Et ça n'est rien encore, le plus beau n'est pas là, — reprit Pique-Vinaigre.

« Dès que Gringalet sentit les pattes froides et velues du grand singe qui le saisissait par le cou et par la tête, il se crut dévoré, eut comme le délire et se mit à crier avec des gémissements qui auraient attendri un tigre :

« — L'araignée de mon rêve, mon bon Dieu !... l'araignée de mon rêve !... Petit moucheron d'or... à mon secours !

« — Veux-tu te taire... veux-tu te taire !... » — lui disait Coupe-en-Deux en lui donnant de grands coups de pied, car il avait peur qu'on n'entendît ses cris ; mais au bout d'une minute il n'y avait plus de risque, allez ! le pauvre Gringalet ne criait plus, ne se débattait plus : à genoux et blanc comme un linge, il fermait les yeux et grelottait de tous ses membres ni plus ni moins que par un froid de janvier ; pendant ce temps-là, le singe le battait, lui tirait les cheveux et l'égratignait ; et puis de temps en temps la méchante bête s'arrêtait pour regarder son maître, absolument comme s'ils s'étaient entendus ensemble. Coupe-en-Deux, lui, riait si fort, si fort, que si Gringalet eût crié les éclats de rire de son maître auraient couvert ses cris. On aurait dit que ça encourageait Gargousse qui s'acharnait de plus belle après l'enfant.

— Ah ! gredin de singe ! — s'écria le bonnet bleu. — Si je t'avais tenu par la queue, j'aurais mouliné avec toi comme avec une fronde et je t'aurais cassé la tête sur un pavé.

— Gueux de singe ! il était méchant comme un homme !

— Il n'y a pas d'homme si méchant que ça !

— Pas si méchant ! — reprit Pique-Vinaigre.

— Et Coupe-en-Deux donc ? Jugez-en... voilà ce qu'il fait après :

« Il détache du pied de son lit la chaîne de Gargousse, qui était très-longue ; il retire un moment de ses pattes l'enfant plus mort que vif, et l'enchaîne de l'autre côté, de façon que Gringalet était au bout de la chaîne et Gargousse de l'autre, tous les deux attachés par le milieu des reins et séparés entre eux par environ trois pieds de distance.

— Voilà-t-il une invention !

— C'est vrai, il y a des hommes plus méchants que les plus méchantes bêtes !

« Quand Coupe-en-Deux a fait ce coup-là, il dit à son singe, qui avait l'air de le comprendre, car ils méritaient bien de s'entendre :

« — Attention, Gargousse ! on t'a montré, c'est toi qui à ton tour montreras Gringalet ; il sera ton singe. Allons, houp ! debout, Gringalet, ou je dis à Gargousse de piller sur toi ! »

« Le pauvre enfant était retombé à genoux, joignant les mains, mais ne pouvant plus parler ; on n'entendait que ses dents claquer.

« — Tiens, fais-le marcher, Gargousse, se mit à dire Coupe-en-Deux à son singe, et s'il rechigne, fais-lui comme moi... »

« Et en même temps il donne à l'enfant une dégelée de coups de houssine, puis il remet la baguette au singe. Vous savez comme ces animaux sont imitateurs de leur nature, mais Gargousse l'était plus que non pas un ; le voilà donc qui prend la houssine d'une main et tombe sur Gringalet, qui est bien obligé de se lever. Une fois debout, il était, ma foi ! à peu près de la même taille que le singe ; alors Coupe-en-Deux sort de sa chambre et descend l'escalier en appelant Gargousse, et Gargousse le suit en chassant Gringalet devant lui à grands coups de houssine, comme s'il avait été son esclave. Ils arrivent ainsi dans la petite cour de la masure de Coupe-en-Deux. C'est là où il comptait s'amuser : il ferme la porte de la ruelle et fait signe à Gargousse de faire courir l'enfant devant lui tout autour de la cour à grands coups de houssine. Le singe obéit et se met à *courser* ainsi Gringalet en le battant, pendant que Coupe-en-Deux se tenait les côtes de rire. Vous croyez que cette méchanceté-là devait lui suffire ? Ah bien oui !... ce n'était rien encore. Gringalet en avait été quitte jusque-là pour des égratignures, des coups de houssine et une peur horrible. Voilà ce qu'imagina Coupe-en-Deux : pour rendre le singe furieux contre l'enfant qui, tout essoufflé, était déjà plus mort que vif, il prend Gringalet par les cheveux, fait semblant de l'accabler de coups et de le mordre, et il le rend à Gargousse en lui criant : « Pille !... pille !... » et ensuite il lui montre un morceau de cœur de mouton comme pour lui dire : « Ça sera ta récompense... »

» Oh ! alors, vraiment, c'était un spectacle terrible... Figurez-vous un grand singe roux à museau noir, grinçant des dents comme un possédé et se jetant furieux, quasi enragé, sur ce pauvre petit malheureux qui, ne pouvant pas se défendre, avait été renversé du premier coup et s'était jeté à plat ventre, la face contre terre, pour ne pas être dévisagé. Voyant ça, Gargousse, que son maître aguichait toujours contre l'enfant, monte sur son dos, le prend par le cou et commence à lui mordre au sang le derrière de la tête.

« — Oh! l'araignée de mon rêve!... l'araignée!... » criait Gringalet d'une voix étouffée, se croyant bien mort cette fois.

« Tout à coup on entend frapper à la porte. Pan!... pan!... pan!...
— Ah! le doyen!... — s'écrièrent les prisonniers avec joie.

(*La suite au prochain numéro.*)

— Soit, dit-il ; vous allez être reconduit comme il vous convient. (Page 112.)

COMMENT ON AIME (suite).

« Non, non, poursuivit-elle bientôt avec une sorte de véhémence à voix basse, nous ne devons pas permettre qu'on se joue ainsi de nous! Prenons sans retard un parti, un parti décisif. Voici mon avis : votre pupille est d'une santé faible, très-faible. Le jour n'est pas éloigné où la température du Mecklembourg ne lui conviendra plus, où vous la conduirez à Hyères ou à Nice. Eh bien! précipitez l'heure de ce départ. Sous un prétexte quelconque, demandez au docteur Savarus une ordonnance qui prescrive un voyage dans le midi de la France ou dans le nord de l'Italie. Puis partez, partez sans qu'on sache où vous vous arrêterez, sans qu'Hermann et Wilhelmine aient le temps des adieux. Une fois séparés, ils reviendront vite, soyez-en certain, elle à vous, lui à moi. Lui, parce qu'il sait que votre pupille a la poitrine extrêmement délicate, et qu'il interprétera ce départ dans un sens désespéré; elle, parce que vous lui direz qu'Hermann est gravement malade et que vous lui ferez comprendre qu'elle ne le reverra peut-être plus.

En achevant ces mots, elle frissonna comme si son sang se fût glacé dans ses veines. L'écho de ses propres paroles, en résonnant au fond de sa conscience, lui avait fait peur. Elle reprit aussitôt avec une gaieté forcée :

— Bien entendu, toute cette tactique ne causera la mort de personne. Elle sauvegardera nos droits, qui courent de grands risques, voilà tout. Qu'en pensez-vous, cher major?

Ils étaient si préoccupés qu'ils ne songèrent point à s'étonner de se voir l'un et l'autre si bien instruits. Ils devaient croire, il est vrai, que le docteur Savarus, dont la discrétion passait pour être fort médiocre, avait déjà ébruité le secret du mal qui minait Wilhelmine et Hermann.

— Votre tactique est parfaite, belle dame, et e l'adopte pleinement, répondit Ornulf.

— Vous n'y faites aucune objection?

— Aucune. Je vous dirai seulement que j'en ai déjà exécuté un des points principaux. Wilhelmine connaît l'état maladif d'Hermann Wrangel.

— Très-bien; autant d'accompli.

— Mais j'y songe : elle ignore qu'il a promis de vous épouser. Si je le lui apprenais?

— Bravo! l'idée est excellente. Il y a là de quoi déconsidérer un jeune homme aux yeux d'une jeune fille disposée à l'aimer.

Aurélia et le major scellèrent leur accord par une énergique pression de mains. Ce dernier, quelques instants après, allait s'asseoir à côté de sa pupille.

— Vous avez valsé, ce me semble? lui dit-il. Aviez-vous un bon valseur?

Wilhelmine se contenta d'incliner la tête pour répondre d'une manière affirmative.

— N'était-ce point Hermann Wrangel? — reprit-il tranquillement. Et sans attendre cette fois une réponse : — Un charmant cavalier, poursuivit-il; c'est bien dommage qu'il ait un cœur si terriblement organisé. Mais, à propos, savez-vous la nouvelle? il se marie; il se marie avec madame Freysberg, la femme à la mode, la reine des salons de Müritz, la plus adorable veuve des deux Mecklembourg.

Contre son habitude, il s'était exalté en s'exprimant ainsi. Wilhelmine l'envisagea d'un air effaré et incrédule.

— Vous ne me croyez pas? mais cela est su de tout le monde... N'est-il pas vrai, docteur? dit-il en s'adressant à Savarus qui traversait le salon.

L'Hippocrate mecklembourgeois vint au major; il lui demanda de quoi il s'agissait, tout en prenant entre ses doigts grêles et noueux le poignet de la jeune fille.

— J'annonçais à Wilhelmine le prochain mariage d'Hermann Wrangel et d'Aurélia Freysberg, et, je ne sais pourquoi, ma chère pupille semble n'y point ajouter foi.

— Ah! oui-dà! votre pupille semble n'y point ajouter foi? répéta le docteur en promenant alternativement ses petits yeux gris et pénétrants du visage calme et froid du major à la figure expressive et agitée de Wilhelmine. Notre charmante enfant a-t-elle donc quelque grave raison pour refuser d'y croire?

— Aucune, balbutia-t-elle en rougissant.

— Aucune? réfléchit Savarus. Alors, comment se fait-il que la nouvelle de ce mariage vous paraisse douteuse ou fausse? Quelqu'un vous aurait-il affirmé le contraire?

— Non, répondit-elle cette fois en pâlissant; je ne sais rien... je ne doute pas...

— Vous avez un pouls bien vif ce soir, ma belle amie. Prenez garde! je vous l'ai dit cent fois : il ne vous faut ni fatigue ni émotion. Je crains bien que vous n'ayez eu tort de prêter votre grâce à ma petite fête. J'irai dans la matinée m'informer de votre santé.

— Justement, docteur, je désire vous parler en particulier. Mais, reprit le major, vous ne confirmez toujours pas la nouvelle.

— Est-ce que vous y tenez? observa Savarus surpris de cette insistance. Soyez donc satisfait. Il est très-vrai, tout Müritz le sait depuis un mois, qu'Hermann et madame Freysberg se sont fiancés l'un à l'autre. Le mariage ne tardera sans doute pas à se célébrer.

La poitrine de Wilhelmine se souleva, ses yeux s'enflammèrent comme si elle allait pleurer.

— Madame Freysberg ignore donc, murmura-t-elle, que M. Hermann a...

— Une hypertrophie du cœur? Est-ce là ce que vous voulez dire, mon enfant? Je vois que le major vous a parfaitement renseignée. Eh! que voulez-vous? Hermann est si riche, et elle si endettée! Ses créanciers seront payés. Et puis... et puis... Mais que nous importe? c'est son affaire.

— Infamie! soupira Wilhelmine contenant avec peine son indignation.

— Calmez-vous, mon ange! calmez-vous! Il ne faut pas prendre tant à cœur toutes ces misères humaines. Peste! si l'on s'affectait de la sorte à propos des mille laideurs de ce bas monde, on deviendrait bien vite misanthrope, hypocondre, ce qui serait une duperie... Mais qu'est-ce à dire? reprit-il vivement et comme mécontent de lui-même; voilà que je vous mets les larmes aux yeux avec mon pessimisme... N'écoutez pas mon triste radotage, ma toute belle; je ne suis qu'un vieux fou.

— Mélancolique, ajouta le major en ricanant.

— Je vous félicite d'être si gai, mon cher monsieur Ornulf, répliqua Savarus avec une bonhomie aiguë; la gaieté est l'apanage des belles âmes.

En cet instant, Aurélia, avec une affectation de triomphe, se promenait dans les salons au bras d'Hermann. Wilhelmine ne put résister à ce spectacle qui l'oppressait violemment après ce qu'elle venait d'entendre.

— Je suis lasse et souffrante; partons! dit-elle.

Elle quitta le bal accompagnée du major. Savarus les reconduisit jusqu'au perron de sa villa.

— Tiens! tiens! tiens! murmura-t-il quand il se vit seul, si je ne me trompe, cette enfant-là aime Hermann Wrangel. Curieux phénomène en vérité! Une phthisie amoureuse d'une hypertrophie du cœur! Hélas! c'est encore un amour qui ne durera guère, comme tant d'autres amours.

IX

Le plan convenu entre Aurélia et le major ne reçut qu'un commencement d'exécution. On arrivait à la fin des chaleurs; la température allait devenir fraîche. Savarus consentit à prescrire un voyage dans le Midi. Le lendemain, une chaise de poste stationnait devant la grille de la villa. Animée contre Hermann d'un ressentiment mal défini, mais douloureux, épouvantée en outre de l'infamie qu'elle avait entrevue sous un coin soulevé du voile qui cache les réalités de ce monde, Wilhelmine souscrivit au départ. Mais, le pied sur les marches de la voiture, la force l'abandonna; elle s'évanouit. Le major fut néanmoins tenté de crier: « Au galop! » Le docteur était présent; grâce à lui, le voyage fut ajourné. Wilhelmine garda le lit. Elle était en proie à des alternatives de fièvre et d'atonie. Au milieu des surexcitations de son cerveau, elle proférait souvent les noms d'Hermann et de madame Freysberg. Elle poussait de sourdes exclamations de colère, de pitié, d'indignation, de mépris. Puis, lorsque la lassitude amenait la prostration de ses forces, elle demandait en soupirant à mourir dans l'île des Cygnes sur le cœur de celui qu'elle aimait. Cet état de souffrance se prolongea pendant plusieurs semaines.

Hermann errait chaque soir comme une ombre inquiète autour de la villa d'Ornulf. Il tremblait pour la vie de Wilhelmine, dont le docteur lui avait donné de tristes nouvelles. Il eût versé goutte à goutte son sang pour obtenir le droit de s'asseoir au chevet de la malade, pour l'entourer de ses tendresses, pour lui communiquer une partie de son âme et la sauver. Chose bizarre et charmante! tout en sentant, tout en pensant ainsi, il ne croyait l'aimer que comme on aime une sœur. On l'eût profondément surpris en lui disant que ce qu'il éprouvait pour la phthisique était de l'amour, de l'amour le plus ardent et le plus pur, de l'amour pétri d'admiration et de pitié. Un soir qu'il était sur le lac, au bas de la propriété du major, il crut entendre la voix de la malade, murmure plaintif, soupir d'ange qui souffre. Par un mouvement plus prompt que la volonté, il sauta à terre, courut vers la villa, aperçut une porte entr'ouverte et franchit le seuil. Mais à peine avait-il fait quelques pas qu'il se trouva face à face avec le major. Entre ces deux hommes, il y eut un moment de surprise et d'embarras. Hermann ne savait comment expliquer sa présence; Ornulf s'efforçait de retenir son sang-froid sur le point de lui échapper. Après un court silence, ce dernier ouvrit la porte de son cabinet de travail où il reçut le visiteur inattendu.

— M'apprendrez-vous enfin quel motif vous amène ici? lui demanda-t-il d'un ton glacé. Me direz-vous pourquoi vous pénétrez si familièrement chez moi par le côté du lac?

Hermann comprenait trop bien toute l'irrégularité de son action pour méconnaître le droit du major à l'interroger avec cette insolente froideur. Aussi ne fut-ce pas sans peine qu'il refoula un sentiment de timidité inhérente à son caractère, à son âge, et naturelle dans la situation délicate où il venait de se placer. Déjà même il commençait à balbutier une excuse, lorsque lui revinrent tout à coup à la mémoire les conjectures du monde sur l'exécrable mobile qui déterminait cet homme à épouser sa pupille. L'indignation et le mépris affermirent son courage.

— Soyez satisfait, monsieur, répondit-il avec une assurance hautaine et une pensée de provocation ; je sais que mademoiselle Wilhelmine Aurich est malade ; je m'intéresse à elle comme si j'avais le bonheur d'être son frère. Il m'a semblé tout à l'heure recueillir dans l'air comme un gémissement de son âme, et, dévoré d'inquiétude, de tourment, j'ai osé entrer chez vous pour vous supplier de me conduire auprès d'elle. Ai-je trop présumé de votre bonne volonté, monsieur ?

Le regard d'Ornulf s'éclaira d'une lueur fauve ; ses lèvres blêmirent et se pincèrent. Il ne perdit pas néanmoins une ligne de sa roideur habituelle ; sa voix conserva la froideur de son timbre métallique.

— Je vous croyais un jeune homme bien élevé, dit-il, et par conséquent incapable d'une inconvenance de conduite ou de parole. Comment se fait-il que vous vous comportiez envers ma pupille, envers moi, avec une si grande irrévérence ? Si c'est l'effet d'une aberration momentanée, je consens à ne m'en point formaliser, et j'attends que vous rentriez en vous-même. Si c'est un parti pris de m'offenser, je vous préviens que je ne laisse jamais une injure impunie. Quoi qu'il en soit, j'exige que vous vous retiriez, car je ne reçois mes amis ou mes ennemis que quand mes gens me les ont annoncés.

— Ce n'est pas ma faute si vous êtes la première personne qui se soit présentée à moi, répliqua Hermann avec une animation croissante. Souffrez donc que je m'annonce moi-même : je suis le plus nouveau peut-être, mais à coup sûr le plus fervent ami de Wilhelmine Aurich ! Si le sacrifice de ma vie devait sauver la sienne, je m'immolerais à l'instant d'un cœur enthousiaste, et sans hésiter. Je lui voue en ce moment ma pensée comme à la plus belle, à la meilleure, à la moins épargnée, hélas ! des créatures de Dieu. J'ai recueilli précieusement au fond de mon cœur comme un parfum du sien, et je l'y conserverai jusqu'à mon dernier jour, dussé-je vivre une éternité ! Enfin, quand l'heure fatale aura sonné et qu'on posera l'ange terrestre en sa dernière demeure, je compte ensevelir à ses côtés la meilleure part de moi-même, la plus embaumée et la plus vivace des fleurs de mon âme immortelle ! Voilà, monsieur, voilà qui je suis ! Refuserez-vous encore de me conduire à son chevet ?

— Plus que jamais, pardieu ! répondit le major en dissimulant sous un ricanement sourd l'irritation qui déjà bouillonnait en lui. Il n'appartient qu'à moi de montrer un semblable attachement à ma pupille, car elle est en même temps ma fiancée. Si vous l'ignoriez, apprenez-le ; et, je vous le répète, retirez-vous, ou je donne l'ordre...

Il portait la main à un cordon de sonnette.

— Monsieur le major Ornulf n'aurait-il d'autre courage que celui d'appeler ses domestiques ? dit Hermann avec un suprême dédain ; ignore-t-il qu'il est une façon plus vaillante de reconduire les gens ? je vois pourtant toute une panoplie pendue aux murs de ce cabinet, et cela me rappelle que monsieur le major Ornulf a porté l'épée. Aurait-il donc oublié comment on s'en sert, ou se sentirait-il plus le poignet assez sûr, le cœur assez ferme, pour en menacer la poitrine d'un adversaire ? Ce serait vraiment dommage, car la nuit est superbe, le parc vaste et bien sablé, et je ne demande pas mieux que d'être ramené militairement.

Le major était de première force aux armes. Étant au service, il avait eu plusieurs duels dans lesquels son habileté, son sang-froid avaient fait des victimes. Il sourit méchamment à cette provocation, décrocha deux épées et en tendit une à Hermann.

— Soit, dit-il ; vous allez être reconduit comme il vous convient et comme vous le méritez. Je vous réponds que vous ne serez plus ensuite tenté de recommencer votre escapade. Et j'en suis pardieu bien fâché ; reprit-il avec une grimace de commisération ; j'eusse mieux aimé vous voir mourir de votre mort naturelle. Qui sait ? peut-être ne vous restait-il pas longtemps à attendre !

Hermann remarqua cette singulière réflexion, ainsi que le ton bizarre qui l'accompagnait. Mais il n'y comprit rien et ne s'y arrêta pas.

— Nous n'avons pas de témoins, observa le major d'un air contrarié.

— En avons-nous besoin ? Nous nous battrons sous l'œil de Dieu.

— Dieu ne témoigne pas en justice, répliqua Ornulf.

(La suite au prochain numéro.)

Le propriétaire-gérant : F. ROY.

LES ROMANS PARISIENS

LES MYSTÈRES DE PARIS

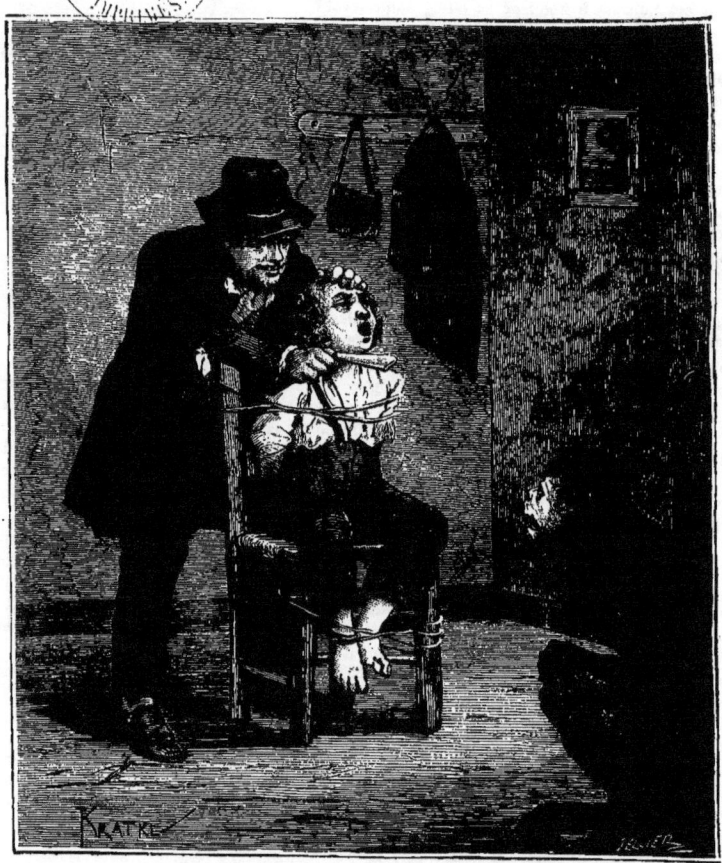

— Grâce! mon maître! grâce, ne me tuez pas!... (Page 116.)

—Oui, cette fois, c'était lui, mes amis ; il criait à travers la porte :

« — Ouvriras-tu, Coupe-en-Deux? ouvriras-tu?... Ne fais pas le sourd, car je te vois... par le trou de la serrure ! »

« Le montreur de bêtes, forcé de répondre, s'en va tout grognant ouvrir au doyen qui était un gaillard solide comme un pont, malgré ses cinquante ans, et avec lequel il ne fallait pas badiner quand il se fâchait.

« — Qu'est-ce que vous me voulez? lui dit Coupe-en-Deux en entre-bâillant la porte.

« — Je veux te parler, dit le doyen qui entra presque de force dans la petite cour.

« Puis, voyant le singe toujours acharné après Gringalet, il court, vous empoigne Gargousse par la peau du cou, veut l'arracher de dessus l'enfant et le jeter à dix pas, mais il s'aperçoit seulement alors que l'enfant était enchaîné au singe. Voyant ça, le doyen regarde Coupe-en-Deux d'un air terrible et lui crie :

« — Viens tout de suite désenchaîner ce petit malheureux ! »

« Vous jugez de la joie, de la surprise de Gringalet qui, à demi mort de frayeur, se voit sauvé si à propos... et comme par miracle ! Aussi il ne put s'empêcher de se souvenir du moucheron d'or de son rêve, quoique le doyen n'eût pas l'air d'un moucheron, le gaillard, tant s'en faut...

— Allons ! — dit le gardien en faisant un pas vers la porte, — voilà Gringalet sauvé, je vais manger ma soupe.

— Sauvé ! — s'écria Pique-Vinaigre ; — ah bien, oui, sauvé ! il n'est pas au bout de ses peines, allez, le pauvre Gringalet !

— Vraiment ? — dirent quelques détenus avec intérêt.

— Mais qu'est-ce donc qui va lui arriver ? — reprit le gardien en se rapprochant.

— Restez, gardien, vous le saurez, — reprit le conteur.

— Diable de Pique-Vinaigre ! il vous fait faire tout ce qu'il veut, — dit le gardien ; — ma foi ! je reste encore un peu.

Le Squelette, muet, écumait de rage. Pique-Vinaigre continua :

— Coupe-en-Deux, qui craignait le doyen comme le feu, avait, tout en grognant, détaché l'enfant de la chaîne ; quand c'est fait, le doyen jette Gargousse en l'air, le reçoit au bout d'un grandissime coup de pied dans les reins et l'envoie rouler à dix pas... Le singe crie comme un brûlé, grince des dents, mais il se sauve lestement et va se réfugier au faîte d'un petit hangar d'où il montre le poing au doyen.

« — Pourquoi battez-vous mon singe ? dit Coupe-en-Deux au doyen.

« — Tu devrais me demander plutôt pourquoi je ne te bats pas toi-même... Faire ainsi souffrir cet enfant ! Tu t'es donc soûlé de bien bonne heure ?

« — Je ne suis pas plus soûl que vous ; j'apprenais un tour à mon singe : je veux donner une représentation où lui et Gringalet paraîtront ensemble ; je fais mon état, de quoi vous mêlez-vous ?

« — Je me mêle de ce qui me regarde. Ce matin, en ne voyant pas Gringalet passer devant ma porte avec les autres enfants, je leur ai demandé où il était ; ils ne m'ont pas répondu, ils avaient l'air embarrassé ; je te connais, j'ai deviné que tu ferais quelque mauvais coup sur lui et je ne me suis pas trompé. Écoute-moi bien : toutes les fois que je ne verrai pas Gringalet passer devant ma porte avec les autres le matin, j'arriverai ici dare-dare, et il faudra que tu me le montres, ou sinon... je t'assomme...

« — Je ferai ce que je voudrai, je n'ai pas d'ordre à recevoir de vous, lui répondit Coupe-en-Deux irrité de cette menace de surveillance. Vous n'assommerez rien du tout, et si vous ne vous en allez d'ici, ou si vous revenez... je vous...

« — Vli, vlan ! fit le doyen en interrompant Coupe-en-Deux par un duo de calottes à assommer un rhinocéros ; voilà ce que tu mérites pour répondre ainsi au doyen de la Petite-Pologne. »

— Deux calottes, c'était bien maigre, — dit le bonnet bleu ; — à la place du doyen, je lui aurais trempé une drôle de soupe grasse.

— Le doyen, reprit Pique-Vinaigre, — en aurait mangé dix comme Coupe-en-Deux. Le montreur de bêtes fut donc obligé de mettre les calottes dans son sac ; mais il n'en était pas moins furieux d'être battu, et surtout d'être battu devant Gringalet. Aussi, à ce moment même, il se promit de s'en venger, et il lui vint une idée qui ne pouvait venir qu'à un démon de méchanceté comme lui. Pendant qu'il ruminait cette idée diabolique en se frottant les oreilles, le doyen lui dit :

« — Rappelle-toi que, si tu t'avises de faire encore souffrir cet enfant, je te forcerai à filer de la Petite-Pologne, toi et tes bêtes, sans quoi j'ameuterai tout le monde contre toi ; tu sais qu'on te déteste déjà : aussi on te fera une *conduite* dont ton dos se souviendra, je t'en réponds. »

« En traître qu'il était, et pour pouvoir exécuter son idée scélérate, au lieu de continuer à se fâcher contre le doyen, Coupe-en-Deux fait le bon chien et dit d'un air câlin :

« — Foi d'homme ! doyen, vous avez tort de m'avoir battu et de croire que je veux du mal à Gringalet ; au contraire, vous répète que j'apprenais un nouveau tour à mon singe ; il n'est pas commode quand il se rebiffe et, dans la bagarre, le petit a été mordu ; j'en suis fâché.

« — Hum !... fit le doyen en le regardant de travers, est-ce bien vrai, ce que tu me dis là ?

D'ailleurs, si tu veux apprendre un tour à ton singe, pourquoi l'attaches-tu à Gringalet?

« — Parce que Gringalet doit être aussi du tour. Voilà ce que je veux faire : j'habillerai Gargousse avec un habit rouge et un chapeau à plumes comme un marchand de vulnéraire suisse; j'assoirai Gringalet dans une petite chaise d'enfant, puis je lui mettrai une serviette au cou, et le singe, avec un grand rasoir de bois, aura l'air de lui faire la barbe. »

« Le doyen ne put s'empêcher de rire à cette idée.

« — N'est-ce pas que c'est farce? reprit Coupe-en-Deux d'un air sournois.

« — Le fait est que c'est farce, dit le doyen ; d'autant plus qu'on dit ton gueux de singe assez adroit et assez malin pour jouer une parade pareille.

« — Je le crois bien... quand il m'aura vu cinq ou six fois faire semblant de raser Gringalet, il m'imitera avec son grand rasoir de bois; mais pour ça il faut qu'il s'habitue à l'enfant; aussi je les avais attachés ensemble.

« — Mais pourquoi as-tu choisi Gringalet plutôt qu'un autre ?

« — Parce qu'il est le plus petit de tous, et qu'étant assis, Gargousse sera plus grand que lui ; d'ailleurs je voulais donner la moitié de la recette à Gringalet.

« — Si c'est comme cela, dit le doyen rassuré par l'hypocrisie du montreur de bêtes, je regrette la tournée que je t'ai donnée : alors mets que c'est une avance... »

« Pendant le temps que son maître parlait avec le doyen, Gringalet, lui, n'osait pas souffler; il tremblait comme la feuille et mourait d'envie de se jeter aux pieds du doyen pour le supplier de l'emmener de chez le montreur de bêtes; mais le courage lui manquait, et il recommençait à se désespérer tout bas en disant :

« — Je serai comme la pauvre mouche de mon rêve ; l'araignée me dévorera; j'avais tort de croire que le moucheron d'or me sauverait.

« — Allons, mon garçon, puisque le père Coupe-en-Deux te donne la moitié de la recette, ça doit t'encourager à t'habituer au singe... Bah ! bah ! tu t'y feras, et si la recette est bonne tu n'auras pas à te plaindre.

« — Lui! se plaindre! Est-ce que tu as à te plaindre ? lui demanda son maître en le regardant à la dérobée d'un air si terrible que l'enfant aurait voulu être à cent pieds sous terre.

« — Non... non... mon maître, répondit-il en balbutiant.

« — Vous voyez bien, doyen, dit Coupe-en-Deux ; il n'a jamais eu à se plaindre ; je ne veux que son bien, après tout. Si Gargousse l'a égratigné une première fois, cela n'arrivera plus, je vous le promets ; j'y veillerai.

« — A la bonne heure! Ainsi tout le monde sera content.

« — Gringalet tout le premier, dit Coupe-en-Deux. N'est-ce pas que tu seras content?

« — Oui, oui... mon maître... dit l'enfant tout en pleurant.

« — Et pour te consoler de tes égratignures je te donnerai ta part d'un bon déjeuner, car le doyen va m'envoyer un plat de côtelettes aux cornichons, quatre bouteilles de vin et un demi-setier d'eau-de-vie.

« — A ton service, Coupe-en-Deux ! ma cave et ma cuisine luisent pour tout le monde. »

« Au fond, le doyen était brave homme, mais il n'était pas malin et il aimait à vendre son vin et son fricot aussi. Le gueux de Coupe-en-Deux le savait bien ; vous voyez qu'il le renvoyait content de lui vendre à boire et à manger et rassuré sur le sort de Gringalet. Voilà donc ce pauvre petit retombé au pouvoir de son maître. Dès que le doyen a les talons tournés, Coupe-en-Deux montre l'escalier à son pâtiras et lui ordonne de remonter vite dans son grenier: l'enfant ne se le fait pas dire deux fois ; il s'en va tout effrayé.

« Mon bon Dieu! je suis perdu ! » s'écria-t-il en se jetant sur la paille à côté de sa tortue et en pleurant à chaudes larmes.

« Il était là depuis une bonne heure à sangloter, lorsqu'il entend la grosse voix de Coupe-en-Deux qui l'appelait... Ce qui augmentait encore la peur de Gringalet, c'est qu'il lui semblait que la voix de son maître n'était pas comme à l'ordinaire.

« — Descendras-tu bientôt? » reprend le montreur de bêtes avec un tonnerre de jurements.

« L'enfant se dépêche vite de descendre par l'échelle; à peine a-t-il mis le pied par terre que son maître le prend et l'emporte dans sa chambre, en trébuchant à chaque pas ; car Coupe-en-Deux avait tant bu, tant bu, qu'il était soûl comme une grive et qu'il tenait à peine sur ses jambes; son corps se penchait tantôt en avant et tantôt en arrière, et il regardait Gringalet en roulant des yeux d'un air féroce, mais sans parler; il avait, comme on dit, la bouche trop épaisse : jamais l'enfant n'en avait eu plus peur. Gargousse était enchaîné au pied du lit. Au milieu de la chambre il y avait une chaise avec une corde pendante au dossier... « Ass... assieds-toi... là, » continua Pique-Vinaigre en imitant, jusqu'à la fin de ce récit, le bégayement empâté d'un homme ivre, lorsqu'il faisait parler Coupe-en-Deux. — Gringalet s'assied tout tremblant; alors Coupe-en-Deux, toujours sans parler, l'entortille de la grande corde et l'attache sur la chaise, et cela pas facilement; car, quoique le montreur de bêtes eût encore un peu de *vue* et de connaissance, vous pensez qu'il faisait les nœuds doubles. Enfin, voilà Gringalet solidement amarré sur sa chaise.

« — Mon bon Dieu! mon bon Dieu! murmura-t-il, cette fois, personne ne viendra me délivrer! »

« Pauvre petit! il avait raison : personne ne pouvait, ne devait venir, comme vous allez le voir : le doyen était parti rassuré; Coupe-en-Deux avait fermé la porte de sa cour en dedans à double tour, mis le verrou; personne ne pouvait donc venir au secours de Gringalet.

— Oh! pour cette fois, — se dirent les prisonniers impressionnés par ce récit, — Gringalet, tu es perdu!... — Pauvre petit!... — Quel dommage!

— S'il ne fallait que donner vingt sous pour le sauver, je les donnerais!

— Moi aussi. — Gueux de Coupe-en-Deux! — Qu'est-ce qu'il va lui faire?

Pique-Vinaigre continua :

— Quand Gringalet fut bien attaché sur sa chaise, son maître lui dit, — et le conteur imita de nouveau l'accent d'un homme ivre :

« — Ah!... gredin... c'est toi... qui as été cause que j'ai été battu par le doyen... Tu... vas mou... mourir... »

« Et il tire de sa poche un grand rasoir tout fraîchement repassé, l'ouvre, et prend d'une main Gringalet par les cheveux...

« A la vue du rasoir, l'enfant se mit à crier :

« — Grâce! mon maître... grâce, ne me tuez pas!...

« — Va, crie... crie... môme... tu ne crieras pas longtemps! répondit Coupe-en-Deux.

« — Moucheron d'or! moucheron d'or! à mon secours! — cria le pauvre Gringalet presque en délire et se rappelant son rêve qui l'avait tant frappé; voilà l'araignée qui va me tuer!

« — Ah! tu m'app... tu m'appelles... araignée, toi... dit Coupe-en-Deux. A cause de ça... et d'autres... d'autres choses, tu vas mourir... entends-tu?... mais... pas de ma main... parce que... la... chose... et puis qu'on me guillotinerait... Je dirai... et... prou... prouverai que c'est... le singe... J'ai... tantôt... préparé la chose... a... a... Enfin n'importe! — dit Coupe-en-Deux en se soutenant à peine; puis, appelant son singe qui, au bout de sa chaîne, la tendait de toutes ses forces en grinçant des dents et en regardant tour à tour son maître et l'enfant :

« — Tiens, Gargousse, lui dit-il en lui montrant le rasoir et Gringalet qu'il tenait par les cheveux, tu vas lui faire comme ça... vois-tu?... »

« Et, passant à plusieurs reprises le dos du rasoir sur le cou de Gringalet, il fit comme s'il lui coupait le cou.

« Le gueux de singe était si imitateur, si méchant et si malin, qu'il comprit ce que son maître voulait; et, comme pour le prouver, il se prit le menton avec la patte gauche, renversa sa tête en arrière et avec sa patte droite il fit mine de se couper le coup.

« — C'est ça, Gargousse... ça y est, — dit Coupe-en-Deux en balbutiant, en fermant les yeux à demi et en trébuchant si fort qu'il manqua de tomber avec Gringalet et la chaise... — Oui, ça y est... je vas te... dé... détacher, et tu... lui couperas le sifflet, n'est-ce pas, Gargousse? »

« Le singe cria en grinçant des dents, comme pour dire oui, et avança la patte pour prendre le rasoir que Coupe-en-Deux lui tendait.

« — Moucheron d'or, à mon secours! » murmura Gringalet d'une pauvre voix mourante, certain cette fois d'être à sa dernière heure.

« Hélas! il appelait le moucheron d'or à son secours sans y compter et sans l'espérer, mais il disait cela comme on dit : Mon Dieu! mon Dieu! quand on se noie.

« Eh bien! pas du tout. Voilà-t-il pas qu'à ce moment-là Gringalet voit entrer par la fenêtre ouverte une de ces petites mouches vert et or, comme il y en a tant; on aurait dit une étincelle de feu qui voltigeait, voltigeait; et, juste à l'instant où Coupe-en-Deux venait de donner le rasoir à Gargousse, le moucheron d'or s'en va se *bloquer* droit dans l'œil de ce méchant brigand. Une mouche dans l'œil, ça n'est pas grand'chose; mais, dans le moment, ça cuit comme une piqûre d'épingle; aussi Coupe-en-Deux, qui se soutenait à peine, porta vivement la main à son œil, et ça par un mouvement si brusque qu'il trébucha, tomba tout de son long, et roula comme une masse au pied du lit où était enchaîné Gargousse.

« — Moucheron d'or, merci... tu m'as sauvé ! » cria Gringalet; car, toujours assis et attaché sur sa chaise, il avait tout vu.

— C'est, ma foi ! vrai pourtant, le moucheron d'or l'a empêché d'avoir le cou coupé ! — s'écrièrent les détenus transportés de joie.

— Vive le moucheron d'or ! — cria le bonnet bleu.

— Oui, vive le moucheron d'or ! — répétèrent plusieurs voix.

— Vive Pique-Vinaigre et ses contes ! — dit un autre.

(*La suite au prochain numéro.*)

COMMENT ON AIME

L'ILE DES CYGNES

(SUITE)

— Alors, faites venir vos gens; à défaut de témoins, nous aurons des spectateurs.

— Pensez-vous que cela suffise ?

— Parfaitement, répondit l'impétueux jeune homme. Hâtons-nous; je pourrais croire que vous hésitez.

Le major sonna avec un flegme menaçant. Il donna des ordres. Après quoi, les deux adversaires s'enfoncèrent dans le parc, suivis de deux valets. La nuit était calme et pure; la lune, glissant à travers les branches, couvrait les allées sinueuses de rayons blancs ; le lac dormait, sans une ride, au reflet d'un ciel bleu tout brodé d'étoiles. La nature avait l'air tendre et recueilli d'une belle jeune fille à l'âme pleine de rêverie et d'amour. Hermann ne put voir ce doux recueillement extérieur sans songer aux heures qu'il avait passées avec Wilhelmine dans l'île des Cygnes. Son cœur se gonfla.

— Peut-être cette pensée est-elle un pressentiment ! murmura-t-il ; peut-être est-elle un adieu !

L'endroit choisi pour le combat était une large terrasse au bord de l'eau. Hermann chargea son adversaire avec violence. Le major se contenta de rompre et de parer sans riposter. Dans son sourire ironique, dans son regard invariablement fixé sur la poitrine d'Hermann, on apercevait comme une préoccupation sinistre. En effet, il épiait une occasion de frapper au cœur. Mais au milieu de ses plus rudes attaques le hardi jeune homme se tenait sur ses gardes. Son courage bouillant n'excluait pas la prudence. Quoique moins exercé, moins d'aplomb qu'Ornulf, il ne manquait cependant ni de dextérité ni d'assurance. Malheureusement, un caillou roula sous son pied : il perdit l'équilibre et se découvrit. Le major prit alors l'offensive, et déjà son épée allait atteindre le but fatal, quand un cri déchirant le retint. Wilhelmine apparut frémissante et blême sous un rayon de lune. Sa femme de chambre, ayant surpris ce qui se passait, l'en avait instruite, et elle était accourue.

— Monsieur le major, dit-elle d'une voix altérée, si vous aviez eu le malheur de toucher, fût-ce du bout de votre épée, M. Hermann Wrangel, j'eusse brisé, moi, tous mes engagements envers vous !

— J'ai été provoqué, mon honneur me commandait de châtier un insolent.

La jeune fille se tourna, défaillante, vers Hermann.

— Pourquoi, reprit-elle avec un accent navré, pourquoi jetez-vous un si grand trouble dans ma vie? Ne suis-je pas assez malade, assez souffrante? Voulez-vous donc me faire mourir?

L'épée tomba de la main d'Hermann. Un flot de larmes jaillit de ses yeux. Il mit un genou en terre devant Wilhelmine et s'écria :

— Ah ! pardon ! pardon ! j'aurais dû sacrifier ma colère à l'immense intérêt que vous m'inspirez ! J'aurais dû prévoir qu'un duel, quel qu'en fût le résultat, vous menaçait d'un contre-coup funeste ! J'aurais dû, non insulter votre tuteur, mais me traîner à ses pieds, jusqu'à ce qu'enfin il me permit de vous voir. Mon emportement était insensé et coupable! Ah! Wilhelmine, ma sœur, pardonnez-moi! pardonnez-moi!

— Je vous pardonne, répondit-elle en le relevant, le chagrin que vous m'avez causé. Mais promettez-moi de respecter désormais cette demeure, de ne plus m'exposer par votre faute à de si terribles émotions. Je sens, hélas! que je n'y résisterais plus.

Hermann promit avec effusion; puis, surmontant une excessive répugnance, il alla jusqu'à présenter des excuses au major, dans l'espoir de le fléchir et d'être autorisé par lui à rendre quelquefois visite à la malade; mais Ornulf accueillit ses soumissions par un mouvement d'impatience et garda un silence hautain. Indigné de ce procédé implacable, Hermann fut tenté de ressaisir son épée; il se contint cependant. Wilhelmine était là, et il avait promis de n'être plus pour elle une cause de tourment. Mais une idée de vengeance lui vint tout à coup à l'esprit. Comme il s'y mêlait pour ainsi dire le sentiment d'un devoir à remplir, il n'hésita pas à l'adopter. Il profita d'un instant où le major achevait de rendre à sa toilette toute sa roideur habituelle; il se pencha vers Wilhelmine et lui dit à voix basse et rapidement:

— Cette nuit, dans le sable, ici même, sous vos pieds, une lettre. Ce sera ma dernière importunité.

— Moi aussi, je vous écrirai, répondit de même Wilhelmine. Adieu!

Le major s'empara du bras de sa pupille et s'éloigna sans saluer Hermann. Celui-ci regagna son bateau, malheureux de n'avoir pas tué Ornulf ou de n'avoir pas été tué par lui.

X

A l'aube, Wilhelmine, quoique accablée par la souffrance et l'insomnie, descendit dans le parc; elle courut jusqu'à la terrasse où la veille avait eu lieu le duel. Elle découvrit aisément sous le sable la lettre que lui avait annoncée Hermann; elle l'emporta dans sa chambre et la décacheta en tremblant.

Cette lettre était ainsi conçue:

« En m'accordant le nom de frère, Wilhelmine, vous m'avez autorisé à vous parler à cœur ouvert comme à une sœur. Fraternité oblige, et c'est pour remplir un impérieux devoir de conscience que je viens vous dire: Vous êtes la fiancée du major Ornulf et vous allez l'épouser. Ah! prenez garde! ce que cet homme aime en vous, ce n'est ni votre jeunesse, ni votre beauté, ni votre grâce infinie, c'est votre fortune et rien que votre fortune, le misérable! Oui, croyez-moi, croyez-en le monde dont je traduis ici l'opinion, le major n'a qu'une passion, la cupidité; il n'a qu'un amour, l'argent!

« Depuis quatre ans que vous êtes sous sa tutelle, il dispose à son gré de votre fortune comme de la sienne. Déjà même il la considère sans doute comme lui appartenant. A un pareil cœur, l'illusion est facile quand il s'agit du bien d'autrui. Ah! combien il eût souffert de vous rendre un jour l'héritage de votre famille! Mais, plutôt que de subir un si grand malheur, il se mariera, il épousera sa pupille, et le compte de tutelle deviendra une dot sans changer de mains. Ah! Wilhelmine, ma chère sœur adoptive, je vous en conjure, ne soyez pas la dupe d'un odieux, d'un infâme calcul! Déjouez-le: il y va peut-être de votre bonheur. Il y va à coup sûr de votre dignité.

« Mais vous allez croire, sans doute, que l'on calomnie le major Ornulf? Eh bien! soit, il ne calcule pas, il aime; il ne convoite pas votre opulence, il ne songe qu'à se faire une joie de chacune de vos perfections, de vos vertus. Je n'implore plus alors qu'une chose de vous: soumettez cet homme à une épreuve. Quand il vous dira que l'heure est venue de célébrer votre union, répondez-lui avec fermeté qu'il vous convient d'attendre encore un an. Puis, observez bien la physionomie de votre fiancé: elle dissimulera mal, je pense, si imperturbable qu'elle soit d'ordinaire, la sensation d'une cupidité craintive et désappointée. Surtout, persistez dans cette résolution. Le temps est la pierre de touche du cœur humain.

« Ah! je ne redoute pas, moi, que les jours emportent dans leur fuite une seule parcelle de l'intérêt indestructible que je vous ai voué. Rien ne peut plus arracher votre image de mon cœur, pas même l'image d'une autre femme. Car c'est mieux que de l'amour, ce que j'ai là pour vous: c'est comme une amitié sublime, détachée des vulgaires pensées de ce monde.

« Vous m'avez fait promettre de vous épargner à l'avenir tout sujet de tourment. Ma promesse sera désormais religieusement tenue. Si je cherche à vous revoir encore, ce ne sera que de loin et dans l'ombre. Mais si vous souhaitez un jour ma présence, appelez-moi ; il me semble que j'entendrai même un soupir de vous.

« Hermann. »

Wilhelmine lut et relut cette lettre ; puis elle tomba dans une rêverie profonde. L'appréciation faite par Hermann du caractère d'Ornulf n'était pas ce qui lui donnait le plus à penser. Elle avait trop de pénétration pour n'avoir pas remarqué le défaut dominant de son tuteur. Toutefois elle était fort éloignée d'attribuer à ce défaut les proportions de l'odieux. Elle savait le major intéressé, mais elle se refusait à le croire cupide. Elle avait toujours ignoré qu'il eût été mis en disponibilité à cause de ses exactions. Il avait d'ailleurs eu soin de lui annoncer qu'il quittait le service pour vivre en paix et s'occuper à loisir de l'éducation de sa pupille. Aussi, en pupille reconnaissante, et quoiqu'elle ne ressentît dans son cœur rien de bien vif pour lui, n'avait-elle pas hésité à lui accorder sa main quand il la lui avait demandée. Elle comptait se marier un peu par générosité. Dès lors, que lui importait le mobile plus ou moins calculateur qui animait son futur époux ? Une préoccupation autrement grave l'agitait en cet instant. Derrière l'accusation dirigée contre le major, il lui semblait entrevoir comme une sorte de jalousie inavouée qui s'irritait contre son prochain mariage. Un moment même un étrange soupçon lui traversa l'esprit : elle imagina qu'Hermann, connaissant sa position désespérée et résigné à une fin prochaine, désirait qu'elle ne se mariât qu'après qu'il aurait rendu le dernier soupir. Mais elle se rappela aussitôt qu'il était lui-même sur le point d'épouser sa cousine, Aurélia Freysberg. Son soupçon n'était donc pas fondé. Quand on se voit penché sur le bord de la tombe, cherche-t-on à se rattacher aux joies de l'amour, à se bercer des espérances de l'hymen ? Quand on sait, hélas ! qu'on n'a pas même un lendemain, se prépare-t-on tout un avenir ? Ainsi pensait Wilhelmine, et elle se perdait dans un dédale de nouvelles suppositions sur le motif qui avait dicté à Hermann la lettre qu'elle relisait encore. Cependant une tristesse inquiète et douloureuse l'envahissait. Elle marchait dans sa chambre d'un pas précipité, d'un pas qui battait en quelque sorte la mesure des agitations de son esprit. Bientôt elle proféra à voix basse ces phrases rapides et haletantes :

— Madame Freysberg, la fiancée d'Hermann !... Madame Freysberg, une créature si pleine de noirceur !... Le malheureux ! quel aveuglement est le sien !... Quoi ! il ne remarque pas que cette femme ne lui tend la main que pour saisir une fortune !... Et il me dit cependant à moi d'être sur mes gardes... Étrange clairvoyance, en vérité !... Il découvre dans le major Ornulf ce qui n'existe évidemment que dans Aurélia Freysberg... Le major est riche, il peut se passer de ma dot... A peine sera-ce une goutte d'or ajoutée à son opulence !... Mais elle ! elle !... elle est ruinée !... Il lui faut un nouveau trésor.. un trésor inépuisable à gaspiller !... Hermann est pour elle comme un Pactole où la prodigue va puiser à cœur joie !... Que dis-je ?... Hermann est un splendide héritage qu'elle convoite, l'âme sinistre et impitoyable, et qu'elle compte bien recueillir avant un an !... Honte, honte à l'oiseau de proie ! Mais je ne peux cependant pas laisser se consommer cette infamie ! reprenait-elle. Non, non, mon devoir est de prévenir l'infortuné... Mais comment ?... S'il allait surprendre au fond de mes paroles le secret terrible ?... Si, le voile à demi déchiré, son regard embrassait toute l'étendue de l'abîme ?... Mon Dieu ! mon Dieu ! comment faire ?... Comment lui inspirer un profond dégoût de cette femme sans qu'il soupçonne un seul instant le vrai but où vise sa brillante fiancée... sa future légataire ?...

Elle tomba épuisée d'émotion sur un siége devant un bureau en marqueterie. Durant quelques minutes encore, elle exhala de sourdes imprécations contre madame Freysberg. Puis elle saisit une plume et écrivit résolûment ce qui suit :

« Le conseil que vous m'avez donné, Hermann, je le suivrai. Quel que soit le sentiment qui dirige la conduite du major, je vous promets de ne pas être sa femme avant un an.

« A votre tour, laissez-moi vous donner un avis. Bien que vous ne m'en ayez jamais rien dit, je n'ignore pas que, vous aussi, vous devez bientôt vous marier. Malheureusement, vous avez fait un mauvais choix. L'élégante personne à laquelle vous songez à vous unir est la prodigalité même. Elle est harcelée de créanciers, et elle vous accorde sa main surtout parce qu'elle espère que le contrat de mariage sera la quittance de ses folles dissipations. Elle compte en outre satisfaire avec éclat ses fastueux penchants. Méfiez-vous ; vous aussi, vous voilà bien prévenu. Mon rôle de sœur est rempli. Que si, cependant, vous hésitiez à partager mon opinion, qui est celle de gens sérieux et bien renseignés, faites vous-même ce que vous m'avez conseillé. Ne vous mariez que dans un an. Quand vous vous prononcerez à cet égard, il vous sera facile de pénétrer les vrais sentiments de madame Freysberg, croyez-en mon instinct de femme : si elle montre plus de stupeur, de colère, que de tristesse, de résignation, c'est qu'elle sera plus sollicitée par une pensée d'intérêt que par une préoccupation de tendresse. En ce cas, faites-lui l'aumône, si bon vous semble, mais ne l'épousez pas.

« Soyez certain qu'en m'efforçant de vous prémunir contre de menteuses séductions je n'obéis qu'à une inspiration toute fraternelle. Aucune inimitié personnelle ne m'anime contre celle dont j'ose vous parler. Le mal que je dis d'elle n'est que la conséquence forcée du bien que vous souhaite mon cœur.

« WILHELMINE. »

Cette lettre terminée, Wilhelmine la relut avec lenteur. Elle la jugea conforme de tous points à ses intentions ; mais elle fut frappée de la ressemblance qui existait entre ce qu'elle venait d'écrire et ce qu'Hermann lui avait écrit. Il y avait là comme un frappant décalque.

— C'est étrange ! se dit-elle en tressaillant ; il semblerait que lui aussi me croit atteinte d'un mal incurable et qu'il veut empêcher qu'on exploite mes derniers jours. Ma lettre a l'air d'un écho menaçant de la sienne : l'une et l'autre résonnent comme un glas de mort !

Elle se leva par un brusque mouvement, et courut se regarder dans une glace. L'émotion colorait son visage ; elle se mit à sourire et secoua sa charmante tête d'un air rassuré.

— Folle que je suis ! reprit-elle. Quelle sotte imagination m'est venue là ! C'est bien le moment de me tourmenter l'esprit. Mes joues sont de la couleur des roses du Bengale, mes yeux brillent comme deux diamants, mon front a la fraîcheur et l'éclat d'un beau matin. Ah ! quel mensonge je faisais en disant à ce pauvre Hermann que j'étais encore souffrante ! Mais il fallait bien le tromper un peu : sa compassion seule me répondait de sa raison. Hélas ! c'est lui qui a besoin de sollicitude, de pitié ; ce n'est pas moi. Que n'est-il en mon pouvoir de lui donner un peu de ma vie pour prolonger ses jours ! avec quel bonheur je lui ferais la charité !

Elle retourna s'asseoir devant son petit bureau et posa tristement son front dans ses deux mains.

Elle pleurait ! elle pleurait sur le sort d'Hermann !...

Lorsque celui-ci reçut la lettre de Wilhelmine, il descendait le perron de sa villa pour se rendre chez sa cousine qui l'avait fait prévenir qu'elle l'attendait. Il parcourut d'abord cette lettre d'un coup d'œil, tant il avait hâte d'en connaître le contenu ; puis il la relut lentement, comme s'il s'efforçait d'en pénétrer le sens intime et caché. Toutes les impressions que Wilhelmine avait ressenties, il les ressentait à son tour. Frappé de la similitude qui existait entre sa lettre et celle de la jeune fille, il se perdait en conjectures, en suppositions. Qu'Aurélia fût criblée de dettes et qu'elle caressât l'espoir qu'il la délivrerait de ses créanciers, c'est un soupçon qui lui avait déjà traversé l'esprit, surtout depuis la rencontre qu'il avait faite du juif Isaac Sturner dans l'antichambre de la jeune veuve ; mais cette particularité ne lui paraissait pas suffisante pour qu'on lui conseillât si instamment une rupture ; il ne voyait là qu'un prétexte derrière lequel se dérobait quelque raison plus décisive. Mais bientôt, comme Wilhelmine elle-même, il en vint à se demander si à son insu il ne recélait pas le germe d'une affection mortelle, et si sa fortune à lui aussi n'était pas le point de mire d'une impitoyable convoitise. Instinctivement, sa main se posa sur son cœur : il y éprouva une violente contraction, chancela et fut obligé de s'appuyer contre un arbre. Cette faiblesse dura quelques minutes. De nouvelles et plus rassurantes pensées lui rendirent ses forces. Il s'étonna d'avoir donné tant d'importance à la conformité de deux lettres. Il finit par se convaincre qu'en lui écrivant ainsi Wilhelmine n'avait eu d'autre mobile qu'une fantaisie sentimentale, d'autre arrière-pensée que celle de lui imposer, par une sorte d'affectueuse réciprocité, l'obligation d'un même ajournement. Dès lors son parti fut arrêté. Comment eût-il refusé à sa sœur adoptive la satisfaction qu'elle lui avait si vite et si résolûment accordée à lui-même ?

— Il sera fait comme tu le désires, chère enfant, dit-il en couvrant de baisers l'écriture de la jeune fille ; ton conseil est un ordre que j'accomplirai sans hésiter, quelle qu'en puisse être la conséquence, quels que soient les ennuis qui en résultent pour moi.

(La suite au prochain numéro.)

Le propriétaire-gérant : F. ROY.

LES MYSTERES DE PARIS

— Prends garde! répondit le Chourineur en se préparant au combat. (Page 123.)

— Attendez donc! — reprit le conteur, — voici le plus beau et le plus terrible de l'histoire que je vous avais promise : Coupe-en-Deux avait tombé par terre comme un plomb; il était si soûl qu'il ne remuait pas plus qu'une bûche... il était ivre-mort... quoi! et sans connaissance de rien; mais en tombant il avait manqué d'écraser Gargousse et lui avait presque cassé une patte de derrière... Vous savez comme ce vilain animal était rancunier et malicieux. Il n'avait pas lâché le rasoir que son maître lui avait donné pour couper le cou à Gringalet. Qu'est-ce que fait mon gueux de singe quand il voit son maître étendu sur le dos et bien à sa portée? Il saute sur lui, il s'accroupit sur sa poitrine, d'une de ses pattes lui tend la peau du cou, et de l'autre... crac!... il vous lui coupe le sifflet net comme verre... juste comme Coupe-en-Deux lui avait enseigné à le faire sur Gringalet.

— Bravo!... — C'est bien fait!... — Vive Gargousse!... crièrent les détenus avec enthousiasme.

— Vive le petit moucheron d'or!
— Vive Gringalet! — Vive Gargousse!

— Eh bien! mes amis, — s'écria Pique-Vinaigre, — ce que vous criez là, toute la Petite-Pologne le criait une heure plus tard.

— Comment cela... comment?

« Je vous ai dit que, pour faire son mauvais coup tout à son aise, le gueux de Coupe-en-Deux avait fermé sa porte en dedans. A la brune, voilà les enfants qui arrivent les uns après les autres avec leurs bêtes; les premiers cognent, personne ne répond; enfin, quand ils sont tous rassemblés, ils recognent... rien... L'un d'eux s'en va trouver le doyen et lui dire qu'ils avaient beau frapper, et que leur maître ne leur ouvrait pas.

« — Le gredin se sera soûlé comme un Anglais, dit-il; je lui ai envoyé du vin tantôt; faut enfoncer la porte; ces enfants ne peuvent pas passer la nuit dehors. »

« On enfonce la porte à coups de merlin; on ouvre, on monte, on arrive dans la chambre; et qu'est-ce qu'on voit? Gargousse enchaîné et accroupi sur le corps de son maître et jouant avec le rasoir; le pauvre Gringalet, heureusement hors de la portée de la chaîne de Gargousse, toujours assis et attaché sur sa chaise, n'osant pas lever les yeux sur le corps de Coupe-en-Deux et regardant, devinez quoi? la petite mouche d'or qui, après avoir voleté autour de l'enfant comme pour le féliciter, était enfin venue se poser sur sa petite main. Gringalet raconta tout au doyen et à la foule qui l'avait suivi; ça paraissait vraiment, comme on dit, un coup du ciel; aussi le doyen s'écrie :

« — Un triomphe à Gringalet! Un triomphe à Gargousse, qui a tué ce mauvais brigand de Coupe-en-Deux! Il coupait les autres... c'était son tour d'être coupé.

« — Oui! oui! dit la foule; car le montreur de bêtes était détesté de tout le monde. Un triomphe à Gargousse! Un triomphe à Gringalet! »

« Il faisait nuit; on allume des torches de paille, on attache Gargousse sur un banc que quatre gamins portaient sur leurs épaules; le gredin de singe n'avait pas l'air de trouver ça trop beau pour lui, et prenait des airs de triomphateur en montrant les dents à la foule. Après le singe venait le doyen portant Gringalet dans ses bras; tous les petits montreurs de bêtes, chacun avec la sienne, entouraient le doyen; l'un portait son renard, l'autre sa marmotte, l'autre son cochon d'Inde; ceux qui jouaient de la vielle jouaient de la vielle; il y avait des charbonniers auvergnats avec leur musette, qui en jouaient aussi; c'était enfin un tintamarre, une joie, une fête qu'on ne peut s'imaginer! Derrière les musiciens et les montreurs de bêtes venaient tous les habitants de la Petite-Pologne, hommes, femmes, enfants; presque tous tenaient à la main des torches de paille et criaient comme des enragés : « Vive Gringalet! vive Gargousse!... » Le cortège fait dans cet ordre-là le tour de la cassine de Coupe-en-Deux. C'était un drôle de spectacle, allez, que ces vieilles masures et toutes ces figures éclairées par la lueur rouge des feux de paille qui flamboyaient... flamboyaient!... Quant à Gringalet, la première chose qu'il avait faite, une fois en liberté, c'avait été de mettre la petite mouche d'or dans un cornet de papier, et il répétait tout le temps de son triomphe :

« — Petits moucherons, j'ai bien fait d'empêcher les araignées de vous manger, car... »

La fin de Pique-Vinaigre fut interrompue.

— Eh! père Roussel, — cria une voix du dehors, — viens donc manger ta soupe; quatre heures vont sonner dans dix minutes.

— Ma foi! l'histoire est à peu près finie, j'y vais. Merci, mon garçon! tu m'as joliment amusé, tu peux t'en vanter, — dit le surveillant à Pique-Vinaigre en allant vers la porte...

Puis, s'arrêtant :

— Ah çà! soyez sages... — dit-il aux détenus en se retournant.

— Nous allons entendre la fin de l'histoire, — dit le Squelette haletant de fureur contrainte.

Puis il dit tout bas au Gros-Boiteux :

— Va sur le pas de la porte, suis le gardien des yeux, et quand tu l'auras vu sortir de la cour, crie *Gargousse!* et le *mangeur* est mort!

— Ça y est, — dit le Gros-Boiteux qui accompagna le gardien et resta debout à la porte du chauffoir, l'épiant du regard.

— Je vous disais donc, — reprit Pique-Vinaigre, — que Gringalet, tout le temps de son triomphe, se disait : « Petits moucherons, j'ai... »

— Gargousse! s'écria le Gros-Boiteux en se retournant.

Il venait de voir le surveillant quitter la cour.

— A moi ! Gringalet... je serai ton araignée ! s'écria aussitôt le Squelette en se précipitant si brusquement sur Germain que celui-ci ne put faire un mouvement ni pousser un cri. Sa voix expira sous la formidable étreinte des longs doigts de fer du Squelette.

— Si tu es l'araignée, moi je serai le moucheron d'or, Squelette de malheur ! — cria une voix au moment où Germain, surpris par la violente et soudaine attaque de son implacable ennemi, tombait renversé sur son banc, livré à la merci du brigand qui, un genou sur sa poitrine, le tenait par le cou.

— Oui, je serai le moucheron, et un fameux moucheron encore ! — répéta l'homme au bonnet bleu dont nous avons parlé ; puis, d'un bond furieux, renversant trois ou quatre prisonniers, il s'élança sur le Squelette et lui asséna sur le crâne et entre les deux yeux une grêle de coups de poing si précipités qu'on eût dit la batterie sonore d'un marteau sur une enclume.

L'homme au bonnet bleu, qui n'était autre que le Chourineur, ajouta en redoublant la rapidité de son *martelage* sur la tête du Squelette :

— C'est la grêle de coups de poing que M. Rodolphe m'a tambourinés sur la boule !... je les ai retenus !...

A cette agression inattendue, les détenus restèrent frappés de surprise, sans prendre parti pour ou contre le Chourineur. Plusieurs d'entre eux, encore sous la salutaire impression du conte de Pique-Vinaigre, furent même satisfaits de cet incident qui pouvait sauver Germain. Le Squelette, d'abord étourdi, chancelant comme un bœuf sous la masse de fer du boucher, étendit machinalement les mains en avant pour parer les coups de son ennemi ; Germain put se dégager de la mortelle étreinte du Squelette et se relever à demi.

— Mais qu'est-ce qu'il y a ? à qui en a-t-il donc, ce brigand-là ? s'écria le Gros-Boiteux ; et, s'élançant sur le Chourineur, il tâcha de lui saisir les bras par derrière, pendant que celui-ci faisait de violents efforts pour maintenir le Squelette sur le banc. Le défenseur de Germain répondit à l'attaque du Gros-Boiteux par une espèce de ruade si violente qu'il l'envoya rouler à l'extrémité du cercle formé par les détenus.

Germain, d'une pâleur livide et violacée, à demi suffoqué, à genoux auprès du banc, ne paraissait pas avoir la conscience de ce qui se passait autour de lui. La strangulation avait été si violente qu'il respirait à peine.

Après son premier étourdissement, le Squelette, par un effort désespéré, parvint à se débarrasser du Chourineur et à se remettre sur ses pieds. Haletant, ivre de rage et de haine, il était épouvantable... Sa face cadavéreuse ruisselait de sang, sa lèvre supérieure, retroussée comme celle d'un loup furieux, laissait voir ses dents serrées les unes contre les autres. Enfin il s'écria d'une voix palpitante de colère et de fatigue, car sa lutte contre le Chourineur avait été violente :

— Escarpez-le donc... ce brigand-là... tas de frileux... qui me laissez prendre en traître... sinon le *mangeur* va nous échapper !

Durant cette espèce de trêve, le Chourineur, enlevant Germain à demi évanoui, avait assez habilement manœuvré pour se rapprocher peu à peu de l'angle d'un mur où il déposa son protégé. Profitant de cette excellente position de défense, il pouvait alors, sans crainte d'être pris à dos, tenir assez longtemps contre les détenus auxquels le courage et la force herculéenne qu'il venait de déployer imposaient beaucoup.

Pique-Vinaigre, épouvanté, disparut pendant le tumulte, sans qu'on s'aperçût de son absence.

Voyant l'hésitation de la plupart des prisonniers, le Squelette s'écria :

— A moi donc !... estourbissons-les tous les deux... le gros et le petit !

— Prends garde ! — répondit le Chourineur en se préparant au combat, les deux mains en avant et carrément campé sur ses robustes reins. — Gare à toi, Squelette ! Si tu veux faire encore le Coupe-en-Deux... moi, je ferai comme Gargousse, je te couperai le sifflet...

— Mais tombez donc dessus ! — cria le Gros-Boiteux en se relevant. — Pourquoi cet enragé défend-il le *mangeur* ?... A mort le *mangeur* !... et lui aussi ! S'il défend Germain, c'est un traître !

— Oui ! oui !... A mort le *mangeur* !... — A mort !

— Oui ! à mort le traître qui le soutient !

Tels furent les cris des plus endurcis des détenus.

Un parti plus pitoyable s'écria :

— Non ! avant, qu'il parle !...

— Oui ! qu'il s'explique ! — On ne tue pas un homme sans l'entendre !

— Et sans défense !... — Faudrait être de vrais Coupe-en-Deux !

— Tant mieux! — reprirent le Gros-Boiteux et les partisans du Squelette.

— On ne saurait trop en faire à un *mangeur*...
— A mort!

— Tombons dessus! — Soutenons le Squelette!

— Oui! oui!... charivari pour le bonnet bleu!

— Non!... soutenons le bonnet bleu!... charivari pour le Squelette! — riposta le parti du Chourineur.

— Non!... à bas le bonnet bleu! — A bas le Squelette!

— Bravo! mes cadets!... — s'écria le Chourineur en s'adressant aux détenus qui se rangeaient de son côté. — Vous avez du cœur... vous ne voudriez pas massacrer un homme à demi mort!... il n'y a que des lâches capables de ça!... Le Squelette s'en moque pas mal... il est condamné d'avance, c'est pour cela qu'il vous pousse... Mais si vous aidez à tuer Germain, vous serez durement pincés. D'ailleurs je propose une chose, moi!... le Squelette veut achever ce jeune homme... eh bien! qu'il vienne donc me le prendre, s'il en a le toupet!... ça se passera entre nous deux... nous nous crocherons... et on verra... Mais il n'ose pas, il est comme Coupe-en-Deux, fort avec les faibles...

La vigueur, l'énergie, la rude figure du Chourineur devaient avoir une puissante action sur les détenus; aussi un assez grand nombre d'entre eux se rangèrent de son côté et entourèrent Germain. Le parti du Squelette se groupa autour de ce bandit.

Une sanglante mêlée allait s'engager, lorsqu'on entendit dans la cour le pas sonore et mesuré du piquet d'infanterie toujours de garde à la prison. Pique-Vinaigre, profitant du bruit et de l'émotion générale, avait gagné la cour et était allé frapper au guichet de la porte d'entrée afin d'avertir les gardiens de ce qui se passait dans le chauffoir. L'arrivée des soldats mit fin à cette scène.

Germain, le Squelette et le Chourineur furent conduits auprès du directeur de la Force. Le premier devait déposer sa plainte, les deux autres répondre à une prévention de rixe dans l'intérieur de la prison.

La terreur et la souffrance de Germain avaient été si vives, sa faiblesse était si grande, qu'il lui fallut s'appuyer sur deux gardiens pour arriver jusqu'à une chambre voisine du cabinet du directeur où on le conduisit. Là il se trouva mal; son cou, excorié, portait l'empreinte livide et sanglante des doigts de fer du Squelette. Quelques secondes de plus, le fiancé de Rigolette aurait été étranglé. Le gardien chargé de la surveillance du parloir, et qui, nous l'avons dit, s'était toujours intéressé à Germain, lui donna les premiers secours. Lorsque celui-ci revint à lui, lorsque la réflexion succéda aux émotions rapides et terribles qui lui avaient à peine laissé l'exercice de sa raison, sa première pensée fut pour son sauveur.

— Merci de vos bons soins, monsieur, — dit-il — au gardien ; sans cet homme courageux, j'étais perdu.

— Comment vous trouvez-vous?

— Mieux... Ah! tout ce qui vient de se passer me semble un songe horrible!... Et celui qui m'a sauvé, où est-il?

— Dans le cabinet du directeur. Il lui raconte comment la rixe est arrivée. Il paraît que sans lui...

— J'étais mort, monsieur... Oh! dites-moi son nom... Qui est-il?

— Son nom... je n'en sais rien ; il est surnommé le Chourineur; c'est un ancien forçat...

— Et le crime qui l'amène ici... n'est pas grave peut-être?...

— Très-grave!... Vol avec effraction, la nuit... dans une maison habitée, — dit le gardien. — Il aura probablement la même dose que Pique-Vinaigre : quinze ou vingt ans de travaux forcés et l'exposition, vu la récidive.

Germain tressaillit; il eût préféré être lié par la reconnaissance à un homme moins criminel.

— Ah! c'est affreux! — dit-il. — Et pourtant cet homme, sans me connaître, a pris ma défense. Tant de courage, tant de générosité...

— Que voulez-vous, monsieur? quelquefois il y a encore un peu de bon chez ces gens-là. L'important, c'est que vous voilà sauvé; demain vous aurez votre cellule à la pistole, et pour cette nuit vous coucherez à l'infirmerie. Allons, courage, monsieur! Le mauvais temps est passé : quand votre jolie petite visiteuse viendra vous voir, vous pourrez la rassurer, car une fois en cellule vous n'aurez plus rien à craindre. Seulement vous ferez bien, je crois, de ne pas lui parler de la scène de tout à l'heure. Elle en tomberait malade de peur.

— Oh! non, sans doute, je ne lui en parlerai pas, mais je voudrais pourtant remercier mon défenseur... Si coupable qu'il soit aux yeux de la loi, il ne m'en a pas moins sauvé la vie.

— Tenez, justement je l'entends qui sort de chez M. le directeur, qui va maintenant interroger le Squelette; je les reconduirai ensemble tout à l'heure, le Squelette au cachot... et le Chourineur à la Fosse-aux-Lions. Il sera d'ailleurs un peu récompensé de ce qu'il a fait pour vous, car, comme c'est un gaillard solide et déterminé, tel qu'il faut être pour mener les autres, il est probable qu'il remplacera le Squelette comme prévôt... »

Le Chourineur, ayant traversé un petit couloir sur lequel s'ouvrait la porte du cabinet du directeur, entra dans la chambre où se trouvait Germain.

— Attendez-moi là, — dit le gardien au Chourineur; — je vais aller savoir de M. le directeur ce qu'il décide du Squelette, et je reviendrai vous prendre... Voilà notre jeune homme tout à fait remis; il veut vous remercier, et il y a de quoi, car sans vous c'était fini de lui.

Le gardien sortit.

(La suite au prochain numéro.)

COMMENT ON AIME

L'ILE DES CYGNES

(SUITE)

« Ah! pourquoi Dieu a-t-il mis le ver qui tue au fond de ta corolle, douce fleur de mon âme?... Notre tendresse fût devenue de l'amour! Je sens que tu es le plus beau rêve de mon cœur, et j'eusse fait de toi la réalité de ma vie, doux fantôme si près de t'évanouir!... »

Des larmes jaillirent de ses yeux; il ne chercha point à les refouler. Il éprouvait comme un amer bonheur à pleurer sur la destinée fatale de Wilhelmine.

Il ne se rendit chez Aurélia qu'après avoir erré pendant de longues heures dans la campagne et jeté au vent une partie de l'émotion qui gonflait sa poitrine.

XI

Sous divers prétextes plus ou moins plausibles, le mariage d'Hermann et d'Aurélia avait été ajourné. La vérité est qu'Hermann en entravait l'accomplissement par une sorte d'inertie qu'il se reprochait parfois, sans jamais parvenir à la vaincre. L'inquiétude et l'irritation se disputaient le cœur d'Aurélia. La patience venait enfin de lui échapper. Le matin même, elle avait fait prévenir son cousin qu'elle l'attendait. Elle était résolue à provoquer une explication décisive, dans l'espoir de mettre fin à des lenteurs qui commençaient à menacer ses sinistres espérances. Lorsque Hermann parut chez elle, elle était assise dans son boudoir. Le dépit d'une attente prolongée contractait l'extrémité de ses lèvres et crispait le bout de ses doigts. Elle accueillit cependant sans mauvaise humeur les excuses un peu vagues qu'il hasarda sur son retard. Elle avait hâte d'aborder le sujet de ses préoccupations, et elle y arriva brusquement par un élan qui ne manquait ni de grâce ni d'esprit.

— Mon ami, lui dit-elle, j'ai désiré vous voir pour vous faire une scène, une scène terrible. Tenez-vous bien, ou vous êtes perdu : voici venir l'ouragan.

— Puis-je l'éviter? demanda Hermann un peu troublé. Dussé-je vous donner une fort triste idée de mon courage, je vous avoue que j'aimerais mieux le fuir que le braver.

— Il est trop tard, car il éclate; écoutez. Voici près de deux mois que vous vous êtes mis à mes pieds pour m'arracher la promesse de m'unir à vous. Dieu sait si je songeais à la possibilité d'une telle union! Je vous aimais en bonne parente, et je n'imaginais guère que je dusse vous plaire autrement. Souvenez-vous même que de toutes mes forces je vous engageais à choisir pour compagne quelque belle jeune fille, dont l'âme à peine épanouie fût en harmonie avec la vôtre. Je n'ambitionnais, en effet, que votre bonheur. Mais vous ne l'entendiez pas ainsi : vous vouliez que ce bonheur vous vint de moi ; votre insistance fut si vive, si ardente, que, en dépit de certaines hésitations de ma raison, obéissant aux suggestions de mon dévouement pour vous, je cédai bientôt à vos vœux, et nous nous fiançâmes à la face du ciel. Le monde connut dès lors notre mutuel engagement. Il s'attendit à le voir consacré d'un jour à l'autre. Vaine attente, cependant : par je ne sais quelle fatalité, vingt obstacles se dressèrent devant votre résolution ; tantôt une pièce importante manquait pour le contrat; tantôt un de vos vieux parents tombait dangereusement malade, que sais-je? Si bien que les entraves et les contre-temps durent encore et menacent même de se perpétuer. Mais je vous en préviens, mon ami, ma patience et ma résignation sont à bout. Je ne veux plus d'ajournement, si respectable qu'en puisse être le motif. Il est des positions qui deviennent ridicules en se prolongeant; veuillez y prendre garde, Hermann. Déjà sur plus d'une lèvre j'ai surpris un sourire moqueur. La malignité nous mordra bientôt à belles dents, si vous ne faites un effort pour la contenir et la museler. Je viens donc vous prier de fixer irrévocablement le jour et, pour ainsi dire l'heure de notre mariage. Si vous vous y refusez, j'aurai le regret de vous reprendre ma parole et de vous retirer ma main. J'attends votre réponse.

Il y avait dans ce langage une habileté de convenance, de modération, de dignité même, tout à fait de nature à agir sur l'esprit timide d'Hermann. Un tremblement de voix, écho contenu d'une irritation secrète, rendait encore plus sérieuse cette sorte de mise en demeure. Malheureusement pour Aurélia, toute son adresse venait se heurter contre le seul parti pris dans lequel son fiancé ne pût aisément être ébranlé. Il s'était promis à lui-même, il avait promis à la pensée de Wilhelmine de demeurer libre pendant une année encore, et il était résolu à tenir religieusement cette promesse, la seule qu'il eût conscience d'avoir jamais faite avec une profonde sincérité. Néanmoins, n'osant encore se déclarer à cet égard, il fit une vague réponse aux doléances de sa cousine, la pria de ne point se préoccuper des médisances du monde, la conjura d'être bonne et patiente et d'éloigner de son esprit toute idée de rupture.

— Qu'importe un retard, dit-il en terminant, lorsqu'il s'agit d'un acte qui dispose de toute la vie? Doutez-vous de ma parole? ou plutôt vous défiez-vous de votre cœur? Moi, j'ai confiance en lui malgré ses impatiences. Malgré les lenteurs que vous me reprochez, Aurélia, ayez confiance en moi ; je n'ai jamais faussé une promesse.

Une réponse si peu précise ne pouvait satisfaire l'âpre et inquiète jeune femme. Les circonstances, d'ailleurs, la pressaient de tous côtés. Elle était à la veille de voir apparaître Isaac Sturner, et il n'était pas le seul qui la menaçât. Puis les jours fuyaient, rapides, emportant sur chacune de leurs ailes un atome de l'âme éphémère d'Hermann. Quelques mois, quelques semaines encore, et le trésor tant convoité par elle, tant couvé dans les profondeurs de sa pensée, allait peut-être lui échapper. Il ne lui restait donc plus de temps à perdre. Il lui fallait, sans retard, secouer l'inertie du jeune homme irrésolu. Elle fit alors un appel décisif à toutes les ressources de son esprit, à toutes les séductions de son éloquence. Elle s'exprima cette fois avec chaleur, avec entraînement. Elle parla, Eh ! elle osa parler des anxiétés du cœur, des souffrances de la jalousie, des tourments de l'attente. Elle développa ce thème émouvant avec l'art d'une comédienne accomplie. L'impatience de la réussite, jointe aux suggestions de sa cupidité, surexcitait son cerveau et communiquait à sa voix, ainsi qu'à ses gestes, toutes les apparences de la passion. Hermann se sentait ému malgré lui. Il éprouvait comme un remords des ennuis qu'il causait à une femme dont l'attachement pour lui se montrait si vif et si persévérant. La vanité, ce sentiment qui est au fond de toute âme humaine, l'empêchait en ce moment de mettre en doute la sincérité d'Aurélia.

— Pauvre cousine ! se disait-il ; le monde la calomnie, et Wilhelmine s'est faite, de bonne foi, l'écho du monde. Elle m'aime, et je l'épouserai pour l'amour qu'elle daigne égarer sur moi.

En même temps, il persévérait dans sa résolution de ne contracter ce mariage qu'après une année révolue. Par cela même qu'Aurélia l'aimait, il espérait la faire souscrire à cet ajournement. Mais il hésitait toujours à lui révéler ses intentions. Son embarras et son silence commençaient à la mettre hors d'elle-même. Elle avait la poitrine gonflée d'inquiétude, les yeux vaguement éclairés de lueurs fauves, la bouche imperceptiblement contractée. Ce fut néanmoins d'une voix douce, avec une physionomie presque souriante, qu'elle reprit en ces termes :

— Mais parlez donc, Hermann ! Mais décidez-vous donc, je vous en supplie ! Vous faut-il un siècle pour désigner un jour? Eh ! mon Dieu ! rien cependant n'est plus simple ni plus facile. Dites :

demain, après-demain; que sais-je? Dans un mois, heure pour heure : est-ce encore trop rapproché? Soit. Dites alors : Ce sera pour la première matinée d'automne; ou si vous l'aimez mieux, cruel, pour les étrennes de l'an prochain! Mais du moins dites! dites vite! que je sache à quoi m'en tenir. Je ne veux pas demeurer plus longtemps dans l'incertitude; elle me pèse, elle me ferait mourir! Sauvez-moi! Parlez!

Quoique empreinte d'un peu d'amertume, l'apparente bonne humeur d'Aurélia encouragea Hermann. Il crut l'instant propice et se hasarda à lui déclarer sa résolution.

— Ce que je vais vous dire, ma chère cousine, commença-t-il, vous prouvera que j'apprécie votre cœur et que j'espère en votre affection ainsi qu'en votre générosité. Sachez d'abord que j'ai pris envers ma conscience comme envers vous-même des engagements que je compte respecter, quoique malheureusement ils se contrarient dans une certaine mesure. Cette situation que je me suis faite, à tort sans doute, et cependant d'une façon irrévocable, rend impossible la prompte conclusion du projet arrêté entre nous... Oh! ne m'interrompez pas, Aurélia; daignez m'écouter avec toute votre indulgence... Soyez convaincue qu'il n'entre point dans ma pensée de me soustraire par un faux-fuyant à la perspective d'union que j'ai moi-même, il y a deux mois, ouverte devant mon cœur. Vous seule avez désormais le droit de la fermer, et vous ne la fermerez pas, parce que ce serait aggraver ma faute et me causer le tourment d'un remords. J'ose donc vous apprendre que j'ai fixé une époque à notre mariage, une époque pour laquelle j'implore votre patience et votre longanimité, une époque lointaine sans doute, mais dont l'attente ne fera qu'ajouter encore à ma tendresse, à mon admiration, à ma reconnaissance pour vous !

— Et cette époque, quelle est-elle? demanda la jeune femme en pâlissant et en s'efforçant de contenir sa colère; quand comptez-vous mettre un terme à vos étranges hésitations?

— Dans un an à pareil jour!... Oh! reprit Hermann dans l'espoir d'atténuer le coup qu'il portait, je saurai confondre la médisance. D'abord je déclarerai moi-même que c'est moi qui de fait de votre volonté que notre union est ainsi ajournée; puis, pour corroborer ma déclaration et prouver irréfragablement que rien dans nos projets n'est changé, si ce n'est une date, vous consentirez à recevoir immédiatement la corbeille de notre mariage à venir comme un témoignage formel de vos engagements envers moi... Oh! ne repoussez pas ma proposition, Aurélia; elle sauvegarde nos amours-propres, elle définit nos situations comme il importe qu'elles le soient. Et maintenant, je vous en prie encore, montrez-vous indulgente à ce que vous regardez sans doute, peut-être avec raison, comme un intolérable caprice. J'en fais le serment, ce sera le dernier que vous aurez désormais à me reprocher.

Aurélia écoutait l'œil hagard. On eût dit qu'elle venait d'entrevoir la tête de Méduse : sa bouche restait béante, ses membres immobiles et comme pétrifiés. Peu à peu, cependant, l'intelligence reparut dans ses yeux, l'élasticité dans ses mouvements. Elle porta la main à son front comme pour y rallier ses idées en déroute. Redevenue enfin maîtresse d'elle-même, elle demanda brusquement la cause d'un ajournement si prolongé. Hermann ne répondit pas.

— Vous vous taisez? poursuivit-elle avec une railleuse exaspération. Est-ce donc un secret qu'il faille me cacher? Le grand secret, en vérité! comme s'il n'était pas déjà percé à jour! Voulez-vous que je vous le dise, moi? Eh bien! vous êtes follement épris d'une phthisique, et vous prétendez lui rester fidèle jusqu'à son dernier soupir. Magnanime inspiration! Rare et superbe dévouement, et que j'admire de toute mon âme! En conscience, voilà qui est digne d'un grand prix de vertu! Ah! que je me sens donc glorieuse d'avouer un tel fiancé! Ah! que je serai donc flattée, enorgueillie, d'attendre que la poitrine de Wilhelmine Wrangel ait exhalé ce qu'elle contient encore de souffle et d'ardeur! Le beau rôle m'est réservé là! Un rôle touchant et sublime de tolérance et de résignation! Un rôle qui fera infailliblement de moi une sainte, à moins cependant qu'il n'en fasse une idiote ! Oui, une idiote ou une sainte, telle est la véritable alternative où vous me réduisez, mon bon, mon généreux Harmann ! Eh bien ! franchement, je ne me sens créée ni pour la canonisation ni pour l'imbécillité. Dieu, je vous en donne ma parole, n'a mis en moi aucune des qualités nécessaires à ces deux emplois. Je repousse donc absolument vos conditions, mon doux seigneur... Et d'ailleurs... et d'ailleurs, je vous le dis en vérité, il vous serait impossible de les remplir au jour fixé; il ne serait plus temps !...

Ces dernières paroles s'échappèrent si méchamment des lèvres d'Aurélia qu'Hermann en fut troublé. Il eut d'abord comme un vague pressentiment de leur signification, mais la réflexion en changea bientôt le sens dans son esprit. Il pensa dès lors que sa cousine n'avait voulu que mettre en doute sa droiture et sa bonne foi. Il s'efforça de la convaincre par de nouvelles protestations, ainsi que par l'offre réitérée d'un gage éclatant de sa sincérité. Dans la pensée d'Hermann, ce gage devait contenir au milieu des élégances d'un cadeau de noce la quittance des créanciers de la jeune femme, dont il comptait découvrir le nombre par l'entremise du juif Isaac Sturner. Mais soit qu'Aurélia n'eût point deviné toute l'étendue de l'offre qui lui était faite, soit que sa mystérieuse ambition n'en pût être comblée, elle repoussa avec véhémence tout autre accommodement qu'un mariage immédiat.

— Il sera célébré dans huit jours! s'écriat-elle impétueusement. Je le désire, je le veux!

— De grâce, n'insistez pas! répondit Hermann fortement ému. Laissez-moi vous répéter : dans un an...

— Dans un an! dans un an! interrompit Aurélia éclatant comme la foudre. Mais dans un an, malheureux, vous aussi, vous serez mort!...

Et elle disparut, laissant Hermann saisi d'une indicible stupeur.

Lorsqu'il fut parvenu à se secouer, il aperçut son visage dans une glace : il fut épouvanté de sa pâleur. A l'instant même, l'oppression qui lui serrait si souvent le cœur l'étouffa avec une telle violence qu'il poussa un cri aigu ; puis il s'enfuit de la villa maudite d'un pas chancelant et d'un air éperdu.

XII

Pendant quelques heures, Hermann entendit implacablement bruire à ses oreilles les paroles funèbres. Il avait beau se dire qu'elles n'étaient qu'une inspiration ridicule de la colère et de la déraison, il ne parvenait pas à les chasser de son esprit. Peu à peu réveillés par la secousse que l'effroi communiquait à sa mémoire, des souvenirs de deuil vinrent se grouper autour de la menace prophétique d'Aurélia et lui donnèrent plus d'empire encore sur l'imagination troublée du jeune homme. Il se rappelait que sa mère avait succombé à un mal étrange, dont il avait vainement demandé le nom. Il se souvenait, en outre, que de grands médecins l'avaient récemment ausculté, et qu'ils s'étaient entre-regardés avec une vague expression de tristesse.

Tout en agitant ces souvenirs avec une ardeur fébrile, il avait regagné sa demeure. Il allait, le front penché, l'âme anxieuse, dans une allée du parc sur le bord du lac, lorsqu'il aperçut au loin la petite barque blanche se dirigeant vers l'île des Cygnes. A travers la distance éclairée d'un pâle reflet de soleil couchant, il lui sembla voir les yeux de celle qu'il reconnaissait surtout avec son cœur dirigés vers lui comme pour lui adresser un appel. Il se jeta aussitôt dans une barque et fit voler les avirons. Il n'avait d'abord été entraîné à agir ainsi que par un irrésistible instinct. Mais tandis qu'il ramait et que son esprit soucieux s'agitait douloureusement, une pensée le frappa. Il se dit :

— Dans sa lettre, Wilhelmine me conseille d'ajourner à un an mon mariage avec Aurélia. Bizarre et terrible remarque, si je la rapproche de la furieuse prédiction qui vient de m'être faite! Faut-il en conclure que Wilhelmine connaît, s'il en existe un, le secret empoisonné qui menace les sources de ma vie?

En s'exprimant ainsi, il précipitait encore l'impulsion donnée à sa barque, impatient qu'il était de joindre et d'interroger la jeune fille.

— Ne serais-je pas le jouet d'un songe? reprenait-il d'une voix altérée par un frisson. Quoi! comme Wilhelmine, je contiendrais en moi un mal sans remède et sans espoir? Quoi! Wilhelmine aurait tenté de m'enlever à la cupidité d'Aurélia comme j'ai voulu, moi, la soustraire aux infâmes calculs du major? Incroyable similitude de situations! Ah! je crois flotter dans une atmosphère fantastique, où les choses affectent des combinaisons surnaturelles, impossibles. Mais la vie de l'homme n'est-elle pas un tissu d'étrangetés et d'invraisemblances? Ah! n'importe : j'ai peur d'être devenu fou!

Il touchait à l'île. Wilhelmine y avait mis pied à terre; elle vint au-devant de lui. Elle avait un visage profondément altéré; ses yeux étaient pleins de larmes, ses lèvres frémissaient, ses joues brillaient de ce feu sinistre qui semble refléter un incendie intérieur, sa taille se courbait comme une tige étiolée, une toux sèche s'échappait de sa poitrine, semblable au bruit que fait un tissu en se déchirant.

(La suite au prochain numéro.)

Le propriétaire-gérant : F. ROY.

LES ROMANS PARISIENS

LES MYSTÈRES DE PARIS

Monsieur Rodolphe m'a dit que j'avais encore du cœur et de l'honneur. (Page 131.)

La physionomie du Chourineur était radieuse. Il s'avança joyeusement en disant :
— Tonnerre ! que je suis content ! que je suis donc content de vous avoir sauvé !
Et il tendit la main à Germain.
Celui-ci, par un sentiment de répulsion involontaire, se recula d'abord légèrement, au lieu de prendre la main que le Chourineur lui offrait ; puis, se rappelant qu'après tout il devait la vie à cet homme, il voulut réparer ce premier mouvement de répugnance. Mais le Chourineur s'en était aperçu ; ses traits s'assombrirent, et, en reculant à son tour, il dit avec une tristesse amère :
— Ah ! c'est juste... Pardon... monsieur !...
— Non, c'est moi qui dois vous demander

pardon... Ne suis-je pas prisonnier comme vous? Je ne dois songer qu'au service que vous m'avez rendu... vous m'avez sauvé la vie. Votre main, monsieur... je vous en prie... de grâce... votre main?

— Merci... maintenant c'est inutile. Le premier mouvement est tout... Si vous m'aviez d'abord donné une poignée de main, cela m'aurait fait plaisir... Mais, en y réfléchissant, c'est à moi à ne plus vouloir... non parce que je suis prisonnier comme vous ; mais, — ajouta-t-il d'un air sombre et en hésitant, — parce qu'avant d'être ici... j'ai été...

— Le gardien m'a tout dit, — reprit Germain en l'interrompant ; — mais vous ne m'avez pas moins sauvé la vie.

— Je n'ai fait que mon devoir et mon plaisir, car je sais qui vous êtes... monsieur Germain.

— Vous me connaissez?

— Un peu, mon neveu! que je vous répondrais si j'étais votre oncle, — dit le Chourineur en reprenant son ton d'insouciance habituelle, — et vous auriez pardieu bien tort de mettre mon arrivée à la Force sur le dos du hasard... Si je ne vous avais pas connu... je ne serais pas en prison.

Germain regarda le Chourineur avec une surprise profonde.

— Comment?... c'est parce que vous m'avez connu...

— Que je suis ici... prisonnier à la Force...

— Je voudrais vous croire... mais...

— Mais vous ne me croyez pas.

— Je veux dire qu'il m'est impossible de comprendre comment il se fait que je sois pour quelque chose dans votre emprisonnement.

— Pour quelque chose? Vous y êtes pour tout.

— J'aurais eu ce malheur?...

— Un malheur!... au contraire... c'est moi qui vous redois... et crânement encore...

— A moi! vous me devez?...

— Une fière chandelle, pour m'avoir procuré l'avantage de faire un tour à la Force...

— En vérité, — dit Germain en passant la main sur son front, — je ne sais si la terrible secousse de tout à l'heure affaiblit ma raison, mais il m'est impossible de vous comprendre... Le gardien vient de me dire que vous étiez ici comme prévenu... de... de...

Et Germain hésitait.

— De vol... pardieu!... allez donc... oui, de vol avec effraction... avec escalade... et la nuit, par-dessus le marché!... tout le tremblement à la voile, quoi! — s'écria le Chourineur en éclatant de rire. — Rien n'y manque... c'est du chenu... Mon vol a toutes les herbes de la Saint-Jean, comme on dit...

Germain, péniblement ému du cynisme audacieux du Chourineur, ne put s'empêcher de lui dire :

— Comment vous, vous si brave... si généreux, parlez-vous ainsi?... Ne savez-vous pas à quelle terrible punition vous êtes exposé?

— Une vingtaine d'années de galères et le carcan!... connu... Je suis un crâne scélérat, hein! de prendre ça en blague? Mais que voulez-vous, une fois qu'on y est... Et dire pourtant que c'est vous, monsieur Germain, — ajouta le Chourineur en poussant un énorme soupir, d'un air plaisamment contrit, — que c'est vous qui êtes cause de mon malheur!...

— Quand vous vous expliquerez plus clairement, je vous entendrai... Raillez tant qu'il vous plaira, ma reconnaissance pour le service que vous m'avez rendu n'en subsistera pas moins, — dit Germain tristement.

— Tenez, pardon, monsieur Germain, — répondit le Chourineur en devenant sérieux, — vous n'aimez pas à me voir rire de cela... n'en parlons plus. Il faut que je me rabiboche avec vous, et que je vous force peut-être bien à me tendre encore la main...

— Je n'en doute pas ; car, malgré le crime dont on vous accuse et dont vous vous accusez vous-même, tout en vous annonce le courage, la franchise. Je suis sûr que vous êtes injustement soupçonné... de graves apparences peut-être vous compromettent... mais voilà tout...

— Oh! quant à cela, vous vous trompez, monsieur Germain, — dit le Chourineur sérieusement cette fois. Foi d'homme, aussi vrai que j'ai un protecteur (le Chourineur ôta son bonnet), qui est pour moi ce que le bon Dieu est pour les bons prêtres, j'ai voulu la nuit en enfonçant un volet, j'ai été arrêté sur le fait, et encore nanti de tout ce que je venais d'emporter...

— Mais le besoin... la faim... vous poussaient donc à cette extrémité?

— La faim? J'avais cent vingt francs à moi quand on m'a arrêté, le restant d'un billet de mille francs, sans compter que le protecteur dont je vous parle, et qui, par exemple, ne sait pas que je suis ici, ne me laissera jamais manquer de rien... Mais puisque je vous ai parlé de mon protecteur, vous devez croire que ça devient sérieux, parce que, voyez-vous, celui-là, c'est à se mettre à genoux devant... Ainsi, tenez, la grêle de coups de poing dont j'ai tambouriné le Squelette... c'est une manière à lui que j'ai copiée d'après nature... L'idée du vol... c'est à cause de lui qu'elle m'est venue... Enfin, si vous êtes là, au lieu d'être étranglé par le Squelette, c'est encore grâce à lui...

— Mais ce protecteur?...
— Est aussi le vôtre.
— Le mien?
— Oui... M. Rodolphe vous protège... Quand je dis monsieur... c'est monseigneur... que je devrais dire... car c'est au moins un prince... mais j'ai l'habitude de l'appeler M. Rodolphe, et il me le permet.
— Vous vous trompez, — dit Germain de plus en plus surpris, — je ne connais pas de prince...
— Oui, mais il vous connaît, lui... Vous ne vous en doutez pas? C'est possible, c'est sa manière. Il sait qu'il y a un brave homme dans la peine, crac, le brave homme est soulagé; et, ni vu ni connu, je t'embrouille : le bonheur lui tombe des nues comme une tuile sur la tête. Aussi, patience, un jour ou l'autre vous recevrez votre tuile...
— En vérité, ce que vous me dites me confond.
— Vous en apprendrez bien d'autres! Pour en revenir à mon protecteur, il y a quelque temps, après un service qu'il prétendait que je lui avais rendu, il me procure une position superbe; je n'ai pas besoin de vous dire laquelle, ce serait trop long; enfin il m'envoie à Marseille pour m'embarquer et aller rejoindre en Algérie ma superbe position... Je pars de Paris... content comme un gueux; bon! mais bientôt ça change... Une supposition : mettons que je sois parti par un beau soleil, n'est-ce pas? Eh bien, le lendemain, voilà le temps qui se couvre, le surlendemain il devient tout gris, et ainsi de suite, de plus en plus sombre à mesure que je m'éloignais, jusqu'à ce qu'enfin il devienne noir comme le diable... Comprenez-vous?
— Pas absolument...
— Eh bien, voyons... avez-vous eu un chien?
— Quelle singulière question !
— Avez-vous eu un chien qui vous aimât bien et qui se soit perdu?...
— Non.
— Alors je vous dirai tout uniment qu'une fois loin de M. Rodolphe, j'étais inquiet, abruti,

effaré comme un chien qui aurait perdu son maître... C'était bête ; mais les chiens aussi sont bêtes, ce qui ne les empêche pas d'être attachés et de se souvenir au moins autant des bons morceaux que des coups de bâton; et M. Rodolphe m'avait donné mieux que des bons morceaux; car, voyez-vous, pour moi M. Rodolphe c'est tout. D'un vaurien, brutal, sauvage et tapageur, il a fait une espèce d'honnête homme, en me disant seulement deux mots... Mais ces deux mots-là, voyez-vous, c'est comme de la magie...

— Et ces mots, que sont-ils? Que vous a-t-il dit?
— Il m'a dit que j'avais encore *du cœur et de l'honneur*, quoique j'aie été au bagne, non pour avoir volé... c'est vrai... oh ! ça, jamais... mais pour avoir tué, ce qui est pis... peut-être... pour avoir tué... Oui, — dit le Chourineur d'une voix sombre, — oui, tué, dans un moment de colère... parce que, autrefois, élevé comme une bête brute, ou plutôt comme un *voyou* sans père ni mère, abandonné sur le pavé de Paris, je ne connaissais ni Dieu ni diable ni bien ni mal. Quelquefois le sang me montait aux yeux... je voyais rouge... Et si j'avais un couteau à la main, je chourinais... je chourinais... j'étais comme un vrai loup, quoi!... Je ne pouvais pas fréquenter autre chose que des gueux et des bandits; je n'en mettais pas un crêpe à mon chapeau pour cela; fallait vivre dans la boue... je vivais rondement dans la boue... je ne m'apercevais pas seulement que j'y étais... Mais quand M. Rodolphe m'a eu dit que, puisque, malgré les mépris de tout le monde et la misère, au lieu de voler comme d'autres, j'avais préféré travailler tant que je pouvais et à quoi je pouvais, ça montrait que j'avais encore du cœur et de l'honneur... tonnerre!... voyez-vous... ces deux mots-là, ça m'a fait le même effet que si on m'avait empoigné par la crinière pour m'enlever à mille pieds en l'air au-dessus de la vermine où je pataugeais, et me montrer dans quelle crapule je vivais... Comme de juste, alors j'ai dit : Merci ! j'en ai assez. Alors le cœur m'a battu autrement que de colère, et je me suis juré d'avoir toujours de cet honneur dont parlait M. Rodolphe... Vous voyez, monsieur Germain, en me disant avec bonté que je n'étais pas si pire que je me croyais, M. Rodolphe m'a encouragé, et, grâce à lui, je suis devenu meilleur que je n'étais...

En entendant ce langage, Germain comprenait de moins en moins que le Chourineur eût commis le vol dont il s'accusait.

— Non, pensait-il, — c'est impossible ; cet homme qui s'exalte ainsi aux seuls mots d'*honneur* et de *cœur* ne peut avoir commis ce vol dont il parle avec tant de cynisme.

Le Chourineur continua sans remarquer l'étonnement de Germain :

— Finalement, ce qui fait que je suis à M. Rodolphe comme un chien est à son maître, c'est qu'il m'a relevé à mes propres yeux. Avant de le connaître, je n'avais rien ressenti qu'à la peau ; mais lui, il m'a remué en dedans... et bien à fond... allez... Une fois loin de lui et de l'endroit qu'il habitait, je me suis trouvé comme un corps sans âme. A mesure que je m'éloignais, je me disais : Il mène une si drôle de vie ! il se mêle à de si grandes canailles (j'en sais quelque chose), qu'il risque vingt fois sa peau par jour... et c'est dans une de ces circonstances-là que je pourrai faire le chien pour lui et défendre mon maître, car j'ai bonne gueule... Mais, d'un autre côté, il m'avait dit : « Il faut, mon garçon, vous rendre utile aux autres, aller là où vous pouvez servir à quelque chose. » Moi, j'avais bien envie de lui répondre : « Pour moi, il n'y a pas d'autres à servir que vous, monsieur Rodolphe. » Mais je n'osais pas. Il me disait : « Allez... » j'allais... et j'ai été tant que j'ai pu. Mais, tonnerre !... quand il a fallu monter dans le *sabot*, quitter la France, et mettre la mer entre moi et M. Rodolphe... sans espoir de le revoir jamais... vrai, je n'en ai pas eu le courage. Il avait fait dire à son correspondant de me donner de l'argent gros comme moi quand je m'embarquerais. J'ai été trouver le monsieur. Je lui ai dit :

« — Impossible pour le quart d'heure, j'aime mieux le plancher des vaches... Donnez-moi de quoi faire ma route à pied... j'ai de bonnes jambes, je retourne à Paris... je ne peux pas y tenir... M. Rodolphe se fâchera, il ne voudra plus me voir... possible... Mais je le verrai, moi, je saurai où il est... et s'il continue la vie qu'il mène... tôt ou tard, j'arriverai peut-être à temps pour me mettre entre un coup de couteau et lui... Et puis enfin je ne peux pas m'en aller si loin de lui, moi !... Je sens je ne sais quoi qui me tire du côté où il est. »

« Enfin, on me donne de quoi faire ma route... j'arrive à Paris... Je ne boude devant guère de choses... mais, une fois de retour, voilà la peur qui me galope... Qu'est-ce que je pourrai dire à M. Rodolphe pour m'excuser ?... Bah ! après tout, il ne me mangera pas... il en sera ce qu'il en sera... Je m'en vas trouver son ami... un gros grand chauve... encore une crème, celui-là... Tonnerre ! quand M. Murph est entré... j'ai dit :

« — Mon sort va se décider. »

« Je me suis senti le gosier sec, mon cœur battait la breloque... Je m'attendais à être bousculé drôlement... Ah bien oui ! le digne homme me reçoit comme s'il m'avait quitté la veille, il me dit que M. Rodolphe, loin d'être fâché, veut me voir tout de suite... En effet, il me fait entrer chez mon protecteur... Tonnerre ! quand je me suis retrouvé face à face avec lui... lui qui a une si bonne poigne et un si bon cœur... lui qui est terrible comme un lion et doux comme un enfant... lui qui est un prince, et qui a mis une blouse comme moi... pour avoir la circonstance (que je bénis) de m'allonger une grêle de coups de poing, où je n'ai vu que du feu... tenez, monsieur Germain, en pensant à tous ces agréments qu'il possède, je me suis senti bouleversé... j'ai pleuré comme une biche... Eh bien ! au lieu d'en rire... car figurez-vous ma balle quand je pleurniche... M. Rodolphe me dit sérieusement :

« — Vous voilà donc de retour, mon garçon ?

« — Oui, monsieur Rodolphe ; pardon si j'ai eu tort, mais je n'y tenais pas... Faites-moi faire une niche dans un coin de votre cour, donnez-moi la pâtée ou laissez-moi la gagner ici, voilà tout ce que je vous demande, et surtout ne m'en voulez pas d'être revenu.

« — Je vous en veux d'autant moins, mon garçon, que vous revenez à temps pour me rendre service.

« — Moi, monsieur Rodolphe, il serait possible ! Eh bien ! voyez-vous qu'il faut, comme vous me le disiez, qu'il y ait quelque chose .. là-haut ; sans ça, comment expliquer que j'arrive ici... juste au moment où vous avez besoin de moi ? Et qu'est-ce que je pourrais donc faire pour vous, monsieur Rodolphe ? piquer une tête du haut des tours Notre-Dame ?

« — Moins que cela, mon garçon... Un honnête et excellent jeune homme, auquel je m'intéresse comme à un fils, est injustement accusé de vol et détenu à la Force ; il se nomme Germain ; il est d'un caractère doux et timide ; les scélérats avec lesquels il est emprisonné l'ont pris en aversion, il peut courir de grands dangers ; vous qui avez malheureusement connu la vie de prison et un grand nombre de prisonniers, ne pourriez-vous pas, dans le cas où quelques-uns de vos anciens camarades seraient à la Force (on trouverait moyen de le savoir), ne pourriez-vous pas les aller voir, et, par des promesses d'argent qui seraient tenues, les engager à protéger ce malheureux jeune homme? »

— Mais quel est donc l'homme généreux et inconnu qui prend tant d'intérêt à mon sort? — dit Germain de plus en plus surpris.

(*La suite au prochain numéro.*)

Wilhelmine resta muette d'étonnement et de terreur. (Page 134.)

COMMENT ON AIME (suite).

— Souffrez-vous? lui dit Hermann oubliant tout à coup les inquiétudes que lui inspirait son propre sort et contemplant la jeune fille avec un inexprimable sentiment de pitié. Où donc souffrez-vous?

Wilhelmine appuya sa main toute tremblante sur le bras d'Hermann et le regardant avec une fixité émue :

— Vous le savez mieux que moi, lui répondit-elle d'une voix brève. Je vous remercie d'avoir entendu mon muet appel, et vous allez m'apprendre ce que je désire savoir.

L'étonnement et l'anxiété se peignirent sur les traits d'Hermann.

— Ecoutez-moi, reprit Wilhelmine. Il s'est passé, il n'y a qu'un instant, entre le major et moi, une scène violente et terrible, quoique froide et contenue en apparence. Le major m'a fait appeler : quelques-uns de ses amis étaient rassemblés au salon. Deux notaires se remarquaient parmi eux. On m'expliqua le motif de cette réunion. Il s'agissait d'entendre la lecture d'un contrat. Lecture faite, on me présenta une plume et l'on me dit de signer. Je refusai. La surprise fut extrême parmi les assistants. Mon tuteur fut le seul qui ne perdît rien de son sang-froid. Il me pria avec calme d'expliquer mon refus. Je répondis en balbutiant que je désirais attendre une année encore avant de contracter aucun engagement. A cette déclaration, le major bondit sur son siége : il était si déconcerté que tout le monde en demeura stupéfait. Quand nous fûmes seuls, il employa la ruse pour découvrir le secret de ma résolution. Je déjouai son habileté. Alors une sourde fureur l'agita ; votre nom tomba comme broyé de ses lèvres crispées. Il s'arrêta bientôt en face de moi, sombre, irrité, menaçant, et me dit, sans beaucoup élever la voix, mais avec un accent glacé : « Êtes-vous bien certaine que dans un an vous serez encore de ce monde? Vous êtes bien faible et bien chancelante, Wilhelmine ; il suffira d'un souffle pour vous abattre. Et ce souffle, ne le sentez-vous donc pas glisser déjà dans vos chairs? Vous disposez du temps, chétive et insensée! et moi je vous dis que c'est à peine si vous pouvez compter sur quelques jours! Vous espérez une longue vie? Dérision! Mais regardez-vous donc, enfant! vous avez déjà le masque de la mort!!! » Ces paroles furent accompagnées d'un rire infernal. Je me sentis froid dans la poitrine ; j'eus comme un pressentiment que j'étais perdue. D'horribles visions m'assiégèrent aussitôt. Le major m'apparut sous la face d'un vampire prêt à tarir le sang de mes veines, sous la forme d'un vautour guettant impatiemment mon dernier soupir pour dévorer mon cadavre. Que vous dirai-je? Dans un fol accès d'épouvante, je pris la fuite ; je me précipitai dans ma barque pour aller vous demander asile et protection. Mais la fraîcheur du lac calma mon effervescence. Revenue à la maison, je pensai que mon tuteur n'avait fait que se moquer de moi ; j'allais rentrer chez lui, lorsque votre lettre se retraça dans ma mémoire en caractères de feu. O stupeur! j'y vis comme une confirmation de ce que je venais d'entendre. Alors je me dirigeai vers l'île, dans l'espoir de vous y attirer vous-même, d'apprendre de vous la vérité... Monsieur Hermann, ajouta-t-elle résolûment, il faut me promettre de me répondre avec une courageuse franchise, avec une impitoyable sincérité.

Tandis que Wilhelmine parlait ainsi, Hermann la considérait d'un œil hagard. L'étonnante conformité de sa situation avec celle de la phthisique confondait de plus en plus son esprit. Il voulut répondre, la voix lui manqua ; il s'efforça d'imprimer à sa physionomie une expression tranquille et rassurante, il ne parvint qu'à y mettre une contraction pleine d'effroi.

— Doutez-vous de mon courage? reprit Wilhelmine avec un élan d'orgueil. Vous auriez tort, Hermann ; mes terreurs sont passées. Je suis prête à tout entendre ; je me sens le cœur assez fort pour recevoir sans se briser une révélation, fût-ce un arrêt de mort!

— Soit, répondit cette fois Hermann parvenant enfin à maîtriser la violence de ses sensations. Mais d'abord avous me direz vous-même, Wilhelmine, quel mystère pèse sur ma vie! Car moi aussi je viens d'entendre de funèbres discours! Moi aussi j'ai été assailli par la prédiction d'une fin prochaine! Exaspérée par la persistance à ne vouloir m'unir à elle que dans un an, Aurélia Freysberg m'a jeté ces paroles comme une malédiction : « Dans un an! mais dans un an, malheureux, vous aussi vous serez mort!! » Cri de vengeance, sans doute, mais cri retentissant comme la voix de la vérité! Dans un an! dans un an! Comprenez-vous, Wihelmine? C'est-à-dire dans l'intervalle de temps indispensable, selon vous, à l'épreuve des sentiments de ma cousine Aurélia.

A son tour, Wilhelmine resta muette d'étonnement et de terreur. Dans la similitude que le hasard appliquait aux incidents de sa propre vie, ainsi qu'aux incidents de la vie d'Hermann, elle crut entrevoir comme un présage qui confirmait toutes ses appréhensions.

— Oh! je comprends maintenant! s'écria-t-elle bientôt. Plus de doute, Hermann, vous et moi nous sommes perdus! La science a prononcé son arrêt sur nous deux. L'ange du trépas étend déjà sur nos têtes ses ailes sombres et froides. On spéculait sur les débris de nos existences. Ah! remercions Dieu d'avoir déjoué ces exécrables combinaisons! Réjouissons-nous d'échapper aux cupides étreintes de ces usuriers de la mort!

— Vous avez raison, Wilhelmine! dit Hermann dont l'imagination se montait au souffle ardent des paroles de la jeune fille. Pas de désespoir! Osons envisager en face l'avenir qui nous attend! Si nous sommes vraiment destinés à disparaître aux premières heures de la jeunesse, eh bien! nous verrons se briser avec allégresse les liens qui nous retenaient ici-bas à de viles créatures, et nos âmes entrelaceront leurs ailes pour s'élancer, heureuses, vers les régions supérieures où elles seront réunies! Loin de nous donc toute hésitation, toute faiblesse! Parlez résolûment, Wilhelmine; je jure de vous imiter!

Wilhelmine se recueillit un moment, puis d'une voix solennelle et pénétrante :

— Hermann, dit-elle, vous avez une hypertrophie du cœur : le mal est sans remède.

Hermann accueillit cette révélation avec calme, comme si elle n'eût fait que confirmer un soupçon déjà conçu par lui.

— Cela ne me surprend point, dit-il avec un pâle et doux sourire; j'ai si souvent souffert là !

— Ah! voilà qui est bien et d'un grand exemple! s'écria Wilhelmine; vous ne tremblez pas, aucun trouble dans votre regard ! A mon tour maintenant de vous entendre; je ne serai pas moins vaillante que vous. Parlez! j'écoute.

L'héroïque enfant avait rejeté sa charmante tête en arrière avec une admirable expression d'intrépidité. Mais un léger tremblement agitait son corps malgré elle; à son insu, une larme roulait dans ses yeux. Ces indices d'une terreur instinctive n'échappèrent pas au regard d'Hermann. Il hésita. Il balbutia quelques mots destinés à rassurer sa compagne. Mais celle-ci l'interrompit brusquement et lui dit d'un ton ferme et presque impérieux :

— Vous avez juré de m'imiter, Hermann ; imitez-moi, je l'exige. Me tromper serait un acte indigne de mon courage et de votre loyauté!

Hermann comprit qu'il ne devait pas rester au-dessous d'une telle exaltation.

— Sachez-le donc, pauvre ange, dit-il, vous êtes phthisique. Il faudrait un miracle pour vous sauver.

Wilhelmine tressaillit, mais ce fut moins d'effroi que d'étonnement.

— Moi, phthisique? répéta-t-elle avec l'accent de l'incrédulité; moi, phthisique? vous êtes bien certain d'avoir entendu affirmer que je suis phthisique? C'est étrange ! Il m'a toujours semblé cependant que ma poitrine était robuste et que ce n'était pas là que se cacherait le mal dont je mourrai un jour. Phthisique! phthisique! Je commence à croire que la science ne sait pas bien ce qu'elle dit : elle est humaine et par conséquent incertaine et faillible !

Un accès de toux lui coupa la parole; ses joues s'empourprèrent, une pâleur bleuâtre se répandit sur son visage. Elle chancela. Hermann la reçut dans ses bras ; il la conduisit dans la cabane, pour la faire asseoir et la préserver de la brume qui flottait dans l'air. Le soleil avait disparu, mais le ciel était clair et limpide. Des étoiles souriaient à la terre, et la terre leur envoyait des baisers de parfum sur l'aile d'une brise tiède et murmurante.

Wilhelmine recouvra bientôt sa force et sa voix.

— Oui, reprit-elle avec cette volubilité particulière aux phthisiques, oui, la science a raison. Je n'en puis plus douter, il me semble que mes poumons se dissolvent; le souffle commence à me manquer. Ah! si j'allais m'éteindre ici, ce soir, avec le dernier reflet de l'astre à l'horizon! Ce serait bien prompt, en vérité ! Je me soumets à ma destinée, et pourtant je regretterais qu'elle s'accomplît si vite. J'ai tant de choses encore à vous dire, Hermann ! Et tenez, je vous l'avoue, — pourquoi ne vous l'avouerais-je pas, à présent que je connais mon sort? — il me serait pénible de m'en aller de ce monde longtemps avant vous. Je voudrais vous avoir pour compagnon de voyage. Ce doit être si triste de partir ainsi toute seule, sans un ami pour vous encourager durant le mystérieux chemin ! Mais je dis là des folies. Ne vous moquez pas de moi, mon frère. Peut-être allez-vous imaginer que je cherche à m'étourdir par des paroles, parce que j'ai peur. Oh! non, je n'ai pas peur ! Pourquoi aurais-je peur? La mort ne saurait être dure et mauvaise à ceux qui ne l'ont point fait attendre. Ma vie n'aura pas eu le temps de l'irriter; elle aura été si courte et si peu heureuse !... Ah! comme je l'eusse aimée, ma vie, s'il m'eût été donné de la sentir près de vous!

Hermann était à ses pieds. Il l'écoutait avec une expression d'inquiète extase. Lorsqu'elle eut cessé de parler, il la pressa contre sa poitrine, il lui dit de cette voix profonde qui est une vibration de l'âme :

— Si vous mouriez ainsi sur mon cœur, Wilhelmine, mon cœur aussitôt cesserait de battre. Rassurez-vous donc, Wilhelmine! Il me vient même comme un pressentiment que, de près ou de loin, nous partirons au même instant pour les mondes meilleurs. Mais l'heure du départ ne sonnera pas avant que j'aie pu vous jeter ce cri de ma conscience qui éclate : Wilhelmine, je vous aime ! Wilhelmine, je n'ai jamais aimé que vous ! Cet amour que je n'osais m'avouer, parce qu'il ne contenait pour moi qu'une promesse de désolation et de deuil, est éclos dans mon cœur au rayonnement de votre premier regard! Il a grandi sous l'ineffable caresse de votre premier sourire! Désormais, je le sens, il est immortel, et la tombe elle-même ne le détruira pas. S'il faut que je renonce à vous aimer longtemps encore sur cette terre, pour vous aimer au delà de la vie, il me restera l'éternité!

Le front penché sur l'épaule d'Hermann, le regard noyé dans son regard, les lèvres entr'ouvertes comme pour aspirer son haleine, Wilhelmine s'enivrait de l'ardente passion qui lui était révélée. Pour la première fois peut-être, elle se sentait vivre d'une vie forte et délicieuse. Une sève embaumée lui montait au cœur. Elle frissonnait de plaisir comme une fleur qui se relève sous un souffle pur et vivifiant.

— Et moi aussi, je vous aime, Hermann, murmura-t-elle; oui, je vous aime avec ravissement. Oh! il y a déjà longtemps que j'ai deviné cela, moi. Hélas! j'ai bien souffert quand j'ai appris que vous aviez une fiancée; j'ai failli m'évanouir de douleur et de jalousie! Mais j'étais folle, n'est-ce pas, de me désoler ainsi? votre vraie fiancée, c'est moi. Oui, nous nous unirons là-haut, et c'est Dieu lui-même qui nous bénira.

Comme elle achevait ces paroles, un léger bruit d'herbe froissée se fit entendre, Hermann se leva pour en chercher la cause. Au même instant, deux cygnes parurent au seuil de la cabane. Wilhelmine s'élança vers eux et les couvrit de baisers.

— Mes bons amis, disait-elle, je vous oubliais. Et vous aussi pourtant vous m'aimez bien! Mais le bonheur est égoïste, et l'amour est toujours ingrat envers l'amitié.

Les cygnes accueillirent avec une douce gravité ses démonstrations de tendresse. Ils la suivirent au fond de la cabane où Wilhelmine retourna s'asseoir. Ils reçurent là sans s'effaroucher les caresses d'Hermann.

— Oh! je suis heureuse! bien heureuse! répéta la jeune fille en croisant ses bras sur sa poitrine pour contenir l'excès de sa félicité. A me sentir si émue, si vivante, j'ai peine à imaginer que tout pour moi doive sitôt se terminer ici-bas. Vous-même, mon ami, vous êtes beau comme l'espérance et rayonnant comme la santé. C'est à croire que le bonheur nous a régénérés tous deux!

— Ah! le bonheur est, en effet, le remède suprême, le baume souverain! dit Hermann s'efforçant de partager les illusions de sa compagne. Il épure toutes les âmes; il cicatrise toutes les blessures. Et vous avez raison, Wilhelmine, j'éprouve un immense bien-être au cœur!

— Si nous allions être sauvés, mon ami? si, malgré les symptômes, malgré les arrêts, il nous était réservé d'échapper à la mort qui nous menace, de vivre encore de longues années! Ah! nous ne nous quitterions plus, n'est-ce pas? Nous nous renfermerions dans notre amour comme dans une citadelle; nous ne souffririons que personne nous séparât dans le présent ni dans l'avenir; vous seriez mon époux malgré Aurélia Freysberg; je serais votre femme malgré le major Oraulf; nous nous créerions un nid d'oiseaux dans la solitude, et nous achèverions de nous guérir en achevant de nous rendre heureux!

— Chère âme du ciel! s'écria Hermann transporté. Non! nul n'aurait la puissance de nous désunir! Je le jure par ton adorable tendresse; je le jure par mon indicible amour! Et voici la consécration que j'ajoute à mon serment!

En même temps son visage radieux se penchait vers le céleste visage de Wilhelmine. Leurs lèvres s'unirent, et il se fit aussitôt dans la cabane un bruit mélodieux et plaintif : c'était le tressaillement de deux âmes qui se fondent dans un embrassement!...

Depuis un quart d'heure, cependant, deux personnes avaient mis pied à terre et s'étaient rencontrées dans l'île : Aurélia et le major.

Après quelques mots échangés à voix basse, ils s'étaient glissés comme des reptiles derrière une charmille dans l'ombre de la cabane. De là ils avaient assisté, sans oser l'interrompre, à l'émouvante entrevue qui vient d'être racontée. Ils se reprochaient l'un à l'autre leur emportement. Ils désiraient en effacer l'impression, non par un sentiment de pitié, mais avec l'espoir de vaincre ensuite peu à peu l'obstination qui contrariait leurs vues. S'ils étaient venus en ce moment à l'île, c'était pour tâcher d'apprendre jusqu'à quel degré chacun d'eux avait éveillé la terreur et l'indignation dans l'âme de Wilhelmine ou d'Hermann et pouvoir se guider plus sûrement ensuite dans une voie d'excuse et de réconciliation.

(*La suite au prochain numéro.*)

Le propriétaire-gérant : F. ROY.

LES MYSTÈRES DE PARIS

J'ai une bonne nouvelle à vous apprendre, dit le directeur à Germain. (Page 139.)

— Vous le saurez peut-être ; quant à moi, j'en ignore. Pour revenir à ma conversation avec M. Rodolphe, pendant qu'il me parlait, il m'était venu une idée, mais une idée si farce, si farce, que je n'ai pas pu m'empêcher de rire devant lui.

« — Qu'avez-vous donc, mon garçon ? me dit-il.

« — Dame ! monsieur Rodolphe, je ris parce que je suis content ; et je suis content parce que j'ai le moyen de mettre votre M. Germain à l'abri d'un mauvais coup des prisonniers, de lui donner un protecteur qui le défendra crânement ; car une fois le jeune homme sous l'aile du cadet dont je vous parle, il n'y en aura pas un qui osera venir lui regarder sous le nez.

« — Très-bien, c'est sans doute un de vos anciens compagnons?

« — Juste, monsieur Rodolphe ; il est entré à la Force il y a quelques jours, j'ai su ça en arrivant ; mais il faudra de l'argent.

« — Combien faut-il?

« — Un billet de mille francs.

« — Le voilà.

« — Merci, monsieur Rodolphe ; dans deux jours vous aurez de mes nouvelles. »

« Tonnerre ! le roi n'était pas mon maître, je pouvais rendre service à M. Rodolphe en passant par vous... c'est ça qui était fameux !

— Je commence à comprendre... ou plutôt je tremble de comprendre, — s'écria Germain ; — pour venir me protéger dans cette prison, vous avez peut-être commis un vol? Oh ! ce serait le remords de toute ma vie...

— Minute !... M. Rodolphe m'a dit que j'avais du cœur et de l'honneur... ces mots-là... sont ma loi, à moi, voyez-vous... et il pourrait encore me les dire, car si je ne suis pas meilleur qu'autrefois, du moins je ne suis pas pire.

— Mais ce vol ?... Si vous ne l'avez pas commis, comment êtes-vous ici ?

— Attendez donc. Voilà la farce : avec mes mille francs, je m'en vas acheter une perruque noire ; je rase mes favoris, je mets des lunettes bleues, je me fourre un oreiller dans le dos, et roule ta bosse ; je me mets à chercher une ou deux chambres à louer de suite, au rez-de-chaussée, dans un quartier bien vivant. Je trouve mon affaire rue de Provence, je paye un terme d'avance sous le nom de M. Grégoire. Le lendemain, je vas acheter au Temple de quoi meubler les deux chambres, toujours avec ma perruque noire, ma bosse et mes lunettes bleues, afin qu'on me reconnaisse bien,... j'envoie les effets rue de Provence, et de plus, six couverts d'argent que j'achète boulevard Saint-Denis, toujours avec mon déguisement de bossu. Je reviens mettre tout en ordre dans mon domicile. Je dis au portier que je ne coucherai chez moi que le surlendemain, et j'emporte ma clef. Les fenêtres des deux chambres étaient fermées par de forts volets. Avant de m'en aller, j'en avais exprès laissé un sans y mettre le crochet du dedans. La nuit venue, je me débarrasse de ma perruque, de mes lunettes, de ma bosse et des habits avec lesquels j'avais été faire mes achats et louer ma chambre ; je mets cette défroque dans une malle que j'envoie à l'adresse de M. Murph, l'ami de M. Rodolphe, en le priant de garder ces nippes ; j'achète la blouse que voilà, le bonnet bleu que voilà, une barre de fer de deux pieds de long, et à une heure du matin je viens rôder dans la rue de Provence, devant mon logement, attendant le moment où une patrouille passerait pour me dépêcher de me voler, de m'escalader et de m'effractionner moi-même, afin de me faire empoigner.

Et le Chourineur ne put s'empêcher de rire encore aux éclats.

— Ah ! je comprends... — s'écria Germain.

— Mais vous allez voir si je n'ai pas du guignon ; il ne passait pas de patrouille !... J'aurais pu vingt fois me dévaliser tout à mon aise. Enfin, sur les deux heures du matin j'entends piétiner les tourlourous : je finis d'ouvrir mon volet, je casse deux ou trois carreaux pour faire un tapage d'enfer, j'enfonce la fenêtre, je saute dans la chambre, j'empoigne la boîte d'argenterie... quelques nippes. Heureusement la patrouille avait entendu le drelindindin des carreaux... car, juste comme je ressortais par la fenêtre, je suis pincé par la garde, qui, au bruit des carreaux cassés, avait pris le pas de course. On frappe, le portier ouvre ; on va chercher le commissaire ; il arrive ; le portier dit que les deux chambres dévalisées ont été louées la veille par un monsieur bossu, à cheveux noirs et portant des lunettes bleues, et qui s'appelait Grégoire. J'avais la crinière de filasse que vous me voyez, j'ouvrais l'œil comme un lièvre au gîte, j'étais droit comme un Russe au port d'armes, on ne pouvait donc pas me prendre pour le bossu à lunettes bleues et à crins noirs. J'avoue tout, on m'arrête, on me conduit au dépôt, du dépôt ici, et j'arrive au bon moment, juste pour arracher des pattes du Squelette le jeune homme dont M. Rodolphe m'avait dit :

« — Je m'y intéresse comme à mon fils. »

— Ah ! monsieur, que ne vous dois-je pas... pour tant de dévouement !

— Ce n'est pas à moi... c'est à M. Rodolphe que vous devez.

— Mais la cause de son intérêt pour moi ?

— Il vous la dira, à moins qu'il ne vous la dise pas ; car souvent il se contente de vous faire du bien, et si vous lui demandez pourquoi, il ne se gêne pas pour vous répondre :

« — Mêlez-vous de ce qui vous regarde. »

— Et M. Rodolphe sait-il que vous êtes ici ?

— Pas si bête de lui avoir dit mon idée, il

ne m'aurait peut-être pas permis cette farce... et, sans me vanter, hein! elle est fameuse!

— Mais que de risques vous avez courus... vous courez encore!...

— Qu'est-ce que je risquais? de n'être pas conduit à la Force où vous étiez, c'est vrai... Mais je comptais sur la protection de M. Rodolphe pour me faire changer de prison et vous rejoindre. Et une fois que j'aurais été coffré, il aurait autant aimé que ça vous serve à quelque chose.

— Mais au jour de votre jugement?

— Eh bien, je prierai M. Murph de m'envoyer la malle : je reprendrai devant le juge ma perruque noire, mes lunettes bleues, ma bosse, et je redeviendrai M. Grégoire pour le portier qui m'a loué la chambre, pour les marchands qui m'ont vendu, voilà pour le volé... Si on veut revoir le voleur, je quitterai ma défroque, et il sera clair comme le jour que voleur et volé ça fait au total le Chourineur, ni plus ni moins. Alors, que diable voulez-vous qu'on me fasse, quand il sera prouvé que je me volais moi-même?

— En effet, — dit Germain plus rassuré. Mais puisque vous me portiez tant d'intérêt, pourquoi ne m'avez-vous rien dit en entrant dans la prison?

— J'ai tout de suite su le complot qu'on avait fait contre vous; j'aurais pu le dénoncer avant que Pique-Vinaigre eût commencé ou fini son histoire ; mais dénoncer même des bandits pareils, ça ne m'allait pas... j'ai mieux aimé ne m'en fier qu'à ma poigne... pour vous arracher des pattes du Squelette... Et puis, quand je l'ai vu, ce brigand-là, je me suis dit : Voilà une fameuse occasion de me rappeler la grêle de coups de poing de M. Rodolphe, auxquels j'ai dû l'honneur de sa connaissance.

— Mais si tous les détenus avaient pris parti contre vous seul, qu'auriez-vous pu faire?

— Alors j'aurais crié comme un aigle et appelé au secours! Mais ça m'allait mieux de faire ma petite cuisine moi-même, pour pouvoir dire à M. Rodolphe ; Il n'y a que moi qui me suis mêlé de la chose... j'ai défendu et je défendrai votre jeune homme, soyez tranquille.

A ce moment le gardien rentra brusquement dans la chambre.

— Monsieur Germain, venez vite, vite, chez M. le directeur... il veut vous parler à l'instant même... Et vous, Chourineur, mon garçon, descendez à la Fosse-au-Lions. Vous serez prévôt, si cela vous convient, car vous avez tout ce qu'il faut pour remplir ces fonctions, et les détenus ne badineront pas avec un gaillard de votre espèce.

— Ça me va tout de même : autant être capitaine que soldat.

— Refuserez-vous encore ma main? — dit cordialement Germain.

— Ma foi non... monsieur Germain, ma foi non; je crois que maintenant je peux me permettre ce plaisir-là, et je vous la serre de bon cœur.

— Nous nous reverrons... car me voici sous votre protection... je n'aurai plus rien à craindre, et de ma cellule je descendrai chaque jour au préau.

— Soyez calme, si je le veux on ne vous parlera qu'à quatre pattes... Mais j'y songe, vous savez écrire... mettez sur le papier ce que je viens de vous raconter, et envoyez l'histoire à M. Rodolphe; il saura qu'il n'a plus à être inquiet de vous, et que je suis ici pour le *bon motif*; car s'il apprenait autrement que le Chourineur a volé, et qu'il ne connaisse pas le dessous des cartes!... tonnerre!... ça ne m'irait pas...

— Soyez tranquille. Ce soir même je vais écrire à mon protecteur inconnu ; demain vous me donnerez son adresse, et la lettre partira. Adieu encore!... Merci, mon brave!...

— Adieu ! monsieur Germain ; je vais retourner auprès de ces tas de gueux. Il faudra qu'ils marchent droit, ou, sinon, gare dessous!...

— Quand je songe qu'à cause de moi vous allez vivre quelque temps encore avec ces misérables!...

— Qu'est-ce que ça me fait? Maintenant il n'y a pas de risque qu'ils déteignent sur moi... M. Rodolphe m'a trop bien lessivé... je suis assuré contre l'incendie !

Et le Chourineur suivit le gardien.

Germain entra chez le directeur. Quelle fut sa surprise!... il y trouva Rigolette... Rigolette pâle, émue, les yeux baignés de larmes, et pourtant souriant à travers ses pleurs; sa physionomie exprimait un ressentiment de joie, de bonheur inexprimable.

— J'ai une bonne nouvelle à vous apprendre, monsieur, — dit le directeur à Germain. — La justice vient de déclarer qu'il n'y avait pas lieu à suivre contre vous... Par suite du désistement et surtout des explications de la partie civile, je reçois l'ordre de vous mettre immédiatement en liberté.

— Monsieur... que dites-vous?... il serait possible!...

Rigolette voulut parler, sa trop vive émotion l'en empêcha; elle ne put que faire à Germain un signe de tête affirmatif en joignant les mains.

— Mademoiselle est arrivée ici peu de moments après que j'ai reçu l'ordre de vous mettre en liberté, — ajouta le directeur. — Une lettre de toute-puissante recommandation, qu'elle m'apportait, m'a appris le touchant dévouement qu'elle vous a témoigné pendant votre séjour en prison, monsieur. C'est donc avec un vif plaisir que je vous ai envoyé chercher, certain que vous serez très-heureux de donner votre bras à mademoiselle pour sortir d'ici.

— Un rêve!... non, c'est un rêve! — dit Germain. — Ah! monsieur... que de bontés!... Pardonnez-moi si la surprise... la joie, m'empêchent de vous remercier comme je le devrais...

— Et moi donc, monsieur Germain, je ne trouve pas un mot à dire, — reprit Rigolette; — jugez de mon bonheur: en vous quittant, je trouve l'ami de M. Rodolphe qui m'attendait.

— Encore M. Rodolphe! — dit Germain étonné.

— Oui, maintenant on peut tout vous dire, vous saurez cela; M. Murph me dit donc:

« — Germain est libre, voilà une lettre pour M. le directeur de la prison; quand vous arriverez, il aura reçu l'ordre de mettre Germain en liberté et vous pourrez l'emmener.

« Je ne pouvais croire ce que j'entendais, et pourtant c'était vrai. Vite, vite, je prends un fiacre... j'arrive... et il est en bas qui nous attend... »

. . . .

Nous renonçons à peindre le ravissement des deux amants lorsqu'ils sortirent de la Force, la soirée qu'ils passèrent dans la petite chambre de Rigolette, que Germain quitta à onze heures pour gagner un modeste logement garni.

. . . .

Résumons en peu de mots les idées pratiques ou théoriques que nous avons tâché de mettre en relief dans cet épisode de la *vie de prison*.

Nous nous estimerions très-heureux d'avoir démontré:

L'insuffisance, l'impuissance et le danger de la réclusion en commun...

Les disproportions qui existent entre l'appréciation et la punition de certains crimes (*le vol domestique, le vol avec effraction*), et celles de certains délits (*les abus de confiance*)...

Et enfin l'impossibilité matérielle où sont les classes pauvres de jouir du bénéfice des lois civiles.

CHAPITRE VII

PUNITION

Nous conduirons de nouveau le lecteur dans l'étude du notaire Jacques Ferrand. Grâce à la loquacité habituelle des clercs, presque incessamment occupés des bizarreries croissantes de leur patron, nous exposerons ainsi les faits accomplis depuis la disparition de Cecily.

— Cent sous contre dix que, si son dépérissement continue, avant un mois le patron aura crevé comme un mousquet!

— Le fait est que, depuis que la servante qui avait l'air d'une Alsacienne a quitté la maison, il n'a plus que la peau sur les os... Et quelle peau!

— Ah çà! il était donc amoureux de l'Alsacienne, alors, puisque c'est depuis son départ qu'il se racornit ainsi?

— Lui, le patron, amoureux? quelle farce!!

— Au contraire, il se remet à revoir des prêtres plus que jamais!

— Sans compter que le curé de la paroisse, un homme bien respectable, il faut être juste, s'en est allé hier (je l'ai entendu), en disant à un autre prêtre qui l'accompagnait:

« — C'est admirable!... M. Jacques Ferrand est l'idéal de la charité et de la générosité sur la terre... »

— Le curé a dit ça? de lui même? et sans effort?

— Que le patron était l'idéal de la charité et de la générosité sur la terre?...

— Oui! je l'ai entendu...

— Alors je n'y comprends plus rien; le curé a la réputation, et il a le mérite, d'être ce qu'on appelle un vrai bon pasteur... Il est aussi bon et aussi charitable que le *Petit-Manteau-Bleu*[1]... et quand on dit ça d'un homme, il est jugé. Pour le Petit-Manteau-Bleu comme pour le bon prêtre, les pauvres n'ont qu'un cri... et un brave cri du cœur.

— Alors j'en reviens à mon idée; quand le curé affirme une chose, il faut y croire, vu qu'il est incapable de mentir: et pourtant, croire que le patron est charitable et généreux... ça

---

1. Qu'on nous permette de mentionner ici avec une vénération profonde le nom de ce grand homme de bien, M. CHAMPION, dont tous les pauvres de Paris parlent avec autant de respect que de reconnaissance.

me gêne dans les *entournures* de ma croyance.

— Sérieusement, j'aime autant croire à cela qu'à un miracle... Ce n'est pas plus difficile.

— M. Ferrand généreux, lui !... lui... qui tondrait sur un œuf !

— Pourtant, messieurs, les quarante sous de notre déjeuner ?

— Belle preuve ! c'est comme lorsqu'on a par hasard un bouton sur le nez... c'est un accident.

— Oui, mais, d'un autre côté, le maître clerc m'a dit que depuis trois jours le patron a réalisé une énorme somme en bons du Trésor, et que...

(*La suite au prochain numéro.*)

COMMENT ON AIME

L'ILE DES CYGNES

(SUITE ET FIN.)

Que pensaient-ils, après ce qu'ils venaient d'entendre ? Ils s'entre-regardaient dans l'ombre en secouant péniblement la tête. Un silence profond ayant succédé à la vibration des deux voix dans la cabane, ils y jetèrent un coup d'œil à travers une fente qui avait jusque-là servi à leur observation. Mais quelle ne fut pas leur stupeur ! Hermann et Wilhelmine se tenaient assis dans l'immobilité ; ils étaient adossés contre la muraille ; leurs fronts, inclinés un peu en arrière, s'appuyaient l'un contre l'autre. Un rayon de lune éclairait leurs paupières closes, leurs lèvres entr'ouvertes, leurs mains pendantes. Aurélia et le major s'élancèrent auprès d'eux et les envisagèrent avec une expression de physionomie où la colère le disputait à l'anxiété.

— Ils ne sont sans doute qu'évanouis, dit la jeune femme d'un ton sec ; il faut envoyer chercher le docteur.

Ornulf partit. Il revint bientôt, accompagné de Savarus. Après une minute d'examen :

— Ils sont morts, dit tranquillement ce dernier, l'un d'un épanchement au cœur, l'autre d'une congestion au poumon.

Le major ne put retenir ces mots, qui s'exhalèrent avec un âpre soupir :

— Cent mille rixdalers qui m'échappent !

Quant à Aurélia, elle haussa les épaules, et pour toute oraison funèbre elle murmura :

— Décidément, je suis ruinée !

— Ainsi va le monde, observa le docteur en ricanant : les anges s'en vont, les diables restent.

CONCLUSION.

Le major Ornulf n'a pu se consoler d'avoir remis la fortune de Wilhelmine Aurich entre les mains des collatéraux. Il est devenu bientôt mélancolique et taciturne. Son hypocondrie s'est aggravée encore par la perte de fortes sommes qu'il avait engagées dans les spéculations industrielles.

Un an après la mort de sa pupille, il s'est brûlé la cervelle dans un accès d'humeur noire, après avoir constaté qu'il ne lui restait plus que la moitié de son ancienne opulence, déduction faite des cent mille rixdalers qu'il avait toujours considérés comme lui appartenant. Aurélia, elle, s'est enfuie en Angleterre pour échapper à ses créanciers. Elle y a épousé en secondes noces un très-vieux et très-riche capitaliste dont elle dévorait la fortune à belles dents, lorsqu'elle est morte des suites d'une chute violente faite en essayant un magnifique cheval arabe qu'elle venait de payer cinq cents livres sterling.

D'après une idée du docteur Savarus, beaucoup moins satanique au fond qu'il n'affecte de le paraître, Hermann et Wilhelmine ont été enterrés dans l'île où ils ont rendu le dernier soupir. Un même tombeau leur sert de sépulture. Deux cygnes en marbre, aux ailes entrelacées, ornent ce monument sur lequel deux noms sont incrustés en lettres d'or. La superstition populaire est venue imprimer sa poésie à ce souvenir de deuil. On assure que chaque soir les âmes des deux enfants ensevelis se glissent dans le marbre des deux cygnes sculptés, lesquels s'envolent alors de leur piédestal funéraire et vont se jouer dans le bassin de l'île avec les cygnes aimés naguère de Wilhelmine et d'Hermann.

FIN

MISS MARY

I

Au mois de décembre 1862, dans l'un des plus jolis hôtels du Strand, à Londres, était réunie une nombreuse et brillante société. On y remarquait l'élite du monde financier, quelques hommes politiques, et surtout beaucoup de jolies femmes, que l'attrait d'une soirée musicale et dansante avait rassemblées chez M. Stevenson, ancien agent de change ou *stockbroker* retiré des affaires. Le concert venait de finir, à la grande satisfaction de la jeunesse. Déjà se répandait l'animation; l'orchestre exécutait avec verve les contredanses les plus nouvelles, et les quadrilles se mettaient en mouvement, tandis que çà et là se renouaient les entretiens de la journée sur la hausse et la baisse, et sur la récente discussion parlementaire : il y a des gens qui colportent partout les préoccupations de leur état.

Parmi les groupes qui se formaient dans l'intervalle des danses, il en était un surtout qui se pressait fort nombreux aux abords d'une jeune fille, toute confuse des compliments qu'on lui adressait, des invitations dont on l'accablait. Cet empressement était d'ailleurs bien motivé, car elle venait d'exécuter une sonate avec un éclat et un sentiment remarquables. Et puis, il n'était guère possible de rien voir de plus noblement expressif, de plus délicieusement beau que cette enfant, qui comptait seize ans à peine. Sa taille se dessinait élégante et svelte sous une robe de mousseline qui le disputait de blancheur avec son cou de cygne. Son front, légèrement bombé et d'un reflet satiné, semblait le siége d'une intelligence distinguée. Gall et Spurzheim, ces maîtres de la phrénologie, eussent sans doute remarqué à l'angle de ses sourcils admirablement tracés une petite protubérance, indice évident, à leur avis, d'une grande aptitude musicale. Quoi qu'il en soit, ses yeux, bleus comme l'humide ancolie, révélaient à travers l'éclat du moment une sensibilité exquise, jointe à de la fermeté d'esprit. Ses cheveux blonds, délicatement nuancés, retombaient sur ses épaules, bouclés comme des touffes d'hyacinthe, encadrant un visage aussi frais, aussi suave qu'une rose du Bengale. On eût dit une péri descendue des airs sur un rayon de lumière pour se mêler un instant aux plaisirs de ce monde. Il semblait que l'atmosphère qui l'enveloppait fût plus légère et plus pure, et la foule charmée la considérait avec une sorte d'enthousiasme contenu. De temps en temps une femme d'une cinquantaine d'années venait s'asseoir auprès d'elle; la jeune fille lui prenait alors la main et la pressait dans les siennes avec effusion. Cette femme paraissait heureuse et fière de la beauté et du bonheur de cette enfant, car l'une était mistress Stevenson et l'autre miss Mary, sa fille, l'aînée, par parenthèse, de quatre jolis enfants.

Pour Mary et pour sa mère, cette soirée était mieux qu'une soirée ordinaire : c'était, en effet, la première apparition de cette jeune personne dans un salon; c'était le moment solennel de son entrée dans le monde; car jusque-là Mary avait été élevée avec une extrême sévérité. Placée fort jeune dans un pensionnat de Richemont, elle n'en était sortie que rarement, pour passer avec son père et sa mère, en petit comité, les heures de vacances arrachées à une règle inflexible. Mais, cette fois, Mary jouissait d'un congé définitif; elle avait à jamais dit adieu au pensionnat, et sa mère, la jugeant assez instruite, assez éclose pour le monde, se faisait un devoir de la présenter chez elle à une petite fête donnée dans cette intention. Le succès de Mary, nous l'avons dit, était des plus flatteurs, des plus complets. Mais, disons-le aussi, il n'avait fallu rien moins que la conviction profonde du talent extraordinaire de sa fille, talent sincèrement reconnu par quelques artistes d'un grand mérite, pour que mistress Stevenson se fût hasardée à la faire jouer ainsi dans son salon, le premier jour de son entrée dans le monde. Loin de songer à se reprocher une imprudence, l'orgueilleuse mère savourait en secret toutes les douceurs du triomphe. M. Stevenson, lui, n'était pas moins glorieux que sa femme, et l'excellent père se sentait de bien terribles velléités d'aller, au beau milieu de la foule empressée, serrer sa Mary sur son cœur; mais il souriait de sa petite vanité, et se promettait de réclamer, après le bal, les intérêts et les arrérages de ce qu'il appelait, le digne *stockbroker*, la créance de son amour paternel.

M. et mistress Stevenson n'étaient pas seuls à être vivement touchés des succès de leur fille. Il y avait là un jeune homme d'une vingtaine d'années qui, malgré son air calme et doux, malgré la réserve dont il faisait preuve en se tenant toujours à l'écart, ressentait au fond de l'âme comme un écho redoublé de toutes les joies de Mary, de toutes les admirations qu'elle éveillait. Ce jeune homme était son cousin William, orphelin que M. Stevenson aimait comme son propre fils, et qu'il se plaisait, après avoir reconnu sa vocation déterminée pour la peinture, à encourager et à soutenir dans ses études artistiques. William était depuis quelques instants adossé contre le chambranle de l'une des portes du salon, livré tout entier à ses pensées intimes, lorsque le prélude d'un quadrille se fit entendre. Les groupes se formèrent, et l'orchestre allait reprendre, quand on s'aperçut que Mary restait en place. Vingt cavaliers s'élancèrent aussitôt pour l'engager. Mary leur répondit qu'elle profiterait de l'absence de son danseur pour se reposer. Elle avait à peine achevé ces mots, lorsque William parut devant elle, rouge comme une cerise et tremblant d'émotion.

— Oh! pardon! pardon, ma cousine! balbutia-t-il.

— Vous m'aviez oubliée, William? lui dit-elle avec une légère expression de reproche, en lui présentant la main.

— Oubliée! murmura le jeune peintre en baissant timidement la tête; c'est vous qui en êtes cause alors...

— Moi, mon cousin!... Et comment cela? dit-elle en l'entraînant au milieu des danseurs.

— C'est bien simple, répondit naïvement William : je pensais à vous, à vos talents, à vos succès... Et voilà pourquoi j'ai oublié que je devais danser avec vous.

Mary sourit, et le joli couple s'élança pour danser la première figure. Le bal en ce moment était fort animé. Bon nombre de financiers et d'hommes politiques, entraînés par le mouvement communicatif, venaient de déposer pour quelques instants leur gravité britannique; ils avaient pris place dans les quadrilles, où ils marchaient à pas comptés et solennels.

M. et mistress Stevenson étaient ravis de cet entrain, et se félicitaient du plaisir que chacun paraissait prendre à leur fête.

II

Tandis que l'on se divertissait de la sorte dans le salon de M. Stevenson, il se passait, à quelques centaines de pas de sa demeure, un événement qui devait avoir une influence fatale sur les destinées de l'heureuse famille. Un homme était assis dans un cabinet richement meublé, les coudes appuyés sur une table, les yeux ardemment fixés sur un vaste portefeuille ouvert d'où s'échappait une masse de bank-notes.

— Que faire? que faire? disait-il avec l'accent du désespoir. J'ai promis de rembourser demain à mon ami Stevenson les quatre-vingt mille livres sterling qu'il m'a confiées après la vente de sa charge et la liquidation de ses affaires... et ces quatre-vingt mille livres sterling, depuis mes dernières pertes à la Bourse, sont à peu près tout mon actif... Cette somme, c'est la fortune de mon ami!... Il sera toujours opulent, heureux, et moi... moi, il ne me restera rien! je serai misérable! Oui! oui! reprit-il avec une sorte de rage, demain la misère!... tandis que j'ai là... là... en ce moment... sous les yeux... sous la main... toute une fortune... tout un trésor!... Il ne tient qu'à moi de m'en emparer... de partir... Pourquoi pas? J'étais bien décidé tout à l'heure... N'ai-je point envoyé chercher une chaise de poste? elle va venir dans un instant... Pourquoi donc hésiter encore?... Dans quelques heures je puis être loin d'ici avec ce portefeuille. Infamie! infamie! s'écria-t-il; tromper la confiance d'un ami! le voler lâchement! le ruiner! le tuer peut-être! Oh! non, non, jamais!... ce serait hideux! je suis fou... la mort plutôt! Je rendrai cet argent... je continuerai les affaires... je referai fortune. Oui, oui, demain peut-être un coup de Bourse me remettra à flot!

Il se leva et marcha à grands pas dans son cabinet; ses mouvements étaient saccadés comme ses paroles; il se frappait le front du poing, et, après un moment de silence :

— Insensé que je suis! s'écria-t-il tout à coup avec un ricanement diabolique. J'oubliais que demain est jour d'échéance, et que je n'ai point en caisse ce qu'il me faut pour acquitter tous mes engagements... Je vais donc être obligé de suspendre mes paiements, du moins en partie... Mes clients seront effrayés; ils voudront réaliser... et je serai perdu!... Ainsi, que je paye ou que je ne paye pas Stevenson, je n'en serai pas moins déclaré en faillite, et toute ma folle générosité envers mon ami n'aura été qu'une action de dupe... Allons! allons! plus d'hésitation! plus de combat! La tentation est trop infernale... A moi ces quatre-vingt mille livres sterling! Une journée de lutte entre l'infamie et l'honneur, c'est assez! Adieu mon honneur... je fais un pacte avec l'infamie!

Comme il achevait ces mots, un domestique entra et lui annonça qu'une chaise de poste l'attendait. Le banquier referma son portefeuille, le mit sous son bras, s'enveloppa d'un manteau de voyage, descendit l'escalier en courant comme un fou, et se jeta aussitôt dans la voiture de poste, que quatre chevaux vigoureux emportèrent aussitôt sur la route de Douvres, où, pour déjouer les poursuites, il voulut prendre le chemin de fer à la station de Greenwich, dans le but de passer en France le lendemain.

A l'instant où le fugitif montait en voiture, un jeune homme qui sortait d'une soirée pour se rendre au bal de M. Stevenson l'avait reconnu. Surpris de ce départ nocturne, il se mit machinalement à courir vers l'hôtel de notre ancien *stockbroker :* c'était un ancien commis de M. Stevenson.

III

On dansait toujours dans notre charmant hôtel du Strand. Minuit venait de sonner. L'orchestre jetait en vibrations sonores ses notes les plus excitantes; et les danseuses, le visage coloré par l'action du galop et de la valse, étaient plus jolies que jamais. M. Stevenson, appuyé contre le marbre d'une cheminée, causait avec quelques invités; sa figure, pleine de sang et de vie, était fort animée; elle s'épanouissait vermeille et souriante comme une grenade, car notre ancien *stockbroker* était d'une corpulence, d'une fraîcheur, d'une santé à faire envie au Falstaff de Shakespeare.

— Je crois, mon cher ami, lui disait un banquier, qu'il vous manque ce soir fort peu de vos invités. Voyez, quelle foule!

— Vous savez le proverbe français? répliqua M. Stevenson : Plus on est de fous...

— Plus on rit, ajouta avec un flegme comique un spirituel membre du Parlement, et plus on a le plaisir de s'écraser les pieds, ajouta-t-il.

— Il n'est pas de plaisir sans peine, repartit M. Stevenson, qui tenait beaucoup au langage proverbial.

— Heureusement la douleur n'est pas un mal, s'écria le banquier en faisant une grimace très-peu stoïque, parce qu'une grosse lady venait, en passant, de lui monter sur l'orteil.

— Si Daring était à votre place, dit M. Stevenson, il pousserait le stoïcisme jusqu'à faire des excuses à cette dame pour le mal qu'elle lui aurait fait.

— Peste! je ne suis pas aussi philosophe, répondit le banquier... Mais, à propos, reprit-il, je n'ai point encore aperçu ce Zénon de la finance?

— Il est toujours en retard lorsqu'il va en soirée.

— Je lui souhaite de n'être jamais en retard que pour cela, murmura le membre du Parlement.

— Que voulez-vous dire? murmura Stevenson.

— Oh! rien, presque rien, quelques bruits sans consistance, probablement...

— Mais encore?

— Les mauvaises langues prétendent que Daring est à la veille d'une catastrophe financière.

— Calomnie! répliqua M. Stevenson devenu sérieux.

— Le fait est, dit le banquier, que mon confrère Daring s'est mis depuis quelque temps à jouer à la Bourse et qu'il est loin d'avoir été heureux. Ses dernières spéculations sont même désastreuses, et il faut avoir les reins bien solides pour les supporter.

— Daring est très-riche! dit M. Stevenson que l'émotion gagnait visiblement.

— Eh! sait-on dans le public quelle est au juste la situation financière de tout grand spéculateur, avant qu'il n'ait définitivement liquidé? dit le membre du Parlement. Demandez plutôt à monsieur que voici.

Le banquier qu'indiquait ce dernier inclina la tête en signe d'assentiment.

Une polka venait de se terminer, et les couples, en se croisant et en se pressant pour regagner la place des danseuses, obligèrent nos interlocuteurs de se séparer.

M. Stevenson resta un instant seul; son front se penchait triste et rêveur, quand un jeune homme se présenta devant lui.

(La suite au prochain numéro.)

Le propriétaire-gérant : F. ROY.

LES ROMANS PARISIENS

LES MYSTÈRES DE PARIS

— Monsieur l'abbé, dit le notaire, je vous en supplie, ne parlez pas de mes vertus! (Page 154.)

— Eh bien ?
— Parle donc...
— C'est que c'est un secret.
— Raison de plus... Ce secret ?
— Votre parole d'honneur que vous n'en direz rien ?...
— Sur la tête de nos enfants, nous la donnons.
— Que ma tante Messidor fasse des folies de son corps si je bavarde !

— Et puis, messieurs, rapportons-nous-en à ce que disait majestueusement le grand roi Louis XIV au doge de Venise devant sa cour assemblée :

Losqu'un secret est possédé par un clerc,
Ce secret, il doit le dire, c'est clair.

— Allons... bon ! voilà Chalamel avec ses proverbes !

— Les proverbes sont la sagesse des nations; c'est à ce titre que j'exige ton secret.

— Voyons, pas de bêtises... je vous dis que le maître clerc m'a fait promettre de ne dire à personne...

— Oui, mais il ne t'a pas défendu de le dire à tout le monde?

— Il meurt d'envie de nous le dire, son secret.

— Eh bien! le patron vend sa charge; à l'heure qu'il est, c'est peut-être fait!...

— Ah bah!

— Voilà une drôle de nouvelle!...

— C'est renversant!

— Éblouissant!

— Voyons, sans charge, qui se charge de la charge dont il se décharge?

— Dieu! que ce Chalamel est insupportable avec ses rébus!

— Est-ce que je sais à qui il la vend?

— S'il la vend, c'est qu'il veut peut-être se lancer, donner des fêtes... des *routes*, comme dit le beau monde.

— Après tout, il a de quoi.

— Et pas la queue d'une famille.

— Je crois bien qu'il a de quoi! Le maître clerc parle de plus d'un million, y compris la valeur de la charge.

— Plus d'un million, c'est caressant.

— On dit qu'il a joué à la Bourse en catimini, et qu'il a gagné beaucoup d'argent.

— Sans compter qu'il vivait comme un ladre.

— Oui, mais ces ladrichons-là, une fois qu'ils se mettent à dépenser, deviennent plus prodigues que les autres. Aussi je suis comme Chalamel, je croirais assez que maintenant le patron veut la passer douce.

— Et il aurait joliment tort de ne pas s'abîmer de voluptés et de ne pas se plonger dans les délices de Golconde... s'il en a le moyen... car, comme dit le vaporeux Ossian dans la grotte de Fingal :

Tout notaire qui bambochera,
S'il a du *quibus*, raison aura.

— C'est absurde! le patron a joliment l'air de penser à s'amuser...

— Moi, ce qui m'étonne, c'est cet ami intime qui lui est comme tombé des nues, et qui ne le quitte pas plus que son ombre...

— Je serais assez porté à induire que cet intrus est le fruit d'un faux pas qu'aurait fait M. Ferrand à son aurore; car... comme le disait l'aigle de Meaux à propos de la prise de voile de la tendre La Vallière :

Qu'on aime jeune homme ou vieux bibard,
Souvent la fin est un moutard.

— Quelle bêtise! Dire que cet inconnu est le fils du patron!... Il est plus âgé que lui, on le voit bien.

— Eh bien! à la grande rigueur, qu'est-ce que ça ferait?

— Comment! qu'est-ce que ça ferait que le fils soit plus âgé que le père?

— C'est tout simple; dans ce cas-là, l'intrus aurait fait le faux pas, et serait père de M° Ferrand au lieu d'être son fils.

— Ne l'écoutez donc pas; vous savez qu'une fois qu'il est en train de dire des bêtises il en a pour une heure...

— Ce qui est certain, c'est que cet intrus a une mauvaise figure et ne quitte pas M° Ferrand d'un moment.

— Il est toujours avec lui dans son cabinet, ils mangent ensemble, ils ne peuvent faire un pas l'un sans l'autre.

— Moi, il me semble que je l'ai déjà vu ici, l'intrus.

— Dites donc, messieurs, est-ce que vous n'avez pas aussi remarqué que depuis quelques jours il vient régulièrement presque toutes les deux heures un homme à grandes moustaches blondes, tournure militaire, faire demander l'intrus... par le portier?... L'intrus descend, cause une minute avec l'homme à moustaches; après quoi, celui-là fait demi-tour comme un automate, pour revenir deux heures après.

— C'est vrai, je l'ai remarqué... Il m'a semblé aussi rencontrer dans la rue, en m'en allant, des hommes qui avaient l'air de surveiller la maison...

— A ce sujet, le maître clerc en sait peut-être plus que nous! Mais il fait le diplomate...

— Tiens, au fait, où est-il donc depuis tantôt?...

— Il est chez cette comtesse Mac-Gregor qui a été assassinée; il paraît qu'elle est maintenant hors d'affaire. Ce matin elle avait fait demander le patron dare-dare, mais il lui a envoyé le maître clerc à sa place.

— En a-t-il, de la besogne, le maître clerc! en a-t-il maintenant qu'il remplace Germain comme caissier!

— A propos de Germain, en voilà encore une drôle de chose! Le patron, pour le faire remettre en liberté, a déclaré que c'était lui qui avait fait erreur de compte et qu'il avait retrouvé l'argent qu'il réclamait de Germain.

— Moi, je ne trouve pas cela drôle, mais juste; vous vous le rappelez, je disais toujours : Germain est incapable de voler.

— C'est néanmoins très-ennuyeux pour lui d'avoir été arrêté comme voleur. A sa place, je demanderais des dommages et intérêts à M. Ferrand.

— Au fait, il aurait dû au moins le reprendre pour caissier, afin de prouver que Germain n'était pas coupable...

— Ah! messieurs, une voiture! — dit Chalamel en se penchant vers la fenêtre. — Dame! ce n'est pas un fringant équipage comme celui de ce fameux vicomte, ce flambant Saint-Remy avec son chasseur chamarré d'argent et son gros cocher à perruque blanche! C'est tout bonnement un *sapin*, une citadine.

— Et qui en descend?

— Attendez donc!... Ah! une robe noire!

— Une femme! une femme!... Oh! voyons voir...

— Dieu! que ce saute-ruisseau est indécemment charnel pour son âge! Il me pense qu'aux femmes; il faudra finir par l'enchaîner, ou il enlèvera des Sabines en pleine rue; car, comme dit le cygne de Cambrai dans son *Traité d'éducation* pour le dauphin :

Défiez-vous du saute-ruisseau
Au beau sexe qui donne l'assaut.

— Dame!... monsieur Chalamel, vous dites... une robe noire... moi, je croyais...

— C'est monsieur le curé, imbécile!... Que ça te serve d'exemple.

— Le curé de la paroisse? le bon pasteur?

— Voilà un digne homme! Ce n'est pas un jésuite, celui-là... Si tous les prêtres lui ressemblaient... il n'y aurait que des gens dévots.

— Silence! on tourne le bouton de la porte.

— A vous!... à vous!... c'est lui!

Et tous les clercs, se courbant sur leurs pupitres, se mirent à griffonner avec une ardeur apparente, faisant bruyamment crier leurs plumes sur le papier.

La pâle figure de ce prêtre était à la fois douce et grave, intelligente et vénérable; son regard, rempli de mansuétude et de sérénité. Une petite calotte noire cachait sa tonsure; ses cheveux gris, assez longs, flottaient sur le collet de sa redingote marron. Hâtons-nous d'ajouter que, grâce à une confiance des plus candides, cet excellent prêtre avait toujours été et était encore dupe de l'habile et profonde hypocrisie de Jacques Ferrand.

— Votre digne patron est-il dans son cabinet, mes enfants? — demanda le curé.

— Oui, monsieur l'abbé, — dit Chalamel en se levant respectueusement.

Et il ouvrit au prêtre la porte d'une chambre voisine de l'étude.

Entendant parler avec véhémence dans le cabinet de Ferrand, l'abbé, ne voulant pas écouter malgré lui, marcha rapidement vers la porte et y frappa.

— Entrez! — dit une voix avec un accent italien assez prononcé.

Le prêtre se trouva en face de Polidori et de Jacques Ferrand.

Les clercs ne semblaient pas s'être trompés en assignant un terme prochain à la mort de leur patron. Il était devenu presque méconnaissable. Quoique son visage fût d'une maigreur effrayante, d'une lividité cadavéreuse, une rougeur fébrile colorait ses pommettes saillantes; un tremblement nerveux, interrompu çà et là par quelques soubresauts convulsifs, l'agitait presque continuellement; ses mains décharnées étaient sales et brûlantes; ses larges lunettes vertes cachaient ses yeux injectés de sang, qui brillaient du sombre feu d'une fièvre dévorante ; en un mot, ce masque sinistre trahissait les ravages d'une consomption sourde et incessante.

La physionomie de Polidori contrastait avec celle du notaire; rien de plus amèrement, de plus froidement ironique que l'expression des traits de cet autre scélérat; une forêt de cheveux d'un roux ardent, mélangés de quelques mèches argentées, couronnait son front blême et ridé; ses yeux pénétrants, transparents et verts comme l'aigue-marine, étaient très-rapprochés de son nez crochu; sa bouche aux lèvres minces, rentrées, exprimait le sarcasme et la méchanceté. Polidori, complétement vêtu de noir, était assis auprès du bureau de Jacques Ferrand.

A la vue du prêtre, tous deux se levèrent.

— Eh bien! comment allez-vous, mon digne monsieur Ferrand? — dit l'abbé avec sollicitude. — Vous trouvez-vous un peu mieux?

— Je suis toujours dans le même état, monsieur l'abbé; la fièvre ne me quitte pas, — répondit le notaire; — les insomnies me tuent... Que la volonté de Dieu soit faite!

— Voyez, monsieur l'abbé, — ajouta Polidori avec componction, — quelle pieuse résignation! Mon pauvre ami est toujours le même; il ne trouve quelque adoucissement à ses maux que dans le bien qu'il fait...

— Je ne mérite pas ces louanges; veuillez m'en dispenser, dit sèchement le notaire en dissimulant à peine un ressentiment de colère et de haine contraintes. — Au Seigneur seul appartient l'appréciation du bien et du mal; je ne suis qu'un misérable pécheur...

— Nous sommes tous pécheurs, — reprit doucement l'abbé, — mais nous n'avons pas tous la charité qui vous distingue, mon respectable ami. Bien rares ceux qui, comme vous, se détachent assez des biens terrestres pour songer à les employer de leur vivant d'une façon si chrétienne... Persistez-vous toujours à vous défaire de votre charge, afin de vous livrer plus entièrement aux pratiques de la religion?

— Depuis avant-hier ma charge est vendue, monsieur l'abbé; quelques concessions m'ont permis d'en réaliser, chose bien rare, le prix comptant; cette somme, ajoutée à d'autres, me servira à fonder l'institution dont je vous ai parlé et dont j'ai définitivement arrêté le plan, que je vais vous soumettre...

— Ah! mon digne ami! — dit l'abbé avec une profonde et sainte admiration, — faire tant de bien, si simplement, si naturellement!... Je le répète, les gens comme vous sont rares; il n'y a pas assez de bénédictions pour eux.

— C'est que bien peu de personnes réunissent, comme Jacques, la richesse à la piété, l'intelligence à la charité, — dit Polidori avec un sourire ironique qui échappa au bon abbé.

A ce nouvel et sarcastique éloge, la main du notaire se crispa involontairement; il lança, sous ses lunettes, un regard de rage infernale à Polidori.

— Vous voyez, monsieur l'abbé, — se hâta de dire l'*ami intime* de Jacques Ferrand, — toujours ses soubresauts nerveux, et il ne veut rien faire... Il me désole... il est son propre bourreau... Oui, j'aurai le courage de le dire devant M. l'abbé, tu es ton propre bourreau, mon pauvre ami!...

A ces mots de Polidori, le notaire tressaillit encore convulsivement, mais il se calma. Un homme moins naïf que l'abbé eût remarqué, pendant cet entretien, et surtout pendant celui qui va suivre, l'accent contraint et courroucé de Jacques Ferrand; car il est inutile de dire qu'une volonté supérieure à la sienne, que la volonté de Rodolphe, en un mot, imposait à cet homme des paroles et des actes diamétralement opposés à son véritable caractère. Aussi quelquefois, poussé à bout, le notaire paraissait hésiter à obéir à cette toute-puissante et invisible autorité; mais un regard de Polidori mettait un terme à cette indécision; alors, concentrant avec un soupir de fureur les plus violents ressentiments, Jacques Ferrand subissait le joug qu'il ne pouvait briser.

— Hélas! monsieur l'abbé, — reprit Polidori qui semblait prendre à tâche de torturer son complice, comme on dit vulgairement, *à coups d'épingles*, — mon pauvre ami néglige trop sa santé... Dites-lui donc, avec moi, qu'il se soigne, sinon pour lui, pour ses amis, du moins pour les malheureux dont il est l'espoir et le soutien...

— Assez!... assez!... — murmura le notaire d'une voix sourde.

— Non, ce n'est pas assez, — dit le prêtre avec émotion; — on ne saurait trop vous répéter que vous ne vous appartenez pas, et qu'il est mal de négliger ainsi votre santé. Depuis dix ans que je vous connais, je ne vous ai jamais vu malade; mais depuis un mois environ vous n'êtes plus reconnaissable. Je suis d'autant plus frappé de l'altération de vos traits que j'étais resté quelque temps sans vous voir. Aussi, lors de notre première entrevue, je n'ai pu vous cacher ma surprise; mais le changement que je remarque en vous depuis plusieurs jours est bien plus grave: vous dépérissez à vue d'œil, vous nous inquiétez sérieusement... Je vous en conjure, songez à votre santé...

— Je vous suis reconnaissant de votre intérêt, monsieur l'abbé; mais je vous assure que ma position n'est pas aussi alarmante que vous le croyez.

— Puisque tu t'opiniâtres ainsi, — reprit Polidori, — je vais tout dire à M. l'abbé, moi: il t'aime, il t'estime, il t'honore beaucoup; que sera-ce donc lorsqu'il saura tes nouveaux mérites? lorsqu'il saura la véritable cause de ton dépérissement?

— Monsieur l'abbé, — dit le notaire avec impatience, — je vous ai prié de vouloir bien venir me visiter pour vous communiquer des projets d'une haute importance, et non pour m'entendre ridiculement louanger par *mon ami*.

— Tu sais, Jacques, que de moi il faut se résigner à tout entendre, — dit Polidori en regardant fixement le notaire.

Celui-ci baissa les yeux et se tut. Polidori continua :

— Vous avez peut-être remarqué, monsieur l'abbé, que les premiers symptômes de la maladie nerveuse de Jacques ont eu lieu peu de temps après l'abominable scandale que Louise Morel a causé dans cette maison.

Le notaire frissonna.

(*La suite au prochain numéro.*)

Oh! pardon! pardon, ma cousine! balbutia-t-il. (Page 142.)

COMMENT ON AIME (suite).

—Ah! c'est vous, Georges! dit l'ex-*stockbroker* à son ancien commis. Tenez, reprit-il vivement, faites-moi le plaisir de courir chez Daring, et tâchez de savoir adroitement s'il est chez lui.

A ces mots qui révélaient un soupçon étrange, une crainte peut-être absurde, mais irrésistible, M. Stevenson se redressa comme indigné de lui-même, et il reprit aussitôt :

— Non, mon ami, non, n'y allez pas... je suis fou!...

— Ce serait inutile, en effet, répondit le jeune homme, car, il y a quelques minutes à peine, j'ai vu le banquier Daring monter en chaise de poste, et j'accourais...

—Malheureux! s'écria M. Stevenson en saisissant violemment le bras de son ancien commis, vous mentez! ce que vous dites est impossible!

Cette exclamation fut couverte par le bruit de l'orchestre qui préludait et des quadrilles qui se formaient.

— Hélas! je voudrais bien mentir! répondit avec tristesse le jeune homme, qui, sachant que M. Daring devait rembourser le lendemain à M. Stevenson une somme considérable, excusait l'emportement douloureux de son ancien patron. Mais rassurez-vous, reprit-il, il est possible que nos soupçons soient injustes. Peut-être votre banquier a-t-il été obligé de quitter Londres cette nuit même pour quelque motif urgent et honorable. Peut-être a-t-il laissé à son caissier les sommes nécessaires aux échéances de demain. Je connais ce caissier, et, malgré l'heure indue, je cours m'informer chez lui.

— Bien! bien, mon ami! lui dit M. Stevenson en s'efforçant de retenir ses larmes. Allez et venez me rejoindre dans mon cabinet. Dépêchez-vous surtout, car chaque minute en s'écoulant me laisse une horrible anxiété de plus.

Le jeune homme partit.

En ce moment, Mary et William dansaient ensemble; ils n'étaient placés qu'à quelques pas de M. Stevenson. Ils remarquèrent qu'il était très-pâle et fort ému. Tous deux se glissèrent jusqu'à lui.

— Qu'as-tu, mon père? dit la jeune miss; tu parais souffrant.

— Que vous est-il donc arrivé, mon oncle?

— Rien, rien, mes enfants, répondit M. Stevenson en faisant un effort et en essayant de sourire... Une nouvelle désagréable... une misère... Retournez à votre place; c'est à vous de danser... Vite! on vous regarde... Allez!

Ces paroles, dites avec vivacité, respiraient l'impatience et l'amertume. William et Mary retournèrent au quadrille, le cœur saisi d'une impression de tristesse; ils dansèrent d'un air distrait, regardant à la dérobée M. Stevenson qui avait pris une apparence de calme capable de tromper le regard le plus exercé, mais qui, en réalité, avait l'âme agitée d'une inquiétude horrible. Il quitta le salon avant que le quadrille fût terminé.

IV

Georges revint après une heure d'absence. Il trouva M. Stevenson dans son cabinet.

— Eh bien? dit l'ancien *stockbroker* avec anxiété.

Le jeune homme avait les yeux humides. Il garda le silence.

— Eh bien? répéta M. Stevenson désespéré, je suis ruiné, n'est-ce pas?

— Le malheur n'est que trop réel, balbutia Georges avec douleur. Tous les renseignements que j'ai pris, à l'égard de votre banquier, ne laissent aucun doute sur sa criminelle évasion.

M. Stevenson demeura immobile, atterré, puis les larmes se firent jour et ruisselèrent à flots sur son visage. Il était brisé, sans force, et il murmurait d'une voix entrecoupée :

— Ainsi l'homme que quinze années de liaison intime me faisaient regarder comme mon meilleur ami; l'homme entre les mains de qui j'ai mis toute ma fortune en attendant que je pusse lui trouver un placement avantageux et sûr; l'homme à la garde duquel j'aurais tout confié aveuglément, tout jusqu'à mon honneur, cet homme-là vient de me voler, de me réduire à la misère!... et sa fuite le soustrait au châtiment de la loi!

M. Stevenson bondit tout à coup; il tremblait, un accès de fièvre faisait claquer ses dents.

— Courez, Georges! s'écria-t-il, courez chez le surintendant de la police! Dénoncez le misérable! qu'on le poursuive! qu'on le saisisse! qu'on le tue! Oui, je comprends le meurtre! Quatre mille livres sterling pour vous, mon ami, si ce voleur infâme est arrêté!

A ces mots, M. Stevenson se rassit haletant : son visage était devenu pourpre, ses yeux s'injectaient, sa respiration était courte et bruyante. Il paraissait souffrir horriblement. Le jeune homme fit un pas pour appeler du secours. M. Stevenson le retint. Il se leva avec effort, en articulant quelques paroles confuses qui semblaient dire qu'il allait lui-même faire sa dénonciation; mais il retomba comme foudroyé sur son fauteuil.

Un coup de sang venait de le tuer.

Et, cependant, la danse était de plus en plus animée au salon. C'était le beau moment du bal. Toute dignité trop guindée s'était évanouie. Mistress Stevenson avait donné l'ordre de garnir les buffets de mets appétissants, de vins exquis. Mary, joyeuse et fêtée, planait au septième ciel sur les ailes radieuses du bonheur. William, qui dansait souvent avec elle, ne s'élevait pas moins haut dans l'empyrée céleste. Et tout le monde était loin de soupçonner l'affreuse catastrophe qui venait d'avoir lieu dans le cabinet de M. Stevenson.

V

Deux ans s'étaient écoulés depuis la mort de M. Stevenson. Par une belle soirée d'automne, une jeune fille traversait *Bird Cage Walk*[1], contre-allée de Saint-James's Park. Elle marchait vite et le front baissé. Une pensée pénible semblait la préoccuper; ses narines se gonflaient parfois comme si elle eût fait un effort pour retenir des larmes près de couler. Ni le joyeux aspect de Saint-James's Park, plein d'élégantes toilettes, ni la douceur enivrante de l'air tout pénétré de parfums et de chants d'oiseaux ne parvenaient à la distraire. Elle ne s'apercevait même pas qu'elle était suivie depuis longtemps par un jeune homme vêtu avec une grande recherche. Ce jeune homme, d'ailleurs, était assez réservé dans son indiscrétion même, et, loin d'affecter l'air délibéré de ces *dandys* qui regardent les femmes avec une effronterie aussi impertinente que ridicule, il semblait comme pénétré d'une tristesse contemplative, et, de quelque côté qu'il s'avançât, il se tenait à une distance respectueuse de la jeune miss; ses regards seuls, presque invariablement fixés sur elle, pouvaient faire supposer qu'il la suivait. Vêtue avec une extrême simplicité, cette jeune fille n'en était pas moins remarquable par une distinction exquise, par une beauté saisissante. Elle était peut-être un peu pâle, mais cette pâleur, pour ainsi dire vaporeuse, semblait être le résultat de quelque noble fatigue, et lui donnait cette expression touchante qui manque rarement d'éveiller la sympathie. Vous l'avez sans doute reconnue, lecteur? Mais ce n'était pas là l'enfant toute rose et toute souriante qui dansait dans les salons de M. Stevenson : c'était une jeune personne que les préoccupations de la vie positive avaient marquée au front d'une empreinte sérieuse, admirable encore. En un mot, c'était Mary avec ses dix-huit ans baptisés par le malheur.

Il y avait affluence à l'une des grilles de la promenade. Mary s'arrêta un instant pour laisser s'écouler la foule. Comme elle levait les yeux, elle rencontra le regard admiratif et légèrement inquisiteur du jeune homme qui la suivait; elle détourna la tête en rougissant un peu. Bientôt elle put franchir la limite de Bird Cage Walk et se diriger vers le pont de Westminster. Un grand nombre de curieux, à travers les balustres des parapets, regardaient la Tamise miroitant au soleil, semée de bateaux à vapeur surchargés de monde et de barques légères qui glissaient rapidement sur le fleuve. La jeune miss n'y fit aucune attention; elle était retombée dans ses pensées absorbantes et continuait rapidement son chemin, sans jeter un seul coup d'œil sur les vastes et fumeux panoramas qui se déroulent des deux côtés du pont. Le jeune homme la suivait toujours. Elle prit Bridge Street et parcourut toute la ligne, Bridge Road, Mount Street, Westminster Road, jusqu'à la hauteur de la place de l'Obelisk. Là elle tourna à droite et entra dans Lambeth Road en ralentissant le pas, d'abord insensiblement, puis d'une manière si marquée qu'on eût dit qu'elle craignait d'avancer. Enfin elle s'arrêta devant une maison de modeste apparence; la petite porte à claire-voie en était fermée. Mary frappa. Tandis qu'elle attendait qu'on ouvrît, elle aperçut le même jeune homme qui l'avait regardée avec tant d'attention dans Bird Cage Walk. Il passa près d'elle et, la considérant avec une singulière persistance, il fit un mouvement pour l'aborder; mais une timidité sans doute plus forte que son désir parut le retenir, et il s'éloigna. Mary crut alors se rappeler qu'elle l'avait vu chez son père, et qu'il avait été un de ses plus assidus cavaliers dans la nuit de fête et de malheur qui avait bouleversé l'existence de sa famille. Elle sentit son cœur se serrer à ce souvenir.

— Qu'ai-je fait, murmura-t-elle, pour mériter mon infortune et mes ennuis?

A ces mots, elle cacha dans son mouchoir son visage humide, et disparut aux yeux du jeune élégant qui venait de se retourner pour la voir encore.

VI

Dans l'escalier, les hésitations de Mary semblèrent renaître : elle s'arrêtait presque à chaque marche comme courbée sous le poids d'un de ces découragements inexprimables qui s'emparent, en certains moments, des plus énergiques natures. Un éclat de voix enfantine, éclat joyeux qui partait du troisième étage, vint tout à coup la ranimer. Elle fit un geste de résignation, monta tout d'une haleine jusqu'au palier des mansardes, et, poussant une porte entre-bâillée, elle entra dans une chambre où jouaient trois enfants qui s'élancèrent aussitôt à son cou. Près de la croisée, et tout enveloppée d'un rayon de soleil, était assise une femme au visage

---

[1]. *Promenade des cages d'oiseaux*, ainsi nommée parce qu'un roi d'Angleterre y faisait suspendre aux arbres les cages de ses oiseaux.

maigre et souffrant; un jeune homme, d'une douce et belle figure, était accoudé sur un magnifique piano qui contrastait avec le reste de l'ameublement, si simple qu'il ne pouvait manquer d'éveiller une idée de privations et de pauvreté. Ce piano, comme on le pense bien, était un débris de l'ancienne opulence de M. Stevenson, riche débris que mistress Stevenson avait voulu conserver à sa fille lorsque, après la fuite du banqueroutier Daring, elle avait quitté le bel hôtel du Strand pour les humbles mansardes qu'elle habitait depuis deux ans, et lorsqu'elle s'était vue contrainte de vendre son somptueux mobilier pour acquitter les comptes de ses fournisseurs. La vente de presque toutes les valeurs mobilières qu'elle possédait avait à peine suffi à payer quelques obligations souscrites par M. Stevenson; de sorte que mistress Stevenson s'était trouvée presque sans aucune ressource après le fatal événement qui venait de la ruiner et de tuer son mari. De tous les prétendus amis qui avaient si largement profité de leur hospitalière opulence, pas un seul, à part le jeune homme appuyé sur le piano, n'était venu consoler cette infortune; pas un seul ne lui avait tendu une main généreuse.

Pendant que Mary rendait aux enfants leurs caresses affectueuses, sa mère s'était tournée vers elle; ses mains blanches et maigres étaient posées inactives sur un métier à tapisserie qu'elle tenait sur ses genoux. D'un regard indéfinissable, qui exprimait tour à tour l'espérance et l'angoisse, elle cherchait à interroger sa fille. Mary releva enfin la tête; un coup d'œil humide de douleur apprit à mistress Stevenson ce qu'elle désirait savoir. Elle reprit son ouvrage de tapisserie, en apparence pour travailler, mais en réalité pour dévorer une grosse larme qui roulait sous sa paupière flétrie par le chagrin. Pendant ce temps, le beau jeune homme, qui n'était autre que William, contemplait en souriant le gracieux tableau que formaient la jeune fille et les enfants groupés autour d'elle. Il n'avait pas aperçu le regard désolé qui avait été rapidement échangé entre la mère et la fille. L'eût-il saisi d'ailleurs, il n'en eût point sans doute deviné toute la navrante signification. William, en effet, ignorait la situation réelle de la famille Stevenson. Il savait que Mary, mettant à profit son talent extraordinaire sur le piano, avait trouvé quelques élèves, mais il ignorait quel revenu la jeune fille pouvait tirer de ses leçons. A cet égard, on observait avec lui la réserve la plus absolue, sans doute pour prévenir les offres de service que le jeune artiste, bien qu'assez pauvre lui-même, n'eût pas manqué de faire avec empressement. Lorsque, tourmenté sur ce point, William cherchait à interroger la mère et la fille, toutes les deux lui répondaient qu'elles étaient satisfaites. Il ne pouvait en obtenir une autre réponse. Avec quelle joie pourtant le pauvre artiste se fût privé pour venir en aide à la pauvre famille!

— Bonjour, Mary, dit-il en prenant un superbe bouquet de violettes qu'il avait apporté et en l'offrant à sa cousine.

— Merci, William, dit Mary avec mélancolie... Ces violettes, reprit-elle, sont sans doute de bon augure?

— En effet, cousine, on m'apprend à l'instant même que j'ai obtenu le premier prix de peinture au concours de Royal-Academy.

— Bravo! dit Mary dont le front s'éclaira.

— Ce n'est pas tout, reprit William avec tristesse.

— Quoi donc?

— Je viens vous annoncer que je suis sur le point de partir pour l'Italie.

Mary parut éprouver une impression douloureuse, qu'elle maîtrisa aussitôt, et ce fut avec un mélange de joie et de tristesse qu'elle répondit:

— Eh bien! tant mieux! Vous partez sans doute avec votre parent le baronnet, qui vient d'être nommé consul à Civita-Vecchia?

— Oui, ma cousine. C'est lui, comme vous savez, qui continue votre père dans son exquise bienveillance pour moi. Il m'a fait promettre de l'accompagner pour aller étudier en Italie pendant quatre ans. Il juge ce pèlerinage nécessaire au développement du peu de talent que je puis avoir.

— Bonheur sur bonheur! dit Mary en souriant avec mélancolie. Vous devez être bien heureux, William?

— Heureux! murmura-t-il en hochant la tête.

— Eh quoi! reprit Mary avec une douce animation, vous n'êtes pas heureux, quand vous allez partir pour l'Italie! quand bientôt vous serez à Rome, quand les mille chefs-d'œuvre d'un art que vous aimez tant! quand vous pourrez étudier sur les lieux mêmes que Raphaël et Michel-Ange ont dotés de leur génie et de leur gloire!

(La suite au prochain numéro.)

Le propriétaire-gérant : F. ROY.

Établissement de la banque des travailleurs sans ouvrage. (Page 156.)

— Vous savez donc le crime de cette malheureuse fille, monsieur? — demanda le prêtre étonné. — Je ne vous croyais arrivé à Paris que depuis peu de jours?

— Sans doute, monsieur l'abbé; mais Jacques m'a tout raconté comme à son ami, comme à son médecin; car il attribue presque à l'indignation que lui a fait éprouver le crime de Louise l'ébranlement nerveux dont il se ressent aujourd'hui... Ce n'est rien encore; mon pauvre ami devait, hélas! endurer de nouveaux coups, qui ont, vous le voyez, altéré sa santé... Une vieille servante, qui depuis bien des années lui était attachée par la reconnaissance...

— Madame Séraphin, — dit le curé en interrompant Polidori; — j'ai su la mort de cette infortunée, noyée par une malheureuse imprudence, et je comprends le chagrin de M. Ferrand : on n'oublie pas ainsi dix ans de loyaux services... de tels regrets honorent autant le maître que le serviteur...

— Monsieur l'abbé, — dit le notaire, — je vous en supplie, ne parlez pas de mes vertus... vous me rendez confus... cela m'est pénible.

— Et qui en parlera donc? sera-ce toi? — reprit affectueusement Polidori. — Mais vous allez avoir à le louer bien davantage, monsieur l'abbé : vous ignorez peut-être quelle est la servante qui a remplacé, chez Jacques, Louise Morel et madame Séraphin? Vous ignorez enfin ce qu'il a fait pour cette pauvre Cecily... car cette nouvelle servante s'appelait Cecily, monsieur l'abbé.

Le notaire, malgré lui, fit un bond sur son siège; ses yeux flamboyèrent sous ses lunettes; une rougeur brûlante empourpra ses traits livides.

— Tais-toi !... tais-toi !... — s'écria-t-il en se levant à demi. — Pas un mot de plus, je te le défends !...

— Allons, allons, calmez-vous, — dit l'abbé en souriant avec mansuétude; — quelque généreuse action à révéler encore?... Quant à moi, j'approuve fort l'indiscrétion de votre ami... Je ne connais pas, en effet, cette servante, car c'est justement peu de jours après son entrée chez notre digne M. Ferrand, qu'accablé d'occupations il a été obligé, à mon grand regret, d'interrompre momentanément nos relations.

— C'était pour vous cacher la nouvelle bonne œuvre qu'il méditait, monsieur l'abbé; aussi, quoique sa modestie se révolte, il faudra bien qu'il m'entende, et vous allez tout savoir, — reprit Polidori en souriant.

Jacques Ferrand se tut, s'accouda sur son bureau et cacha son front dans ses mains.

— Imaginez-vous donc, monsieur l'abbé, — reprit Polidori en s'adressant au curé, mais en accentuant, pour ainsi dire, chaque phrase par un coup d'œil ironique jeté à Jacques Ferrand, — imaginez-vous que mon ami trouva dans sa nouvelle servante les meilleures qualités... une grande modestie... une douceur angélique... et surtout beaucoup de piété. Ce n'est pas tout. Jacques s'aperçut bientôt que cette jeune femme... car elle était jeune et fort jolie, n'était pas faite pour l'état de servante, et qu'à des principes vertueusement austères elle joignait une instruction solide et des connaissances très-variées.

— J'ignorais ces circonstances, — dit l'abbé fort intéressé. — Mais qu'avez-vous, mon bon monsieur Ferrand? vous semblez plus souffrant.

— En effet, — dit le notaire en essuyant la sueur froide qui coulait sur son front, car la contrainte qu'il s'imposait était atroce, — j'ai un peu de migraine; mais cela passera.

Polidori haussa les épaules en souriant.

— Remarquez, monsieur l'abbé, que Jacques est toujours ainsi lorsqu'il s'agit de dévoiler quelqu'une de ses charités cachées; heureusement me voici, justice éclatante lui sera rendue. Revenons à Cecily. A son tour, elle eut bientôt deviné l'excellence du cœur de Jacques; et lorsque celui-ci l'interrogea sur le passé, elle lui avoua naïvement qu'étrangère, sans ressources, et réduite, par l'inconduite de son mari, à la plus humble des conditions, elle avait regardé comme un coup du ciel de pouvoir entrer dans la maison d'un homme aussi vénérable que M. Ferrand. A la vue de tant de malheur... de résignation, Jacques n'hésita pas; il écrivit au pays de cette infortunée pour avoir sur elle quelques renseignements; ils furent parfaits et confirmèrent la réalité de tout ce qu'elle avait raconté à notre ami; alors, sûr de placer justement son bienfait, Jacques bénit Cecily comme un père... la renvoya dans son pays avec une somme d'argent qui lui permettait d'attendre des jours meilleurs et l'occasion de trouver une condition convenable. Je n'ajouterai pas un mot de louange pour Jacques... les faits sont plus éloquents que mes paroles.

— Bien, très-bien !... s'écria le curé attendri.

— Monsieur l'abbé, dit Jacques Ferrand d'une voix sourde et brève, — je ne voudrais pas abuser de vos précieux moments; ne parlons plus de moi, je vous en conjure, mais du projet pour lequel je vous ai prié de venir ici, et à propos duquel je vous ai demandé votre bienveillant concours.

— Je conçois que les louanges de votre ami blessent votre modestie; occupons-nous donc de vos nouvelles bonnes œuvres, et oublions que vous en êtes l'auteur; mais avant parlons de l'affaire dont vous m'avez chargé. J'ai, selon votre désir, déposé à la Banque de France, et sous mon nom, la somme de cent mille écus destinée à la restitution dont vous êtes l'intermédiaire, et qui doit s'opérer par mes mains... Vous avez préféré que ce dépôt ne restât pas chez vous, quoique pourtant il y eût été, ce me semble, aussi sûrement placé qu'à la Banque.

— En cela, monsieur l'abbé, je me suis conformé aux intentions de l'auteur inconnu de cette restitution ; il agit ainsi pour le repos de sa conscience... D'après ses vœux, j'ai dû vous confier cette somme, et vous prier de la remettre à madame veuve de Fermont... née de Renneville (la voix du notaire trembla légèrement en prononçant ces noms)... lorsque cette dame se présentera chez vous en justifiant de sa possession d'état.

— J'accomplirai la mission dont vous me chargez, — dit le prêtre.

— Ce n'est pas la dernière, monsieur l'abbé.

— Tant mieux, si les autres ressemblent à celle-ci ; car, sans vouloir rechercher les motifs qui l'imposent, je suis toujours touché d'une restitution volontaire ; ces arrêts souverains, que la seule conscience rend et qu'on exécute fidèlement et librement dans son for intérieur, sont toujours l'indice d'un repentir sincère, et ce n'est pas une expiation stérile que celle-là.

— N'est-ce pas, monsieur l'abbé ? cent mille écus restitués d'un coup, c'est rare ; moi, j'ai été plus curieux que vous ; mais que pouvait ma curiosité contre l'inébranlable discrétion de Jacques ? Aussi j'ignore encore le nom de l'honnête homme qui faisait cette noble restitution. Ce n'est pas tout, monsieur l'abbé, — reprit Polidori en regardant Jacques Ferrand d'un air significatif, — vous allez voir jusqu'où vont les généreux scrupules de l'auteur inconnu de cette restitution ; et, s'il faut tout dire, je soupçonne fort notre ami de n'avoir pas peu contribué à éveiller ces scrupules et à trouver moyen de les calmer.

— Comment cela ? — demanda le prêtre.

— Que voulez-vous dire ? — ajouta le notaire.

— Et les Morel, cette brave et honnête famille ?

— Ah ! oui... oui... en effet... j'oubliais... — dit Jacques Ferrand d'une voix sourde.

— Figurez-vous, monsieur l'abbé, — reprit Polidori, — que l'auteur de cette restitution, sans doute conseillée par Jacques, non content de rendre cette somme considérable, veut encore... Mais je laisse parler ce digne ami... c'est un plaisir que je ne veux pas lui ravir.

— Je vous écoute, mon cher monsieur Ferrand, — dit le prêtre.

— Vous savez, — reprit Jacques Ferrand avec une componction hypocrite mêlée çà et là de mouvements de révolte involontaire contre le rôle qui lui était imposé, mouvements que trahissaient fréquemment l'altération de sa voix et l'hésitation de sa parole, — vous savez, monsieur l'abbé, que l'inconduite de Louise Morel...

a porté un coup si terrible à son père qu'il est devenu fou... La nombreuse famille de cet artisan courait risque de mourir de misère, privée de son seul soutien. Heureusement la Providence est venue à son secours... et... la... personne qui fait la restitution volontaire dont vous voulez bien être l'intermédiaire n'a pas cru avoir suffisamment expié un... grand abus... de confiance... Elle m'a donc demandé si je ne connaîtrais pas une intéressante infortune à soulager. J'ai dû signaler à sa générosité la famille Morel, et l'on m'a prié, en me donnant les fonds nécessaires, que je vous remettrai tout à l'heure, de vous charger de constituer une rente de deux mille francs sur la tête de Morel, réversible sur sa femme et sur ses enfants.

— Mais, en vérité, — dit l'abbé, — tout en acceptant cette nouvelle mission, bien respectable sans doute, je m'étonne qu'on ne vous en ait pas chargé vous-même.

— La personne inconnue a pensé que ses bonnes œuvres acquerraient un nouveau prix... seraient pour ainsi dire sanctifiées... en passant par des mains aussi pieuses que les vôtres... monsieur l'abbé...

— A cela je n'ai rien à répondre ; je constituerai la rente de deux mille francs sur la tête de Morel, le digne et malheureux père de Louise... Mais je crois, comme votre ami, que vous n'avez pas été étranger à la résolution qui a dicté ce nouveau don expiatoire...

— J'ai désigné la famille Morel... rien de plus, je vous prie de le croire, monsieur l'abbé, — répondit Jacques Ferrand.

— Maintenant, — dit Polidori, — vous allez voir, monsieur l'abbé, à quelle hauteur de vues philanthropiques mon bon Jacques s'est élevé à propos de l'établissement charitable dont nous sommes déjà entretenus ; il va nous lire le plan qu'il a définitivement arrêté ; l'argent nécessaire pour la fondation des rentes est là, dans sa caisse ; mais depuis hier il lui est survenu un scrupule, et, s'il n'ose vous le dire, je m'en charge...

— C'est inutile, — reprit Jacques Ferrand qui quelquefois aimait encore mieux s'étourdir par ses propres paroles que d'être forcé de subir en silence les louanges ironiques de son complice. — Voici le fait, monsieur l'abbé : j'ai réfléchi... qu'il serait d'une humilité... plus chrétienne... que cet établissement ne fût pas institué sous mon nom.

— Mais cette humilité est exagérée ! — s'écria l'abbé. — Vous pouvez, vous devez légitimement vous enorgueillir de votre charitable fondation ; c'est un droit, presque un devoir pour vous d'y attacher votre nom.

— Je préfère cependant, monsieur l'abbé, garder l'incognito, j'y suis résolu... Et je compte assez sur votre bonté pour espérer que vous voudrez bien remplir pour moi, en me gardant le plus profond secret, les dernières formalités, et choisir les employés inférieurs de cet établissement ; je me suis seulement réservé la nomination du directeur et d'un gardien.

— Lors même que je n'aurais pas un vrai plaisir à concourir à cette œuvre, qui est la vôtre, il serait de mon devoir d'accepter... J'accepte donc.

— Maintenant, monsieur l'abbé, si vous le voulez bien, mon ami va vous lire le plan qu'il a définitivement arrêté.

— Puisque vous êtes si obligeant, mon ami... — dit Jacques Ferrand avec amertume, — lisez vous-même... épargnez-moi cette peine... je vous en prie...

— Non, non, — répondit Polidori, — je me fais un vrai plaisir de t'entendre exprimer toi-même les nobles sentiments qui t'ont guidé dans cette fondation philanthropique.

— Soit, je lirai, — dit brusquement le notaire.

Polidori, depuis longtemps complice de Jacques Ferrand, connaissait les crimes et les secrètes pensées de ce misérable : aussi ne put-il retenir un sourire cruel en le forçant à lire cette note dictée par Rodolphe.

On le voit, le prince se montrait d'une logique inexorable dans la punition qu'il infligeait au notaire. Luxurieux... il le torturait par la luxure ; cupide... par la cupidité ; hypocrite... par l'hypocrisie. Car si Rodolphe avait choisi le prêtre vénérable dont il est question pour être l'agent des restitutions et de l'expiation imposées à Jacques Ferrand, c'est qu'il voulait doublement punir celui-ci d'avoir, par sa détestable hypocrisie, surpris la naïve estime et l'affection candide du bon abbé. N'était-ce pas, en effet, une grande punition pour ce hideux imposteur, pour ce criminel endurci, que d'être contraint de pratiquer enfin les vertus chrétiennes qu'il avait si souvent simulées, et cette fois de mériter, en frémissant d'une rage impuissante, les justes éloges d'un prêtre respectable dont il avait jusqu'alors fait sa dupe? Jacques Ferrand lut donc la note suivante avec les ressentiments cachés qu'on peut lui supposer :

ÉTABLISSEMENT DE LA BANQUE DES TRAVAILLEURS SANS OUVRAGE.

« *Aimons-nous les uns les autres,* a dit le Christ. Ces divines paroles contiennent le germe de tous devoirs, de toutes vertus, de toutes charités. Elles ont inspiré l'humble fondateur de cette institution. Au Christ seul appartient le bien qu'il aura fait. Limité quant aux moyens d'action, le fondateur a voulu du moins faire participer le plus grand nombre possible de ses frères aux secours qu'il leur offre. Il s'adresse d'abord aux ouvriers honnêtes, laborieux et chargés de famille, que le *manque de travail* réduit souvent à de cruelles extrémités.

« Ce n'est pas une aumône dégradante qu'il fait à ses frères, c'est un prêt gratuit qu'il leur offre. Puisse ce prêt, comme il l'espère, les empêcher souvent de grever indéfiniment leur avenir par ces emprunts écrasants, qu'ils sont forcés de contracter afin d'attendre le retour du travail, leur seule ressource, et de soutenir la famille dont ils sont l'unique appui !

« Pour garantie de ce prêt, il ne demande à ses frères qu'un *engagement d'honneur et une solidarité de parole jurée.*

« Il affecte un revenu annuel de douze mille francs à faire la première année, jusqu'à la concurrence de cette somme, *des prêts de secours de vingt à quarante francs*, sans intérêts, en faveur des *ouvriers mariés et sans ouvrage*, domiciliés dans le septième arrondissement. On a choisi ce quartier comme étant l'un de ceux où la classe ouvrière est la plus nombreuse.

« Ces prêts ne seront accordés qu'aux ouvriers ou ouvrières porteurs d'un certificat de bonne conduite délivré par leur dernier patron, qui indiquera la cause et la date de la suspension du travail. Ces prêts seront remboursables mensuellement par sixième ou par douzième, au choix de l'emprunteur, *à partir du jour où il aura retrouvé de l'emploi.* Il souscrira un simple *engagement d'honneur* de rembourser le prêt aux époques fixées. A cet engagement adhéreront, comme garants, deux de ses camarades, afin de développer et d'étendre, par la solidarité, la religion de la promesse jurée.

« L'ouvrier qui ne rembourserait pas la somme empruntée par lui ne pourrait, ainsi que ses deux garants, prétendre désormais à un nouveau prêt ; car il aurait forfait à un engagement sacré, et surtout privé successivement plusieurs de ses frères de l'avantage dont il a joui, la somme qu'il ne rendrait pas étant perdue pour la banque des pauvres. Ces sommes prêtées étant, au contraire, scrupuleusement remboursées, les *prêts-secours* augmenteront d'année en année de nombre et de quotité, et un jour il sera possible de faire participer d'autres arrondissements aux mêmes bienfaits.

« Ne pas dégrader l'homme par l'aumône... Ne pas encourager la paresse par un don stérile...

Exalter les sentiments d'honneur et de probité naturels aux classes laborieuses... Venir fraternellement en aide au travailleur qui, vivant déjà difficilement au jour le jour, grâce à l'insuffisance des salaires, ne peut, quand vient le chômage, *suspendre* ses besoins ni ceux de sa famille parce qu'on *suspend* les travaux...

(*La suite au prochain numéro.*)

COMMENT ON AIME

MISS MARY

(SUITE)

« Vous n'êtes pas heureux, quand votre talent est en ce moment consacré, et que, lauréat d'un concours solennel, vous pouvez concevoir désormais l'espérance de devenir, après de fortes études en Italie, un grand peintre de nos jours! Allez, allez, cousin! ajouta-t-elle avec une souriante ironie, votre peinture vaut beaucoup mieux que votre franchise.

— Je dis pourtant ce qui est, répondit William avec un accent de sincérité qui ne pouvait tromper. Hélas! Mary, l'art ne donne pas le bonheur; il console quelquefois, voilà tout. Le bonheur, je vous l'ai déjà dit, est dans l'accomplissement d'un devoir, et, si vous vouliez, j'aurais dans ma vie un devoir à remplir qui me rendrait heureux. Oui, si vous vouliez, cousine, je m'associerais à vos peines, à vos fatigues; je prendrais un peu plus de place dans votre famille afin d'avoir le droit de travailler comme vous. Abeille comme vous, j'irais butiner de mon côté pour rapporter à la ruche commune le fruit de mon labeur. Je mettrais mon talent et ma gloire à nous créer, en vous imitant, une position modeste, mais aisée, qui serait peut-être, pour votre famille et pour moi, la meilleure des félicités.

— Et vous laisseriez là Rome et toutes vos belles espérances d'avenir?

— Pourquoi pas, Mary? répondit tout naturellement William. Et d'ailleurs, si l'on doit penser avec raison que les facilités que m'offre le baronnet pour aller vivre à Rome peuvent hâter l'avenir d'un artiste, il ne faut pas croire cependant que ce pèlerinage soit indispensable à son développement. Ce qui est indispensable, vous le savez, Mary, c'est le courage, c'est la persévérance. Du reste, bien que notre musée de Londres ne soit pas très-riche en chefs-d'œuvre, il y en a toutefois assez pour qu'on puisse y étudier les procédés matériels de l'art. Quant à la pensée, quant à l'inspiration, tout homme les porte en soi, et, croyez-moi, l'Italie avec toutes ses merveilles ne saurait y ajouter que fort peu... Eh bien! Mary, ne puis-je, sans quitter l'Angleterre, sans quitter notre capitale, travailler avec ardeur et me distinguer, si Dieu a mis en moi quelque étincelle du feu créateur? Seulement, avec mon pauvre petit patrimoine, avec le prix des leçons que je pourrais donner, je participerais à votre dévouement, et je serais ineffablement heureux!

— Vous ne seriez pas heureux, William, répondit lentement Mary en regardant son cousin avec une mélancolie profonde... Vous avez trop de talent pour ne point renfermer en vous le germe d'une noble ambition; vos ailes sont trop puissantes pour ne point tendre à s'élever. Bientôt vous sentiriez lourdes et cruelles les chaînes qui vous attacheraient au devoir... Oh! ne dites pas non!... Tandis que la nécessité vous forcerait de suspendre vos travaux pour courir à travers la ville, tandis que vous perdriez un temps précieux à donner des leçons de dessin ou de peinture, vous en viendriez insensiblement à songer avec amertume, avec regret, aux avantages que vous auriez si légèrement repoussés, et, votre délicatesse vous imposant le silence, vous souffririez bientôt de ce chagrin concentré qui dévore !... Je ne vous remercie pas moins, du fond de mon cœur, de votre offre généreuse, reprit-elle. Vous êtes bon, William, mais il ne faut pas que cette bonté nuise à votre avenir. Vous êtes en trop beau chemin pour vous embarrasser d'une famille aussi nombreuse que la nôtre. A vous les facilités qui permettent un glorieux travail; vous êtes organisé pour la gloire. A moi les occupations obscures, qui procurent ici le pain de chaque jour! C'est là ma tâche désormais, et je la remplirai seule jusqu'au bout.

A ces paroles, la figure de Mary s'était animée. Jamais peut-être elle n'avait été aussi belle. Ses grands yeux bleus brillaient d'un éclat céleste. Debout sous le rayon de soleil qui l'enveloppait ainsi que sa mère, elle avait l'air d'un ange prêt à prendre l'essor vers sa divine patrie. Mistress Stevenson pleurait d'admiration, William était fort ému.

— Vous êtes sublime et cruelle, Mary ! dit-il après un moment de silence, en croisant les bras sur sa poitrine comme pour en contenir les battements. Vous voulez vivre pour votre mère, pour vos frères et votre sœur; vous ne voulez point accepter un dévouement de plus en épousant le pauvre artiste. Oh ! Dieu m'est témoin qu'il n'est pas de sacrifice auquel je ne me soumisse de grand cœur, s'il s'agissait, Mary, de satisfaire un de vos souhaits, si difficile qu'il fût à réaliser.

— Eh bien ! William, répondit la jeune fille avec une charmante expression de tendresse, voici le souhait que je forme : allez à Rome comme vous l'avez promis; travaillez assidûment comme vous le faites, et devenez illustre comme vous le pouvez. N'insistez pas davantage, cousin. Je me dois tout entière à ma petite famille; je ne puis ni ne veux lui dérober un seul de mes instants, une seule parcelle de mes affections. Aussi, bien que je m'estimasse heureuse de confier mon existence au plus noble cœur que je connaisse, il est probable que je ne me marierai jamais.

Le jeune peintre sentit son cœur se serrer; il baissa la tête, ses yeux se mouillèrent. Mistress Stevenson, touchée de sa douleur, intervint dans ce généreux débat.

— Ma fille a raison, William, dit-elle ; assurément j'aimerais à la voir devenir ta femme, mais je comprends ses scrupules. Vois-tu, mon ami, il n'y a que l'amour d'une fille pour sa mère qui puisse, avec une persévérance infatigable, porter un fardeau comme celui dont Mary s'est chargée. Crois-moi, tout autre finirait par trouver, après un temps plus ou moins long, cette charge trop lourde. Voilà ce que ma fille veut prévenir; respectons sa susceptibilité, si exagérée qu'elle paraisse. Et d'ailleurs, reprit-elle, est-ce bien à toi, jeune artiste de belle espérance, à t'enchaîner à une famille comme la nôtre, qui ne te serait qu'un obstacle? Non, non, mon cher William, il te faut l'indépendance, la liberté, jusqu'au jour où la renommée de ton talent te permettra de contracter une alliance, et alors...

— Et alors, interrompit William, je pourrai songer à la main de Mary, n'est-ce pas, ma tante?

— Et alors, dit Mary en souriant, vous ne penserez plus à l'obscure maîtresse de piano, vous épouserez quelque riche héritière, et vous aurez raison. Alors, comme aujourd'hui sans doute, Mary, vous montrant sa petite famille, ne pourrait que vous dire : Ma mission ici-bas est de me consacrer à elle ; j'ai résolu de ne jamais me marier.

— Ainsi, dit William d'un air qu'il tâchait de rendre calme, vous me défendez même d'espérer? Eh bien ! moi, je le jure ici, je n'aurai pas d'autre femme que vous !

— Ne jurez pas, cousin, reprit-elle avec un accent plein de tristesse et d'incrédulité : le temps efface bien des serments et bien des souvenirs.

— Espère, William, dit mistress Stevenson en lui tendant la main. Il faut toujours espérer en l'avenir.

— Oh ! merci, ma tante ! s'écria le jeune peintre qui couvrait les mains de la malade de baisers et de larmes. Vous trouvez votre fille bien cruelle, n'est-ce pas?

— Je trouve que ce n'est pas une femme, répondit mistress Stevenson en jetant à sa fille un regard plein d'orgueil et d'amour ; c'est un ange !

— Un ange qui court le cachet, repartit plaisamment Mary en allant embrasser sa mère.

En ce moment, les enfants, qui étaient allés jouer dans une pièce voisine, entrèrent, A la vue de William qui s'était agenouillé devant mistress Stevenson, tandis que Mary embrassait sa mère, les deux petits garçons grimpèrent sur le dossier du fauteuil, et la petite fille se glissa dans l'embrasure de la fenêtre et vint servir de pendant à sa sœur aînée. Mistress Stevenson se trouva un instant perdue dans cette foule charmante, comme une ruine mélancolique sous de belles courtines de verdure et de fleurs. Jamais, peut-être, la pauvre femme, au milieu de l'état de langueur où elle se trouvait depuis deux ans, ne s'était sentie aussi heureuse.

VII

— Et maintenant, s'écria joyeusement mistress Stevenson lorsqu'elle fut dégagée, il faut songer au dîner. William dînera avec nous.

Mary tressaillit, mistress Stevenson s'en aperçut; la mère et la fille se regardèrent alors avec une expression d'angoisse. William ne le remarqua point; mais, voyant que Mary n'appuyait pas sur cette invitation :

— Je craindrais, répondit-il, d'être indiscret en acceptant, ma tante, et d'occasionner à ma cousine du dérangement et de la peine.

— Oh! non... non... dit en balbutiant la jeune fille qui parut embarrassée; mais vous feriez un bien triste dîner, et je crains...

— Vive Dieu! ne craignez rien, repartit Wiliam qui mourait d'envie de prolonger sa visite; l'appétit trouve tout excellent, et je vous réponds que j'en ai un formidable.

— Ah! tant mieux!... tant mieux! dit Mary qui se troublait et rougissait de plus en plus et qui semblait toute préoccupée.

— Voulez-vous me permettre de vous aider? dit en souriant le jeune peintre. Je puis vous assurer que je possède quelques talents d'agrément. Je sais allumer un fourneau, éplucher des herbes, mettre le couvert, etc., etc.

— As-tu rapporté de l'argent, bonne sœur? demanda brusquement l'aîné des petits garçons; tu n'as qu'à m'en donner, et j'irai chercher ce qu'il faut.

A ces mots inattendus, Mary devint pourpre, elle mit machinalement et convulsivement les mains dans ses poches et parut fouiller dans le vide. Mistress Stevenson, décontenancée, ne put que lancer un coup d'œil de colère à l'enfant terrible. Celui-ci, qui ne croyait point avoir fait une sottise, tendait intrépidement la main à sa sœur et s'impatientait de son indécision. William comprit tout alors; son visage pâlit et se contracta. Il ouvrit aussitôt la porte de la chambre et s'élança dehors. Son émotion était si violente qu'il fut obligé de s'arrêter au bas de l'escalier.

— Pauvre Mary! pauvre Mary! murmura-t-il les yeux pleins de larmes.

Puis il sortit de la maison en courant.

VIII

Pendant ce temps, Mary et sa mère, stupéfaites du brusque départ de William, se demandaient quelle en pouvait être la raison.

— Qu'a-t-il? pourquoi est-il parti ainsi? disait mistress Stevenson. Peut-être quelque rendez-vous oublié...

— Oh! non, il se sera aperçu de notre air embarrassé, dit Mary en hochant la tête d'un air sombre, car vous m'avez fait ressentir, ma mère, une bien cruelle anxiété, et le bavardage d'Henri est venu combler la mesure de mon tourment.

— Pardonne-moi, ma fille! dit avec oppression la malade; je t'avais bien comprise lorsque tu es entrée, mais un rapide instant de bonheur m'a fait oublier notre détresse... Ainsi, reprit-elle en soupirant, tu n'as pas reçu l'argent sur lequel tu comptais pour solder les notes qu'on a présentées hier, et tu n'oserais retourner chez les marchands sans être en mesure d'acquitter nos dettes, comme tu l'as promis.

— Que veux-tu, pauvre mère! c'est vraiment une fatalité, ce qui m'arrive : l'une de mes élèves, à laquelle je comptais remettre aujourd'hui de nouveaux cachets, est partie hier au soir pour Shooter's Hill; elle ne reviendra que dans huit jours. Une autre dont le mois expirait aujourd'hui, soit oubli, soit insouciance, n'a pas parlé de me payer, parce que, au moment où nous fermions le livre d'études, il s'est présenté une visite au salon. Les riches ne supposent jamais, hélas! que le pauvre puisse avoir besoin, à jour fixe, du fruit de son travail.

Elle cacha sa tête dans ses mains et pleura silencieusement. Ses deux petits frères et sa petite sœur l'entourèrent pour la consoler. Mistress Stevenson se leva péniblement et vint à sa fille, qu'elle étreignit sur son cœur.

— Oh! ne pleure pas, mon enfant chérie! dit-elle en écartant doucement les mains de la jeune fille et en essuyant ses larmes. Je t'en prie, ne pleure pas! toutes nos ressources ne sont point encore épuisées. Aux besoins extrêmes les grands moyens! Écoute : je vais sortir, je serai bientôt de retour, et tu verras...

Mary releva vivement la tête; elle regarda sa mère avec étonnement.

— Vous allez sortir, dites-vous, ma mère? Et comment? et pourquoi? Sortir quand vous êtes si faible que vous pouvez à peine vous soutenir!...

— Ah! sois tranquille, je n'irai pas loin ; seulement jusqu'à Westminster Road... Il y a là une boutique de bijouterie, et il me reste encore ici une bague...

Mistress Stevenson montra un de ses doigts en affectant un air délibéré.

— L'alliance de mon père! dit Mary avec douleur. Vous voulez vendre l'alliance de mon père, le dernier souvenir qui vous reste de lui? Y pensez-vous, ma mère? Mais cela ne se peut pas! Non, non, vous ne le voulez pas!... Oh! j'aimerais mieux tendre la main et mendier! s'écria-t-elle en éclatant en sanglots.

— Et moi, ma fille, je veux aller vendre ce bijou, répondit mistress Stevenson avec solennité. Dieu et ton père s'en réjouiront là-haut.

Et elle marcha vers la porte qu'elle ouvrit. Mary voulut lui barrer le passage. Au même instant reparut William. Il prit son air le plus caressant, sa voix la plus insinuante, et, s'adressant à mistress Stevenson :

— Vous ne m'en voudrez pas de ce que j'ai fait, ma tante, dit-il. Oh! vous pardonnerez à l'indiscrétion de votre cher neveu, car vous m'avez souvent dit que vous m'aimiez, bonne tante, et aussi vous me l'avez prouvé souvent... Combien j'ai dû vous sembler bizarre dans ma brusque sortie! reprit-il en souriant. C'est que, voyez-vous, je venais de me dire avec une logique triomphante :

« Ce jour est un vrai jour de fête pour moi, puisque je viens d'apprendre que j'ai obtenu le premier prix de peinture ; ce doit être par conséquent un jour de plaisir et de joyeux dîner pour ma tante et ses enfants. Or, laisser Mary préparer le repas, c'est lui occasionner de la fatigue et de l'ennui. Il est bien naturel, monsieur le lauréat, d'aller commander le dîner et de le faire servir pour que tout le monde ici en profite sans dérangement ni peine. Votre tête, près d'être couronnée, mérite bien ce droit et cette faveur. » Le raisonnement est sans réplique. Mais je vous connais, chère tante : aussi ai-je pensé que, pour réaliser mon projet, il fallait me garder de vous en parler, car vous auriez très-bien pu refuser net, et peut-être même m'empêcher de sortir. Mais, vive Dieu! j'ai fait un coup de ma tête ; et voici, ajouta-t-il avec majesté en apercevant deux garçons traiteurs qui arrivaient sur le palier, les royales provisions que l'on vous apporte.

Mistress Stevenson et Mary firent un mouvement de surprise.

— Mais, mon neveu, je ne puis, je ne veux pas...

William interrompit sa tante, et lui dit avec une mélancolie touchante :

— Vous m'avez si souvent reçu à votre table qu'il est bien juste que vous me permettiez, une fois par hasard, d'en faire les honneurs. Songez donc! j'ai si peu de temps à vous voir!

William paraissait si suppliant que mistress Stevenson ne se sentit pas le courage d'un refus. Les garçons déposèrent sur la table à manger les provisions de William, un énorme roastbeef, un monstrueux plum-pudding, quelques bouteilles de pale-ale, un flacon de sherry, une quantité fort honorable de petits pains et de petits gâteaux.

— Eh! que voulez-vous que nous fassions de tout cela? dit Mary avec une moue charmante, qui exprimait un reproche bien doux.

Mary ne pouvait raisonnablement se formaliser d'un incident qui suspendait la résolution de sa mère. Elle comprenait trop bien d'ailleurs la véritable délicatesse pour ne point accueillir avec empressement l'offre si spirituellement faite de son cousin.

— Oh! ne soyez point en peine, bonne Mary, répondit William ; mes petits cousins et moi nous nous chargeons de tout dévorer.

— Quelle folie! murmura mistress Stevenson en contemplant les mets homériques étalés sur la table.

Le couvert fut bientôt dressé. Chacun se plaça et l'on se mit à manger d'un robuste appétit, avec une gaieté riante. On ne but guère, mais on n'en proposa pas moins des toasts nombreux. Ce fut le petit Henri qui porta le dernier avec son étourderie ordinaire.

— Au prochain mariage de William et de Mary! s'écria-t-il en levant son verre qui contenait quelques gouttes de sherry.

William imita le mouvement de l'enfant, mais Mary sourit avec tristesse et ne répondit pas. Cet incident ralentit un peu la gaieté qui allait bon train.

La jeune fille fit si bien ensuite que le reste de la soirée passa avec une extrême rapidité.

— Ah! qu'il serait bon de vivre toujours ainsi en famille! murmura William avec émotion en prenant, vers dix heures, congé de la famille Stevenson.

(La suite au prochain numéro.)

Le propriétaire-gérant : F. ROY.

LES ROMANS PARISIENS

LES MYSTÈRES DE PARIS

l.'ouvrier, privé de sa ressource ordinaire, a recours au mont-de-piété. (Page 162.)

« Telles sont les pensées qui ont présidé à cette institution [1].

[1]. Notre projet, sur lequel nous avons consulté plusieurs ouvriers aussi honorables qu'éclairés, est bien imparfait sans doute; mais nous le livrons aux réflexions des personnes qui s'intéressent aux classes ouvrières, espérant que le germe d'utilité qu'il renferme pourra être fécondé par un esprit plus puissant que le nôtre.

« Que celui qui a dit : *Aimons-nous les uns les autres...* en soit seul glorifié. »

— Ah! monsieur, — s'écria l'abbé, — quelle idée charitable! combien je comprends votre émotion en lisant ces lignes d'une si touchante simplicité!

En effet, en achevant cette lecture, la voix de Jacques Ferrand était altérée; sa patience et son courage étaient à bout; mais, surveillé par Polidori, il n'osait, il ne pouvait enfreindre les moindres ordres de Rodolphe. Que l'on juge de la rage du notaire, forcé de disposer si libéralement, si charitablement, de sa fortune en faveur d'une classe qu'il avait impitoyablement poursuivie dans la personne de Morel le lapidaire.

— N'est-ce pas, monsieur l'abbé, que l'idée de Jacques est excellente? — reprit Polidori.

— Ah! monsieur, moi qui connais toutes les misères, je suis plus à même que personne de comprendre de quelle importance peut être, pour de pauvres ouvriers sans travail, ce prêt qui semblerait bien modique aux heureux du monde... Hélas! que de bien ils feraient s'ils savaient qu'avec une somme si minime, qu'avec trente ou quarante francs qui leur seraient *scrupuleusement rendus*, mais sans intérêt... ils pourraient souvent sauver l'avenir, quelquefois l'honneur d'une famille que le manque d'ouvrage met aux prises avec les effrayantes obsessions de la misère et du besoin! L'indigence sans travail ne trouve jamais de crédit, ou, si l'on consent à lui prêter de petites sommes sans nantissement, c'est au prix d'intérêts usuraires monstrueux; elle empruntera trente sous pour huit jours, et il faudra qu'elle en rende quarante, et encore ces prêts modiques sont rares et difficiles. Les prêts du mont-de-piété eux-mêmes coûtent, dans certaines circonstances, près de trois cents pour cent [1]. L'artisan sans travail y

[1]. Nous empruntons les renseignements suivants à un éloquent et excellent travail publié par M. Alphonse Esquiros dans la *Revue de Paris* du 11 juin 1843 : « La moyenne des articles engagés pour *trois francs* chez les commissionnaires des VIIIe et XIIe arrondissements est au moins de *cinq cents* dans un jour. La population ouvrière, réduite à d'aussi faibles ressources, ne retire donc du mont-de-piété que des avances insignifiantes en comparaison de ses besoins. — Aujourd'hui les droits du mont-piété s'élèvent dans les cas ordinaires à 13 0/0; mais ces droits augmentent dans une proportion effrayante si le prêt, au lieu d'être annuel, est fait pour un temps plus ou moins long. Or, comme les articles déposés par la classe pauvre sont en général des objets de première nécessité, il résulte qu'on les apporte et qu'on les retire presque aussitôt; il est des effets qui sont régulièrement engagés et dégagés une fois par semaine. Dans cette circonstance, supposons un prêt de 3 francs; l'intérêt payé par l'emprunteur sera alors calculé sur le taux de 294 p. 0/0 — par an. — L'argent qui s'amasse chaque année dans la caisse du mont-de-piété tombe incontinent dans celle des hospices; cette somme est très-considérable. En 1840, année de détresse, les bénéfices se sont élevés à 422,215 francs. » On ne peut nier — dit en terminant M. Esquiros avec une haute raison — que cette somme n'ait une destination louable, puisque venant de la misère elle retourne à la misère; mais on se fait néanmoins cette question grave : *Si c'est*

dépose souvent pour quarante sous l'unique couverture qui, dans les nuits d'hiver, défend lui et les siens de la rigueur du froid. Mais — ajouta l'abbé avec enthousiasme — un prêt de trente à quarante francs sans intérêt, et remboursable par douzièmes quand l'ouvrage revient... mais pour d'honnêtes ouvriers c'est le salut, c'est l'espérance, c'est la vie... Et avec quelle fidélité ils s'acquitteront! Ah! monsieur, ce n'est pas là que vous trouverez des faillites... C'est une dette sacrée que celle que l'on a contractée pour donner du pain à sa femme et à ses enfants!

— Combien les éloges de M. l'abbé doivent t'être précieux, — dit Polidori, — et combien il va t'en adresser encore... pour ta fondation du mont-de-piété gratuit! Car Jacques n'a pas oublié cette question, qui est pour ainsi dire une annexe de sa Banque des pauvres.

— Il serait vrai! — s'écria le prêtre en joignant les mains avec admiration.

Le notaire continua d'une voix rapide, car cette scène lui était odieuse :

« Les prêts-secours ont pour but de remédier à l'un des plus graves accidents de la vie ouvrière, l'*interruption du travail*. Ils ne seront absolument accordés qu'aux artisans qui manqueront d'ouvrage.

« Mais il reste à prévoir d'autres cruels embarras, qui atteignent même le travailleur occupé. Souvent un chômage d'un ou deux jours, nécessité par la fatigue, par les soins à donner à une femme ou à un enfant malades, par un déménagement forcé, prive l'ouvrier de sa ressource quotidienne... Alors il a recours au mont-de-piété, dont l'argent est à un taux énorme, ou à des prêteurs sur gages qui prêtent à des intérêts monstrueux. Voulant, autant que possible, alléger le fardeau de ses frères, le fondateur de la Banque des pauvres affecte un revenu de vingt-cinq mille francs par an à des prêts sur gages qui ne pourront s'élever au delà de dix francs pour chaque prêt.

« Les emprunteurs ne payeront ni frais ni intérêts, mais ils devront prouver qu'ils exercent une profession honorable et fournir une déclaration de leurs patrons, qui justifiera de leur moralité.

« Au bout de deux années, on vendra sans

bien au pauvre qu'il appartient de venir au secours du pauvre. » Disons enfin que M. Esquiros, tout en réclamant de grandes améliorations à établir dans l'exercice du mont-de-piété, rend hommage au zèle du directeur actuel, M. Delaroche, qui a déjà entrepris d'utiles réformes.

frais les effets qui n'auront pas été dégagés ; le montant du surplus de cette vente sera placé à cinq pour cent d'intérêts au profit de l'engagiste.

« Au bout de cinq ans, s'il n'a pas réclamé cette somme, elle sera acquise à la Banque des pauvres, et, jointe aux rentrées successives, elle permettra d'augmenter successivement le nombre des prêts [1].

« L'administration et le bureau des prêts de la Banque des pauvres seront placés rue du Temple, numéro 17, dans une maison achetée à cet effet, au sein de ce quartier populeux. Un revenu de dix mille francs sera affecté aux frais et à l'administration de la Banque des pauvres, dont le directeur à vie sera... »

Polidori interrompit le notaire et dit au prêtre :

— Vous allez voir, monsieur l'abbé, par le choix du directeur de cette administration, si Jacques sait réparer le mal qu'il a fait involontairement. Vous savez que, par une erreur qu'il déplore, il avait faussement accusé son caissier du détournement d'une somme qui s'est ensuite retrouvée... Eh bien ! c'est à cet honnête garçon, nommé François Germain, que Jacques accorde la direction à vie de cette Banque, avec des appointements de quatre mille francs. N'est-ce pas admirable, monsieur l'abbé ?

— Rien ne m'étonne plus maintenant, ou plutôt rien ne m'a étonné jusqu'ici, — dit le prêtre... — La fervente piété, les vertus de notre digne ami devaient tôt ou tard avoir un résultat pareil... Consacrer toute sa fortune à une si belle institution, ah ! c'est admirable !

— Plus d'un million, monsieur l'abbé ! — dit Polidori, — plus d'un million amassé à force d'ordre, d'économie et de probité !... Il y avait pourtant des misérables capables d'accuser Jacques d'avarice !... Comment ! disaient-ils, son étude lui rapporte cinquante ou soixante mille francs par an, et il vit de privations !

— A ceux-là, — reprit l'abbé avec enthousiasme, — je répondrais : Pendant quinze ans il a vécu comme un indigent... afin de pouvoir un jour magnifiquement soulager les indigents.

— Mais sois donc au moins fier et joyeux du bien que tu fais ! — s'écria Polidori en s'adressant à Jacques Ferrand qui, sombre, abattu, le

1. Nous avons dit que dans quelques petits États d'Italie il existe des monts-de-piété gratuits, fondations charitables qui ont beaucoup d'analogie avec l'établissement que nous supposons.

regard fixe, semblait absorbé dans une méditation profonde.

— Hélas ! — dit tristement l'abbé, — ce n'est pas dans ce monde que l'on reçoit la récompense de tant de vertus ; on a une ambition plus haute...

— Jacques, dit Polidori en touchant légèrement l'épaule du notaire, — finis donc ta lecture.

Le notaire tressaillit, passa sa main sur son front ; puis, s'adressant au prêtre, il lui dit :

— Pardon, monsieur l'abbé, mais je songeais... je songeais à l'immense extension que pourra prendre cette Banque des pauvres par la seule accumulation des revenus, si les prêts de chaque année, régulièrement remboursés, ne les entamaient pas... Au bout de quatre ans, elle pourrait déjà faire pour environ cinquante mille écus de prêts gratuits ou sur gages... C'est énorme... énorme... et je m'en félicite, — ajouta-t-il en songeant, avec une rage cachée, à la valeur du sacrifice qu'on lui imposait. Il reprit :

« Un revenu de dix mille francs sera affecté aux frais et à l'administration de la *Banque des travailleurs sans ouvrage*, dont le directeur à vie sera François Germain, et dont le gardien sera le portier actuel de la maison, nommé Pipelet. M. l'abbé Dumont, auquel les fonds nécessaires à la fondation de l'œuvre seront remis, instituera un conseil supérieur de surveillance, composé du maire et du juge de paix de l'arrondissement, qui s'adjoindront les personnes qu'ils jugeront utiles au patronage et à l'extension de la Banque des pauvres ; car le fondateur s'estimerait mille fois payé du peu qu'il fait, si quelques personnes charitables concouraient à son œuvre.

« On annoncera l'ouverture de cette Banque par tous les moyens de publicité possibles...

« Le fondateur répète, en finissant, qu'il n'a aucun mérite à faire ce qu'il fait pour ses frères. Sa pensée n'est que l'écho de cette pensée divine :

« AIMONS-NOUS LES UNS LES AUTRES... »

— Et votre place sera marquée dans le ciel auprès de Celui qui a prononcé ces paroles immortelles ! — s'écria l'abbé en venant serrer avec effusion les mains de Jacques Ferrand dans les siennes.

Le notaire était à bout... Sans répondre aux félicitations de l'abbé, il se hâta de lui remettre en bons du Trésor la somme considérable nécessaire à la fondation de cette œuvre et de la rente de Morel le lapidaire, et lui dit :

— J'ose croire, monsieur l'abbé, que vous ne refuserez pas cette nouvelle mission confiée à votre charité. Du reste, un étranger... nommé sir Walter Murph... qui m'a donné quelques avis... sur la rédaction de ce projet, allégera quelque peu votre fardeau... et ira aujourd'hui même causer avec vous de la pratique de l'œuvre et se mettre à votre disposition, s'il peut vous être utile. Excepté pour lui, je vous prie donc de me garder le plus profond secret.

— Vous avez raison... Dieu sait ce que vous faites pour vos frères... qu'importe le reste?... Mais qu'avez-vous? vous pâlissez... Souffrez-vous ?

— Un peu, monsieur l'abbé... Cette longue lecture, l'émotion que me causent vos bienveillantes paroles... le malaise que j'éprouve depuis quelques jours... Pardonnez ma faiblesse, — dit Jacques Ferrand en s'asseyant péniblement ; — cela n'a rien de grave sans doute, mais je suis épuisé.

— Peut-être ferez-vous bien de vous mettre au lit, — dit le prêtre avec un vif intérêt, — de faire mander votre médecin...

— Je suis médecin, monsieur l'abbé, — dit Polidori. — L'état de Jacques demande de grands soins, je les lui donnerai.

Le notaire tressaillit.

— Un peu de repos vous remettra, je l'espère, — dit le curé. — Je vous laisse ; mais avant je vais vous donner le reçu de cette somme.

Pendant que le prêtre écrivait le reçu, Jacques Ferrand et Polidori échangèrent un regard impossible à rendre.

— Allons, bon courage, bon espoir ! — dit le prêtre en remettant le reçu à Jacques Ferrand. — D'ici à bien longtemps, Dieu ne permettra pas qu'un de ses meilleurs serviteurs quitte une vie si utilement, si religieusement employée. Demain je reviendrai vous voir... Adieu, monsieur... adieu, mon ami... mon digne et saint ami...

Le prêtre sortit. Jacques Ferrand et Polidori restèrent seuls.

A peine l'abbé fut-il parti que Jacques Ferrand poussa une imprécation terrible. Son désespoir et sa rage, si longtemps comprimés, éclatèrent avec furie ; haletant, la figure crispée, l'œil égaré, il marchait à pas précipités, allant et venant dans son cabinet comme une bête féroce tenue à la chaîne. Polidori, conservant le plus grand calme, l'observait attentivement.

— Tonnerre et sang ! — s'écria enfin Jacques Ferrand d'une voix éclatante de courroux, — ma fortune entière engloutie dans ces stupides bonnes œuvres ! Moi, fonder des établissements philanthropiques... m'y voir forcé... par des moyens infernaux !... Mais c'est donc le démon que ton maître ? — s'écria-t-il exaspéré, en s'arrêtant brusquement devant Polidori.

— Je n'ai pas de maître, — répondit froidement celui-ci. — Ainsi que toi... j'ai un juge...

— Obéir comme un niais aux moindres ordres de cet homme ! — reprit Jacques Ferrand dont la rage redoublait. — Et me contraindre !... toujours me contraindre !...

— Sinon l'échafaud...

— Oh ! ne pouvoir échapper à cette domination fatale !... Mais enfin voilà plus d'un million que j'abandonne... S'il me reste avec cette maison cent mille francs, c'est tout au plus... Que peut-on vouloir encore ?

— Tu n'es pas au bout... Le prince sait par Badinot que ton homme de paille, Petit-Jean, n'était que ton prête-nom pour les prêts usuraires faits au vicomte de Saint-Remy, que tu as si rudement rançonné pour ses faux. Les sommes que Saint-Remy a payées lui avaient été prêtées par une grande dame... probablement encore une restitution qui t'attend... Mais on l'ajourne sans doute parce qu'elle est plus délicate.

— Enchaîné... enchaîné ici !...

— Aussi solidement qu'avec un câble de fer...

— Toi... mon geôlier... misérable !

— Que veux-tu ?... selon le système du prince, rien de plus logique : il punit le crime par le crime, le complice par le complice.

— Oh ! rage !...

— Et malheureusement rage impuissante !... car, tant qu'IL ne m'aura pas fait dire : « Jacques Ferrand est libre de quitter sa maison. » je resterai à tes côtés comme ton ombre... Ainsi que toi, je mérite l'échafaud. Si je manque aux ordres que j'ai reçus comme ton geôlier... ma tête tombe... Tu ne pouvais donc avoir un gardien plus incorruptible... Quant à fuir tous deux... impossible... nous ne pourrions faire un pas hors d'ici sans tomber entre les mains des gens qui veillent jour et nuit à la porte de ce logis.

— Mort et furie !... je le sais.

— Résigne-toi donc alors ; car, réussit-elle, cette fuite ne nous offrirait que des chances de salut plus que douteuses : on mettrait la police à nos trousses. Au contraire, toi en obéissant et moi en surveillant l'exactitude de ton obéissance, nous sommes certains de ne pas avoir le cou coupé...

— Ne m'exaspère pas par cet ironique sang-froid... ou bien...

— Ou bien quoi?... Je ne te crains pas, je suis sur mes gardes; je suis armé, et lors même que tu aurais retrouvé pour me tuer le stylet empoisonné de Cecily cela ne t'avancerait à rien... tu sais que toutes les deux heures il faut que je donne *à qui de droit* un bulletin de ta précieuse santé...

(*La suite au prochain numéro.*)

Deux garçons traiteurs arrivaient sur le palier. (Page 160.)

COMMENT ON AIME (suite).

IX

Six semaines après, William était sur la route d'Italie. Il emportait avec lui ce qui fait les grands artistes : une noble ambition, un courage infatigable, un amour profond.

Mary, elle, ne semblait pas regretter ce départ. Seulement, le soir, quand les enfants étaient couchés, seule dans sa chambrette, elle s'asseyait à sa croisée et restait des heures entières plongée dans une mystérieuse rêverie. Parfois elle murmurait un nom bien bas; parfois même elle laissait une larme glisser silencieusement sur ses joues pâlies.

C'était une larme d'amour!

X

Il est des années si effacées dans la vie commune, si semblables dans tous leurs instants, qu'on peut les peindre avec quelques mots : telle fut l'existence de la famille Stevenson après le départ de William. Pour elle, le temps s'écoula avec cette vitesse et cette uniformité qui caractérisent la plus grande partie de la vie chez les personnes soumises à un travail régulier et que l'habitude d'agir dans un cercle restreint préserve des grandes fatigues, comme des grands plaisirs, comme des grandes douleurs. Toujours soumise à la résolution qu'elle s'était faite d'élever ses frères et sa sœur et de soutenir sa mère, en évitant tout ce qui la pouvait distraire de ce religieux devoir, Mary avait ainsi divisé sa journée : le matin elle se levait presque avec les oiseaux, rangeait tout dans la maison et préparait elle-même le déjeuner. Le repas terminé, elle envoyait ses frères à une école qu'elle parvenait à payer à force d'économie, puis elle s'occupait de l'instruction de sa petite sœur, dont l'intelligence, la grâce et la bonté devenaient vraiment dignes de tous ses soins. Cette tâche remplie, la jolie maîtresse de piano allait donner ses leçons en ville, parcourant des trajets d'une excessive longueur, voltigeant pour ainsi dire comme une libellule du quartier du Lambeth à Westminster, du quartier de Southwark à la Cité et au West-End. Quand le temps était pluvieux, les rues trop sales, elle se permettait d'abréger les distances ou plutôt de les allonger au moyen de l'omnibus classique ; mais elle les franchissait toujours, sans égard pour ses petits pieds souvent bien las, lorsqu'elle jugeait possible à sa marche ailée de la conduire proprement au but : *six pences*, pour Mary, c'était une somme ; elle était si intéressée en songeant à sa petite famille !

D'abord, le nombre de ses élèves étant assez minime et ne remplissant pas ses journées, notre jeune pianiste rentrait de fort bonne heure chez elle ; elle reprenait alors le tablier de la ménagère pour faire le dîner. Mais insensiblement son talent, sa patience angélique dans les démonstrations, sa conduite admirable, divulguée comme tant de secrets, sans qu'on sût par qui, lui attirèrent l'intérêt et la haute estime des parents de ses élèves. On parla d'elle, on vanta sa méthode et son exécution, on exalta son dévouement obscur. Bref, on fit tant et si bien qu'il vint un moment où Mary, pressée de leçons, ne put rentrer que fort tard chez elle, et que sa mère, dont la santé longtemps ébranlée se raffermissait enfin, dut prendre en main la direction de l'intérieur et s'occuper de la cuisine. Toutefois, enhardie par la prospérité, Mary voulut imposer à mistress Stevenson l'obligation de prendre une servante ; mais sa mère refusa obstinément d'obtempérer à ce fastueux désir. Les soirées se passaient presque toujours tranquillement et studieusement. Parfois on faisait une lecture ; parfois notre jeune artiste improvisait quelque mélodie aussi simple que touchante, écho pénétrant de son âme harmonieuse, délicieuse traduction de ses rêveries intimes. Le lendemain ramenait presque toujours la répétition des occupations et des pensées de la veille ; et tout cela était sérieux, mélancolique et doux comme ces campagnes sans accidents qui ne déroulent au regard que de vertes et tranquilles prairies. L'humble demeure de Lambeth Road ne comptait pas de plus grand événement que la réception, à intervalles égaux, d'une lettre de William. Mais avec quel plaisir on recevait cette lettre ! On la lisait et on la relisait ! Personne n'y était oublié : mistress Stevenson avait toujours sa forte part des souvenirs, puis les enfants, puis Mary ; Mary, en effet, tenait rarement beaucoup de place dans les hymnes épistolaires du jeune peintre. On eût dit même qu'il évitait de parler d'elle, de tracer son nom, soit que ce nom éveillât dans son cœur de trop vifs regrets, soit qu'il lui parût trop saint et trop sacré pour le profaner en le répétant.

Le véritable amour a des délicatesses infinies.

XI

Par une belle matinée de printemps, trois ans environ après le départ de William, légère et presque joyeuse, Mary se livrait à ses excursions quotidiennes. Elle arriva à Grosvenor Square, dans le West-End, à l'hôtel de lord Melburn, dont la fille, âgée de douze ans, recevait ses leçons.

Mary pénétra au petit salon, où d'ordinaire se trouvaient lady Melburn et la jeune élève. Cette fois elle ne les y rencontra point, mais son attente ne fut pas de longue durée, car au moment où elle ouvrait le piano la voix argentine de miss Melburn se fit entendre dans une pièce voisine.

— Et moi je te dis, mon frère, que tu n'entreras pas ! disait-elle en riant.

— Ma petite sœur, je t'en prie ! répondait-on.

— Non, non, non, et encore une fois non! reprit l'enfant avec volubilité.

Puis elle entra vivement, ferma la porte et poussa le verrou.

— Ah! mais! dit-elle alors avec un petit ton menaçant et vainqueur.

— Qu'y a-t-il donc, miss Anna? demanda Mary.

— C'est mon frère qui veut assister à ma leçon de musique pour juger de ma force.

— Milord votre frère est donc de retour d'Italie?

— Eh! mon Dieu, oui, depuis hier au soir; et voilà déjà qu'il fait le méchant. Il profite de l'absence de ma mère pour me tyranniser; mais je lui prouverai bien que j'ai du caractère! A-t-on jamais vu! vouloir entrer ici malgré moi!

— Et pourquoi ne le permettez-vous pas?

— Parce que je désire qu'il ne m'entende point avant que je joue très-bien; et même je veux lui ménager une surprise pour l'anniversaire de sa naissance, dans six mois.

— Alors il ne faut pas perdre de temps! repartit Mary avec un air doucement moqueur, en plaçant un livre d'études sur le pupitre.

La petite fille s'empara du clavier, et pendant un quart d'heure ce fut un feu assez bien nourri de notes fausses et d'accords répétés à satiété. La voix de Mary s'élevait fréquemment au milieu de cette belle cacophonie pour reprendre les fautes; parfois même ses doigts se posaient sur les touches et en tiraient quelques sons perlés qu'Anna s'efforçait de reproduire. Tout à coup, au beau milieu d'une cadence, elle s'interrompit : elle venait d'apercevoir son frère qui se glissait tout doucement par la porte communiquant avec le grand salon. D'un bond, elle fut à lui.

— Ah! traître! s'écria-t-elle, c'est ainsi que tu respectes mes volontés!... Sortez, milord! sortez!

En disant ces mots, Anna prit une pose sublime que n'eût point désavouée une grande tragédienne. Mais son frère ne s'intimida guère de ce ton théâtral; il salua la jeune maîtresse de piano et fit aussitôt un geste de surprise. Mary rougit un peu, car dans le frère d'Anna elle venait de reconnaître le jeune élégant qu'elle avait vu au bal chez son père, et qui l'avait suivie deux ans plus tard de Bird Cage Walk à Lambeth Road.

— Eh bien! dit Anna à son frère, qu'as-tu donc pour faire ainsi l'étonné? Connaîtrais-tu miss Mary?

— J'ai déjà eu l'honneur de voir miss Mary, répondit le jeune comte en remarquant que Mary était plus jolie encore qu'autrefois : un peu de prospérité avait rendu à sa blanche figure ces couleurs délicates qui, selon l'expression d'un poëte, ressemblent à des églantines écloses sur la neige.

— Ah! reprit curieusement Anna. Et où ça as-tu vu miss Stevenson?

— Au bal d'abord.

Arthur Melburn avait à peine prononcé ces mots qu'il se souvint que le bal auquel il venait de faire allusion était, pour la jeune pianiste un souvenir de deuil. Honteux de sa maladresse, il voulut le réparer et balbutia quelques excuses, mais il le fit avec une gaucherie telle que la jeune fille crut devoir venir à son secours.

— Il y a déjà cinq ans, milord, que j'ai dansé pour la première et la dernière fois sans doute. Cinq ans peuvent émousser l'aiguillon de bien des douleurs; aussi le souvenir que vous venez de réveiller en mon cœur n'a-t-il plus rien de trop pénible, de trop navrant.

— Je vous remercie, miss, d'excuser ainsi ma maladresse, répondit gracieusement le jeune lord. Si je n'ai pu oublier les circonstances au milieu desquelles j'ai eu l'honneur de vous voir, du moins eût-il été convenable que je n'y fisse point allusion.

Ce compliment produisit un instant de silence qu'Anna rompit bientôt.

— Et maintenant, va-t'en, mon frère! laisse-moi prendre ma leçon, dit-elle.

— Puisque tu parais tant y tenir, je m'éloigne, répondit Arthur sans bouger... Pourtant, reprit-il d'un air horriblement courtisanesque, je t'assure qu'il n'est pas désagréable de t'entendre.

— Tu m'as donc entendue?

— Mais certainement, continua-t-il sur le même ton, et tu m'as fait plaisir, encore !

— Là! n'est-ce pas une abomination? Il ne se contente point d'avoir enfreint mes ordres : voici qu'il se moque de moi, à présent. Fi! milord, que c'est laid!

— Allons, je m'en vais, méchante!

— Adieu, porte-toi bien! répliqua l'espiègle.

Arthur salua profondément la jeune maîtresse de piano et se retira.

— Ah! milord mon frère, dit Anna en fermant cette fois au verrou la porte du salon, je te défie d'entrer, maintenant !

XII

La précaution d'Anna était inutile ; Arthur ne chercha point à entrer. Il s'assit au salon, dans l'embrasure d'une croisée ouverte donnant sur le jardin du square, et promena un regard pensif sur la verdure printanière que le soleil semait de rayons d'or. Les parfums de mille fleurs étaient répandus dans l'air, pénétrant l'odorat et l'âme des plus suaves impressions.

Nul plus qu'Arthur ne pouvait en goûter tous les charmes : c'était un jeune homme d'une sensibilité vive, une de ces organisations délicates sur lesquelles la nature agit toujours avec une extrême puissance. Cette disposition organique, fréquente en Angleterre, avait déterminé chez lui de graves maladies, que les médecins n'avaient pu traiter avec succès qu'en lui recommandant un grand exercice. Aussi avait-il voyagé pendant quelques années. Il avait parcouru le midi de la France, la Suisse, l'Italie, et ces excursions lointaines avaient exercé une influence efficace sur sa santé débile ; mais son esprit, naturellement enclin à la tristesse, était resté le même. Pour les affections morales, l'exercice ne suffit pas ; il faut quelque occupation sérieuse et constante, quelque devoir impérieux à remplir.

Or Arthur, riche d'un revenu de deux mille livres sterling et des plus belles espérances, ne dépendait de rien et n'écoutait que son caprice dans l'emploi de ses journées. Le caprice absolu ne fait pas voler les heures, il les traîne. Arthur, du reste, était un jeune homme doué de qualités éminentes : il avait une intelligence pleine de finesse, un esprit auquel il ne manquait peut-être qu'un peu plus d'instruction pour être supérieur ; mais il avait surtout un bon cœur, un cœur généreux et chevaleresque... Tout en promenant son regard sur le jardin plein de soleil et d'ombre, le jeune lord songeait à la rencontre imprévue qu'il venait de faire ; et, comme c'est le propre de l'esprit humain d'imprimer un vernis fatal ou providentiel à tout ce qui présente de l'inattendu, il en vint à penser que Dieu avait mis sans doute un but secret dans le rapprochement soudain qui s'opérait entre Mary et lui.

Il ne l'avait vue que deux fois à de longs intervalles ; et pourtant ce souvenir, à travers les années, ne s'était point effacé de sa mémoire !

— Il revenait triste et fatigué de ses longs voyages ; et l'enfant qu'il avait admirée au milieu des splendeurs d'un bal, et la jeune fille qu'il avait suivie par une mélancolique soirée d'automne, lui apparaissait encore avec plus d'attraits et de beauté que jamais. — C'en était assez pour sa vive imagination. Cette *folle du logis* travaillait alors avec ardeur sur un incident d'ailleurs très-simple et très-ordinaire. Il se sentait surtout ému lorsqu'il songeait que cette jeune fille, qu'il avait vue si brillante et si fêtée, en était réduite pour vivre à donner des leçons de piano. Presque tous les riches de naissance regardent le travail comme une peine, comme une affliction, comme une servitude. La pitié d'Arthur se répandait donc sur Mary en termes les plus touchants. Certes, il eût été bien incrédule, le noble lord, si quelque voix mystérieuse lui eût dit en ce moment : Garde ta compassion ; celle que tu plains est plus heureuse que toi : elle travaille ! Cette voix eût pourtant dit la vérité.

Comme il était plongé dans ses réflexions, une porte s'ouvrit ; Mary entra, elle traversa le salon, puis inclina la tête en apercevant Arthur qui s'était levé vivement à son aspect. Elle avait disparu, et le jeune lord restait encore debout et rêveur à la même place.

— A quoi penses-tu là? dit tout à coup Anna en faisant un bond enfantin jusqu'à lui.

— Je pense à te donner une superbe poupée, répondit-il en embrassant sa petite sœur avec effusion.

— Pensée sublime! repartit la jolie espiègle.

XIII

Mary venait trois fois par semaine à l'hôtel Melburn : elle rencontra désormais le jeune lord dans le petit salon, mais il avait la discrétion de se retirer au moment où commençait la leçon. La leçon terminée, Mary, en s'en allant, le trouvait toujours assis dans le grand salon. Ils échangeaient un salut, et tout était dit. Un jour, cependant, elle ne rencontra que le jeune lord ; il était au piano, et ses doigts inhabiles erraient sur les touches.

— Miss Anna n'est point ici? demanda-t-elle.

— Elle ne peut tarder à venir, répondit Arthur ; elle est sortie avec ma mère pour une emplette, et je m'étonne qu'elle ne soit point de retour... En attendant, miss, je vous cède le piano.

(La suite au prochain numéro.)

Le propriétaire-gérant : F. ROY.

LES MYSTÈRES DE PARIS

Polidori alla ouvrir la porte; il vit le maître clerc. (Page 172.)

« En ne me voyant pas paraître, on se douterait du meurtre, tu serais arrêté. Mais je te fais injure en te supposant capable de ce crime... Tu as sacrifié plus d'un million pour avoir la vie sauve, et tu risquerais ta tête... pour le sot et stérile plaisir de me tuer par vengeance !... Allons donc ! tu n'es pas assez bête pour cela !

— Oh ! malheur ! malheur inextricable ! de quelque côté que je me tourne, c'est la ruine, c'est le déshonneur, c'est la mort ! Et dire que maintenant ce que je redoute le plus au monde... c'est le néant! Malédiction sur moi, sur toi, sur la terre entière !

— Ta misanthropie est plus large que ta philanthropie... l'une embrasse le monde... l'autre un arrondissement de Paris.

— Va... raille-moi, monstre!...

— Aimes-tu mieux que je t'écrase de reproches? A qui la faute si nous sommes réduits à cette position? A toi. Pourquoi conserver à ton cou, pendue comme une relique, cette lettre de moi relative à ce meurtre qui t'a valu cent mille écus, ce meurtre que nous avions fait passer pour un suicide?

— Pourquoi, misérable? Ne t'avais-je pas donné cinquante mille francs pour ta coopération à ce crime et pour cette lettre que j'ai exigée, afin d'avoir une garantie contre toi?... Car ainsi tu ne pouvais me dénoncer sans te livrer toi-même... Ma vie et ma fortune étaient donc attachées à cette lettre... voilà pourquoi je la portais toujours si précieusement sur moi...

— C'est vrai, c'était habile de ta part, car je ne gagnais rien à te dénoncer, que le plaisir d'aller à l'échafaud avec toi... Et pourtant ton habileté nous a perdus, lorsque la mienne nous avait jusqu'ici assuré l'impunité.

— L'impunité... tu le vois...

— Qui pouvait deviner ce qui se passe? Mais, dans la marche ordinaire des choses, notre crime devait être et a été impuni, grâce à moi.

— Grâce à toi?

— Oui, lorsque nous eûmes tué cet homme... tu voulais simplement contrefaire son écriture et écrire à sa sœur que, ruiné complètement, il se tuait de désespoir... Tu croyais faire montre de grande finesse en ne parlant pas dans cette lettre du dépôt qu'il t'avait confié... C'était absurde. Ce dépôt étant connu de la sœur, elle l'eût nécessairement réclamé. Il fallait donc au contraire, ainsi que nous avons fait, le mentionner, ce dépôt, afin que si par hasard on avait des doutes sur la réalité du suicide, tu fusses la dernière personne soupçonnée. Comment supposer que, tuant un homme pour t'emparer d'une somme qu'il t'avait confiée, tu serais assez sot pour parler de ce dépôt dans la fausse lettre que tu lui attribuerais? Aussi, qu'est-il arrivé? On a cru au suicide. Grâce à ta réputation de probité, tu as pu nier le dépôt, et on a cru que le frère s'était tué après avoir dissipé la fortune de sa sœur.

— Mais qu'importe tout cela aujourd'hui! le crime est découvert.

— Et grâce à qui? Était-ce ma faute si ma lettre était une arme à deux tranchants? Pourquoi as-tu été assez faible, assez niais, pour livrer cette arme terrible... à cette infernale Cecily?

— Tais-toi... ne prononce pas ce nom! — s'écria Jacques Ferrand avec une expression effrayante.

— Soit... je ne veux pas te rendre épileptique... Tu vois bien qu'en ne comptant que sur la justice ordinaire... nos précautions mutuelles étaient suffisantes... Mais la justice extraordinaire de celui qui nous tient en son pouvoir redoutable procède autrement... Il croit, lui, que couper la tête aux criminels ne répare pas suffisamment le mal qu'ils ont fait... Avec les preuves qu'il a en mains, il nous livrait tous deux aux tribunaux. Qu'en résultait-il? Deux cadavres tout au plus bons à engraisser l'herbe du cimetière.

— Oh! oui... ce sont des larmes, des angoisses, des tortures qu'il lui faut, à ce prince... à ce démon... Mais je ne le connais pas, moi; mais je ne lui ai jamais fait de mal. Pourquoi s'acharne-t-il ainsi sur moi?

— D'abord, il prétend se ressentir du bien et du mal qu'on fait aux autres hommes, qu'il appelle naïvement ses frères... et puis il connaît, lui, ceux à qui tu as fait du mal, et il te punit à sa manière...

— Mais de quel droit?

— Voyons, Jacques, entre nous, ne parlons pas de droit : il avait le pouvoir de te faire judiciairement couper la tête... Qu'en serait-il résulté? Tes deux seuls parents sont morts... l'État profitait de ta fortune au détriment de ceux que tu avais dépouillés... Au contraire, en mettant ta vie au prix de ta fortune... Morel, le père de Louise, que tu as déshonorée, se trouve, lui et sa famille, désormais à l'abri du besoin... Madame de Fermont, la sœur de Renneville prétendu suicidé, retrouve ses cent mille écus; Germain, que tu avais faussement accusé de vol, est réhabilité et mis en possession d'une place honorable à la tête de la *Banque des travailleurs sans ouvrage*, qu'on te force de fonder pour réparer et expier tes outrages contre la société. Franchement, au point de vue de celui qui nous tient entre ses serres, la société n'aurait rien gagné à ta mort... elle gagne beaucoup à ta vie.

— Et c'est cela qui cause ma rage... et ce n'est pas là ma seule torture!

— Le prince le sait bien... Maintenant, que va-t-il décider de nous? Je l'ignore... Il nous a promis la vie sauve si nous exécutions aveuglément ses ordres... Mais, s'il ne croit pas nos crimes suffisamment expiés, il saura bien faire que la mort soit mille fois préférable à la vie qu'il nous laisse... Tu ne le connais pas... Quand il se croit autorisé à être inexorable, il n'est pas de bourreau plus féroce... Il faut qu'il ait le diable à ses ordres pour avoir découvert... ce que j'étais allé faire en Normandie. Du reste... il a plus d'un démon à son service... car cette Cecily... que la foudre écrase !...

— Encore une fois, tais-toi... pas ce nom... pas ce nom !

— Si, si... que la foudre écrase celle qui porte ce nom !... c'est elle qui a tout perdu. Notre tête serait en sûreté sur nos épaules... sans ton imbécile amour pour cette créature.

Au lieu de s'emporter, Jacques Ferrand répondit avec un profond abattement :

— La connais-tu... cette femme?... Dis !... l'as-tu jamais vue?...

— Jamais... On la dit belle... je le sais...

— Belle... — répondit le notaire en haussant les épaules. — Tiens, — ajouta-t-il avec une sorte d'amertume désespérée, — tais-toi... ne parle pas de ce que tu ignores... Ce que j'ai fait... tu l'aurais fait à ma place...

— Moi, mettre ma vie à la merci d'une femme !...

— De celle-là... oui... et je le ferais de nouveau... si j'avais à espérer... ce qu'un moment j'ai espéré...

— Par l'enfer !... il est encore sous le charme, — s'écria Polidori stupéfait.

— Écoute, — reprit le notaire d'une voix calme, basse et accentuée çà et là par des élans de désespoir incurable, — écoute... tu sais si j'aime l'or? tu sais ce que j'ai bravé pour en acquérir? Compter dans ma pensée les sommes que je possédais... les voir se doubler par mon avarice, me savoir maître d'un trésor... c'était ma joie, mon bonheur... Oui, posséder... non pour dépenser, non pour jouir... mais pour thésauriser, c'était ma vie. Il y a un mois, si l'on m'eût dit : Entre ta fortune et ta tête, choisis, — j'aurais livré ma tête.

— Mais à quoi bon posséder quand on va mourir?

— A mourir en possédant !... à jouir jusqu'au dernier moment de la jouissance qui vous a fait tout braver, privations, infamie, échafaud !... à dire encore, la tête sur le billot : *Je possède ! ! !* Oh ! vois-tu, la mort est douce, comparée aux tourments que l'on endure en se voyant, de son vivant, dépossédé comme je suis, dépossédé de ce qu'on a amassé au prix de tant de peines, de tant de dangers !... C'est atroce ! c'est mourir, non pas chaque jour, mais c'est mourir à chaque minute du jour... Oui, à cette horrible agonie qui doit durer des années peut-être, j'aurais préféré mille fois la mort rapide et sûre qui vous atteint avant qu'une parcelle de votre trésor vous ait été enlevée ; encore une fois, au moins je serais mort en disant : Je possède...

Polidori regarda son complice avec un profond étonnement.

— Je ne te comprends plus... Alors, pourquoi as-tu obéi aux ordres de celui qui n'a qu'à dire un mot pour que ta tête tombe? Pourquoi as-tu préféré la vie sans ton trésor... si cette vie te semble si horrible?

— C'est que, vois-tu, — ajouta le notaire d'une voix de plus en plus basse, — mourir, c'est ne plus penser... mourir, c'est le néant... Et Cecily?

— Et tu espères?... — s'écria Polidori stupéfait.

— Je n'espère pas, je possède...

— Quoi?

— Le souvenir.

— Mais tu ne dois jamais la revoir, mais elle a livré ta tête !

— Mais je l'aime toujours, et plus frénétiquement que jamais... moi ! — s'écria Jacques Ferrand avec une explosion de larmes, de sanglots, qui contrastèrent avec le calme morne de ses dernières paroles. — Oui, — reprit-il dans une effrayante exaltation, — je l'aime toujours, et je ne veux pas mourir, afin de pouvoir me plonger et me replonger encore avec un atroce plaisir dans cette fournaise où je me consume à petit feu... Car, tu ne sais pas... cette nuit... où je l'ai vue si belle... si passionnée, si enivrante... cette nuit est toujours présente à mon souvenir... Ce tableau d'une volupté terrible est là, toujours là... devant mes yeux... Qu'ils soient ouverts ou fermés par un assoupissement fébrile ou par une insomnie ardente, je vois toujours son regard noir et enflammé, qui fait bouillir la moelle de mes os... Je sens toujours son souffle sur mon front... J'entends toujours sa voix...

— Mais ce sont là d'épouvantables tourments !

— Épouvantables ! oui, épouvantables !... Mais la mort, mais le néant ! mais perdre pour toujours ce souvenir aussi vivant que la réalité, mais renoncer à ces souvenirs qui me déchirent, me dévorent et m'embrasent !... Non !... non !... non !... Vivre !... vivre !... pauvre, méprisé, flétri, vivre au bagne... mais vivre !... pour que la pensée me reste... puisque cette créature infernale a toute ma pensée... est toute ma pensée !...

— Jacques, — dit Polidori d'un ton grave qui contrasta avec son amère ironie habituelle, — j'ai vu bien des souffrances, mais jamais tortures n'approchèrent des tiennes... Celui qui nous tient en sa puissance ne pouvait être plus impitoyable... Il t'a condamné à vivre... ou plutôt à attendre la mort dans des angoisses terribles... car cet aveu m'explique les symptômes alarmants qui chaque jour se développent en toi... et dont je cherchais en vain la cause...

— Mais ces symptômes n'ont rien de grave ! c'est de l'épuisement... c'est la réaction de mes chagrins !... Je ne suis pas en danger... n'est-ce pas ?

— Non... non... mais ta position est grave... il est certaines pensées qu'il faudra chasser... Sans cela... tu courrais de grands dangers...

— Je ferai ce que tu voudras, pourvu que je vive... car je ne veux pas mourir. Oh ! les prêtres parlent de damnés !... jamais ils n'ont imaginé pour eux un supplice égal au mien. Torturé par la passion et la cupidité, j'ai deux plaies vives au lieu d'une... et je les sens également toutes deux... La perte de ma fortune m'est affreuse... mais la mort me serait plus affreuse encore... J'ai voulu vivre... J'ai voulu vivre qu'une torture sans fin... sans issue, et je n'ose appeler la mort... car la mort anéantit mon funeste bonheur... ce mirage de ma pensée... où m'apparaît incessamment Cecily...

— Tu as du moins la consolation — dit Polidori en reprenant son sang-froid ordinaire — de songer au bien que tu as fait pour expier tes crimes...

— Oui, raille ! tu as raison... retourne-moi sur des charbons ardents... Tu sais bien, misérable, que je hais l'humanité ; tu sais bien que ces expiations que l'on m'impose ne m'inspirent que haine et fureur contre ceux qui m'y obligent et contre ceux qui en profitent... Tonnerre et meurtre ! Songer que pendant que je traînerai une vie épouvantable... n'existant que pour *jouir* de souffrances qui effrayeraient les plus intrépides... ces hommes que j'exècre verront, grâce aux biens dont on m'a dépouillé, leur misère s'alléger !... Et ce prêtre !... ce prêtre qui me bénissait, quand mon cœur nageait dans le fiel et dans le sang, je l'aurais poignardé !... Oh ! c'en est trop ! — s'écria-t-il en appuyant sur son front ses deux mains crispées... — ma tête éclate, à la fin... mes idées se troublent... Je ne résisterai pas à de tels accès de rage impuissante... à ces tortures toujours renaissantes... Et tout cela pour toi !... Cecily... Cecily !... Le sais-tu, au moins, que je souffre autant ?... le sais-tu, Cecily... démon sorti de l'enfer !

Et Ferrand, épuisé par cette effroyable exaltation, retomba haletant sur son siége et se tordit les bras en poussant des rugissements sourds et inarticulés.

Cet accès de rage convulsive et désespérée n'étonna pas Polidori. Possédant une expérience médicale consommée, il reconnut facilement que chez Jacques Ferrand la rage de se voir dépossédé de sa fortune, jointe à sa passion pour Cecily, avait allumé chez ce misérable une fièvre dévorante. Ce n'était pas tout... dans l'accès auquel Jacques Ferrand était alors en proie, Polidori remarquait avec inquiétude certains pronostics d'une des plus effrayantes maladies qui aient jamais épouvanté l'humanité, et dont Paulus et Arétée, aussi grands observateurs que grands moralistes, ont si admirablement tracé le foudroyant tableau. . . . .

Tout à coup on frappa précipitamment à la porte du cabinet. Polidori alla ouvrir la porte ; il vit le maître clerc de l'étude qui, pâle et la figure bouleversée, s'écria :

— Il faut que je parle à l'instant à M. Ferrand !

— Silence !... il est dans ce moment très-souffrant... — dit Polidori à voix basse.

Et, sortant du cabinet du notaire, il en ferma la porte.

— Ah ! monsieur, — s'écria le maître clerc, — vous, le meilleur ami de M. Ferrand, venez à son secours, il n'y a pas un moment à perdre !

— Que voulez-vous dire ?

— D'après les ordres de M. Ferrand, j'étais allé dire à madame la comtesse Mac-Gregor qu'il ne pouvait se rendre chez elle aujourd'hui, ainsi qu'elle le désirait... Cette dame, qui paraît maintenant hors de danger, m'a fait entrer dans sa chambre. Elle s'est écriée d'un ton menaçant :

« — Retournez dire à M. Ferrand que s'il n'est pas ici, chez moi, dans une demi-heure... avant la fin du jour il sera arrêté comme faussaire... car l'enfant qu'il a fait passer pour morte ne l'est pas... je sais à qui il l'a livrée, je sais où elle est[1]... »

— Cette femme délirait, — répondit Polidori en haussant les épaules.

1. Le lecteur sait que Sarah croyait encore Fleur-de-Marie enfermée à Saint-Lazare, d'après ce que la Chouette lui avait dit avant de la frapper.

— Je l'avais pensé d'abord ; mais l'assurance de madame la comtesse...

— Sa tête aura sans doute été affaiblie par la maladie... et les visionnaires croient toujours à leurs visions.

— Je dois vous dire aussi, monsieur, qu'au moment où je quittais la chambre de madame la comtesse une de ses femmes est entrée précipitamment en disant :

« — *Son Altesse* sera ici dans une heure... »

— Cette femme a dit cela ? — s'écria Polidori.

(*La suite au prochain numéro.*)

COMMENT ON AIME

MISS MARY

(SUITE)

Arthur fit un mouvement pour quitter la pièce, mais il se ravisa et s'assit devant un guéridon sur lequel était posé un album magnifiquement relié ; il l'ouvrit et le feuilleta ; mais les dessins, les pastels, les aquarelles, les eaux-fortes se succédèrent devant ses yeux sans qu'il y prît garde. Il songeait à rompre le silence et ne trouvait pas un mot à dire. Mary s'était placée au piano : ses mains gantées s'exerçaient sur les touches sans en tirer aucun son. Arthur s'en aperçut : il crut reconnaître le chant dont elle simulait l'exécution. Alors, d'une voix douce et lente :

— Il me semble, dit-il, que j'entends la dernière pensée de Weber.

Mary parut surprise et sourit.

— En effet, répondit-elle, je fais semblant de la jouer ; mais, pour m'entendre, il faut avoir l'ouïe plus fine que certains personnages des contes de fées.

— Je pourrais entendre mieux encore, si vous vouliez.

— Peut-être ne feriez-vous qu'y perdre, dit-elle ; ce que l'on imagine vaut toujours mieux que ce que l'on entend.

— Permettez-moi d'en douter dans cette circonstance, dit Arthur ; et si j'osais vous prier de jouer...

— Ne m'en priez pas, milord, répondit-elle en souriant ; je serais bien incapable de satisfaire votre désir sans cérémonie.

— Oh ! alors je vous en supplie ! dit Arthur d'un ton animé.

Mary était la plus simple, la moins précieuse des artistes ; elle n'aimait pas à se faire prier.

Elle retira ses gants, posa le pied sur la pédale sourde et se prit à entonner, avec une douceur ineffable, cette élégie suave qui rappelle l'âme la mieux inspirée peut-être du monde musical. Puis la jeune pianiste permit au son de se renforcer graduellement, et, avec une pureté exquise, une louable sobriété de nuances, une sensibilité d'autant plus pénétrante qu'elle était contenue, elle réalisa la dernière pensée de Weber, telle qu'une jeune fille pleine de talent, de sentiment et de réserve la peut seule éxécuter. Lorsque Mary eut terminé, elle n'entendit ni applaudissement ni bravo ; mais, en levant la tête comme pour se souvenir de quelque autre mélodie, elle aperçut près d'elle Arthur, pâle et les yeux humides.

— Merci, miss Mary, lui dit-il avec simplicité ; il est doux d'entendre ainsi traduire les mélodies qu'on aime et fêter la grande âme de Weber.

— Vous aimez beaucoup Weber, milord ? dit-elle avec un peu de confusion et d'embarras.

— Comme j'aime la nature avec ce qu'elle a de plus vivace et de plus expressif.

— En effet, reprit Mary, Weber est peut-être le compositeur dont les idées sont les plus fraîches et les mieux senties. Il possédait l'inspiration et la science, et c'était un des plus grands génies de l'Allemagne musicale, cette harmonieuse patrie de Beethoven et de Mozart.

— Oh ! vous êtes bien heureuse, dit Arthur avec enthousiasme, de pouvoir ainsi vous initier profondément aux secrets de l'inspiration de ces illustres maîtres! En rendant leurs pensées comme vous le faites, vous êtes pour ainsi dire de moitié dans leur inspiration.

— C'est un bonheur que je partage avec bien du monde, répondit Mary en souriant; il y a de si forts exécutants!

— Oui, mais ceux qui ont une intelligence vraiment élevée des maîtres sont bien moins nombreux qu'on ne le suppose. Il en est peu, croyez-moi, qui sachent remuer le cœur. J'ai entendu les plus grands pianistes de l'Europe, et je leur reproche de viser plutôt à surprendre qu'à toucher.

— Le piano a si rarement une âme!

— Dites plutôt, miss Mary, que les artistes manquent trop souvent de cœur.

Mary se contenta de faire un signe d'approbation et laissa tomber l'entretien. Il y eut un moment de silence. Arthur, sous l'empire de ce charme qu'exerce toujours la beauté quand elle est unie à l'esprit et au talent, semblait attendre, debout auprès de la jeune pianiste, qu'elle se mît à jouer. Mais lady Melburn et Anna entrèrent en ce moment. Quelques paroles furent échangées entre ces quatre personnes en présence; puis Arthur se retira comme à l'ordinaire, et comme à l'ordinaire Mary, en s'en allant, le rencontra au salon. Il la salua et la suivit d'un regard plein d'intérêt.

— Qu'elle est douce et belle! murmura-t-il, et qu'on serait heureux de lui rendre l'opulence qu'elle a perdue!

Après un instant de rêverie, il reprit avec une fermeté toute britannique :

— C'est décidé! je réparerai l'injustice du sort envers elle : elle sera ma femme.

Il ajouta en souriant :

— Si toutefois elle le veut bien.

XIV

Le lendemain, Anna, en fermant son piano, aperçut un rouleau de papier attaché avec de la ficelle rouge : Mary l'avait oublié là le matin. Anna allait partir avec sa mère pour le comté de Kent où elle devait rester quelques semaines; elle appela un domestique et le chargea de porter le rouleau à la demeure de mistress Stevenson. Comme elle donnait cet ordre, Arthur entra; il demanda ce dont il s'agissait, et dit à sa sœur qu'il allait chez son banquier à Mount-Street, près Lambeth-Road, et remettrait lui-même le rouleau à sa destination. Quelques minutes plus tard, son phaéton brûlait le pavé, puis s'arrêtait à la petite porte de la modeste maison où demeurait la famille Stevenson.

Muni du rouleau introducteur, il monta lestement les trois étages. Ce fut Mary qui ouvrit. Elle s'attendait si peu à cette visite qu'elle rougit légèrement. Mistress Stevenson, assise dans son grand fauteuil jaune et flétri, raccommodait des bas. Devant elle se dressait un bon vieux rouet chargé de laine, près d'une chaise vide. Mary y prit sa place, après avoir offert un siège à lord Melburn. On entendait les cris joyeux des enfants qui jouaient dans une pièce voisine. A la vue de ce modeste intérieur, Arthur se sentit ému. Il supposait bien qu'il ne trouverait pas un grand luxe dans la demeure de la jeune pianiste, mais il était loin de s'attendre à un état si voisin de la pauvreté. Car mistress Stevenson, malgré la prospérité de sa fille, et pour faire quelques épargnes, n'avait voulu ni changer de logement ni renouveler son mobilier. Arthur ne s'attendait pas non plus à une réception si calme et si digne. Il savait que la visite du riche fait presque toujours sensation chez ceux qui ne le sont pas. Mistress Stevenson posa tranquillement son ouvrage sur ses genoux, Mary laissa chômer le rouet avec politesse, mais sans empressement, sans embarras. Il y avait là je ne sais quel mélange d'humilité et de noblesse qui attendrit profondément le grand seigneur. Jusqu'alors son amour pour Mary avait été dans sa tête; il sentit que cet amour lui descendait au cœur.

— Pardonnez-moi de vous déranger, mesdames, dit-il avec une visible émotion; miss Mary a oublié ce matin un rouleau à l'hôtel Melburn; j'ai craint que cet objet ne fût nécessaire, et je me suis empressé de le rapporter.

Mary reçut le rouleau des mains d'Arthur; elle remercia avec cette dignité gracieuse qui la caractérisait.

— Il ne fallait pas vous donner cette peine, milord, répondit mistress Stevenson; ma fille, en allant demain donner ses leçons, serait allée chez vous.

— J'ai voulu prévenir ce dérangement, reprit Arthur; et d'ailleurs, madame, je désire vous parler en particulier.

— A moi, milord? fit mistress Stevenson avec étonnement.

— A vous, madame, répondit le jeune homme en s'inclinant.

Puis, s'adressant à la jeune fille qui se levait pour se retirer :

— Daignez m'excuser, miss Mary, dit-il en jetant sur elle un regard où tout son cœur venait se réfléchir.

Mary répondit par un salut et alla rejoindre les enfants. Arthur alors déclara nettement à mistress Stevenson qu'il aimait Mary, qu'il ambitionnait de l'épouser, que cette résolution, bien mûrie dans son esprit, était devenue sa plus chère pensée, son unique espérance. Il ajouta que, avant de faire entamer par sa famille une demande en mariage, il voulait savoir si ses propositions seraient agréées, et s'il n'existait aucun obstacle à son bonheur. Mistress Stevenson fut un peu étourdie par cette brusque déclaration. Bien que ce ne fût pas la première démarche qui eût été faite auprès d'elle en ce sens, cependant, comme jamais un aussi brillant parti ne s'était présenté, elle douta un moment de ce qu'elle venait d'entendre. Mais son doute cessa bien vite, car Arthur, voyant la surprise de la dame, répéta sa demande avec plus de vivacité. Mistress Stevenson, certaine alors qu'elle ne rêvait pas, se remit de sa surprise et répondit au jeune lord qu'une telle proposition était de nature à la flatter beaucoup, mais que sa fille seule pouvait lui donner une réponse, et elle l'appela. Arthur, à son tour, sembla un peu étourdi : il eût préféré que mistress Stevenson en référât seule à sa fille et lui rapportât sa réponse ; aussi, lorsque Mary parut, trembla-t-il comme l'accusé à l'aspect du tribunal qui doit le juger. Arthur, tout lord qu'il était, n'avait, on le voit, ni présomption ni fatuité : il était en son genre tout à fait exceptionnel.

Lorsque mistress Stevenson eut répété à sa fille ce que le jeune lord venait de lui dire, Mary put à peine cacher son étonnement. Elle était loin de s'attendre à une telle ouverture. Elle se recueillit quelques secondes ; puis, grave et debout, le visage pénétré de reconnaissance et de modestie, elle répondit en ces termes :

— Votre demande, milord, est plus que flatteuse, elle est honorable pour moi. Ce n'est pas seulement une preuve d'intérêt, c'est une preuve d'estime que vous venez de me donner ; je vous en remercie du fond de mon cœur. Mais permettez-moi de vous répondre sans détour, avec la franchise que vous méritez si bien... Depuis que le malheur a fait déchoir ma famille de la position de fortune qu'elle occupait, je me suis mise à professer le piano. Ce qui remplissait mes loisirs fortunés devint l'occupation impérieuse, nécessaire de ma vie. Dès lors je travaillai pour sauver de la misère notre existence appauvrie. J'ai fait ce que je devais, rien de plus, et j'ai heureusement réussi : j'en rends grâces à Dieu. Cependant j'ai compris qu'il me restait un autre devoir à remplir, devoir avec lequel je ne veux point transiger, c'est de me consacrer tout entière, sans distraction, sans réserve, à ma famille orpheline, de lui vouer tous mes instants et toute ma sollicitude. Or, vous le sentez, milord, le mariage apporte avec soi des conditions auxquelles il faut se soumettre, des exigences particulières qu'il faut accepter. De nouveaux intérêts viennent alors s'ajouter et nuire aux intérêts qui avaient jusque-là dominé l'existence. Les devoirs d'épouse, les devoirs de mère finissent toujours par refroidir un peu les devoirs de fille et de sœur, car les affections diminuent en se partageant. Voilà, milord, ce que je veux éviter dans les circonstances où je me trouve placée, voilà pourquoi j'ai pris la ferme résolution de ne point me marier tant que je serai de quelque utilité pour ma mère... Oh ! je sais ce que vous allez me dire, milord, reprit-elle vivement et gracieusement : vous êtes riche, et, par conséquent, je n'aurais point à songer aux besoins de ma famille, qui deviendrait la vôtre ; délivrée de ces soins, je pourrais accepter d'autres préoccupations. A Dieu ne plaise que je mette en doute la sincérité de vos intentions ! Mais le malheur m'a rendue inquiète et craintive ; il m'a donné, j'ose le dire, une expérience précoce des choses de ce monde. La réflexion m'a peut-être mûrie avant l'âge : triste privilége de ceux qui ont souffert jeunes. Eh bien ! milord, sans m'arrêter à vous parler des répugnances invincibles que vos parents, riches et nobles, éprouveraient pour une alliance aussi disproportionnée que celle que vous me proposez, réfléchissons seulement combien il serait à craindre que vous ne vous repentissiez plus tard de ce que vous auriez fait. Le cœur a beau être bon, l'âme supérieure, il arrive souvent que les charges, trouvées légères dans un élande générosité, paraissent lourdes au contact de chaque jour. Qu'en peut-il résulter plus tard? Des refroidissements, des mots qu'on suspecte, des atteintes qui blessent, des reproches qui font saigner le cœur, tout un drame mystérieux, plein de contrainte et de regrets ! Oh ! ne vous offensez pas, milord ; comprenez-moi bien : dans ma position, et quand il s'agit de l'avenir, les inquiétudes sont naturelles. Aussi mon seul désir, ma seule ambition, est-elle de faire en sorte que ma petite famille vive indépendante, qu'elle ne puisse jamais être exposée, non-seulement à un reproche, mais encore à la crainte d'être à charge, ce qui doit être un cruel tourment. Acceptez donc les expressions de vive gratitude d'une personne qui apprécie profondément ce que votre démarche a de flatteur et d'honorable pour elle. Il ne faut rien moins, croyez-moi, qu'une détermination irrévocable pour qu'elle n'agrée point la main que vous lui offrez si généreusement... Afin d'être franche jusqu'au bout, milord, continua-t-elle en paraissant faire un violent effort pour vaincre sa pudeur et sa réserve de jeune fille, j'irai jusqu'à vous avouer que je suis pour ainsi dire engagée d'honneur à rejeter tout projet d'union, car, par les motifs que je viens de vous présenter, j'ai refusé d'épouser un parent, un ami d'enfance, un noble caractère, que je ne saurais mieux comparer qu'au vôtre, milord, un jeune homme plein de talent et de cœur dont je veux toujours mériter l'estime.

A ces dernières paroles, un nuage passa sur le visage d'Arthur, et une larme vint briller aux bords de ses paupières. Jusque-là il avait eu les lèvres ouvertes pour combattre les objections plus ou moins solides de la jeune pianiste ; mais il était trop modeste pour croire qu'il pût jamais l'emporter sur un autre, et trop prompt au découragement pour essayer de lutter contre la constance envers un souvenir. Il se contenta de répondre, non sans une légère expression d'amertume, que miss Stevenson serait toujours une de ses meilleures pensées, comme son refus un de ses plus cruels regrets.

Lorsqu'il fut parti, Mary remit son rouet en mouvement, et sa mère, qui prenait son raccommodage de bas, lui dit en souriant :

— Quand une fille ne veut pas se marier, c'est comme lorsqu'elle se marie, tout le monde la demande... C'est égal, reprit-elle en hochant la tête, tu as refusé là un bien beau parti.

— Je le devais, ma mère, pour vous et pour William, reprit Mary en laissant échapper un léger soupir.

Comme elle prononçait le nom du jeune peintre, on frappa à la porte : c'était le facteur, qui remit une lettre timbrée de Rome. Mary ouvrit cette lettre avec vivacité : elle avait besoin de retremper son âme au souvenir de l'absent.

XV

Tandis que les choses que nous venons de rapporter se passaient à Londres, William travaillait à Rome avec une ardeur infatigable. Copiste laborieux des grands maîtres, observateur attentif, judicieux, de leurs beautés et de leurs défauts, il s'efforçait d'adopter ce qui pouvait donner de l'originalité à son talent sans le rendre excentrique. Il ne voulait pas s'engouer de la fougue et de l'incorrection de certains peintres, ainsi que de la sécheresse systématique de quelques autres artistes, d'ailleurs très-renommés. Il s'efforçait de retenir son inspiration entre ces deux entraînements contraires, et se laissait aller au courant de son esprit et de son cœur. Or son cœur, que remplissait la pensée de Mary, le portait facilement vers le simple et le beau ; son esprit lui donnait la raison, c'est-à-dire le sentiment de la convenance dans les arts ; le travail faisait le reste. De la sorte, William était devenu fort habile et fort estimé ; sa réputation avait déjà franchi les États romains ; ses envois de tableaux avaient fixé plus d'une fois l'attention du public de Londres, à la grande joie de la famille Stevenson. On lui reprochait cependant de répandre trop de poésie sur ses toiles, de trop idéaliser les types qu'il créait. Cette critique, qui avait bien quelque apparence de justesse, n'était cependant pas tout à fait fondée : William reconnaissait toute l'importance de la réalité dans l'art ; il soignait sa couleur, mais sans l'empâter, comme le fait l'école anglaise. Il savait lui imprimer la fraîcheur, mais sans exagérer l'éclat. Bref, sa peinture était pour ainsi dire comme Mary, délicate, expressive, réservée et belle : la gloire lui souriait dans l'avenir.

Cependant William songeait plus à la famille Stevenson qu'à sa réputation, ou du moins il associait si bien ces deux pensées chéries qu'il lui était impossible d'évoquer l'une sans que l'autre survînt aussitôt. Son application assidue lui faisait attendre assez patiemment l'heure qui devait le rappeler à Londres ; et pourtant, à travers sa résignation studieuse, il ne pouvait s'empêcher de soupirer en trouvant que les années s'écoulaient avec lenteur.

(La suite au prochain numéro.)

Le propriétaire-gérant : F. ROY.

LES ROMANS PARISIENS

LES MYSTÈRES DE PARIS

— C'est lui! s'écria Sarah. — C'est le prince... il descend de voiture. (Page 180.)

— Oui, monsieur, et j'ai été très-étonné, ne sachant pas de quelle Altesse il pouvait être question...
— Plus de doute! c'est le prince, — se dit Polidori. — Lui, chez la comtesse Sarah, qu'il ne devait jamais revoir!... Je ne sais, mais je n'aime pas ce rapprochement... il peut empirer notre position.

Puis, s'adressant au maître clerc, il ajouta :
— Encore une fois, monsieur, ceci n'a rien de grave ; c'est une folle imagination de malade : d'ailleurs je ferai part tout à l'heure à M. Ferrand de ce que vous venez de m'apprendre...
Maintenant, nous conduirons le lecteur chez la comtesse Sarah Mac-Gregor.

CHAPITRE VIII

RODOLPHE ET SARAH

Une crise salutaire venait d'arracher la comtesse Mac-Gregor au délire et aux souffrances qui, pendant plusieurs jours, avaient donné pour sa vie les craintes les plus sérieuses.

Le jour commençait à baisser... Sarah, assise dans un grand fauteuil et soutenue par son frère Thomas Seyton, se regardait avec une profonde attention dans un miroir que lui présentait une de ses femmes agenouillée devant elle. Cette scène se passait dans le salon où la Chouette avait commis sa tentative d'assassinat. La comtesse était d'une pâleur de marbre, que faisait ressortir encore le noir foncé de ses yeux, de ses sourcils et de ses cheveux; un grand peignoir de mousseline blanche l'enveloppait entièrement.

— Donnez-moi le bandeau de corail, — dit-elle à une de ses femmes d'une voix faible, mais impérieuse et brève.

— Betty vous l'attachera... — reprit Thomas Seyton; — vous allez vous fatiguer... Il est déjà d'une si grande imprudence de...

— Le bandeau! le bandeau!..." — répéta impatiemment Sarah qui prit ce bijou et le posa à son gré sur son front. — Maintenant, attachez-le... et laissez-moi... — dit-elle à ses femmes.

Au moment où celles-ci se retiraient, elle ajouta :

— On fera entrer M. Ferrand dans le petit salon bleu... puis, — reprit-elle avec une expression d'orgueil mal dissimulé, — dès que Son Altesse Royale le grand-duc de Gerolstein arrivera, on l'introduira ici... — Enfin ! — dit Sarah dès qu'elle fut seule avec son frère, — enfin je touche à cette couronne... le rêve de ma vie !... La prédiction va donc s'accomplir !

— Sarah, calmez votre exaltation, — lui dit son frère. — Hier encore on désespérait de votre vie; une dernière déception vous porterait un coup mortel.

— Vous avez raison, Tom... la chute serait affreuse... car mes espérances n'ont jamais été plus près de se réaliser! J'en suis certaine, ce qui m'a empêchée de succomber à mes souffrances a été ma pensée constante de profiter de la toute-puissante révélation que m'a faite cette femme au moment de m'assassiner.

— De même pendant votre délire... vous reveniez sans cesse à cette idée.

— Parce que cette idée seule soutenait ma vie chancelante. Quel espoir !... princesse souveraine... presque reine ! — ajouta-t-elle avec enivrement.

— Encore une fois, Sarah, pas de rêves insensés; le réveil serait terrible.

— Des rêves insensés ?... Comment ! lorsque Rodolphe saura que cette jeune fille, aujourd'hui prisonnière à Saint-Lazare et autrefois confiée au notaire qui l'a fait passer pour morte, est notre enfant, vous croyez que...

Seyton interrompit sa sœur.

— Je crois — reprit-il avec amertume — que les princes mettent les raisons d'État, les convenances politiques, avant les devoirs naturels.

— Comptez-vous donc si peu sur mon adresse?

— Le prince n'est plus l'adolescent candide et passionné que vous avez autrefois séduit; ce temps est bien loin de lui... et de vous, ma sœur.

Sarah haussa légèrement les épaules et dit :

— Savez-vous pourquoi j'ai voulu orner mes cheveux de ce bandeau de corail ? pourquoi j'ai mis cette robe blanche ? C'est que la première fois que Rodolphe m'a vue... à la cour de Gerolstein... j'étais vêtue de blanc... et je portais ce même bandeau de corail dans mes cheveux...

— Comment ! — dit Thomas Seyton en regardant sa sœur avec surprise, — vous voulez évoquer ces souvenirs? vous n'en redoutez pas au contraire l'influence?

— Je connais Rodolphe mieux que vous... Sans doute mes traits, aujourd'hui changés par l'âge et la souffrance, ne sont plus ceux de la jeune fille de seize ans qu'il a éperdument aimée... qu'il a seule aimée... car j'étais son premier amour... et cet amour, unique dans la vie de l'homme, laisse toujours dans son cœur des traces ineffaçables... Aussi, croyez-moi, mon frère, la vue de cette parure éveillera chez Rodolphe non-seulement les souvenirs de son amour, mais encore ceux de sa jeunesse... Et pour les hommes, ces derniers souvenirs sont toujours doux et précieux...

— Mais à ces doux souvenirs s'en joignent de terribles : et le sinistre dénouement de votre amour? et l'odieuse conduite du père du prince envers vous? et votre silence obstiné lorsque Rodolphe, après votre mariage avec le comte

Mac-Gregor, vous redemandait votre fille alors tout enfant, votre fille, dont une froide lettre de vous lui a appris la mort, il y a dix ans?... Oubliez-vous donc que depuis ce temps le prince n'a eu pour vous que mépris et haine?

— La pitié a remplacé la haine... Depuis qu'il m'a sue mourante... chaque jour il a envoyé le baron de Graün s'informer de mes nouvelles. Tout à l'heure... il m'a fait répondre... qu'il allait venir ici... Cette concession est immense, mon frère.

— Il vous croit expirante... il suppose qu'il s'agit d'un dernier adieu, et il vient... Vous avez eu tort de ne pas lui écrire la révélation que vous allez lui faire.

— Je sais pourquoi j'agis ainsi. Cette révélation le comblera de surprise, de joie... et je serai là pour profiter de son premier élan d'attendrissement. Aujourd'hui ou jamais, il me dira : *Un mariage doit légitimer la naissance de notre enfant.* S'il le dit, sa parole est sacrée, et l'espoir de toute ma vie est enfin réalisé...

— S'il vous fait cette promesse... oui.

— Et, pour qu'il la fasse, rien n'est à négliger dans cette circonstance décisive... Je connais Rodolphe; une fois certain d'avoir retrouvé sa fille... il surmontera son aversion pour moi et ne reculera devant aucun sacrifice pour assurer à son enfant le sort le plus enviable, pour la rendre aussi magnifiquement heureuse qu'elle aura été jusqu'alors infortunée.

— Qu'il assure le sort le plus brillant à votre fille, soit... mais entre cette réparation et la résolution de vous épouser afin de légitimer la naissance de cette enfant... il y a un abîme.

— Son amour de père comblera cet abîme...

— Mais cette infortunée a sans doute vécu jusqu'ici dans un état précaire ou misérable.

— Rodolphe voudra d'autant plus l'élever qu'elle aura été plus abaissée.

— Songez-y donc! la faire asseoir au rang de familles souveraines de l'Europe!... la reconnaître pour sa fille aux yeux de ces princes, de ces rois dont il est le parent ou l'allié!...

— Ne connaissez-vous pas son caractère étrange, impétueux et résolu, son exagération chevaleresque à propos de tout ce qu'il regarde comme juste et commandé par le devoir?

— Mais cette malheureuse enfant a peut-être été si viciée par la misère où elle doit avoir vécu que le prince, au lieu d'éprouver de l'attrait pour elle...

— Que dites-vous? — s'écria Sarah en interrompant son frère. — N'est-elle pas aussi belle jeune fille qu'elle était ravissante enfant? Rodolphe, sans la connaître, ne s'était-il pas assez intéressé à elle pour vouloir se charger de son avenir? ne l'avait-il pas envoyée à sa ferme de Bouqueval dont nous l'avons fait enlever?...

— Oui, grâce à votre persistance à vouloir rompre tous les liens d'affection du prince... dans l'espoir insensé de le ramener un jour à vous.

— Et cependant, sans cet espoir insensé... je n'aurais pas découvert au prix de ma vie le secret de l'existence de ma fille... N'est-ce pas enfin par cette femme qui l'avait arrachée de la ferme que j'ai connu l'indigne fourberie du notaire Ferrand?

— Il est fâcheux qu'on m'ait refusé ce matin l'entrée de Saint-Lazare, où se trouve, vous a-t-on dit, cette malheureuse enfant; malgré ma vive insistance, on n'a voulu répondre à aucun des renseignements que je demandais, parce que je n'avais pas de lettre d'introduction auprès du directeur de la prison... J'ai écrit au préfet en votre nom... mais je n'aurai sans doute sa réponse que demain, et le prince va être ici tout à l'heure. Encore une fois, je regrette que vous ne puissiez lui présenter vous-même votre fille... Il eût mieux valu attendre sa sortie de prison avant de mander le grand-duc ici...

— Attendre!... Et sais-je seulement si la crise salutaire où je me trouve durera jusqu'à demain? Peut-être suis-je passagèrement soutenue par la seule énergie de mon ambition.

— Mais quelles preuves donnerez-vous au prince? vous croira-t-il?

— Il me croira lorsqu'il aura lu le commencement de la révélation que j'écrivais sous la dictée de cette femme quand elle m'a frappée, révélation dont heureusement je n'ai oublié aucune circonstance; il me croira lorsqu'il aura lu votre correspondance avec madame Séraphin et Jacques Ferrand jusqu'à la mort supposée de l'enfant; il me croira lorsqu'il aura entendu les aveux du notaire qui, épouvanté de mes menaces, sera ici tout à l'heure; il me croira lorsqu'il verra le portrait de ma fille à l'âge de six ans, portrait, m'a dit cette femme, est encore à cette heure d'une ressemblance frappante. Tant de preuves suffiront pour montrer au prince que je dis vrai, et pour décider, chez lui, ce premier mouvement qui peut faire de moi... presque une reine... Ah! ne fût-ce qu'un jour... une heure... au moins je mourrais contente.

A ce moment, on entendit le bruit d'une voiture qui entrait dans la cour.

— C'est lui... c'est Rodolphe !... — s'écria Sarah.

Thomas Seyton s'approcha précipitamment d'un rideau, le souleva et répondit :

— Oui, c'est le prince... il descend de voiture.

— Laissez-moi seule, voici le moment décisif, — dit Sarah avec un sang-froid inaltérable, car une ambition monstrueuse, un égoïsme impitoyable avait toujours été et était encore l'unique mobile de cette femme. Dans l'espèce de résurrection miraculeuse de sa fille, elle ne voyait que le moyen de parvenir enfin au but constant de toute sa vie.

Après avoir un moment hésité à quitter l'appartement, Thomas Seyton, se rapprochant tout à coup de sa sœur, lui dit :

— C'est moi qui apprendrai au prince comment votre fille, qu'on avait crue morte, a été sauvée. Cet entretien serait trop dangereux pour vous... une émotion violente vous tuerait, et après une séparation si longue... la vue du prince... les souvenirs de ce temps...

— Votre main, mon frère, — dit Sarah.

Puis, appuyant sur son cœur impassible la main de Thomas Seyton, elle ajouta avec un sourire glacial :

— Suis-je émue?

— Non... rien... rien... pas un battement précipité, — dit Seyton avec stupeur; — je sais quel empire vous avez sur vous-même... mais dans un tel moment... mais quand il s'agit pour vous ou d'une couronne ou de la mort... car la perte de cette dernière espérance vous serait mortelle... en vérité, votre calme me confond !

— Pourquoi cet étonnement, mon frère?... Jusqu'ici, ne le savez-vous pas? rien... non, rien n'a fait battre ce cœur de marbre... Il ne palpitera que le jour où je sentirai poser sur mon front la couronne souveraine... J'entends Rodolphe... laissez-moi...

Lorsque Rodolphe entra dans le salon, son regard exprimait la pitié; mais, voyant Sarah assise dans un fauteuil et presque parée, il recula de surprise, sa physionomie devint aussitôt sombre et méfiante... La comtesse, devinant sa pensée, lui dit d'une voix douce et faible :

— Vous croyiez me trouver expirante... vous veniez pour recevoir mes derniers adieux?...

— J'ai toujours regardé comme sacrés les derniers vœux des mourants... mais s'il s'agit d'une tromperie sacrilège...

— Rassurez-vous, — dit Sarah en interrompant Rodolphe, — rassurez-vous, je ne vous ai pas trompé... il me reste, je crois, peu d'heures à vivre. Pardonnez-moi une dernière coquetterie... J'ai voulu vous épargner le sinistre entourage qui accompagne ordinairement l'agonie... j'ai voulu mourir vêtue comme je l'étais la première fois que je vous vis... Hélas ! après dix années de séparation, vous voilà donc enfin !... Merci !... oh ! merci !... Mais, à votre tour, rendez grâces à Dieu de vous avoir inspiré la pensée d'écouter ma dernière prière. Si vous m'aviez refusée... j'emportais avec moi un secret qui va faire la joie... le bonheur de votre vie... Joie mêlée de quelque tristesse... bonheur mêlé de quelques larmes... comme toute félicité humaine; mais cette félicité, vous l'achèteriez encore au prix de la moitié des jours qui vous restent à vivre !...

— Que voulez-vous dire? — lui demanda le prince avec surprise.

— Oui, Rodolphe, si vous n'étiez pas venu... ce secret m'aurait suivie dans la tombe... c'eût été ma seule vengeance... Et encore... non, non... je n'aurais pas eu ce terrible courage... Quoique vous m'ayez fait bien souffrir, j'aurais partagé avec vous ce suprême bonheur dont, plus heureux que moi, vous jouirez longtemps, je l'espère...

— Mais encore, madame, de quoi s'agit-il?

— Lorsque vous le saurez... vous ne pourrez comprendre la lenteur que je mets à vous en instruire, car vous regarderez cette révélation comme un miracle du ciel... Mais, chose étrange ! moi qui d'un mot peux vous causer le plus grand bonheur que vous ayez peut être jamais ressenti... j'éprouve, quoique maintenant les minutes de ma vie soient comptées, j'éprouve une satisfaction indéfinissable à prolonger votre attente... Et puis... je connais votre cœur... et, malgré la fermeté de votre caractère, je craindrais de vous annoncer sans préparation une découverte aussi incroyable... Les émotions d'une joie foudroyante ont aussi leurs dangers...

— Votre pâleur augmente... vous contenez à peine une violente agitation, — dit Rodolphe; tout ceci est, je le crois, grave et solennel...

— Grave et solennel, — reprit Sarah d'une voix émue; car, malgré son impassibilité habituelle, en songeant à l'immense portée de la révélation qu'elle allait faire à Rodolphe, elle se sentait plus troublée qu'elle n'avait cru l'être;

aussi, ne pouvant se contraindre plus longtemps, elle s'écria :
— Rodolphe... notre fille existe !...
— Notre fille !...
— Elle vit, vous dis-je !...
Ces mots, l'accent de vérité avec lequel ils furent prononcés, remuèrent le prince jusqu'au fond des entrailles.
— Notre enfant !... — répéta-t-il en se rapprochant précipitamment du fauteuil de Sarah.
— Notre enfant ! ma fille !

(*La suite au prochain numéro.*)

William prit silencieusement sa main et y posa ses lèvres. (Page 184.)

COMMENT ON AIME (suite).

Certes, il ne comptait pas vaincre le renoncement de sa cousine au mariage, mais un vague espoir lui caressait le cœur et rappelait à son esprit les paroles de sa tante.

— La renommée a tant de prestige, se disait-il, que, si je parviens à la conquérir, Mary, captivée, cédera peut-être à mes instances.

Et il se berçait dans ce rêve enchanteur comme l'alouette en un rayon de soleil; et son âme ardente, aux nuages qui fuyaient vers le Nord, adressait souvent des vœux pleins de regrets, d'espérance et d'amour.

XVI

Tout passe en ce monde, et les quatre années d'études en Italie, que l'oncle de William avait jugées indispensables à son talent de peintre, arrivèrent enfin à leur terme. Le baronnet voulut encore retenir son neveu qu'il aimait beaucoup, mais ce fut en vain. William lui promit de revenir et se disposa à partir.

La veille de son départ, il se rendit au Colisée, qui était sa promenade favorite. Il voulait faire ses adieux à cette ruine antique et superbe, refuge solitaire et mélancolique, où tant de fois il s'était égaré avec ses rêveries, où tant de fois il avait évoqué l'ineffable apparition que la réalité devait bientôt lui offrir. Appuyé contre un fût de colonne brisée, il se prit à songer à ses travaux, à son avenir, à Mary surtout; mais je ne sais quel doute, je ne sais quel découragement s'empara de son esprit : ses travaux lui parurent sans portée, son avenir incertain, Mary oublieuse, inconstante. Une profonde tristesse se répandit dans son cœur. Comme il était plongé en de navrantes pensées, il entendit deux voix s'élever dans le silence du Colisée, à l'opposite du tronçon de colonne contre lequel il était accoudé. En se penchant, il aperçut deux jeunes gens assis dans la vaste arène, au milieu d'un amas de débris. Ils parlaient haut; William distinguait ce qu'ils disaient, et il allait discrètement s'éloigner, lorsqu'un mot, un seul mot, le cloua sur place.

— Elle se nomme Mary Stevenson, disait l'un des jeunes gens, et c'est bien la plus ravissante personne que j'aie jamais rencontrée : belle comme une vignette de Moon ou comme un type de Walter Scott descendu des hauteurs pittoresques pour se mêler à la vie ordinaire.

— Et tu l'as demandée en mariage?... sérieusement?... une petite maîtresse de piano !

— Et la petite maîtresse de piano a refusé... sérieusement... lord Arthur Melburn... Autrement, comme je te l'ai déjà dit, je serais maintenant marié, père de famille, et...

— Et vexé d'avoir fait une sottise, répliqua l'interlocuteur.

— Que n'ai-je pu la faire, cette sottise! Je suis las de mener une existence sans but et sans partage, de végéter dans le luxe et dans la solitude de mon cœur, d'errer çà et là sans personne qui s'attache réellement à ma destinée par les liens d'une reconnaissance affectueuse ou d'un amour sincère.

— Encore pouvais-tu choisir mieux et plus haut.

— Malheureusement il n'est rien de mieux que Mary, et ses sentiments la mettent aussi haut que la plus noble des femmes. Or, comme je n'ai pas l'intention de faire un mariage d'intérêt, je pense que c'était la compagne qu'il me fallait...Oh! ne souris pas, incrédule : crois-moi, car c'est après avoir échoué que je fais cet aveu.

— Ta Mary n'est qu'une sotte ! dit en riant l'interlocuteur. On n'a jamais vu deux mille livres sterling de rente et un beau nom ainsi refusés par une petite fille sans fortune et sans avenir. Si ce n'était pour elle, ton héroïne aurait dû accepter au moins pour sa mère, pour ses frères, et cætera.

— En d'autres termes, repartit Arthur, elle aurait dû m'agréer comme quelque chose à exploiter au profit de sa famille, n'est-ce pas ? Oh! Dieu merci, la douce et belle enfant ignore ce genre de calcul que peut excuser seule une nécessité urgente. Elle gagne assez, d'ailleurs, avec ses jolis petits doigts pour se passer d'une pareille spéculation. Outre sa loyauté naturelle, cette jeune personne me semble avoir un préservatif puissant contre toute tentation peu louable : elle aime...

— Ah! peste! quel est l'Ivanhoé qui a si bien captivé cette Rébecca?

— Cet Ivanhoé, m'a-t-on dit, est tout bonnement un peintre de talent et d'avenir, qui, pour le quart d'heure, doit être à Rome où il étudie les grands maîtres.

— Un artiste ! dit l'interlocuteur avec dédain.

— Mon Dieu ! oui, un artiste qui aura peut-être un jour quelque belle réputation, quand tous les deux, riches désœuvrés, nous resterons perdus imperceptibles dans la foule.

— Ta, ta, ta ! te voilà donc encore avec ton admiration pour les arts ! Les arts, moi, je m'en moque !

— Ils sont trop verts, comme les raisins de la fable ! repartit ironiquement le jeune lord.

A ces mots, il se leva. Son interlocuteur en fit autant. Au moment où tous les deux s'éloignaient, un jeune homme se présenta subitement devant eux; c'était William : il était ému, ses yeux roulaient des larmes. Alors, d'une voix vibrante et solennelle :

— Votre main, milord ! votre main, je vous en supplie! dit-il à Arthur.

Arthur le regarda avec surprise, mais en

même temps, par une impulsion magnétique, il tendit la main qu'on lui demandait.

— Merci, dit William, merci, milord! vous avez un grand cœur et un beau caractère!

Puis il salua les deux jeunes gens et s'éloigna rapidement, tandis qu'Arthur, qui le suivait du regard, disait à son compagnon :

— C'est sans doute le cousin de Mary.

— Vive Dieu! quel original!

— Eh! non, c'est un heureux! repartit Arthur.

Arthur avait raison. Ce que William venait d'entendre avait opéré une métamorphose subite dans son esprit: le doute et l'amertume qui l'assaillaient peu d'instants auparavant avaient fait place à la confiance et au bonheur. Tout à ses yeux était devenu rayonnant et suave : l'air lui semblait imprégné de parfums inconnus, les étoiles lui souriaient avec des regards aussi doux que ceux de Mary; il sentait s'agiter en son sein la puissance des grandes choses; l'avenir lui apparaissait plus riche et plus glorieux qu'il ne l'avait jamais rêvé; en un mot, il n'eût pas échangé ses espérances de renommée et de fortune contre un million dans le présent.

XVII

Le lendemain, il quitta Rome avec une joie presque frénétique. Depuis près de trois mois, il n'avait pas écrit à mistress Stevenson, qui ne l'attendait sans doute pas encore; il voulait la surprendre, suivant l'éternelle manie d'un absent au retour. Le voyage lui parut d'une longueur irritante, bien que rien ne le pressât absolument d'arriver. Il eut beau composer dans son esprit les plus magnifiques tableaux du monde, colorer son existence future des bonheurs les mieux délayés, lire Dante, le Tasse, Pétrarque, forcer son âme à s'extasier sur le romantique aspect des lieux qu'il traversait, il ne put s'empêcher de remarquer à chaque instant qu'un train même express est d'une lenteur tout à fait déplorable pour les amoureux qui se rapprochent de leurs amours... Il arriva néanmoins à Boulogne, puis à Douvres, et enfin à Londres, d'où cinq ans auparavant il était parti avec une impatience beaucoup plus modérée. Tout poudreux encore et tout brisé de la fatigue d'un si long voyage, il n'eut rien de plus pressé que de courir à Lambeth Road. Sur son chemin, il n'accorda pas la moindre attention aux changements qui s'étaient opérés durant son absence; il s'en souciait peu. Ce qui lui importait, c'était de retrouver où il l'avait laissée jadis la petite maison vers laquelle tendaient ses vœux et ses pas précipités. Arrivé à la hauteur de Westminster Road, sur la place de l'Obélisk, son regard impatient le précéda vers l'endroit qu'habitait la famille Stevenson.

Tout à coup William tressaille, il s'arrête, son cœur bat avec force, un pressentiment étrange s'empare de son esprit : il vient d'apercevoir les volets du logement de mistress Stevenson, et ces volets sont rigoureusement fermés, — ce qui est en Angleterre un signe de deuil et de mort. Pour comble d'effroi, il remarque qu'un homme entre dans la maison, portant un cercueil sur ses épaules.

William eut le vertige, un cri lui échappa :

— Mary! Mary! est-ce Mary?

Alors, recueillant toute son énergie par un effort de sa volonté, il franchit en un clin d'œil la distance qui le séparait de la maison mortuaire, monta quatre étages comme un spectre, sans parler à personne, et arriva devant la porte du logement de sa famille; cette porte était entr'ouverte; il traversa la première pièce déserte, entra dans la seconde et s'arrêta tout frémissant, car il vit sa tante qui pleurait en silence au chevet du lit où la tête de Mary reposait immobile et blême sur l'oreiller.

William poussa un cri et tomba évanoui.

Quand il reprit ses sens, il était assis dans la première pièce et dans le fauteuil de sa tante; mistress Stevenson lui donnait ses soins; il la regarda et la reconnut à peine, tant elle était vieillie et changée : on eût dit le génie de la douleur penché sur une mourant. Bientôt William revint au souvenir de la cause de son évanouissement; les larmes ruisselèrent à flots de ses yeux.

— Remets-toi, mon enfant, lui dit mistress Stevenson avec un accent de souffrance indicible. Il y a encore de l'espoir.

William ouvrit de grands yeux et regarda sa tante avec stupéfaction; puis sa tête retomba sur sa poitrine.

— O pauvre Mary! murmura-t-il en sanglotant.

— Oui, pauvre Mary! répondit mistress Stevenson d'une voix morne; elle est bien malade, va!

— Malade! malade! s'écria-t-il d'un air égaré. Oh! c'est morte que vous voulez dire! N'ai-je pas vu vos volets fermés et le cercueil qu'on apportait?

— Oh! grâce à Dieu, nos volets ne sont à peu près fermés que pour nous donner un peu d'ombre et de repos. Et ce n'est point pour Mary, reprit-elle en frissonnant, qu'on apportait un cercueil. C'est pour une autre jeune fille qui vient de mourir dans la maison. Mais Mary... Mary est là, vivante, dans son lit!...

— Vivante? dit William en se dressant convulsivement. Vous dites qu'elle est vivante? Alors montrez-la-moi, ma tante! je veux la voir!

Et déjà il s'élançait vers la pièce voisine, lorsque mistress Stevenson le retint d'un air impérieux.

— Et moi je te défends d'entrer! dit-elle; je te le défends! Ma fille est bien mal, je te l'ai déjà dit; la moindre émotion pourrait lui être funeste. Sa faiblesse la tient assoupie, il faut la laisser reposer.

A ces mots, elle prit William par la main et le força de se rasseoir. Celui-ci enveloppa sa tante d'un regard inquisiteur et profond, puis il lui dit d'une voix pleine de douceur et de caresse:

— Oh! vous ne cherchez point à me tromper, n'est-ce pas? Mary dort?... elle dort et se réveillera? La meilleure et la plus belle créature du bon Dieu vit toujours pour notre bonheur à tous? Oh! je vous crois, ma tante! Ce maudit cercueil! j'étais fou!... Mais maintenant je suis calme, je suis raisonnable; et certes je pourrais me glisser doucement, tout doucement, pour voir Mary. Elle est assoupie et ne se douterait pas de ma présence... une seconde suffirait pour la voir... pour la sentir respirer... puis je me retirerais sans bruit, en un clin d'œil... O ma tante! laissez-moi entrer dans la chambre de Mary.

— Impossible, mon cher William, tu es encore trop ému, répondit mistress Stevenson, et je craindrais...

— Ne craignez rien, interrompit-il, je serai comme une ombre, muet et invisible.

— Bon William! fit alors une voix qui partait de la pièce voisine et qui était si faible, si faible, qu'on l'entendait à peine.

— Avez-vous entendu, ma tante? fit William en sautant au cou de mistress Stevenson, c'est la voix de Mary; elle vient de m'appeler. Mary veut me voir; elle veut me parler, elle existe; oh! j'en suis sûr maintenant! Vite, allons à elle, ma tante; toute ma vie pour sauver la sienne!

Au moment où mistress Stevenson, suivie de William, allait passer dans la chambre de Mary, le médecin entra. Tous les trois se rendirent auprès de la malade: elle était éveillée; une extrême pâleur était la seule empreinte que la maladie eût laissée sur son visage. Elle ne paraissait pas amaigrie; ses yeux bleus gardaient encore leur éclat céleste; elle avait toute la beauté d'une morte animée du dernier reflet de l'âme. Lorsqu'elle vit William, elle lui tendit une main plus blanche que l'albâtre. William la prit silencieusement et y posa ses lèvres en pliant le genou et en dévorant ses larmes avec énergie.

Mary était atteinte d'une inflammation pulmonaire dont le caractère avait pris une extrême gravité dans une rechute déterminée par un excès d'imprudence et de précipitation: dans l'espoir de reprendre bientôt ses occupations interrompues, elle s'était trop empressée de se croire guérie et de reprendre ses travaux. Depuis cette rechute, le docteur avait constaté chaque jour les symptômes les plus alarmants. Cette fois, il déclara à mistress Stevenson qu'une consultation était devenue nécessaire. L'imperceptible mouvement dont il accompagna cette déclaration semblait dire que Mary lui paraissait perdue. Ni mistress Stevenson ni William ne s'en aperçurent. La journée se passa dans le silence et dans la douleur. Vers dix heures du soir, le jeune peintre s'approcha du lit de Mary.

— Adieu, ma cousine! dit-il en essayant de sourire; à demain!

— A demain! murmura Mary. Demain j'aurai à vous parler, William, à vous parler de l'avenir.

— Cela est de bon augure pour le présent, reprit-il avec émotion.

— J'ai entendu dire le contraire, soupira la malade, mais si bas que personne n'entendit.

XVIII

Le lendemain, trois médecins se présentèrent. Mary avait eu une nuit mauvaise; plusieurs fois elle était tombée dans une atonie semblable à la mort. Le matin, une oppression sinistre l'avait saisie, et elle avait dit à sa mère qu'elle éprouvait une douleur inouïe, comme si son âme abandonnait son corps.

(La suite au prochain numéro.)

Le propriétaire-gérant: F. ROY.

LES MYSTÈRES DE PARIS

Il jeta enfin les yeux sur le portrait qu'il avait craint de regarder. (Page 187.)

— Elle n'est pas morte; j'en ai des preuves irrécusables... je sais où elle est... Demain vous la reverrez.
— Ma fille!... ma fille!... — répéta Rodolphe avec stupeur; — il se pourrait! elle vivrait!
Puis, tout à coup, réfléchissant à l'invraisemblance de cet événement et craignant d'être dupe d'une nouvelle fourberie de Sarah, il s'écria :

— Non... non... c'est un rêve!... c'est impossible!... vous me trompez... c'est une ruse, un mensonge indigne!... Je connais votre ambition... je sais de quoi vous êtes capable, je devine le but de cette tromperie!
— Eh bien! vous dites vrai... je suis capable de tout... Oui, j'avais voulu vous abuser... oui, quelques jours avant d'être frappée d'un coup mortel, j'avais voulu trouver une jeune fille...

8 Août 1878.

que je vous aurais présentée à la place de notre enfant... Après cet aveu, vous me croirez peut-être... ou plutôt vous serez bien forcé de vous rendre à l'évidence. Oui, Rodolphe... je le répète... j'avais voulu substituer une jeune fille obscure à celle que nous pleurions; mais Dieu a voulu, lui, qu'au moment où je faisais ce marché sacrilége... je fusse frappée à mort...

— Vous... à ce moment!...

— Dieu a voulu encore qu'on me proposât... pour jouer ce rôle... de mensonge... savez-vous qui? Notre fille!...

— Êtes-vous donc en délire... au nom du ciel?

— Je ne suis pas en délire... Rodolphe... Dans cette cassette, avec des papiers et un portrait qui vous prouveront la vérité de ce que je vous dis, vous trouverez un papier taché de mon sang...

— De votre sang?

— La femme qui m'a appris que notre fille vivait encore me dictait cette révélation... lorsque j'ai été frappée d'un coup de poignard.

— Et qui était-elle? comment savait-elle?...

— C'est à elle qu'on avait livré notre fille... tout enfant... après l'avoir fait passer pour morte.

— Mais cette femme... son nom?... peut-on la croire? où l'avez-vous connue?

— Je vous dis, Rodolphe, que tout ceci est fatal, providentiel... Il y a quelques mois... vous aviez tiré une jeune fille de la misère pour l'envoyer à la campagne... La jalousie, la haine m'égaraient... J'ai fait enlever cette jeune fille par la femme... dont je vous parle...

— Et on a conduit la malheureuse enfant à Saint-Lazare?

— Où elle est encore...

— Elle n'y est plus... Ah! vous ne savez pas, madame, le mal affreux que vous avez fait... en arrachant cette infortunée de la retraite où je l'avais placée... mais...

— Cette jeune fille n'est plus à Saint-Lazare, — s'écria Sarah avec épouvante, — et vous parlez d'un malheur affreux!

— Un monstre de cupidité avait intérêt à sa perte. Ils l'ont noyée, madame... Mais répondez... vous dites que...

— Ma fille!... s'écria Sarah en interrompant Rodolphe et se levant droite, immobile comme une statue de marbre.

— Que dit-elle, mon Dieu! — s'écria Rodolphe.

— Ma fille!... — répéta Sarah dont le visage devint livide et effrayant de désespoir; — ils ont tué ma fille!...

— La Goualeuse votre fille!!!... répéta Rodolphe en se reculant avec horreur.

— La Goualeuse... oui... c'est le nom que m'a dit cette femme surnommée la Chouette... Morte... morte!... — reprit Sarah toujours immobile, toujours le regard fixe; — ils l'ont tuée...

— Sarah! — reprit Rodolphe aussi pâle, aussi effrayant que la comtesse, — revenez à vous... répondez-moi... La Goualeuse... cette jeune fille que vous avez fait enlever par la Chouette à Bouqueval... était...

— Notre fille!...

— Elle!!!

— Et ils l'ont tuée!...

— Oh! non... non... vous délirez... cela ne peut pas être... Vous ne savez pas, non, vous ne savez pas combien cela serait affreux... Sarah, revenez à vous... parlez-moi tranquillement. Asseyez-vous... calmez-vous... Souvent il y a des ressemblances, des apparences qui trompent; on est si enclin à croire ce qu'on désire... Ce n'est pas un reproche que je vous fais... mais expliquez-moi bien... dites-moi bien toutes les raisons qui vous portent à penser cela, car cela ne peut pas être... non, non! il ne faut pas que cela soit!... cela n'est pas!

Après un moment de silence, la comtesse rassembla ses pensées et dit à Rodolphe d'une voix défaillante:

— Apprenant votre mariage, pensant à me marier moi-même, je n'ai pas pu garder notre fille auprès de moi; elle avait quatre ans alors...

— Mais à cette époque je vous l'ai demandée, moi... avec prières... — s'écria Rodolphe d'un ton déchirant, — et mes lettres sont restées sans réponse... La seule que vous m'ayez écrite m'annonçait sa mort!...

— Je voulais me venger de vos mépris en vous refusant votre enfant... Cela était indigne. Mais écoutez-moi... je le sens... la vie m'échappe, ce dernier coup m'accable...

— Non! non! je ne vous crois pas... je ne veux pas vous croire... La Goualeuse... ma fille!... Oh! mon Dieu! vous ne voudriez pas cela!...

— Écoutez-moi, vous dis-je. Lorsqu'elle eut quatre ans, mon frère chargea madame Séraphin, veuve d'un ancien serviteur à lui, d'élever l'enfant jusqu'à ce qu'elle fût en âge d'entrer en pension... La somme destinée à assurer l'avenir de notre fille fut déposée par mon frère chez un notaire cité pour sa probité. Les lettres de cet homme et de madame Séraphin, adressées à cette époque à moi et à mon frère, sont là... dans cette cassette... Au bout d'un an, on m'écrivit que la santé de ma fille s'altérait... huit mois après, qu'elle était morte, et l'on m'envoya son acte de décès. A cette époque, madame Séraphin est entrée au service de Jacques Ferrand, après avoir livré notre fille à la Chouette, par l'intermédiaire d'un misérable actuellement au bagne de Rochefort. Je commençais à écrire cette déclaration de la Chouette, lorsqu'elle m'a frappée. Ce papier est là... avec un portrait de notre fille à l'âge de quatre ans. Examinez tout, lettres, déclaration, portrait; et vous qui l'avez vue... cette malheureuse enfant... jugez...

Après ces mots, qui épuisèrent ses forces, Sarah tomba défaillante dans son fauteuil.

Rodolphe resta foudroyé par cette révélation. Il est de ces malheurs si imprévus, si abominables, qu'on tâche de ne pas y croire jusqu'à ce qu'une évidence écrasante vous y contraigne... Rodolphe, persuadé de la mort de Fleur-de-Marie, n'avait plus qu'un espoir, celui de se convaincre qu'elle n'était pas sa fille. Avec un calme effrayant, qui épouvanta Sarah, il s'approcha de la table, ouvrit la cassette et se mit à lire les lettres une à une, à examiner avec une attention scrupuleuse les papiers qui les accompagnaient. Ces lettres, timbrées et datées par la poste, écrites à Sarah et à son frère par le notaire et par madame Séraphin, étaient relatives à l'enfance de Fleur-de-Marie et au placement des fonds qu'on lui destinait... Rodolphe ne pouvait douter de l'authenticité de cette correspondance.

La déclaration de la Chouette se trouvait confirmée par les renseignements pris par ordre de Rodolphe, et qui signalaient un nommé Pierre Tournemine, forçat alors à Rochefort, comme l'homme qui avait reçu Fleur-de-Marie des mains de madame Séraphin pour la livrer à la Chouette... à la Chouette que la malheureuse enfant avait elle-même reconnue plus tard devant Rodolphe au tapis-franc de l'ogresse. L'acte de décès paraissait en règle ; mais Ferrand avait lui même avoué à Cecily que ce faux acte avait servi à la spoliation d'une somme considérable, autrefois placée en viager sur la tête de la jeune fille qu'il avait fait noyer par Martial à l'île du Ravageur. Ce fut donc avec une croissante et épouvantable angoisse que Rodolphe acquit, malgré lui, cette terrible conviction que la Goualeuse était sa fille et qu'elle était morte. Malheureusement pour lui... tout semblait confirmer cette créance. Avant de condamner Jacques Ferrand sur les preuves données par le notaire lui-même à Cecily, le prince, dans son vif intérêt pour la Goualeuse, ayant fait prendre des informations à Asnières, avait appris qu'en effet deux femmes, l'une vieille et l'autre jeune, vêtue en paysanne, s'étaient noyées en se rendant à l'île du Ravageur, et que le bruit public accusait les Martial de ce nouveau crime.

Disons enfin que, malgré les soins du docteur Griffon, du comte de Saint-Remy et de la Louve, Fleur-de-Marie, longtemps dans un état désespéré, entrait à peine en convalescence, et que sa faiblesse morale et physique était encore telle qu'elle n'avait pu jusqu'alors prévenir ni madame Georges ni Rodolphe de sa position.

Ce concours de circonstances ne pouvait laisser le moindre espoir au prince. Une dernière épreuve lui était réservée. Il jeta enfin les yeux sur le portrait qu'il avait presque craint de regarder... Ce coup fut affreux... Dans cette figure enfantine et charmante, déjà belle de cette beauté divine que l'on prête aux chérubins, il retrouva d'une manière saisissante les traits de Fleur-de-Marie... son nez fin et droit, son noble front, sa petite bouche déjà un peu sérieuse... Car, disait madame Séraphin à Sarah dans une des lettres que Rodolphe venait de lire, *l'enfant demande toujours sa mère et est bien triste*. C'étaient encore ses grands yeux d'un bleu si pur et si doux... d'un *bleu de bluet*, avait dit la Chouette à Sarah en reconnaissant dans cette miniature les traits de l'infortunée qu'elle avait poursuivie enfant sous le nom de Pégriotte, jeune fille sous le nom de Goualeuse.

A la vue de ce portrait, les tumultueux et violents sentiments de Rodolphe furent étouffés par les larmes. Il retomba brisé dans un fauteuil et cacha sa figure dans ses mains en sanglotant. Pendant que Rodolphe pleurait amèrement, les traits de Sarah se décomposaient d'une manière sensible. Au moment de voir se réaliser le rêve de son ambitieuse vie, la dernière espérance qui l'avait jusqu'alors soutenue lui échappait à jamais. Cette affreuse déception devait avoir sur sa santé momentanément améliorée une réaction mortelle. Renversée dans son fauteuil, agitée d'un tremblement fiévreux, ses deux mains croisées et crispées sur ses genoux, le regard fixe, elle attendit avec effroi la première parole de Rodolphe. Connaissant l'impétuosité du caractère du prince, elle pressentait qu'au brisement douloureux qui arrachait tant de pleurs à cet homme aussi résolu qu'inflexible succéderait quelque emportement terrible.

Tout à coup Rodolphe redressa la tête, essuya ses larmes, se leva debout, et s'approchant de Sarah, les bras croisés sur sa poitrine, l'air menaçant, impitoyable... il la contempla quelques moments en silence, puis il dit d'une voix sourde :

— Cela devait être... j'ai tiré l'épée contre mon père... je suis frappé dans mon enfant... Juste punition du parricide !.. Écoutez-moi, madame... il faut que vous sachiez, dans ce moment suprême, tous les maux causés par votre implacable ambition, par votre féroce égoïsme... Entendez-vous, femme sans cœur et sans foi ? Entendez-vous, mère dénaturée !...

— Grâce... Rodolphe !...

— Pas de grâce pour vous... qui autrefois, sans pitié pour un amour sincère, exploitiez froidement, dans l'intérêt de votre exécrable orgueil, une passion généreuse et dévouée que vous feigniez de partager !... Pas de grâce pour vous qui avez armé le fils contre le père !... Pas de grâce pour vous qui, au lieu de veiller pieusement sur votre enfant, l'avez abandonnée à des mains mercenaires afin de satisfaire votre cupidité par un riche mariage... comme vous aviez jadis assouvi votre ambition effrénée en m'amenant à vous épouser !.. Pas de grâce pour vous qui, après avoir refusé mon enfant à ma tendresse, venez de causer sa mort par vos fourberies sacrilèges !... Malédiction sur vous... vous... mon mauvais génie et celui de ma race !...

— Oh !... mon Dieu !... il est sans pitié !... Laissez-moi !... laissez-moi !...

— Vous m'entendrez... vous dis-je !... Vous souvenez-vous du dernier jour où je vous ai vue... il y a dix-sept ans de cela ? Vous ne pouviez plus cacher les suites de notre secrète union, que, comme vous, je croyais indissoluble... Je connaissais le caractère inflexible de mon père... je savais quel mariage politique il projetait pour moi... Bravant son indignation, je lui déclarai que vous étiez ma femme devant Dieu et devant les hommes... que dans peu de temps vous mettriez au monde un enfant, fruit de notre amour... La colère de mon père fut terrible... il ne voulait pas croire à mon mariage... tant d'audace lui semblait impossible... Il me menaça de son courroux si je me permettais de lui parler encore d'une semblable folie... Alors je vous aimais comme un insensé... Dupe de vos séductions... je croyais que votre cœur d'airain avait battu pour moi... Je répondis à mon père que jamais je n'aurais d'autre femme que vous... A ces mots, son emportement n'eut plus de bornes ; il vous prodigua les noms les plus outrageants, s'écria que notre mariage était nul, que pour vous punir de votre audace il vous ferait attacher au pilori de la ville... Cédant à ma folle passion... à la violence de mon caractère... j'osai le menacer. Exaspéré par cette insulte, mon père leva la main sur moi ; la rage m'aveugla... je tirai l'épée... je me précipitai sur lui... Sans Murph qui survint et détourna le coup... j'étais parricide de fait... comme je l'ai été d'intention !... Entendez-vous... parricide !... Et pour vous défendre... vous !...

— Hélas ! j'ignorais ce malheur !...

— En vain j'avais cru jusqu'ici expier mon crime... le coup qui me frappe aujourd'hui est ma punition...

— Mais moi, n'ai-je pas aussi bien souffert de la dureté de votre père qui a rompu notre mariage ? Pourquoi m'accuser de ne pas vous avoir aimé ?...

— Pourquoi ?... — s'écria Rodolphe en jetant sur elle un regard de mépris écrasant. — Sachez-le donc, et ne vous étonnez plus de l'horreur que vous m'inspirez... Après cette scène funeste dans laquelle j'avais menacé mon père... je rendis mon épée. Je fus mis au secret le plus absolu. Polidori, par les soins de qui notre mariage avait été conclu, fut arrêté ; il prouva que cette union était nulle, que le ministre qui l'avait bénie était un ministre supposé, et que vous, votre frère et moi, nous avions été trompés. Pour désarmer la colère de mon père à son égard, Polidori fit plus ; il lui remit une de vos lettres à votre frère, interceptée lors d'un voyage que fit Seyton.

— Ciel !... il serait possible ?

— Vous expliquez-vous mes mépris maintenant ?

— Oh ! assez... assez !...

— Dans cette lettre, vous dévoiliez vos projets ambitieux avec un cynisme révoltant... Vous me traitiez avec un dédain glacial, je n'étais que l'instrument de la fortune souveraine qu'on vous avait prédite... vous trouviez enfin... que mon père vivait bien longtemps...

— Malheureuse que je suis !... A cette heure, je comprends tout.

— Et pour vous défendre... j'avais menacé la vie de mon père !... Lorsque le lendemain, sans m'adresser un seul reproche, il me montra cette lettre... cette lettre qui à chaque ligne révélait la noirceur de votre âme, je ne pus que tomber à genoux et demander grâce. Depuis ce jour, j'ai été poursuivi par un remords inexorable.

Bientôt je quittai l'Allemagne pour de longs voyages ; alors commença l'expiation que je me suis imposée... Elle ne finira qu'avec ma vie... Récompenser le bien, poursuivre le mal, soulager ceux qui souffrent, sonder toutes les plaies de l'humanité pour tâcher d'arracher quelques âmes à la perdition... telle est la tâche que je me suis donnée...

(*La suite au prochain numéro.*)

COMMENT ON AIME

MISS MARY
(SUITE)

Les médecins, après un examen minutieux, avouèrent à mistress Stevenson qu'il n'y avait plus guère d'espoir que dans la force de la jeunesse et dans quelque fait extraordinaire que la science ne pouvait prévoir. Puis, comme ils se retiraient reconduits par William, ils dirent au jeune peintre que probablement Mary ne passerait pas la nuit : ils ne s'aperçurent pas qu'ils venaient de lui briser le cœur.

Quelques instants plus tard, Mary crut se sentir moins faible ; elle appela près d'elle William et toute sa petite famille. Mistress Stevenson, qui n'était que l'ombre d'elle-même, s'assit au chevet de sa fille. Les deux petits frères, Henri et Ferdinand, tristes et recueillis, s'agenouillèrent sur le tapis ; Charlotte, pâlie par quelques veilles, se plaça sur le pied du lit, tandis que William, rongé d'inquiétude et d'amertume, se tint debout derrière les enfants. Mary promena sur tous ces visages chéris un regard brillant de sollicitude et de regret ; puis, d'une voix faible :

— Ma mère, donnez-moi la main, dit-elle, et vous, William, approchez-vous encore, s'il est possible ; je crains de ne pouvoir me faire entendre. Bien ! Écoutez-moi maintenant, et ne m'interrompez pas surtout, car vous ne pourriez me dire que des choses contraires à l'évidence. Mes paroles vous feront un peu de peine, mais elles sont nécessaires, elles sont prévoyantes, c'est là qu'est leur excuse... Je vous dirai donc d'abord que toute espérance de guérison n'est plus guère qu'une chimère, un leurre, et que bientôt sans doute je quitterai la vie... Oh ! ne me parlez pas, ma mère ; taisez-vous, William ; vous me feriez perdre le fil de mes idées que j'ai bien de la peine à conserver... La pensée de la mort ne m'effraie pas, non ; mon imagination n'en fait point une image terrible ou sombre ; je la vois, au contraire, pleine de repos et de douceur, belle comme une soirée mélancolique, et silencieuse comme un sommeil sans douleur et sans rêve... Je lui reproche cependant une chose, une seule, c'est d'enlever aveuglément ceux qui auraient besoin de quelque temps encore pour accomplir leur œuvre, de ravir l'ouvrier à son travail inachevé... Oh ! oui, voilà ce qui est bien triste !... mourir quand on sait qu'après soi toute une famille reste sans ressources et sans soutien ! mourir avec la crainte de la misère pour ceux qui remplissaient toute notre existence, qui excitent toute notre sollicitude ! Oh ! c'est là ce qui est mal, ce qui est vraiment mal !... c'est là ce que je ne pardonne point à la mort ! et c'est pourtant là ma destinée, à moi !

Elle se tut ; une larme glissa lourdement sur son visage agité. Mistress Stevenson et les enfants sanglotaient.

— Ainsi, vous m'oubliez, moi ! dit William avec un désespoir concentré. Cruelle ! vous oubliez que votre famille est la mienne, et que... ce qui est impossible, ô mon Dieu !... si vous succombiez à votre mal, il y aurait toujours quelqu'un ici pour recueillir votre héritage et pour continuer religieusement votre œuvre.

— Cher William! murmura Mary avec un sourire indicible.

— Vous avez douté de moi, pourtant! reprit William avec amertume.

— Jamais, dit Mary; mais je voulais vous entendre parler ainsi; je suis heureuse maintenant. Oui, vous seul, mon bon William, pouvez me remplacer; et, puisque la nécessité le veut, j'accepte avec joie votre dévouement, et désormais je puis mourir tranquille, puisque vous êtes là, mon cousin.

— Toi, mourir! s'écria mistress Stevenson d'une voix entrecoupée. Toi, si bonne et si belle, et mourir! Oh! non, c'est impossible, et je défie la mort de t'enlever de mes bras! Quel mal as-tu donc fait sur terre? quel mal avons-nous fait nous-mêmes? Oh! tu vivras, pauvre ange! mon cœur me le dit! N'es-tu pas notre providence et notre bonheur à tous?... Mais je te fatigue, ma fille chérie! je t'afflige! Eh bien! je vais me taire et je ne pleurerai plus! tiens, vois, je sèche mes larmes, je parle bas, bien bas... et je t'embrasse!... Oh! prends donc un peu de ma vie dans un baiser pour ajouter à la tienne, ô mon enfant chérie!

Mistress Stevenson suffoquait. Mary, avec effort, attira sur sa poitrine le visage de sa mère.

— Un peu de résignation, ma mère, dit-elle avec des larmes dans la voix. Pourquoi vous désoler ainsi? Ne serez-vous pas toujours une mère heureuse? ne vous restera-t-il pas encore trois enfants aussi bons qu'ils sont beaux? Vous aurez encore William pour vous aimer, pour vous consoler, et mon âme, invisible et constante, habitera sans cesse avec vous pour vous porter bonheur.

— Oh! oui, dit le jeune peintre avec une exaltation mal contenue, je crois au bonheur sous votre influence, Mary; mais ce n'est pas votre âme seule qui habitera avec nous, c'est vous tout entière! vous sauvée! vous vivante! vous plus belle et plus forte que jamais! vous prête à partager avec votre ami d'enfance la mission que vous remplissiez si bien!

— Je vous cède cette mission parce que je m'en vais de ce monde; vivante, je ne la partagerais avec personne. Ne pouvant la continuer, il faut bien que je vous la confie, William. Puissiez-vous ne jamais trouver cette tâche un peu rude!

— Fût-elle mille fois plus rude, je la trouverais douce et légère... avec vous surtout, Mary! dit-il.

— A quoi bon vouloir s'illusionner, William? Tenez, donnez-moi votre main, que je la presse! Bien!... Henri... Ferdinand... Charlotte, venez m'embrasser... chers enfants!... Et toi, ma mère!... ma mère!... ma pauvre mère!...

— Et maintenant, mes amis... priez pour moi! reprit Mary avec effort.

Puis elle ferma les yeux.

Deux personnes venaient d'entrer dans la première pièce de l'appartement.

XIX

L'une de ces deux personnes était le facteur, qui remit à mistress Stevenson un grande lettre cachetée de noir; l'autre était un pasteur de Westminster, beau vieillard, ami de la famille, qui venait voir sa sainte Mary, ainsi qu'il avait coutume de l'appeler.

— Venez, lui dit mistress Stevenson, venez joindre vos prières aux nôtres pour ma pauvre Mary.

— Les anges n'ont pas besoin de prières, répondit le bon vieillard en dévorant une larme. Mais prions Dieu pour nous afin qu'il nous conserve cette chère et sublime enfant.

Il alla se mettre à genoux près du lit, et prononça à haute voix une simple et touchante prière qu'il puisait dans son cœur; quand il eut terminé, il se leva et se pencha vers la malade dont les yeux appesantis demeuraient fermés, dont la respiration rare et faible était presque imperceptible. Puis il alla s'asseoir, plein de tristesse, près de mistress Stevenson qui venait de décacheter machinalement sa lettre et la parcourait avec inattention. Tout à coup, cependant, un cri étouffé se fit entendre dans la chambre : mistress Stevenson était agitée; la lettre tremblait entre ses doigts.

— Qu'avez-vous, ma tante? fit William stupéfait.

— Ma mère! soupira Mary en ouvrant les yeux avec peine.

— Oh! c'est impossible! c'est impossible! murmura mistress Stevenson en passant la main sur ses yeux et en cherchant à bien comprendre ce qu'elle lisait.

Il y eut un moment d'attente et d'anxiété.

— Parlez, parlez, ma mère! fit la malade en s'animant un peu.

— Oui, oui, ma fille!... attends une seconde encore, car tout ceci me paraît un rêve!... Mes paupières ont tant de larmes que je n'y vois presque plus! O mon Dieu! j'ai mal lu sans doute! Je suis aveugle! je suis folle! Tiens, tiens, William! lis toi-même, car je perds la raison et la vue.

William prit la lettre et lut ce qui suit : l'écriture était presque indéchiffrable.

« Madame,

« Je sais enfin que vous vivez et où vous habitez; mes informations n'ont pas été vaines; j'en remercie le ciel! Je vous écris ces mots à mon lit de mort. Une affreuse maladie me tue! Un remords plus affreux me ronge : je souffre toutes les douleurs de l'enfer! Oh! pitié! pitié! Dieu est juste, mais il est implacable. J'ai volé votre fortune, j'ai tué votre mari, je vous ai réduite à la misère! C'est bien épouvantable et bien lâche! Miséricorde pour moi! Tenez, madame, je vous rends votre fortune, 80,000 livres sterling. Ah! que ne puis-je aussi vous rendre l'époux que vous avez perdu! Pardonnez-moi! absolvez-moi pour le bonheur que ma lettre vous apporte! Adieu! je me sens mal! j'étouffe! je meurs!

« Samuel Daring. »

A cette lettre était annexée une traite de 80,000 livres sterling sur une grande maison de banque de la Cité. William en donna lecture. La lettre et la traite étaient datées de New-York. Il n'y avait aucun doute à concevoir : cette lettre était bien de Samuel Daring, cette traite était exactement en règle; le banqueroutier avait restitué son vol sous l'aiguillon de la souffrance et sous la terreur de la mort.

— Dieu soit loué! dit le vieux pasteur en examinant les papiers. Voici le jour des prospérités qui commence : un bonheur n'arrive jamais seul!

— Oh! c'est à n'y pas croire! murmura mistress Stevenson en promenant un regard ébloui et singulier de la pauvre malade stupéfaite aux autres enfants ébahis.

Il s'en fallait peut-être de l'épaisseur d'un atome que son cerveau ne tournât à la folie. Elle était arrivée, par l'ébranlement de la surprise, sur les limites de la raison : la plus imperceptible secousse, selon sa direction, pouvait la perdre ou la sauver. Un mot de sa fille la sauva, en ouvrant une voie d'épanchement à son cœur rempli jusqu'au bord.

— Quatre-vingt mille livres sterling! dit enfin Mary qui s'était soulevée sur ses bras amaigris.

Son visage brillait de larmes, tout son corps tremblait.

— Oh! maintenant, reprit-elle en retombant sur l'oreiller, j'ai assez vécu!

— Ma fille! ma fille! s'écria mistress Stevenson en se penchant sur Mary qu'elle dévora de baisers. Oh! te voilà riche, à présent. Il faut vivre pour la fortune, ma fille!

Mary ne répondit pas; elle était immobile et glacée.

— Mon Dieu! serait-elle morte? reprit mistress Stevenson se relevant haletante, éperdue.

William et le pasteur se précipitèrent vers le lit. Au même instant, le médecin entrait; on lui fit place. Il examina attentivement la malade. Une terreur inexprimable glaçait tous les sens.

— Mary est en léthargie, dit enfin le docteur.

Il y eut des cris de joie étouffés dans la chambre.

— Docteur, elle vivra, n'est-ce pas? fit mistress Stevenson avec une sourde véhémence.

— Tout est à craindre pour la nuit, répondit le médecin en hochant la tête d'un air découragé.

— Mais il y a de l'espoir? demanda tout bas William.

— Bien peu, hélas!

— A la grâce de Dieu! dit solennellement le pasteur.

XX

Un an plus tard, à l'exposition, ou plutôt, pour me servir de l'expression anglaise, à l'exhibition des tableaux de Londres qui a lieu à Charing-Cross, dans la galerie nationale, il y avait beaucoup de portraits, comme d'habitude, et l'on en remarquait peu, comme de raison, bien que ce soit la partie la plus saillante de la peinture anglaise. Parmi les rares portraits qui captivaient l'attention publique, il en était un vraiment ravissant qui représentait une jeune femme si jolie, si suave, qu'elle rappelait les plus gracieuses créations de Lawrance, un des plus grands peintres de l'Angleterre. Or, voici ce qui se passa un jour devant ce portrait de femme. Deux jeunes gens venaient de s'y arrêter et le contemplaient; l'un volumineux et robuste, l'autre très-frêle, tous deux fort élégants.

— Ah çà! cher Arthur, s'écria le gros dandy, as-tu bientôt fini d'admirer ce portrait? C'est une fort jolie personne, d'accord; c'est de la belle et bonne peinture, j'y consens; mais pourquoi s'éterniser devant ce tableau? Que diable! il y a autre chose à voir ici!

— Je me soucie bien d'autre chose! répondit Arthur en souriant. Ce portrait est tout un souvenir pour moi.

— Oh! alors, si tu as connu cette jeune dame?

— Eh! oui, répondit Arthur, c'est là cette Mary dont je t'ai parlé quelquefois, et particulièrement un soir, à Rome, au Colisée.

— Quoi! cette petite maîtresse de piano avec laquelle tu voulais te marier, ô mon trop romanesque ami?

— Justement, mon cher.

— Vive Dieu! mais c'est qu'elle est fort bien! Quel dommage qu'elle n'ait pas seulement vingt mille livres sterling de dot!

— Tu consentirais à l'épouser?

— Parole d'honneur!

— Il n'y aurait qu'un empêchement à cela.

— Et lequel?

— Elle est mariée.

— Je parie vingt *sovereigns* que c'est avec son peintre!

— Tu gagnerais; elle est mariée avec l'auteur même de son portrait, un jeune artiste de beaucoup de mérite. Elle lui a, du reste, porté en dot les vingt mille livres sterling que tu demandes pour l'honorer de ton alliance!

— Peste! elle n'a pas gagné cela en courant le cachet, je suppose?

— Non; mais peu de temps après avoir appris la nouvelle de son mariage j'ai entendu dire chez mon banquier que le banqueroutier qui avait ruiné M. Stevenson avait fait restitution de son vol à la famille.

— Pas possible!...

— C'est parfaitement vrai, quoique peu vraisemblable.

— Ah! l'honnête coquin! ah! le vertueux voleur! Une restitution de quatre-vingt mille livres sterling! Voilà des fautes bien rachetées! je l'absous.

— Je fais mieux, reprit Arthur avec une gravité comique, je vote à ce pauvre Daring l'érection d'une statue dans Westminster-Abbey.

— Et moi, je demande qu'on l'empaille pour le Musée britannique, car c'est un animal vertébré d'une espèce tout à fait rare.

Arthur et son ami reprirent en riant leur promenade. Ils avaient à peine fait une vingtaine de pas qu'Arthur se sentit rougir légèrement, puis il salua deux personnes qui passèrent en lui rendant son salut.

— Eh! pardieu! voilà justement l'original du portrait, dit notre gros dandy en se tournant avec vivacité vers Arthur. Peste! on ne l'a pas flattée, l'enchanteresse! reprit-il avec enthousiasme.

— Oh! elle est plus que belle! dit Arthur avec mélancolie; c'est un ange, mon ami!

— Un ange! répliqua notre gros et spirituel lord... Bah! la meilleure femme du monde ne vaut pas le diable!

FIN

YORICK

I

Il s'appelait Yorick, c'était le seul nom qu'il portât. Sa naissance était un mystère, il n'avait jamais connu ni son père ni sa mère, et avait été élevé tant bien que mal dans un collége de Paris. Un vieillard était venu quelquefois le visiter, puis ce vieillard était mort, lui léguant une pension modique et emportant dans la tombe le secret de son origine. Yorick d'ailleurs ne se souciait guère de le pénétrer; c'était un garçon plein de verve et d'esprit, riant un peu de tout et beaucoup de lui-même, se vantant, avec une certaine affectation peut-être, d'être le plus heureux homme de la terre. Jamais on ne l'avait vu préoccupé, jamais triste, jamais à court de bons mots et de francs rires. En le voyant toujours ainsi, on ne s'avisait point de suspecter la sincérité de son bonheur.

(La suite au prochain numéro.)

Le propriétaire-gérant : F. ROY.

LES MYSTÈRES DE PARIS

— Je vous laisse avec le spectre de votre fille, dont vous avez causé la mort!... (Page 196.)

— Elle est noble et sainte... elle est digne de vous...

— Si je vous parle de ce vœu, — reprit Rodolphe avec dédain, — de ce vœu que j'ai accompli, selon mon pouvoir, partout où je me suis trouvé, ce n'est pas pour être loué par vous... Ecoutez-moi donc : dernièrement j'arrive en France; mon séjour dans ce pays ne devait pas être perdu pour l'expiation. Tout en voulant secourir d'honnêtes infortunes, je voulus aussi connaître ces classes que la misère écrase, abrutit et déprave, sachant qu'un secours donné à propos, que quelques généreuses paroles suffisent souvent à sauver un malheureux de l'abîme... Afin de juger par moi-même, je pris l'extérieur et le langage des gens que je désirais observer...

Ce fut lors d'une de ces explorations... que... pour la première fois... je... je... rencontrai...

Puis, comme s'il eût reculé devant une révélation terrible, Rodolphe ajouta, après un moment d'hésitation :

— Non... non ; je n'en ai pas le courage...

— Qu'avez-vous donc à m'apprendre encore, mon Dieu !

— Vous ne le saurez que trop tôt... Mais — reprit-il avec une sanglante ironie — vous portez au passé un si vif intérêt que je dois vous parler des événements qui ont précédé mon retour en France... Après de longs voyages, je revins en Allemagne ; je m'empressai d'obéir aux volontés de mon père... j'épousai une princesse de Prusse. Pendant mon absence, vous aviez été chassée du grand-duché. Apprenant plus tard que vous étiez mariée au comte Mac-Gregor, je vous redemandai ma fille avec instance : vous ne me répondîtes pas ; malgré toutes mes informations, je ne pus jamais savoir où vous aviez envoyé cette malheureuse enfant au sort de laquelle mon père avait libéralement pourvu... Il y a dix ans seulement, une lettre de vous m'apprit que notre fille était morte... Hélas ! plût à Dieu qu'elle fût morte alors... j'aurais ignoré l'incurable douleur que va désormais désespérer ma vie.

— Maintenant, — dit Sarah d'une voix faible, — je ne m'étonne plus de l'aversion que je vous ai inspirée... Je le sens, je ne survivrai pas à ce dernier coup... Eh bien ! oui... l'orgueil et l'ambition m'ont perdue !... Ne sachant pas combien vous aviez le droit de me mépriser, de me haïr... mes folles espérances étaient revenues plus ardentes que jamais... Depuis qu'un double veuvage nous rendait libres tous deux, j'avais repris une nouvelle créance à cette prédiction qui me promettait une couronne... et lorsque le hasard m'a fait retrouver ma fille... il m'a semblé voir dans cette fortune inespérée une volonté providentielle !... Oui... j'allai jusqu'à croire que votre aversion pour moi céderait à votre amour pour votre enfant... et que vous me donneriez votre main afin de lui rendre le rang qui lui était dû...

— Eh bien ! que votre exécrable ambition soit donc satisfaite et punie ! Oui, malgré l'horreur que vous m'inspirez ; oui, par attachement, que dis-je ? par respect pour les affreux malheurs de mon enfant... j'aurais... quoique décidé à vivre ensuite séparé de vous... j'aurais, par un mariage qui eût légitimé la naissance de notre fille, rendu sa position aussi éclatante, aussi haute, qu'elle avait été misérable !...

— Je ne m'étais donc pas trompée !... Malheur !... malheur !... il est trop tard !...

— Oh ! je le sais, ce n'est pas la mort de votre fille que vous pleurez, c'est la perte de ce rang que vous avez poursuivi avec une inflexible opiniâtreté !... Eh bien ! que ces regrets infâmes soient votre dernier châtiment !...

— Le dernier... car je n'y survivrai pas...

— Mais avant de mourir vous saurez... quelle a été l'existence de votre fille depuis que vous l'avez abandonnée. Vous souvenez-vous de cette nuit où vous et votre frère vous m'avez suivi dans un repaire de la Cité ?

— Je m'en souviens ; mais pourquoi cette question ?... votre regard me glace.

— En venant dans ce repaire, vous avez vu, n'est-ce pas ? au coin de ces rues ignobles, de... malheureuses créatures... qui... Mais non... non... je n'ose pas, — dit Rodolphe en cachant son visage dans ses mains ; — je n'ose pas... mes paroles m'épouvantent.

— Moi aussi, elles m'épouvantent... Qu'est-ce donc encore, mon Dieu ?

— Vous les avez vues, n'est-ce pas ? reprit Rodolphe en faisant sur lui-même un effort terrible. — Vous les avez vues, ces femmes, la honte de leur sexe ?... Eh bien !... parmi elles... avez-vous remarqué une jeune fille de seize ans, belle... oh ! belle... comme on peint les anges... une pauvre enfant qui, au milieu de la dégradation où on l'avait plongée depuis quelques semaines, conservait une physionomie si candide, si virginale et si pure, que les voleurs et les assassins qui la tutoyaient... madame... l'avaient surnommée *Fleur-de-Marie*... l'avez-vous remarquée, cette jeune fille... dites ? dites, tendre mère ?

— Non... je ne l'ai pas remarquée, — dit Sarah presque machinalement, se sentant oppressée par une vague terreur.

— Vraiment ? — s'écria Rodolphe avec un éclat sardonique. — C'est étrange... je l'ai remarquée, moi... Voici à quelle occasion... écoutez bien : lors d'une de ces explorations dont je vous ai parlé tout à l'heure, je me trouvais dans la Cité ; non loin du repaire où vous m'avez suivi, un homme voulait battre une de ces malheureuses créatures ; je la défendis contre la brutalité de cet homme... Vous ne devinez pas qui était cette créature... dites, mère sainte et prévoyante, dites ?... vous ne devinez pas ?

— Non... je ne... devine pas... Oh! laissez-moi... laissez-moi !...

— Cette malheureuse était Fleur-de-Marie...

— Oh! mon Dieu !...

— Et vous ne devinez pas... qui était Fleur-de-Marie... mère irréprochable?

— Tuez-moi... oh! tuez-moi !...

— C'était la Goualeuse... c'était votre fille !... — s'écria Rodolphe avec une explosion déchirante. — Oui, cette infortunée que j'ai arrachée des mains d'un ancien forçat, c'était mon enfant, à moi... à moi... Rodolphe de Gerolstein! Oh! il y avait dans cette rencontre avec mon enfant que je sauvais sans la connaître quelque chose de fatal... de providentiel... une récompense pour l'homme qui cherche à secourir ses frères... une punition pour le parricide...

— Je meurs maudite et damnée... — murmura Sarah en se renversant dans son fauteuil et en cachant son visage dans ses mains.

— Alors, — continua Rodolphe dominant à peine ses ressentiments et voulant en vain comprimer les sanglots qui de temps en temps étouffaient sa voix, — quand je l'ai eue soustraite aux mauvais traitements dont on la menaçait, frappé de la douceur inexprimable de son accent... de l'angélique expression de ses traits... il m'a été impossible de ne pas m'intéresser à elle... Avec quelle émotion profonde j'ai écouté le naïf et poignant récit de cette vie d'abandon, de douleur et de misère! car, voyez-vous, c'est quelque chose d'épouvantable que la vie de votre fille... Oh! il faut que vous sachiez les tortures de votre enfant; oui, madame la comtesse... pendant qu'au milieu de votre opulence vous rêviez une couronne... votre fille, toute petite, couverte de haillons, allait le soir mendier dans les rues, souffrant du froid et de la faim... Durant les nuits d'hiver, elle grelottait sur un peu de paille dans le coin d'un grenier; et puis, quand l'horrible femme qui la torturait était lasse de battre la pauvre petite, ne sachant qu'imaginer pour la faire souffrir, savez-vous ce qu'elle faisait, madame?... Elle lui arrachait les dents !...

— Oh! je voudrais mourir !... c'est une atroce agonie !...

— Écoutez encore... S'échappant enfin des mains de la Chouette; errant sans pain, sans asile, âgée de huit ans à peine, on l'arrête comme vagabonde, on la met en prison... Ah! cela a été le meilleur temps de la vie de votre fille... madame... Oui, dans sa geôle, chaque soir elle remerciait Dieu de ne plus souffrir du froid, de la faim, et de ne plus être battue. Et c'est dans une prison qu'elle a passé les années les plus précieuses de la vie d'une jeune fille, ces années qu'une tendre mère entoure toujours d'une sollicitude si pieuse et si jalouse; oui, au lieu d'atteindre ses seize ans environnée de soins tutélaires, de nobles enseignements, votre fille n'a connu que la brutale indifférence des geôliers; et puis, un jour, dans sa féroce insouciance, la société l'a jetée, innocente et pure, belle et candide, au milieu de la fange de la grande ville... Malheureuse enfant... abandonnée... sans soutien, sans conseil, livrée à tous les hasards de la misère et du vice !... Oh! — s'écria Rodolphe en donnant un libre cours aux sanglots qui l'étouffaient, — votre cœur est endurci, votre égoïsme impitoyable; mais vous auriez pleuré... oui... vous auriez pleuré... en entendant le récit déchirant de votre fille !... Pauvre enfant! souillée mais non corrompue, chaste encore au milieu de cette horrible dégradation qui était pour elle un songe affreux; car chaque mot disait son horreur pour cette vie où elle était fatalement enchaînée; oh! si vous saviez comme à chaque instant il se révélait en elle d'adorables instincts!... Que de bonté... que de charité touchante! oui, car c'était pour soulager une infortune plus grande encore que la sienne que la pauvre petite avait dépensé le peu d'argent qui lui restait et qui la séparait de l'abîme d'infamie où on l'a plongée... Oui, car il est venu un jour... un jour affreux... où, sans travail, sans pain, sans asile... d'horribles femmes l'ont rencontrée exténuée de faiblesse... de besoin... l'ont enivrée... et...

Rodolphe ne put achever; il poussa un cri déchirant en s'écriant :

— Et c'était ma fille !... ma fille !...

— Malédiction sur moi! — murmura Sarah en cachant sa figure dans ses mains comme si elle eût redouté de voir le jour.

— Oui, — s'écria Rodolphe, — malédiction sur vous! car c'est votre abandon qui a causé toutes ces horreurs... Malédiction sur vous! car lorsque, la retirant de cette fange, je l'avais placée dans une paisible retraite, vous l'en avez fait arracher par vos misérables complices... Malédiction sur vous! car cet enlèvement l'a remise au pouvoir de Jacques Ferrand...

A ce nom, Rodolphe se tut brusquement... Il tressaillit comme s'il l'eût prononcé pour la première fois. C'est que, pour la première fois aussi, il prononçait ce nom depuis qu'il savait que sa fille était la victime de ce monstre... Les traits du prince prirent alors une effrayante expression de rage et de haine. Muet, immobile, il restait comme écrasé par cette pensée, que le meurtrier de sa fille vivait encore...

Sarah, malgré sa faiblesse croissante et le bouleversement que venait de lui causer l'entretien de Rodolphe, fut frappée de son air sinistre ; elle eut peur pour elle...

— Hélas ! qu'avez-vous ? — murmura-t-elle d'une voix tremblante. — N'est-ce pas assez de souffrances, mon Dieu !...

— Non, ce n'est pas assez !... ce n'est pas assez ! — dit Rodolphe en se parlant à lui-même et répondant à sa propre pensée ; — je n'avais jamais éprouvé cela... jamais !... Quelle ardeur de vengeance ! quelle soif de sang !... Quand je ne savais pas qu'une des victimes du monstre était mon enfant... je me disais : La mort de cet homme serait stérile.. tandis que sa vie serait féconde, si, pour la racheter, il acceptait les conditions que je lui impose... Le condamner à la charité, pour expier ses crimes, me paraissait juste... Et puis la vie sans or, la vie sans l'assouvissement de sa sensualité frénétique, devait être une longue et double torture... Mais c'est ma fille qu'il a livrée enfant à toutes les horreurs de la misère... jeune fille à toutes les horreurs de l'infamie ! — s'écria Rodolphe en s'animant un peu ; — mais c'est ma fille qu'il a fait assassiner !... Je tuerai cet homme !..

Et le prince s'élança vers la porte.

— Où allez-vous ? Ne m'abandonnez pas !... — s'écria Sarah se levant à demi et étendant vers Rodolphe ses mains suppliantes. — Ne me laissez pas seule !... je vais mourir....

— Seule !... non !... Je vous laisse avec le spectre de votre fille, dont vous avez causé la mort !...

Sarah, éperdue, se jeta à genoux en poussant un cri d'effroi, comme si un fantôme effrayant lui eût apparu :

— Pitié !... je meurs !...

— Mourez donc, maudite !... — reprit Rodolphe effrayant de fureur. — Maintenant il me faut la vie de votre complice... car c'est vous qui avez livré votre fille à son bourreau !...

Et Rodolphe se fit rapidement conduire chez Jacques Ferrand.

CHAPITRE IX
FURENS AMORIS

La nuit était venue pendant que Rodolphe se rendait chez le notaire. Le pavillon occupé par Jacques Ferrand est plongé dans une obscurité profonde. Le vent gémit, la pluie tombe... Le vent gémissait, la pluie tombait aussi pendant cette nuit sinistre où Cecily, avant de quitter pour jamais la maison du notaire, avait exalté la brutale passion de cet homme jusqu'à la frénésie.

Étendu sur le lit de sa chambre à coucher faiblement éclairée par une lampe, Jacques Ferrand est vêtu d'un pantalon et d'un gilet noirs ; une des manches de sa chemise est relevée, tachée de sang ; une ligature de drap rouge, que l'on aperçoit à son bras nerveux, annonce qu'il vient d'être saigné par Polidori. Celui-ci, debout auprès du lit, s'appuie d'une main au chevet, et semble contempler les traits de son complice avec une inquiétude. Rien de plus hideusement effrayant que la figure de Jacques Ferrand, alors plongé dans cette torpeur somnolente qui succède ordinairement aux crises violentes. D'une pâleur violacée, son visage, inondé d'une sueur froide, a atteint le dernier degré du marasme ; ses paupières fermées sont tellement gonflées, injectées de sang, qu'elles apparaissent comme deux lobes rougeâtres au milieu de cette face d'une lividité cadavéreuse.

— Encore un accès aussi violent, et il est mort ! — dit Polidori à voix basse. — Arétée l'a dit [1], la plupart de ceux qui sont atteints de cette étrange et effroyable maladie périssent presque toujours le septième jour... et il y a aujourd'hui six jours que l'infernale créole a allumé le feu inextinguible qui dévore cet homme.

Après quelques moments de silence méditatif, Polidori s'éloigna du lit et se promena lentement dans la chambre.

— Tout à l'heure, — reprit-il en s'arrêtant, — pendant la crise qui a failli emporter Jacques, je me croyais sous l'obsession d'un rêve en l'entendant décrire une à une, et d'une voix haletante, les monstrueuses hallucinations qui traversaient son cerveau... Terrible... terrible maladie !... Tour à tour elle soumet chaque organe à des phénomènes qui déconcertent la science... épouvantent la nature... Ainsi tout à l'heure l'ouïe de Jacques était d'une sensibilité si in-

---

1. *Nam plerumque in septimo die hominem consumit.* (Arétée). Voir la traduction de Baldassar (*Cas. med.*, lib. III. *Salacitas nitro curata*). Voir aussi les admirables pages d'Ambroise Paré sur le *satyriasis*, cette étrange et effrayante maladie, qui ressemble tant, dit-il, à un *châtiment de Dieu*.

croyablement douloureuse que, quoique je lui parlasse aussi bas que possible, mes paroles brisaient à ce point son tympan qu'il lui semblait, disait-il, que son crâne était une cloche et qu'un énorme battant d'airain, mis en branle au moindre son, lui martelait la tête d'une tempe à l'autre avec un fracas étourdissant et des élancements atroces.

Polidori resta de nouveau pensif devant le lit de Ferrand.

(*La suite au prochain numéro.*)

Il s'empressa de lui présenter son compagnon. (Page 206.)

COMMENT ON AIME (suite).

Yorick, à vingt-quatre ans, n'avait pas encore songé à prendre un état. Il n'avait aucune ambition, et se contentait de dix-huit cents livres de rente qui composaient sa pension. Il était paresseux comme un créole, mais sa paresse était intelligente. Il lisait beaucoup; on le soupçonnait même de composer des vers, qu'il avait le bon esprit de ne montrer à personne. « J'ai ce qu'il me faut, disait-il souvent ; ce que je gagnerais en m'occupant serait autant de pris à de plus nécessiteux que moi. » Aussi ne le voyait-on jamais courir après une place, après une faveur, voire même après un dîner ; et si d'aventure quelqu'un insistait pour savoir quel motif l'empêchait de se caser quelque part : « Eh ! parbleu ! répondait-il en lui riant malicieusement au nez, je me trouve bien casé partout et craindrais d'être fort mal ailleurs. » En vain lui représentait-on que ses dix-huit cents livres par an ne pouvaient suffire à lui procurer une bonne existence : « Plaisantez-vous? s'écriait-il sur le même ton ; je me trouve si riche que j'ai envie d'acheter un perroquet pour m'aider à manger ma fortune. » De la sorte, il décourageait les curieux et les importuns. Du reste, toujours convenable, quoique jovial, il était aimé et recherché de beaucoup de gens qui le considéraient comme le boute-en-train le plus charmant du monde. Généralement regardé comme un aimable original, les opinions variaient peu sur ce point. Elles étaient moins unanimes dans l'appréciation de ses mérites extérieurs. Les uns le trouvaient laid, c'étaient les presbytes ; les autres le disaient assez agréable, c'étaient les myopes ; enfin quelques-uns, et ceux-ci passaient pour être à peu près aveugles, l'estimaient joli garçon.

Le fait est que Yorick n'était ni beau ni laid, ni petit ni grand, ni gras ni maigre ; ses traits manquaient de correction, mais non d'harmonie ; ses yeux étaient noirs et percés à la vrille, mais à la fois vifs et doux ; son nez long, mais expressif ; ses lèvres épaisses, mais aussi bonnes que spirituelles ; une pâleur uniforme était ordinairement répandue sur son visage, mais il suffisait d'un peu d'entrain pour que ses joues s'animassent comme par magie. Il avait une taille grêle, mais bien prise, et si son habit n'était pas toujours taillé à la dernière mode, il est vrai de dire que ce crime de lèse-fashion était racheté par une élégance naturelle que ne pouvaient même effacer toutes les joviales excentricités de notre héros. Yorick était un Roger Bontemps de distinction.

Dans bien des réunions particulières, il n'y avait pas de bonne fête sans Yorick. Quand Yorick arrivait au milieu des cercles qu'il hantait, les visages s'épanouissaient, et alors seulement on s'animait. Le feu de ses saillies, la verve de ses chansonnettes, la drôlerie de ses imaginations mettaient tout le monde en belle humeur. Mais quand Yorick était absent, c'était un ennui général, un alanguissement irrémédiable ; rien ne réussissait, l'esprit faisait long feu, toutes les tentatives de plaisir rataient, et c'était avec un accord parfait que chacun entonnait ces phrases mélodiques en ré mineur : « Ah ! si Yorick était ici ! Pourquoi Yorick ne vient-il pas? Qu'est devenu Yorick, cette âme de nos réunions? » et cent autres jérémiades qui témoignaient combien Yorick était indispensable au bonheur du monde en général et de ses amis en particulier. Yorick avait, en effet, mille ressources dans l'esprit pour réjouir une réunion. C'est lui qui le premier se présenta en commissaire de police dans une soirée où l'on tirait une loterie et fit la saisie des lots symétriquement rangés sur une table. Comme il portait une barbe et des moustaches postiches, personne ne le reconnut, et la plus vive discussion s'éleva entre lui et le maître de la maison jusqu'à ce que, arrachant son travestissement poilu, Yorick se fît reconnaître, à la désopilante hilarité de toute l'assemblée. Cette invention eut un grand succès, et plus d'un plagiaire l'a reproduite depuis. Les Homères ont toujours des Bitaubés. Une autre fois, sous le costume d'une Anglaise, chapeau biscornu, robe d'indienne écourtée, grand tartan de couleur criarde, longues mèches de cheveux rouges et larmoyants, il s'était précipité dans un salon en criant avec l'accent le plus désolé et le plus britannique : *My dog ! my little dog !* Oun jeune homme a volé à moâ *my dear Love !* Rendez-moâ ma petite épagneul, ou je me mettrai en colère très-tort ! » Et saisissant un élégant par le collet : « *O goddam !* je tenai le voleur, je le tenai bien, et je voulai faire pendre lui avec plaisir, si ma petite amor de chien n'était pas rendu à moâ tout de suite ! » Grande rumeur ! Le jeune élégant prétendait n'avoir de sa vie volé aucune espèce de chien ; Yorick ne voulait pas lâcher prise, criait de plus belle au voleur, et affirmait reconnaître le larron *perfectly, very well*. Et les spectateurs de rester ébahis ou de rire à gorge déployée. Enfin Yorick s'empara des basques de l'habit du patient, les fouilla et en tira adroitement... un tout petit chien de race anglaise qu'il avait tenu jusque-là caché sous son tartan. Ce fut une explosion de gaieté universelle. Dans sa joie de retrouver son chien, notre Anglaise le caressa avec des mouvements si frénétiques que chapeau, cheveux, tartan, robe, tout tomba, et l'on reconnut alors Yorick. Un tonnerre d'applaudissements salua le succès de cette drôlerie, qui fut beaucoup moins reproduite que la précédente, parce qu'il fallait une trop grande verve pour la faire accepter.

Yorick riait franchement de ses propres folies, mais après qu'elles avaient vraiment réussi. Rire, d'ailleurs, c'était son bonheur, c'était sa santé. Il riait de si bon cœur que le rire vous gagnait rien qu'à l'entendre. Depuis quelque temps, il faut le dire, ses accès de bonne humeur paraissaient moins vifs et ses éclats de rire s'en ressentaient un peu. Était-ce affaissement naturel d'une disposition d'esprit difficile à garder longtemps au même degré? N'était-ce pas plutôt accident momentané causé par quelque peine légère et secrète? C'est ce que nul n'aurait pu dire ; car Yorick, malgré toute l'expansive vivacité de son caractère, ne laissait rien transpirer soit de ses sentiments intimes, soit des particularités de son existence, qui était parfois bien singulière et bien inexplicable. Il lui arrivait fort souvent, par exemple, de disparaître sans qu'on sût ce qu'il était devenu. En vain lui écrivait-on, point de réponse; en vain allait-on frapper à sa porte, porte close. Puis tout à coup il reparaissait joyeux, sans qu'on pût obtenir de lui une raison sérieuse de sa disparition. Comme il n'avait pas d'ami intime, pas de confident, aucune indiscrétion ne venait en aide à la curiosité des salons, et force était bien de se contenter des folles plaisanteries qu'il débitait pour expliquer ses absences. Tantôt il revenait de la lune où il avait été faire des études géologiques, et d'où il rapportait des gerbes de diamants; tantôt il sortait d'un lis dans lequel il avait habité huit jours en compagnie d'une délicieuse abeille qui l'avait enfin mis à la porte parce qu'il riait trop haut et qu'il effrayait ainsi les rossignols et les fauvettes d'alentour; tantôt, enfin, il était descendu, comme Thésée, au fond des enfers, où il avait trouvé les plus jolis et les plus spirituels démons du monde, ce qui avait failli lui faire oublier ces autres démons si spirituels et si jolis, les femmes de la terre. Ainsi évitait-il toute explication catégorique au sujet de ses absences ; ce que voyant, chacun avait enfin résolu de ne s'en plus préoccuper.

Mais quand on s'aperçut qu'il avait perdu une bonne partie de son fol esprit et de ses fous rires, les curieux se mirent en campagne, et l'on parvint à découvrir, jusqu'à un certain point, la cause de ce changement. Yorick était amoureux! mais très-sérieusement amoureux!

Certes, il y avait quatre ans pour le moins que cela n'était arrivé à Yorick, d'être amoureux. Ceux qui le connaissaient le mieux et du plus loin se souvenaient qu'il avait aimé naguère une jeune fille ; il était sur le point de l'épouser, lorsqu'un fat, quasi millionnaire, lui enleva sa fiancée et s'enfuit avec elle. Le chagrin d'Yorick avait été des plus violents; il avait disparu pendant six mois sans qu'on sût ce qu'il était devenu. Après quoi, on l'avait revu radieux, chantant et enchanté de vivre. Quelqu'un s'avisa de lui demander des nouvelles de ses anciennes amours. Il répondit du ton le plus jovial :

— Grand merci ! cela ne va pas mal. Et vous?
— Bravo ! Il paraît que vous avez pris votre parti en brave ?
— Non pas, s'il vous plaît, mais en poltron. Un autre se fût battu avec le ravisseur; moi, je l'ai remercié de m'avoir appris que les amours ont des ailes, ce que je ne savais pas encore suffisamment.

Et c'était sans doute dans la crainte de voir s'envoler encore quelque chimère amoureuse qu'il n'avait voulu de si tôt renouveler l'expérience.

Mais il est un terme à tout, même à l'indifférence la plus systématique, et le cœur de la jeunesse ne consent jamais à abdiquer ses droits imprescriptibles à l'amour.

II

Yorick habitait une mansarde près du Luxembourg, une jolie mansarde meublée en chêne et proprette à ravir. Un matin qu'il était à sa fenêtre, il entendit s'ouvrir une croisée à peu de distance, et, portant son regard dans la direction du bruit, il vit deux grands yeux noirs bien tristes et bien doux, qui se fixèrent un instant sur lui et disparurent soudain. Il n'y avait là rien de bien extraordinaire ni de bien saisissant. Mais tout dépend de la disposition d'esprit, et Yorick se sentit comme frappé par un courant électrique. Cette impression était singulière; il en demeura stupéfait et ne quitta pas sa fenêtre de la journée ; mais les deux grands yeux noirs ne se montrèrent plus ce jour-là. Yorick se sentit un peu préoccupé, un peu rêveur. Dès lors, chaque matin, par hasard et presque malgré lui, il se remit en observation, épiant le moment où le magnétique regard s'échapperait de la mansarde voisine. Mais les beaux yeux qui l'avaient ému ne reparurent que huit jours plus tard, et ne rayonnèrent cette fois encore que quelques secondes. Yorick avait eu toutefois le temps de remarquer qu'ils appartenaient à la plus blanche et à la plus délicate figure du monde, accompagnés d'une forêt de cheveux bien noirs, sous un chapeau rose d'une délicieuse fraîcheur. Cette élégante et suave apparition à la fenêtre de la plus délabrée des mansardes d'alentour surprit et charma Yorick, en même temps qu'elle piqua sa curiosité. Que venait faire cette jeune fille dans ce grenier où d'ordinaire il n'apercevait jamais qu'une vieille femme d'un aspect misérable ? A peine quelques minutes s'étaient-elles écoulées qu'il stationnait à la porte de la maison de sa pauvre voisine. Il ne tarda pas à voir sortir la belle enfant qui avait si bien le don de l'électriser. Elle monta dans une calèche, suivie d'une femme de chambre, et fit signe au cocher de partir. Au moment où elle s'éloignait, elle aperçut Yorick qui la contemplait avec une naïve et franche admiration ; elle parut légèrement embarrassée, s'enfonça dans les coussins, et regarda le ciel d'un air étrangement mélancolique. Yorick suivit des yeux la calèche qui s'éloignait, puis il rentra chez lui en s'écriant :

— Quel dommage qu'elle aille en carrosse ! Je la porterais si bien dans mon cœur !

Ce fut en vain qu'il chercha encore, mais plutôt instinctivement que volontairement, à revoir cette adorable apparition, la réalisation de sa *divine idée*, comme il l'appelait quelquefois en se moquant de lui-même. Il reconnut bientôt, à maint indice particulier, que la mansarde qui servait de point de mire à sa curiosité n'était plus occupée. Il prit quelques informations et sut alors que la jeune inconnue se nommait Nathalie Rozier, que sa calèche, par la maladresse du cocher, ayant blessé légèrement la pauvre vieille femme qui habitait la mansarde, l'excellente jeune fille lui avait fait donner tous les soins possibles, était venue elle-même la visiter à plusieurs reprises, et, prenant en compassion son extrême dénuement, l'avait installée, après guérison, dans un petit logement fraîchement meublé, en lui constituant une rente viagère de six cents francs. A ce récit, Yorick sentit son cœur sauter dans sa poitrine, mais ce fut l'affaire d'un instant ; après quoi il se mit à rire de grand cœur, en réfléchissant philosophiquement qu'il est très-utile à l'occasion d'être un peu écrasé.

Durant une grande semaine encore, Yorick pensa beaucoup à mademoiselle Nathalie Rozier, rêva tout autant d'elle, et lui dédia quelques vers fort sentimentaux, puis il n'y songea plus. Mais on n'échappe point à sa destinée, dit le plus ingénu de tous les dictons humains. Un soir que, dans sa plus belle toilette, Yorick arrivait sur le quai Voltaire et se dirigeait vers le pont Royal, un ouragan éclata sur sa tête ; la pluie à torrents rebondit sur l'asphalte. Il n'eut que le temps de se mettre à l'abri sous la porte ouverte d'un hôtel du quai. N'étant pas assez riche, le pauvre philosophe, pour renouveler souvent sa garde-robe, il tenait fort à ne point dévernir ses bottes qui ne reluisaient plus que modérément, à ne point décatir son habit noir qui n'avait que trop subi déjà l'influence de l'eau. La voiture de place étant un luxe presque inconnu de lui, il guettait l'économique omnibus au passage ; mais par une fatalité diabolique, si souvent répétée en temps de pluie, chaque omnibus roulait en étalant sa demi-lune railleuse qui montre en grosses lettres ce mot insupportable : *complet*. Yorick, malgré son aimable naturel et sa haute philosophie pratique, commençait à s'impatienter, lorsqu'un gandin, s'élançant d'un coupé, vint se heurter rudement contre lui.

— Ah çà ! s'écria Yorick d'un ton moitié sérieux, moitié comique, ai-je l'air d'un Arabe, pour que vous me chargiez ainsi à fond de train ?

Le gandin s'arrêta, s'enfonça un lorgnon dans l'œil et dit en grasseyant :

— Qu'est-ce que c'est ? On se fâche, je crois.

Mais à peine eut-il ainsi lorgné son interlocuteur qu'il le reconnut et s'écria :

— Mais c'est ce cher Yorick !

— Je crois que oui, répondit Yorick. Eh ! pardieu ! reprit-il en lorgnant à son tour avec le pouce et l'index, il me semble que je reconnais cet élégant Nestor ?

— Moi-même, mon bon, moi-même ! Enchanté de te revoir !

Et il présenta son petit doigt à Yorick, qui lui tendit majestueusement le sien.

— Eh bien ! reprit Nestor, es-tu toujours aussi amusant, aussi joyeux ?

— Pas en ce moment, du moins.

— Pourquoi donc ?

— Parce que je crains de passer ma soirée ici, sous cette porte, quand on m'attend au bal. Les omnibus me brûlent la moustache avec un cynisme... complet... Il y a des êtres si mal élevés !

(La suite au prochain numéro.)

Le propriétaire-gérant : F. ROY.

LES MYSTÈRES DE PARIS

— Oh!... murmura Polidori. Mon bras s'engourdit, un froid mortel me saisit.... Au secours! je meurs... (Page 240.)

La tempête grondait au dehors; elle éclata bientôt en longs sifflements, en violentes rafales de vent et de pluie qui ébranlèrent toutes les fenêtres de cette maison délabrée... Malgré son audacieuse scélératesse, Polidori était superstitieux; de noirs pressentiments l'agitaient; il éprouvait un malaise indéfinissable; les mugissements de l'ouragan qui troublaient seuls le morne silence de la nuit lui inspiraient une vague frayeur contre laquelle il voulait en vain se roidir. Pour se distraire de ses sombres pensées, il se mit à examiner les traits de Ferrand.

— Maintenant, — dit-il en se penchant vers lui, — ses paupières s'injectent. On dirait que son sang calciné y afflue et s'y concentre. L'organe de la vue va, comme tout à l'heure celui de l'ouïe, offrir sans doute quelque phénomène extraordinaire... Quelles souffrances !... comme elles durent !... comme elles sont variées !... Oh ! — ajouta-t-il avec un rire amer, — quand la nature se mêle d'être cruelle et de jouer le rôle de tourmenteur, elle défie les plus féroces combinaisons des hommes. Ainsi, dans cette maladie causée par une frénésie érotique, elle soumet chaque sens à des tortures inouïes, surhumaines. Elle enveloppe la sensibilité de chaque organe jusqu'à l'idéal pour que l'atrocité des douleurs soit idéale aussi.

Après avoir contemplé les traits de son complice, il tressaillit de dégoût, se recula et dit :

— Ah ! ce masque est affreux. Ces frémissements rapides qui le parcourent et le rident parfois le rendent effrayant.

Au dehors, l'ouragan redoublait de furie...

— Quel orage ! — reprit Polidori en tombant assis dans un fauteuil et en appuyant son front dans ses mains. — Quelle nuit ! quelle nuit ! Il ne peut y en avoir de plus funeste pour l'état de Jacques.

Après un long silence, il reprit :

— Je ne sais si le prince, instruit de l'infernale puissance des séductions de Cecily et de la fougue des sens de Jacques, a prévu que chez un homme d'une trempe si énergique, d'une organisation si vigoureuse, l'ardeur d'une passion brûlante et inassouvie, compliquée d'une sorte de rage cupide, développerait l'effroyable névrose dont Jacques est victime... mais cette conséquence était normale, forcée... Quel contraste étrange dans cet homme assez tendrement charitable pour imaginer la banque des *travailleurs sans ouvrage*, assez féroce pour arracher Jacques à la mort afin de le livrer à toutes les furies vengeresses de la luxure... Rien d'ailleurs de plus orthodoxe, — ajouta Polidori avec une sombre ironie. — Parmi les peintures que Michel-Ange a faites des sept péchés capitaux dans son *Jugement dernier* de la chapelle Sixtine, j'ai vu la punition terrifiante dont il frappe la luxure [1] ; mais les masques hideux, convulsifs, de ces damnés de la chair qui se tordaient sous la morsure aiguë des serpents, étaient moins effrayants que la face de Jacques pendant son accès de tout à l'heure... il m'a fait peur !

Et Polidori frissonna comme s'il avait encore devant les yeux cette vision formidable.

— Oh ! oui, — reprit-il avec un abattement rempli de frayeur, — le prince est impitoyable. Mieux vaudrait mille fois, pour Ferrand, avoir porté sa tête sur l'échafaud ; mieux vaudrait le feu, la roue, le plomb qui brûle et troue les membres, que le supplice que ce misérable endure. A force de le voir souffrir, je finis par m'épouvanter pour mon propre sort... Que va-t-on décider de moi ? que me réserve-t-on, à moi le complice de Jacques ?... Être son geôlier ne peut suffire à la vengeance du prince... il ne m'a pas fait grâce de l'échafaud... pour me laisser vivre. Peut-être une prison éternelle m'attend-elle en Allemagne... Mieux encore vaudrait cela que la mort... Pourtant, je le sais, la parole du prince est sacrée... mais moi qui ai tant de fois violé les lois divines et humaines, pourrais-je invoquer la promesse jurée ? Il n'importe !... De même qu'il était de mon intérêt que Jacques ne s'échappât pas, il serait aussi de mon intérêt de prolonger ses jours... Mais à chaque instant les symptômes de sa maladie s'aggravent... il faudrait presque un miracle pour le sauver... Que faire ? que faire ?...

A ce moment, la tempête était dans toute sa fureur ; une cheminée presque croulante de vétusté, renversée par la violence du vent, tomba sur le toit et dans la cour avec le fracas retentissant de la foudre. Jacques Ferrand, brusquement arraché à sa torpeur somnolente, fit un mouvement sur son lit.

Polidori se sentit de plus en plus sous l'obsession de la vague terreur qui le dominait.

— C'est une sottise de croire aux pressentiments, — dit-il d'une voix troublée, — mais cette nuit me semble devoir être sinistre...

Un sourd gémissement du notaire attira l'attention de Polidori.

— Il sort de sa torpeur... — se dit-il en se rapprochant lentement du lit ; — peut-être va-t-il tomber dans une nouvelle crise...

— Polidori... — murmura Jacques Ferrand toujours étendu sur son lit et tenant ses yeux fermés. — Polidori... quel est ce bruit ?...

— Une cheminée qui s'écroule... — répondit Polidori à voix basse, craignant de frapper trop vivement l'ouïe de son complice ; — un affreux ouragan ébranle la maison jusque dans ses fondements... la nuit est horrible.

---

[1] « Emporté par son sujet, l'imagination égarée par huit ans de méditations continues sur un jour si horrible pour un croyant, Michel-Ange, élevé à la dignité de prédicateur, et ne songeant plus qu'à son salut, a voulu punir de la manière la plus frappante le vice alors le plus à la mode. L'horreur de ce supplice me semble arriver au vrai sublime du genre.» (Stendhal, *Histoire de la peinture en Italie*, p. 354.)

Le notaire ne l'entendit pas, et reprit en tournant à demi la tête :

— Polidori, tu n'es donc pas là?

— Si... si... je suis là, — dit Polidori d'une voix plus haute, — mais je t'ai répondu doucement de peur de te causer, comme tout à l'heure, de nouvelles douleurs en parlant haut...

— Non... maintenant ta voix arrive à mon oreille... sans me faire éprouver ces atroces douleurs de tantôt... car il me semblait au moindre bruit que la foudre éclatait dans mon crâne... et pourtant... au milieu de ce fracas, de ces souffrances sans nom, je distinguais la voix passionnée de Cecily qui m'appelait...

— Toujours... cette femme infernale... toujours... Mais chasse donc ces pensées !... elles te tueront.

— Ces pensées sont ma vie... comme ma vie, elles résistent à mes tortures.

— Mais, insensé que tu es, ce sont ces pensées seules qui causent tes tortures, te dis-je ! Ta maladie n'est autre chose que ta frénésie sensuelle arrivée à sa dernière exaspération... Encore une fois, chasse de ton cerveau ces images mortellement lascives, ou tu périras...

— Chasser ces images ! — s'écria Jacques Ferrand avec exaltation, — oh ! jamais, jamais !... Toute ma crainte est que ma pensée s'épuise à les évoquer. Mais, par l'enfer ! elle ne s'épuise pas... Plus cet ardent mirage m'apparait, plus il ressemble à la réalité... Dès que la douleur me laisse un moment de repos... dès que je puis lier deux idées, Cecily, ce démon que je chéris et que je maudis, surgit à mes yeux...

— Quelle fureur indomptable !... Il m'épouvante.

— Tiens... maintenant... — dit le notaire d'une voix stridente et les yeux obstinément attachés sur un point obscur de son alcôve, je vois déjà... comme une forme indécise et blanche se dessiner... là... là.

Et il étendait son doigt velu et décharné dans la direction de sa vision.

— Tais-toi... malheureux !...

— Ah !... la voilà.

— Jacques... c'est la mort.

— Oh ! je la vois, — ajouta Ferrand les dents serrées, sans répondre à Polidori ; — la voilà ! qu'elle est belle !... Comme ses cheveux noirs flottent en désordre sur ses épaules !... Et ses petites dents qu'on aperçoit entre ses lèvres entr'ouvertes... ses lèvres si rouges et si humides !

quelles perles !... Oh !... ses grands yeux semblent tour à tour étinceler et mourir... Cecily ! — ajouta-t-il avec une exaltation inexprimable, — Cecily ! je t'adore !... Oh !... la damnation éternelle ! et la voir ainsi pendant l'éternité !...

— Jacques, n'excite pas ta vue sur ces fantômes...

— Ce n'est pas un fantôme...

— Prends garde... tout à l'heure... tu sais... tu te figurais aussi entendre les chants voluptueux de cette femme, et ton ouïe a été tout à coup frappée d'une douleur effroyable... Prends garde !

— Laisse-moi... laisse-moi !... A quoi bon l'ouïe, sinon pour l'entendre?... la vue, sinon pour la voir?...

— Mais les tortures qui s'ensuivent, misérable fou !...

— Je puis braver des tortures pour un mirage !... j'ai bravé la mort pour une réalité... Que m'importe, d'ailleurs? Cette ardente image est pour moi la réalité... Oh ! Cecily, es-tu belle !... Tu le sais bien, monstre, que tu es enivrante !... A quoi bon cette coquetterie infernale qui m'embrase encore?... Oh ! l'exécrable furie !... tu veux donc que je meure?... Cesse... cesse... ou je t'étrangle !... — s'écria le notaire en délire.

— Mais tu te tues, misérable ! — s'écria Polidori en secouant rudement le notaire pour l'arracher à son extase.

Efforts inutiles !... Jacques continua avec une nouvelle exaltation :

— O reine chérie... démon de volupté ! jamais je n'ai vu...

— Le notaire n'acheva pas. Il poussa un brusque cri de douleur en se rejetant en arrière.

— Qu'as-tu? — lui demanda Polidori avec étonnement.

— Éteins cette lumière, son éclat devient trop vif... je ne puis le supporter, il me blesse.

— Comment? — dit Polidori de plus en plus surpris, — il n'y a qu'une lampe recouverte de son abat-jour, et sa lueur est très-faible...

— Je te dis que la clarté augmente ici. Tiens... encore... encore... oh ! c'est trop... cela devient intolérable, — ajouta Jacques Ferrand en fermant les yeux avec une expression de souffrance croissante.

— Tu es fou, cette chambre est à peine éclairée, te dis-je ; je viens, au contraire, d'abaisser la lampe ; ouvre les yeux... tu verras.

— Ouvrir les yeux!... mais je serais aveuglé par les torrents de clarté flamboyante dont cette pièce est de plus en plus inondée... Ici... là... partout... ce sont des gerbes de feu... des milliers d'étincelles éblouissantes!... — s'écria le notaire en se levant sur son séant.

Puis, poussant un nouveau cri de douleur atroce, il porta les deux mains sur ses yeux :

— Mais je suis aveuglé... cette lumière torride traverse mes paupières fermées... elle me brûle... elle me dévore... Ah! maintenant mes mains me garantissent un peu!... Mais éteins cette lampe, elle jette une flamme infernale!...

— Plus de doute... — dit Polidori; — sa vue est frappée de l'exorbitante sensibilité dont son ouïe avait été frappée tout à l'heure; puis une crise d'hallucination... il est perdu... Le saigner de nouveau dans cet état serait mortel... il est perdu...

Un nouveau cri aigu, terrible, de Jacques Ferrand, retentit dans la chambre :

— Bourreau! éteins donc cette lampe!... son éclat embrasé pénètre à travers mes mains qu'il rend transparentes... Je vois le sang circuler dans le réseau de mes veines. J'ai beau clore mes paupières de toutes mes forces, cette lave ardente s'y infiltre... Oh! quelle torture!... ce sont des élancements éblouissants comme si on m'enfonçait au fond des orbites un fer aigu chauffé à blanc... Au secours! mon Dieu! au secours!... — s'écria-t-il en se tordant sur son lit, en proie à d'horribles convulsions de douleur.

Polidori, effrayé de la violence de cet accès, éteignit brusquement la lumière. Et tous deux se trouvèrent dans une obscurité profonde.

A ce moment, on entendit le bruit d'une voiture à la porte de la rue...

Lorsque les ténèbres eurent envahi la chambre où il se trouvait avec Polidori, les douleurs aiguës de Jacques Ferrand cessèrent peu à peu.

— Pourquoi as-tu tant voulu à éteindre cette lampe? dit Jacques Ferrand. — Était-ce pour me faire endurer les tourments de l'enfer? Oh! que j'ai souffert... mon Dieu! que j'ai souffert!...

— Je te l'avais dit : Dès que le souvenir de cette femme excitera l'un de tes sens... presque à l'instant ce sens sera frappé par un de ces terribles phénomènes qui déconcertent la science, et que les croyants pourraient prendre pour une terrible punition de Dieu.

— Ne me parle pas de Dieu!... — s'écria le monstre en grinçant les dents.

— Je t'en parlais... pour mémoire... mais puisque tu tiens à ta vie, si misérable qu'elle soit... songe bien, je te le répète, que tu seras emporté pendant une de ces crises furieuses, si tu les provoques encore...

— Je tiens à la vie... parce que le souvenir de Cecily est toute ma vie...

— Mais ce souvenir te tue, t'épuise, te consume!

— Je ne puis ni ne veux m'y soustraire... Je suis incarné à Cecily comme le sang l'est au corps. Cet homme m'a pris toute ma fortune... il n'a pu me ravir l'ardente et impérissable image de cette enchanteresse... Cette image est à moi; à toute heure elle est là comme mon esclave... elle dit ce que je veux... elle me regarde comme je veux... elle m'adore comme je veux! — s'écria le notaire dans un nouvel accès de passion frénétique.

— Jacques... ne t'exalte pas... souviens-toi de la crise de tout à l'heure.

Le notaire n'entendit pas son complice, qui prévit une nouvelle hallucination. En effet, Jacques Ferrand reprit en poussant un éclat de rire convulsif :

— M'enlever Cecily! Mais ils ne savent donc pas qu'on arrive à l'impossible en concentrant la puissance de toutes ses facultés sur un objet? Je... vais monter dans la chambre de Cecily, où je n'ai pas osé aller depuis son départ... Oh! voir, toucher les vêtements qui lui ont appartenu... la glace devant laquelle elle s'habillait... ce sera la voir elle-même!... Oui, en attachant énergiquement mes yeux sur cette glace... bientôt j'y verrai apparaître Cecily : ce ne sera pas une illusion, un mirage; ce sera bien elle, je la trouverai là... comme la statuaire trouve la statue dans le bloc de marbre... Mais, par tous les feux de l'enfer, dont je brûle, ce ne sera pas une pâle et froide Galatée...

— Où vas-tu?... — dit tout d'un coup Polidori en entendant Jacques Ferrand se lever, car l'obscurité la plus profonde régnait toujours dans cette pièce.

— Je vais trouver Cecily...

— Tu n'iras pas... l'aspect de cette chambre te tuerait.

— Cecily m'attend là-haut.

— Tu n'iras pas; je te tiens, je ne te lâche pas, — dit Polidori en saisissant le notaire par le bras.

Jacques Ferrand, arrivé au dernier degré de l'épuisement, ne pouvait lutter contre Polidori, qui l'étreignait d'une main vigoureuse.

—Tu veux m'empêcher d'aller trouver Cecily?

—Oui... et d'ailleurs... il y a une lampe allumée dans la salle voisine ; tu sais quel effet la lumière a tout à l'heure produit sur ta vue?

—Cecily est en haut... elle m'attend... je traverserais une fournaise ardente pour aller la rejoindre... Laisse-moi... elle m'a dit que j'étais son vieux tigre... Prends-garde !... mes griffes sont tranchantes.

(La suite au prochain numéro.)

COMMENT ON AIME

YORICK

(SUITE)

—Parbleu ! il faut prendre un remise, mon cher ; l'omnibus, fi donc !

—Bah ! on n'y rencontre pas plus de ridicules qu'ailleurs.

Nestor ne parut pas songer à s'appliquer le mot.

Le véhicule public parut. Il était cette fois plus que complet : il y avait des voyageurs en contravention sur le marchepied. Pour le coup, Yorick faillit jurer, mais il réfléchit que cela ne changerait rien à sa situation et il contint son désappointement.

—En vérité, je vais prendre racine où je suis, dit-il. Ah! mon cher Nestor, mets-moi sous cloche, tu me feras plaisir.

Nestor trouva le mot gai.

—Écoute, dit-il, si tu veux, je te présente dans cette maison chez un mien oncle, excellent homme dont l'accueil est tout à fait cordial. Ses salons sont splendides, ses soirées du meilleur goût : orchestre dirigé par Strauss, souper servi par Potel et Chabot, toilettes éblouissantes, femmes jolies à damner un saint. Voilà !

—Diable ! c'est tentant !

—Tu acceptes, alors ?

—A l'unanimité !

Disant cela, Yorick remarquait pour la première fois — tant son désir de monter en omnibus l'avait distrait — qu'il s'était réfugié sous le vestibule d'un hôtel brillamment éclairé. Au même instant, trois ou quatre équipages se présentaient à la file, laissant entrevoir, à travers les glaces levées, des reflets lumineux de soie, de velours, de martre zibeline, de fleurs et de diamants.

Nestor prit le bras de Yorick, et tous deux se dirigèrent vers l'escalier.

C'était un assez joli blond, ce Nestor, mais l'aspect de sa personne n'avait rien de viril et semblait singulièrement fade.

Sa chevelure, qui tirait sur le jaune, était frisée à l'excès ; ses yeux, d'un bleu faïence exagéré, avaient une monotonie de regard qui exhalait l'ennui ; son teint blanc réflétait, sans aucune modération, l'éclat du coldcream et de la poudre de riz ; sa taille, aussi mince que celle d'une jeune fille, paraissait brisée comme sous l'étreinte d'un corset ; sa mise, d'une mode irréprochable, mais trop agrémentée de bijoux, rappelait la vitrine d'un joaillier ; en un mot, il offrait dans son ensemble un air de gravure de mode qui provoquait plus d'un sourire ironique partout où il étalait son luxe et sa distinction.

Il ne s'en croyait pas moins adoré de toutes les femmes et se flattait de rencontrer rarement une cruelle.

En réalité, ses nombreuses conquêtes se réduisaient à un certain nombre de Lucrèces interlopes, qui avaient été captivées autant par l'élégance de son coupé que par le charme irrésistible de son radieux individu. Nestor, d'ailleurs, était bon diable au fond, fort obligeant et très-dévoué. Sa bourse et son cœur étaient ouverts à ses amis, mais plus particulièrement à ceux qui vantaient son esprit et ses allures de don Juan.

En montant l'escalier, il donna quelques renseignements à Yorick sur les personnes auxquelles il allait le présenter. Il lui raconta que son oncle avait longtemps habité Rio-Janeiro comme négociant, qu'il en était revenu avec une fortune considérable et une fille très-jolie, mais d'une santé délicate et d'une tristesse inconcevable. Voyages, bals, théâtres, tout avait été employé pour dissiper sa mélancolie, mais sans succès.

— C'est égal! ajouta-t-il en frisant sa moustache en pointe, ma cousine est ravissante; il y a en elle une douceur angélique qui séduit; et, palsambleu! si je n'étais tiraillé par une demi-douzaine de passions romanesques, je songerais sérieusement à lui faire la cour.

— Une de plus, une de moins, quand on a comme toi le cœur déjà disputé par plusieurs amours.

— Sans doute, j'y réfléchirai.

— N'a-t-on pu découvrir la cause de la mélancolie de ta cousine? reprit Yorick qui ressentit pour l'inconnue un intérêt soudain.

— Peuh! les médecins n'y comprennent pas grand'chose, ou ne veulent pas dire ce qu'ils pensent à la famille. Mais ils paraissent craindre qu'elle ne puisse vivre longtemps. Son père s'efforce de la distraire et n'y peut parvenir à son gré. Entre nous, moi, je soupçonne fort...

— Qu'elle est éprise de toi, peut-être?

— Pas absolument!... mais enfin... il se pourrait bien qu'elle eût entendu parler de mes folies...

— Et que cela ne fût pas étranger à la cause de sa tristesse?

— Dame! j'en ai peur. Il faut te dire que son père a maintes fois devant elle fait allusion à la possibilité d'un mariage entre nous. Mais je suis encore un peu jeune pour songer à me lier par des nœuds indissolubles... A vingt-trois ans!...

— Oh! oh! qui en valent bien vingt-cinq, si j'ai bonne mémoire.

— Non pas, morbleu! non pas!

— Au collège, j'étais d'une année plus jeune que toi.

— Au collège, c'est possible! Mais depuis...

— Depuis je suis devenu ton aîné, à ce qu'il paraît?

Nestor fit une grimace.

— Toujours plaisant! répliqua-t-il en esquivant le sujet. Eh! mais, mon ami, toi qui es si gai, si rieur, tu devrais bien trouver le moyen d'animer notre mélancolique Galatée.

— Il me faudrait pour cela dérober le feu du ciel, répondit Yorick en hochant la tête, et nous n'avons pas même le plus petit chemin de fer de la terre au soleil.

Comme il lançait cette saillie, les deux jeunes gens entraient dans un vaste et superbe appartement où circulait déjà une foule brillante et pleine d'animation.

Nestor présenta Yorick à son oncle, puis le conduisit vers une jeune personne qui accueillait avec une douce indifférence les invitations de cavaliers nombreux, ainsi que les gais propos d'un charmant essaim de jeunes filles dont elle semblait être la reine par la beauté.

A peine Yorick l'eut-il aperçue qu'il demeura saisi de surprise et que son cœur battit à se rompre.

— Nathalie Rozier! murmura-t-il.

Nestor remarqua son trouble.

— Qu'est-ce que tu as donc? lui demanda-t-il. Tu as l'air stupéfait.

— J'ai l'air de ce que je suis! Je connais ta cousine, mon cher; je l'ai vue et revue, et je ne saurais te dire toute la joie que j'éprouve à la revoir encore, car elle est vraiment angélique, comme tu le disais si bien!

— Où donc t'est-elle apparue, cette jeune enchanteresse?

— A la fenêtre d'une misérable mansarde, comme une miniature dans un vieux cadre de bois.

— Es-tu fou?

— Pas pour le moment. Elle visitait une pauvre vieille qui avait eu le bonheur d'être renversée par sa calèche. C'est la charité même que cette jeune fille-là.

— Ma cousine est en effet très-charitable! dit Nestor en souriant. Mais, vertubleu! mon cher, comme tu t'animes! Serais-tu déjà mon rival?

Yorick regarda son ami d'un air comique et prit ensuite une attitude théâtrale.

— Rival terrible, don Juan! répliqua-t-il; je n'ai aimé qu'une femme dans ma vie. Un sot, qui avait équipage, me l'a enlevée... Il a bien fait!

Il lança ce mot avec un geste magnifique de dédain.

— Je vois que tu es un philosophe, dit Nestor.

— Je le suis toujours, quand je ne puis pas faire autrement.

Comme Yorick répliquait de la sorte, Nestor remarquait que sa cousine était moins assaillie qu'elle ne l'avait été jusque-là. Il s'empressa de lui présenter son compagnon.

— Prenez garde à votre gravité, Nathalie, dit-il ; elle court de grands risques, je vous en avertis.

La jeune fille inclina la tête avec une grâce mélancolique, et ses yeux noirs se fixèrent sur Yorick, qu'elle crut reconnaître, sans pouvoir préciser dans son esprit l'endroit où elle l'avait vu.

— Mon ami Nestor me flatte, mademoiselle, répliqua Yorick qui résolut de débuter par une bouffonnerie afin de juger tout de suite, à ses risques et périls, jusqu'à quel point de gravité allait le spleen de la belle enfant ; je n'ai jamais fait rire franchement qu'une seule personne, mais une personne qui ne se déridait pas aisément.

— Qui donc ? demanda Nestor.

— Le grand Théodoros, empereur d'Abyssinie, repartit Yorick avec aplomb.

— Le grand Théodoros ?

— Oui, le despote africain qui a demandé la reine d'Angleterre en mariage.

— Quelle folie !

— C'est très-sérieux. Après la démarche hardie tentée par son ambassadeur auprès de la reine Victoria, je lui écrivis pour lui proposer une magnifique affaire, une affaire d'or. Je le priais avec la plus vive instance de se rendre à Londres, où je comptais fonder un vaste établissement. Je lui offrais une place au comptoir avec cent mille francs d'appointements par mois ; mais ce César inintelligent n'a pas compris mon idée sublime. Il s'est mis à rire, m'a-t-on affirmé, et il m'a fait répondre que, si je voulais lui envoyer ma tête, il me la payerait très-cher, vu que je devais avoir une tête bien agréable à scalper.

Cette bouffonnerie égaya plusieurs personnes qui l'avaient entendue. Nathalie parut étonnée d'abord, puis elle sourit vaguement avec une ineffable douceur.

Yorick promena sur les rieurs un regard ébahi.

— Eh quoi ! reprit-il, voilà qu'on imite ici le grand Théodoros ! Cela me surprend, car je ne vois pas ce qu'il y a de si récréatif dans le désir féroce qu'a pu avoir un nègre de me scalper l'occiput. Passe encore si j'en avais un de rechange ! Mais non ! ma tête est unique, et je jure que je n'en ai pas deux.

Les rires redoublèrent, surtout quand on sut que Yorick était là : Yorick était connu de bien des gens. Surexcitée sans doute par cette soudaine hilarité, Nathalie exhala tout à coup un petit murmure perlé comme une cadence de rossignol. Elle demeura toute surprise elle-même, car, en réalité, elle ne riait presque jamais. Deux personnes avaient saisi au passage cette note argentine, c'étaient Nestor et M. Rozier. M. Rozier en ressentit une joyeuse stupéfaction. Nestor, lui, bondit d'étonnement.

— Bravo, cousine ! s'écria-t-il ; je vous l'avais bien prédit que ce fou de Yorick vous ferait sortir de votre sérieux habituel.

Yorick commençait à se réjouir de la gaieté qu'il provoquait. Il contint son accès de bonne humeur.

— Fou ! dit-il ; qui me juge ainsi ?

— Parbleu ! c'est moi, répondit Nestor.

— Toi, mon cher ami ?... Ah ! que tu me connais bien ! Nos deux esprits sont faits pour se comprendre à merveille : nous nous ressemblons si parfaitement ! Touche là.

— Volontiers, répondit Nestor en lui présentant cette fois le bout de son index.

Avec cet-à-propos qui lui manquait rarement, Yorick contempla le doigt qui lui était tendu.

— Il est charmant, dit-il, et je le trouve modelé à ravir. J'admire surtout le camée qui en rehausse encore la perfection.

En ce moment, le prélude d'un quadrille retentissait dans le salon.

— Mais, reprit Yorick avec une railleuse politesse, je n'ai pas pour habitude de faire danser les hommes, si aimables et si gracieux qu'ils soient. Souffre donc, mon cher Nestor, que je prenne, de préférence à ton superbe index, la main de quelque jeune personne assez charitable pour me faire l'aumône d'un quadrille.

Et, s'adressant à Nathalie avec un accent expressif :

— Si les fous de ma nature ne vous font pas trop peur, mademoiselle, dit-il, accordez-moi, je vous supplie, l'insigne faveur de danser avec vous.

— Hélas ! je suis engagée, monsieur, répondit-elle avec une grâce exquise. Je regrette bien...

Avant qu'elle eût terminé sa phrase, M. Rozier s'était avancé et l'avait interrompue avec vivacité.

— Avec qui danses-tu, mon enfant ? lui demanda-t-il.

Nathalie essaya vainement de se rappeler.

— Je ne m'en souviens plus, répondit-elle d'un air réfléchi.

— Ton danseur devrait s'être présenté déjà ; tant pis pour lui ! Fais-moi le plaisir d'accepter M. Yorick pour cavalier.

— Je t'obéis, mon père, répondit la jeune fille en se levant aussitôt.

Elle offrit à Yorick sa petite main mignonne et ravissante sous le gant. Puis tous deux prirent place dans un quadrille, à la grande satisfaction de M. Rozier.

Yorick n'eut pas besoin d'un grand effort de perspicacité pour comprendre que, ayant été assez heureux pour éveiller le rire sur les lèvres si fatalement sérieuses de Nathalie, M. Rozier en avait ressenti une joie extrême ; la sollicitude paternelle avait eu hâte de lui donner un témoignage de reconnaissance. Il y avait quelque chose de touchant dans ce remerciement ingénieux d'un père idolâtre de son enfant, et Yorick se promit de faire tous ses efforts pour ramener encore de vives clartés sur le beau front de la jeune fille. Il ne réussit guère ; Nathalie souriait souvent à ses saillies, mais c'était le sourire indifférent et machinal qu'elle avait pour tout le monde, et qui était plutôt un effort de politesse qu'un reflet de satisfaction intérieure. Une fois encore, cependant, elle fit entendre cette petite cadence argentine qui avait si fort surpris et réjoui M. Rozier. Yorick lui racontait comment il l'avait déjà vue de sa fenêtre, et, avec cette gravité à la fois bouffonne et sentimentale qu'il savait si bien tenir :

— Ah ! mademoiselle, dit-il, vous m'avez fait un grand chagrin ce jour-là.

— Moi, monsieur?

— Sans doute.

— Quel chagrin ?

— Vous êtes montée en calèche ; je me suis mis devant vos chevaux, et vous êtes partie sans faire attention au pauvre piéton qui vous suppliait de lui accorder une grâce.

— Laquelle?

— Vous qui êtes si bonne pour ceux qui souffrent, ne devinez-vous pas ?

— En vérité, non.

— Il vous eût été si facile...

— Eh bien ?

— De donner à votre cocher l'ordre...

— Achevez.

— De m'écraser aussi un peu ; cela m'eût fait tant de plaisir!

Nathalie regarda Yorick avec de grands yeux stupéfaits, puis elle jeta à l'écho du salon son rire perlé. Yorick faillit sauter de joie ; il fut saisi d'une hilarité inextinguible. Tout le quadrille dirigea son attention sur les deux jeunes gens, et l'on s'entretint malicieusement de l'influence tout exceptionnelle que notre original exerçait sur l'esprit splénétique de mademoiselle Rozier.

M. Rozier, lui, était au comble de l'allégresse. De près ou de loin, il suivait toujours son enfant avec une extrême sollicitude de regard et d'âme. La voyant rire pour la seconde fois dans cette soirée, il s'élança vers Yorick et lui saisit affectueusement les mains.

— Bravo, mon ami, lui dit-il, bravissimo! vous avez un entrain qui me plaît fort. Désormais, j'y compte bien, vous serez des nôtres ; promettez-le-moi tout de suite ; autrement je me verrais dans l'obligation de vous empêcher de sortir de mon hôtel.

— Prenez garde ! repartit Yorick ; j'ai bien envie de ne vous rien promettre du tout, pour avoir le malheur d'être tenu aux arrêts forcés ici.

— Vous êtes un charmant jeune homme, monsieur, aussi plein de cœur que d'esprit! Je suis vraiment ravi de vous connaître.

Puis, se tournant vers sa fille :

— Ma chère Nathalie, ajouta-t-il, je suis très-content de toi ; tu as les yeux plus brillants, les joues plus roses, l'allure plus vive qu'à l'ordinaire ; en un mot, tu es tout à fait belle ainsi. Il paraît que ton cavalier est bien amusant ; tant mieux ! J'aime les boute-en-train, surtout quand ils parviennent à te dérider un peu, mon enfant.

— Excellent père ! murmura la jeune fille en l'embrassant avec une grâce adorable.

La contredanse venait de finir, Yorick reconduisit mademoiselle Rozier à sa place ; il dansa avec elle plusieurs fois encore, et trouva d'heureuses saillies qui obtinrent un succès merveilleux. Il y a en nous une puissance magnétique, incontestable, qui trouve toujours à s'exercer dans le cours de notre vie. Cette puissance est arbitraire, elle agit sur celui-ci et reste souvent sans effet sur celui-là. Vouloir raisonner cette influence serait ambitieux et inutile. Toutefois on peut supposer qu'elle est semblable à cette loi merveilleuse de l'attraction, grâce à laquelle les mondes sont attirés et groupés entre eux d'une si mystérieuse façon.

La suite au prochain numéro.

Le propriétaire-gérant : F. ROY.

LES MYSTERES DE PARIS

La vie du monstre s'éteignait au milieu d'une dernière et horrible vision. (Page 212.)

— Tu ne sortiras pas... je t'attacherai plutôt sur ton lit comme un fou furieux.

— Polidori, écoute, je ne suis pas fou, j'ai toute ma raison, je sais bien que Cecily n'est pas matériellement là-haut... mais, pour moi, les fantômes de mon imagination valent des réalités...

— Silence!... — s'écria tout à coup Polidori en prêtant l'oreille ; — tout à l'heure j'avais cru entendre une voiture s'arrêter à la porte... je ne m'étais pas trompé... j'entends maintenant un bruit de voix dans la cour...

— Tu veux me distraire de ma pensée... le piége est grossier.

— J'entends parler, te dis-je, et je crois reconnaître...

— Tu veux m'abuser, — dit Jacques Ferrand interrompant Polidori ; — je ne suis pas ta dupe...

— Mais, misérable... écoute donc... écoute, tiens ! n'entends-tu pas ?...

— Laisse-moi, Cecily est là-haut ; elle m'appelle... ne me mets pas en fureur... A mon tour je te dis : Prends garde... entends-tu ? prends garde !...

— Tu ne sortiras pas...

— Prends garde !...

— Tu ne sortiras pas d'ici ; mon intérêt veut que tu restes...

— Tu m'empêches d'aller retrouver Cecily, mon intérêt veut que tu meures... Tiens donc ! — dit le notaire d'une voix sourde...

Polidori poussa un cri.

— Scélérat ! tu m'as frappé au bras ; mais la main était mal affermie ; la blessure est légère, tu ne m'échapperas pas...

— Ta blessure est mortelle... c'est le stylet empoisonné de Cecily qui t'a frappé ; je le portais toujours sur moi ; attends l'effet du poison... Ah ! tu me lâches ! enfin tu vas mourir !... Il ne fallait pas m'empêcher d'aller là-haut retrouver Cecily... — ajouta Jacques Ferrand en cherchant à tâtons dans l'obscurité à ouvrir la porte.

— Oh !... — murmura Polidori, — mon bras s'engourdit... un froid mortel me saisit... mes genoux tremblent sous moi... mon sang se fige dans mes veines... un vertige me saisit... Au secours !... — cria le complice de Jacques Ferrand en rassemblant ses forces dans un dernier cri ; — au secours !... je meurs !!!

Et il s'affaissa sur lui-même.

Le fracas d'une porte vitrée, ouverte avec tant de violence que plusieurs carreaux se brisèrent en éclats, la voix retentissante de Rodolphe, et un bruit de pas précipités, semblèrent répondre au cri d'angoisse de Polidori.

Jacques Ferrand, ayant enfin trouvé la serrure dans l'obscurité, ouvrit brusquement la porte de la pièce voisine et s'y précipita, son dangereux stylet à la main. Au même instant... menaçant et formidable comme le génie de la vengeance, le prince entrait dans cette pièce par le côté opposé.

— Monstre ! — s'écria-t-il en s'avançant vers Jacques Ferrand, — c'est ma fille que tu as tuée !... tu vas...

Le prince n'acheva pas ; il recula épouvanté.

On eût dit que ses paroles avaient foudroyé Jacques Ferrand... Jetant son stylet et portant ses deux mains à ses yeux, le misérable tomba la face contre terre en poussant un cri qui n'avait rien d'humain.

Par suite du phénomène dont nous avons parlé et dont une obscurité profonde avait suspendu l'action, lorsque Jacques Ferrand entra dans cette chambre vivement éclairée, il fut frappé d'éblouissements plus vertigineux, plus intolérables que s'il eût été jeté au milieu d'un torrent de lumière aussi incandescente que celle du disque du soleil. Et ce fut un épouvantable spectacle que l'agonie de cet homme qui se tordait dans d'épouvantables convulsions, éraillant le parquet avec ses ongles, comme s'il eût voulu se creuser un trou pour échapper aux tortures atroces que lui causait cette flamboyante clarté.

Rodolphe, un de ses gens et le portier de la maison, qui avait été forcé de conduire le prince jusqu'à la porte de cette pièce, restaient frappés d'horreur. Malgré sa juste haine, Rodolphe ressentit un mouvement de pitié pour les souffrances inouïes de Jacques Ferrand ; il ordonna de le porter sur un canapé. On y parvint non sans peine, car, de crainte de se trouver soumis à l'action directe de la lampe, le notaire se débattit violemment ; mais lorsqu'il eut la face inondée de lumière il poussa un nouveau cri... un cri qui glaça Rodolphe de terreur.

Après de nouvelles et longues tortures, le phénomène cessa par sa violence même. Ayant atteint les dernières limites du possible sans que la mort s'ensuivit, la douleur visuelle cessa... mais, suivant la marche normale de cette maladie, une hallucination délirante vint succéder à cette crise.

Tout à coup Jacques Ferrand se roidit comme un cataleptique ; ses paupières, jusqu'alors obstinément fermées, s'ouvrirent brusquement ; au lieu de fuir la lumière, ses yeux s'y attachèrent invinciblement ; ses prunelles, dans un état de dilatation et de fixité extraordinaires, semblaient phosphorescentes et intérieurement illuminées. Jacques Ferrand paraissait plongé dans une sorte de contemplation extatique ; son corps et ses membres restèrent d'abord dans une immobilité complète ; ses traits seuls furent incessamment agités par des tressaillements nerveux. Son hideux visage ainsi contracté, contourné, n'avait plus rien d'humain ; on eût dit que les appétits de la bête, en étouffant l'intelligence de l'homme, imprimaient à la physionomie de ce misérable un caractère absolument bestial. Arrivé à la période mortelle de son délire, à travers cette suprême hallucination, il se souvenait encore des paroles de Cecily, qui l'avait appelé son tigre; peu à peu sa raison s'égara; il s'imagina être un tigre. Ses paroles entrecoupées, haletantes, peignaient le désordre de son cerveau et l'étrange aberration qui s'en était emparée. Peu à peu ses membres, jusqu'alors roides et immobiles, se détendirent : un brusque mouvement le fit choir du canapé; il voulut se relever et marcher, mais, les forces lui manquant, il fut réduit, tantôt à ramper comme un reptile, tantôt à se traîner sur ses mains et sur ses genoux... allant, venant, deçà et delà, selon que ses visions le poussaient et le possédaient.

Tapi dans l'un des angles de la chambre, comme un tigre dans son repaire, ses cris rauques, furieux, ses grincements de dents, la torsion convulsive des muscles de son front et de sa face, son regard flamboyant lui donnaient parfois quelque vague et effrayante ressemblance avec cette bête féroce.

— Tigre... tigre... tigre que je suis! — disait-il d'une voix saccadée, en se ramassant sur lui-même; — oui, tigre... Que de sang !... Dans ma caverne... cadavres... déchirés !... La Goualeuse... le frère de cette veuve... un petit enfant... le fils de Louise... voilà des cadavres... ma tigresse Cecily prendra sa part...

Puis, regardant ses doigts décharnés, dont les ongles avaient démesurément poussé pendant sa maladie, il ajouta ces mots entrecoupés :

— Oh! mes ongles tranchants... tranchants et aigus... Un vieux tigre, moi, mais plus souple, plus fort, plus hardi... on n'oserait pas me disputer ma tigresse Cecily... Ah! elle appelle !... elle appelle ! — dit-il en avançant son monstrueux visage et prêtant l'oreille.

Après un moment de silence, il se tapit de nouveau le long du mur en disant :

— Non... j'avais cru l'entendre... elle n'est pas là... mais je la vois... Oh! toujours, toujours !... Oh! la voilà... Elle m'appelle, elle rugit, rugit là-bas... Me voilà... me voilà...

Et Jacques Ferrand se traîna vers le milieu de la chambre sur ses genoux et sur ses mains. Quoique ses forces fussent épuisées, de temps à autre il avançait par un soubresaut convulsif, puis il s'arrêtait semblant écouter attentivement.

— Où est-elle ?... où est-elle?... J'approche, elle s'éloigne... Ah! là-bas... oh!... elle m'attend... Va... va... mords le sable en poussant des rugissements plaintifs... Ah! ses grands yeux féroces... ils deviennent languissants, ils implorent... Cecily, ton vieux tigre est à toi! — s'écria-t-il.

Et d'un dernier élan il eut la force de se soulever et de se redresser sur ses genoux.

Mais tout à coup, se renversant en arrière avec épouvante, le corps affaissé sur ses talons, les cheveux hérissés, le regard effaré, la bouche contournée de terreur, les deux mains tendues en avant, il sembla lutter avec rage contre un objet invisible, prononçant des paroles sans suite et s'écriant d'une voix entrecoupée :

— Quelle morsure!... au secours!... nœuds glacés... mes bras brisés... je ne peux pas l'ôter... dents aiguës... Non, non, oh! pas les yeux... au secours !... un serpent noir... oh! sa tête plate... ses prunelles de feu... Il me regarde... c'est le démon... Ah!.. il me reconnaît... Jacques Ferrand... à l'église... saint homme... toujours à l'église... va-t-en... au signe de la croix... va-t-en...

Et le notaire se redressant un peu, s'appuyant d'une main sur le parquet, tâcha de l'autre de se signer...

Son front livide était inondé de sueur froide, ses yeux commençaient à perdre de leur transparence... ils devenaient ternes... glauques... Tous les symptômes d'une mort prochaine se manifestaient.

Rodolphe et les autres témoins de cette scène restaient immobiles et muets, comme s'ils eussent été sous l'obsession d'un rêve abominable.

— Ah!... — reprit Jacques Ferrand toujours à demi étendu sur le parquet et se soutenant d'une main, — le démon... disparu... je vais à l'église... je suis un saint homme... je prie... Hein? on ne le saura pas... tu crois? non, non, tentateur... bien sûr!... le secret?... Eh bien ! qu'elles viennent, ces femmes... toutes! oui, toutes... si on ne sait pas !

Et sur la hideuse physionomie de ce martyr damné de la luxure on put suivre les dernières convulsions de l'agonie sensuelle... les deux pieds dans la tombe que sa passion frénétique avait ouverte, obsédé par son fougueux délire, il évoquait encore des images d'une volupté mortelle.

— Ah!... — reprit-il d'une voix haletante, — ces femmes... ces femmes!... Mais le secret!... Je suis un saint homme!... Le secret!... Ah! les voilà!.. trois... Elles sont trois!... Que dit celle-ci?... Je suis Louise Morel... Ah!... oui, Louise Morel... je sais. Je ne suis qu'une fille du peuple. Vois, Jacques, quelle forêt de cheveux bruns se déploie sur mes épaules!... Tu trouvais mon visage beau... Tiens... prends... garde-le... Que me donne-t-elle? Sa tête... coupée... par le bourreau... Cette tête morte, elle me regarde... Cette tête morte, elle me parle... Ses lèvres violettes, elles remuent... *Viens! viens! viens!*... Comme Cecily... non, je ne veux pas... je ne veux pas... démon... laisse-moi... va-t'en!... va-t'en!... Et cette autre femme!... oh! belle! belle! Jacques... je suis la duchesse... de Lucenay... Vois ma taille de déesse... mon sourire... mes yeux effrontés... Viens! viens! Oui, je viens... mais attends!... Et celle-ci... qui retourne son visage!... Oh! Cecily!... Cecily!... Oui... Jacques... je suis Cecily... Tu vois les trois Grâces... Louise... la duchesse et moi... choisis... Beauté du peuple... beauté patricienne... beauté sauvage des tropiques... L'enfer avec nous... Viens! viens!... — L'enfer avec vous!... Oui!— s'écria Jacques Ferrand en se soulevant sur ses genoux et en étendant ses bras pour saisir ces fantômes.

Ce dernier élan convulsif fut suivi d'une commotion mortelle. Il retomba aussitôt en arrière, roide et inanimé; ses yeux semblaient sortir de leur orbite; d'atroces convulsions imprimaient à ses traits des contorsions surnaturelles, pareilles à celles que la pile voltaïque arrache au visage des cadavres; une écume sanglante inondait ses lèvres; sa voix était sifflante, étranglée comme celle d'un hydrophobe, car dans son dernier paroxysme cette maladie épouvantable... épouvantable punition de la luxure, offre les mêmes symptômes que la rage. La vie du monstre s'éteignit au milieu d'une dernière et horrible vision, car il balbutia ces mots:

— Nuit noire... noire!... spectres... squelettes d'airain rougi au feu... m'enlacent... leurs doigts brûlants... ma chair fume... ma moelle se calcine... spectre acharné... non!... non!... Cecily!... le feu... Cecily!...

Tels furent les derniers mots de Jacques Ferrand... Rodolphe sortit épouvanté.

CHAPITRE X

L'HOSPICE [1]

On se souvient que Fleur-de-Marie, sauvée par la Louve, avait été transportée, non loin de l'île du Ravageur, dans la maison de campagne du docteur Griffon, l'un des médecins de l'hospice civil où nous conduirons le lecteur. Ce savant docteur, qui avait obtenu, par de hautes protections, un *service* dans cet hôpital, regardait ses salles comme une espèce de lieu d'essai où il expérimentait sur les pauvres les traitements qu'il appliquait ensuite à ses riches clients, ne hasardant jamais sur ceux-ci un nouveau moyen curatif avant d'en avoir ainsi plusieurs fois tenté et répété l'application *in anima vili*, comme il le disait avec cette sorte de barbarie naïve où peut conduire la passion aveugle de l'art, et surtout l'habitude et la puissance d'exercer sans crainte et sans contrôle, sur une créature de Dieu, toutes les capricieuses tentatives, toutes les savantes fantaisies d'un esprit inventeur. Ainsi, par exemple, le docteur voulait-il s'assurer de l'effet comparatif d'une médication nouvelle assez hasardée, afin de pouvoir déduire des conséquences favorables à tel ou tel système : il prenait un certain nombre de malades... traitait ceux-ci selon la nouvelle méthode... ceux-là par l'ancienne... dans quelques circonstances abandonnait les autres aux seules forces de la nature... Après quoi, il comptait les survivants. Ces terribles expériences étaient, à bien dire, un sacrifice humain fait sur l'autel de la science. Le docteur Griffon n'y songeait même pas. Aux yeux de ce *prince de la science*, comme on dit de nos jours, les malades de son hôpital n'étaient que de la matière à étude, à expérimentation ; et comme, après tout, il résultait parfois de ses essais un fait utile ou une découverte acquise à la science, le docteur se montrait aussi ingénument satisfait et triomphant qu'un général après une victoire assez *coûteuse* en soldats.

L'homœopathie n'avait pas eu d'adversaire

---

1. Le nom que j'ai l'honneur de porter, et que mon père, mon grand-père, mon grand-oncle et mon bisaïeul (l'un des hommes les plus érudits du XVIIe siècle) ont rendu célèbre par de beaux et grands travaux pratiques et théoriques sur toutes les branches de l'art de guérir, m'interdirait la moindre attaque ou allusion irréfléchie à propos des *médecins*, lors même que la gravité du sujet que je traite et la juste et immense célébrité de l'école médicale française ne s'y opposeraient pas; dans la création du docteur Griffon, j'ai seulement voulu personnifier un de ces hommes, respectables d'ailleurs, qui peuvent se laisser quelquefois entraîner, par la passion de l'art des *expériences, à de grands abus du pouvoir médical*, s'il est permis de s'exprimer ainsi, oubliant qu'il est quelque chose encore de plus sacré que la science : *l'humanité*.

plus acharné que le docteur Griffon. Il traitait cette méthode d'absurde, de funeste, d'homicide; aussi, voulant mettre les homéopathes, comme on dit, *au pied du mur*, il aurait voulu leur offrir, avec une loyauté chevaleresque, un certain nombre de malades sur lesquels l'homéopathe instrumenterait à son gré, sûr d'avance que, de vingt malades soumis à ce traitement, cinq au plus survivraient...

Mais la lettre de l'Académie de médecine, qui refusait les expériences provoquées par le ministère lui-même, sur la demande de la Société de médecine homéopathique, réprima cet excès de zèle, et, par esprit de corps, il ne voulut pas faire de son autorité privée ce que ses supérieurs hiérarchiques avaient repoussé. Seulement il continua avec la même inconséquence que ses collègues à déclarer à la fois les doses homéopatiques sans aucune action et très-dangereuses, sans réfléchir que ce qui est inerte ne peut en même temps être venimeux; mais les préjugés des savants ne sont pas moins tenaces que ceux du vulgaire, et il fallut bien des années avant qu'un médecin consciencieux osât expérimenter, dans un hôpital de Paris, la médecine des petites doses, et sauver, avec des globules, des centaines de pneumoniques que la saignée eût envoyés dans l'autre monde.

Quant au docteur Griffon, qui déclarait si cavalièrement homicides les millionièmes de grains, il continua d'ingurgiter sans pitié à ses patients l'iode, la strychnine et l'arsenic, jusqu'aux limites extrêmes de la *tolérance physiologique*, ou pour mieux dire jusqu'à l'extinction de la vie. On eût stupéfié le docteur Griffon en lui disant, à propos de cette libre et autocratique disposition de ses *sujets* :

— Un tel état de choses ferait regretter la barbarie de ces temps où les condamnés à mort étaient exposés à subir des opérations chirurgicales récemment découvertes... mais que l'on n'osait encore pratiquer sur le vivant... L'opération réussissait-elle, le condamné était gracié.

« Comparée à ce que vous faites, cette barbarie était de la charité, monsieur. Après tout, on donnait ainsi une chance de vie à un misérable que le bourreau attendait, et l'on rendait possible une expérience peut-être utile au salut de tous.

« Les homéopathes, que vous accablez de vos sarcasmes, ont essayé préalablement sur eux-mêmes tous les médicaments dont ils se servent pour combattre les maladies. Plusieurs ont succombé dans ces essais noblement téméraires, mais leur mort doit être inscrite en lettres d'or dans le martyrologe de la science. N'est-ce pas à de semblables expériences que vous devriez convier vos élèves?

« Mais leur indiquer la population d'un hôpital comme une vile matière destinée à la manipulation thérapeutique, comme une espèce de chair à canon destinée à supporter les premières bordées de la mitraille médicale, plus meurtrière que celle du canon; mais tenter vos aventureuses médications sur de malheureux artisans dont l'hospice est le seul refuge lorsque la maladie les accable... mais *essayer* un traitement peut-être funeste sur des gens que la misère vous livre confiants et désarmés... à vous leur seul espoir, à vous qui ne répondez de leur vie qu'à Dieu... savez-vous que cela serait pousser l'amour de la science jusqu'à l'inhumanité, monsieur ? Comment ! les classes pauvres peuplent déjà les ateliers, les champs, l'armée ; de ce monde elles ne connaissent que misère et privations, et lorsqu'à bout de fatigues et de souffrances elles tombent exténuées... et demi-mortes... la maladie même ne les préserverait pas d'une dernière et sacrilège exploitation ? J'en appelle à votre cœur, monsieur, cela ne serait-il pas injuste et cruel ? »

Hélas ! le docteur Griffon aurait été touché peut-être par ces paroles sévères, mais non convaincu. L'homme est fait de la sorte : le capitaine s'habitue aussi à ne plus considérer ses soldats que comme les pions de ce jeu sanglant qu'on appelle une bataille. Et c'est parce que l'homme est ainsi fait que la société doit protection à ceux que le sort expose à subir la réaction de ces nécessités humaines. Or, le caractère du docteur Griffon une fois admis (et on peut l'admettre sans trop d'hyperbole), la population de son hospice n'avait donc aucune garantie, aucun recours contre la barbarie scientifique de ses expériences ; car il existe une fâcheuse lacune dans l'organisation des hôpitaux civils. Nous la signalons ici... puissions-nous être entendu !...

Les hôpitaux militaires sont chaque jour visités par un officier supérieur chargé d'accueillir les plaintes des soldats malades et d'y donner suite si elles lui semblent raisonnables.

(La suite au prochain numéro.)

COMMENT ON AIME

YORICK

(SUITE)

Évidemment Yorick exerçait sur l'esprit de Nathalie un peu de ce magnétisme qui anime les plus indifférents. De son côté, il se sentait vraiment pénétré des plus suaves émotions quand il dansait avec elle, ou seulement quand il la regardait.

Au milieu de la nuit, Nestor l'aborda.

— Parbleu! mon ami, dit-il, tu fais miracle ici!- C'est étourdissant, ébouriffant, renversant! Tu as fait rire deux fois au moins ma pauvre cousine, et tu as tourné la tête à mon cher oncle, qui ne jure déjà plus que par toi. Il m'a demandé où tu demeures, ce que tu es, ce que tu fais, et cela avec un intérêt extraordinaire.

— Qu'as-tu répondu?

— J'ai répondu que je n'en savais rien... Mais, au fait, où demeures-tu?

— Près du Luxembourg, quartier des sages et des fous.

— Qu'es-tu?

— Rien qu'un assez honnête garçon.

— Mais que fais-tu?

— Je flâne, et parfois je griffonne des vers.

— Tu es donc poëte?

— Râpé.

— Triste état! Et moi qui commençais à te craindre, car après tout ma cousine me plaît infiniment.

— Que craignais-tu donc, poltron?

— Eh! mais, mon oncle parle beaucoup de toi, je te le répète, et tu parais lui convenir fort. Si ta position ou ta fortune lui convenait autant que ta personne, la main de ma belle cousine serait perdue pour moi.

— Tu dois être rassuré maintenant? Ma demeure, ma fortune, ma profession ne sont guère de nature à allécher les pères.

— Avoue-le toi-même.

— De grand cœur : une famille préférera toujours un gendre riche, qui est la coqueluche des femmes; or, comme tu es l'un et... l'autre, tu as de grandes chances de voir se réaliser tes espérances d'union.

— Sans doute, sans doute, dit Nestor un peu soucieux. Mais je n'ai pas de bonheur, mon ami : j'adresse les choses les plus spirituelles et les plus charmantes à ma chère Nathalie, à peine si j'en obtiens une réponse ; elle ne paraît pas même m'avoir entendu, tandis que toi... C'est incompréhensible, ma parole d'honneur!

— Que veux-tu, mon ami? repartit Yorick avec une légère ironie. Les jeunes filles ont des caprices, et elles ne savent pas toujours apprécier le véritable esprit.

En ce moment, on formait les quadrilles; Nestor dansait avec sa cousine ; il s'élança pour lui prendre la main.

Yorick ne dansa pas ; il s'accouda contre la cheminée et promena son regard dans le bal, le reportant souvent et presque malgré lui sur la belle et mélancolique fée de ce salon. Nestor faisait de grands efforts pour captiver son attention, mais il n'y pouvait parvenir; il se mordait les lèvres et faisait claquer ses doigts d'impatience. Nathalie restait impassible. Yorick s'amusait beaucoup du désappointement de son ancien camarade, tout en se reprochant un peu de malveillance et d'ingratitude à son égard. Bientôt les yeux de la jeune fille, qui erraient au hasard indifférents et calmes, s'animèrent soudain en rencontrant le regard de Yorick. Yorick en ressentit comme un ébranlement nerveux ; il pâlit et appuya la main sur son cœur.

— Tout doux, mon cœur! se dit-il ; tenez-vous en paix, et ne vous remuez pas ainsi!

Il arrive quelquefois que ceux qui sont destinés à s'aimer ont presque de prime abord une révélation de leur commun destin. Il suffit qu'ils se présentent l'un à l'autre pour se reconnaître entre tous et pour que leur fusion ait lieu instantanément. Nathalie et Yorick étaient-ils ainsi? Yorick aimait-il déjà Nathalie? Nathalie se sentait-elle irrésistiblement attirée vers Yorick? C'est ce qu'il eût été difficile de décider encore, et c'est pourtant ce qui semblait résulter de l'émotion qui venait de se peindre dans la physionomie des deux jeunes gens.

Un incident ne tarda pas à éclairer Yorick sur

la véritable nature du penchant qui l'entraînait. Comme il contemplait Nathalie à la dérobée, puisant dans cette contemplation un bonheur inexprimable, il entendit près de lui deux personnes qui causaient à demi-voix :

C'étaient deux médecins, le docteur Gavarus et le docteur Danclat. Ce dernier avait longtemps exercé sa profession à Rio-Janeiro, et soignait habituellement la famille Rozier. Yorick, à demi caché dans l'embrasure d'une fenêtre, derrière les plis d'un rideau, ne perdit pas un seul mot de l'entretien.

— Elle est vraiment charmante, cette demoiselle Nathalie, disait le docteur Gavarus. Visage suave, taille parfaite, grâce exquise dans sa langueur; il est impossible de rencontrer une jeune fille plus délicieuse, n'est-il pas vrai?

— Sans doute, mademoiselle Rozier est ravissante à tous les points de vue, physiquement et moralement.

— Eh bien! chose singulière, reprit Gavarus, plus j'observe cette jolie personne, plus il me semble qu'elle reflète parfois un éclat étrange, j'oserais dire mélancoliquement fatal. Je soupçonne que son organisation est des plus délicates, et qu'elle doit être sujette à des troubles nerveux. Qu'en pensez-vous?

Le docteur Danclat, auquel cette question était posée, parut hésiter à répondre. Cependant il secoua la tête d'un air qui confirmait les soupçons de son interlocuteur.

— Pauvre enfant! reprit Gavarus. Est-ce que les crises sont fréquentes et d'une certaine gravité?

— Fréquentes, non ; mais elles m'inquiètent parfois très-sérieusement.

— Cela est-il héréditaire ou accidentel?

— Accidentel. Nathalie a pris le germe funeste du mal qu'elle recèle au Brésil et dans la circonstance que voici : elle était toute jeune alors, elle avait un compagnon de jeux qu'elle aimait beaucoup, un petit créole qui s'ingéniait sans cesse à lui trouver des distractions et des plaisirs. Un jour qu'ils jouaient à la campagne dans le parc de M. Rozier, l'enfant s'avise de monter au haut d'un tamarinier pour s'emparer d'un nid de bengalis qu'il voulait offrir à sa compagne, mais ce nid était posé au sommet de l'arbre sur une branche mince et frêle. Qu'importe? le jeune créole s'élance hardiment, la branche casse, il tombe de quarante pieds et se brise le crâne à deux pas de Nathalie... On trouva l'un mort et l'autre évanouie... Depuis lors, la chère enfant n'a jamais ri, et...

Le docteur Danclat s'interrompit. Il devint soucieux.

— Et elle tombe parfois en catalepsie, reprit Gavarus d'un ton très-mystérieux. Je m'en doutais.

— Chut! murmura vivement le médecin de M. Rozier. C'est un secret pour tout le monde, excepté pour son père et pour moi. Ne le divulguez pas.

— Soyez tranquille, je me tairai.

Yorick venait de tressaillir violemment. Son visage s'était couvert d'une pâleur de mort.

— Elle aussi! soupira-t-il avec accablement.

Il maîtrisa son agitation pour écouter de nouveau, car l'émouvant dialogue reprenait entre les deux médecins.

— Comment est-on parvenu à cacher aux regards indiscrets les effets de cette sinistre affection?

— Les symptômes du mal se représentent deux ou trois fois par an avec une certaine régularité. M. Rozier, dont la vigilance est admirable, ne manque jamais de les apercevoir. Il s'enferme avec sa fille et reste seul à veiller sur elle. Rarement, d'ailleurs, l'état cataleptique dure plus d'un jour ou deux. Les moyens curatifs ordinaires n'ont pas encore réussi.

— De pareilles crises sont pleines de danger. Il est à craindre que la pauvre enfant ne puisse longtemps résister au péril de si mortelles prostrations.

— J'ai eu peur plus d'une fois, et j'avoue même que je redoute la prochaine attaque, car depuis quelque temps les forces de la chère petite diminuent à vue d'œil.

— Si la science est restée impuissante contre une si terrible névrose, ne pensez-vous pas qu'une révolution morale serait de nature à rendre les crises plus rares, sinon à les faire disparaître entièrement?

— Je ne sais... Je fonde toutefois une espérance sur l'efficacité souveraine des passions de la jeunesse, sur l'amour, par exemple. Mais jusqu'à présent le cœur de mademoiselle Rozier ne semble pas s'être ému : il est calme et triste comme toujours.

— Tant pis! je m'intéresse sincèrement à cette jolie personne. Si j'apprenais sa mort, j'en serais navré. C'est un ange de grâce et de douceur.

— Oui, un ange! murmura en soupirant le médecin de la famille, et c'est pour cela que j'appréhende de la voir s'en aller vers Dieu.

A ces mots, les deux docteurs se séparèrent sans remarquer que Yorick était là derrière eux, pâle, défait, les yeux pleins de larmes, et répétant tout bas avec angoisse :

— Condamnée ! Ils l'ont presque condamnée !... Ah ! les impitoyables !

Il se tut et demeura comme abîmé dans une douloureuse méditation. La contredanse était terminée depuis un instant, qu'il ne s'en apercevait pas et gardait son attitude sombre et désolée.

— A quoi rêvez-vous là ? lui demanda-t-on. Composez-vous des vers, une chanson ?

Yorick releva la tête ; il reconnut M. Rozier.

— Une chanson ! répondit-il au hasard. Je n'ai guère envie de chanter, je vous assure.

— Eh ! de quoi donc avez-vous envie dans un pareil moment ?

Yorick sembla réfléchir une seconde ; il s'anima tout à coup, et, serrant les mains de M. Rozier à les briser :

— De danser ! répondit-il.

— A merveille ! Courez vite engager ma fille.

Yorick sentit son cœur se gonfler horriblement.

— Pauvre père ! murmura-t-il. Pauvre Nathalie Rozier !

Et il quitta furtivement le bal.

Pendant quelque temps on ne le vit nulle part. En vain alla-t-on frapper à sa porte, il n'était visible pour personne. M. Rozier, qui s'était épris d'une vive affection pour lui, lui adressa une lettre d'invitation pour un grand dîner, à laquelle il ne répondit pas. Ce ne fut que quinze jours plus tard qu'il reparut dans le monde. Comme on était habitué à ces sortes de disparitions, on le revit avec plaisir, mais sans curiosité. Nestor seul lui demanda ce qu'il était devenu, et pourquoi il ne s'était pas rendu à l'invitation de M. Rosier.

— Je venais, répondit-il avec un grand sérieux, de partir dans un char aérien attelé de cinq cents alouettes, pour assister aux noces du prince Myrtil et de la fée des Oiseaux. J'ai fait à cette occasion un charmant éphithalame, que je te chanterai un jour, je te le promets.

Nestor ne put obtenir aucune autre explication.

M. Rozier parut ravi de revoir Yorick, et le supplia de venir souvent le visiter, lui déclarant qu'il avait tous les jours son couvert mis à sa table. Nathalie, elle, l'accueillit avec un gracieux empressement, qu'elle ne témoignait à aucun autre, ce qui fut remarqué. On remarqua aussi dès lors que Yorick, si gai, si jovial, si boute-en-train, perdait beaucoup de son habituelle vivacité, et qu'il ne parvenait à posséder tous ses élans d'esprit et de bonne humeur que dans la maison de M. Rozier. Encore y avait-il des moments où son front se plissait, où son rire expirait sur ses lèvres, où ses yeux devenaient humides. Si parfois on le surprenait dans cette disposition :

— Bon ! s'écriait-il, voilà que je ris jusqu'aux larmes, et je deviens triste à force d'être joyeux !

Le fait est que Yorick n'était plus au fond le même. Sa vivacité n'était guère de bon aloi, et son esprit, plus vif que jamais peut-être, avait certainement un éclat factice. Il amusait encore les autres ; mais s'amusait-il lui-même ? mais n'y avait-il pas une sorte de parti pris dans sa joie excitée avec peine ? C'était là son secret. Quoi qu'il en fût, devant Nathalie il parvenait toujours à trouver mille folies, mille mots étourdissants. Ses efforts réussissaient : Nathalie riait quelquefois ! Nathalie était presque heureuse ! elle semblait s'épanouir comme une fleur sous un rayon de soleil.

III

Tout bon enfant qu'il était, Nestor ne se montrait point enchanté des succès obtenus par son ami. On eût dit même qu'il se repentait de l'avoir introduit chez M. Rozier. Il est vrai que notre gandin, à demi ruiné par ses bonnes fortunes, songeait sérieusement à combler le déficit creusé dans son patrimoine avec la dot de sa cousine. Aussi s'efforçait-il de l'entourer de soins galants, de l'éblouir de son étincelant esprit. Mais Nathalie n'accordait qu'une attention distraite à ses amabilités ; elle ne semblait point goûter ses saillies, lesquelles se ressentaient un peu trop des excentricités de mauvais aloi qui ont cours dans le pays des lorettes, où il avait coutume d'aller les recueillir. Il s'impatienta de la préférence que la jeune fille accordait visiblement à Yorick, et, un jour qu'ils étaient seuls dans le salon de M. Rozier, il entama l'entretien d'un ton amer, d'un air agressif.

(La suite au prochain numéro.)

Le propriétaire-gérant : F. ROY.

LES MYSTÈRES DE PARIS

Le prêtre souleva l'extrémité d'un drap... Une des malades venait de mourir. (Page 218.)

Cette surveillance contradictoire, complétement distincte de l'administration et du service de santé, est excellente; elle a toujours produit les meilleurs résultats. Il est d'ailleurs impossible de voir des établissements mieux tenus que les hôpitaux militaires : les soldats y sont soignés avec une douceur extrême, et traités nous dirions presque avec une commisération respectueuse. Pourquoi une surveillance analogue à celle que les officiers exercent dans les hôpitaux militaires n'est-elle pas exercée dans les hôpitaux civils par des hommes complétement indépendants de l'administration et du service de santé, par une commission choisie peut-être parmi les maires, leurs adjoints, parmi tous ceux enfin qui exercent les diverses charges de l'édilité parisienne, charges toujours si ardemment briguées ? Les réclamations fondées du pauvre auraient ainsi un organe impartial, tandis que, nous le répétons, cet organe manque absolument ; il n'existe aucun *contrôle contradictoire* du service des hospices... Cela nous semble exorbitant...

Ainsi la porte des salles du docteur Griffon une fois refermée sur un malade, ce dernier appartenait corps et âme à la science... Aucune oreille amie ou désintéressée ne pouvait entendre ses doléances... On lui disait nettement qu'étant admis à l'hospice par charité, il faisait désormais partie du domaine expérimental du docteur, et que malade et maladie devaient servir de sujet et d'observation, d'analyse ou d'enseignement aux jeunes élèves. En effet, bientôt le *sujet* avait à répondre aux interrogatoires souvent les plus pénibles, les plus douloureux ; et cela non pas seul à seul avec le médecin, qui, comme le prêtre, remplit un sacerdoce et a le droit de tout savoir ; non, il lui fallait répondre, à voix haute, devant une foule avide et curieuse. Oui, dans ce pandémonium de la science, vieillard ou jeune homme, fille ou femme, étaient obligés d'abjurer tout sentiment de pudeur ou de honte, et de faire les révélations les plus intimes, de se soumettre aux investigations les plus pénibles devant un nombreux public, et presque toujours ces cruelles formalités aggravaient les maladies. Et cela n'était ni humain ni juste : c'est parce que le pauvre entre à l'hospice au nom saint et sacré de la *charité* qu'il doit être traité avec compassion, avec respect ; car le malheur a sa majesté. . . . .

En lisant les lignes suivantes, on comprendra pourquoi nous les avons fait précéder de quelques réflexions. . . . .

Rien de plus attristant que l'aspect nocturne de la vaste salle d'hôpital où nous introduirons le lecteur. Le long de ces grands murs sombres, percés çà et là de fenêtres grillagées comme celles des prisons, s'étendent deux rangées de lits parallèles, vaguement éclairés par la lueur sépulcrale d'un réverbère suspendu au plafond. L'atmosphère est si nauséabonde, si lourde, que les nouveaux malades ne s'y *acclimatent* souvent pas sans danger ; ce surcroît de souffrances est une sorte de *prime* que tout nouvel arrivant paye inévitablement au sinistre séjour de l'hospice. Au bout de quelque temps, une certaine lividité morbide annonce que le malade a subi la première influence de ce milieu délétère, et qu'il est, nous l'avons dit, acclimaté [1]. Çà et là le silence de la nuit est interrompu tantôt par des gémissements plaintifs, tantôt par de profonds soupirs arrachés par l'insomnie fébrile... puis tout se tait, et l'on n'entend plus que le balancement monotone et régulier du pendule d'une grosse horloge qui sonne ces heures si longues, si longues pour la douleur qui veille.

Une des extrémités de cette salle était presque plongée dans l'obscurité. Tout à coup il se fit à cet endroit une sorte de tumulte et de bruit de pas précipités ; une porte s'ouvrit et se referma plusieurs fois ; une sœur de charité, dont on distinguait le vaste bonnet blanc et le vêtement noir à la clarté d'une lumière qu'elle portait, s'approcha d'un des derniers lits de la rangée de droite.

Quelques-unes des malades, éveillées en sursaut, se levèrent sur leur séant, attentives à ce qui se passait. Bientôt les deux battants de la porte s'ouvrirent. Un prêtre entra portant un crucifix... les sœurs s'agenouillèrent. A la clarté de la lumière qui entourait ce lit d'une pâle auréole, tandis que les autres parties de la salle restaient dans l'ombre, on put voir l'aumônier de l'hospice se pencher vers la couche de misère en prononçant quelques paroles dont le son affaibli se perdit dans le silence de la nuit. Au bout d'un quart d'heure, le prêtre souleva l'extrémité d'un drap dont il recouvrit complétement le chevet du lit... Puis il sortit... Une des sœurs agenouillées se releva, ferma les rideaux qui crièrent sur leurs tringles, et se remit à prier auprès de sa compagne. Puis tout redevint silencieux. Une des malades venait de mourir... Parmi les femmes qui ne dormaient pas et qui avaient assisté à cette scène muette se trouvaient trois personnes dont le nom a été prononcé dans le cours de cette histoire :

Mademoiselle de Fermont, fille de la malheureuse veuve ruinée par la cupidité de Jacques Ferrand ; la Lorraine, pauvre blanchisseuse à qui Fleur-de-Marie avait autrefois donné le peu d'argent qui lui restait, et Jeanne Duport, sœur de Pique-Vinaigre, le conteur de la Force.

Nous connaissons mademoiselle de Fermont et la sœur du conteur de la Force... Quant à la Lorraine, c'était une femme de vingt ans en-

---

[1] A moins de circonstances très-urgentes, on ne pratique jamais de graves opérations chirurgicales avant que le malade soit *acclimaté*.

viron, d'une figure douce et régulière, mais d'une pâleur et d'une maigreur extrêmes ; elle était phthisique au dernier degré ; il ne restait aucun espoir de la sauver ; elle le savait et s'éteignait lentement.

— En voilà encore une qui s'en va, — dit à demi-voix la Lorraine en songeant à la morte et en se parlant à elle-même. — Elle ne souffrira plus !... elle est bien heureuse !...

— Elle est bien heureuse... si elle n'a pas d'enfants... — ajouta Jeanne.

— Tiens... vous ne dormez pas... ma voisine ?... — lui dit la Lorraine. — Comment ça va-t-il pour votre première nuit ici ? Hier soir, dès en entrant, on vous a fait vous coucher... et je n'ai pas osé ensuite vous parler, je vous entendais sangloter.

— Oh ! oui... j'ai bien pleuré...

— Vous avez donc grand mal ?

— Oui, mais je suis dure au mal ; c'est de chagrin que je pleurais... Enfin j'avais fini par m'endormir, je sommeillais, quand le bruit des portes m'a éveillée... Lorsque le prêtre est entré et que les bonnes sœurs se sont agenouillées, j'ai bien vu que c'était une femme qui se mourait... alors j'ai dit en moi-même un *Pater* et un *Ave* pour elle...

— Moi aussi... et, comme j'ai la même maladie que la femme qui vient de mourir, je n'ai pu m'empêcher de m'écrier : « En voilà une qui ne souffre plus ; elle est bien heureuse !... »

— Oui... comme je vous le disais... si elle n'a pas d'enfant !...

— Vous en avez donc... vous, des enfants ?

— Trois... — dit la sœur de Pique-Vinaigre avec un soupir. — Et vous ?

— J'ai eu une petite fille... mais je ne l'ai pas gardée longtemps... La pauvre enfant avait été frappée d'avance ; j'avais eu trop de misère pendant ma grossesse... Je suis blanchisseuse au bateau ; j'avais travaillé tant que j'ai pu aller... Mais tout a une fin ; quand la force m'a manqué, le pain m'a manqué aussi... On m'a renvoyée de mon garni ; je ne sais pas ce que je serais devenue, sans une pauvre femme qui m'a prise avec elle dans une cave où elle se cachait pour se sauver de son homme qui voulait la tuer. C'est là que j'ai accouché sur la paille ; mais, par bonheur, cette femme connaissait une jeune fille, belle et charitable comme un ange du bon Dieu ; cette jeune fille avait un peu d'argent ; elle m'a retirée de ma cave, m'a bien établie dans un cabinet garni dont elle a payé un mois d'avance... me donnant en outre un berceau d'osier pour mon enfant, et quarante francs pour moi avec un peu de linge... Grâce à elle, j'ai pu me remettre sur pied et reprendre mon ouvrage.

— Bonne petite fille !... Tenez, moi aussi, j'ai rencontré par hasard comme qui dirait sa pareille... une jeune ouvrière bien serviable. J'étais allée... voir mon pauvre frère qui est prisonnier... — dit Jeanne après un moment d'hésitation, — et j'ai rencontré au parloir cette ouvrière : m'ayant entendue dire à mon frère que je n'étais pas heureuse, elle est venue à moi, bien embarrassée, pour m'offrir de m'être utile selon ses moyens, la pauvre enfant... — J'ai accepté : elle m'a donné son adresse, et deux jours après cette chère petite mademoiselle Rigolette... elle s'appelle Rigolette... m'avait fait une commande.

— Rigolette ! — s'écria la Lorraine ; — voyez donc comme ça se rencontre ! la jeune fille qui a été si généreuse pour moi a plusieurs fois prononcé devant moi le nom de mademoiselle Rigolette ; elles étaient amies ensemble...

— Eh bien ! dit Jeanne en souriant tristement, — puisque nous sommes voisines de lit, nous devrions être amies comme nos deux bienfaitrices.

— Bien volontiers ; moi, je m'appelle Annette Gerbier, dite la Lorraine, blanchisseuse.

— Et moi, Jeanne Duport, ouvrière frangeuse... Ah ! c'est si bon, à l'hospice, de pouvoir trouver quelqu'un qui ne vous soit pas tout à fait étranger, surtout quand on y vient pour la première fois et qu'on a beaucoup de chagrins !... je veux pas penser à cela... Dites-moi, la Lorraine, et comment s'appelait la jeune fille qui a été si bonne pour vous ?

— Elle s'appelait la Goualeuse. Elle était jolie comme une sainte Vierge, avec de beaux cheveux blonds et des yeux bleus si doux, si doux !... Malheureusement, malgré son secours, mon pauvre enfant est mort... à deux mois ; il était si chétif ! il n'avait que le souffle...

Et la Lorraine essuya une larme.

— Et votre mari ?

— Je ne suis pas mariée... je blanchissais à la journée chez une riche bourgeoise de mon pays ; j'avais toujours été sage, mais je m'en suis laissé conter par le fils de la maison, et alors... quand j'ai vu l'état où je me trouvais, je n'ai pas osé rester au pays ; M. Jules, c'était le fils de la riche bourgeoise, m'a donné cinquante francs pour venir à Paris, disant qu'il me ferait passer vingt francs tous les mois pour ma layette et pour mes couches; mais, depuis mon départ de chez nous, je n'ai rien reçu de lui, pas seulement de ses nouvelles; je lui ai écrit une fois, il ne m'a pas répondu... Je n'ai pas osé recommencer ; je voyais bien qu'il ne voulait plus entendre parler de moi...

— Mais au moins... il n'aurait pas dû vous oublier, à cause de son enfant.

— C'est au contraire cela, voyez-vous, qui l'aura rendu mal pour moi ; il m'en aura voulu d'être enceinte, parce que je lui devenais un embarras. Je regrette mon enfant, pour moi, mais pas pour elle, pauvre chère petite ! Elle aurait eu trop de misère et aurait été orpheline de trop bonne heure... car je n'en ai pas pour longtemps à vivre...

— On ne doit pas avoir de ces idées-là à votre âge. Est-ce qu'il y a beaucoup de temps que vous êtes malade?

— Bientôt trois mois... Dame !... quand j'ai eu à gagner pour moi et mon enfant, j'ai redoublé de travail, j'ai repris trop vite mon ouvrage à mon bateau ; l'hiver était très-froid, j'ai gagné une fluxion de poitrine : c'est à ce moment-là que j'ai perdu ma petite fille. En la veillant, j'ai négligé de me soigner... et puis par là-dessus le chagrin... Enfin je suis poitrinaire... condamnée... comme l'était l'actrice qui vient de mourir.

— A votre âge, il y a toujours de l'espoir.

— L'actrice n'avait que deux ans plus que moi, et vous voyez.

— Celle que les bonnes sœurs veillent maintenant, c'était donc une actrice?

— Mon Dieu ! oui, voyez le sort... Elle avait été belle comme le jour. Elle avait eu beaucoup d'argent, des équipages, des diamants; mais, par malheur, la petite vérole l'a défigurée ; alors la gêne est venue, puis la misère; enfin la voilà morte à l'hospice. Jamais personne n'est venu la voir ; pourtant, il y a quatre ou cinq jours, elle nous disait qu'elle avait écrit au monsieur qu'elle avait connu autrefois dans son beau temps, et qui l'avait bien aimée ; elle lui écrivait pour le prier de venir réclamer son corps, parce que cela lui faisait mal de penser qu'elle serait disséquée... coupée en morceaux.

— Et ce monsieur.., il est venu ?

— Non. A chaque instant, la pauvre femme demandait après lui... disant toujours : « Oh! il va venir, bien sûr .. » et pourtant elle est morte sans qu'il soit venu... et ce qu'elle craignait tant arrivera à son pauvre corps... Après avoir été riche, heureuse, mourir ici... c'est triste ! Au moins, nous ne changeons que de misères...

« A propos de ça, — reprit la Lorraine après un moment d'hésitation, — je voudrais bien que vous me rendiez un service.

— Parlez...

— Si je mourais, comme c'est probable, avant que vous sortiez d'ici, je voudrais que vous réclamiez mon corps... J'ai la même peur que l'actrice... et j'ai mis là le peu d'argent qui me reste pour me faire enterrer.

— N'ayez donc pas de ces idées-là.

— C'est égal, me le promettez-vous ?

— Enfin, Dieu merci ! ça n'arrivera pas.

— Oui, mais si cela arrive, je n'aurai pas, grâce à vous, le même malheur que l'actrice.

— Pauvre dame, après avoir été riche, finir ainsi !

— Il n'y a pas que l'actrice dans cette salle qui ait été riche.

— Qui donc encore a été riche aussi?

— Une jeune personne de quinze ans au plus, qu'on a amenée ici hier au soir. Elle était si faible qu'on était obligé de la porter... La sœur dit que cette jeune personne et sa mère sont des gens très comme il faut qui ont été ruinés...

— Sa mère est ici aussi?

— Non ; la mère était si mal qu'on n'a pu la transporter... La pauvre fille ne voulait pas la quitter; on a profité de son évanouissement pour l'emmener... C'est le propriétaire d'un méchant garni où elles logeaient qui, de peur qu'elles ne meurent chez lui, a été faire sa déclaration au commissaire. Elle est là... dans le lit en face de vous...

— Et elle a quinze ans... l'âge de ma fille aînée !...

Jeanne Duport, à la pensée de sa fille, s'était mise à pleurer amèrement.

— Pardon — dit la Lorraine — si je vous ai fait de la peine sans le vouloir en vous parlant de vos enfants... Ils sont peut-être malades aussi?

— Hélas ! mon Dieu ! je ne sais pas ce qu'ils vont devenir si je reste ici plus de huit jours.

— Et votre mari?

— Puisque nous sommes amies ensemble, la Lorraine, je peux vous dire mes peines comme vous m'avez dit les vôtres... cela me soulagera... Mon mari était un bon ouvrier; il s'est dérangé, puis il m'a abandonnée, moi et mes enfants, après avoir vendu tout ce que nous possédions; je me suis remise au travail, de bonnes âmes m'ont aidée, je commençais à être un peu à flot, j'élevais ma petite famille du mieux que je pouvais, quand mon mari est revenu, avec une mauvaise femme qui était sa maîtresse, me reprendre le peu que je possédais, et ç'a été encore à recommencer.

— Pauvre Jeanne ! vous ne pouviez pas empêcher cela?

— Il aurait fallu me séparer devant la loi ; mais la loi est trop chère, comme dit mon frère... Hélas ! mon Dieu !... vous allez voir ce que ça fait que la loi soit trop chère pour nous pauvres gens : il y a quelques jours, je retourne voir mon frère... il me donne trois francs qu'il avait ramassés à conter des histoires aux autres prisonniers.

— On voit que vous êtes de bons cœurs dans votre famille, — dit la Lorraine (qui, par une rare délicatesse d'instinct, n'interrogea pas Jeanne sur la cause de l'emprisonnement de son frère.

— Je reprends donc courage ; je croyais que mon mari ne reviendrait pas de longtemps, car il avait pris chez moi tout ce qu'il pouvait prendre. Non, je me trompe... — ajouta la malheureuse en frissonnant... — il lui restait à prendre ma fille... ma pauvre Catherine...

— Votre fille?

— Vous allez voir... vous allez voir. Il y a trois jours, j'étais à travailler avec mes enfants autour de moi ; mon mari entre... Rien qu'à son air, je m'aperçois tout de suite qu'il a bu.

« — Je viens chercher Catherine, » qu'il me dit.

« Malgré moi, je prends le bras de ma fille et je réponds à Duport :

« — Où veux-tu l'emmener?

« — Ça ne te regarde pas, c'est ma fille ; qu'elle fasse son paquet et qu'elle me suive. »

« A ces mots-là, mon sang ne fait qu'un tour ; car figurez-vous, la Lorraine, que cette mauvaise femme qui est avec mon mari... ça fait frémir à dire, mais enfin... c'est ainsi... elle le pousse depuis longtemps à tirer parti de notre fille, qui est jeune et jolie...

« — Emmener Catherine ! que je réponds à Duport ; jamais! je sais ce que ta mauvaise femme voudrait en faire. »

« — Tiens, me dit mon mari dont les lèvres étaient déjà toutes blanches de colère, ne m'obstine pas ou je t'assomme. »

« Là-dessus il prend ma fille par le bras en lui disant :

« — En route, Catherine !

« La pauvre petite me sauta au cou en fondant en larmes et criant :

« — Je veux rester avec maman ! »

« Voyant ça, Duport devient furieux ; il arrache ma fille d'après moi, me donne un coup de poing dans l'estomac qui me renverse par terre, et une fois par terre... Mais voyez-vous, la Lorraine, bien sûr il n'a été si méchant que parce qu'il avait bu... enfin il trépigne sur moi... en m'accablant de sottises. Mes pauvres enfants se jettent à ses genoux en demandant grâce, Catherine aussi ; alors il dit à ma fille, en jurant comme un furieux :

« — Si tu ne viens pas avec moi, j'achève ta mère !... »

« Je vomissais le sang... je me sentais à moitié morte... je ne pouvais pas faire un mouvement... mais je crie à Catherine :

« — Laisse-moi tuer plutôt... mais ne suis pas ton père !...

« — Tu ne te tairas donc pas !» me dit Duport en me donnant un nouveau coup de pied qui me fit perdre connaissance.

« Quand je suis revenue à moi, j'ai retrouvé mes deux petits garçons qui pleuraient.

— Et votre fille?...

— Partie !... — s'écria la malheureuse mère avec des sanglots déchirants, — oui... partie... Mes autres enfants m'ont dit que leur père l'avait battue... en outre, en la menaçant, de m'achever sur la place... Alors la pauvre enfant a perdu la tête... elle s'est jetée sur moi pour m'embrasser... elle a aussi embrassé ses frères en pleurant... et puis mon mari l'a entraînée !... Ah !... sa mauvaise femme l'attendait dans l'escalier... j'en suis bien sûre !...

— Et vous ne pouviez pas vous plaindre au commissaire?

— Dans le premier moment, je n'étais qu'au chagrin de savoir Catherine partie... mais j'ai senti bientôt de grandes douleurs dans tout le corps... je ne pouvais plus marcher... Hélas ! mon Dieu ! ce que j'avais tant redouté était arrivé. Oui, je l'avais dit à mon frère... un jour mon mari me battra si fort... si fort... que je serai obligée d'aller à l'hospice... Alors... mes enfants... qu'est-ce qu'ils deviendront?...

(La suite au prochain numéro.)

COMMENT ON AIME

YORICK

(SUITE)

— Parbleu! mon cher, dit-il, tu es un gaillard bien avisé, et tu t'y prends avec adresse pour t'emparer de l'imagination d'une riche héritière. Malepeste! mon bon, comme tu y vas en vainqueur! Mon oncle te trouve à son gré; tu ne déplais pas à ma cousine; et te voilà en beau chemin pour contracter un joli mariage, vive Dieu! Mais je te préviens qu'un compétiteur a l'intention de te barrer la route, et que tu n'arriveras pas à ton but.

Yorick regarda Nestor avec stupéfaction, puis il lui dit tranquillement :

— Qui donc m'empêchera de réaliser l'espérance que tu me supposes?

— Moi.

— Toi!... Pourquoi cela?

— Parce que j'ai résolu d'épouser Nathalie.

— Il faut d'abord qu'elle y consente, je crois.

— Elle y consentira quand je voudrai me donner la peine d'obtenir son aveu. Jusqu'à présent, distrait par cent amourettes, peu soucieux de faire briller mes mérites aux yeux de ma cousine, je t'ai laissé le champ libre et ne t'ai point contrecarré. Mais, réflexions faites, je te déclare que je veux m'emparer de son cœur et de sa main, et je compte bien y réussir.

Il accentua ces derniers mots avec une fatuité superbe.

— Bonne chance, mon ami! répondit Yorick en souriant.

— Merci!... Un mot encore : Tu te rappelles sans doute que c'est moi qui t'ai présenté dans cet hôtel?

— Parfaitement.

— Eh bien! comme je désire qu'entre Nathalie et moi il ne se dresse aucun obstacle, et que ta présence continuelle ici peut être de nature à contrarier un peu mes desseins, — tu vois que je te fais l'honneur de te considérer comme un rival dangereux, — je te prie de ne plus revenir chez M. Rozier, au moins durant cinq ou six mois.

— Ce que tu me demandes là est tout simplement impossible. L'accueil que j'ai reçu dans cette hospitalière demeure, l'amitié généreuse qu'on m'y témoigne sans cesse, l'insistance gracieuse avec laquelle on m'invite, tout donnerait à une absence prolongée de ma part le caractère de l'ingratitude, et je me pique d'être doué d'une vertu assez rare de nos jours : la reconnaissance.

— Je t'excuserai.

— N'insiste pas. Ma conduite à l'égard de mademoiselle Nathalie et de son père ne saurait changer. Je ne cesserai point d'être leur ami, et je continuerai par mon empressement à leur prouver tout le plaisir que je ressens à les voir.

— A la bonne heure! voilà un refus catégorique. Eh bien! je te certifie, moi, que si tu ne conformes pas ta conduite au désir que je viens d'exprimer, si je te rencontre de nouveau dans cette maison avant que je sois devenu l'époux de ma cousine, tu me rendras raison de ton impertinence.

— Ah bah!

— Tu as bien compris?

— On ne peut mieux.

— Réfléchis jusqu'à demain.

— A quoi bon? Ma résolution est prise.

— Et tu consens à interrompre tes visites, n'est-ce pas?

— Et chaque jour, sans exception, je me ferai le commensal de M. Rozier.

— C'est une provocation!

— Comme il te plaira.

— Quelle arme manies-tu le plus habilement?

— Je n'ai jamais tenu ni une épée ni un pistolet.

— Tu veux donc que je te tue?

— A la grâce de Dieu! Je me soucie de l'existence comme d'une noisette. La vie, selon moi, ne vaut pas qu'on redoute la mort.

— Es-tu sincère? S'il en est ainsi, pourquoi te montres-tu si gai dans le monde, et même si joyeux?

— Question d'âge et de tempérament.

— Fou!... Voyons, dis-moi que tu consens à me satisfaire.

— Je mentirais.
— Alors nous nous battrons.
— Soit.
— Demain?
— Demain.
— A l'épée ou au pistolet? Choisis!
— Au pistolet, à bout portant.

Nestor ne s'attendait certainement pas à cette réplique : il demeura comme abasourdi.

— Qu'as-tu donc? reprit Yorick. Est-ce que cette sorte de duel ne te convient pas? Elle égalise pourtant les chances et donne à une rencontre le caractère de la vraie bravoure et de l'honneur.

— Cela n'est pas sérieux?
— Dis plutôt que cela est trop sérieux, mon cher Nestor.
— C'est féroce.
— Acceptes-tu?
— Non.
— Donc, pas de duel, car je refuse de me battre autrement
— Nous verrons bien.
— C'est tout vu.

Et Nestor, à la fois embarrassé et furieux, s'éloigna.

Yorick s'élança pour le retenir.

— De grâce! s'écria-t-il, ne nous fâchons pas!

Mais, soit que Nestor n'eût point entendu, soit qu'il refusât toute offre de réconciliation, il disparut.

Une voix cependant fit tressaillir Yorick.

— Laissez-le partir, lui dit cette voix.

Il se retourna et vit mademoiselle Rozier debout au milieu du salon.

— Je vous en conjure, mademoiselle, supplia Yorick, donnez l'ordre à l'un de vos serviteurs de rejoindre votre cousin et de le ramener. Il vient de se brouiller avec moi, et je crains d'avoir eu tort, car enfin c'est lui qui m'a fait recevoir dans cette charmante maison, et je dois lui en témoigner ma reconnaissance, fût-ce aux dépens de mon bonheur.

— Vous n'avez pas eu tort, monsieur. Il ne saurait convenir à un homme de cœur de se soumettre à une injonction.

— Quoi! vous avez entendu?
— Tout.
— En ce cas, vous savez ce que Nestor ambitionne, et vous n'ignorez pas qu'il a la folie de craindre la rivalité d'un pauvre diable qui ne songe guère à lui faire obstacle, moins encore à l'emporter sur lui. La jalousie, convenez-en, est une poltronne qui s'épouvante de tout, et même de rien.

— Nestor ne sera jamais mon mari.
— Quoi! mademoiselle, vous refusez de l'accepter pour époux?
— Je ne donnerai ma main qu'à celui qui aura mon cœur. Je n'aime pas mon cousin.
— Mais vous l'aimerez... je l'espère du moins... quand il vous aura prouvé sa tendresse et son dévouement.
— Nestor est incapable d'une affection sérieuse. Son âme superficielle et légère n'aura jamais la puissance de me convaincre et de me captiver.
— Vous le jugez bien sévèrement, mademoiselle. Je me plais à penser qu'il parviendra à vous faire changer de sentiment à son égard.
— N'en croyez rien. J'ai d'ailleurs plus d'une bonne raison pour persister, en ce qui le concerne, dans ma manière de voir, et pour ne point agréer ses hommages... qui manquent peut-être de désintéressement.

Disant cela, Nathalie fixait sur Yorick ses grands yeux noirs rayonnants et doux. Son visage était délicieux en ce moment. Sa peau avait la diaphanéité de l'albâtre ; ses cheveux d'un noir mat se relevaient avec une grâce exquise sur son front d'un galbe parfait ; ses lèvres un peu pâles, mais d'un dessin irréprochable, avaient je ne sais quelle harmonie tendre et suave qui ravissait. Certes, rien ne laissait supposer que cette jeune fille fût atteinte d'une affection nerveuse de la nature la plus grave, si ce n'est peut-être une légère nuance de bistre qui s'étendait par instants sous ses paupières inférieures, et une certaine contraction fébrile qui apparaissait par intervalles aux extrémités de sa bouche. Ses épaules, dessinées avec une rare élégance, montraient à demi des blancheurs ravissantes que les coquetteries de la dentelle et de la soie ; les fées eussent envié la finesse et la flexibilité de sa taille, qui méritait d'avoir des ailes pour planer au-dessus des réalités vulgaires d'ici-bas.

Elle alla s'asseoir sur un canapé, resta silencieuse un instant, puis elle reprit avec une lenteur expressive :

— Mon père est sorti. Si je ne me trompe, il a dû passer chez M. Yorick.

— Chez moi, mademoiselle? Mais c'est de la témérité! Ne sait-il pas que j'habite en l'air, tout près des nuages? Je vole à son secours.

— A quoi bon? Ne vous ayant pas rencontré, il va sans doute revenir.

— Hélas! s'il n'a pas été la victime de son imprudence! Mais puis-je apprendre de vous, mademoiselle, quel motif impérieux le poussait à cet acte d'audace et de désespoir?

— Je ne sais trop, répondit la jeune fille avec une sorte d'embarras. Il était convenable, assurément, qu'il vous fît une visite après toutes celles dont vous avez bien voulu nous honorer jusqu'à ce jour.

— En d'autres termes, il a voulu me remercier des bonnes grâces dont il m'entoure sans miséricorde. En vérité, cela devient intolérable, et très-sérieusement je compte lui en demander raison.

— Vos griefs contre mon père sont-ils donc si terribles?

— Je vous en fais juge : la reconnaissance n'est-elle pas le premier devoir d'un grand cœur? Or je me pique d'avoir un très-grand cœur. Eh bien! M. Rozier s'évertue si impitoyablement, j'ose le dire, à me combler de prévenances, d'invitations, d'amabilités, que ma reconnaissance ne pourra bientôt plus suffire et que je me prendrai en flagrant délit d'ingratitude, ce qui m'humiliera profondément. Vive Dieu! je suis fier comme trois Diogène, comme deux hidalgos, comme un poëte de la Bohême, et je ne souffrirai pas cela!

— Calmez-vous, monsieur! exclama Nathalie gaiement. Je crois me rappeler que mon père a justement l'intention de mettre votre reconnaissance à l'épreuve. C'est sans doute pour cela qu'il s'est rendu chez vous. Tremblez!

— Brrr! Est-ce qu'il songe à me demander le sacrifice de ma vie? Je consens à m'immoler, pourvu qu'il me permette de vous dire cordialement adieu.

Yorick modula cette dernière phrase avec une mélancolie involontaire, qui l'étonna lui-même et le fit un peu rougir.

Nathalie parut charmée de lui voir cette soudaine sentimentalité.

— Rassurez-vous, reprit-elle : mon père ne demande pas la mort du prochain. Il est moins cruel, moins exigeant.

— Méditerait-il de s'attaquer à ma bourse? Veut-il la prendre? Je la lui offre généreusement. Il y trouvera plusieurs pièces d'or et quelque menue monnaie... Je garde la menue monnaie.

— Vous ne devinez pas, repartit la jeune fille en jetant à l'écho du salon son trille mélodieux.

— Je vous en prie, révélez-moi le fatal secret. Je suis prêt à tout, même au crime, pour acquitter la dette de reconnaissance que j'ai contractée ici.

— C'est à merveille, monsieur! Justement, ce que mon père a résolu d'exiger de vous est un crime; oui, un crime de haute trahison!

— Qui donc dois-je trahir?

— Vous-même.

— Moi-même? Mais c'est impossible!

— Vous reculez déjà?

— Sans doute ; on trahit ses amours, on trahit sa patrie, on trahit jusqu'à son Dieu ; mais se trahir soi-même...

— Eh bien?

— Fi donc! cela n'en vaut pas la peine.

Yorick avait une façon vraiment comique et intraduisible de préparer un mot et de le lancer. C'était là surtout ce qui donnait un intérêt très-vif à ce qu'il disait. Il ressemblait à ces chanteurs bien doués, qui parviennent à rehausser par l'expression une mélodie dont le charme eût paru moins grand dans une autre voix, même habile. Toujours est-il que Nathalie prenait un réel plaisir à l'écouter, et qu'elle se montrait même heureuse chaque fois qu'il passait de longues heures près d'elle. Une fois lancé sur la pente des saillies, Yorick ne s'arrêtait plus. Parfois, cependant, il rencontrait une pensée à double sens, mi-partie triste et joyeuse, qui l'arrêtait tout à coup dans sa verve, comme un cheval lancé au galop fait halte brusquement. C'est qu'il se rappelait alors le mystérieux dialogue des deux médecins. Il tressaillait secrètement et regardait Nathalie avec une rapide expression d'anxiété; puis, faisant effort sur lui-même, il reprenait sa course à travers les espaces accidentés de l'imagination et de l'esprit.

Comme il était, ainsi qu'il le disait lui-même, en pleine divagation, M. Rozier entra. Nathalie était très-animée; elle plaisantait et riait, et Yorick, oublieux de l'entretien des docteurs, ravi de voir la jeune fille heureuse, redoublait de verve et d'entrain.

M. Rozier ne fut pas aperçu tout de suite. Il profita de cette distraction des deux jeunes gens pour les contempler avec une sorte d'enchantement paternel.

(La suite au prochain numéro.)

Le propriétaire-gérant : F. ROY.

LES MYSTERES DE PARIS

— Tiens, dit mon mari dont les lèvres étaient déjà blanches de colère, ne m'obstine pas ou je t'assomme. (Page 221.)

« Et aujourd'hui, m'y voilà, à l'hospice, e!... je dis : Qu'est-ce qu'ils deviendront, mes enfants?...
— Mais il n'y donc pas de justice, mon Dieu! pour les pauvres gens?
— Trop cher, trop cher pour nous, comme dit mon frère, — reprit Jeanne Duport avec amertume. — Les voisins avaient été chercher le commissaire... son greffier est venu... ça me répugnait de dénoncer Duport... mais, à cause de ma fille, il l'a fallu... Seulement j'ai dit que dans une querelle que je lui faisais, parce qu'il voulait emmener ma fille, il m'avait *poussée*... que cela ne serait rien... mais que je voulais ravoir Catherine, parce que je craignais qu'une mauvaise femme, avec qui vivait mon mari, ne la débauchât.

— Et qu'est-ce qu'il vous a dit, le greffier?

— Que mon mari était dans son droit d'emmener sa fille, n'étant pas séparé d'avec moi; que ce serait un malheur si ma fille tournait mal par de mauvais conseils, mais que ce n'étaient que des suppositions, et que ça ne suffisait pas pour porter plainte contre mon mari.

« Vous n'avez qu'un moyen : plaidez au civil, demandez une séparation de corps, et alors les coups que vous a donnés votre mari, sa conduite avec une vilaine femme, seront en votre faveur, et on le forcera de vous rendre votre fille : sans cela, il est dans son droit de la garder avec lui.

« — Mais plaider! je n'ai pas de quoi, mon Dieu ! j'ai mes enfants à nourrir.

« — Que voulez-vous que j'y fasse? a dit le greffier... c'est comme ça... »

« Oui, — reprit Jeanne en sanglotant, — il avait raison... c'est comme ça... et parce que... c'est comme ça... dans trois mois ma fille sera peut-être une créature des rues¹!... tandis que si j'avais eu de quoi plaider pour me séparer de mon mari, cela ne serait pas arrivé.

— Mais cela n'arrivera pas : votre fille doit tant vous aimer...

— Mais elle est si jeune! à cet âge-là, on n'a pas de défense; et puis la peur, les mauvais conseils, les mauvais exemples, l'acharnement qu'on mettra peut-être à lui faire faire mal! Mon pauvre frère avait prévu tout ce qui arrive, lui; il me disait : « Est-ce que tu crois que si cette mauvaise femme et ton mari s'acharnent à perdre cette enfant, il ne faudra pas qu'elle y passe¹? » Mon Dieu! mon Dieu! pauvre Catherine, si douce, si aimante!

— Ah! vous avez bien de la peine! Et moi qui me plaignais, — dit la Lorraine en essuyant ses yeux. — Et vos autres enfants?

— A cause d'eux, j'ai fait ce que j'ai pu pour vaincre la douleur et ne pas entrer à l'hôpital, mais je n'ai pu résister... Je vomis le sang trois ou quatre fois par jour; j'ai une fièvre qui me casse les bras et les jambes, je suis hors d'état de travailler... En étant vite guérie, je pourrai retourner auprès de mes enfants... si avant ils ne sont pas morts de faim ou emprisonnés comme mendiants... Moi ici... qui voulez-vous qui prenne soin d'eux, qui les nourrisse?

1. Nous rappellerons au lecteur que le père ou la mère sont admis à faire inscrire leur fille sur le livre de prostitution, au bureau des mœurs.

— Oh! c'est terrible!... Vous n'avez donc pas de bons voisins?

— Ils sont aussi pauvres que moi... et ils ont cinq enfants déjà. Aussi deux enfants de plus... c'est lourd; pourtant ils m'ont promis de les nourrir... *un peu*... pendant huit jours... c'est tout ce qu'ils peuvent... et encore en prenant sur leur pain, et ils n'en ont pas déjà de trop; il faut donc que je sois guérie dans huit jours; oh! oui, guérie ou non, je sortirai tout de même.

— Mais, j'y pense, comment n'avez-vous pas songé à cette bonne petite ouvrière, mademoiselle Rigolette, que vous avez rencontrée en prison? Elle les aurait gardés, bien sûr, elle.

— J'y ai pensé... et quoique la pauvre petite ait peut-être aussi bien du mal à vivre, je lui ai fait dire ma peine par une voisine; malheureusement elle est à la campagne, où elle va se marier, a dit la portière de sa maison.

— Ainsi, dans huit jours... vos pauvres enfants... Mais non, vos voisins n'auront pas le cœur de les renvoyer...

— Mais que voulez-vous qu'ils fassent? ils ne mangent pas déjà selon leur faim, et il faudra encore qu'ils retirent aux leurs pour donner aux miens... Non, non, voyez-vous, il faut que je sois guérie dans huit jours... je l'ai déjà demandé à tous les médecins qui m'ont interrogée depuis hier, mais ils me répondaient en riant : « C'est au médecin en chef qu'il faut s'adresser pour cela. » Quand viendra-t-il donc, le médecin en chef, la Lorraine?

— Chut!... je crois que le voilà... il ne faut pas parler pendant qu'il fait sa visite, — répondit tout bas la Lorraine.

En effet, pendant l'entretien des deux femmes, le jour était venu peu à peu. Un mouvement tumultueux annonça l'arrivée du docteur Griffon, qui entra bientôt dans la salle, accompagné de son ami le comte de Saint-Remy, qui, portant, on le sait, un vif intérêt à madame de Fermont et à sa fille, était loin de s'attendre à trouver cette malheureuse jeune fille à l'hôpital.

En entrant dans la salle, les traits froids et sévères du docteur Griffon semblèrent s'épanouir. Jetant autour de lui un regard de satisfaction et d'autorité, il répondit d'un signe de tête protecteur à l'accueil empressé des sœurs. La rude et austère physionomie du vieux comte de Saint-Remy était empreinte d'une profonde tristesse. La vanité de ses tentatives pour retrouver les traces de madame de Fermont, l'i-gnominieuse lâcheté du vicomte, qui avait préféré à la mort une vie infâme, l'écrasaient de chagrin.

— Eh bien ! — dit au comte le docteur Griffon d'un air triomphant, — que pensez-vous de mon hôpital ?

— En vérité, — répondit M. de Saint-Remy, — je ne sais pourquoi j'ai cédé à votre désir ; rien n'est plus navrant que l'aspect de ces salles remplies de malades. Depuis mon entrée ici, mon cœur est cruellement serré.

— Bah ! bah ! dans un quart d'heure, vous n'y penserez plus ; vous qui êtes philosophe, vous trouverez ample matière à observations; et puis enfin il était honteux que vous, un de mes plus vieux amis, vous ne connussiez pas le théâtre de ma gloire, de mes travaux, et que vous ne m'eussiez pas encore vu à l'œuvre. Je mets mon orgueil dans ma profession... est-ce un tort ?

— Non, certes ; et après vos excellents soins pour Fleur-de-Marie, que vous avez sauvée, je ne pouvais rien vous refuser.

— Ah çà ! vous n'avez rien appris de nouveau sur le sort de madame de Fermont et de sa fille ?

— Rien, dit M. de Saint-Remy en soupirant. — Mes constantes recherches n'ont eu aucun résultat. Je n'ai plus d'espoir que dans madame d'Harville, qui s'intéresse vivement aussi à ces deux infortunées ; peut-être a-t-elle quelques renseignements qui pourront me mettre sur la voie. Il y a trois jours, je suis allé chez elle ; on m'a dit qu'elle arriverait d'un moment à l'autre. Je lui ai écrit à ce sujet, la priant de me répondre le plus tôt possible.

Pendant l'entretien de M. de Saint-Remy et du docteur Griffon, plusieurs groupes s'étaient peu à peu formés autour d'une grande table occupant le milieu de la salle ; sur cette table était un registre où les élèves attachés à l'hôpital, et que l'on reconnaissait à leurs longs tabliers blancs, venaient tour à tour signer la *feuille de présence*. Un grand nombre de jeunes étudiants studieux et empressés arrivaient successivement du dehors pour grossir le cortége scientifique du docteur Griffon, qui, ayant devancé de quelques minutes l'heure habituelle de sa visite, attendait qu'elle sonnât.

— Vous voyez, mon cher Saint-Remy, que mon état-major est assez considérable, — dit le docteur Griffon avec orgueil en montrant la foule qui venait assister à ses enseignements pratiques.

— Et ces jeunes gens vous suivent au lit de chaque malade ?

— Ils ne viennent que pour cela...

— Mais tous ces lits sont occupés par des femmes !

— Eh bien ?

— La présence de tant d'hommes doit leur inspirer une confusion pénible !

— Allons donc ! un malade n'a pas de sexe...

— A vos yeux, peut-être ; mais aux siens... la pudeur, la honte...

— Il faut laisser ces belles choses-là à la porte, mon cher Alceste ; ici nous commençons sur le vivant des expériences et des études que nous finissons à l'amphithéâtre sur le cadavre.

— Tenez, docteur, vous êtes le meilleur et le plus honnête des hommes, je vous dois la vie, je reconnais vos excellentes qualités ; mais l'habitude et l'amour de votre art vous font envisager certaines questions d'une manière qui me révolte... Je vous laisse... Il est des choses qui me navrent et m'indignent ; je prévois que ce serait un supplice pour moi que d'assister à votre visite... Je vous attends ici... près de cette table.

— Quel homme vous êtes avec vos scrupules !... Mais je ne vous tiens pas quitte. J'admets qu'il serait fastidieux pour vous d'aller de lit en lit ; restez donc là : je vous appellerai pour deux ou trois cas assez curieux.

— Allons, messieurs, dit le docteur Griffon.

Et il commença sa visite suivi d'un nombreux auditoire.

En arrivant au premier lit de la rangée de droite, dont les rideaux étaient fermés, la sœur dit au docteur :

— Monsieur, le numéro 1 est mort cette nuit à quatre heures et demie du matin.

— Si tard ? cela m'étonne ; hier matin, je ne lui aurais pas donné la journée. A-t-on réclamé le corps ?

— Non, monsieur le docteur,

— Tant mieux ! il est beau, on ne pratiquera pas d'autopsie ; je vais faire un heureux.

Puis, s'adressant à un des élèves de sa suite :

— Mon cher Dunoyer, il y a longtemps que vous désirez un sujet ; vous êtes inscrit le premier, celui-ci est à vous.

— Ah ! monsieur, que de bonté !

— Je voudrais plus souvent récompenser votre zèle, mon cher ami ; mais marquez le sujet, prenez possession... il y a tant de gaillards âpres à la curée!

Et le docteur passa outre. L'élève, à l'aide d'un scalpel, incisa très-délicatement un F et un D (François Dunoyer) sur le bras de l'actrice défunte, pour prendre possession, comme disait le docteur. Et la visite continua.

— La Lorraine, — dit tout bas Jeanne Duport à sa voisine, — qu'est-ce donc que tout ce monde qui suit le médecin?

— Ce sont des élèves et des étudiants...

— O mon Dieu! est-ce que tous ces jeunes gens seront là lorsque le médecin va m'interroger et me regarder?

— Hélas! oui.

— Mais c'est à la poitrine que j'ai mal... On ne m'examinera pas devant tous ces hommes?

— Si, si, il le faut... J'ai assez pleuré la première fois, je mourais de honte... Je résistais, on m'a menacée de me renvoyer... Il a bien fallu me décider; mais cela m'a fait une telle révolution que j'en ai été plus malade... Jugez donc... presque nue... devant tant de monde... c'est bien pénible, allez!...

— Devant le médecin lui seul... je comprends ça... si c'est nécessaire, et encore ça coûte beaucoup... Mais pourquoi devant tous ces jeunes gens?

— Ils apprennent, et on leur enseigne sur nous... Que voulez-vous? nous sommes ici pour ça... c'est à cette condition qu'on nous reçoit à l'hospice.

— Ah! je comprends, — dit Jeanne Duport avec amertume, — on ne nous donne rien pour rien, à nous autres... Mais pourtant... il y a des occasions où ça ne peut pas être... Ainsi ma pauvre fille Catherine, qui a quinze ans, viendrait à l'hospice... est-ce qu'on oserait vouloir que devant tous ces jeunes gens?... Oh! non, je crois que j'aimerais mieux la voir mourir chez nous.

— Si elle venait ici, il faudrait bien qu'elle se résignât comme les autres, comme vous, comme moi. Mais taisons-nous, dit la Lorraine. — Si cette pauvre demoiselle qui est là en face vous entendait... elle qui, dit-on, était riche... elle qui n'a peut-être jamais quitté sa mère... Ça va être son tour... Jugez comme elle va être confuse et malheureuse!

— Mon Dieu! je frissonne rien que d'y penser... Pauvre enfant!

— Silence! Jeanne, voilà le médecin! — dit la Lorraine.

Après avoir rapidement visité plusieurs malades qui ne lui offraient rien de curieux, le docteur arriva enfin auprès de Jeanne. A la vue de cette foule empressée qui, avide de voir et de savoir, se pressait autour de son lit, la malheureuse femme, saisie de crainte et de honte, s'enveloppa étroitement dans ses couvertures. La figure sévère et méditative du docteur, son regard pénétrant, son sourcil toujours froncé par l'habitude de la réflexion, sa parole brusque, impatiente et brève, augmentaient encore l'effroi de Jeanne.

— Un nouveau *sujet!* dit le docteur en parcourant la pancarte où était inscrit le genre de maladie de l'*entrante.*

Et il jeta sur Jeanne un long coup d'œil investigateur. Il se fit un profond silence pendant lequel les assistants, à l'imitation du *prince de la science*, attachèrent curieusement leurs regards sur la malade. Après plusieurs minutes d'attention, le docteur, remarquant quelque chose d'anormal dans la teinte jaunâtre du globe de l'œil de la patiente, s'approcha plus près d'elle, et, du bout du doigt lui retroussant la paupière, il examina silencieusement le cristallin. Puis plusieurs élèves, répondant à une sorte d'invitation muette de leur professeur, allèrent tour à tour observer l'œil de Jeanne. Ensuite le docteur procéda à cet interrogatoire :

— Votre nom?

— Jeanne Duport... — murmura la malade de plus en plus effrayée.

— Votre âge?

— Trente-six ans et demi.

— Plus haut donc!... Le lieu de votre naissance?

— Paris.

— Votre état?

— Ouvrière frangeuse.

— Êtes-vous mariée?

— Hélas, oui!... monsieur, — répondit Jeanne avec un profond soupir.

— Depuis quand?

— Depuis dix-huit ans.

— Avez-vous des enfants?

Ici, au lieu de répondre, la pauvre mère donna cours à ses larmes longtemps contenues.

— Il ne s'agit pas de pleurer, mais de répondre. Avez-vous des enfants?

— Oui, monsieur... deux petits garçons et une fille de seize ans.

Ici plusieurs questions qu'il nous est impossible de répéter, mais auxquelles Jeanne ne satisfit qu'en balbutiant et après plusieurs injonctions sévères du docteur ; la malheureuse femme se mourait de honte, obligée qu'elle était de répondre tout haut à de telles demandes devant ce nombreux auditoire.

Le docteur, complétement absorbé par sa préoccupation scientifique, ne songea pas le moins du monde à la cruelle confusion de Jeanne et reprit :

— Depuis combien de temps êtes-vous malade?

— Depuis quatre jours, monsieur, — dit Jeanne en essuyant ses larmes.

— Racontez-nous comment votre maladie vous est survenue.

— Monsieur... c'est que... il y a tant de monde... je n'ose...

— Ah çà ! mais d'où sortez-vous, ma chère amie ? — dit impatiemment le docteur. — Ne voulez-vous pas que je fasse apporter ici un confessionnal?... Voyons... parlez... et dépêchez-vous !...

— Mon Dieu ! monsieur, c'est que ce sont des choses de famille...

— Soyez donc tranquille, nous sommes ici en famille... en nombreuse famille, vous le voyez, — ajouta le prince de la science qui était ce jour-là fort en gaieté. Voyons, finissons !

De plus en plus intimidée, Jeanne dit en balbutiant et en hésitant à chaque mot :

— J'avais eu... une querelle avec mon mari... au sujet de mes enfants... je veux dire de ma fille aînée... il voulait l'emmener... Moi, je ne voulais pas, à cause d'une vilaine femme avec qui il vivait, et qui pouvait donner de mauvais exemples à ma fille; alors mon mari, qui était gris... oh! oui, monsieur... sans cela... il ne l'aurait pas fait... mon mari m'a poussée très-fort... je suis tombée, et puis, peu de temps après, j'ai commencé à vomir le sang.

— Ta, ta, ta! votre mari vous a poussée et vous êtes tombée... vous nous la donnez belle !... Il a certainement fait mieux que vous pousser... il doit vous avoir parfaitement bien frappée dans l'estomac à plusieurs reprises... Peut-être même vous aura-t-il foulée aux pieds... Voyons, répondez ! dites la vérité !

— Ah! monsieur, je vous assure qu'il était gris... sans cela, il n'aurait pas été si méchant.

— Bon ou méchant, gris ou noir, il ne s'agit pas de ça, ma brave femme; je ne suis pas juge d'instruction, moi; je tiens tout bonnement à préciser un fait : vous avez été renversée et foulée aux pieds avec fureur, n'est-ce pas ?

— Hélas! oui, — dit Jeanne en fondant en larmes, — et pourtant je ne lui ai jamais donné un sujet de plainte... je travaille autant que je peux, et je...

— L'épigastre doit être douloureux? vous devez y ressentir une grande chaleur? vous devez éprouver du malaise, de la lassitude, des nausées ?

— Oui, monsieur... Je ne suis venu ici qu'à la dernière extrémité, quand la force m'a tout à fait manqué ; sans cela, je n'aurais pas abandonné mes enfants... dont je vais être si inquiète, car ils n'ont que moi... Et puis Catherine... ah ! c'est elle surtout qui me tourmente, monsieur... Si vous saviez...

— Votre langue? — dit le docteur interrompant de nouveau la malade.

Cet ordre parut si étrange à Jeanne, qui avait cru apitoyer le docteur, qu'elle ne lui répondit pas tout d'abord et le regarda avec ébahissement.

— Voyons donc cette langue dont vous vous servez si bien, — dit le docteur en souriant, et il baissa du bout du doigt la mâchoire inférieure de Jeanne.

Après avoir fait successivement et longuement tâter et examiner par ses élèves la langue du sujet, afin d'en constater la couleur et la sécheresse, il se recueillit un moment. Jeanne, surmontant sa crainte, s'écria d'une voix tremblante :

— Monsieur, je vais vous dire... des voisins aussi pauvres que moi ont bien voulu se charger de deux de mes enfants, mais pendant huit jours seulement. C'est déjà beaucoup... Au bout de ce temps, il faut que je retourne chez moi. Aussi, je vous en supplie, pour l'amour de Dieu! guérissez-moi le plus vite possible... ou à peu près... que je puisse seulement me lever et travailler; je n'ai que huit jours devant moi... car...

— Face décolorée, état de prostration complète; cependant pouls assez fort, dur et fréquent, — dit imperturbablement le docteur en désignant Jeanne. — Remarquez-le bien, messieurs : oppression, chaleur à l'épigastre, tous ces symptômes annoncent certainement une *hématémèse*... probablement compliquée d'une hépatite causée par les chagrins domestiques, ainsi que l'indique la coloration jaunâtre du globe de l'œil; le sujet a reçu des coups violents dans les régions de l'épigastre et de l'abdomen; le vomissement de sang est nécessairement causé par quelque lésion organique de certains viscères...

(*La suite au prochain numéro.*)

COMMENT ON AIME

YORICK

(SUITE)

Nathalie fut la première à remarquer la présence de son père. Elle s'élança dans ses bras.

— A merveille, ma fille! s'écria-t-il. Avant d'être arrivé au salon, j'ai entendu les éclats de ta gaieté. J'étais sûr que Yorick était ici.

Yorick s'inclina devant M. Rozier.

— Je suis venu ce matin solliciter une invitation à déjeuner, lui dit-il. M'invitez-vous?

— Parbleu! votre couvert est toujours mis à ma table, ne l'oubliez pas. Vous avez bien fait de venir, il faut que je vous parle. Je me suis rendu chez vous, il y a une heure, mais j'ai trouvé le nid vide : l'oiseau s'était envolé.

— Si vous voulez bien le permettre, dit Yorick, je vous recevrai ici. J'ai l'habitude d'accorder audience chez mes amis, pour cause d'insuffisance de mon appartement. Donnez-vous la peine de vous asseoir; je vous écoute avec attention.

— C'est parfait! reprit M. Rozier du ton le plus cordial. Disposez de mes salons. Je vous en prie même s'il le faut.

— J'accepte votre offre magnifique, cher monsieur. Mais je vous préviens que je vais prendre des airs de grand seigneur.

Et se redressant avec majesté :

— Parlez, reprit-il, et soyez bref, s'il se peut, car on m'attend au conseil des ministres.

— Altesse, dit M. Rozier en s'amusant de l'air comiquement superbe de Yorick, c'est une audience particulière et secrète que j'ai l'honneur de solliciter.

Et il s'inclina profondément, tandis que Yorick se promenait, les mains derrière le dos, la tête comme penchée sous le poids de graves préoccupations.

— Qu'on sorte! dit-il brusquement. Qu'on me laisse seul avec monsieur.

Il feignit de prendre du tabac dans la poche de son gilet et le respira avec bruit.

Nathalie regarda son père en souriant et sortit du salon.

Resté seul avec Yorick, M. Rozier prit place sur une causeuse et fit signe au jeune homme de s'asseoir près de lui. Yorick, abandonnant ses allures césariennes, se rendit à l'invitation.

— Écoutez, lui dit d'un ton affectueux le père de Nathalie, vous êtes un charmant garçon; je vous ai pris en sincère amitié, et je désire vous en donner une preuve manifeste.

— Votre bienveillance, monsieur, répondit Yorick en quittant ses grands airs, me donne tous les jours des témoignages d'affection dont je me sens parfois très-confus.

— Vous êtes modeste, et je vous en aime davantage. Voici ce dont il s'agit en ce moment. Ma maison, avant que Nestor ne vous y eût présenté, était triste et monotone, en dépit des fêtes que je ne cessais de donner. Mais, depuis quelque temps, sa physionomie a bien changé, et c'est certainement à vous qu'elle doit sa métamorphose. Nous avons moins de réunions, moins de bals, et cependant plus d'animation, plus de gaieté. Ma chère Nathalie elle-même a vu son caractère subir de notables modifications dont je me réjouis de tout mon cœur. Enfin vous êtes apparu chez moi, passez-moi l'expression ambitieuse, comme un génie bienfaisant dont la puissance dissipe les ombres et chasse les ennuis. Je ne suis pas ingrat, et je vous en garde une profonde reconnaissance.

— Quoi! c'est vous qui me parlez de reconnaissance, quand ce matin encore je me demandais si j'avais au fond de mon cœur assez de gratitude pour répondre à toutes vos bontés!

— Ces sentiments vous honorent, mon cher ami, mais ne me délient pas de mes obligations envers vous. Veuillez me prêter attention : je suis riche, et vous ne l'êtes pas; cette raison vous expliquera l'initiative que je prends ici. Le riche doit presque toujours faire les premières démarches, car la richesse de celui qui n'a pas de fortune, c'est sa fierté.

— Vous avez raison, monsieur, répondit

Yorick avec une certaine émotion; mais je ne vois pas bien où vous voulez en venir.

— Je veux en venir à ceci : je suis assez riche pour n'avoir pas besoin de regarder à la fortune dans le choix que je ferai d'un mari pour ma fille. Il me faut avant tout un gendre qui me convienne et qui plaise à mon enfant. Eh bien! j'ai interrogé Nathalie, et je sais que vous êtes celui qu'elle préfère entre tous. Voulez-vous l'épouser? Je vous offre sa main.

— A moi, monsieur? s'écria Yorick avec agitation.

— Sans doute, reprit M. Rozier; je m'écarte un peu, en cette circonstance, des usages reçus, car on ne voit pas beaucoup de pères proposer leurs filles à ceux qui ne les demandent pas.

— Vous voulez dire, monsieur, qu'on ne voit pas beaucoup de riches proposer un ange et l'opulence à un pauvre diable qui n'osait certainement pas espérer un tel bonheur.

— Serait-ce donc un si grand bonheur pour vous? Alors vous acceptez?

— Si j'accepte! s'écria Yorick avec une subite exaltation. Est-ce que le condamné hésite à accepter sa grâce? Est-ce que les élus hésitent à monter au ciel? Ah! monsieur, vous me comblez, et je ne trouve que des larmes pour vous répondre!

Yorick, en effet, avait les yeux mouillés de pleurs; il serrait à les briser les mains de M. Rozier, qui paraissait, lui, vraiment ravi de l'effet que produisait son ouverture. M. Rozier déclara qu'il fallait que ce mariage se célébrât le plus tôt possible, parce qu'il voulait partir avec sa fille et son gendre pour l'Italie, espérant que la température du Midi aurait une influence heureuse sur la santé de son enfant. Bientôt il appela Nathalie, et, prenant Yorick par la main :

— Ma fille, dit-il, je te présente ton futur mari.

— Et moi, balbutia Yorick avec une émotion difficile à peindre, je vous présente un homme abasourdi, qui se croit le jouet d'un songe et qui a une peur horrible de se réveiller. Ah! mademoiselle, reprit-il, laissez-moi mes belles illusions! ne m'enlevez pas ma joie!

— Refusez-vous de la partager avec moi, monsieur? dit la jeune fille avec une ineffable expression de tendresse et de bonheur.

— Vous m'aimez donc? s'écria Yorick.

— Oui, je vous aime, et de toute mon âme! répondit l'aimable enfant dont le doux visage rayonna.

A cette déclaration, Yorick pâlit étrangement, tout son corps trembla comme si un frisson le glaçait; ses lèvres s'agitèrent, mais sans pouvoir articuler un seul mot. Tout à coup il s'empara des mains de Nathalie, les inonda de baisers et de larmes; puis il éclata en sanglots, s'élança hors du salon et quitta l'hôtel précipitamment.

M. Rozier et sa fille demeurèrent interdits : ils se regardaient avec une sorte d'effroi. Le père de Nathalie fut le premier à vaincre cette paralysie de l'étonnement.

— Il y a vraiment des circonstances où la joie fait peur, dit-il. Mais rassure-toi, chère petite : on ne meurt pas d'un excès de bonheur. Nous reverrons bientôt Yorick.

IV

Après avoir refusé de se battre au pistolet à bout portant, Nestor, irrité de la tournure ridicule qu'avait prise sa provocation, s'était mis à marcher rapidement et au hasard dans les rues : il jurait ses grands dieux qu'il épouserait sa cousine. Peu à peu sa mauvaise humeur se calma, il résolut de brusquer les choses et d'aller le soir même demander à son oncle la main de Nathalie.

— En vérité, se dit-il en haussant les épaules avec un sentiment de dédain, je suis absurde de m'être inquiété de la mince influence que ce Yorick exerce sur l'esprit de ma cousine et de son père. Il ne saurait devenir pour moi un rival sérieux. Sans fortune, sans position, sans ce je ne sais quoi d'élégant et de distingué qui captive et séduit, comment me serait-il préféré? Mon oncle n'est point un sot : il ne donnera jamais sa fille à un homme de rien.

Comme il se disposait à revenir sur ses pas et à se rendre de nouveau chez M. Rozier, une main lui toucha l'épaule, et une voix étonnée lui dit :

— Êtes-vous devenu poëte ou conspirateur, mon cher? Composez-vous des vers, ou préparez-vous un complot? Vous avez l'air tout soucieux.

Nestor se retourna vers celui qui l'interpellait ainsi, et reconnut son médecin, le docteur Gavarus.

— Ah! c'est vous, docteur? Ravi de vous voir, dit-il en passant son bras sous celui de l'Esculape parisien et en l'entraînant. Rassurez-vous, reprit-il, je ne versifie ni ne conspire. Mais je songe à me marier.

— A la bonne heure! le mariage est un topique souverain pour guérir les folies de la jeunesse, pour réparer les délabrements de la fortune et de la santé.

— Devinez-vous à quelle personne je médite de m'unir?

— Ma foi! non. Est-elle jeune, jolie? A-t-elle une famille riche? une brillante dot?

— Dix-huit ans, belle comme un ange, père riche à millions, cinq cent mille francs au contrat. Voilà le parti.

— Il est superbe! Mariez-vous bien vite!

— Je cours faire ma demande et je vous emmène avec moi.

— Dans quel but?

— Si je balbutie, si je me trouble, vous viendrez à mon aide : vous parlerez.

— Où allons-nous?

— Chez mon oncle, pardieu!

— Chez M. Rozier?

— Oui.

— Alors c'est mademoiselle Nathalie que vous avez le désir d'épouser?

— Sans doute.

Le docteur s'était arrêté brusquement. Il envisageait Nestor avec une sorte d'anxiété.

— Qu'y a-t-il, demanda ce dernier, et qu'avez-vous donc, mon cher Hippocrate?

— J'ai... j'ai un scrupule.

— Un scrupule! Je ne vous comprends pas.

Après une pause, le docteur reprit :

— Aimez-vous sérieusement cette ravissante Nathalie? L'aimez-vous d'un profond amour?

— Singulière question! Elle me plaît beaucoup, comme tant d'autres aussi jolies qu'elle m'ont plu. C'est tout, et c'est bien assez pour que je sollicite sa main.

— Et la chère enfant vous aime-t-elle? Vous a-t-elle montré une préférence significative? En un mot, son cœur est-il à vous?

— Peuh! je n'ose m'en flatter, répondit Nestor avec un mélange intraduisible de modestie et de présomption, mais j'ai tout lieu de croire que je ne lui déplais point. C'est une personne de goût : elle sait apprécier la distinction des manières et de l'esprit.

Le médecin sourit : il y avait dans ce sourire une pointe d'ironie que l'amour-propre de son interlocuteur ne sentit pas.

— Mon cher Nestor, lui dit le docteur Gavarus en accentuant avec lenteur chacun de ses mots, si vous m'en croyez, vous n'accomplirez pas la démarche à laquelle vous voulez m'associer.

— Pourquoi donc?

— D'abord, parce qu'il est présumable — excusez ma franchise — qu'elle n'aurait aucun succès. Je connais assez mademoiselle Nathalie pour savoir qu'elle ne se mariera point à la légère, et que l'amour seul — un grand amour — aura le pouvoir de la décider à prendre un époux.

— Ah!... Ensuite?

— Ensuite je vous déclare que le préféré qui deviendra son mari devra l'aimer avec tendresse, avec passion, avec dévouement, car la pauvre jeune fille est atteinte depuis son enfance d'une affection étrange et terrible, dont la guérison plus ou moins radicale nécessitera une sollicitude constante, un miracle produit par l'influence magique du cœur.

— Que me dites-vous là? Est-ce que vous devenez fou, par hasard?

— Quoi! vous ne savez rien, vous ne soupçonnez rien?

— De grâce, expliquez-vous!

— Je devrais garder le silence, au contraire. J'ai promis, en effet, à mon confrère Danclat, le médecin de M. Rozier, de ne point divulguer le triste secret que j'avais entrevu et dont il m'a confirmé l'existence. Mais l'intérêt cordial que vous m'inspirez, la douce sympathie que me fait ressentir la jeune et belle affligée me déterminent à vous faire une révélation.

— Voyons, de quoi s'agit-il?

— Votre cousine, je vous le répète, cache une infirmité d'un caractère assez effrayant. Elle tombe parfois en catalepsie.

— En catalepsie! balbutia Nestor avec stupeur.

— Oui. Vous connaissez sans doute les effets de cette rare et terrible maladie. Cessation extérieure de tout sentiment pour un temps indéterminé; aptitude bizarre des muscles et des nerfs à se roidir et à conserver la position qu'avait le malade au moment de la crise; bref, c'est la vie interne avec toutes les apparences de la mort.

— Diable! cela n'est pas gai du tout, savez-vous, docteur? Mais est-il bien vrai que Nathalie ait cette infirmité?

(*La suite au prochain numéro.*)

Le propriétaire-gérant : F. ROY.

LES MYSTÈRES DE PARIS

— Vous voyez, mon cher Saint-Remy, que mon état-major est assez considérable, dit le docteur Griffon avec orgueil. (Page 227.)

« A ce propos, j'appellerai votre attention sur un point très-curieux, fort curieux : les ouvertures cadavériques de ceux qui sont morts de l'affection dont le sujet est atteint offrent des résultats singulièrement variables; souvent la maladie, très-aiguë et très-grave, emporte le malade en peu de jours, et l'on ne trouve aucune trace de son existence; d'autres fois la rate, le foie, le pancréas offrent des lésions plus ou moins profondes... Il est probable que le sujet dont nous nous occupons a souffert quelques-unes de ces lésions; nous allons donc tâcher de nous en assurer, et vous en assurerez vous-mêmes par un examen attentif du malade...

Et d'un mouvement rapide, le docteur Griffon, rejetant la couverture au pied du lit, découvrit presque entièrement Jeanne.

Nous répugnons à peindre l'espèce de lutte

douloureuse de cette infortunée qui sanglotait, éperdue de honte, implorant le docteur et son auditoire. Mais à cette menace : *On va vous mettre dehors de l'hospice si vous ne vous soumettez pas aux usages établis*, menace si écrasante pour ceux dont l'hospice est l'unique et dernier refuge, Jeanne se soumit à une investigation publique qui dura longtemps... très-longtemps... car le docteur Griffon analysait, expliquait chaque symptôme, et les plus studieux des assistants voulurent ensuite joindre la pratique à la théorie et s'assurer par eux-mêmes de l'état physique du sujet. Ensuite de cette scène cruelle, Jeanne éprouva une émotion si violente qu'elle tomba dans une crise nerveuse pour laquelle le docteur Griffon donna une prescription supplémentaire.

La visite continua. Le docteur arriva bientôt auprès du lit de mademoiselle Claire de Fermont, victime comme sa mère de la cupidité de Jacques Ferrand. Mademoiselle de Fermont, coiffée du bonnet de toile de l'hôpital, appuyait languissamment sa tête sur le traversin de son lit ; à travers les ravages de la maladie, on retrouvait sur ce candide et doux visage les traces d'une beauté pleine de distinction. Après une nuit de douleurs aiguës, la pauvre enfant était tombée dans une sorte d'assoupissement fébrile, et lorsque le docteur et son cortège scientifique étaient entrés dans la salle, le bruit de la visite ne l'avait pas réveillée.

— Encore un nouveau sujet, messieurs ! — dit le prince de la science. — Maladie... *fièvre lente nerveuse*... Peste ! — s'écria le docteur avec une satisfaction profonde, — si l'interne de service ne s'est pas trompé dans son diagnostic, c'est une excellente aubaine ; il y a fort longtemps que je désirais une fièvre lente nerveuse, car ce n'est généralement pas une maladie de pauvres... Ces affections naissent presque toujours à la suite de graves perturbations dans la position sociale du sujet... et il va sans dire que plus la position est élevée, plus la perturbation est profonde. C'est du reste une affection des plus remarquables par ses caractères particuliers. Elle remonte à la plus haute antiquité ; les écrits d'Hippocrate ne laissent aucun doute à cet égard, et c'est tout simple ; cette fièvre, je l'ai dit, a presque toujours pour cause les chagrins les plus violents... Or le chagrin est vieux comme le monde... Pourtant, chose singulière, avant le XVIIIᵉ siècle, cette maladie n'avait été exactement décrite par aucun auteur ; c'est Huxham, qui honore à tant de titres la médecine de cette époque, c'est Huxham, dis-je, qui le premier a donné une monographie de la fièvre nerveuse, monographie devenue classique... et pourtant, c'était une maladie de vieille roche, — ajouta le docteur en riant. — Eh ! eh ! eh !... elle appartient à cette grande, antique et illustre famille *febris*, dont l'origine se perd dans la nuit des temps... Mais ne nous réjouissons pas trop... voyons si en effet nous avons le bonheur de posséder ici un échantillon de cette curieuse affection... Cela se trouverait doublement désirable, car il y a très-longtemps que j'ai envie d'essayer l'usage interne du phosphore... Oui, messieurs, — reprit le docteur en entendant dans son auditoire une sorte de frémissement de curiosité, — oui, messieurs, du phosphore... c'est une expérience fort curieuse que je veux tenter... elle est audacieuse ! mais *Audaces fortuna juvat*... et l'occasion sera excellente. Nous allons d'abord examiner si le sujet nous offrira sur toutes les parties du corps, et principalement sur la poitrine, cette éruption miliaire si symptomatique selon Huxham... et vous vous assurerez vous-mêmes, en palpant le sujet, de l'espèce de rugosité que cette éruption entraîne... Mais ne vendons pas la peau de l'ours avant de l'avoir mis par terre, — ajouta le prince de la science qui se trouvait décidément fort en gaieté.

Et il secoua légèrement l'épaule de mademoiselle de Fermont pour l'éveiller... La jeune fille tressaillit et ouvrit les grands yeux creusés par la maladie. Que l'on juge de sa stupeur, de son épouvante. Pendant qu'une foule d'hommes entouraient son lit et la couvaient des yeux, elle sentit la main du docteur écarter sa couverture et se glisser dans son lit, afin de lui prendre la main pour lui tâter le pouls. Mademoiselle de Fermont, rassemblant toutes ses forces dans un cri d'angoisse et de terreur, s'écria :

— Ma mère !... au secours !... ma mère !...

Par un hasard presque providentiel, au moment où les cris de mademoiselle de Fermont faisaient bondir le vieux comte de Saint-Remy sur sa chaise, car il reconnaissait cette voix, la porte de la salle s'ouvrit, et une jeune femme, vêtue de deuil, entra précipitamment, accompagnée du directeur de l'hospice. Cette femme était la marquise d'Harville.

— De grâce, monsieur, — dit-elle au directeur avec la plus grande anxiété, — conduisez-moi auprès de mademoiselle de Fermont.

— Veuillez vous donner la peine de me suivre, madame la marquise, — répondit respectueusement le directeur. — Cette demoiselle est au numéro 17.

— Malheureuse enfant!... ici, ici... — dit madame d'Harville en essuyant ses larmes; — ah! c'est affreux!...

La marquise, précédée du directeur, s'approchait rapidement du groupe rassemblé auprès du lit de mademoiselle de Fermont, lorsqu'on entendit ces mots prononcés avec indignation :

— Je vous dis que cela est un meurtre infâme; vous la tuerez, monsieur.

— Mais, mon cher Saint-Remy, écoutez-moi donc...

— Je vous répète, monsieur, que votre conduite est atroce. Je regarde mademoiselle de Fermont comme ma fille, je vous défends d'en approcher, je vais la faire immédiatement transporter hors d'ici.

— Mais, mon cher ami, c'est un cas de fièvre lente nerveuse, très-rare... Je voulais essayer du phosphore... C'était une occasion unique. Promettez-moi au moins que je la soignerai, n'importe où vous l'emmeniez, puisque vous privez ma clinique d'un sujet aussi précieux...

— Si vous n'étiez pas un fou... vous seriez un monstre, — reprit le comte.

Clémence écoutait ces mots avec une angoisse croissante; mais la foule était si compacte autour du lit qu'il fallut que le directeur dît à voix haute :

— Place, messieurs, s'il vous plaît... place à madame la marquise d'Harville, qui vient voir le numéro 17.

A ces mots, les élèves se rangèrent avec autant d'empressement que de respectueuse admiration, en voyant la charmante figure de Clémence, que l'émotion colorait des plus vives couleurs.

— Madame d'Harville! s'écria le comte de Saint-Remy en écartant rudement le docteur et en se précipitant vers Clémence.

— Ah! c'est Dieu... qui envoie ici un de ses anges... Madame... je savais que vous vous intéressiez à ces deux infortunées... Plus heureuse que moi, vous les avez trouvées; tandis que moi, c'est... le hasard... qui m'a conduit ici... et pour assister à une scène d'une barbarie inouïe... Malheureuse enfant!... Voyez, madame... Et vous, messieurs .. au nom de vos filles ou de vos sœurs, ayez pitié d'une enfant de seize ans, je vous en supplie... laissez-la seule avec madame et ces bonnes religieuses.

Lorsqu'elle aura repris ses sens... je la ferai transporter hors d'ici.

— Soit... je signerai sa sortie, — s'écria le docteur; mais je m'attacherai à ses pas... mais je me cramponnerai à vous. C'est un sujet qui m'appartient; et vous aurez beau faire... je la soignerai... Je ne risquerai pas le phosphore, bien entendu; mais je passerai les nuits s'il le faut... comme je les ai passées auprès de vous, ingrat Saint-Remy... car cette fièvre est aussi curieuse que l'était la vôtre... Ce sont deux sœurs qui ont le même droit à mon intérêt.

— Maudit homme, pourquoi avez-vous tant de science? dit le comte sachant qu'en effet il ne pourrait confier mademoiselle de Fermont à des mains plus habiles.

— Eh! mon Dieu, c'est tout simple ! — lui dit le docteur à l'oreille, — j'ai beaucoup de science parce que j'étudie, parce que j'essaye, parce que je risque et pratique beaucoup sur mes *sujets*... soit dit sans calembour... Ah çà! j'aurai donc ma fièvre lente, vilain bourru?

— Oui... mais cette jeune fille est-elle transportable?

— Certainement.

— Alors, pour Dieu! retirez-vous...

— Allons, messieurs, — dit le prince de la science, — notre clinique sera privée d'une étude précieuse... mais je vous tiendrai au courant.

Et le docteur Griffon, accompagné de son auditoire, continua sa visite, laissant M. de Saint-Remy et madame d'Harville auprès de mademoiselle de Fermont.

Pendant cette scène, mademoiselle de Fermont, toujours évanouie, était restée livrée aux soins empressés de Clémence et des deux religieuses; l'une d'elles soutenait la tête pâle et appesantie de la jeune fille, pendant que madame d'Harville, penchée sur le lit, essuyait avec son mouchoir la sueur glacée qui inondait le front de la malade.

Profondément ému, M. de Saint-Remy contemplait ce tableau touchant, lorsqu'une funeste pensée lui traversant tout à coup l'esprit, il s'approcha de Clémence et lui dit à voix basse :

— Et la mère de cette infortunée, madame?...

La marquise lui répondit avec une tristesse navrante :

— Cette enfant... n'a plus de mère... monsieur... J'ai appris seulement hier soir, à mon retour, l'adresse de madame de Fermont... et son état désespéré... A une heure du matin, j'étais chez elle avec mon médecin... Ah! monsieur!... quel tableau!... la misère dans toute son horreur... et aucun espoir de sauver cette pauvre mère expirante! Son dernier mot a été : « Ma fille! »

— Quelle mort... grand Dieu!... Elle, mère si tendre, si dévouée !... C'est épouvantable!...

Une des religieuses vint interrompre cet entretien en disant à madame d'Harville :

— La jeune demoiselle est bien faible... elle entend à peine ; tout à l'heure peut-être elle reprendra un peu de connaissance... cette secousse l'a brisée... Si vous ne craigniez pas, madame, de rester là... en attendant que la malade revienne tout à fait à elle, je vous offrirais ma chaise.

— Donnez!... donnez! — dit Clémence en s'asseyant auprès du lit ; — je ne quitterai pas mademoiselle de Fermont ; je veux qu'elle voie au moins une figure amie lorsqu'elle ouvrira les yeux... ensuite je l'emmènerai avec moi, puisque le médecin trouve heureusement qu'on peut la transporter sans danger...

— Ah! madame, soyez bénie pour le bien que vous faites, — dit M. de Saint-Remy ; — mais pardonnez-moi de ne pas vous avoir encore dit mon nom ; tant de chagrins... tant d'émotions... Je suis le comte Saint-Remy, madame... le mari de madame de Fermont était mon ami le plus intime... J'habitais Angers... j'ai quitté cette ville dans mon inquiétude de ne recevoir aucune nouvelle de ces deux nobles et dignes femmes ; elles avaient jusqu'alors habité cette ville, et on me disait complétement ruinées : leur position était d'autant plus pénible que jusqu'alors elles avaient vécu dans l'aisance.

— Ah! monsieur... vous ne savez pas tout... madame de Fermont a été indignement dépouillée...

— Par son notaire, peut-être? Un moment j'en avais eu le soupçon.

— Cet homme était un monstre, monsieur... Hélas ! ce crime n'est pas le seul qu'il ait commis... Mais heureusement — dit Clémence avec exaltation, en songeant à Rodolphe — un génie providentiel en a fait justice, et j'ai pu fermer les yeux de madame de Fermont en la rassurant sur l'avenir de sa fille. Sa mort a été ainsi moins cruelle...

— Je le comprends; sachant à sa fille un appui tel que le vôtre, madame, ma pauvre amie a dû mourir tranquille...

— Non-seulement mon vif intérêt est à tout jamais acquis à mademoiselle de Fermont... mais sa fortune lui sera rendue...

— Sa fortune !... Comment ?... Le notaire ?

— A été forcé de restituer la somme... qu'il s'était appropriée par un crime horrible... Cet homme avait assassiné le frère de madame de Fermont pour faire croire que ce malheureux s'était suicidé après avoir dissipé la fortune de sa sœur.

— C'est horrible !... Mais c'est à n'y pas croire... et pourtant, par suite de mes soupçons sur le notaire, j'avais conservé de vagues doutes sur la réalité de ce suicide... car Renneville était l'honneur, la loyauté même. Et la somme que le notaire a restituée?...

— Elle est déposée chez un prêtre vénérable, M. le curé de Bonne-Nouvelle : elle sera remise à mademoiselle de Fermont.

— Cette restitution ne suffit pas à la justice des hommes, madame !... L'échafaud réclame ce notaire... car il n'a pas commis un meurtre... mais deux meurtres... La mort de madame de Fermont, les souffrances que sa fille endure sur ce lit d'hôpital ont été causées par l'infâme abus de ce misérable !

— Et ce misérable a commis un autre meurtre aussi affreux... aussi atrocement combiné.

— Que dites-vous, madame ?

— S'il s'est défait du frère de madame de Fermont par un prétendu suicide, afin de s'assurer l'impunité, il y a peu de jours il s'est défait d'une malheureuse jeune fille qu'il avait tout intérêt à perdre en la faisant noyer... certain qu'on attribuerait cette mort à un accident.

M. de Saint-Remy tressaillit, regarda madame d'Harville avec surprise en songeant à Fleur-de-Marie, et s'écria :

— Ah! mon Dieu, madame, quel étrange rapport !... Cette jeune fille... où a-t-il voulu la noyer ?

— Dans la Seine... près d'Asnières, m'a-t-on dit...

— C'est elle !... c'est elle !... — s'écria M. de Saint-Remy.

— De qui parlez-vous, monsieur ?

— De la jeune fille que ce monstre avait intérêt à perdre.

— Fleur-de-Marie ! ! !

— Vous la connaissez, madame?

— Pauvre enfant !... je l'aimais tendrement...

Ah! si vous saviez, monsieur, combien elle était belle et touchante!... Mais comment se fait-il...

— Le docteur Griffon et moi nous lui avons donné les premiers secours...

— Les premiers secours? à elle?... et où cela?

— A l'île du Ravageur... quand on l'a eu sauvée...

— Sauvée! Fleur-de-Marie... sauvée!

— Par une brave créature qui, au risque de sa vie, l'a retirée de la Seine... Mais qu'avez-vous, madame?...

— Ah! monsieur, je n'ose croire à tant de bonheur... mais je crains encore d'être dupe d'une erreur... Je vous en supplie, dites-moi, cette jeune fille... comment est-elle?

— D'une admirable beauté... une figure d'ange...

— De grands yeux bleus... des cheveux blonds?

— Oui, madame.

— Et quand on l'a noyée... elle était avec une femme âgée?

— En effet, depuis hier seulement qu'elle a pu parler (car elle est encore bien faible), elle nous a dit cette circonstance... Une femme âgée l'accompagnait.

— Dieu soit béni! — s'écria Clémence en joignant les mains avec ferveur, — je pourrai *lui* apprendre que sa protégée vit encore [1]. Quelle joie pour lui qui dans sa dernière lettre me parlait de cette pauvre enfant avec des regrets si pénibles!... Pardon, monsieur, mais si vous saviez combien ce que vous m'apprenez me rend heureuse... et pour moi et pour une personne... qui, plus que moi encore, a aimé et protégé Fleur-de-Marie!... Mais de grâce, à cette heure... où est-elle?

— Près d'Asnières... dans la maison de l'un des médecins de cet hôpital... le docteur Griffon, qui, malgré des travers que je déplore, a d'excellentes qualités... car c'est chez lui que Fleur-de-Marie a été transportée; et depuis il lui a prodigué les soins les plus constants.

— Et elle est hors de tout danger?

— Oui, madame, depuis deux ou trois jours seulement. Et aujourd'hui on lui permettra d'écrire à ses protecteurs.

— Oh! c'est moi, monsieur... c'est moi qui me chargerai de ce soin... ou plutôt c'est moi qui aurai la joie de la conduire auprès de ceux qui, la croyant morte, la regrettent si amèrement.

— Je comprends ces regrets, madame... car il est impossible de connaître Fleur-de-Marie sans rester sous le charme de cette angélique créature: sa grâce et sa douceur exercent sur tous ceux qui l'approchent un empire indéfinissable... La femme qui l'a sauvée, et qui depuis l'a veillée jour et nuit comme elle aurait veillé son enfant, est une personne courageuse et dévouée, mais d'un caractère si habituellement emporté qu'on l'a surnommée *la Louve*... jugez!... Eh bien! un mot de Fleur-de-Marie la bouleverse... je l'ai vue sangloter, pousser des cris de désespoir, lorsque, à la suite d'une crise fâcheuse, le docteur Griffon avait presque désespéré de la vie de Fleur-de-Marie.

— Cela ne m'étonne pas... je connais la Louve.

— Vous, madame? — dit M. de Saint-Remy surpris; — vous connaissez la Louve?

— En effet, cela doit vous étonner, monsieur, — dit la marquise en souriant doucement; car Clémence était heureuse... oh! bien heureuse... en songeant à la douce surprise qu'elle ménageait au prince. Quel eût été son enivrement si elle avait su que c'était une fille qu'il croyait morte... qu'elle allait ramener à Rodolphe!... — Ah! monsieur, — dit-elle à M. de Saint-Remy, — ce jour est si beau pour moi... que je voudrais qu'il le fût aussi pour d'autres; il me semble qu'il doit y avoir ici bien des infortunes honnêtes à soulager; ce serait une digne manière de célébrer l'excellente nouvelle que vous me donnez.

Puis, s'adressant à la religieuse qui venait de faire boire quelques cuillerées d'une potion à mademoiselle de Fermont:

— Eh bien!... ma sœur, reprend-elle ses sens?

— Pas encore... madame... elle est si faible! Pauvre demoiselle! à peine si l'on sent les battements de son pouls.

(*La suite au prochain numéro.*)

---

[1]. Madame d'Harville, arrivée seulement de la veille, ignorait que Rodolphe avait découvert que la Goualeuse (qu'il croyait morte) était sa fille. Quelques jours auparavant, le prince, en écrivant à la marquise, lui avait appris les nouveaux crimes du notaire ainsi que les restitutions qu'il l'avait obligé à faire. Il lui avait en même temps donné l'adresse de madame de Fermont, découverte par Badinot.

COMMENT ON AIME

YORICK

(SUITE)

Le médecin raconta dans quelle circonstance mademoiselle Rozier avait dû contracter le germe de la sombre névrose dont aucun traitement n'avait pu encore la guérir.

— Je m'étonne, ajouta-t-il, que vous n'ayez rien entrevu de mystérieux dans les habitudes de votre oncle, qui donne seul des soins à sa fille lorsque la catalepsie s'est emparée de la pauvre enfant.

— Eh bien ! dit Nestor, j'avoue que j'ai été plus d'une fois surpris d'apprendre que ma cousine était souffrante, et que son père s'enfermait pour veiller près d'elle. Mais j'étais loin de soupçonner, assurément, que le jeu régulier des organes eût en elle de si soudaines et de si lugubres suspensions.

— Vous comprenez maintenant, cher ami, que cette jeune personne ne doit pas accepter une simple union de convenance. Il importe qu'elle trouve dans le mariage une de ces passions généreuses qui ravivent l'âme et sont capables de rétablir électriquement dans l'organisation un équilibre rompu.

Tandis que le docteur s'exprimait ainsi, Nestor l'écoutait à peine ; il réfléchissait.

— Ma foi ! s'écria-t-il, je commence à croire que vous avez raison, cher maître ! Non, je ne suis pas le mari qui convient à Nathalie Rozier. Elle-même, je le reconnais franchement, ne réalise pas tout à fait le type féminin auquel je rêve de m'unir. Je n'ai aucun goût d'ailleurs au rôle de garde-malade, et je n'entends pas me marier avec la certitude de le devenir. Je renonce donc à la main de ma cousine, dans la crainte de sentir tôt ou tard cette jolie petite main se refroidir et se contracter dans la mienne. L'idée seule m'en donne le frisson.

— Je vous approuve de ne point persister dans votre premier projet, dit le docteur. Aussi bien, quand il vous plaira sérieusement de vous marier, trouverez-vous sans peine quelque jeune fille charmante, riche, spirituelle, — et pas du tout infirme, — qui se fera une joie de vous épouser, et qui vous rendra le plus envié des maris.

— Parbleu ! repartit Nestor en cambrant sa taille et en caressant avec complaisance sa blonde moustache.

Un vague reflet de moquerie passa dans le regard du docteur, qui serra la main du jeune fat et s'éloigna.

Nestor rentra chez lui. Il se rappela bientôt la vive altercation qu'il avait eue le matin même avec Yorick, se repentit de l'avoir fait naître, et, cédant à l'influence d'une bonne pensée, il résolut de se rendre immédiatement chez son ancien camarade pour se réconcilier avec lui.

— Depuis ma nouvelle détermination, se dit-il, je ne puis plus le considérer comme un rival, et je désire qu'il redevienne mon ami.

Il donna l'ordre d'atteler et se fit conduire à l'adresse de Yorick.

Il s'informa près du concierge, qui ne répondit pas d'abord à ses questions. Ce mutisme le surprit et l'impatienta.

— Je vous demande si M. Yorick est chez lui, reprit-il d'un ton impérieux et sec.

Le concierge leva les yeux vers celui qui l'interrogeait et laissa voir deux larmes sur ses joues.

— Oui, répondit-il d'une voix tremblante, il est chez lui... Mais il est mort.

Nestor tressaillit violemment et resta comme pétrifié. Ce ne fut pas sans un grand effort qu'il parvint à secouer cette torpeur.

— Mort? s'écria-t-il. C'est impossible ! Il y a quelques heures à peine, je l'ai vu bien vivant.

— Et maintenant il n'est plus ! soupira le brave homme. Ah ! qu'est-ce que de nous ? Moi aussi je l'ai aperçu tantôt : il rentrait, mais il paraissait tout étourdi, tout chancelant. Quelques minutes après, on le trouvait étendu roide dans l'escalier. Pas un souffle sur les lèvres, pas un battement au cœur. Pauvre garçon ! Si aimable et si gai ! Il est bien mort, hélas !

— A-t-on fait venir un médecin ?

— J'en attends un, qui a promis d'accourir. Mais les médecins, ça n'est jamais pressé parce que souvent on les dérange pour rien. Par exemple, ici, que va faire le docteur? Constater un décès, voilà tout.

Nestor était très-perplexe. Il se demandait s'il devait monter à la mansarde de Yorick ou s'en aller. Comme bien des gens dont l'imagination redoute le blême aspect de la mort, il hésitait à se placer devant le visage pâle et froid de son ancien camarade. Cependant, ce qu'il y avait en lui de courage moral l'emporta sur l'effroi instinctif. Il franchit les cinq étages, et se trouva près du corps inanimé rigidement étendu sur un lit, les yeux fermés, les lèvres entr'ouvertes, les bras repliés, la main droite sur le cœur. Une petite table, couverte d'un linge blanc, était posée près du chevet; un crucifix d'ivoire, entre deux flambeaux allumés, invitait au recueillement. Il y avait une vieille femme assise au pied de la couche funèbre : c'était une voisine de bonne volonté qui veillait.

La mansarde, d'ailleurs, quoique simplement meublée, était gracieuse et douce au regard. Des rideaux de perse lilas, des tapis modestes, mais de bon goût, de charmantes gravures, de jolies statuettes, d'élégants petits vases bleus remplis de fleurs, et au dehors, dans l'encadrement de l'unique fenêtre, le ciel immense et le dôme vert du Luxembourg, tout ce souriant aspect diminua aux yeux de Nestor l'effet répulsif produit par le côté lugubre du tableau. Il s'approcha du lit, examina Yorick dont les traits, quoique contractés, n'avaient aucun caractère effrayant, serra, non sans un peu de répugnance, sa main glacée et roide, puis se retira, satisfait de son intrépidité, ravi surtout d'aller dans la rue respirer le grand air des vivants.

Comme il ouvrait la portière de son coupé, il aperçut le valet de chambre de son oncle.

— Où allez-vous, François? lui demanda-t-il.

— Chez M. Yorick. J'ai ordre de m'informer de l'état de sa santé.

— Je viens de le voir. Ne montez pas, c'est inutile. Prenez place près de mon cocher. J'irai moi-même donner à votre maître les nouvelles qu'il demande. Tristes nouvelles, hélas!

Le valet de chambre obéit.

Un quart d'heure après, la voiture s'arrêtait devant l'hôtel de M. Rozier. Nestor sautait à terre; il se rendait précipitamment au salon, où Nathalie et son père attendaient le retour du domestique qu'ils avaient envoyé aux informations. Lorsqu'ils virent entrer Nestor, dont la physionomie avait revêtu une expression de morne tristesse, ils devinèrent qu'il venait leur parler de Yorick et leur annoncer quelque chose de grave à son sujet.

M. Rozier, s'avançant vers son neveu, lui tendit la main.

— Eh bien! demanda-t-il, que sais-tu, mon ami?

— Rien de bon, répondit Nestor en exhalant un soupir.

— S'agit-il de ce cher Yorick?

— Oui.

— Que lui est-il arrivé? Parle. Ma fille et moi, nous sommes inquiets, tourmentés.

— C'est un pressentiment qui vous agite, car ce que j'ai à vous apprendre vous causera sans doute un vif chagrin.

— Yorick est donc bien malade?

— Il a cessé de vivre.

Nestor avait voulu amortir la violence de la sombre nouvelle en employant une expression adoucie, mais il ne réussit guère dans sa louable intention. A peine, en effet, eut-il terminé sa phrase, que Nathalie se leva en se roidissant, proféra un cri de désespoir et se renversa en arrière, le visage blême, le corps contracté.

M. Rozier, tout frémissant, s'élança vers sa fille, la reçut dans ses bras, et, portant le cher fardeau, navré, muet, il s'enfuit vers une chambre à coucher dont il ferma la porte au verrou.

— Ma cousine est en état de catalepsie, murmura Nestor d'un air effaré. Elle aurait plusieurs millions de dot que je ne l'épouserais certainement pas.

Pour dissiper son émotion mêlée de frayeur, il sortit de l'hôtel et se rendit au Bois.

Le soir, une personne se présenta chez M. Rozier; elle pria le valet de chambre d'annoncer sa visite. Cette personne était très-pâle et semblait fortement impressionnée. En la voyant, en l'entendant, le domestique, qui avait écouté le court dialogue échangé le jour même entre Nestor et M. Rozier, recula de trois pas et s'écria avec un accent d'épouvante :

— Vous, monsieur Yorick! Mais vous n'êtes donc pas mort?

Yorick — car c'était bien lui — ne voulut point remarquer ce qu'il y avait de comique dans cette exclamation.

— Non, François, répondit-il, non, je ne suis pas mort. Je n'ai eu que l'apparence d'un trépassé. Quelques heures seulement de syncope léthargique, Dieu merci! Allez vite prévenir M. Rozier que je désire le voir.

— C'est inutile.

— Pourquoi?

— Parce que mon maître est auprès de mademoiselle Nathalie, qui a perdu connaissance — ce qui, entre nous, lui arrive de temps en temps — et que M. Rozier ne se dérange jamais avant qu'elle ne soit rétablie complétement.

— Et savez-vous la cause qui a déterminé aujourd'hui l'évanouissement de mademoiselle Rozier?

— Oui. C'est la nouvelle apportée par M. Nestor que vous n'existiez plus.

Yorick sentit un flot de larmes jaillir de son cœur à ses yeux. Il le refoula énergiquement.

— Ange! murmura-t-il avec une indicible expression d'enthousiasme et d'amour.

Il s'assit devant un petit bureau dans l'antichambre, traça quelques lignes au crayon et dit à François de faire parvenir immédiatement l'écrit à M. Rozier.

Le domestique promit d'essayer. Il alla frapper à la porte de la chambre à coucher de sa jeune maîtresse. Il ne reçut point de réponse. Il frappa de nouveau, en annonçant cette fois qu'il apportait une lettre de M. Yorick. La porte s'entr'ouvrit alors doucement, et M. Rozier parut. Il prit silencieusement la lettre, puis il se renferma sans bruit.

Un instant après, un coup de sonnette retentit avec violence. François se hâta de se rendre à l'appel. Il trouva son maître qui l'attendait sur le seuil de la chambre à coucher.

— Qui vous a remis ce papier? s'écria-t-il d'une voix haletante.

— M. Yorick lui-même.

— Où est-il?

— Me voici!

Au même moment, Yorick, qui avait suivi le valet de chambre, se précipitait vers M. Rozier, s'emparait de ses mains et les couvrait de pleurs. Le domestique se retira discrètement.

— Quoi! c'est vous, Yorick! dit alors le père de Nathalie. Ah! je n'espérais plus vous revoir! Jugez de ma stupeur lorsque j'ai lu votre lettre! Que vous est-il arrivé, malheureux?

— Une chose étrange, terrible, qui ne s'empare de mes sens qu'à de longs intervalles et après de profondes secousses de l'âme. La folle joie qui m'a remué le cœur lorsque j'ai acquis ce matin la certitude que j'étais aimé de la plus admirable et de la plus généreuse des créatures de Dieu a bouleversé tout mon être, et je suis tombé en catalepsie au moment où je me réfugiais chez moi pour cacher mon irrésistible exaltation.

M. Rozier écoutait d'un air atterré ce que lui avouait Yorick.

— Vous êtes donc cataleptique, vous aussi? murmura-t-il douloureusement.

— Je ne sais pas mentir, monsieur, et je vous affirme de nouveau que les atteintes du mal extraordinaire dont nous parlons sont rares en moi, si rares qu'il y a plus de deux ans que je n'en ai souffert. Je m'en croyais même affranchi à jamais. Je suis bien assez affligé, d'ailleurs, par les accès de sombre mélancolie qui m'assiégent parfois, surtout à la suite de mes plus vives gaietés. Je me vois forcé alors de disparaître et de cacher dans la solitude l'humeur hypocondriaque dont je me sens envahi.

— Que m'apprenez-vous là, juste ciel?

— La vérité. Je devais vous la dire, et j'ai rempli maintenant un devoir de conscience et d'honneur. Après l'aveu que je viens de faire, je n'aspire plus au bonheur d'épouser mademoiselle Nathalie, car je ne suis pas — je le reconnais humblement — le mari qu'il lui faut. Mais rien ne pourra plus arracher de mon cœur l'enthousiasme passionné qu'elle m'inspire, la suprême reconnaissance dont je me sens l'âme pénétrée au souvenir de l'intérêt généreux dont elle m'a donné ce matin un témoignage si éclatant.

M. Rozier paraissait comme accablé sous le poids d'une hallucination fantastique. Il envisageait Yorick avec une sorte d'égarement dans les yeux.

Après une pause, Yorick reprit :

— Je vais partir, m'exiler, pour n'être plus, même involontairement, une nouvelle cause de trouble dans votre existence. J'irai je ne sais où, au hasard, devant moi, emportant au fond de ma pensée la suave image de votre chère enfant. Ce souvenir d'un ange suffira, j'en suis sûr, à dissiper en moi les noires tristesses, les mornes découragements, qui proviennent sans doute de mon existence orpheline et de quelques déceptions cruelles dont ma jeunesse a trop vivement ressenti l'atteinte... Et maintenant je me retire, monsieur. Ce soir, j'aurai quitté Paris.

(*La suite au prochain numéro.*)

Le propriétaire-gérant : F. ROY.

LES ROMANS PARISIENS

LES MYSTÈRES DE PARIS

— Cette enfant, monsieur, n'a plus de mère. (Page 236.)

— J'attendrai pour l'emmener qu'elle soit en état d'être transportée dans ma voiture... Mais, dites-moi, ma sœur, parmi toutes ces malheureuses malades, n'en connaîtriez-vous pas qui méritent particulièrement l'intérêt et la pitié, et à qui je pourrais être utile avant de quitter cet hospice ?

— Ah ! madame... c'est Dieu qui vous envoie... — dit la sœur ; — il y a là — ajouta-t-elle en montrant le lit de la sœur de Pique-Vinaigre — une pauvre femme très-malade et très à plaindre : elle n'est entrée ici qu'à bout de ses forces ; elle se désole sans cesse parce qu'elle a été obligée d'abandonner deux petits enfants qui n'ont qu'elle au monde pour soutien... Elle disait tout à l'heure à M. le docteur qu'elle voulait sortir, guérie ou non, dans huit jours, parce que ses voisins lui avaient promis de garder ses enfants seulement une semaine... et qu'après ce temps ils ne pourraient plus s'en charger.

— Conduisez-moi à son lit, je vous prie, ma sœur, — dit madame d'Harville en se levant et en suivant la religieuse.

Jeanne Duport, à peine remise de la crise violente que lui avaient causée les investigations du docteur Griffon, ne s'était pas aperçue de l'entrée de madame d'Harville. Quel fut donc son étonnement lorsque la marquise, soulevant les rideaux de son lit, lui dit en attachant sur elle un regard rempli de commisération et de bonté :

— Ma bonne mère... il ne faut plus être inquiète de vos enfants, j'en aurai soin ; ne songez donc qu'à vous guérir pour les aller bien vite retrouver !

Jeanne Duport croyait rêver. A cette même place où le docteur Griffon et son studieux auditoire lui avaient fait subir une cruelle inquisition, elle voyait une jeune femme d'une ravissante beauté venir à elle avec des paroles de pitié, de consolation et d'espérance. Son émotion était si grande qu'elle ne put prononcer une parole ; elle joignit seulement les mains comme si elle eût prié, en regardant sa bienfaitrice inconnue avec adoration.

— Encore une fois, rassurez-vous, ma bonne mère... n'ayez aucune inquiétude, — reprit la marquise en pressant dans ses petites mains délicates et blanches la main brûlante de Jeanne Duport. — Rassurez-vous... ne soyez plus inquiète de vos enfants... et même, si vous le préférez, vous sortirez aujourd'hui de l'hospice, on vous soignera chez vous... rien ne vous manquera... de la sorte vous ne quitterez pas vos chers enfants... Si votre logement est insalubre ou trop petit, on vous en trouvera tout de suite un plus convenable... afin que vous soyez, vous, dans une chambre, et vos enfants dans une autre... Vous aurez une bonne garde-malade qui les surveillera tout en vous soignant... Enfin, lorsque vous serez rétablie, si vous manquez d'ouvrage, je vous mettrai à même d'attendre qu'il vous en arrive... et dès aujourd'hui je me charge de l'avenir de vos enfants...

— Ah ! mon Dieu ! qu'est-ce que j'entends ? Les chérubins descendent donc du ciel comme les livres d'église ! — dit Jeanne Duport tremblante, égarée, osant à peine regarder sa bienfaitrice. — Pourquoi tant de bontés pour moi ? qu'ai-je fait pour cela ? Ça n'est pas possible ! Moi sortir de l'hospice, où j'ai déjà tant pleuré, tant souffert ! ne plus quitter mes enfants ! avoir une garde-malade !... mais c'est comme un miracle du bon Dieu !

Et la pauvre femme disait vrai. Si l'on savait combien il est doux et facile de faire souvent et à peu de frais de ces *miracles* ! Hélas ! pour certaines infortunes abandonnées ou repoussées de tous... un salut immédiat, inespéré, accompagné de paroles bienveillantes, d'égards tendrement charitables, ne doit-il pas avoir, n'a-t-il pas l'apparence surnaturelle d'un *miracle* ?...

— Ce n'est pas un miracle, ma bonne mère, — répondit Clémence vivement émue ; ce que je fais pour vous, — ajouta-t-elle en rougissant légèrement au souvenir de Rodolphe, — ce que je fais pour vous m'est inspiré par un généreux esprit qui m'a appris à compatir au malheur... c'est lui qu'il faut remercier et bénir.

— Ah ! madame... je bénirai vous et les vôtres !... — dit Jeanne Duport en pleurant. — Je vous demande pardon de m'exprimer si mal... mais je n'ai pas l'habitude de ces grandes joies... c'est la première fois que cela m'arrive !...

— Eh bien !... voyez-vous, Jeanne, — dit la Lorraine attendrie, — il y a aussi parmi les riches des Rigolettes et des Goualeuses... en grand... il est vrai... mais quant au bon cœur... c'est la même chose !

Madame d'Harville se retourna toute surprise vers la Lorraine en lui entendant prononcer ces deux noms.

— Vous connaissez la Goualeuse et une jeune ouvrière nommée Rigolette ? — demanda-t-elle à la Lorraine.

— Oui, madame... la Goualeuse... bon petit ange, a fait l'an passé pour moi, mais, madame ! selon ses pauvres moyens, ce que vous faites pour Jeanne... Oui, madame... oh ! ça me fait du bien à dire et à répéter à tout le monde, la Goualeuse m'a retirée d'une cave où je venais d'accoucher sur la paille... et le cher petit ange m'a établie, moi et mon enfant, dans une chambre où il y avait un bon lit et un berceau... La Goualeuse avait fait ces dépenses-là par pure charité... car elle me connaissait à peine et était pauvre elle-même... C'est beau, cela, n'est-ce pas, madame ? — dit la Lorraine avec exaltation.

— Oh!... oui... la charité du pauvre envers le pauvre est grande et sainte, — dit Clémence les yeux mouillés de douces larmes.

— Il en a été de même de mademoiselle Rigolette, qui, selon ses moyens de petite ouvrière, — reprit la Lorraine, — avait, il y a quelques jours, offert ses services à Jeanne.

— Quel singulier rapprochement!... — se dit Clémence de plus en plus émue, car chacun de ces deux noms, la Goualeuse et Rigolette, lui rappelait une noble action de Rodolphe. — Et vous, mon enfant, que puis-je pour vous? — dit-elle à la Lorraine. — Je voudrais que les noms que vous venez de prononcer avec tant de reconnaissance vous portassent aussi bonheur.

— Merci, madame, — dit la Lorraine avec un sourire de résignation amère; — j'avais un enfant... il est mort... je suis poitrinaire, condamnée... je n'ai plus besoin de rien.

— Quelle idée sinistre! A votre âge... si jeune, il y a toujours de la ressource.

— Oh! non, madame... je sais mon sort... je ne me plains pas... j'ai vu encore cette nuit mourir une poitrinaire dans la salle... on meurt bien doucement... allez!... Je vous remercie toujours de vos bontés.

— Vous vous exagérez votre état...

— Je ne me trompe pas, madame... je le sens bien... Mais puisque vous êtes si bonne... une grande dame comme vous est toute-puissante...

— Parlez... dites... que voulez-vous?

— J'avais demandé un service à Jeanne... mais puisque, grâce à Dieu et à vous, elle s'en va...

— Eh bien! ce service... ne puis-je vous le rendre?...

— Certainement, madame... un mot de vous aux sœurs ou au médecin arrangerait tout.

— Ce mot, je le dirai, soyez-en sûre... De quoi s'agit-il?

— Depuis que j'ai vu l'actrice qui est morte si tourmentée de la crainte d'être coupée en morceaux après sa mort, j'ai la même peur... Jeanne m'avait promis de réclamer mon corps et de me faire enterrer.

— Ah! c'est horrible! — dit Clémence en frissonnant d'épouvante; — il faut venir ici pour savoir qu'il est encore pour les pauvres des misères et des terreurs même au delà de la tombe...

— Pardon, madame, — dit timidement la Lorraine; — pour une grande dame riche et heureuse comme vous méritez de l'être, cette demande est bien triste... je n'aurais pas dû la faire!...

— Je vous en remercie au contraire, mon enfant; elle m'apprend une misère que j'ignorais, et cette science ne sera pas stérile. Soyez tranquille, quoique ce moment fatal soit bien éloigné d'ici... quand il arrivera, vous serez sûre de reposer en terre sainte.

— Oh! merci, madame! — s'écria la Lorraine; — si j'osais vous demander la permission de baiser votre main...

Clémence présenta sa main aux mains desséchées de la Lorraine.

— Oh! merci... madame... j'aurai quelqu'un à aimer et à bénir jusqu'à la fin... avec la Goualeuse... et je ne serai plus attristée... pour après ma mort.

Ce détachement de la vie et ces craintes d'outre-tombe avaient péniblement affecté madame d'Harville; se penchant à l'oreille de la sœur qui venait l'avertir que mademoiselle de Fermont avait complètement repris connaissance, elle lui dit:

— Est-ce que réellement l'état de cette jeune femme est désespéré?

Et, d'un signe, elle lui indiqua le lit de la Lorraine.

— Hélas! oui, madame, la Lorraine est condamnée... elle n'a peut-être pas huit jours à vivre.

Une demi-heure après, madame d'Harville, accompagnée de M. de Saint-Remy, emmenait chez elle la jeune orpheline à qui elle avait caché la mort de sa mère.

Le jour même un homme de confiance de madame d'Harville, après avoir été visiter, rue de la Barillerie, la misérable demeure de Jeanne Duport, et avoir recueilli sur cette digne femme les meilleurs renseignements, loua aussitôt sur le quai de l'École deux grandes chambres et un cabinet bien aéré, meubla en deux heures ce modeste mais salubre logis, et, grâce aux ressources instantanées du Temple, le soir même Jeanne Duport fut transportée dans cette demeure, où elle trouva ses enfants et une excellente garde-malade. Le même homme de confiance fut chargé de réclamer et de faire enterrer le corps de la Lorraine lorsqu'elle succomberait à sa maladie. . . . .

Après avoir conduit et installé chez elle mademoiselle de Fermont, madame d'Harville partit aussitôt pour Asnières, accompagnée de

M. de Saint-Remy, afin d'aller chercher Fleur-de-Marie et de la conduire chez Rodolphe.

CHAPITRE XI
ESPÉRANCE

Les premiers jours du printemps approchaient, le soleil commençait à prendre un peu de force, le ciel était pur, l'air tiède... Fleur-de-Marie, appuyée sur le bras de la Louve, essayait ses forces en se promenant dans le jardin de la petite maison du docteur Griffon. La chaleur vivifiante du soleil et le mouvement de la promenade coloraient d'une teinte rosée les traits pâles et amaigris de la Goualeuse ; ses vêtements de paysanne ayant été déchirés dans la précipitation des premiers secours qu'on lui avait donnés, elle portait une robe de mérinos d'un bleu foncé, faite en blouse et seulement serré autour de sa taille délicate et fine par une cordelière de laine.

— Quel bon soleil ! — dit-elle à la Louve en s'arrêtant au pied d'une charmille d'arbres verts exposés au midi, et qui s'arrondissaient autour d'un banc de pierre. — Voulez-vous que nous nous asseyions un moment ici... la Louve ?

— Est-ce que vous avez besoin de me demander si je veux ? — répondit brusquement la femme de Martial en haussant les épaules.

Puis, ôtant de son cou un châle de bourre de soie, elle le ploya en quatre, s'agenouilla, le posa sur le sable un peu humide de l'allée, et dit à la Goualeuse :

— Mettez vos pieds là-dessus.

— Mais, la Louve, — dit Fleur-de-Marie qui s'était aperçue trop tard du dessein de sa compagne pour l'empêcher de l'exécuter, — mais, la Louve, vous allez abîmer votre châle...

— Pas tant de raisons !... la terre est fraîche, — dit la Louve.

Et, prenant d'autorité les petits pieds de Fleur-de-Marie, elle les posa sur le châle.

— Comme vous me gâtez, la Louve !

— Hum ! vous ne le méritez guère ; toujours à vous débattre contre ce que je veux faire pour votre bien... Vous n'êtes pas fatiguée ? Voilà une bonne demi-heure que nous marchons... Midi vient de sonner à Asnières.

— Je suis un peu lasse... mais je sens que cette promenade m'a fait du bien.

— Vous voyez... vous étiez lasse... vous ne pouviez pas me demander plus tôt de vous asseoir ?

— Ne me grondez pas, je ne m'apercevais pas de ma lassitude... C'est si bon de marcher quand on a été longtemps alitée... de voir le soleil, les arbres, la campagne, quand on a cru ne les revoir jamais !

— Le fait est que vous avez été dans un état désespéré durant deux jours. Pauvre Goualeuse !... oui, on peut vous dire cela maintenant... on désespérait de vous...

— Et puis, figurez-vous, la Louve, que, me voyant sous l'eau... malgré moi je me suis rappelé qu'une méchante femme, qui m'avait tourmentée quand j'étais petite, me menaçait toujours de me jeter aux poissons... Plus tard elle avait encore voulu me noyer [1]... Alors je me suis dit : Je n'ai pas de bonheur, c'est une fatalité, je n'y échapperai pas...

— Pauvre Goualeuse !... ç'a été votre dernière idée quand vous vous êtes crue perdue ?

— Oh ! non... — dit Fleur-de-Marie avec exaltation ; — quand je me suis sentie mourir... ma dernière pensée a été pour celui que je regarde comme mon Dieu ; de même qu'en me sentant renaître ma première pensée s'est élevée vers lui...

— C'est plaisir de vous faire du bien, à vous... vous n'oubliez pas.

— Oh ! non ; c'est si bon de s'endormir avec sa reconnaissance et de s'éveiller avec elle !

— Aussi on se mettrait dans le feu pour vous.

— Bonne Louve !... Tenez, je vous assure qu'une des causes qui me rendent heureuse de vivre... c'est l'espoir de vous porter bonheur, d'accomplir ma promesse... vous savez, nos châteaux en Espagne de Saint-Lazare ?

— Quant à cela, il y a du temps de reste ; vous voilà sur pied, j'ai fait mes frais... comme dit mon homme.

— Pourvu que M. le comte de Saint-Remy me dise tantôt que le médecin me permet d'écrire à madame Georges !... Elle doit être si inquiète !... et peut-être M. Rodolphe aussi ! — ajouta Fleur-de-Marie en baissant les yeux et en rougissant de nouveau à la pensée de *son Dieu*. — Peut-être ils me croient morte !

— Comme le croient aussi ceux qui vous ont fait noyer, pauvre petite... Oh ! les brigands !

— Vous supposez donc toujours que ce n'est pas un accident, la Louve ?

[1] Dans une des caves submergées de Bras-Rouge, aux Champs-Élysées.

— Un accident ?... Oui, les Martial appellent ça des accidents... Quand je dis les Martial... c'est sans compter mon homme... car il n'est pas de la famille, lui... pas plus que n'en seront jamais François et Amandine...

— Mais quel intérêt pouvait-on avoir à ma mort ? Je n'ai jamais fait de mal à personne... personne ne me connaît.

— C'est égal... si les Martial sont assez scélérats pour noyer quelqu'un, ils ne sont pas assez bêtes pour le faire sans y avoir un intérêt... Quelques mots que la veuve a dits à mon homme dans la prison me le prouvent bien...

— Il a donc été voir sa mère, cette femme terrible ?

— Oui, il n'y a plus d'espoir pour elle, ni pour Calebasse, ni pour Nicolas. On avait découvert bien des choses ; mais ce gueux de Nicolas, dans l'espoir d'avoir la vie sauve, a dénoncé sa mère et sa sœur pour un autre assassinat. Ça fait qu'ils y passeront tous... l'avocat n'espère plus rien, les gens de la justice disent qu'il faut un exemple.

— Ah ! c'est affreux ! presque toute une famille.

— Oui, à moins que Nicolas ne s'évade ; il est dans la même prison qu'un monstre de bandit appelé le Squelette, qui machine un complot pour se sauver, lui et d'autres ; c'est Nicolas qui a fait dire cela à Martial par un prisonnier sortant ; car mon homme a été encore assez faible pour aller voir son gueux de frère à la Force. Alors, encouragé par cette visite, ce misérable, que l'enfer confonde ! a eu le front de faire dire à mon homme que d'un moment à l'autre il pourrait s'échapper, et que Martial lui tienne prêts chez le père Micou de l'argent et des habits pour se déguiser.

— Votre Martial a si bon cœur !

— Bon cœur tant que vous voudrez, la Goualeuse ; mais que le diable me brûle si je laisse mon homme aider un assassin qui a voulu le tuer ! Martial ne dénoncera pas le complot d'évasion, c'est déjà beaucoup... D'ailleurs, maintenant que vous voilà en santé, la Goualeuse, nous allons partir, moi, mon homme et les enfants, pour notre tour de France ; nous ne remettrons jamais les pieds à Paris : c'était bien assez pénible à Martial d'être appelé fils de guillotiné... Qu'est-ce que cela serait donc lorsque mère, frère et sœur y auraient passé ?...

— Vous attendrez au moins que j'aie parlé de vous à M. Rodolphe, si je le revois... Vous êtes revenue au bien, j'ai dit que je vous en ferais récompenser, je veux tenir ma parole. Sans cela, comment m'acquitterais-je envers vous ? Vous m'avez sauvé la vie... et pendant ma maladie vous m'avez comblée de soins...

— Justement ! maintenant j'aurais l'air intéressée, si je vous laissais demander quelque chose pour moi à vos protecteurs. Vous êtes sauvée.. je vous répète que j'ai fait mes frais...

— Bonne Louve... rassurez-vous... ce n'est pas vous qui serez intéressée, c'est moi qui serai reconnaissante..,

— Écoutez donc ! — dit tout d'un coup la Louve en se levant ; — on dirait le bruit d'une voiture. Oui... oui, elle approche ; tenez, la voilà ; l'avez-vous vue passer devant la grille ? il y a une femme dedans.

— Oh ! mon Dieu !... — s'écria Fleur-de-Marie avec émotion, — il m'a semblé reconnaître...

— Qui donc ?

— Une jeune et jolie dame que j'ai vue à Saint-Lazare, et qui a été bien bonne pour moi...

— Elle sait donc que vous êtes ici ?

— Je l'ignore ; mais elle connaît la personne dont je vous parlais toujours, et qui, si elle le veut, et elle le voudra, je l'espère, pourra réaliser nos châteaux en Espagne de la prison ..

— Une place de garde-chasse pour mon homme avec une cabane pour nous au milieu des bois.... — dit la Louve en soupirant. — Tout ça, c'est des féeries... c'est trop beau, ça ne peut pas arriver...

Un bruit de pas précipités se fit entendre derrière la charmille ; François et Amandine, qui grâce aux bontés du comte de Saint-Remy, n'avaient pas quitté la Louve, arrivèrent essoufflés en criant :

— La Louve, voici une belle dame avec M. de Saint-Remy ; ils demandent à voir tout de suite Fleur-de-Marie.

— Je ne m'étais pas trompée !... dit la Goualeuse.

Presque au même instant parut M. de Saint-Remy, accompagné de madame d'Harville.

A peine celle-ci eut-elle aperçu Fleur-de-Marie qu'elle s'écria en courant à elle et en la serrant tendrement dans ses bras :

(La suite au prochain numéro.)

COMMENT ON AIME

YORICK
(SUITE)

« Je sais que mademoiselle Nathalie est malade, et je n'ose vous supplier de me mettre un instant en sa présence. Mais je vous conjure de vouloir bien lui dire que si je me condamne à l'exil, parce que je ne m'estime pas digne d'elle, elle n'en sera pas moins toujours pour le proscrit l'idéal de la mansuétude, de la grâce et de la beauté. Adieu ! »

M. Rozier ne répondit pas tout de suite. Il prenait silencieusement conseil de sa prudence et de sa tendresse pour son enfant.

— Oui, adieu ! dit-il enfin, car j'approuve votre détermination, et je ne chercherai pas à vous retenir. L'aveu pénible que vous venez de me faire me décide à vous révéler une similitude fatale qui existe entre ma fille et vous : ce qui rend impossible une union entre deux pauvres créatures affligées des mêmes défaillances et des mêmes surexcitations. Comme vous, Nathalie a parfois le spleen, et elle est sujette à des attaques intermittentes de catalepsie. En ce moment même, la chère petite est là sur son lit, sans un souffle apparent, froide et comme inanimée. La nouvelle de votre mort l'a mise en cet état. Aussi avez-vous raison de croire qu'il ne convient pas de lier deux existences également soumises aux plus graves perturbations dans l'ordre physique : elles seraient l'une pour l'autre une cause permanente de tristesse et de désolation. Partez donc, mon ami, en emportant mes regrets bien sincères, ainsi que mes vœux pour votre guérison. Je vous promets de redire à ma fille, dès que l'occasion me paraîtra opportune, toute l'ardente sympathie que vous ressentez pour elle, toute l'admiration enthousiaste que votre cœur lui a vouée à jamais !

Il tendit la main à Yorick, qui la serra convulsivement et la couvrit de pleurs.

Comme il allait s'éloigner, un profond soupir se fit entendre, et une voix plaintive articula ces mots :

— Mon père !... Yorick !...

M. Rozier tressaillit et courut au chevet de sa fille. Il la trouva les yeux grands ouverts et un peu hagards, les membres détendus et flexibles, la poitrine soulevée par la réaction de chaleur qui affluait sous l'épiderme et qui commençait à colorer son teint.

— Mon père, murmura-t-elle encore, ah ! je te revois !... Que je suis contente !...

Puis elle se posa sur son coude et promena dans la chambre un vague regard mêlé d'inquiétude et d'hésitation, comme si son esprit ne possédait pas une complète lucidité.

— Et lui ? balbutia-t-elle... est-ce qu'il n'est pas ici ?... Il me semblait l'avoir entendu parler... Serait-ce une illusion ?

Il était évident qu'elle ne se rappelait pas la cause déterminante de la syncope qu'elle avait eue le matin. M. Rozier ressentit un extrême embarras. Il ne savait que répondre. Nathalie reprit vivement :

— Non, ce n'est pas une illusion ! Je parie qu'il est là, tout près... avoue-le, père... et prie-le d'entrer... Je me sens bien portante maintenant.

— Il est parti, je crois.

— Tu te trompes ; j'entends marcher. Va voir !

L'excellent homme satisfit le désir de son enfant. Il vit Yorick très-agité, le visage en larmes, sans force pour s'élancer hors de l'hôtel, sans courage pour franchir le seuil de la chambre à coucher.

— Entrez, lui dit-il à plusieurs reprises.

Mais le pauvre garçon demeurait interdit, comme s'il ne comprenait pas. Tout à coup, cependant, un éclair de joie rayonna dans ses yeux, un cri enthousiaste lui échappa ; puis, maîtrisant par un effort sur lui-même la violence de son émotion, il pénétra dans la chambre de la malade d'un pas léger et d'un air souriant.

M. Rozier allait le suivre, lorsque le valet de chambre parut et annonça la visite du docteur Danclat.

— Soyez plus que jamais le bienvenu, cher

docteur! s'écria M. Rozier. Il faut que je vous consulte en secret, avant de vous conduire vers Nathalie. Il s'agit d'un cas de la plus bizarre gravité.

— Je vous écoute, répondit le médecin en s'asseyant sur une causeuse à l'une des extrémités du salon.

Pendant que cette consultation mystérieuse avait lieu, Yorick, le cœur palpitant, mais la physionomie gaie, se présentait devant la jeune fille, qui lui offrit le plus gentiment du monde sa petite main blanche à baiser.

— Bonjour, mademoiselle, dit-il en se hâtant de mettre l'entretien sur le ton de la plaisanterie. Avez-vous eu un bon sommeil?

Elle hocha la tête avec lenteur.

— Oui, répondit-elle, un profond sommeil surtout. Je ne suis pas bien sûre d'être entièrement éveillée. Je sens même que mon intelligence flotte encore dans une brume qui m'empêche de juger les choses avec précision.

— En d'autres termes, il y a un peu d'assoupissement dans votre pensée.

— C'est cela. Mais je compte me dégager dans un instant de cette légère somnolence et reconquérir toute la lucidité de mon esprit.

— Vous n'êtes pas souffrante?

— Non. La sensation que j'éprouve dans ce demi-rêve de mes sens éveillés est douce, si douce qu'il me semble que je m'épanouis.

— En effet, il y a en vous comme un rayonnement divin, dont mon regard a quelque peine à soutenir l'éclat.

Et Yorick passa ses deux mains sur ses yeux.

— Moqueur! exclama Nathalie. J'allais vous raconter un rêve étrange qui a vivement impressionné mon esprit, mais je n'en ferai rien; vous êtes trop en train de plaisanter.

— Je vous jure que je vais être grave comme un mahométan ou comme un académicien.

— Fi! l'assurance que vous m'en donnez est elle-même une plaisanterie.

— Que faut-il donc vous dire pour vous convaincre?

— Rien; cela vaut mieux.

— Le silence est parfois éloquent. Je vous écoute et ne souffle mot.

— J'ai rêvé, reprit Nathalie, que je me promenais dans un vaste jardin rempli des plus belles fleurs et des plus beaux oiseaux. Ces fleurs venaient d'elles-mêmes se former en bouquet entre mes doigts, se poser dans mes cheveux et se grouper à ma ceinture. Les oiseaux voletaient sans crainte autour de moi, se perchaient sur mes épaules, effleuraient mes lèvres de leur bec familier et chantant les mélodies les plus vives et les plus touchantes. Tout à coup l'un d'eux, le moins beau de tous, une fauvette, je crois, fit entendre des sons humains, et, à ma grande surprise, m'adressa la parole. « Pauvre Nathalie! dit-elle; tu prépares déjà ton bouquet de mariée, comme si tu devais vivre assez longtemps pour voir se lever le jour de ton hymen. Hélas! ta dernière heure est plus proche que tu ne penses, et tu quitteras la terre dans ta robe de fiancée! Vois, déjà tes forces s'évanouissent; nous allons entremêler nos ailes pour te mener à ton dernier séjour. » En effet, mes yeux se voilèrent, mon cœur s'affaiblit, et je sentis qu'on me portait doucement au bruit de quelques chants mélancoliques; puis je perdis connaissance. Un moment après, je me trouvai dans un cimetière, la nuit, au clair de lune, près d'une tombe fraîchement disposée. Sur cette tombe, je vis un bouquet de fleurs d'oranger et je lus mon nom. Je demeurai stupéfaite, mais non effrayée, car cet aspect de la mort n'avait pour moi rien de terrible. Aussitôt j'aperçus de l'autre côté de la tombe un homme, ou plutôt une ombre qui me regardait avec une expression de navrante douleur : c'était vous. Je m'élance à votre rencontre, mais vous disparaissez à l'instant même en jetant à l'écho du cimetière un rire qui me glaça jusqu'au fond du cœur. Je m'éveillai brusquement.

Yorick se sentit fortement impressionné par la nature bizarre de ce rêve; cependant il ne laissa point voir son émotion.

— Que pensez-vous de ce songe? lui demanda la jeune fille.

— Rien. Je vous ai promis de rester muet. Je tiens parole.

— Je vous permets de parler. N'est-ce pas que mon rêve est effrayant?

— Le fait est que j'ai eu terriblement peur à un certain passage de votre récit.

— Lorsque vous m'êtes apparu dans le cimetière?

— Non; mais quand ces amours de petits oiseaux ont entrelacé leurs ailes pour vous porter. Je vous avoue que je n'ai pas une extrême confiance dans ce genre de locomotion. J'ai sérieusement craint de vous voir tomber de très-haut, ce qui eût été dangereux, convenez-en.

— Vous n'êtes pas sérieux.

— Je me garderais bien de l'être en ce moment.
— Pourquoi?
— Parce que je meurs d'envie de vous faire sourire.
— Ne vous faut-il que cela pour vous contenter? Alors regardez-moi. Je souris.

Le visage angélique de Nathalie s'éclaira d'un reflet de gaieté, ses yeux s'animèrent magiquement, ses lèvres s'entr'ouvrirent comme un écrin qui montre deux petites guirlandes de perles fines. Mais soudain toute la grâce de sa physionomie disparut pour faire place à une sinistre expression de terreur. Elle blêmit et frissonna.

— Ah! mon Dieu! s'écria-t-elle en se soulevant avec effort, suis-je le jouet d'une hallucination ou suis-je devenue folle? Est-ce une personne vivante qui est là, devant moi, qui me regarde, qui me parle? Mais non! Je me souviens! je me souviens! Celui que j'aimais est mort, et c'est son fantôme qui est venu me visiter! Évanouissez-vous, chère ombre! car j'ai peur, j'ai peur!

Et la jeune fille retomba sur le lit; elle cacha sa figure dans les dentelles de l'oreiller.

Frémissant et navré, Yorick demeura un instant sans force et sans voix pour détromper Nathalie. Mais il fit appel à son courage, s'empara de deux mains glacées qu'il réchauffa dans les siennes, et dit avec une inflexion que la sollicitude la plus inquiète attendrissait ineffablement :

— Je vous en supplie, âme enchanteresse, rassurez-vous! Une erreur a laissé croire que je n'existais plus. Dieu merci! je suis encore de ce monde, et je veux vivre une éternité! Oui, reprit-il avec exaltation, je veux vivre pour savourer la félicité suave qui me remplit le cœur lorsque je songe à la sympathie divine dont vos lèvres m'ont fait ce matin le saisissant aveu! Ne tremblez plus, ma bien-aimée : je ne suis pas une ombre! Je suis une réalité qui palpite à votre vue, et qui ne consentirait à disparaître d'ici-bas qu'en se dévouant pour vous!

A mesure que Yorick s'exprimait ainsi, la jeune fille relevait la tête qu'elle inclinait vers lui, et l'envisageait avec une curiosité stupéfaite, que l'examen rassurait visiblement.

— Eh bien! dit-il, commencez-vous à croire que je sois bien vivant?

— Oui, balbutia-t-elle. Je reconnais que Nestor a été la dupe de quelque apparence bizarre ou de quelque bruit mensonger. Ah! que je suis heureuse, reprit-elle, de vous revoir, de vous entendre encore, de retrouver votre esprit si charmant et votre cœur si bon! Nous ne nous quitterons plus, n'est-ce pas?

— Jamais! répondit Yorick.

— Vous resterez ici, près de mon père, près de moi... toujours!

— Toujours! Je suis votre esclave. Disposez de ma vie!

Mais il se rappela aussitôt la promesse qu'il avait faite à M. Rozier : promesse qui l'obligeait à s'éloigner de Nathalie, à renoncer loyalement lui-même au radieux espoir de l'épouser. Cette pensée l'attrista subitement et pencha sur sa poitrine son front devenu soucieux.

— Qu'avez-vous donc? lui demanda la malade avec anxiété.

— Rien... rien... C'est-à-dire j'oubliais qu'il va falloir que je parte, que je vous quitte... pour un peu de temps, du moins.

— Où comptez-vous aller?

— Je ne sais encore... En Suisse, en Italie... n'importe où!

— Vous voyagerez... seul?

— Seul.

— Je ne vous comprends pas. Renoncez-vous donc à notre union?

— Ah! juste ciel! ... Bien malgré moi!

— Qui vous force à vous éloigner?... Expliquez-vous?

— La nécessité!... le devoir!

— Vous ne m'aimez donc plus?

Cette question si résolue, si catégorique, le rendit muet, hagard, presque fou. Elle résonna dans son cœur comme une impiété, comme un sacrilège qui froissait tout ce qu'il y avait en lui d'enthousiasme et d'adoration. Ce fut en se ranimant par un soubresaut de sa volonté qu'il répondit d'un ton de reproche douloureux :

— Ah! Nathalie, qu'osez-vous supposer là? Comment est-il possible que vous doutiez de moi, de mon affection, de mon culte, de cet entraînement passionné de tout mon être qui me ferait bénir la mort si je pouvais me sacrifier pour vous rendre éclatante d'épanouissement joyeux, d'énergie vitale et de félicité!

La jeune fille l'écoutait avec un sentiment de bonheur manifeste, auquel se mêlait une expression d'étonnement.

(La suite au prochain numéro.)

Le propriétaire-gérant : F. ROY.

LES MYSTERES DE PARIS

— Ne me grondez pas, je ne m'apercevais pas de ma lassitude... (Page 244).

— Pauvre chère enfant... vous voilà... Ah! sauvée!... sauvée miraculeusement d'une horrible mort! Avec quel bonheur je vous retrouve... moi qui, ainsi que vos amis, vous avais crue perdue... vous avais tant regrettée!

— Je suis aussi bien heureuse de vous revoir, madame; car je n'ai jamais oublié vos bontés pour moi, — dit Fleur-de-Marie en répondant aux tendresses de madame d'Harville avec une grâce et une modestie charmantes.

— Ah! vous ne savez pas quelle sera la surprise, la folle joie de vos amis qui, à cette heure, vous pleurent si amèrement!

Fleur-de-Marie, prenant par la main la Louve qui s'était retirée à l'écart, dit à madame d'Harville en la lui présentant:

— Puisque mon salut est si cher à mes bienfaiteurs, madame, permettez-moi de vous demander leurs bontés pour ma compagne, qui m'a sauvée au risque de sa vie...

— Soyez tranquille, mon enfant... vos amis prouveront à la brave Louve qu'ils savent que c'est à elle qu'ils doivent le bonheur de vous revoir.

La Louve, rouge, confuse, n'osant ni répondre ni lever les yeux sur madame d'Harville, tant la présence d'une femme de cette dignité lui imposait, n'avait pu cacher son étonnement en entendant Clémence prononcer son nom.

— Mais il n'y a pas un moment à perdre, — reprit la marquise. — Je meurs d'impatience de vous emmener, Fleur-de-Marie ; j'ai apporté dans ma voiture un châle, un manteau bien chaud ; venez, venez, mon enfant...

Puis, s'adressant au comte :

— Serez-vous assez bon, monsieur, pour donner mon adresse à cette courageuse femme, afin qu'elle puisse demain faire ses adieux à Fleur-de-Marie ?... De la sorte vous serez bien forcée de venir nous voir, — ajouta madame d'Harville en s'adressant à la Louve.

— Oh ! madame, j'irai, bien sûr, — répondit celle-ci, — puisque ce sera pour dire adieu à la Goualeuse ; j'aurais trop de chagrin de ne pouvoir pas l'embrasser encore une fois.

Quelques minutes après, madame d'Harville et la Goualeuse étaient sur la route de Paris.

Rodolphe, après avoir assisté à la mort de Jacques Ferrand si terriblement puni de ses crimes, était rentré chez lui dans un accablement inexprimable. Ensuite d'une longue et pénible nuit d'insomnie, il avait mandé près de lui sir Walter Murph, pour confier à ce vieux et fidèle ami l'écrasante découverte de la veille au sujet de Fleur-de-Marie. Le digne squire fut atterré ; mieux que personne il pouvait comprendre et partager l'immensité de la douleur du prince. Celui-ci, pâle, abattu, les yeux rougis par des larmes récentes, venait de faire à Murph cette poignante révélation.

— Du courage !... — dit le squire en essuyant ses yeux ; car, malgré son flegme, il avait aussi pleuré. — Oui, du courage... monseigneur !... beaucoup de courage !... Pas de vaines consolations... ce chagrin doit être incurable...

— Tu as raison... Ce que je ressentais hier n'est rien auprès de ce que je ressens aujourd'hui...

— Hier, monseigneur... vous éprouviez l'étourdissement de ce coup, mais sa réaction vous sera de jour en jour plus douloureuse. Ainsi donc, du courage !... L'avenir est triste... bien triste...

— Et puis hier... le mépris et l'horreur que m'inspirait cette femme... mais que Dieu en ait pitié !... elle est à cette heure devant lui... hier enfin, la surprise, la haine, l'effroi, tant de passions violentes refoulaient en moi ces élans de tendresse désespérée... qu'à présent je ne contiens plus... A peine si je pouvais pleurer... Au moins maintenant... auprès de toi... je le peux... Tiens, tu vois... je suis sans forces... je suis lâche, pardonne-moi... Des larmes... encore... toujours !... O mon enfant !... mon pauvre enfant !...

— Pleurez, pleurez, monseigneur... hélas ! la perte est irréparable.

— Et tant d'atroces misères à lui faire oublier, — s'écria Rodolphe avec un accent déchirant, — après ce qu'elle a souffert !... Songe au sort qui l'attendait !...

— Peut-être cette transition eût-elle été trop brusque pour cette infortunée, déjà si cruellement éprouvée.

— Oh ! non... non... va !... si tu savais avec quels ménagements... avec quelle réserve je lui aurais appris sa naissance !... comme je l'aurais doucement préparée à cette révélation !... C'était si simple... si facile !... Oh ! s'il ne s'était agi que de cela, vois-tu, — ajouta le prince avec un sourire navrant, — j'aurais été bien tranquille et pas embarrassé. Me mettant à genoux devant cette enfant idolâtrée, je lui aurais dit : « Toi qui as été jusqu'ici si torturée... sois enfin heureuse... et pour toujours heureuse .. Tu es ma fille... » Mais non, — dit Rodolphe en se reprenant, — non... cela aurait été trop brusque, trop imprévu. Oui, je me serais donc bien contenu, et je lui aurais dit d'un air calme : « Mon enfant, il faut que je vous apprenne une chose qui va bien vous étonner... Mon Dieu ! oui... figurez-vous qu'on a retrouvé les traces de vos parents... Votre père existe... et votre père, c'est moi. »

Ici le prince s'interrompit de nouveau.

— Non, non, c'est encore trop brusque, trop prompt ; mais ce n'est pas ma faute, cette révélation me vient tout de suite aux lèvres ! c'est qu'il faut tant d'empire sur soi ! Tu comprends, mon ami, tu comprends, être là, devant sa fille, et se contraindre !...

Puis, se laissant emporter à un nouvel accès de désespoir, Rodolphe s'écria :

— Mais à quoi bon, à quoi bon ces vaines paroles? Je n'aurai plus jamais rien à lui dire. Oh! ce qui est affreux, affreux à penser, vois-tu... c'est de penser que j'ai eu ma fille près de moi... pendant tout un jour... Oui, pendant ce jour à jamais maudit et sacré où je l'ai conduite à la ferme, ce jour où les trésors de son âme angélique se sont révélés à moi dans toute leur pureté! J'assistais au réveil de cette nature adorable... et rien dans mon cœur ne me disait : C'est ta fille... Rien, rien!... Oh! aveugle, barbare, stupide que j'étais!... Je ne devinais pas... Oh! j'étais indigne d'être père!

— Mais, monseigneur...

— Mais enfin... s'écria le prince, — a-t-il dépendu de moi, oui ou non, de ne la jamais quitter? Pourquoi ne l'ai-je pas adoptée, moi qui pleurais tant ma fille? Pourquoi, au lieu d'envoyer cette malheureuse enfant chez madame Georges, ne l'ai-je pas gardée près de moi?... Aujourd'hui je n'aurais qu'à lui tendre les bras... Pourquoi n'ai-je pas fait cela? pourquoi? Ah! parce qu'on ne fait jamais le bien qu'à demi, parce qu'on n'apprécie les merveilles que lorsqu'elles ont lui et disparu pour toujours... parce qu'au lieu d'élever tout de suite à sa véritable hauteur cette admirable jeune fille qui, malgré la misère, l'abandon, était, par l'esprit et le cœur, plus grande, plus noble peut-être qu'elle ne le fût jamais devenue par les avantages de la naissance et de l'éducation... j'ai cru faire beaucoup pour elle en la plaçant dans une ferme... auprès de bonnes gens... comme j'aurais fait pour la première mendiante intéressante qui se serait trouvée sur ma route. C'est ma faute... Si j'avais fait cela, elle ne serait pas morte... Oh! si... Je suis bien puni... je l'ai mérité... mauvais fils... mauvais père!...

Murph savait que de pareilles douleurs sont inconsolables; il se tut.

Après un assez long silence, Rodolphe reprit d'une voix altérée :

— Je ne resterai pas ici. Paris m'est odieux... demain, je pars....

— Vous avez raison, monseigneur.

— Nous ferons un détour ; je m'arrêterai à la ferme de Bouqueval... J'irai m'enfermer quelques heures dans la chambre où ma fille a passé les seuls jours heureux de sa triste vie... Là on recueillera avec religion tout ce qui reste d'elle... les livres où elle commençait à lire... les cahiers où elle a écrit... les vêtements qu'elle a portés... tout... jusqu'aux meubles, jusqu'aux tentures de cette chambre... dont je prendrai moi-même un dessin exact... Et à Gerolstein... dans le parc réservé où j'ai fait élever un monument à la mémoire de mon père outragé... je ferai construire une petite maison où se trouvera cette chambre... là j'irai pleurer ma fille... De ces deux funèbres monuments, l'un me rappellera mon crime envers mon père, l'autre le châtiment qui m'a frappé dans mon enfant...

Après un nouveau silence, Rodolphe ajouta :

— Ainsi donc, que tout soit prêt... demain matin...

Murph, voulant essayer de distraire un moment le prince de ses sinistres pensées, lui dit :

— Tout sera prêt, monseigneur ; seulement vous oubliez que demain doit avoir lieu à Bouqueval le mariage du fils de madame Georges et de Rigolette. Non-seulement vous avez assuré l'avenir de Germain et doté magnifiquement sa fiancée... mais vous leur avez promis d'assister à leur mariage comme témoin... Alors seulement ils devaient savoir le nom de leur bienfaiteur.

— Il est vrai, j'ai promis cela... Ils sont à la ferme... et je ne puis y aller demain... sans assister à cette fête... et, je l'avoue, je n'aurai pas ce courage...

— La vue du bonheur de ces jeunes gens calmerait peut-être un peu votre chagrin.

— Non, non, la douleur est solitaire et égoïste... Demain tu iras m'excuser et me représenter auprès d'eux, tu prieras madame Georges de rassembler tout ce qui a appartenu à ma fille... On fera faire le dessin de sa chambre et on me l'enverra en Allemagne.

— Partirez-vous donc aussi, monseigneur, sans voir madame la marquise d'Harville?

Au souvenir de Clémence, Rodolphe tressaillit... ce sincère amour vivait toujours en lui, ardent et profond... mais dans ce moment il était pour ainsi dire noyé sous le flot d'amertume dont son cœur était inondé... Par une contradiction bizarre, le prince sentait que la tendre affection de madame d'Harville aurait pu seule lui aider à supporter le malheur qui le frappait, et il se reprochait cette pensée comme indigne de la rigidité de sa douleur paternelle.

— Je partirai sans voir madame d'Harville, — répondit Rodolphe. — Il y a peu de jours, je lui écrivais la peine que me causait la mort de Fleur-de-Marie... Quand elle saura que Fleur-de-Marie était ma fille... elle comprendra qu'il est de ces douleurs ou plutôt de ces punitions fatales qu'il faut avoir le courage de subir seul... oui, seul... pour qu'elles soient expiatoires... et elle est terrible, l'expiation que la fatalité m'impose... terrible! car elle commence... pour moi... à l'heure où le déclin de la vie commence aussi.

On frappa légèrement et discrètement à la porte du cabinet de Rodolphe qui fit un mouvement d'impatience chagrine. Murph se leva et alla ouvrir.

A travers la porte entre-bâillée, un aide de camp du prince dit au squire quelques mots à voix basse. Celui-ci répondit par un signe de tête, et se retournant vers Rodolphe :

— Monseigneur me permet-il de m'absenter un moment? Quelqu'un veut me parler à l'instant pour le service de Votre Altesse Royale.

— Va... — répondit le prince.

A peine Murph fut-il parti que Rodolphe, cachant sa figure dans ses mains, poussa un long gémissement.

— Oh! — s'écria-t-il, — ce que je ressens m'épouvante... Mon âme déborde de fiel et de haine; la présence de mon meilleur ami me pèse... le souvenir d'un noble et pur amour m'importune et me trouble, et puis... cela est lâche et indigne... mais hier soir j'ai appris avec une joie barbare la mort de Sarah... de cette mère dénaturée qui a causé la perte de ma fille; je me plais à retracer l'horrible agonie du monstre qui a fait tuer mon enfant. O rage! je suis arrivé trop tard... — s'écria-t-il en bondissant sur son fauteuil. — Pourtant... hier, je ne souffrais pas cela... et hier comme aujourd'hui je savais ma fille morte... Oh! oui, mais je ne me disais pas ces mots qui désormais empoisonneront ma vie : J'ai vu ma fille... je lui ai parlé... j'ai admiré tout ce qu'il y avait d'adorable en elle... Oh! que de temps j'ai perdu à cette ferme!... Quand je songe que je n'y suis allé que trois fois!... oui, pas plus... Et je pouvais y aller tous les jours... voir ma fille tous les jours... que dis-je? la garder à jamais près de moi... Oh! tel sera mon supplice... de me répéter cela toujours... toujours!

Et le malheureux trouvait une volupté cruelle à revenir à cette pensée désolante et sans issue ; car le propre des grandes douleurs est de s'aviver incessamment par de terribles redites. Tout à coup la porte du cabinet s'ouvrit, et Murph entra très-pâle, si pâle que le prince se leva à demi et s'écria :

— Murph... qu'as-tu?...

— Rien, monseigneur...

— Tu es bien pâle... pourtant.

— C'est... l'étonnement.

— Quel étonnement?

— Madame d'Harville!...

— Madame d'Harville... grand Dieu! un nouveau malheur?...

— Non, non, monseigneur, rassurez-vous... elle est... là... dans le salon.

— Elle... ici... elle chez moi... c'est impossible!...

— Aussi, monseigneur... vous dis-je... la surprise...

— Une telle démarche de sa part... Mais qu'y a-t-il donc, au nom du ciel?

— Je ne sais... mais je ne puis me rendre compte de ce que j'éprouve...

— Tu me caches quelque chose!

— Sur l'honneur, monseigneur... sur l'honneur... non... je ne sais ce que madame la marquise m'a dit.

— Mais que t'a t-elle dit?

— « Sir Walter, — et sa voix était émue, mais son regard rayonnait de joie, — ma présence ici doit vous étonner beaucoup... Mais il est certaines circonstances si impérieuses qu'elles laissent peu de temps de songer aux convenances. Priez Son Altesse de m'accorder à l'instant quelques moments d'entretien en votre présence... car je sais que le prince n'a pas au monde de meilleur ami que vous. J'aurais pu lui demander de me faire la grâce de venir chez moi ; mais c'eût été un retard d'une heure peut-être, et le prince me saura gré de n'avoir pas retardé d'une minute cette entrevue... » a-t-elle ajouté avec une expression qui m'a fait tressaillir.

— Mais... — dit Rodolphe d'une voix altérée, et devenant malgré lui plus pâle encore que Murph, — je ne devine pas encore la cause de ton trouble... de... ton émotion... de... ta pâleur... il y a autre chose... cette entrevue...

— Sur l'honneur, je ne... sais rien de plus... Ces seuls mots de la marquise m'ont bouleversé. Pourquoi? je l'ignore... Mais vous-même... vous êtes bien pâle, monseigneur...

— Moi?... — dit Rodolphe en s'appuyant sur un fauteuil, car il sentait ses genoux se dérober sous lui.

— Je vous dis, monseigneur, que vous êtes aussi bouleversé que moi... Qu'avez-vous?

— Dussé-je mourir sur le coup... prie madame d'Harville d'entrer! — s'écria le prince.

Par une sympathie étrange, la visite si inattendue, si extraordinaire, de madame d'Harville avait éveillé chez Murph et chez Rodolphe une même vague et folle espérance ; mais cet espoir leur semblait si insensé que ni l'un ni l'autre n'avait voulu se l'avouer.

Madame d'Harville, suivie de Murph, entra dans le cabinet du prince.

CHAPITRE XII

LE PÈRE ET LA FILLE

Ignorant que Fleur-de-Marie fût la fille du prince, madame d'Harville, toute à la joie de lui ramener sa protégée, avait cru pouvoir la lui présenter presque sans ménagements ; seulement elle l'avait laissée dans sa voiture, ignorant si Rodolphe voulait se faire connaître à cette jeune fille et la recevoir chez lui. Mais, s'apercevant de la profonde altération des traits de Rodolphe, qui trahissaient un morne désespoir ; remarquant dans ses yeux les traces récentes de quelques larmes, Clémence pensa qu'il avait été frappé par un malheur bien plus cruel pour lui que la mort de la Goualeuse ; aussi, oubliant l'objet de la visite, elle s'écria :

— Grand Dieu !... monseigneur... qu'avez-vous ?

— Vous l'ignorez, madame ?... Ah ! tout espoir est perdu... Votre empressement... l'entretien que vous m'avez si incessamment demandé... j'avais cru...

— Oh ! je vous en prie, ne parlons pas du sujet qui m'amenait ici... monseigneur... Au nom de mon père dont vous avez sauvé la vie... j'ai presque droit de vous demander la cause de la désolation où vous êtes plongé... Votre abattement, votre pâleur m'épouvantent... Oh ! parlez, monseigneur... soyez généreux... parlez, ayez pitié de mes angoisses...

— A quoi bon, madame ? ma blessure est incurable...

— Ces mots redoublent mon effroi... monseigneur ; expliquez-vous... Sir Walter... mon Dieu ! qu'y a-t-il ?

— Eh bien... — dit Rodolphe d'une voix entrecoupée, en faisant un violent effort sur lui-même, — depuis que je vous ai instruite de la mort de Fleur-de-Marie... j'ai appris qu'elle était ma fille...

— Fleur-de-Marie !... votre fille !... — s'écria Clémence avec un accent impossible à rendre.

— Oui... Et tout à l'heure, quand vous m'avez fait dire que vous vouliez me voir à l'instant... pour m'apprendre une nouvelle qui me comblerait de joie... ayez pitié de ma faiblesse... mais un père fou de douleur d'avoir perdu son enfant est capable des plus folles espérances. Un moment j'avais cru... que... Mais non, non, je le vois... je m'étais trompé... Pardonnez-moi... je ne suis qu'un misérable insensé...

Rodolphe, épuisé par le contre-coup d'un fugitif espoir et d'une déception écrasante, retomba sur son siége en cachant sa figure dans ses mains.

Madame d'Harville restait stupéfaite, immobile, muette, respirant à peine, tour à tour en proie à une joie enivrante, à la crainte de l'effet foudroyant de la révélation qu'elle devait faire au prince, exaltée enfin par une religieuse reconnaissance envers la Providence qui la chargeait, elle... elle... d'annoncer à Rodolphe que sa fille vivait... et qu'elle la lui ramenait... agitée par ces émotions si violentes, si diverses, elle ne pouvait trouver une parole... Tout à coup la marquise, cédant à un mouvement subit, involontaire, oubliant la présence de Murph et de Rodolphe, s'agenouilla, joignit les mains et s'écria avec l'expression d'une piété fervente et d'une gratitude ineffable :

— Merci !... mon Dieu.. soyez béni !... je reconnais votre volonté toute-puissante... merci encore, car vous m'avez choisie... pour lui apprendre que sa fille est sauvée !

Quoique dits à voix basse, ces mots, prononcés avec un accent de sincérité et de sainte exaltation, arrivèrent aux oreilles de Murph et du prince. Celui-ci redressa vivement la tête au moment où Clémence se relevait. Il est impossible de dire le regard, le geste, l'expression de la physionomie de Rodolphe en contemplant madame d'Harville dont les traits adorables, empreints d'une joie céleste, rayonnaient en ce moment d'une beauté surhumaine.

Appuyée d'une main sur le marbre d'une console, et comprimant sous son autre main les battements précipités de son sein, elle répondit par un signe affirmatif à un regard de Rodolphe qu'il faut encore renoncer à rendre.

— Et... où est-elle ?... — dit le prince en tremblant comme la feuille.

— En bas... dans ma voiture.

Sans Murph qui, prompt comme l'éclair, se jeta au-devant de Rodolphe, celui-ci sortait éperdu.

(*La suite au prochain numéro.*)

COMMENT ON AIME

YORICK

(SUITE)

— Alors, pourquoi voulez-vous m'abandonner? dit-elle d'une voix plaintive et d'un air stupéfait.

Yorick chercha une réponse évasive et ne la trouva point.

Depuis quelques minutes, cependant, M. Rozier et le docteur Danclat se tenaient sans bruit sur le seuil de la chambre. En quelques mots, M. Rozier avait appris au médecin l'étrange situation dans laquelle étaient engagés Nathalie et Yorick. Le savant praticien avait émis aussitôt son opinion, puis il avait exprimé le désir d'entendre ce que diraient les deux jeunes gens. Au moment où le silence se fit, M. Rozier se pencha à l'oreille du docteur.

— Persistez-vous dans l'avis que vous avez énoncé tout à l'heure? lui demanda-t-il.

— Plus que jamais. Je vous le répète, je crois fermement à la toute-puissance magnétique des passions ardentes de la jeunesse pour rétablir dans le système nerveux l'équilibre rompu. A vingt ans, les joies de l'amour partagé sont le meilleur remède aux défaillances de l'âme et aux troubles de l'esprit.

— C'est bien, dit M. Rozier.

— Pourquoi vous taisez-vous, Yorick? murmurait Nathalie en cet instant.

— Parce que c'est à moi de parler, repartit une voix qui surprit les amoureux.

La jeune fille leva le regard et vit son père s'avancer vers elle, suivi du docteur Danclat.

— Ah! venez à mon aide! murmura Yorick.

— Il nous quitte! il part! soupira Nathalie.

— Oui, il part, mais il ne nous quitte pas, repartit gaiement M. Rozier, car nous voyagerons avec lui.

Il y eut de l'ébahissement pénétré d'allégresse dans l'attitude et la physionomie des deux jeunes gens.

— Est-ce bien la vérité, père? s'écria la malade.

— Vous oubliez nos conventions, monsieur, hasarda Yorick tout tremblant.

— Je dis la vérité et je n'oublie rien, repartit M. Rozier. Je m'empresse d'ajouter que le voyage n'aura lieu que dans un mois. D'ici là, Nathalie et Yorick seront mariés.

Se tournant alors vers Danclat :

— M'approuvez-vous, docteur? ajouta-t-il.

— Absolument, répondit le médecin.

On pouvait craindre qu'une nouvelle si brusque, si inattendue, ne produisît un effet violent et peut-être funeste sur l'organisation délicate des deux fiancés. Le contraire eut lieu. Les forces de Nathalie se ravivèrent, pour ainsi dire, électriquement : elle s'élança dans les bras de son père, dont elle couvrit le visage de caresses et de baisers. Quant à Yorick, il croisa les mains comme s'il voulait prier, dirigea son regard humide vers le ciel, et dit avec effusion :

— Mon Dieu, que la vie est parfois clémente pour l'abandonné, pour l'orphelin sans famille et sans nom! Ah! j'ai l'âme inondée de tendresse, de reconnaissance et d'amour! Je vous rends grâces, mon Dieu, car vous m'ouvrez le paradis!

Trois semaines plus tard, Nathalie et Yorick se mariaient à l'église de Saint-Roch. Tous ceux qui virent, ce jour-là, les jeunes époux, remarquèrent qu'ils étaient rayonnants. Nestor, présent à la cérémonie, se repentit d'avoir si légèrement renoncé à ses prétentions sur la main de sa cousine ; mais il se consola bientôt en se promettant de multiplier ses conquêtes à l'infini, et même en concevant le perfide espoir d'inscrire un jour Nathalie sur la liste des victimes de ses irrésistibles séductions.

M. Rozier et ses enfants se promenèrent pendant une année environ à travers les plus beaux pays de l'Europe. Ce fut un enchantement pour tous les trois, car ils eurent, durant cette longue promenade, trois compagnons assidus et charmants : l'esprit, la gaieté, le bonheur. Pas une crise, au reste, ne vint ébranler l'organisme des jeunes époux : comme l'avait prévu le docteur Danclat, leur santé se consolidait sous l'influence de la jeunesse souriante et de l'amour heureux.

De retour à Paris, M. Rozier a rouvert ses salons; il donne des bals ravissants, dont Nathalie et Yorick font les honneurs avec une bonne grâce qui charme tout le monde. Nestor, seul, se montre ironique et mécontent. Il est vrai qu'il a risqué une déclaration pour séduire sa cousine, et que la jeune femme lui a ri tout gentiment au nez. Le bruit court d'ailleurs que ses conquêtes ont dévoré sa fortune, et qu'il sollicite une place dans les bureaux d'une grande administration publique, refuge hospitalièrement ouvert aux écrivains sans talent et aux fils de famille ruinés.

FIN

LA CHIMÈRE

I

Sur le bord de l'Océan, à une lieue environ de Douarnenez en Bretagne, s'élève le vieux manoir de Kerlaz. Rien n'est plus romantique, plus charmant que sa situation entre la vaste baie qui lui fait une admirable perspective de mer et le vallon resserré qui l'entoure d'un amphithéâtre verdoyant de coteaux, de prairies et de bois. Un ruisseau murmure à ses pieds sous l'herbe et va se perdre dans l'écume argentée de la mer.

Depuis des siècles, le manoir de Kerlaz appartient, à titre de majorat, à la famille qui porte ce nom. En 1840, cette souche aristocratique ne comptait plus que deux rejetons : le vieux Gaëtan de Kerlaz et le jeune Dominique, son petit-fils. Tous deux vivaient fort retirés dans leur oasis armoricaine, l'aïeul surveillant, malgré son grand âge, les travaux des métairies qui composaient son domaine, le jeune homme s'efforçant de se distraire en chassant, en pêchant, et surtout en rêvant. Il est si doux de rêver quand la vingtième année nous sourit et que l'imagination frémissante caresse la chimère qui voltige autour de notre cœur dans le rayonnement de l'idéal!

En réalité, Dominique était un garçon favorisé du sort. Une fée propice s'était penchée sur son berceau : elle lui avait donné une jolie figure, une âme intelligente, un noble cœur, et six bonnes mille livres de rente en une ferme d'un seul tenant, ce qui est une opulence pour un gentilhomme breton. En outre, il était l'enfant gâté de son aïeul, le chevalier de Kerlaz, excellent vieillard s'il en fut jamais; et Claudine, une jeune fille de seize ans à peine, blonde comme un épi mûr, gracieuse comme une bergeronnette des prés, l'entourait d'une tendresse pleine de sollicitude et de dévouement. Il avait d'ailleurs bien mérité tous ces trésors d'affection, car il s'était fait un pieux devoir de ne point abandonner son grand-père dans la solitude de Kerlaz et il avait lui-même amené au manoir la petite Claudine un jour qu'il l'avait trouvée seule dans une pauvre chaumière voisine où sa mère venait de mourir.

— Ta mère a été ma nourrice, lui avait-il dit en l'entraînant, tu es donc ma sœur de lait. Il est juste que je t'accorde le secours et la protection d'un frère. Viens habiter avec nous.

Claudine commençait alors sa treizième année. Déjà elle se montrait active, intelligente à souhait. Aussi se rendit-elle bientôt très-utile au manoir. Émerveillé, Dominique voulut rendre un nouveau service à sa protégée. Elle avait jusque-là travaillé aux champs bien plus qu'à l'école, elle ne savait ni lire ni écrire. Il résolut de lui donner lui-même de l'instruction. Le bon grain germe vite et produit gros dans la bonne terre. L'esprit de Claudine se développa rapidement. En un an, elle devint presque une savante, et le vieux chevalier de Kerlaz, ravi, ajouta aux attributions de la belle enfant l'emploi de lectrice, qu'elle parvint à remplir dans la perfection. « Sa voix douce, nette, musicale, disait le vieillard, prête une séduction de plus aux bons ouvrages qu'elle me lit. »

Cependant Dominique était devenu sombre et soucieux. Ni l'affection robuste de l'aïeul, ni la touchante reconnaissance de la sœur de lait ne suffisaient à dissiper sa mélancolie. En vain le chevalier, excellent veneur, l'entraînait-il à de grandes chasses dans le département; en vain Claudine, attentive ménagère, lui préparait-elle tout le bien-être de la vie de famille : rien ne déridait son front, rien n'égayait son regard.

Il s'isolait dans sa langueur et n'essayait pas même d'y échapper.

Un matin qu'il cheminait, le front incliné, la démarche lente, sous une *coulée* ombreuse entre deux haies d'aubépine, une main se posa sur son épaule, une voix sympathique lui dit :

— Toujours triste, mon cher Dominique ?

Il se retourna et reconnut le chevalier.

Le vieillard régla sa marche sur celle du jeune homme, puis il reprit :

— Çà, mon ami, fais-moi le plaisir de me confier le secret de tes ennuis. Ton caractère, naguère encore si enjoué, a perdu toute sa bonne humeur. Serais-tu amoureux ?

— Non, grand-père, répondit Dominique en soupirant.

— Alors, qu'as-tu ? Je veux le savoir.

— En conscience, je ne me l'explique pas bien.

— Et moi, je le devine, mon cher enfant.

— Dites... je vous écoute.

— Tu as près de vingt-quatre ans, poursuivit le chevalier. Si ton imagination est pleine, en revanche ton cœur est vide. Or, à ton âge, le vide du cœur cause toujours une souffrance qui peut se comparer — permets-moi la comparaison un peu prosaïque — au délabrement d'un estomac auquel manque une nourriture substantielle. Il faut aimer, mon ami, te faire aimer, et te marier le plus tôt possible : voilà mon avis.

— C'est aussi le mien, repartit Dominique en essayant de sourire. Mais qui aimerais-je ? et surtout qui m'aimera ? car pour moi le mariage ne saurait être que l'amour, l'amour exclusif, l'amour absolu. Je l'avoue, je le rêve, je le désire ardemment, et je souffre malgré moi de ne pouvoir le saisir.

— Tel que tu l'ambitionnes, mon ami, l'amour, c'est la chimère à la poursuite de laquelle le cœur se fatigue souvent en vain. Cependant tu es trop jeune pour désespérer de l'entrevoir et de l'atteindre. Mets-toi donc à sa recherche.

— Dans quelle direction, grand-père ? demanda Dominique avec une sorte de gaieté.

— Je ne sais trop, répondit le vieillard du même ton. Ce qu'il y a de certain, c'est que dans le cercle restreint de nos relations je n'aperçois rien qui puisse te tenter le cœur.

— Il y a Claudine, reprit le jeune homme avec un peu d'ironie.

— Claudine ! répéta le chevalier. Aimable enfant ? Je souhaite, mon ami, que tu rencontres une âme comme la sienne dans la sphère sociale où tu dois naturellement essayer de la découvrir.

Il y eut un moment de silence pendant lequel Dominique retomba dans sa mélancolie. Le chevalier reprit bientôt la parole et conseilla à son petit-fils de se rendre à Paris.

— C'est la capitale de toutes les chimères, ajouta-t-il finement. La tienne doit se rencontrer là. Pars donc, et bonne chance. Dans tous les cas, le mouvement te fera du bien ; tu nous reviendras ensuite, heureux ou résigné, avec la joie dans l'âme ou le repos dans l'esprit.

Il lui promit des lettres de recommandation pour de vieux amis qui s'empresseraient à le présenter dans le monde de l'élégance, de l'esprit et du plaisir. Dominique écoutait avec recueillement. Sa réponse se fit un peu attendre. La proposition qui lui était adressée l'effrayait beaucoup plus qu'elle ne le réjouissait. Véritable enfant breton, il aimait le coin de terre où il était né. Jamais la grande ville, souveraine de la politique, des arts et des sciences, n'avait sérieusement éveillé les curiosités de son imagination.

— Je vous remercie de votre sollicitude, grand-père, répondit-il enfin. Votre conseil ne me séduit guère, cependant je vous promets d'y réfléchir.

Ils sortaient en cet instant de la coulée ombreuse, et arrivaient devant une prairie au bout de laquelle le vieux manoir s'égayait sous un rayon de soleil. Au milieu de la prairie le chevalier vit Claudine occupée à traire une belle vache rousse. La jeune Bretonne était ravissante dans son attitude penchée, avec sa taille fine, ses mains blanches, ses joues roses et ses cheveux blonds qu'un souffle agitait.

— Vois donc, Dominique ! s'écria le vieillard qui aimait à vanter sa petite lectrice ; vois-donc comme elle est gentille ainsi ! Un peintre la croquerait.

— Qui donc ?

— Claudine, pardieu !

Dominique ne l'avait pas aperçue. Il lui accorda à peine un coup d'œil et répondit d'un air distrait :

— Sans doute, c'est une charmante enfant.

Puis il redevint pensif.

Le vieux gentilhomme se dirigea vers elle.

(*La suite au prochain numéro.*)

Le propriétaire-gérant : F. ROY.

LES MYSTÈRES DE PARIS

— Du courage!... dit le squire en essuyant ses yeux : — Oui, du courage, monseigneur. (Page 250.)

— Monseigneur... vous la tueriez!!!., — s'écria le squire en retenant le prince.
— De hier seulement elle est convalescente... Au nom de sa vie... pas d'imprudence, monseigneur... — ajouta Clémence.
— Vous avez raison, — dit Rodolphe en se contenant à peine... — vous avez raison... je serai calme... je ne la verrai pas encore... j'attendrai... que ma première émotion soit apaisée... Ah!... c'est trop... trop en un jour!... — ajouta-t-il d'une voix altérée.

Puis s'adressant à madame d'Harville, et lui tendant la main, il s'écria dans une effusion de reconnaissance indicible :

— Je suis pardonné... Vous êtes l'ange de rédemption.

— Monseigneur... vous m'avez rendu mon père... Dieu veut que je vous ramène votre enfant... — répondit Clémence. — Mais à mon tour... je vous demande pardon de ma faiblesse... Cette révélation si subite... si inattendue... m'a bouleversée... J'avoue que je n'aurais pas le courage d'aller chercher Fleur-de-Marie... mon émotion l'effrayerait.

— Et comment l'a-t-on sauvée? qui l'a sauvée? — s'écria Rodolphe. — Voyez mon ingratitude... je ne vous ai pas encore fait cette question.

— Au moment où elle se noyait, elle a été retirée de l'eau par une femme courageuse.

— Vous la connaissez?

— Demain elle viendra chez moi...

— La dette est immense. — dit le prince. — mais je saurai l'acquitter.

— Comme j'ai été bien inspirée, mon Dieu... en n'amenant pas Fleur-de-Marie avec moi, — dit la marquise; — cette scène lui eût été funeste...

— Il est vrai madame, — dit Murph, — c'est un hasard providentiel qu'elle ne soit pas ici.

— J'ignorais si monseigneur désirait être connu d'elle, et je n'ai pas voulu la lui présenter sans le consulter.

— Maintenant, — dit le prince, qui avait passé pour ainsi dire quelques minutes à combattre, à vaincre son agitation, et dont les traits semblaient presque calmes, — maintenant... je suis maître de moi, je vous l'assure... Murph... va chercher... *ma fille*. Ces mots, *ma fille*, furent prononcés par le prince avec un accent que nous ne saurions non plus exprimer.

— Monseigneur... êtes-vous bien sûr de vous; — dit Clémence. — Pas d'imprudence...

— Oh! soyez tranquille... je sais le danger qu'il y aurait pour elle, je ne l'y exposerai pas. Mon bon Murph... je t'en supplie... va... va!

— Rassurez-vous, madame, — reprit le squire qui avait attentivement observé le prince, — elle peut venir... monseigneur se contiendra...

— Alors... va... va donc vite... mon vieil ami.

— Oui, monseigneur... Je vous demande seulement une minute... on n'est pas de fer... — dit le brave gentilhomme en essuyant la trace de ses larmes; — il ne faut pas qu'elle voie que j'ai pleuré... Allons, allons, m'y voilà... je ne voulais pas traverser le salon de service éploré comme une Madeleine.

Et le squire fit un pas pour sortir; puis se ravisant :

— Mais, monseigneur, que lui dirai-je?

— Oui... que dira-t-il? — demanda le prince à Clémence.

— Que M. Rodolphe désire la voir... rien de plus, ce me semble?

— Sans doute : que M. Rodolphe... désire la voir... allons, va... va...

— C'est certainement... ce qu'il y a de mieux à lui dire, — reprit le squire, qui se sentait au moins aussi impressionné que madame d'Harville. — Je lui dirai simplement que M. Rodolphe... désire la voir... Cela ne lui fera rien préjuger... rien prévoir... c'est ce qu'il y a de plus raisonnable, en effet.

Et Murph ne bougeait pas.

— Sir Walter, — lui dit Clémence en souriant, — vous avez peur.

— C'est vrai, madame la marquise.. malgré mes six pieds et mon épaisse enveloppe, je suis encore sous le coup d'une émotion profonde.

— Mon ami... prends garde, — lui dit Rodolphe, — attends plutôt un moment encore, si tu n'es pas sûr de toi...

— Allons, allons, cette fois, monseigneur, j'ai pris le dessus, — dit le squire après avoir passé sur ses yeux ses deux poings d'Hercule; — il est évident qu'à mon âge cette faiblesse est parfaitement ridicule... Ne craignez rien, monseigneur...

Et Murph sortit d'un pas ferme, le visage impassible...

Un moment de silence suivit son départ. Alors Clémence songea en rougissant qu'elle était chez Rodolphe, seule avec lui. Le prince s'approcha d'elle et lui dit presque timidement :

— Si je choisis ce jour... ce moment... pour vous faire un aveu sincère... c'est que la solennité de ce jour, de ce moment, ajoutera encore à la gravité de cet aveu... Depuis que je vous ai vue... je vous aime... Tant que j'ai dû cacher cet amour... je l'ai caché... maintenant vous êtes libre, vous m'avez rendu ma fille... voulez-vous être sa mère?

— Moi... monseigneur! — s'écria madame d'Harville. — Que dites-vous?

— Je vous en supplie... ne me refusez pas, faites que ce jour décide du bonheur de toute ma vie, — reprit tendrement Rodolphe.

Clémence aussi aimait le prince depuis longtemps... avec passion; elle croyait rêver; l'aveu de Rodolphe, cet aveu à la fois si simple, si grave et si touchant, fait dans une telle circonstance, la transportait d'un bonheur inespéré; elle répondit en hésitant :

— Monseigneur... c'est à moi de vous rappeler... la distance de nos conditions... l'intérêt... de votre souveraineté.

— Laissez-moi songer avant tout à l'intérêt de mon cœur... à celui de ma fille chérie... rendez-nous bien heureux... oh! bien heureux, elle et moi... faites que moi... qui tout à l'heure étais sans famille... je puisse maintenant dire... ma femme... ma fille... faites enfin que cette pauvre enfant... qui, elle aussi, tout à l'heure était sans famille... puisse dire... mon père... ma mère... ma sœur... car vous avez une fille qui deviendra la mienne.

— Ah! monseigneur... à de si nobles paroles... on ne peut répondre que par des larmes de reconnaissance!... — s'écria Clémence.

Puis, se contraignant, elle ajouta :

— Monseigneur... on vient, c'est... votre fille...

— Oh! ne me refusez pas... — reprit Rodolphe d'une voix émue et suppliante, — au nom de mon amour, dites... *notre* fille...

— Eh bien... notre fille... — murmura Clémence, au moment où Murph, ouvrant la porte, introduisit Fleur-de-Marie dans le salon du prince.

La jeune fille, descendue de la voiture de la marquise devant le péristyle de cet immense hôtel avait traversé une première antichambre remplie de valets de pied en grande livrée, une salle d'attente où se tenaient des valets de chambre, puis le salon des huissiers, et enfin le salon de service, occupé par un chambellan et les aides de camp du prince en grand uniforme. Qu'on juge de l'étonnement de la pauvre Goualeuse, qui ne connaissait pas d'autres splendeurs que celle de la ferme de Bouqueval, en traversant ces appartements princiers, étincelants d'or et de peintures. Dès qu'elle parut, madame d'Harville courut à elle, la prit par la main, et, l'entourant d'un de ses bras comme pour la soutenir, la conduisit à Rodolphe, qui, debout près de la cheminée, n'avait pu faire un pas. Murph, après avoir confié Fleur-de-Marie à madame d'Harville, s'était hâté de disparaître à demi derrière un des immenses rideaux de la fenêtre; ne se trouvant pas suffisamment *sûr de lui*.

A la vue de son bienfaiteur, de son sauveur, de *son Dieu*... qui la contemplait dans une muette extase, Fleur-de-Marie déjà si troublée se mit à trembler.

— Rassurez-vous, mon enfant, — lui dit madame d'Harville, — voilà votre ami... M. Rodolphe, qui vous attendait impatiemment... il a été bien inquiet de vous...

— Oh!... oui... bien... bien inquiet... — balbutia Rodolphe toujours immobile et dont le cœur se fondait en larmes à l'aspect du pâle et doux visage de sa fille. Aussi, malgré sa résolution, le prince fut-il un moment obligé de détourner la tête pour cacher son attendrissement.

— Mon enfant, vous êtes encore bien faible, asseyez-vous là, — dit Clémence pour détourner l'attention de Fleur-de-Marie; et elle la conduisit vers un grand fauteuil de bois doré dans lequel la Goualeuse s'assit avec précaution.

Son trouble augmentait de plus en plus; elle était oppressée, la voix lui manquait; elle se désolait de n'avoir encore pu dire un mot de gratitude à Rodolphe.

Enfin, sur un signe de madame d'Harville, qui, accoudée au dossier du fauteuil, était penchée vers Fleur-de-Marie et tenait une de ses mains dans les siennes, le prince s'approcha doucement de l'autre côté du siége. Plus maître de lui, il dit alors à Fleur-de-Marie, qui tourna vers lui son visage enchanteur :

— Enfin, mon enfant, vous voilà pour jamais réunie à vos amis!... Vous ne les quitterez plus... Il faut surtout maintenant oublier ce que vous avez souffert...

— Oui, mon enfant, le meilleur moyen de nous prouver que vous nous aimez, — ajouta Clémence, — c'est d'oublier ce triste passé.

— Croyez, monsieur Rodolphe... croyez, madame, que si j'y songeais quelquefois malgré moi, ce serait pour me dire que sans vous... je serais encore bien malheureuse.

— Oui; mais nous ferons en sorte que vous n'ayez plus de ces sombres pensées. Notre tendresse ne vous en laissera pas le temps, ma chère Marie... — reprit Rodolphe, — car vous savez que je vous ai donné ce nom... à la ferme.

— Oui, monsieur Rodolphe... Et madame Georges, qui m'avait permis de l'appeler... ma mère... se porte-t-elle bien?

— Très-bien, mon enfant... Mais j'ai d'importantes nouvelles à vous apprendre. Depuis que je vous ai vue... on a fait de grandes découvertes sur... sur... votre naissance...

— Sur ma naissance?

— On a su quels étaient vos parents... On connaît votre père...

Rodolphe avait tant de larmes dans la voix en prononçant ces mots, que Fleur-de-Marie, très-émue, se retourna vivement vers lui; heureusement qu'il put détourner la tête. Un autre accident semi-burlesque vint encore distraire la Goualeuse et l'empêcher de trop remarquer l'émotion de son père : le digne squire, qui ne sortait pas de derrière son rideau et semblait attentivement regarder le jardin de l'hôtel, ne put s'empêcher de se moucher avec un bruit formidable, car il pleurait comme un enfant.

— Oui, ma chère Marie, — se hâta de dire Clémence, — on connaît votre père... il existe.

— Mon père ! — s'écria la Goualeuse avec une expression qui mit le courage de Rodolphe à une nouvelle épreuve.

— Et un jour... — reprit Clémence, — bientôt peut-être... vous le verrez... Ce qui vous étonnera, sans doute, c'est qu'il est d'une très-haute condition... d'une grande naissance.

— Et ma mère, madame ! la verrai-je ?

— Votre père répondra à votre question, mon enfant... mais ne serez-vous pas bien heureuse de le voir ?

— Oh ! oui, madame, — répondit Fleur-de-Marie en baissant les yeux.

— Combien vous l'aimerez, quand vous le connaîtrez ! — dit la marquise.

— De ce jour-là... une nouvelle vie commencera pour vous, n'est-ce pas, Marie ? — ajouta le prince.

— Oh ! non, monsieur Rodolphe, — répondit naïvement la Goualeuse. — Ma nouvelle vie a commencé du jour où vous avez eu pitié de moi... où vous m'avez envoyée à la ferme.

— Mais votre père... vous chérit... — dit le prince.

— Je ne le connais pas... et je vous dois tout... monsieur Rodolphe.

— Ainsi... vous... m'aimez... autant... plus peut-être que vous n'aimeriez votre père ?

— Je vous bénis et je vous respecte comme Dieu, monsieur Rodolphe, parce que vous avez fait pour moi ce que Dieu seul aurait pu faire, — répondit la Goualeuse avec exaltation, oubliant sa timidité habituelle. — Quand madame a eu la bonté de me parler à la prison, je lui ai dit, ainsi que je le disais à tout le monde... Oui, monsieur Rodolphe, aux personnes qui étaient bien malheureuses... je disais : Espérez, M. Rodolphe soulage les malheureux. A celles qui hésitaient entre le bien et le mal, je disais : Courage, soyez bonnes; M. Rodolphe récompense ceux qui sont bons. A celles qui étaient méchantes, je disais : Prenez garde, M. Rodolphe punit les méchants... Enfin, quand j'ai cru mourir, je me suis dit : Dieu aura pitié de moi, car M. Rodolphe m'a jugée digne de son intérêt.

Fleur-de-Marie, entraînée par sa reconnaissance envers son bienfaiteur, avait surmonté sa crainte, un léger incarnat colorait ses joues, et ses beaux yeux bleus, qu'elle levait au ciel comme si elle eût prié, brillaient du plus doux éclat.

Un silence de quelques secondes succéda aux paroles enthousiastes de Fleur-de-Marie; l'émotion des acteurs de cette scène était profonde.

— Je vois, mon enfant, — reprit Rodolphe, pouvant à peine contenir sa joie, — que dans votre cœur j'ai à peu près pris la place de votre père.

— Ce n'est pas ma faute, monsieur Rodolphe. C'est peut-être mal à moi... mais je vous l'ai dit, je vous connais et je ne connais pas mon père.

Et elle ajouta en baissant la tête avec confusion :

— Et puis, enfin, vous savez le passé... monsieur Rodolphe... et malgré cela vous m'avez comblée de bontés; mais mon père ne le sait pas, lui... ce passé... Peut-être regrettera-t-il de m'avoir retrouvée, — ajouta la malheureuse enfant en frissonnant, — et puisqu'il est, comme le dit madame... d'une grande naissance... sans doute il aura honte... il rougira de moi...

— Rougir de vous !... s'écria Rodolphe en se redressant le front altier, le regard orgueilleux.

— Rassurez-vous, pauvre enfant, votre père vous fera une position si brillante, si haute, que les plus grands parmi les grands de ce monde ne vous regarderont désormais qu'avec un profond respect... Rougir de vous ?... non... non... Après les reines, auxquelles vous êtes alliée par le sang... vous marcherez de pair avec les plus nobles princesses de l'Europe...

— Monseigneur !... — s'écrièrent à la fois Murph et Clémence effrayée de l'exaltation de Rodolphe et de la pâleur croissante de Fleur-de-Marie, qui regardait son père avec stupeur.

— Rougir de toi ?... — continua-t-il, — oh ! si j'ai jamais été heureux et fier de mon rang de souverain... c'est parce que, grâce à ce rang, je puis t'élever autant que tu as été abaissée... entends-tu, mon enfant chérie... ma fille adorée ?... Car c'est moi... c'est moi qui suis ton père !...

Et le prince, ne pouvant plus vaincre son

émotion, se jeta aux pieds de Fleur-de-Marie, qu'il couvrit de larmes et de caresses.

— Soyez béni, mon Dieu, — s'écria Fleur-de-Marie en joignant les mains. — Il m'était permis d'aimer mon bienfaiteur autant que je l'aimais... C'est mon père... je pourrai le chérir sans remords... Soyez... béni... mon...

Elle ne put achever... la secousse était trop violente; Fleur-de-Marie s'évanouit entre les bras du prince.

Murph courut à la porte du salon de service, l'ouvrit et dit :

— Le docteur David... à l'instant... pour Son Altesse... Quelqu'un se trouve mal.

— Malédiction sur moi!... je l'ai tuée... — s'écria Rodolphe en sanglotant agenouillé devant sa fille. — Marie... mon enfant... écoute-moi... c'est ton père... Pardon... oh! pardon... de n'avoir pu retenir plus longtemps ce secret... Je l'ai tuée... mon Dieu! je l'ai tuée!

— Calmez-vous, monseigneur, — dit Clémence; — il n'y a sans doute aucun danger... Voyez... ses joues sont colorées... c'est le saisissement... seulement le saisissement.

— Mais à peine convalescente... elle en mourra... Malheur! oh! malheur sur moi!

A ce moment David, le médecin nègre, entra précipitamment, tenant à la main une petite caisse remplie de flacons, et un papier qu'il remit à Murph.

— David... ma fille se meurt... Je t'ai sauvé la vie... tu dois sauver mon enfant! — s'écria Rodolphe.

Quoique stupéfait de ces paroles du prince, qui parlait de sa fille, le docteur courut à Fleur-de-Marie, que madame d'Harville tenait dans ses bras, prit le pouls de la jeune fille, lui posa la main sur le front, et, se retournant vers Rodolphe, qui, pâle, épouvanté attendait son arrêt :

— Il n'y a aucun danger... que Votre Altesse se rassure.

— Tu dis vrai... aucun danger... aucun...

— Aucun, monseigneur... quelques gouttes d'éther... et cette crise aura cessé...

— Oh! merci... David... mon bon David!!!
— s'écria le prince avec effusion.

Puis, s'adressant à Clémence, Rodolphe ajouta :

— Elle vit... notre fille... vivra...

Murph venait de jeter les yeux sur le billet que lui avait remis David en entrant; il tressaillit et regarda le prince avec effroi.

— Oui, mon vieil ami... — reprit Rodolphe, — dans peu de temps ma fille pourra dire à madame d'Harville... Ma mère.

— Monseigneur, — dit Murph en tremblant, — la nouvelle d'hier était fausse.

— Que dis-tu?...

— Une crise violente, suivie d'une syncope, avait fait croire à la mort de la comtesse Sarah...

— La comtesse !...

— Ce matin... on espère la sauver...

— O mon Dieu!... mon Dieu! — s'écria le prince atterré pendant que Clémence le regardait avec stupeur, ne comprenant pas encore.

— Monseigneur, — dit David toujours occupé de Fleur-de-Marie, — il n'y a pas la moindre inquiétude à avoir... Mais le grand air serait urgent; on pourrait rouler le fauteuil sur la terrasse en ouvrant la porte du jardin... l'évanouissement cesserait complétement.

Aussitôt Murph courut ouvrir la porte vitrée qui donnait sur un immense perron formant terrasse; puis, aidé de David, il roula doucement le fauteuil où se trouvait la Goualeuse, toujours sans connaissance.

Rodolphe et Clémence restèrent seuls.

— Ah! madame !... — s'écria Rodolphe dès que Murph et David furent éloignés, — vous ne savez pas ce que c'est la comtesse Sarah?... c'est la mère de Fleur-de-Marie !...

— Grand Dieu!...

— Et je la croyais morte!...

Il y eut un moment de profond silence. Madame d'Harville pâlit beaucoup... son cœur se brisa.

— Ce que vous ignorez encore... — reprit Rodolphe avec amertume, — c'est que cette femme aussi égoïste qu'ambitieuse, n'aimant en moi que le prince, m'avait, dans ma première jeunesse, amené à une union plus tard rompue. Voulant alors se remarier, la comtesse a causé tous les malheurs de son enfant en l'abandonnant à des mains mercenaires.

— Ah! maintenant, monseigneur, je comprends l'aversion que vous aviez pour elle...

— Vous comprenez aussi pourquoi, deux fois, elle a voulu vous perdre par d'infâmes délations!... Toujours en proie à une implacable ambition, elle croyait me forcer de revenir à elle en m'isolant de toute affection.

— Oh! quel calcul affreux!...

— Et elle n'est pas morte!...

— Monseigneur... ce regret n'est pas digne de vous!...

(*La suite au prochain numéro.*)

COMMENT ON AIME

LA CHIMÈRE
(SUITE)

— J'ai soif, ma belle laitière, lui dit-il ; un peu de lait, par charité.

Claudine le salua de son plus doux sourire, emplit une tasse jusqu'au bord et la lui présenta.

— Et vous, monsieur Dominique ? lui demanda-t-elle en regardant le jeune homme avec une singulière émotion.

— Je te remercie, Claudine, je n'ai pas soif, répondit Dominique, toujours rêveur.

Quand le chevalier eut vidé la tasse :

— Ah! çà, chère enfant, reprit-il, pourquoi est-ce toi qui trais la Rousse ce matin? Jeannic, la petite vachère, serait-elle malade?

— Non, monsieur le chevalier. Mais je lui ai permis d'aller voir son frère, le marin, qui est de retour à Douarnenez, et tout naturellement je la remplace.

— Elle est, pardieu ! joliment remplacée ! repartit l'excellent homme s'éloignant.

Dominique le suivit.

Agenouillée sur l'herbe, Claudine les accompagna un instant du regard. Il y avait dans l'expression de ses beaux yeux bleus comme un tendre et douloureux reflet de l'âme.

— Décidément M. Dominique n'est pas heureux ! murmura-t-elle.

Elle soupira. Puis elle se remit à son idylle en action et remplit d'un lait écumeux son grand seau de fer-blanc.

II

Le lendemain, dès l'aube, Dominique monta dans un bateau et suivit les barques de Douarnenez qui se rendaient à la pêche de la sardine. Il aimait ce tableau pittoresque, et, comme les pêcheurs avaient une grande amitié pour lui il était toujours le bienvenu parmi eux. Les braves gens savaient par expérience que dans le malheur on ne s'adressait jamais en vain au manoir de Kerlac.

Le temps était beau, le ciel bleu, la mer calme et blanche, la brise légère et caressante.

Lorsque Dominique arriva dans les eaux où avaient été signalés les bancs de sardines, la pêche commençait. On avait amené les voiles, enlevé les gouvernails ! des mousses jetaient à l'eau une amorce d'œufs de poisson délayés, tandis que les patrons attachaient à l'arrière de leurs barques des filets de quinze brasses de longueur, après quoi les équipages ramaient doucement pour maintenir les bateaux à la dérive de la marée contre le vent.

C'était un curieux spectacle que cette flottille éparpillée à l'horizon de la baie de Douarnenez et dessinant toute une forêt de petits mâts bruns sur l'éclat doré du soleil levant.

La pêche promettait d'être abondante.

Le vieux marin souleva son bonne de laine et répondit gravement :

— Bonjour père Locminé, dit Dominique en abordant le doyen des pêcheurs. M'est avis que la *résure* ne sera pas perdue ce matin. La sardine étincelle à fleur d'eau.

— Bonjour, monsieur de Kerlaz ; je crois comme vous que nous ferons bonne prise, si le le temps le permet.

— Mais il me semble que le temps est superbe Il n'y a pas un nuage au ciel.

— Hum ! dit le vieillard d'un air soucieux. Regardez un peu sous le soleil : il y a là un petit point noir, pas plus gros qu'une poulie, qui n'est guère rassurant.

Dominique interrogea l'horizon d'un coup d'œil ; mais avant qu'il n'eût aperçu ce qu'on désignait, un incident de la nature la plus romanesque vint s'emparer de son attention.

Une chaloupe, portant une misaine déployée au vent, glissait mollement sur la mer. Par une manœuvre habile, elle décrivait autour des bateaux de pêche de gracieuses sinuosités. Elle arriva bientôt à la hauteur de la *lime*, c'est-à-dire du remous dans lequel le père Locminé avait jeté ses filets. Alors la misaine fut lestement carguée, et le marin qui la fixait sur le mât demanda au pêcheur la permission de le regarder un moment travailler.

— A ton aise, mon gars, répondit avec complaisance le père Locminé.

Notre vieux Breton avait remarqué, sans en avoir l'air, la présence de trois élégantes jeunes filles dans la chaloupe; et, comme il était aussi excellent homme que pêcheur consommé, il se prêtait de bonne grâce à une curiosité qui flattait sensiblement son amour-propre.

A peine Dominique eut-il entrevu les jeunes filles, qu'il demeura comme fasciné par une apparition surnaturelle. Un groupe miraculeux de néréides ou de sirènes, sortant des flots et s'offrant tout à coup à son regard, ne lui eût causé ni plus de saisissement ni plus d'admiration.

Toutes trois étaient, en effet, d'une beauté souveraine. On eût difficilement trouvé à reprendre à la perfection de leurs dix-huit ans. Une distinction suprême rehaussait les fines proportions de leur taille harmonieuse. Une blancheur éclatante caractérisait leur visage aux contours exquis. Elles avaient des yeux limpides comme un cristal, des lèvres aussi purpurines que des roses de Provins, des dents plus rayonnantes qu'une neige immaculée. Toutes ces délicatesses, toutes ces fraîcheurs, jointes à une certaine uniformité de costume, leur communiquaient une ressemblance d'ailleurs plus apparente que réelle.

L'une, Olympe, avait des cheveux noirs comme l'ébène, tandis que l'autre, Gratienne, courbait un peu le front sous le fardeau d'une épaisse chevelure châtain clair, et que la troisième, Caliste, avait les épaules inondées de nattes aussi opulentes que de l'or. Celle-ci était surtout remarquable par l'éclat vivace de son sourire, qui éblouissait comme un rayon de soleil; celle-là, par l'irrésistible séduction de son regard plus doux et plus chatoyant que l'aile d'une colombe; la première enfin, par l'expression toute céleste, tout olympienne de son front digne de la couronne immortelle des Muses.

Dominique ne se lassait pas de les admirer. Elles l'avaient aperçu et paraissaient avoir remarqué la distinction sympathique de sa physionomie. Tout en chuchotant, elles le considéraient à la dérobée d'un air curieux et bienveillant.

La pêche, cependant, réussissait. A plusieurs reprises le père Locminé avait tiré de l'eau ses filets chargés de sardines étincelantes comme l'argent, et les jeunes filles avaient pris plaisir à les voir s'échapper par centaines des mailles entr'ouvertes. Lorsqu'elles eurent satisfait leur curiosité, elles félicitèrent le vieux pêcheur, dont le visage hâlé sourit avec une expression de bonhomie et d'orgueil.

Quelques minutes plus tard, la misaine était larguée et la chaloupe s'éloignait, suivie du regard par Dominique resté immobile sous le charme de la radieuse vision. Lorsqu'il sortit de son immobilité, il s'aperçut que les barques de pêche avaient hissé rapidement leurs voiles, pris des ris et mis le cap sur Douarnenez. Ce brusque retour lui fut expliqué aussitôt par l'aspect du ciel. Une brume noire couvrait l'horizon, un orage était imminent. Le jeune homme vira promptement de bord et se dirigea vers Kerlaz. Mais il n'était pas à mi-chemin que déjà le vent soufflait avec fureur, les flots soulevés se brisaient en écume dans leur choc impétueux. Le tonnerre éclatait et la foudre déchirait l'espace avec fracas.

Dominique était habile à la manœuvre. Il connaissait la plage jusqu'en ses plus imperceptibles replis, et se hâtait vers une crique abritée où il pouvait échouer son bateau sans péril. En vain la bourrasque se déchaînait, il était sûr d'atteindre son but, lorsqu'une scène effroyable vint tout à coup l'en détourner. Une vague monstrueuse, en le soulevant sur sa crête, le mit en présence de la chaloupe qui portait les trois jeunes filles dont la beauté l'avait si profondément ému. Cette chaloupe roulait au gré des lames bondissantes. Gouvernail, avirons et mât, tout était brisé, rien ne maîtrisait plus sa direction, et le flot menaçait à chaque instant de l'engloutir. Cette situation était horible. Sans hésiter, Dominique résolut d'aller au secours des infortunés dont il entendait les cris de désespoir à travers le mugissement de la tempête. Il profita d'un instant où la mer semblait se calmer pour aborder la chaloupe et s'y cramponner; puis, aidé du marin qui accompagnait les trois jeunes filles, il les fit passer dans son bateau. Ce ne fut ni sans difficulté ni sans angoisses, car un mouvement mal calculé, c'était la mort. Le sauvetage cependant eut un plein succès. Un quart d'heure s'était à peine écoulé que l'intrépide jeune homme arrivait au fond de la crique où il devait trouver un sûr abri.

Le chevalier et Claudine avaient tout vu du rivage. Ils étaient accourus, portant des manteaux et des fourrures dont ils enveloppèrent les belles naufragées toutes ruisselantes et toutes transies. Après quoi l'on se dirigea vers le château de Kerlaz, où flambait un grand feu sous la haute cheminée du salon. Tandis que la flamme séchait les vêtements, Olympe de Treuil, la jeune fille au front inspiré, déclina ses noms et les noms de ses compagnes. Puis elle raconta que toutes trois, intimes amies, voyageaient sous la direction d'une vieille institutrice. Elle devait rejoindre leurs familles aux bains de mer de Pornic. Depuis la veille, elles étaient à Douarnenez. Le spectacle de la pêche aux sardines les avait tentées. Au moment de s'embarquer, leur institutrice s'était sentie souffrante, elle avait dû renoncer à la partie; mais elle n'avait pas voulu les priver d'un plaisir. La mer était si calme, le ciel si pur, qu'on ne pouvait guère prévoir un orage ; elles étaient parties avec confiance, sous la sauvegarde d'un matelot qui leur avait été particulièrement recommandé.

— Contre l'avis de ce marin, reprit Olympe de Treuil, nous avons voulu prolonger notre promenade. Cette imprudence nous eût coûté la vie sans le courage, sans l'héroïsme de celui que nous devons appeler notre sauveur.

Disant cela, elle arrêtait sur Dominique un regard étincelant de reconnaissance. Gratienne et Caliste, elles aussi, témoignèrent au jeune homme une vive gratitude. La dernière surtout, dans un élan de tendresse ingénue, lui serrait les mains avec effusion.

— Ah ! monsieur, s'écria-t-elle, nous vous devons notre salut ! Merci ! mille fois merci pour nos familles !

Le chevalier et Dominique étaient émus.

Claudine pleurait d'admiration.

On songea bientôt que la vieille institutrice devait être en proie à une inquiétude violente. Il fut décidé que les jeunes filles, bien séchées et bien réconfortées, retourneraient sans retard à Douarnenez. Une calèche fut mise à leur disposition. Lorsqu'elles furent sur le point de quitter Kerlaz, elles exprimèrent à plusieurs reprises l'espérance de revoir Dominique à Paris, où elles habitaient.

A partir de ce jour, Dominique se montra plus pensif encore qu'il ne l'avait paru jusque-là. Il y avait pourtant en son âme moins de tristesse que de préoccupation. Parfois même il laissait échapper des éclats de gaieté qu'on ne lui avait jamais connus. C'est qu'à vrai dire il se sentait heureux, heureux en imagination. Sa solitude s'était peuplée de fantômes charmants ; son âme évoquait sans cesse trois souvenirs : Olympe, Gratienne, Caliste. Elles l'accompagnaient partout, dans la campagne, le long du rivage, sur la mer. Il les voyait en pensée, il les revoyait en rêve, et cette riante obsession lui caressait ineffablement le cœur.

Un matin, deux mois après la scène émouvante de la baie de Douarnenez, Dominique aborda le chevalier, qui revenait d'inspecter ses métairies.

— Grand-père, lui dit-il, je vous demande la permission d'aller à Paris.

Le vieillard sourit malicieusement.

— Parbleu ! répondit-il, je t'en donnais moi-même le conseil, il n'y a pas bien longtemps. Quand pars-tu ?

— Demain, si vous n'y faites pas d'objection.

— Je t'approuve, au contraire. Le temps presse, va vite faire tes préparatifs.

En disant cela, le vieux gentilhomme affectait un air résolu ; mais, en dépit de lui-même, sa voix trahissait un peu d'émotion.

Le lendemain, le vieillard et le jeune homme se dirent adieu. Jamais ils ne s'étaient quittés. Sur le point de se séparer pour la première fois, ils s'embrassèrent longuement. Ils n'avaient pas la force de s'arracher à cette étreinte, il semblait qu'ils craignissent que ce ne fût la dernière. Enfin le chevalier se dégagea par un brusque mouvement.

— Reviens-nous bientôt, dit-il d'un ton ferme. Songe qu'on t'aime, qu'on te regrette et qu'on t'attend ici.

Puis, comme Dominique, la joue humide, la poitrine gonflée, ne pouvant briser le lien de tendresse qui attachait son âme au manoir de Kerlaz, hésitait à partir, le chevalier reprit avec une fine accentuation :

— Si tu as le bonheur de rencontrer les belles naufragées dont tu as été le sauveur, adresse-leur mes compliments. N'oublie pas.

Ce souvenir fortifia les résolutions de Dominique. Il embrassa vivement Claudine, qu'il avait à peine remarquée jusque-là ; puis il s'élança dans la voiture, qui disparut en un instant.

La pauvre enfant, pâle, immobile et muette, fut contrainte de s'appuyer contre un arbre. Un quart d'heure après, elle était encore à la même place ; mais alors elle sanglotait.

(La suite au prochain numéro.)

Le propriétaire-gérant : F. ROY.

LES MYSTÈRES DE PARIS

— Je l'ai tuée... s'écria Rodolphe en sanglotant, agenouillé devant sa fille. (Page 261.)

— C'est que vous ignorez tous les maux qu'elle a causés !... En ce moment encore... alors que, retrouvant ma fille... j'allais lui donner une mère digne d'elle... Oh! non... cette femme est un démon vengeur attaché à mes pas...

— Allons, monseigneur... du courage... — dit Clémence en essuyant ses larmes qui coulaient malgré elle, — vous avez un grand, un saint devoir à remplir... Vous l'avez dit vous-même dans un juste et généreux élan d'amour paternel... désormais le sort de votre fille doit être aussi heureux qu'il a été misérable... Elle doit être aussi élevée qu'elle a été abaissée... Pour cela... il faut légitimer sa naissance... pour cela... il faut épouser la comtesse Mac-Gregor.

— Jamais... jamais... Ce serait récompenser

le parjure, l'égoïsme et la féroce ambition de cette mère dénaturée... Je reconnaîtrai ma fille... vous l'adopterez, et, ainsi que je l'espérais, elle trouvera une affection maternelle...

— Non, monseigneur, vous ne ferez pas cela... non, vous ne laisserez pas dans l'ombre la naissance de votre enfant... La comtesse Sarah est de noble et ancienne maison ; pour vous, sans doute, cette alliance est disproportionnée... mais elle est honorable... Par ce mariage... votre fille ne sera pas légitimée... mais légitime... et ainsi, quel que soit l'avenir qui l'attende, elle pourra se glorifier de son père et avouer hautement sa mère...

— Mais renoncer à vous, mon Dieu... c'est impossible... Ah ! vous ne songez pas ce qu'aurait été pour moi cette vie partagée entre vous et ma fille... mes deux seuls amours de ce monde...

— Il vous reste votre enfant, monseigneur... Dieu vous l'a miraculeusement rendue... Trouver votre bonheur incomplet serait de l'ingratitude !...

— Ah ! vous ne m'aimez pas comme je vous aime...

— Croyez cela, monseigneur... croyez-le... le sacrifice que vous faites à vos devoirs vous semblera moins pénible...

— Mais si vous m'aimez... mais si vos regrets sont aussi amers que les miens, vous serez affreusement malheureuse... Que vous restera-t-il ?

— La charité... monseigneur !!! cet admirable sentiment que vous avez éveillé dans mon cœur... ce sentiment qui jusqu'ici m'a fait oublier bien des chagrins, et à qui j'ai dû de bien douces consolations.

— De grâce, écoutez-moi... Soit, j'épouserai cette femme, mais, une fois le sacrifice accompli, est-ce qu'il me sera possible de vivre auprès d'elle ? d'elle, qui ne m'inspire qu'aversion et mépris ? Non, non, nous resterons à jamais séparés l'un de l'autre, jamais elle ne verra ma fille... Ainsi Fleur-de-Marie... perdra en vous la plus tendre des mères...

— Il lui restera le plus tendre des pères... Par ce mariage, elle sera la fille légitime d'un prince souverain de l'Europe, et, ainsi que vous l'avez dit, monseigneur, sa position sera aussi éclatante qu'elle était obscure.

— Vous êtes impitoyable... je suis bien malheureux !

— Osez-vous parler ainsi... vous si grand, si juste... vous qui comprenez si noblement le devoir, le dévouement et l'abnégation ?... Tout à l'heure, avant cette révélation providentielle, quand vous pleuriez votre enfant avec des sanglots si déchirants, si l'on vous eût dit : Faites un vœu, un seul... et il sera réalisé... vous vous seriez écrié : Ma fille... oh ! ma fille... qu'elle vive !... Ce prodige s'accomplit... votre fille vous est rendue... et vous vous dites malheureux... Ah ! monseigneur que Fleur-de-Marie ne vous entende pas !...

— Vous avez raison, — dit Rodolphe après un long silence, — tant de bonheur... c'eût été le ciel... sur la terre... et je ne mérite pas cela... Je ferai ce que je dois... Je ne regrette pas mon hésitation... je lui ai dû une nouvelle preuve de la beauté de votre âme...

— Cette âme, c'est vous qui l'avez agrandie, élevée... Si ce que je fais est bien, c'est vous que j'en glorifie... ainsi que je vous ai toujours glorifié des bonnes pensées que j'ai eues... Courage, monseigneur... Dès que Fleur-de-Marie pourra soutenir ce voyage, emmenez-la... Une fois en Allemagne, dans ce pays si calme et si grave, sa transformation sera complète... et le passé ne sera plus pour elle qu'un songe triste et lointain.

— Mais vous ? mais vous ?

— Moi... je puis bien vous dire cela maintenant... parce que je pourrai le dire toujours avec joie et orgueil... mon amour pour vous sera mon ange gardien, mon sauveur, ma vertu, mon avenir... Tout ce que je ferai de bien viendra de lui et reviendra à lui... Chaque jour je vous écrirai... pardonnez-moi cette exigence... c'est la seule que je me permette... Vous, monseigneur, vous me répondrez quelquefois... pour me donner des nouvelles de celle qu'un moment au moins j'ai appelée ma fille, — dit Clémence sans pouvoir retenir ses pleurs, — et qui le sera toujours dans ma pensée ; enfin, lorsque les années nous auront donné le droit d'avouer hautement l'inaltérable affection qui nous lie... eh bien ! je vous le jure sur votre fille... si vous le désirez, j'irai vivre en Allemagne, dans la même ville que vous... pour ne plus nous quitter... et terminer ainsi une vie qui aurait pu être selon nos passions... mais qui aura du moins été honorable et digne.

— Monseigneur ! — s'écria Murph en entrant précipitamment, — celle que Dieu vous a rendue a repris ses sens, elle renaît. Son premier mot a été : « Mon père !... » elle demande à vous voir...

Peu d'instants après, madame d'Harville avait quitté l'hôtel du prince, et celui-ci se rendait en hâte chez la comtesse Mac-Gregor, accompagné de Murph, du baron de Graün et d'un aide de camp.

CHAPITRE XIII

LE MARIAGE

Depuis que Rodolphe lui avait appris le meurtre de Fleur-de-Marie, la comtesse Sarah Mac-Gregor, écrasée par cette révélation qui ruinait toutes ses espérances, torturée par un remords tardif, avait été en proie à de violentes crises nerveuses, à un effrayant délire ; sa blessure à demi cicatrisée s'était rouverte, et une longue syncope avait momentanément fait croire à sa mort. Pourtant, grâce à la force de sa constitution, elle ne succomba pas à cette rude atteinte ; une nouvelle lueur de vie vint la ranimer encore. Assise dans un fauteuil, afin de se soustraire aux oppressions qui la suffoquaient, Sarah était depuis quelques moments plongée dans des réflexions accablantes, regrettant presque la mort à laquelle elle venait d'échapper.

Tout à coup Thomas Seyton entra dans la chambre de la comtesse ; il contenait difficilement une émotion profonde ; d'un signe il éloigna les deux femmes de Sarah ; celle-ci parut à peine s'apercevoir de la présence de son frère.

— Comment vous trouvez-vous ? lui dit-il.

— Dans le même état... j'éprouve une grande faiblesse... et de temps à autre des suffocations douloureuses... Pourquoi Dieu ne m'a-t-il pas retirée du monde... dans ma dernière crise !...

— Sarah, reprit Thomas Seyton après un moment de silence, — vous êtes entre la vie et la mort... une émotion violente pourrait vous tuer comme elle pourrait vous sauver.

— Je n'ai plus d'émotions à éprouver... mon frère...

— Peut-être...

— La mort de Rodolphe me trouverait indifférente... le spectre de ma fille noyée... noyée par ma faute... est là... toujours là devant moi. Ce n'est pas une émotion... c'est un remords incessant... Je suis réellement mère depuis que je n'ai plus d'enfant...

J'aimerais mieux retrouver en vous cette froide ambition... qui vous faisait regarder votre fille comme un moyen de réaliser le rêve de votre vie.

— Les effrayants reproches du prince ont tué cette ambition... le sentiment maternel s'est éveillé en moi au tableau des atroces misères de ma fille...

— Et... — dit Seyton en hésitant et en pesant pour ainsi dire sur chaque parole, — si par hasard... supposons une chose impossible... un miracle... vous appreniez que votre fille vit encore... comment supporteriez-vous une telle découverte ?...

— Je mourrais de honte et de désespoir à sa vue.

— Ne croyez pas cela... vous seriez trop enivrée du triomphe de votre ambition !... Car enfin... si votre fille avait vécu... le prince vous épousait...

— En admettant cette supposition insensée... il me semble que je n'aurais pas le droit de vivre... Après avoir reçu la main du prince... mon devoir serait de le délivrer... d'une épouse indigne... ma fille d'une mère dénaturée...

L'embarras de Thomas Seyton augmentait à chaque instant. Chargé par Rodolphe, qui était dans une pièce voisine, d'apprendre à Sarah que Fleur-de-Marie vivait, il ne savait que résoudre. La vie de la comtesse était si chancelante qu'elle pouvait s'éteindre d'un moment à l'autre ; il n'y avait donc aucun retard à apporter au mariage in extremis qui devait légitimer la naissance de Fleur-de-Marie. Pour cette triste cérémonie, le prince s'était fait accompagner d'un ministre, de Murph et du baron de Graün comme témoins ; le duc de Lucenay et lord Douglas, prévenus à la hâte par Seyton, devaient servir de témoins à la comtesse, et venaient d'arriver à l'instant même. Les moments pressaient ; mais les remords empreints de la tendresse maternelle qui remplaçaient alors chez Sarah une impitoyable ambition, rendaient la tâche de Seyton plus difficile encore. Tout son espoir était que sa sœur le trompait ou se trompait elle-même, et que l'orgueil de cette femme se réveillerait dès qu'elle toucherait à cette couronne si longtemps rêvée.

— Ma sœur... — dit Thomas Seyton d'une voix grave et solennelle, — je suis dans une terrible perplexité... Un mot de moi va peut-être vous rendre à la vie... va peut-être vous tuer...

— Je vous l'ai dit... je n'ai plus d'émotions à redouter...

— Une seule... pourtant...

— Laquelle ?

— S'il s'agissait... de votre fille ?...

— Ma fille est morte...
— Si elle ne l'était pas !
— Nous avons épuisé cette supposition tout à l'heure... Assez, mon frère... mes remords me suffisent.
— Mais si ce n'était pas une supposition?... Mais si, par un hasard incroyable... inespéré... votre fille avait été arrachée à la mort... mais si... elle vivait?
— Vous me faites mal... ne me parlez pas ainsi.
— Eh bien donc! que Dieu me pardonne et vous juge!... elle vit encore...
— Ma fille?
— Elle vit... vous dis-je... Le prince est là... avec un ministre... J'ai fait prévenir deux de vos amis pour vous servir de témoins... Le vœu de votre vie est enfin réalisé... La prédiction s'accomplit... Vous êtes souveraine...

Thomas Seyton avait prononcé ces mots en attachant sur sa sœur un regard rempli d'angoisse, épiant sur son visage chaque signe d'émotion. A son grand étonnement, les traits de Sarah restèrent presque impassibles : elle porta seulement ses deux mains à son cœur en se renversant dans son fauteuil, étouffa un léger cri qui parut lui être arraché par une douleur subite et profonde... puis sa figure redevint calme.

— Qu'avez-vous, ma sœur?...
— Rien... la surprise... une joie inespérée... Enfin, mes vœux sont comblés!...
— Je ne m'étais pas trompé! — pensa Thomas Seyton. — L'ambition domine... elle est sauvée... Eh bien, ma sœur, que vous disais-je?
— Vous aviez raison... — reprit-elle avec un sourire amer et devinant la pensée de son frère, L'ambition a encore une fois étouffé en moi la maternité...
— Vous vivrez! et vous aimerez votre fille...
— Je n'en doute pas... je vivrai... voyez comme je suis calme...
— Et ce calme est réel?
— Abattue, brisée comme je le suis... aurais-je la force de feindre?...
— Vous comprenez maintenant mon hésitation de tout à l'heure?
— Non, je m'en étonne pas ; car vous connaissez mon ambition... Où est le prince?
— Il est ici.
— Je voudrais le voir... avant la cérémonie... Puis elle ajouta avec une indifférence affectée :
— Ma fille est là... sans doute?

— Non... vous la verrez plus tard.
— En effet... j'ai le temps... Faites, je vous prie, venir le prince.
— Ma sœur... je ne sais... mais votre air est étrange... sinistre.

Malgré lui Seyton était inquiet du calme de Sarah. Un moment il crut voir dans ses yeux des larmes contenues; après une nouvelle hésitation, il ouvrit une porte, qu'il laissa ouverte, et sortit.

— Maintenant, — dit Sarah, — pourvu que je voie... que j'embrasse ma fille, je serai satisfaite... Ce sera bien difficile à obtenir... Rodolphe, pour me punir, me refusera... Mais j'y parviendrai... oh ! j'y parviendrai... Le voici.

Rodolphe entra et ferma la porte.
— Votre frère vous a tout dit? — demanda froidement le prince à Sarah.
— Tout...
— Votre... ambition... est satisfaite?
— Elle est... satisfaite...
— Le ministre... et les témoins... sont là...
— Je le sais.
— Ils peuvent entrer... je pense?...
— Un mot... monseigneur...
— Parlez... madame...
— Je voudrais... voir ma fille...
— C'est impossible...
— Je vous dis, monseigneur, que je veux voir ma fille !...
— Elle est à peine convalescente... elle a éprouvé déjà ce matin une violente secousse... cette entrevue lui serait funeste...
— Mais au moins... elle embrassera sa mère...
— A quoi bon? vous voici princesse souveraine.
— Pas encore... je ne le serai qu'après avoir embrassé ma fille...

Rodolphe regarda la comtesse avec un profond étonnement.
— Comment, — s'écria-t-il — vous soumettez la satisfaction de votre orgueil...
— A la satisfaction... de ma tendresse maternelle... cela vous surprend... monseigneur?...
— Hélas !... oui.
— Verrai-je ma fille?...
— Mais...
— Prenez garde, monseigneur... les moments sont peut-être comptés... ainsi que l'a dit mon frère... cette crise peut me sauver comme elle peut me tuer... Dans ce moment... je rassemble toutes mes forces... toute mon énergie... et il m'en faut beaucoup... pour lutter contre le saisissement d'une telle découverte... Je veux voir

ma fille... ou sinon... je refuse votre main... et si je meurs .. sa naissance ne sera pas légitimée...

— Fleur-de-Marie... n'est pas ici... il faudrait l'envoyer chercher...

— Envoyez-la chercher à l'instant... et je consens à tout. Comme les moments... sont peut-être comptés... je vous l'ai dit... le mariage se fera... pendant le temps que Fleur-de-Marie mettra à se rendre ici...

— Quoique ce sentiment m'étonne de votre part... il est trop louable pour que je n'y aie pas égard... Vous verrez Fleur-de Marie... je vais lui écrire...

— Là... sur ce bureau... où j'ai été frappée...

Pendant que Rodolphe écrivait quelques mots à la hâte, la comtesse essuya la sueur glacée qui coulait de son front, ses traits jusqu'alors calmes trahirent une souffrance violente et cachée : on eût dit que Sarah, en cessant de se contraindre, se reposait d'une dissimulation douloureuse.

Sa lettre écrite, Rodolphe se leva et dit à la comtesse :

— Je vais envoyer cette lettre à ma fille par un de mes aides de camp. Elle sera ici dans une demi-heure... puis-je rentrer avec le ministre et les témoins?...

— Vous le pouvez... ou plutôt... je vous en prie, sonnez... ne me laissez pas seule... chargez sir Walter de cette commission... il ramènera les témoins et le ministre...

Rodolphe sonna, une des femmes de Sarah parut.

— Priez mon frère d'envoyer ici sir Walter Murph, — dit la comtesse.

La femme de chambre sortit.

— Cette union... est triste... Rodolphe... — dit amèrement la comtesse. — Triste pour moi... Pour vous elle sera heureuse...

Le prince fit un mouvement.

— Elle sera heureuse pour vous, Rodolphe... car je n'y survivrai pas...

A ce moment Murph entra.

— Mon ami... — lui dit Rodolphe, — envoie à l'instant cette lettre à ma fille... par le colonel; il la ramènera dans ma voiture... Prie le ministre et les témoins d'entrer dans la salle voisine.

— Mon Dieu... — s'écria Sarah d'un ton suppliant lorsque le squire eut disparu, — faites qu'il me reste assez de force pour la voir... que je ne meure pas avant son arrivée!...

— Ah! que n'avez-vous toujours été aussi bonne mère!...

— Grâce à vous, du moins, je connais le repentir... le dévouement... l'abnégation... Oui, tout à l'heure... quand mon frère m'a appris que notre fille vivait... laissez-moi dire notre fille, je ne le dirai pas longtemps... J'ai senti au cœur un coup affreux... J'ai senti que j'étais frappée à mort, j'ai caché tout cela... mais j'étais heureuse... La naissance de notre enfant serait légitimée... et je mourrai ensuite...

— Ne parlez pas ainsi...

— Oh! cette fois... je ne vous trompe pas... vous verrez...

— Et aucun vestige de cette ambition implacable qui vous a perdue?... Pourquoi la fatalité a-t-elle voulu que votre repentir fut si tardif?

— Il est tardif, mais profond, mais sincère, je vous le jure. A ce moment solennel... si je remercie Dieu... de me retirer de ce monde... c'est que ma vie vous eût été un horrible fardeau.

— Sarah... de grâce...

— Rodolphe... une dernière prière... votre main...

— Le prince tendit sa main à la comtesse, qui la prit vivement entre les siennes.

— Ah! les vôtres sont glacées... — s'écria Rodolphe avec effroi.

— Oui... je me sens mourir... Peut-être, par une dernière punition... Dieu ne voudra-t-il pas que j'embrasse ma fille...

— Oh! si... si... il sera touché de vos remords...

— Et vous... mon ami... en êtes-vous touché?... me pardonnerez-vous?... Oh! de grâce... dites-le... Tout à l'heure... quand notre fille sera là, si elle arrive à temps, vous ne pourrez pas me pardonner devant elle... ce serait lui apprendre... combien j'ai été coupable... et cela... vous ne le voudrez pas... Une fois que je serai morte... qu'est-ce que cela vous fait qu'elle m'aime?...

— Rassurez-vous... elle ne saura rien.

— Rodolphe... pardon!... Oh! pardon!... Serez-vous sans pitié?... Ne suis-je pas assez malheureuse?...

— Eh bien! que Dieu vous pardonne le mal que vous avez fait à votre enfant... comme je vous pardonne celui que vous m'avez fait... malheureuse femme!

— Vous me pardonnez... du fond du cœur?...

— Du fond du cœur!... — dit le prince d'une voix émue.

(La suite au prochain numéro.)

COMMENT ON AIME

LA CHIMÈRE
(SUITE)

III

Pour les jeunes imaginations de province, Paris est la ville des *Mille et une Nuits*, les plus humbles demeures sont presque des palais, et la rue la moins mémorable est bordée de vingt monuments. Dominique n'avait jamais rêvé de vivre au sein de la grande cité et, cependant, lui aussi l'avait entrevue à travers un kaléidoscope trop chatoyant. Aussi, comme tant d'autres, fut-il de prime-abord un peu désillusionné. C'est que, pour bien comprendre et pour bien admirer Paris, il ne suffit pas de contempler sa physionomie de pierre, il faut surtout envisager son âme, et l'âme est toujours lente à se révéler. Mais qu'importait au jeune homme l'éclat plus ou moins éblouissant de la capitale? Que lui importait la grandeur de cette merveille de l'intelligence? Il avait en tête, il avait au cœur un plus impérieux souci. Il se demandait avec anxiété comment il pourrait, dans le vaste tourbillon, revoir celles qui s'étaient emparées tyranniquement de toutes ses pensées. Sans doute, mettant à profit l'invitation qui lui en avait été faite avec insistance, il eût pu se présenter aux familles d'Olympe, de Gratienne et de Caliste. Mais, on le comprend sans peine, il répugnait à une démarche qui devait rappeler son acte de courage et de dévouement. Il s'en remit donc au hasard du soin de lui ménager une rencontre fortuite avec l'une ou l'autre des trois jeunes filles. Or, le hasard aime beaucoup les amoureux. Il les favorise, il les aide, surtout quand eux-mêmes savent s'aider un peu.

Dominique, lui, allait partout où se réunissait le monde élégant, au bois, à l'église, au théâtre. Un soir, à l'Opéra, dans un entr'acte de *la Favorite*, il promenait sa lorgnette sur l'hémicycle des stalles de balcon, lorsqu'un brusque mouvement lui échappa; aussitôt il murmura le nom de Caliste. C'était bien, en effet, Caliste de Rochebrune qu'il venait d'apercevoir. Elle l'avait déjà reconnu et le désignait vivement à une dame d'un âge mûr, d'un visage distingué, ayant avec la jeune fille cette ressemblance parfois indéfinie, mais presque toujours perceptible, qui révèle une mère. Caliste était encore plus éblouissante de jeunesse et de fraîcheur qu'elle ne l'avait paru à Douarnenez. Elle était le point de mire de toutes les lorgnettes du dandisme parisien, et cependant elle ne paraissait pas s'en préoccuper. Elle dirigeait à chaque instant son beau regard vers l'orchestre, à l'endroit même où Dominique était placé, et le cœur du jeune homme palpitait sous l'influence lumineuse de ces deux yeux plus purs que le diamant.

A l'entr'acte suivant, il se rendit au foyer. A peine y avait-il fait quelques pas qu'il se trouva en présence de Caliste et de sa mère. Les deux femmes furent les premières à l'aborder. Avec une grâce pleine d'effusion, madame de Rochebrune lui demanda depuis quand il était à Paris et elle lui reprocha de s'être soustrait trop longtemps aux remerciments, aux éloges qu'elle était impatiente de lui prodiguer de vive voix. Elle lui fit promettre que le lendemain même il lui rendrait visite. Quand Dominique regagna sa stalle, il nageait en pleine félicité.

Au dernier acte de *la Favorite*, pendant que Roger chantait avec un si profond enthousiasme le superbe finale :

Ah! viens dans une autre patrie!...

notre Breton, électrisé, tourna la tête, et son regard alla frapper celui de Caliste. Un observateur pénétrant pouvait supposer que deux âmes venaient de se fondre dans ce choc mystérieux sous les flammes de l'ardente mélodie.

Le lendemain fut pour Dominique un nouvel enchantement. La baronne de Rochebrune et sa fille l'accueillirent dans l'intimité. Elles n'avaient pas voulu, dirent-elles, partager le plaisir de le recevoir. D'ailleurs Olympe de Treuil et Gratienne Dornans étaient encore avec leurs familles à la campagne, et toute autre personne ne pouvait que gêner l'expansion tout naturelle qui s'échappait de leur cœur.

— Nous vous gardons toute la journée, dit madame de Rochebrune avec une douce autorité ; et, si vous ne trouvez pas le temps long, ce soir vous nous accompagnerez au bois.

Dominique s'inclina sans répondre, mais l'expression de son sourire traduisait à merveille tout le ravissement de son âme. Vers huit heures, la baronne fit avancer une jolie calèche de remise. Elle n'était point assez riche pour avoir équipage. Veuve d'un général mort en activité de service, toute sa fortune se composait d'une dizaine de mille livres de rente et d'une pension que lui servait l'État. Ce revenu, disait-on, ne suffisait point aux dépenses un peu inconsidérées de la mère et de la fille, de sorte que le capital, ajoutait-on, était déjà sensiblement ébréché. Mais le monde est si méchant qu'il ne faut pas croire tout ce qu'il dit.

Quoi qu'il en soit, Dominique se laissait dériver au fil du bonheur comme une barque indolente dérive au fil de l'eau. Assis en face de Caliste, il savourait, pour ainsi parler, ses beautés une à une, et s'étonnait ingénument que Dieu eût créé un être si éclatant et si parfait. Dans son extase, il avait peine à garder assez de présence d'esprit pour répondre sans trop de maladresse à la baronne qui l'interrogeait sur son existence de province, sur sa famille, sur ses relations.

— Ainsi, poursuivit madame de Rochebrune, il ne vous reste plus que votre grand-père ? Hélas ! votre départ a dû lui causer bien de l'ennui. A son âge, toute séparation est cruelle.

— C'est lui-même, madame, qui m'a conseillé de venir visiter Paris. J'étais un peu triste, il a espéré qu'un voyage me distrairait, et je suis parti. Je présume d'ailleurs qu'il ne souffrira point de mon éloignement momentané. A quatre-vingts ans, il est encore si actif qu'il surveille lui-même le travail de ses métayers. Cette surveillance de chaque jour l'empêche sans doute, en mon absence, de trouver le temps long.

— Ne lui allégiez-vous pas un peu le fardeau de ses occupations !

— Mon Dieu ! non, madame la baronne. D'abord j'aurais craint de froisser à mon insu son légitime amour-propre de vieillard. Ensuite, je l'avoue à ma honte, je ne me sens pas encore grand goût au rôle d'ailleurs si honorable, si utile, de hobereau cultivateur. Les dispositions me viendront sans doute plus tard.

— Oui, repartit madame de Rochebrune, quand vous serez marié, père de famille, et que l'expérience aura fait de vous un homme grave et positif.

Cette phrase, prononcée d'un ton moitié sérieux, moitié plaisant, produisit un moment de silence. Le jour avait disparu, et le disque de la lune, planant dans le bleu de l'éther, argentait de ses rayons onduleux le feuillage doucement agité du bois de Boulogne. Sous cette pâle lueur, si propice aux timides hardiesses. Dominique et Caliste échangèrent encore un regard ému, et cette fois ils rougirent comme s'ils eussent deviné qu'ils avaient eu la même sensation. En effet, cette idée de mariage exprimée par la baronne leur avait remué le cœur tout autant que s'il se fût agi de leur union même. C'est qu'ils vont vite, sur le chemin rapide et charmant de l'imagination, les jeunes gens qui éprouvent l'un pour l'autre un penchant mystérieux ! A peine au point de départ de cette fantaisie toute rose, qu'on nomme l'amour, ils entrevoient déjà le but à la fois souriant et sévère qu'on appelle le mariage. Ah ! ne vous hâtez pas, imprudents ! Ralentissez votre essor, au contraire, et cueillez, cueillez longtemps ensemble les pervenches bleues de l'innocence dans le sentier fleuri du vrai bonheur !

Caliste prétendait qu'elle était lasse d'être en voiture, elle exprima le désir de marcher un peu. La baronne fit arrêter et pria Dominique d'accompagner sa fille.

— Moi, je reste, ajouta-elle, la marche me lasse tout de suite...

Et elle ajouta :

— Cocher, lentement.

Les jeunes gens suivirent la contre-allée de l'avenue de Longchamp. Caliste avait posé la main sur le bras de Dominique, et cette main ne pesait pas plus qu'un oiseau-mouche sur une branche d'oranger. Ils cheminèrent d'abord silencieux à l'ombre des ramures sur les hiéroglyphes de lumière tracés par la lune le long du sentier. Peu à peu, cependant, la causerie s'engagea, elle devint animée ; et la baronne, qui semblait méditer tandis que la calèche la berçait, les entendit bientôt rire de ce rire clair et perlé qui est la mélodie de la jeunesse et qui rappelle la voix des fauvettes au printemps. Que se disaient-ils ainsi ? Le savaient-ils bien eux-mêmes ? Ils chantaient sans doute cet hymne des cœurs charmés dont les paroles sont indifférentes comme un libretto d'opéra, mais dont la musique est une inspiration de l'âme qui vibre d'allégresse aux premiers tressaillements de l'amour. Lorsque madame de Rochebrune les appela, ils eurent quelque peine à retenir sur leurs lèvres l'interjection des amoureux : Déjà ! Ils revinrent vers la calèche, mais à pas lents. Le bras de Caliste pesait alors sur celui de Dominique un peu plus lourdement qu'un oiseau-mouche sur une branche d'oranger.

On regagna Paris. Dominique avait le cœur tout oppressé par la joie. Il savourait son bonheur en silence. Un incident, frivole en apparence, vint toutefois jeter un nuage sur sa félicité. Au boulevard des Italiens, un élégant phaéton, attelé de deux magnifiques chevaux anglais, croisa la calèche. Le maître conduisait. C'était un homme d'une quarantaine d'années environ, d'une laideur remarquable, mais d'une distinction parfaite. Il salua gracieusement la baronne et sa fille, qui lui rendirent son salut avec un grand empressement.

— C'est sans doute quelque personnage? demanda étourdiment Dominique.

— C'est notre banquier, répondit madame de Rochebrune. Il est immensément riche.

— Et il a les plus beaux chevaux du monde, ajouta Caliste en se penchant pour admirer encore le brillant équipage.

Sans se rendre compte de son impression, le jeune homme devint triste, presque soucieux. Cependant, son front rembruni s'éclaira de nouveau lorsque la baronne, avec un sourire charmant, lui déclara qu'elle le bouderait s'il ne se faisait un devoir d'être souvent son hôte et son cavalier. Il retrouva même toute l'exaltation de son âme en sentant les doigts mignons de la jeune fille répondre par un léger frémissement à la pression électrique de sa main qui tremblait.

IV

Un mois plus tard, dans une lettre adressée par Dominique au chevalier de Kerlaz, se lisait ce qui suit :

« Elle m'aime, grand-père ! Elle m'aime et je suis le plus heureux des hommes ! Je vous supplie d'écrire à madame la baronne de Rochebrune et de lui demauder pour moi la main de Caliste, de ma Caliste que j'aime à l'adoration. Ah ! grand-père! quelle admirable petite-fille vous aurez là ! Elle est si brillante, si lumineuse, que je suis contraint parfois de fermer les yeux pour les protéger contre l'irradiation de sa beauté.

« J'ose espérer que la mère accueillera favorablement votre demande. Quant à la céleste enfant, je vous le répète encore, grand-père, elle m'aime ! et elle est prête à me confier sa vie, dont je veux faire une éternité de bonheur! écrivez donc vite, écrivez, tandis que je vous embrasse avec ravissements ! »

La réponse du chevalier de Kerlaz ne se fit pas attendre. En même temps que Dominique recevait sous pli quelques mots affectueux et bien émus de son aïeul, la baronne, elle, prenait connaissance d'une lettre du vieux gentilhomme, lettre charmante de bonhomie, de franchise, de cordialité, dans laquelle il promettait de rajeunir de vingt ans et de danser au mariage de son petit-fils, si madame de Rochebrune daignait souscrire à l'union projetée et lui accorder en même temps l'honneur d'ouvrir le bal de noce avec lui.

Au moment où cette lettre lui avait été remise, la baronne songeait très-sérieusement à marier sa fille. Comme elle ne devait lui donner qu'une dot de minime importance, elle s'avouait à elle-même qu'un brillant mariage était chose presque impossible ; elle avait trop le sentiment des réalités de ce monde pour ignorer que, sans fortune, les plus belles jeunes filles courent grand risque de coiffer sainte Catherine, si elles exagèrent leurs prétentions. On ne s'épouse plus, en effet, on s'associe. L'hymen a cessé d'être une union des âmes, il est devenu une commandite.

Madame de Rochebrune avait espéré, toutefois, qu'un grand seigneur de la finance, un banquier, solliciterait la main de sa fille. Le millionnaire s'était montré fort empressé auprès de Caliste dans les salons, mais l'assiduité s'était ralentie sans qu'on sût trop pourquoi ; et, mère prudente, la baronne avait renoncé à l'espérance de voir se réaliser pour son enfant ce beau rêve d'opulence. Dès lors, elle avait accueilli Dominique de Kerlaz avec une exquise bonté, et elle avait même encouragé sa passion naissante, car elle pensait à faire de lui son gendre. S'il n'était pas riche dans le présent, ne devait-il pas l'être dans un avenir prochain? Le vieux gentilhomme, dont il était héritier, n'avait-il pas quatre-vingts ans?

(La suite au prochain numéro.)

Le propriétaire-gérant : F. ROY.

LES ROMANS PARISIENS

LES MYSTERES DE PARIS

— Non, monseigneur, vous ne ferez pas cela vous ne laisserez pas dans l'ombre la naissance de votre enfant. (Page 266.)

La comtesse pressa vivement la main de Rodolphe contre ses lèvres défaillantes avec un élan de joie et de reconnaissance, puis elle dit :
— Faites entrer le ministre... mon ami... et dites-lui... qu'ensuite il ne s'éloigne pas... Je me sens bien faible...

Cette scène était déchirante ; Rodolphe ouvrit les deux battants de la porte du fond ; le ministre entra suivi de Murph et du baron de Graün, témoins de Rodolphe, et du duc de Lucenay et de lord Douglas, témoins de la comtesse ; Thomas Seyton venait ensuite. Tous les acteurs de cette scène douloureuse étaient graves, tristes et recueillis ; M. de Lucenay lui-même avait oublié sa pétulance habituelle.

Le contrat de mariage entre très-haut et très-puissant prince Son Altesse Royale Gustave-Rodolphe V, grand-duc régnant de Gerolstein, et Sarah Seyton de Halsbury, comtesse Mac-Gregor (contrat qui légitimait la naissance de Fleur-de-Marie), avait été préparé par les soins du baron de Graün; il fut lu par lui, et signé par les époux et leurs témoins.

Malgré le repentir de la comtesse, lorsque le ministre dit d'une voix solennelle à Rodolphe : « Votre Altesse Royale consent-elle à prendre pour épouse madame Sarah Seyton de Halsbury, comtesse Mac-Gregor? » et que le prince eut répondu : « Oui » d'une voix haute et ferme, le regard mourant de Sarah étincela; une rapide et fugitive expression d'orgueilleux triomphe passa sur ses traits livides : c'était le dernier éclair de l'ambition qui mourait avec elle.

Durant cette triste et imposante cérémonie, aucune parole ne fut échangée entre les assistants. Lorsqu'elle fut accomplie, les témoins de Sarah, M. le duc de Lucenay et lord Douglas, vinrent en silence saluer profondément le prince, puis sortirent. Sur un signe de Rodolphe, Murph et M. de Graün les suivirent.

— Mon frère... — dit tout bas Sarah, — priez le ministre de vous accompagner dans la pièce voisine... et d'avoir la bonté d'y attendre un moment.

— Comment vous trouvez-vous... ma sœur?... Vous êtes bien pâle...

— Je suis sûre de vivre... maintenant... ne suis-je pas grande-duchesse de Gerolstein?... ajouta-t-elle avec un sourire amer.

Restée seule avec Rodolphe, Sarah murmura d'une voix épuisée, pendant que ses traits se décomposaient d'une manière effrayante :

— Mes forces sont à bout... je me sens... mourir... je ne la verrai pas...

— Si... si... rassurez-vous... Sarah... vous la verrez.

— Je ne l'espère plus... cette contrainte... Oh! il fallait... une force surhumaine... ma vue se trouble... déjà.

— Sarah!... dit le prince en s'approchant de la comtesse et prenant ses mains dans les siennes, — elle va venir... maintenant elle ne peut tarder...

— Dieu ne voudra pas m'accorder... cette dernière consolation.

— Sarah... écoutez... écoutez... Il me semble entendre une voiture... Oui, c'est elle... voilà votre fille !

— Rodolphe... vous ne lui direz pas... que j'étais une mauvaise mère, — articula lentement la comtesse, qui déjà n'entendait plus.

Le bruit d'une voiture retentit sur les pavés sonores de la cour. La comtesse ne s'en aperçut pas. Ses paroles devinrent de plus en plus incohérentes; Rodolphe était penché sur elle avec anxiété; il vit ses yeux se voiler...

— Pardon... ma fille... voir ma fille... pardon... au moins... après ma mort... les honneurs de mon rang... — murmura-t-elle enfin.

Ce furent les derniers mots intelligibles de Sarah... L'idée fixe, dominante de toute sa vie, revenait encore malgré son repentir sincère.

Tout à coup Murph entra.

— Monseigneur... la princesse Marie...

— Non... qu'elle n'entre pas... Dis à Seyton d'amener le ministre. Puis, montrant Sarah qui s'éteignait dans une lente agonie, Rodolphe ajouta :

— Dieu lui refuse la consolation suprême d'embrasser son enfant...

Une demi-heure après, la comtesse Sarah Mac-Gregor avait cessé de vivre.

CHAPITRE XIV

BICÊTRE

Quinze jours s'étaient passés depuis la mort de Sarah. C'était le jour de la mi-carême. Cette date établie, nous conduirons le lecteur à Bicêtre. Cet immense établissement, destiné, ainsi que chacun sait, au traitement des aliénés, sert aussi de lieu de refuge à sept ou huit cents vieillards pauvres, qui sont admis à cette espèce de maison d'invalides civils lorsqu'ils sont âgés de soixante-dix ans ou atteints d'infirmités très-graves. En arrivant à Bicêtre, on entre d'abord dans une vaste cour plantée de grands arbres, coupée de pelouses vertes ornées en été de plates-bandes de fleurs. Rien de plus riant, de plus calme, de plus salubre que ce promenoir spécialement destiné aux vieillards indigents dont nous avons parlé; il entoure les bâtiments où se trouvent, au premier étage, de spacieux dortoirs bien aérés, garnis de bons lits, et au rez-de-chaussée des réfectoires d'une admirable propreté, où les pensionnaires de Bicêtre prennent en commun une nourriture saine, abondante, agréable et préparée avec un soin extrême, grâce à la paternelle sollicitude des administrateurs de ce bel établissement. Un tel asile serait le rêve de l'artisan veuf ou célibataire qui, après une longue vie de privations, de travail et de probité, trouverait là le repos, le bien-être qu'il n'a jamais connus. Malheureusement le favoritisme, qui de nos jours s'étend à tout, envahit tout, s'est emparé des bourses de Bicêtre, et ce sont en grande partie d'anciens domestiques qui jouissent de ces retraites, grâce à l'influence de leurs derniers maîtres.

Ceci nous semble un abus révoltant. Rien de plus méritoire que les longs et honnêtes services domestiques, rien de plus digne de récompense que ces serviteurs qui, éprouvés par des années de dévouement, finissaient autrefois par faire presque partie de la famille ; mais, si louables que soient de pareils antécédents, c'est le maître qui en a profité, et non l'État, qui doit les rémunérer. Ne serait-il donc pas juste, moral, humain, que les places de Bicêtre et celles d'autres établissements semblables appartinssent *de droit* à des artisans choisis parmi ceux qui justifieraient de la meilleure conduite et de la plus grande infortune ? Pour eux, si limité que fût leur nombre, ces retraites seraient au moins une lointaine espérance qui allégerait un peu leur fatigue, leur misère de chaque jour... salutaire espoir qui les encouragerait au bien, en leur montrant dans un avenir éloigné sans doute, mais enfin certain, un peu de calme, de bonheur pour récompense... Et comme ils ne pourraient prétendre à ces retraites que par une conduite irréprochable, leur moralisation deviendrait pour ainsi dire forcée... Est-ce donc trop de demander que le petit nombre de travailleurs qui atteignent un âge très-avancé à travers des privations de toutes sortes, aient au moins la chance d'obtenir un jour à Bicêtre du pain, du repos, un abri pour leur vieillesse épuisée ? Il est vrai qu'une telle mesure exclurait à l'avenir, de cet établissement, les gens de lettres, les savants, les artistes d'un grand âge, qui n'ont pas d'autre refuge... Oui, de nos jours des hommes dont les talents, dont la science, dont l'intelligence ont été estimés de leur temps, obtiennent à grand'peine une place parmi ces vieux serviteurs que le crédit de leur maître envoie à Bicêtre.

Au nom de ceux-là qui ont concouru au renom, aux plaisirs de la France, de ceux-là dont la réputation a été consacrée par la voix populaire, est-ce trop de vouloir pour leur extrême vieillesse une retraite modeste, mais digne ? Sans doute c'est trop... et pourtant citons un exemple entre mille : on a dépensé huit ou dix millions pour le monument de la Madeleine, qui n'est ni un temple ni une église ; avec cette somme énorme, que de bien à faire ! fonder, je suppose, une maison d'asile où deux cent cinquante ou trois cents personnes, jadis remarquables comme savants, poëtes, musiciens, administrateurs, médecins, avocats, etc., etc. (car presque toutes ces professions ont successivement leurs représentants parmi les pensionnaires de Bicêtre), auraient trouvé une retraite honorable. Sans doute c'était là une question d'humanité, de pudeur, de dignité nationale pour un pays qui prétend marcher à la tête des arts, de l'intelligence et de la civilisation ; mais l'on n'y a pas songé... Car Hégésippe Moreau et tant d'autres rares génies sont morts à l'hospice ou dans l'indigence... Car de nobles intelligences, qui ont autrefois rayonné d'un pur et vif éclat, portent aujourd'hui à Bicêtre la houppelande des bons pauvres...

Car il n'y a pas ici comme à Londres, un établissement charitable [1] où un étranger sans ressources trouve, au moins pour une nuit, un toit, un lit et un morceau de pain... Car les ouvriers qui vont en *Grève* chercher du travail et attendre les *embauchements*, n'ont pas même pour se garantir des intempéries des saisons un hangar pareil à celui qui, dans les marchés, abrite le bétail en vente. Pourtant la Grève est la *Bourse* des travailleurs sans ouvrage... et dans cette Bourse-là il ne se fait que d'honnêtes transactions... car elles n'ont pour fin que d'obtenir un rude labeur et un salaire insuffisant dont l'artisan paye un pain bien amer.

Car... Mais l'on ne cesserait pas si l'on voulait compter tout ce que l'on a sacrifié d'utiles fondations à cette grotesque imagination de temple grec, enfin destiné au culte catholique.

Revenons à Bicêtre et disons, pour complétement énumérer les différentes destinations de cet établissement, qu'à l'époque de ce récit les condamnés à mort y étaient conduits après leur jugement. C'est dans un des cabanons de cette maison que la veuve Martial et Calebasse attendaient le moment de leur exécution, fixée au lendemain ; la mère et la fille n'avaient voulu se pourvoir ni en grâce ni en cassation. Nicolas,

---

1. *Société de bienfaisance* fondée à Londres par un de nos compatriotes, M. le comte d'Orsay, qui continue à cette noble et digne œuvre son patronage aussi généreux qu'éclairé.

le Squelette et plusieurs autres scélérats étaient parvenus à s'évader de la Force la veille de leur transfèrement à Bicêtre.

Nous l'avons dit, rien de plus riant que l'abord de cet édifice lorsqu'en venant de Paris on y entrait par la cour des Pauvres. Grâce à un printemps hâtif, les ormes et les tilleuls se couvraient déjà de pousses verdoyantes ; les grandes pelouses de gazon étaient d'une fraîcheur extrême, et çà et là les plates-bandes s'émaillaient de perce-neige, de primevères, d'oreilles d'ours aux couleurs vives et variées ; le soleil dorait le sable brillant des allées. Les vieillards pensionnaires vêtus de houppelandes grises, se promenaient çà et là, ou devisaient, assis sur des bancs : leur physionomie sereine annonçait généralement le calme, la quiétude ou une sorte d'insouciance tranquille.

Onze heures venaient de sonner à l'horloge lorsque deux fiacres s'arrêtèrent devant la grille extérieure : de la première voiture descendirent madame Georges, Germain et Rigolette ; de la seconde, Louise Morel et sa mère. Germain et Rigolette étaient mariés depuis quinze jours. Nous laissons le lecteur s'imaginer la pétulante gaieté, le bonheur turbulent, qui rayonnaient sur le frais visage de la grisette, dont les lèvres fleuries ne s'ouvraient que pour rire, sourire ou embrasser madame Georges, qu'elle appelait sa mère. Les traits de Germain exprimaient une félicité plus calme, plus réfléchie, plus grave... il s'y mêlait un sentiment de reconnaissance profonde, presque du respect pour cette bonne et vaillante jeune fille qui lui avait apporté en prison des consolations si secourables, si charmantes... ce dont Rigolette n'avait pas l'air de se souvenir le moins du monde ; aussi dès que son *petit Germain* mettait l'entretien sur ce sujet, elle parlait aussitôt d'autre chose prétextant que ces souvenirs l'attristaient. Quoiqu'elle fût devenue *madame Germain* et que Rodolphe l'eût dotée de quarante mille francs, Rigolette n'avait pas voulu, et son mari avait été de cet avis, changer sa coiffure de grisette contre un chapeau. Certes, jamais l'humilité ne servit mieux une innocente coquetterie ; car rien n'est plus gracieux, plus élégant que son petit bonnet à barbes plates, un peu à la paysanne, orné de chaque côté de deux gros nœuds orange, qui faisaient encore valoir le noir éclatant de ses jolis cheveux, qu'elle portait longs et bouclés, depuis qu'elle avait le *temps* de mettre des papillottes ; un col richement brodé entourait le cou charmant de la jeune mariée ; une écharpe de cachemire français, de la même nuance que les rubans du bonnet, cachait à demi sa taille souple et fine ; et quoiqu'elle n'eût pas de corset, selon son habitude (bien qu'elle eût aussi le *temps* de se lacer), sa robe montante de taffetas mauve ne faisait pas le plus léger pli sur son corsage svelte, arrondi comme celui de la Galatée de marbre.

Madame Georges contemplait son fils et Rigolette avec un bonheur profond toujours nouveau.

Louise Morel, après une instruction minutieuse et l'autopsie de son enfant, avait été mise en liberté ; les beaux traits de la fille du lapidaire, creusés par le chagrin, annonçaient une sorte de résignation douce et triste. Grâce à la générosité de Rodolphe et aux soins qu'il lui avait fait donner, la mère de Louise Morel, qui l'accompagnait, avait retrouvé la santé.

Le concierge de la porte extérieure ayant demandé à madame Georges ce qu'elle désirait, celle-ci lui répondit que l'un des médecins des salles d'aliénés lui avait donné rendez-vous à onze heures et demie, ainsi qu'aux personnes qui l'accompagnaient ; madame Georges eut le choix d'attendre le docteur, soit dans un bureau qu'on lui indiqua, soit dans la grande cour plantée dont nous avons parlé. Elle prit ce dernier parti, s'appuya sur le bras de son fils, et, continuant de causer avec la femme du lapidaire, elle parcourut les allées du jardin ; Louise et Rigolette les suivaient à peu de distance.

— Que je suis donc contente de vous revoir, chère Louise ! — dit la grisette. — Tout à l'heure, quand nous avons été vous chercher, à notre arrivée de Bouqueval, je voulais monter chez vous ; mais *mon mari* n'a pas voulu, disant que c'était trop haut ; j'ai attendu dans le fiacre. Votre voiture a suivi la nôtre, ça fait que je vous retrouve dès la première fois que je...

— Depuis que vous êtes venue me consoler en prison... Ah ! mademoiselle Rigolette, — s'écria Louise avec attendrissement, — quel bon cœur... quel...

— D'abord, ma bonne Louise, dit la grisette en interrompant gaiement la fille du lapidaire, afin d'échapper à ses remerciements, — je ne suis plus mademoiselle Rigolette, mais *madame Germain*. Je ne sais pas si vous le savez...

— Oui... je vous savais... mariée... Mais laissez-moi vous remercier encore.

— Ce que vous ignorez certainement, ma bonne Louise, — reprit madame Germain en interrompant de nouveau la fille de Morel ; — ce que vous ignorez, c'est que je me suis mariée, grâce à la générosité de celui qui a été notre providence à tous, à vous, à votre famille, à moi, à Germain, à sa mère !

— M. Rodolphe ! Oh ! nous le bénissons chaque jour !.... Lorsque je suis sortie de prison, l'avocat qui était venu de sa part me voir, me conseiller et m'encourager, m'a dit que, grâce à M. Rodolphe, qui avait déjà tant fait pour nous, M. Ferrand... — et la malheureuse ne put prononcer ce nom sans frissonner, — M. Ferrand, pour réparer ses cruautés, avait assuré une rente à moi et une à mon pauvre père... qui est toujours ici, lui... mais qui, grâce à Dieu, va de mieux en mieux...

— Et qui reviendra aujourd'hui avec vous à Paris... si l'espérance de ce digne médecin se réalise. Il pense maintenant qu'il faut frapper un grand coup, et que la présence imprévue des personnes que votre père avait l'habitude de voir presque chaque jour avant de perdre la raison... pourra terminer sa guérison... Moi, dans mon petit jugement... cela me paraît certain...

— Je n'ose encore y croire, mademoiselle.

— Madame Germain... madame Germain... si ça vous est égal, ma bonne Louise... Mais, pour en revenir à ce que je vous disais, vous ne savez pas ce que c'est que M. Rodolphe?

— C'est la providence des malheureux.

— D'abord... et puis encore? vous l'ignorez... Eh bien, je vais vous le dire...

Puis, s'adressant à son mari qui marchait devant elle, donnait le bras à madame Georges et causait avec la femme du lapidaire, Rigolette s'écria :

— Ne va donc pas si vite, mon ami... tu fatigues notre bonne mère... et puis j'aime à t'avoir plus près de moi.

Germain se retourna, ralentit un peu sa marche, et sourit à Rigolette, qui lui envoya furtivement un baiser.

— Comme il est gentil, mon petit Germain ! n'est-ce pas, Louise? Avec ça l'air si distingué !... une si jolie taille ! Avais-je raison de le trouver mieux que mes autres voisins, M. Giraudeau, le commis voyageur, et M. Cabrion !... Ah ! mon Dieu ! à propos de Cabrion... M. Pipelet et sa femme, où sont-ils donc? Le médecin avait dit qu'ils devaient venir aussi, parce que votre père avait souvent prononcé leur nom...

— Ils ne tarderont pas. Quand j'ai quitté la maison, ils étaient partis depuis longtemps.

— Oh ! alors ils ne manqueront pas au rendez-vous ; pour l'exactitude, M. Pipelet est une vraie pendule... Mais revenons à mon mariage et à M. Rodolphe. Figurez-vous, Louise, que c'est d'abord lui qui m'a envoyée porter à Germain l'ordre qui le rendait libre. Vous pensez notre joie en sortant de cette maudite prison ! Nous arrivons chez moi, et là, aidée de Germain, je fais une dînette... mais une dînette de vrais gourmands. Il est vrai que ça ne nous a pas servi à grand'chose ; car, quand elle a été finie nous n'avons mangé ni l'un ni l'autre, nous étions trop contents. A onze heures Germain s'en va ; nous nous donnons rendez-vous pour le lendemain matin. A cinq heures j'étais debout et à l'ouvrage, car j'étais au moins de deux jours de travail en retard. A huit heures on frappe, j'ouvre ; qui est-ce qui entre? M. Rodolphe... D'abord, je commence à le remercier du fond du cœur pour ce qu'il a fait pour Germain ; il ne me laisse pas finir.

« Ma voisine, me dit-il, Germain va venir ; vous lui remettrez cette lettre. Vous et lui prendrez un fiacre ; vous vous rendrez tout de suite à un petit village appelé Bouqueval, près d'Écouen, route de Saint-Denis. Une fois là, vous demanderez madame Georges... et bien du plaisir.

— Monsieur Rodolphe, je vais vous dire, c'est que ce sera encore une journée de perdue, et, sans reproche, ça fera trois.

— Rassurez-vous, ma voisine, vous trouverez de l'ouvrage chez madame Georges ; c'est une excellente pratique que je vous donne.

— Si c'est comme ça, à la bonne heure, monsieur Rodolphe.

— Adieu, ma voisine.

— Adieu, et merci, mon voisin.

« Il part et Germain arrive, je lui conte la chose ; M. Rodolphe ne pouvait pas nous tromper ; nous montons en voiture gais comme des fous, nous si tristes la veille... Jugez... nous arrivons... Ah ! ma bonne Louise, tenez, malgré moi, les larmes m'en viennent encore aux yeux... Cette madame Georges, que voilà devant nous, c'était la mère de Germain.

— Sa mère !

(La suite au prochain numéro.)

COMMENT ON AIME

LA CHIMÈRE

(SUITE)

Une telle considération influait évidemment sur l'esprit calculateur de madame de Rochebrune et la disposait en faveur de l'ouverture qui lui était faite par le chevalier. Elle communiqua la nouvelle à Caliste et lui demanda son avis. Celle-ci rougit comme il convient à une jeune fille bien élevée, puis elle répondit, sans hésiter, qu'elle se conformerait à la volonté de sa mère, ce qui, dans l'idiome des pensionnaires à marier, signifiait incontestablement qu'elle deviendrait avec plaisir la femme de Dominique.

— Alors, je vais répondre au chevalier de Kerlaz que je lui accorde la main de ma fille pour son petit-fils.

— C'est cela, ma mère.

— Et j'annoncerai à M. Dominique qu'il peut se préparer à devenir ton mari.

— Tout naturellement, ma mère.

— Tu l'aimes donc bien, ce jeune homme?

— Il me semble que oui.

— Est-ce que tu n'en es pas très-sûre?

— Dame! je n'ai guère l'expérience de ses choses-là.

— Dominique n'a qu'une fortune modeste, tu sais? et ta dot, mon enfant, n'atteint pas un chiffre bien rond, vous ne ferez pas grande figure dans le monde.

— Il faudra bien s'y résigner.

— Hélas! soupira la baronne, j'avais entrevu pour toi un plus brillant avenir!

— Ce n'était qu'un mirage, ma mère, tenons-nous-en à la réalité.

— On assure que M. Humbert, notre banquier, est sur le point de quitter les affaires avec deux cent mille livres de rente.

— Aussi a-t-il les plus beaux chevaux du monde, ajouta Caliste, qui avait décidément du goût pour les équipages de grand prix.

La mère et la fille se turent : leur attitude immobile et pensive avait l'expression d'un regret contenu. L'arrivée de Dominique dissipa bientôt le sentiment pénible qui semblait les maîtriser.

Dominique était visiblement ému. Dans sa démarche et surtout dans son regard se montrait une certaine anxiété. Il croyait pouvoir compter sur le consentement de Caliste ; mais il redoutait un peu la décision de madame de Rochebrune. Aussi fut-il sensiblement rassuré lorsqu'il vit la baronne le recevoir en souriant. Elle lui indiqua un siège en face d'elle et l'invita d'un ton charmant à s'y asseoir. Après quoi, elle lui dit que le chevalier de Kerlaz lui avait fait l'honneur de lui écrire, et qu'elle ne tarderait pas à lui envoyer sa réponse. Dans la manière dont elle soulignait quelques-uns de ces mots on remarquait une bonne grâce qui révélait, sans contredit, les meilleures dispositions.

Encouragé par ce prélude, Dominique supplia la baronne de lui apprendre ce qu'il devait craindre ou ce qu'il devait espérer d'une réponse à laquelle son cœur s'intéressait si ardemment.

— Vous êtes bien curieux, répondit madame de Rochebrune avec une amabilité de plus en plus significative.

— Ah! madame, s'écria notre enthousiaste, n'est-il pas légitime que j'aie hâte de savoir si je vous dois le bonheur de ma vie ? Avec quelle allégresse je vous remercierais à deux genoux, si vous m'annonciez que vous daignez accomplir le plus patient et le plus doux de mes vœux !

Cette éloquence un peu juvénile seyait bien à Dominique, dont la voix avait un charme pénétrant, dont le visage expressif reflétait à merveille les vives et franches émotions. La baronne le regardait avec une certaine malice et ne se pressait pas de le satisfaire. A vrai dire, elle trouvait que la jeunesse avait une grande séduction dans son ingénuité, et elle comprenait que sa fille ressentît pour ce beau et noble jeune homme un commencement d'inclination. Caliste, elle, prenait en compassion l'anxiété de Dominique; sa physionomie encourageante s'efforçait de dissiper l'incertitude qui le tourmentait. Mais ce muet avertissement ne suffisait sans doute pas à le tranquilliser, car il s'écria bientôt d'une voix altérée :

— Ah! madame, par grâce! par pitié! répondez-moi !

— Soit, dit en souriant la baronne.

Mais, au moment où elle allait réjouir le cœur de Dominique, une femme de chambre parut et remit une lettre à madame de Rochebrune.

— Le domestique de M. Humbert attend la réponse, dit la camériste.

Au nom du banquier une étrange stupéfaction se peignit sur les traits de la mère et de la fille. Une correspondance épistolaire avec ce millionnaire de la finance ne s'expliquait point, à leur avis. Depuis plus d'un an, madame de Rochebrune n'avait aucun intérêt sérieux engagé dans la banque de M. Humbert. Ce fut d'une main imperceptiblement frémissante qu'elle rompit le cachet ; et, en dépit d'un suprême effort pour se contraindre elle ne put, en lisant la lettre, dissimuler sur sa physionomie la trace d'un étonnement profond mêlé à une joie soudaine, irrésistible. Après s'être excusée sommairement auprès de Dominique, elle attira vers elle un petit bureau en palissandre incrusté de nacre et se mit en devoir d'écrire. Sa plume courait sur le papier. Il y avait dans sa vivacité quelque chose de bizarre, d'inattendu, qui devait faire supposer un événement. Caliste était émue, elle n'osait interroger sa mère. Dominique avait la poitrine gonflée, il pressentait un malheur. Quand la femme de chambre se fut retirée, emportant la réponse de sa maîtresse, un sentiment de contrainte pesa violemment sur l'esprit des trois personnes réunies au salon. Le silence se prolongeait, il devenait embarrassant, lorsque Dominique le rompit ; il murmura d'un ton suppliant et attristé :

— Ah! madame la baronne, vous oubliez que, moi aussi, j'attends une réponse! Je l'attends avec une secrète angoisse! Ne me la donnerez-vous pas?

Après avoir hésité une minute, madame de Rochebrune prit un air à la fois aimable et sérieux :

— J'ai réfléchi, dit-elle, et j'ai décidé que M. le chevalier de Kerlaz serait le premier instruit de mes projets. Cela est plus convenable et plus régulier.

Ces paroles avaient une ambiguïté qui mit l'effroi dans l'âme du jeune homme. Il échangea avec Caliste un regard effaré. Puis il implora la baronne. Il la supplia de lui faire entendre une parole d'encouragement et d'espérance. Mais elle se contenta de lui répondre que la jeunesse avait toujours tort de manquer de courage et de désespérer.

Une visite survint. Dominique dut se retirer. Une larme roulait dans ses yeux, tandis qu'il traversait le salon. Caliste s'en aperçut.

— Pauvre ami! murmura-t-elle en le suivant d'un regard sympathique et consterné.

Dès qu'elle fut seule avec sa mère, elle lui reprocha la réserve impitoyable avec laquelle elle avait accueilli les supplications de celui qu'elle avait résolu de lui donner pour époux. Madame de Rochebrune garda le silence, mais elle tendit à sa fille la lettre de M. Humbert. Le banquier écrivait qu'il avait chargé une proche parente de faire auprès de la baronne une démarche solennelle. Il la priait de fixer elle-même le jour et l'heure de l'entrevue dont allait dépendre son bonheur à venir. Caliste comprit tout de suite qu'il s'agissait de la demander en mariage. Elle tressaillit. Quelle émotion mystérieuse l'agitait ainsi? Était-ce la crainte de perdre Dominique! était-ce l'espoir de saisir l'opulence? Peut-être les deux sentiments se confondaient-ils en elle : l'âme humaine est si complexe, même l'âme des jeunes filles...

— Ce soir, dit radieusement la baronne, je verrai la parente de M. Humbert.

— Que peut-elle te vouloir? demanda Caliste en balbutiant.

— Sournoise! ne l'as-tu pas deviné?

Caliste devint rouge comme un rubis. Sa mère l'embrassa et reprit :

— Notre financier aura su que tu étais courtisée de fort près. Or, rien ne vaut une rivalité pour décider un cœur irrésolu... Mais, à propos, que me conseilles-tu de répondre ce soir?

Cette brusque question augmenta les secrètes perplexités de la jeune fille. Ses yeux étaient humides, sa poitrine se soulevait oppressée. Après quelques minutes de silence :

— Tu répondras, mère, qu'il est trop tard, murmura-t-elle, puisqu'il est convenu que je dois épouser M. Dominique de Kerlaz.

La baronne haussa les épaules et fit entendre un petit rire moqueur.

— D'abord, rien n'est absolument convenu, répliqua-t-elle. Ensuite il n'est jamais trop tard, chère enfant, pour avoir deux cent mille livres de rentes et les plus beaux équipages du monde.

Caliste ne trouva pas un seul mot pour combattre la théorie médiocrement édifiante de sa mère. Elle inclina avec tristesse sa belle tête d'ange lumineux et soupira. Ce soupir était peut-être la dernière protestation de sa conscience et de son cœur.

Lorsque, le lendemain, Dominique se présenta chez madame de Rochebrune, on lui apprit que la mère et la fille étaient parties pour la campagne, où elles devaient rester quelques jours. On daigna ajouter que, aussitôt revenues, elles s'empresseraient de le faire prévenir. C'était, à n'en pas douter, un congé qu'on lui signifiait. Il comprit que le banquier Humbert avait sollicité la main de Caliste, et que cette main s'était hâtée de saisir les millions. Il rentra chez lui l'esprit malade, l'âme ulcérée, car il aimait l'inconstante avec une sincérité profonde. Bientôt, cependant, l'indignation succéda en lui à la douleur ; il jura de ne plus retourner chez la baronne, quand même elle lui annoncerait son retour. Mais les semaines s'écoulèrent sans qu'il reçût aucune nouvelle de madame de Rochebrune. Après avoir souffert dans son amour, il souffrait dans sa fierté, ne pouvant se venger de l'abandon par une marque de mépris.

Il avait eu le courage — courage héroïque ! — de s'abstenir de toute démarche. Il ignorait donc si les fugitives étaient rentrées à Paris. Dans un accès d'impatience et d'irritation, il voulut s'en assurer. Il se dirigea résolument vers leur demeure. Comme il y arrivait, une jeune fille s'élançait du vestibule sur le marchepied d'un coupé délicieux, à la portière duquel se tenait un valet en grande livrée. Dominique reconnut Caliste, qui elle-même poussa un léger cri en le reconnaissant. Elle pâlit et demeura tout interdite, les yeux baissés.

— Eh bien ! qu'as-tu ? lui demanda sa mère qui avait déjà pris place dans l'élégant équipage. Monte donc !

Elle obéit, et le coupé s'éloigna rapide, emporté par un attelage fringant.

— Je devais m'y attendre, murmura philosophiquement Dominique : elle aimait tant les chevaux de race !...

Quelques jours plus tard, il lut dans un journal l'annonce du mariage de M. Humbert, banquier, et de mademoiselle Caliste de Rochebrune. Il sentit son cœur saigner ; la souffrance toutefois ne fut pas aiguë, car la blessure était déjà cicatrisée à demi par un baume souverain, par le sentiment d'un légitime orgueil.

Il partit bientôt pour la Bretagne.

V

Le chevalier l'attendait. Il avait reçu une lettre dans laquelle la baronne s'excusait de ne pouvoir souscrire à la proposition du vieux gentilhomme. Il présumait donc qu'une si cruelle déception ramènerait bien vite son petit-fils à Kerlaz.

— Bah ! lui dit-il en le recevant dans ses bras, ce n'est pas la seule jolie fille qu'ait créée le bon Dieu ! Un jour, crois-moi, tu en rencontreras une plus tendre, plus dévouée et plus digne de ton cœur.

— Je ne veux plus aimer, grand-père, répondit Dominique en pleurant malgré lui.

Un fin sourire effleura la lèvre du vieillard, mais il n'ajouta pas un mot, car il savait que le temps seul modifie les sentiments de l'homme. La vie saine et robuste de la campagne acheva de soulager l'âme endolorie de Dominique. A peine était-il depuis un mois au bord de la mer, que les brises du large avaient dissipé ses tristesses. Caliste n'était plus pour lui qu'une chimère disparue, qui ne lui semblait pas même digne d'un souvenir.

Un matin, le chevalier et son petit-fils se promenaient dans le parc de Kerlaz par un doux soleil d'automne, ils aperçurent Claudine qui se dirigeait vers eux. Elle était toujours jolie, svelte et fraîche comme une églantine double sur sa tige élancée. Son regard seul, qui se voilait par instants, projetait un peu d'ombre sur tant de charme vivace et souriant.

— Il faudra bientôt marier Claudine, grand-père, dit Dominique. Elle n'a encore que dix-sept ans, mais elle est si raisonnable, si sérieuse !

— On me l'a déjà demandée, répondit le chevalier : un beau gars, ma foi ! Mathurin Lesgoët.

— Peste ! mais il a plus de trois cent mille francs au soleil.

— Ça n'empêche pas qu'elle l'a refusé tout net.

— Pourquoi cela ?

— Demande-le à elle-même, car la voici.

(La suite au prochain numéro.)

Le propriétaire-gérant : F. ROY.

LES MYSTÈRES DE PARIS

— Elle vit... vous dis-je... Le prince est là, avec un ministre. (Page 268.)

— Mon Dieu, oui, sa mère, à qui on l'avait enlevé tout enfant. Vous pensez leur bonheur à tous deux. Quand madame Georges eut bien pleuré, bien embrassé son fils, ç'a été mon tour. M. Rodolphe lui avait sans doute écrit de bonnes choses de moi, car elle m'a dit, en me serrant dans ses bras, qu'elle savait ma conduite pour son fils.

— Et si vous le voulez, ma mère, dit Germain, Rigolette sera votre fille aussi.
— Si je le veux, mes enfants! de tout mon cœur; je le sais, jamais tu ne trouveras une meilleure ni une plus gentille femme.

Nous voilà donc installés dans une belle ferme avec Germain, sa mère et mes oiseaux, que j'avais fait venir, pauvres petites bêtes! pour

— D'abord, rien n'est absolument convenu, répliqua-t-elle. Ensuite il n'est jamais trop tard, chère enfant, pour avoir deux cent mille livres de rentes et les plus beaux équipages du monde.

Caliste ne trouva pas un seul mot pour combattre la théorie médiocrement édifiante de sa mère. Elle inclina avec tristesse sa belle tête d'ange lumineux et soupira. Ce soupir était peut-être la dernière protestation de sa conscience et de son cœur.

Lorsque, le lendemain, Dominique se présenta chez madame de Rochebrune, on lui apprit que la mère et la fille étaient parties pour la campagne, où elles devaient rester quelques jours. On daigna ajouter que, aussitôt revenues, elles s'empresseraient de le faire prévenir. C'était, à n'en pas douter, un congé qu'on lui signifiait. Il comprit que le banquier Humbert avait sollicité la main de Caliste, et que cette main s'était hâtée de saisir les millions. Il rentra chez lui l'esprit malade, l'âme ulcérée, car il aimait l'inconstante avec une sincérité profonde. Bientôt, cependant, l'indignation succéda en lui à la douleur ; il jura de ne plus retourner chez la baronne, quand même elle lui annoncerait son retour. Mais les semaines s'écoulèrent sans qu'il reçût aucune nouvelle de madame de Rochebrune. Après avoir souffert dans son amour, il souffrait dans sa fierté, ne pouvant se venger de l'abandon par une marque de mépris.

Il avait eu le courage — courage héroïque ! — de s'abstenir de toute démarche. Il ignorait donc si les fugitives étaient rentrées à Paris. Dans un accès d'impatience et d'irritation, il voulut s'en assurer. Il se dirigea résolûment vers leur demeure. Comme il y arrivait, une jeune fille s'élançait du vestibule sur le marchepied d'un coupé délicieux, à la portière duquel se tenait un valet en grande livrée. Dominique reconnut Caliste, qui elle-même poussa un léger cri en le reconnaissant. Elle pâlit et demeura tout interdite, les yeux baissés.

— Eh bien ! qu'as-tu ? lui demanda sa mère qui avait déjà pris place dans l'élégant équipage. Monte donc !

Elle obéit, et le coupé s'éloigna rapide, emporté par un attelage fringant.

— Je devais m'y attendre, murmura philosophiquement Dominique : elle aimait tant les chevaux de race !...

Quelques jours plus tard, il lut dans un journal l'annonce du mariage de M. Humbert, banquier, et de mademoiselle Caliste de Rochebrune. Il sentit son cœur saigner ; la souffrance toutefois ne fut pas aiguë, car la blessure était déjà cicatrisée à demi par un baume souverain, par le sentiment d'un légitime orgueil.

Il partit bientôt pour la Bretagne.

V

Le chevalier l'attendait. Il avait reçu une lettre dans laquelle la baronne s'excusait de ne pouvoir souscrire à la proposition du vieux gentilhomme. Il présumait donc qu'une si cruelle déception ramènerait bien vite son petit-fils à Kerlaz.

— Bah ! lui dit-il en le recevant dans ses bras, ce n'est pas la seule jolie fille qu'ait créée le bon Dieu ! Un jour, crois-moi, tu en rencontreras une plus tendre, plus dévouée et plus digne de ton cœur.

— Je ne veux plus aimer, grand-père, répondit Dominique en pleurant malgré lui.

Un fin sourire effleura la lèvre du vieillard, mais il n'ajouta pas un mot, car il savait que le temps seul modifie les sentiments de l'homme. La vie saine et robuste de la campagne acheva de soulager l'âme endolorie de Dominique. A peine était-il depuis un mois au bord de la mer, que les brises du large avaient dissipé ses tristesses. Caliste n'était plus pour lui qu'une chimère disparue, qui ne lui semblait pas même digne d'un souvenir.

Un matin, le chevalier et son petit-fils se promenaient dans le parc de Kerlaz par un doux soleil d'automne, ils aperçurent Claudine qui se dirigeait vers eux. Elle était toujours jolie, svelte et fraîche comme une églantine double sur sa tige élancée. Son regard seul, qui se voilait par instants, projetait un peu d'ombre sur tant de charme vivace et souriant.

— Il faudra bientôt marier Claudine, grand-père, dit Dominique. Elle n'a encore que dix-sept ans, mais elle est si raisonnable, si sérieuse !

— On me l'a déjà demandée, répondit le chevalier : un beau gars, ma foi ! Mathurin Lesgoët.

— Peste ! mais il a plus de trois cent mille francs au soleil.

— Ça n'empêche pas qu'elle l'a refusé tout net.

— Pourquoi cela ?

— Demande-le à elle-même, car la voici.

(La suite au prochain numéro.)

Le propriétaire-gérant : F. ROY.

qu'ils soient aussi de la partie. Quoique je n'aime pas la campagne, les jours passaient si vite que c'était comme un rêve; je ne travaillais que pour mon plaisir, j'aidais madame Georges, je me promenais avec Germain, je chantais, je sautais, c'était à en devenir folle... Enfin, notre mariage est arrêté pour il y a eu hier quinze jours... La surveille, qui est-ce qui arrive dans une belle voiture? Un grand gros monsieur chauve, l'air excellent, qui m'apporte, de la part de M. Rodolphe, une corbeille de mariage. Figurez-vous, Louise, un grand coffre de bois rose, avec ces mots écrits dessus en lettres d'or sur une plaque de porcelaine bleue : *Travail et Sagesse, Amour et bonheur.* J'ouvre le coffre, qu'est-ce que je trouve? des petits bonnets de dentelles comme celui que je porte, des robes en pièces, des bijoux, des gants, cette écharpe, un beau châle ; enfin c'était comme un conte de fées.

— C'est vrai au moins que c'est comme un conte de fées ; mais voyez comme ça vous a porté bonheur... d'être si bonne, si laborieuse.

— Quant à être bonne et laborieuse, ma chère Louise, je ne l'ai pas fait exprès... ça s'est trouvé ainsi ; tant mieux pour moi... mais ce n'est pas tout : au fond du coffret je découvre un joli portefeuille avec ces mots : *Le voisin à sa voisine.* Je l'ouvre : il y avait deux enveloppes, l'une pour Germain, l'autre pour moi ; dans celle de Germain je trouve un papier qui le nommait directeur d'une banque pour les pauvres avec quatre mille francs d'appointements ; lui, dans l'enveloppe qui m'était destinée, trouve un bon de quarante mille francs sur le... sur le Trésor... Oui, c'est cela, c'était ma dot... Je veux le refuser, mais madame Georges me dit :

« Mon enfant, vous pouvez, vous devez accepter ; c'est la récompense de votre sagesse, de votre travail et de votre dévouement à ceux qui souffrent. Car c'est en prenant sur vos nuits, au risque de vous rendre malade et de perdre ainsi vos seuls moyens d'existence, que vous êtes allée consoler vos amis malheureux... »

— Oh! ça, c'est bien vrai, — s'écria Louise, il n'y en a pas une autre comme vous au moins... mademoi... madame Germain.

— A la bonne heure! Moi, je dis au grand monsieur chauve que ce que j'ai fait c'est par plaisir ; il me répond :

« C'est égal, M. Rodolphe est immensément riche, votre dot est de sa part un gage d'estime, d'amitié ; votre refus lui causerait un grand chagrin ; il assistera d'ailleurs à votre mariage, et il vous forcera bien d'accepter. »

— Quel bonheur que tant de richesse tombe à une personne aussi charitable!

— Sans doute il est bien riche, mais s'il n'était que cela. Ah! ma bonne Louise, si vous saviez ce que c'est que M. Rodolphe!... Et moi qui lui ai fait porter mes paquets! Mais patience... vous allez voir... La veille du mariage, le soir très-tard, le grand monsieur chauve arrive en poste ; M. Rodolphe ne pouvait pas venir... il était souffrant, mais le grand monsieur chauve venait le remplacer... C'est seulement alors, ma bonne Louise, que nous avons appris que votre bienfaiteur... que le nôtre... était... devinez quoi?... un prince! Qu'est-ce que je dis, un prince?... une Altesse Royale, un grand-duc régnant, un roi en petit... Germain m'a expliqué ça.

— M. Rodolphe!...

— Hein, ma pauvre Louise! Et moi qui lui avais demandé de m'aider à cirer ma chambre!... Vous comprenez ma confusion. Aussi, voyant que c'était presque un roi, je n'ai pas osé refuser la dot. Nous avons été mariés... Il y a huit jours, M. Rodolphe nous a fait dire, à nous deux Germain et à madame Georges, qu'il serait très content que nous lui fissions une visite de noces ; nous y allons. Dame! vous comprenez, le cœur me battait fort ; nous arrivons rue Plumet, nous entrons dans un palais ; nous traversons des salons remplis de domestiques galonnés, de messieurs en noir avec des chaînes d'argent au cou et l'épée au côté, d'officiers en uniforme ; que sais-je, moi? et puis des dorures, des dorures partout, qu'on en était ébloui. Enfin nous trouvons le monsieur chauve dans un salon avec d'autres messieurs tout chamarrés de broderies ; il nous introduit dans une grande pièce, où nous trouvons M. Rodolphe... c'est-à-dire le prince, vêtu très simplement et l'air si bon, si franc, si peu fier... enfin *l'air si M. Rodolphe d'autrefois*, que je me suis sentie tout de suite à mon aise, en me rappelant que je lui avais fait m'attacher mon châle, me tailler des plumes et me donner le bras dans la rue.

— Vous n'avez plus eu peur? Oh! moi, comme j'aurais tremblé!

— Eh bien, moi, non. Après avoir reçu madame Georges avec une bonté sans pareille et offert sa main à Germain, le prince m'a dit en souriant :

« — Eh bien, ma voisine, comment vont papa Crétu et Ramonette ! (C'est le nom de mes oiseaux ; faut-il qu'il soit aimable pour s'en être souvenu !) Je suis sûr, a-t-il ajouté, que maintenant vous et Germain vous luttez de chants joyeux avec vos jolis oiseaux?

— Oui, monseigneur (madame Georges nous avait fait la leçon toute la route, à nous deux Germain, nous disant qu'il fallait appeler le prince monseigneur). Oui, monseigneur, notre bonheur est grand, et il nous semble plus doux et plus grand encore parce que nous vous le devons.

— Ce n'est pas à moi que vous le devez, mon enfant, mais à vos excellentes qualités et à celles de Germain. » Et cætera, et cætera, je passe le reste de ses compliments. Enfin, nous avons quitté ce seigneur le cœur un peu gros, car nous ne le verrons plus... Il nous a dit qu'il retournait en Allemagne sous peu de jours : peut-être qu'il est déjà parti ; mais, parti ou non, son souvenir sera toujours avec nous.

— Puisqu'il a des sujets, ils doivent être bien heureux !

— Jugez ! il nous a fait tant de bien, à nous qui ne lui sommes rien... J'oubliais de vous dire que c'était à cette ferme-là qu'avait habité une de mes anciennes compagnes de prison, une bien bonne et bien honnête petite fille qui, pour son bonheur, avait aussi rencontré M. Rodolphe ; mais madame Georges m'avait bien recommandé de n'en pas parler au prince, je ne sais pas pourquoi... sans doute parce qu'il n'aime pas qu'on lui parle du bien qu'il fait... Ce qui est sûr, c'est qu'il paraît que cette chère Goualeuse a retrouvé ses parents, qui l'ont emmenée avec eux, bien loin, bien loin ; tout ce que je regrette, c'est de ne l'avoir pas embrassée avant son départ. Mais pardon, ma bonne Louise, pardon... je suis égoïste ; je ne vous parle que de bonheur... à vous qui avez tant de raisons d'être encore chagrine.

— Si mon enfant m'était resté, — dit tristement Louise en interrompant Rigolette, — cela m'aurait consolée ; car maintenant quel est l'honnête homme qui voudra de moi, quoique j'aie de l'argent?

— Au contraire, Louise, moi je dis qu'il n'y a qu'un honnête homme capable de comprendre votre position ; oui... lorsqu'il saura tout, lorsqu'il vous connaîtra, il ne pourra que vous plaindre, vous estimer... et il sera bien sûr d'avoir en vous une bonne et digne femme.

— Vous dites cela pour me consoler.

— Non, je dis cela parce que c'est vrai.

— Enfin, vrai ou non, ça me fait du bien, toujours... et je vous en remercie... Mais qui vient donc là ? Tiens, c'est M. Pipelet et sa femme !... Mon Dieu, comme il a l'air content ! lui qui, dans les derniers temps, était toujours si malheureux à cause des plaisanteries de M. Cabrion.

En effet, M. et madame Pipelet s'avançaient allègrement ; Alfred, toujours coiffé de son inamovible chapeau tromblon, portait un magnifique habit vert-pré encore tout dans son lustre ; sa cravate, à coins brodés, laissait dépasser un col de chemise formidable qui lui cachait la moitié des joues ; un grand gilet fond jaune vif, à larges bandes marron, un pantalon noir un peu court, des bas d'une éblouissante blancheur, et des souliers cirés à l'œuf complétaient son accoutrement. Anastasie se prélassait dans une robe de mérinos amarante sur laquelle tranchait vivement un châle d'un bleu foncé... Elle exposait orgueilleusement à tous les regards sa perruque fraîchement bouclée, et tenait son bonnet suspendu à son bras par des brides de ruban vert en manière de *ridicule*. La physionomie d'Alfred, ordinairement si grave, si recueillie et dernièrement si abattue, était rayonnante, jubilante, rutilante : du plus loin qu'il aperçut Louise et Rigolette, il accourut en s'écriant de sa voix de basse :

— Délivré !... Parti !

— Ah ! mon Dieu ! monsieur Pipelet, — dit Rigolette, — comme vous avez l'air joyeux ! qu'avez vous donc ?

— Parti... mademoiselle, ou plutôt madame, veux-je, puis-je, dois-je dire, car maintenant vous êtes exactement semblable à Anastasie, grâce au *conjungo*... de même que votre mari, M. Germain, est exactement semblable à moi...

— Vous êtes honnête, monsieur Pipelet ; mais qui est donc parti?

— Cabrion ! — s'écria M. Pipelet en respirant et en aspirant l'air avec une indicible satisfaction, comme s'il eût été dégagé d'un poids énorme. — Il quitte la France à jamais, à toujours, à perpétuité... Enfin il est parti.

— Vous en êtes bien sûr ?

— Je l'ai vu... de mes yeux vu monter en diligence... route de Strasbourg, lui, tous ses bagages... et tous ses effets, c'est-à-dire un étui à chapeau, un appui-main et une boîte à couleurs.

— Qu'est-ce qu'il vous chante là, ce vieux chéri? — dit Anastasie en arrivant essoufflée, car elle avait difficilement suivi la course précipitée d'Alfred. — Je parie qu'il vous parle du départ de Cabrion? il n'a fait qu'en rabâcher toute la route...

— C'est-à-dire que je ne tiens pas sur terre... Avant, il me semblait que mon chapeau était doublé de plomb; maintenant on dirait que l'air me soulève vers le firmament! Parti... enfin... parti!!! et il ne reviendra plus!...

— Heureusement... le gredin!

— Anastasie, ménagez les absents... le bonheur me rend clément; je dirai simplement que c'était un indigne polisson.

— Et comment avez-vous su qu'il allait en Allemagne?... — demanda Rigolette.

— Par un ami de mon roi des locataires... A propos de ce cher homme, vous ne savez pas?... Grâce aux bons renseignements qu'il a donnés de nous, Alfred est nommé concierge-gardien d'un mont-de-piété et d'une banque charitable, fondés dans notre maison par une bonne âme qui me fait l'effet d'être celle dont M. Rodolphe était le commis voyageur en bonnes actions!

— Cela se trouve bien, — reprit Rigolette, — c'est mon mari qui est le directeur de cette banque, aussi par le crédit de M. Rodolphe.

— Et allllez donc!... — s'écria gaiement madame Pipelet.—Tant mieux! mieux vaut des connaissances que des intrus, mieux vaut des anciens visages que des nouveaux... Mais, pour en revenir à Cabrion, figurez-vous qu'un grand gros monsieur chauve en venant nous apprendre la nomination d'Alfred, nous a demandé si un peintre de beaucoup de talent, nommé Cabrion, n'avait pas demeuré chez nous. Au nom de Cabrion, voilà mon chéri qui lève sa botte en l'air et qui a la petite mort. Heureusement le gros grand chauve ajouta:

« Ce jeune peintre va partir pour l'Allemagne; une personne riche l'y emmène pour des travaux qui l'y retiendront pendant des années... peut-être même se fixera-t-il tout à fait à l'étranger.

« En foi de quoi le particulier donna à mon vieux chéri la date du départ de Cabrion et l'adresse des messageries.

« Et j'ai le bonheur inespéré de lire sur le registre: *M. Cabrion, artiste peintre, départ pour Strasbourg et l'étranger par correspondance.* Le départ était fixé à ce matin... Je me rends dans la cour avec mon épouse...

— Nous voyons le gredin monter sur l'impériale à côté du conducteur.

— Au moment où la voiture s'ébranle, Cabrion m'aperçoit, me reconnaît, se retourne, et me crie: *Je pars pour toujours... à toi pour la vie!* Heureusement la trompette du conducteur étouffa presque ces derniers mots et ce tutoiement indécent, que je méprise... car enfin, Dieu soit loué, il est parti!...

— Et parti pour toujours, croyez-le, monsieur Pipelet, — dit Rigolette en contraignant une violente envie de rire. — Mais ce que vous ne savez pas, et qui va bien vous étonner... c'est que M. Rodolphe était... un prince déguisé... une Altesse Royale.

— Allons donc, quelle farce! — dit Anastasie.

— Je vous le jure sur mon mari... — dit très-sérieusement Rigolette.

— Mon roi des locataires... une Altesse Royale! — s'écria Anastasie. — Allllez donc!... Et moi qui l'ai prié de garder ma loge!... Pardon... pardon... pardon... — Et elle remit machinalement son bonnet, comme si cette coiffure eût été plus convenable pour parler du prince.

Par une manifestation diamétralement opposée quant à la forme, mais toute semblable quant au fond, Alfred, contre son habitude, se décoiffa complètement, et salua profondément le vide en s'écriant:

— Un prince... une Altesse dans notre loge!... Et il m'a vu sous le linge quand j'étais au lit par suite des indignités de Cabrion!

A ce moment madame Georges se retourna, et dit à son fils et à Rigolette.

— Mes enfants, voici M. le docteur.

Le docteur Herbin, homme d'un âge mûr, une physionomie infiniment spirituelle et distinguée, un regard d'une profondeur, d'une sagacité remarquables, et un sourire d'une bonté extrême. Sa voix, naturellement harmonieuse, devenait presque caressante lorsqu'il s'adressait aux aliénés; aussi la suavité de son accent, la mansuétude de ses paroles semblaient souvent calmer l'irritabilité naturelle de ces infortunés. L'un des premiers il avait substitué, dans le traitement de la folie, la commisération et la bienveillance aux terribles moyens coercitifs employés autrefois: plus de chaînes, plus de coups, plus de douches, *plus d'isolement* surtout (sauf quelques cas exceptionnels). Sa haute intelligence avait compris que la monomanie, que l'insanité, que la fureur s'exaltent par la séquestration et par les brutalités; qu'en soumettant au contraire les aliénés à la vie commune, mille distractions, mille incidents de tous les moments, les empêchent de s'absorber dans une idée fixe, d'autant plus funeste qu'elle est plus concentrée par la solitude et par l'intimidation. Ainsi, l'expérience prouve que, pour les aliénés, *l'isolement* est aussi funeste qu'il est salutaire pour les détenus criminels... la perturbation mentale des premiers s'accroissant dans la solitude, de même que la perturbation ou plutôt la submersion morale des seconds s'augmente et devient incurable par la fréquentation de leurs pairs en corruption. Sans doute, dans plusieurs années, le système pénitentiaire actuel, avec ses prisons en commun, véritables écoles d'infamie, avec ses bagnes, ses chaînes, ses piloris et ses échafauds, paraîtra aussi vicieux, aussi sauvage aussi atroce que l'ancien traitement qu'on infligeait aux aliénés paraît à cette heure absurde et atroce. . . . .

— Monsieur, dit madame Georges à M. Herbin, — j'ai cru pouvoir accompagner mon fils et ma belle-fille, quoique je ne connaisse pas M. Morel. La position de cet excellent homme m'a paru si intéressante, que je n'ai pu résister au désir d'assister avec mes enfants au réveil complet de sa raison, qui, vous l'espérez, nous a-t-on dit, lui reviendra ensuite de l'épreuve à laquelle vous allez le soumettre.

— Je compte beaucoup, madame, sur l'impression favorable que doit lui causer la présence de sa fille et des personnes qu'il avait l'habitude de voir.

— Lorsqu'on est venu arrêter mon mari, dit la femme de Morel avec émotion, en montrant Rigolette au docteur, — notre bonne petite voisine était occupée à me secourir moi et mes enfants...

— Mon père connaissait M. Germain, qui a toujours eu beaucoup de bontés pour nous, — ajouta Louise.

Puis, désignant Alfred et Anastasie, elle reprit :

— Monsieur et madame sont les portiers de notre maison... ils ont bien des fois aidé notre famille dans son malheur, autant qu'ils l'ont pu.

— Je vous remercie, monsieur, — dit le docteur à Alfred, — de vous être dérangé pour venir ici ; mais je vois que cette visite ne doit pas vous coûter?

— Môssieur, — dit M. Pipelet en s'inclinant gravement, — l'homme doit s'entr'aider ici-bas... il est frère... sans compter que le père Morel était la crème des honnêtes gens... avant qu'il ait perdu la raison par suite de son arrestation et de celle de cette chère mademoiselle Louise.

— Si vous ne craignez pas, madame, — dit le docteur Herbin à la mère de Germain, — la vue des aliénés, nous traverserons plusieurs cours pour nous rendre au bâtiment où j'ai jugé à propos de faire conduire Morel; et j'ai donné l'ordre ce matin qu'on ne le menât pas à la ferme comme à l'ordinaire.

— A la ferme, monsieur? — dit madame Georges, — il y a une ferme ici?

— Cela vous surprend, madame? je le conçois. Oui, nous avons ici une ferme dont les produits sont d'une très-grande ressource pour la maison, et qui est mise en valeur par des aliénés [1].

— Ils travaillent... en liberté, monsieur?

— Sans doute; et le travail, le calme des champs, la vue de la nature, est un de nos meilleurs curatifs... Un seul gardien les y conduit, et il n'y a presque jamais eu d'exemple d'évasion; ils s'y rendent avec une satisfaction véritable... et le petit salaire qu'ils gagnent sert à améliorer leur sort... à leur procurer de petites douceurs. Mais nous voici arrivés à la porte d'une des cours...

Puis voyant une légère nuance d'appréhension sur les traits de madame Georges, le docteur ajouta :

— Ne craignez rien, madame... dans quelques minutes vous serez aussi rassurée que moi.

— Je vous suis, monsieur... Venez, mes enfants.

— Anastasie, — dit tout bas M. Pipelet, — quand je songe que si l'infernale poursuite de Cabrion eût duré... ton Alfred devenait fou, et, comme tel, était relégué parmi ces malheureux que nous allons voir vêtus des costumes les plus baroques, enchaînés par le milieu du corps, ou enfermés dans des loges comme les bêtes féroces du jardin des Plantes !

— Ne m'en parle pas, vieux chéri... On dit que les fous par amour sont comme de vrais singes dès qu'ils aperçoivent une femme... Ils se jettent aux barreaux de leurs cages en poussant des roucoulements affreux... Il faut que leurs gardiens les apaisent à grands coups de fouet, et en leur lâchant sur la tête des immenses robinets d'eau glacée qui tombe de cent pieds de haut... et ça n'est pas de trop pour les rafraîchir.

[1]. Cette ferme, admirable institution curative, est située à très-peu de distance de Bicêtre.

(*La suite au prochain numéro.*)

COMMENT ON AIME

LA CHIMÈRE
(SUITE)

Claudine, en effet, n'était plus qu'à quelques pas d'eux. Elle tenait à la main une lettre qu'elle remit à Dominique. Celui-ci considéra la jeune Bretonne en silence. Sous ce regard scrutateur elle tressaillit imperceptiblement.

— Pourquoi, ma petite Claudine, lui demanda-t-il, n'as-tu pas voulu de Mathurin Lesgoët pour mari?

— Parce que je ne songe point à me marier, répondit-elle d'un ton simple et doux.

— Mais tu serais riche, heureuse, si tu consentais à l'épouser!

— Je suis heureuse, monsieur Dominique, et cependant je ne suis guère riche. Quand le cœur est satisfait, à quoi bon la fortune?

— Tu n'es donc pas intéressée, toi? reprit le jeune homme avec un sentiment d'amertume.

— Je l'ignore. Ce dont je suis certaine, c'est que je suis contente d'être à Kerlaz, et je désire y rester le plus longtemps possible.

Elle prononça ces mots avec une grâce touchante qui émut profondément le chevalier.

— Claudine, lui dit-il d'une voix tendre et paternelle, demeure parmi nous aussi longtemps que tu voudras, car désormais je te regarde comme un enfant de ma maison.

La pauvre fille saisit les mains du vieux gentilhomme, elle les couvrit de baisers et de larmes; puis, toute suffoquée, elle s'enfuit et disparut au détour d'une allée sinueuse du parc.

Cependant Dominique avait décacheté la lettre et l'avait parcourue du regard. Cette première lecture ne lui ayant pas suffi pour en bien comprendre le sens, il la relisait de nouveau. C'était une lettre de M. Dornans, le père d'une des trois jeunes filles sauvées par Dominique. M. Dornans avait appris que Dominique était venu à Paris. Il regrettait, en des termes charmants, de ne s'être point trouvé là pour lui faire fête. Il l'invitait avec instance à revenir pendant l'hiver, afin qu'il pût lui prouver toute sa gratitude et toute sa sympathie.

Un post-scriptum, signé Gratienne Dornans, était ainsi conçu:

« Je vous dois trop, monsieur, pour ne pas enfreindre ma réserve de jeune fille en ajoutant ma prière à celle que mon père vous adresse. J'ose compter sur votre empressement, car je vous ai inscrit pour un certain nombre de quadrilles, de valses et de polkas. Je vous en préviens, si mon cavalier me manque, je ne danserai pas, et je suis folle de la danse. »

Dominique haussa les épaules en souriant. Puis il donna lettre au chevalier, qui en prit connaissance.

— Eh bien! que décides-tu? lui demanda le vieux gentilhomme.

— Je décide que je ne retournerai pas à Paris. J'écrirai, je m'excuserai.

M. de Kerlaz hocha la tête avec incrédulité.

— Bah! dit-il, elle est bien ravissante, cette Gratienne Dornans; et, vive Dieu! toutes les jolies filles ne font point des mariages d'intérêt.

Dominique ne répliqua rien, mais il devint rêveur. Peu à peu le souvenir de mademoiselle Dornans s'empara de son imagination. Il la revit en pensée avec sa physionomie si suave, avec ses yeux si caressants, avec ce je ne sais quoi d'harmonieux et d'angélique qui semble s'exhaler d'une âme pleine de tendresse et d'effusion. C'était en vain qu'il s'efforçait de repousser la vision enchanteresse: elle se représentait, soudaine et persistante, à son esprit charmé.

— Celle-là, du moins, se dit-il un jour, est assez riche pour n'être point séduite par l'appât des millions.

En effet, il savait qu'elle était la fille d'un ancien receveur général, que sa dot était brillante, plus brillant encore son avenir de fortune. Mais, il faut bien le dire, cette considération était plutôt de nature à le dissuader de retourner à Paris qu'à l'y encourager. Il avait le cœur haut placé; et toute démarche ayant l'apparence d'un calcul lui répugnait profondément. Il allait donc répondre par une excuse polie à l'invitation de M. Dornans et de sa fille, lorsqu'il reçut une nouvelle lettre dans laquelle l'ancien receveur général, avec une courtoisie parfaite, lui rappelait qu'il était attendu et lui marquait la date du prochain bal où Gratienne espérait danser avec lui. Cette délicate insistance émut Dominique, qui, d'ailleurs, n'avait pas cessé d'entrevoir mademoiselle Dornans au fond de ses plus douces rêveries.

— Après tout, se dit-il, il n'est pas juste que la richesse soit une cause de réprobation. Avec elle, s'il importe de n'être point obséquieux, il convient cependant d'être reconnaissant et cordial.

Il annonça bientôt au chevalier qu'il retournait à Paris. Le vieux gentilhomme l'encouragea dans sa résolution. Cette séparation fut moins pénible que la première, tant l'âme humaine est impuissante à recevoir de nouveau l'empreinte également profonde d'une même émotion.

La voiture qui emportait le voyageur disparut. Cette fois encore, Claudine, chancelante, s'appuya contre un arbre. Elle ne sanglotait pas, mais elle pleurait en silence, le visage caché dans ses deux mains.

VI

Dès son arrivée à Paris, Dominique se présenta chez M. Dornans. Le père et la fille étaient absents. Il laissa une carte, et le soir même il reçut à l'hôtel, où il était descendu, la visite de l'ancien receveur général.

M. Dornans avait environ soixante ans. C'était un homme simple, affable, n'ayant aucune des prétentions ridicules de nos Turcarets modernes. Il avait l'abord franc, sympathique, et il était bien difficile de le voir sans être tout de suite prévenu en sa faveur. Après quelques minutes d'entretien, Dominique se sentit captivé. Par une réciprocité toute naturelle, M. Dornans éprouva un vif sentiment d'amitié pour le gentilhomme breton. Ils se séparèrent en se promettant de se retrouver au bal le lendemain.

— Ma fille compte sur vous, ne l'oubliez pas! dit en souriant le père de Gratienne. Si vous vous absteniez de venir, elle m'attribuerait peut-être votre absence. Or, comme je suis un peu l'esclave de mon enfant, elle serait fort capable de me tyranniser encore plus que jamais.

— Je vous épargnerai ce surcroît de souffrance repartit gaiement Dominique. J'arriverai le premier dans vos salons.

Il ne tint pas tout à fait sa promesse. Quand il entra chez M. Dornans, la réunion était déjà nombreuse, la danse animée. Au milieu de l'éblouissement des splendeurs d'un mobilier somptueux, se déroulait un tourbillon de soie, de dentelles et de diamants, sous l'impulsion d'une valse de Strauss capable de faire danser des pierres. Il y avait là les plus jolies femmes du monde financier, lesquelles eussent été bien plus jolies encore si elles eussent un peu moins dévalisé les magasins de nos joailliers en renom.

M. Dornans aperçut Dominique, le saisit par la main et l'entraîna vers Gratienne, autour de laquelle papillonnaient vingt jeunes gens dont elle refusait les invitations.

— J'attends mon cavalier, leur disait-elle d'un air distrait... Et justement le voici! reprit-elle avec une animation soudaine.

Elle se leva aussitôt, et, tendant sa petite main gantée à Dominique, elle lui reprocha d'une voix douce comme une mélodie de s'être mis en retard et de l'avoir exposée à demeurer en place, tandis qu'elle mourait d'envie de valser. Dominique s'inclina en balbutiant une excuse; puis il enlaça la taille fine et souple de la jeune fille, et s'engagea résolument dans les ondulations tourbillonnantes des valseurs. Tout en valsant, il la remercia de la distinction dont elle daignait l'honorer. Sa voix était un peu tremblante, car la valse lui enivrait l'âme en même temps que la grâce harmonieuse de la jeune fille lui caressait le cœur. Pour toute réponse, mademoiselle Dornans fixa sur lui un regard suave comme un reflet de soleil au printemps, et lui dit d'un ton doux et fin :

— Nous dansions aussi dans la baie de Douarnenez, mais c'était plus dangereux.

Lorsqu'il reconduisit Gratienne à la place qu'elle avait choisie, il s'aperçut que les yeux de la foule se dirigeaient sur lui et qu'il était le point de mire d'une bienveillante curiosité. Il n'eut pas de peine à comprendre que M. Dornans avait fait son éloge. Il en eut la certitude lorsque son hôte le présenta à quelques intimes qui le complimentèrent sur son courage en des termes charmants. Pendant cette nuit de fête il fut comblé de prévenances et d'égards. S'approchait-il de quelque groupe de jeunes filles, elles chuchotaient entre elles, et des mots flatteurs lui arrivaient à l'oreille. S'il en invitait une, il était aussitôt agréé. Il faut bien le dire, cette sorte d'ovation l'intimidait un peu. Il se tenait souvent à l'écart; mais, dès que Gratienne s'en apercevait elle allait le chercher et le ramenait à la danse, en lui disant :

— Venez, monsieur de Kerlaz, vous êtes mon cavalier, cette fois.

Troublé malgré lui, plus heureux qu'il n'osait se l'avouer, Dominique offrait alors son bras à la jeune fille qui s'y appuyait avec un doux abandon.

Vers les derniers moments du bal, M. Dornans aborda le jeune gentilhomme. Il se mit à sa disposition. Il le pria d'être souvent son commensal. Il exigea de lui la promesse de monter ses meilleurs chevaux. Il lui déclara qu'il avait une loge aux Italiens, à l'Opéra, et qu'il comptait l'y recevoir à toutes les représentations. Il y avait dans ces invitations tant de cordialité, tant d'insistance, que Dominique dut s'engager sincèrement à les mettre à profit. Sa sincérité s'affermit encore lorsque, prenant congé de Gratienne, il reçut d'elle un salut ravissant, accompagné de ces mots expressifs :

— Surtout n'oubliez pas ce que vous avez promis ! A bientôt, monsieur de Kerlaz.

Dominique laissa néanmoins s'écouler quelques jours avant de reparaître à l'hôtel Dornans. Il réfléchissait à sa situation. Il se demandait ce que pouvait signifier au juste l'esquise amabilité du père et de la fille. Sans doute, il y avait là désir manifeste de s'acquitter, par une politesse un peu obséquieuse, d'une dette de reconnaissance. Mais n'y avait-il que cela ? Il se complaisait dans cette interrogation. Par instants son imagination s'exaltait : il soupçonnait alors que l'ancien receveur général avait déjà conçu la pensée d'une union entre Gratienne et lui. Cette perspective lui souriait, à vrai dire. Non certes qu'il fût séduit par la brillante fortune d'une telle fiancée ; mais il se sentait épris du charme irrésistible de la jeune fille dont, en dépit de lui-même, il ne cessait de contempler la délicieuse image au fond de son cœur.

Une après-midi, comme il allait se rendre chez M. Dornans, on lui remit un pli cacheté qui avait un parfum tout féminin. Il lut ce qui suit :

« Monsieur,

« Mon père désire vous adresser de vifs reproches. « Il vous attendra ce soir vers six heures pour dîner.

« Son secrétaire intime.

« G. D'ORNANS. »

Malgré sa concision, ce billet parut ravissant à Dominique. Ce ne fut qu'après l'avoir relu dix fois au moins qu'il remarqua la manière aristocratique dont le nom de famille était orthographié. L'apostrophe assurément s'y dessinait avec une certaine timidité, mais on ne pouvait en méconnaître la noble configuration. Ce léger signe de vanité fit sourire le gentilhomme, mais il n'y attacha aucune idée désobligeante ; quelques minutes après, il n'y pensait plus.

Il fut reçu avec empressement par M. Dornans. Le digne homme le gronda bien un peu d'avoir négligé ses engagements, mais comme on gronde ceux dont on veut absolument conquérir l'amitié. Quant à Gratienne, avec ce tact parfait qui sait ne dépasser en rien les convenances, elle fut aux petits soins près de Dominique. D'ailleurs, en thèse générale, une jeune fille riche est tenu à moins de réserve qu'une jeune fille pauvre envers celui qu'elle consentirait à accepter pour époux. Si la pauvreté oblige à une sorte de fierté timide, la richesse, au contraire, permet une certaine initiative gracieuse qui ressemble à de la générosité. A ce point de vue, mademoiselle Dornans avait largement le droit de laisser paraître sa préférence de nature à encourager Dominique de Kerlaz qui lui plaisait, et qui, moins bien accueilli, se fût peut-être retiré devant la froide politesse d'un millionnaire.

On passa la soirée aux Italiens. La musique de Bellini, mélodieuse vibration du cœur, ne contribua pas médiocrement à exalter l'imagination du jeune homme et de la jeune fille. Ils partageaient les mêmes émotions et se les communiquaient dans un regard attendri, dans un sourire radieux, dans une parole où leurs âmes se fondaient. Dominique eût été complétement sous le charme de cette situation propice à l'amour, si le souvenir de sa première rencontre avec Caliste, à l'Opéra, n'était venu modérer l'ardeur de son secret enthousiasme. Caliste lui avait montré les mêmes sentiments, et cependant Caliste l'avait trahi. Un instant cette préoccupation devint si impérieuse qu'il prononça étourdiment le nom de mademoiselle de Rochebrune. Gratienne s'en montra surprise, quoiqu'elle ignorât ce qui s'était passé.

— Je ne l'ai pas rencontrée chez vous, reprit Dominique avec un léger trouble. Qu'est-elle devenue ? elle s'est mariée, je crois ?

(*La suite au prochain numéro.*)

Le propriétaire-gérant : F. ROY.

LES MYSTÈRES DE PARIS

La comtesse pressa vivement la main de Rodolphe contre ses lèvres défaillantes. (Page 273.)

— Anastasie, ne vous approchez pas trop des cages de ces insensés... — dit gravement Alfred; — un malheur est si vite arrivé!

— Et ça ne serait pas généreux de ma part d'avoir l'air de les narguer; car après tout, — ajouta Anastasie avec mélancolie, — c'est nos attraits qui rendent les hommes comme ça. Tiens, je frémis, mon Alfred, quand je pense que si je t'avais refusé ton bonheur, tu serais probablement, à l'heure qu'il est, fou d'amour comme un de ces enragés... que tu serais à te cramponner aux barreaux de ta cage aussitôt que tu verrais une femme, et à rugir après, pauvre vieux chéri... toi qui, au contraire, t'ensauves dès qu'elles t'agacent.

— Ma pudeur est ombrageuse, c'est vrai, et

je ne m'en suis pas mal trouvé... Mais, Anastasie, la porte s'ouvre, je frissonne... Nous allons voir d'abominables figures, entendre des bruits de chaînes et des grincements de dents...

M. et madame Pipelet, n'ayant pas, ainsi qu'on le voit, entendu la conversation du docteur Herbin, partageaient les préjugés populaires qui existent encore à l'endroit des hospices d'aliénés, préjugés qui, du reste, il y a quarante ans, étaient d'effroyables réalités. La porte de la cour s'ouvrit. Cette cour, formant un long parallélogramme, était plantée d'arbres, garnie de bancs ; de chaque côté régnait une galerie d'une élégante construction ; des cellules largement aérées avaient accès sur cette galerie ; une cinquantaine d'hommes, uniformément vêtus de gris, se promenaient, causaient, ou restaient silencieux et contemplatifs, assis au soleil. Rien ne contrastait davantage avec l'idée qu'on se fait ordinairement des excentricités de costumes et de la singularité physiognomonique des aliénés ; il fallait même une longue habitude d'observation pour découvrir sur beaucoup de ces visages les indices certains de la folie. A l'arrivée du docteur Herbin, un grand nombre d'aliénés se pressèrent autour de lui, joyeux et empressés, en lui tendant leurs mains avec une touchante expression de confiance et de gratitude, à laquelle il répondit cordialement en leur disant :

— Bonjour, bonjour, mes enfants.

Quelques-uns de ces malheureux, trop éloignés du docteur pour lui prendre la main, vinrent l'offrir avec une sorte d'hésitation craintive aux personnes qui l'accompagnaient.

— Bonjour, mes amis, — leur dit Germain en leur serrant la main avec une bonté qui semblait les ravir.

— Monsieur, — dit madame Georges, — est-ce que ce sont des fous?

— Ce sont à peu près les plus dangereux de la maison, — dit le docteur en souriant. — On les laisse ensemble le jour ; seulement, la nuit, on les enferme dans ces cellules dont vous voyez les portes ouvertes...

— Comment... ces gens sont complètement fous?... Mais quand sont-ils donc furieux?..,

— D'abord... dès le début de leur maladie, quand on les amène ici ; peu à peu, le traitement agit, la vue de leurs compagnons les calme, les distrait... la douceur les apaise, et leurs crises violentes, d'abord fréquentes, deviennent de plus en plus rares... Tenez, en voici un des plus méchants.

C'était un homme robuste et nerveux, de quarante ans environ, aux longs cheveux noirs, au grand front, au teint bilieux, au regard profond, à la physionomie des plus intelligentes. Il s'approcha gravement du docteur, et lui dit d'un ton d'exquise politesse, quoique se contraignant un peu :

— Monsieur le docteur, je dois avoir à mon tour le droit d'entretenir et de promener l'aveugle ; j'aurai l'honneur de vous faire observer qu'il y a une injustice flagrante à priver ce malheureux de ma conversation pour le livrer (et le fou sourit avec une dédaigneuse amertume) aux stupides divagations d'un idiot complètement étranger, je crois ne rien hasarder, complètement étranger aux moindres notions d'une science quelconque, tandis que ma conversation distrairait l'aveugle. Ainsi, — ajouta-il avec une extrême volubilité, — je lui aurais dit mon avis sur les surfaces isothermes et orthogonales, lui faisant remarquer que les équations aux différences partielles, dont l'interprétation géométrique se résume en deux faces orthogonales, ne peuvent être intégrées généralement à cause de leur complication... Je lui aurais prouvé que les surfaces conjuguées sont nécessairement toutes isothermes, et nous aurions cherché ensemble quelles sont les surfaces capables de composer un système triplement isotherme... Si je ne me fais pas illusion, comparez cette récréation aux stupidités dont on entretient l'aveugle, — ajouta l'aliéné reprenant haleine ; — et dites-moi si ce n'est pas un meurtre de le priver de mon entretien ?

— Ne prenez pas ce qu'il vient de dire, madame, pour les élucubrations d'un fou, — dit tout bas le docteur ; — il aborde ainsi les plus hautes questions de géométrie ou d'astronomie avec une sagacité qui ferait honneur aux savants les plus illustres. Son savoir est immense. Il parle toutes les langues vivantes ; mais il est, hélas! martyr du désir et de l'orgueil du savoir : il figure qu'il a absorbé toutes les connaissances humaines en lui seul, et qu'en le retenant ici on replonge l'humanité dans les ténèbres de l'ignorance.

Le docteur reprit tout haut à l'aliéné, qui semblait attendre sa réponse avec une respectueuse anxiété :

— Mon cher monsieur Charles, votre réclamation me semble juste, et ce pauvre aveugle, qui est muet, mais heureusement pas sourd, goûterait un charme infini à la conversation d'un homme aussi érudit que vous... Je vais m'occuper de vous faire rendre justice.

— Du reste... vous persistez toujours, en me retenant ici, à priver l'univers de toutes les connaissances humaines que je me suis appropriées en me les assimilant, — dit le fou en s'animant peu à peu et en commençant à gesticuler avec une extrême agitation.

— Allons, allons, calmez-vous, mon bon monsieur Charles; heureusement l'univers ne s'est guère aperçu de ce qui lui manquait; dès qu'il réclamera, nous nous empresserons de satisfaire à sa réclamation; en tout état de cause, un homme de votre capacité, de votre savoir, peut toujours rendre de grands services...

— Mais je suis pour la science ce qu'était l'arche de Noé pour la nature physique, — s'écria-t-il en grinçant des dents et l'œil égaré.

— Je le sais, mon cher ami...

— Vous voulez mettre la lumière sous le boisseau! — s'écria-t-il en fermant les poings. — Mais alors je vous briserais comme verre, — ajouta-t-il d'un air menaçant, le visage empourpré de colère et les veines gonflées à se rompre.

— Ah! monsieur Charles, — répondit le docteur en attachant sur l'insensé un regard calme, fixe, perçant, et donnant à sa voix un accent caressant et flatteur, — je croyais que vous étiez le plus grand savant des temps modernes.

— Et passés... — s'écria le fou oubliant sa colère pour son orgueil.

— Vous ne me laissez pas achever... que vous étiez le plus grand savant des temps passés... présents.

— Et futurs... — ajouta le fou avec fierté.

— Oh! le vilain bavard qui m'interrompt toujours, — dit le docteur en souriant et en lui frappant amicalement sur l'épaule. — Ne dirait-on pas que j'ignore toute l'admiration que vous inspirez et que vous méritez!... Voyons, allons voir l'aveugle... conduisez-moi près de lui.

— Docteur, vous êtes un brave homme; venez venez, vous allez voir ce qu'on l'oblige d'écouter, quand je pourrai lui dire de si belles choses, — reprit le fou complètement calmé en marchant devant le docteur d'un air satisfait.

— Je vous l'avoue, monsieur, — dit Germain, qui s'était rapproché, de sa mère et de sa femme dont il avait remarqué l'effroi lorsque le fou avait parlé et gesticulé violemment, — un moment j'ai craint une crise.

— Eh! monsieur, autrefois, au premier mot d'exaltation, au premier geste de menace de ce malheureux, les gardiens se fussent jetés sur lui; on l'eût garrotté, battu, inondé de douches, une des plus atroces tortures que l'on puisse rêver. Jugez de l'effet d'un tel traitement sur une organisation énergique et irritable, dont la force d'expansion est d'autant plus violente qu'elle est plus comprimée. Alors il serait tombé dans un de ces accès de rage effroyables qui défiaient les étreintes les plus puissantes... s'exaspéraient par leur fréquence, et devenaient presque incurables; tandis que, vous le voyez, en ne comprimant pas d'abord cette effervescence momentanée, ou en la détournant à l'aide de l'excessive mobilité d'esprit que l'on remarque chez beaucoup d'insensés, ces bouillonnements éphémères s'apaisent aussi vite qu'ils s'élèvent.

— Et quel est donc cet aveugle dont il parle, monsieur? est-ce une illusion de son esprit? — demanda madame Georges.

— Non, madame, c'est une histoire fort étrange, — répondit le docteur. — Cet aveugle a été pris dans un repaire des Champs-Élysées, où l'on a arrêté une bande de voleurs et d'assassins; on a trouvé cet homme enchaîné au milieu d'un caveau souterrain, à côté du cadavre d'une femme si horriblement mutilée qu'on n'a pu la reconnaître...

— Ah! c'est affreux... — dit madame Georges en frissonnant [1]...

— Cet homme est d'une épouvantable laideur, toute sa figure est corrodée par le vitriol... Depuis son arrivée ici, il n'a pas prononcé une parole. Je ne sais s'il est réellement muet, ou s'il affecte le mutisme... Par un singulier hasard, les seules crises qu'il ait eues se sont passées pendant mon absence, et toujours la nuit. Malheureusement toutes les demandes qu'on lui adresse restent sans réponse, et il est impossible d'avoir aucun renseignement sur sa position; ses accès semblent causés par une fureur dont la cause est impénétrable, car il ne prononce pas une parole. Les autres aliénés ont pour lui beaucoup d'attentions, ils le guident sa marche et ils se plaisent à l'entretenir, hélas! selon le degré de leur intelligence.. Tenez... le voici...

Toutes les personnes qui accompagnaient le médecin reculèrent d'horreur à la vue du Maître d'école, car c'était lui. Il n'était pas fou, mais il contrefaisait le muet et l'insensé... Il avait massacré la Chouette, non dans un accès de fièvre

---

[1]. Rodolphe avait toujours laissé ignorer à madame Georges le sort du Maître d'école depuis que celui-ci s'était évadé du bagne de Rochefort.

chaude pareil à celui dont il avait déjà été frappé lors de sa terrible vision à la ferme de Bouqueval. Ensuite de son arrestation à la taverne des Champs-Elysées, sortant de son délire passager, le Maître d'école s'était éveillé dans une des cellules du dépôt de la Conciergerie où l'on enferme provisoirement les insensés. Entendant dire autour de lui : « C'est un fou furieux ! » il résolut de continuer de jouer ce rôle, et s'imposa un mutisme complet afin de ne pas se compromettre par ses réponses, dans le cas où l'on douterait de son insanité prétendue. Ce stratagème lui réussit. Conduit à Bicêtre, il simula de temps à autre de violents accès de fureur, ayant toujours soin de choisir la nuit pour ces manifestations, afin d'échapper à la pénétrante observation du médecin en chef, le chirurgien de garde, éveillé et appelé à la hâte, n'arrivant presque jamais qu'à l'issue ou à la fin de la crise. Le très-petit nombre des complices du Maître d'école qui savaient son véritable nom et son évasion du bagne de Rochefort ignoraient ce qu'il était devenu, et n'avaient d'ailleurs aucun intérêt à le dénoncer; on ne pouvait ainsi constater son identité. Il espérait donc toujours rester à Bicêtre, en continuant son rôle de fou et de muet.

Oui, toujours... tel était l'unique vœu, le seul désir de cet homme, grâce à l'impuissance de nuire qui paralysait ses méchants instincts. Dans l'isolement profond où il avait vécu dans le caveau de Bras-Rouge, le remords s'était peu à peu emparé de cette âme de fer... A force de concentrer son esprit dans une incessante méditation, — le souvenir de ses crimes, — privé de toute communication avec le monde extérieur, ses idées finissaient souvent par prendre un corps, par s'*imagier* dans son cerveau, ainsi qu'il l'avait dit à la Chouette; alors lui apparaissaient les traits de ses victimes; mais ce n'était pas là de la folie : c'était la puissance du souvenir porté à sa dernière expression. Ainsi cet homme, encore dans la force de l'âge, d'une constitution athlétique, cet homme qui devait sans doute vivre encore de longues années, cet homme qui jouissait de toute la plénitude de sa raison, devait passer ces longues années parmi les fous, dans un mutisme complet... sinon, s'il était découvert, on le conduisait à l'échafaud pour ses nouveaux meurtres, ou on le condamnait à une réclusion perpétuelle parmi des scélérats pour lesquels il ressentait une horreur qui s'augmentait en raison de son repentir.

Le Maître d'école était assis sur un banc ; une forêt de cheveux grisonnants couvraient sa tête hideuse et énorme ; accoudé sur un de ses genoux, il appuyait son menton dans sa main. Quoique ce masque affreux fût privé du regard, que deux trous remplaçassent son nez, que sa bouche fût difforme, un désespoir écrasant, incurable, se manifestait encore sur ce visage monstrueux. Un aliéné d'une figure triste, bienveillante et juvénile, agenouillé devant le Maître d'école, tenait sa robuste main entre les siennes, le regardait avec bonté, et d'une voix douce répétait incessamment ces seuls mots :

Des fraises... des fraises... des fraises...

— Voilà pourtant, — dit gravement le fou savant, — la seule conversation que cet idiot sache tenir à l'aveugle... Si chez lui les yeux du corps sont fermés, ceux de l'esprit sont sans doute ouverts... et il me saura gré de me mettre en communication avec lui.

— Je n'en doute pas, — dit le docteur pendant que le pauvre insensé à figure mélancolique contemplait l'abominable figure du Maître d'école avec compassion et répétait de sa voix douce :

— *Des fraises... des fraises... des fraises...*

— Mon dieu, ma mère, — dit Germain à madame Georges, — combien ce malheureux aveugle paraît accablé...

— C'est vrai, mon enfant, — répondit madame Georges, — malgré moi mon cœur se serre... sa vue me fait mal... Oh! qu'il est triste de voir l'humanité sous ce sinistre aspect!

A peine madame Georges eut-elle prononcé ces mots, que le Maître d'école tressaillit, son visage couturé devint pâle sous ses cicatrices ; il leva et tourna si vivement la tête du côté de la mère de Germain, que celle-ci ne put retenir un cri d'effroi, quoiqu'elle ignorât quel était ce misérable. Le Maître d'école avait reconnu la voix de sa femme, et les paroles de madame Georges lui disaient qu'elle parlait à son fils.

— Qu'avez-vous, ma mère ?... — s'écria Germain.

— Rien, mon enfant... mais le mouvement de cet homme... l'expression de sa figure... tout cela m'a effrayée... Tenez, monsieur, pardonnez à ma faiblesse, — ajouta-t-elle en s'adressant au docteur, — je regrette presque d'avoir cédé à ma curiosité en accompagnant mon fils.

— Oh! pour une fois... ma mère... il n'y a rien à regretter...

— Bien certainement que notre bonne mère

ne reviendra plus jamais ici, ni nous non plus, n'est-ce pas, mon petit Germain? — dit Rigolette; — c'est si triste... ça navre le cœur.

— J'avoue, — répondit le médecin, — que la vue de ce malheureux aveugle et muet m'a impressionné... moi qui ai vu bien des misères.

— Quelle frimousse... hein! vieux chéri? — dit tout bas Anastasie... — Eh bien! auprès de toi... tous les hommes me paraissent aussi laids que cet affreux bonhomme... C'est pour ça que personne ne peut se vanter de... tu comprends, mon Alfred?...

— Anastasie, je rêverai de cette figure-là... j'en aurai le cauchemar...

— Mon ami, — dit le docteur au Maître d'école, — comment vous trouvez-vous?...

Le Maître d'école resta muet.

— Vous ne m'entendez donc pas? — reprit le docteur en lui frappant légèrement sur l'épaule.

Le Maître d'école ne répondit rien, il baissa la tête; au bout de quelques instants... de ses yeux sans regards il tomba une larme...

— Il pleure... — dit le docteur.

— Pauvre homme! — ajouta Germain avec compassion.

Le Maître d'école frissonna; il entendait de nouveau la voix de son fils... Son fils éprouvait pour lui un sentiment de compassion.

— Qu'avez-vous? Quel chagrin vous afflige? demanda le docteur.

Le Maître d'école, sans répondre, cacha son visage dans ses mains.

— Nous n'en obtiendrons rien, — dit le docteur.

— Laissez-moi faire, je vais le consoler, — reprit le fou savant d'un air grave et prétentieux. — Je vais lui démontrer que tous les genres de surfaces orthogonales dans lesquelles les trois systèmes sont isothermes, sont : 1° ceux des surfaces du second ordre; 2° ceux des ellipsoïdes de révolution autour du petit axe et du grand axe; 3° ceux... Mais, au fait, non, — reprit le fou en se ravisant et réfléchissant, — je l'entretiendrai du système planétaire.

Puis, s'adressant au jeune aliéné toujours agenouillé devant le Maître d'école :

— Ote-toi de là... avec tes fraises...

— Mon garçon, — dit le docteur au jeune fou, — il faut que chacun de vous conduise et entretienne à son tour ce pauvre homme... Laissez votre camarade prendre votre place...

Le jeune aliéné obéit aussitôt, se leva, regarda timidement le docteur de ses deux grands yeux bleus, lui témoigna sa déférence par un salut, fit un signe d'adieu au Maître d'école, et s'éloigna en répétant d'une voix plaintive :

— Des fraises... des fraises...

Le docteur, s'apercevant de la pénible impression que cette scène causait à madame Georges, lui dit :

— Heureusement, madame, nous allons trouver Morel, et si mon espérance se réalise, votre âme s'épanouira en voyant cet excellent homme rendu à la tendresse de sa digne femme et de sa digne fille.

Et le médecin s'éloigna suivi des personnes qui l'accompagnaient.

Le Maître d'école resta seul avec le fou de science, qui commença à lui expliquer, d'ailleurs très-savamment, très-éloquemment, la marche imposante des astres, qui décrivent silencieusement leur courbe immense dans le ciel, dont l'état normal est la nuit... Mais le Maître d'école n'écoutait pas... Il songeait avec un profond désespoir qu'il n'entendrait plus jamais la voix de son fils et de sa femme. Certain de la juste horreur qu'il leur inspirait, du malheur, de la honte, de l'épouvante où les aurait plongés la révélation de son nom, il eut plutôt enduré mille morts que de se découvrir à eux... Une seule, une dernière consolation lui restait, un moment il avait inspiré quelque pitié à son fils. Et malgré lui, il se rappelait ces mots que Rodolphe lui avait dits avant de lui infliger un châtiment terrible :

« Chacune de tes paroles est un blasphème, chacune de tes paroles sera une prière; tu es audacieux et cruel parce que tu es fort, tu seras doux et humble parce que tu seras faible. Ton cœur est fermé au repentir... un jour tu pleureras tes victimes... D'homme tu t'es fait bête féroce... un jour ton intelligence se relèvera par l'expiation. Tu n'as pas même respecté ce que respectent les bêtes sauvages, leur femelle et leurs petits... après une longue vie consacrée à la rédemption de tes crimes, ta dernière prière sera pour supplier Dieu de t'accorder le bonheur inespéré de mourir entre ta femme et ton fils... »

— Nous allons passer devant la cour des idiots et arriver au bâtiment où se trouve Morel, — dit le docteur en sortant de la cour où était le Maître d'école.

(La suite au prochain numéro.)

COMMENT ON AIME

LA CHIMÈRE
(SUITE)

— Et elle voyage avec son mari, répondit Gratienne d'un ton doucement ironique. Est-ce que cela vous intéresse beaucoup?

— Tout autant que s'il s'agissait de mademoiselle Olympe de Treuil, qui ne se trouvait pas non plus dans vos salons, repartit le jeune homme avec une certaine présence d'esprit.

Gratienne parut satisfaite. Elle dit à Dominique qu'Olympe n'était pas encore de retour à Paris; que, semblable à Diane chasseresse, elle courait le chevreuil dans les bois que sa famille possédait en Morvan.

A partir de ce jour, Dominique devint l'hôte assidu de la maison Dornans. Il s'asseyait souvent à la table de famille. Il se promenait presque tous les jours au bois sur les chevaux les plus fringants, en compagnie de l'ancien receveur général, qui se piquait d'être un habile écuyer. Il passait une grande partie des soirées au théâtre dans les loges réservées, où Gratienne dilettante enthousiaste, manquait rarement de se rendre. Plus il se montrait exact, empressé, plus on lui témoignait de bonne grâce et de satisfaction. La plus légère négligence lui attirait un doux reproche, la prévenance la plus naturelle lui valait un encouragement. Il ne pouvait longtemps se méprendre à tant d'apparences significatives, à tant d'avertissements officieux. Il devenait évident, en effet, que M. Dornans avait résolu de faire de lui son gendre, que Gratienne n'était pas étrangère à cette résolution, et que Dominique n'avait qu'à parler pour être fiancé à celle qui avait déjà pris dans son cœur la place désertée par Caliste de Rochebrune. Cependant, un si affectueux accueil ne rendait Dominique ni hardi ni entreprenant. Deux mois s'étaient écoulés au milieu de cette intimité enchanteresse, et l'heureux privilégié n'avait pas encore fait entendre une seule parole d'amour à l'oreille inclinée de Gratienne. Le mot féerique: « Je vous aime! » s'était plus d'une fois élancé de son cœur, mais invariablement il s'était arrêté au bord de ses lèvres sans pouvoir y éveiller un écho. A plus forte raison, n'avait-il jamais eu l'aplomb d'articuler une demande en mariage. Il y avait là, on le comprend, une exquise délicatesse, une réserve pleine de fierté. Mais, si louable qu'il fût, un tel sentiment commençait à impatienter M. Dornans, habitué à mener plus rondement les choses de la vie.

Une nuit, au milieu d'un bal où les deux jeunes gens, transportés et radieux, dansaient souvent ensemble, l'ancien receveur général prit le bras de Dominique, l'emmena à l'écart, et lui dit d'un ton brusque et cordial:

— Ah! çà, mon ami, pourquoi ne vous mariez-vous pas?

A cette question inattendue, Dominique tressaillit, il resta muet. M. Dornans ajouta aussitôt:

— Vous êtes jeune, noble, joli garçon, plein d'excellentes qualités; il faut vous marier, croyez-moi.

— Je ne demande pas mieux, balbutia Dominique encore interdit. Mais comment?

— C'est bien simple: épousez celle que vous aimez; n'aimez-vous... personne?

— Au contraire... je veux dire...

— Bah! ne vous rétractez pas. Vous aimez quelque belle jeune fille, c'est entendu. Eh bien! déclarez-le lui hardiment.

— Je n'ose.

— Elle est donc bien sévère, bien cruelle?

— Oh! non, elle est ravissante de grâce et de bonté!

— Alors, que craignez-vous? Sa famille?

— Elle a un père qui est le plus généreux et le meilleur des hommes.

— En ce cas, pourquoi hésiter? Qui vous arrête? Je ne comprends pas.

— Que sais-je moi-même!... Peut-être un scrupule...

— Oui, oui, je devine: elle est plus riche que vous. La belle affaire! Je parie, moi, que vous êtes plus *noble* qu'elle: compensation.

Disant cela, M. Dornans souriait et prenait entre ses mains les deux mains de Dominique. Il ajouta bientôt, en le regardant avec une affectueuse bienveillance :

— Allons, allons, cher poltron, plus de timidité. Hasardez-vous et vous réussirez, je vous le prédis.

Comme il achevait ces mots, Gratienne paraissait devant eux, une moue charmante aux lèvres, un léger nuage au front.

— Eh bien ! dit-elle au jeune homme, j'attends.

— Quoi donc ? demanda ce dernier un peu ahuri !

— Que vous preniez ma main.
— Ah ! de grand cœur !
— Hâtons-nous, le quadrille commence.
— N'est-ce donc que pour le quadrille ?
— Pourquoi serait-ce ?
— Mais... pour toujours !
— Bravo ! s'écria M. Dornans. Voilà ce qui s'appelle parler net.

Gratienne avait rougi. Elle essaya de balbutier une réponse, mais elle ne put articuler qu'une jolie roulade de rossignol. Il n'y a pas que les oiseaux qui vocalisent, lorsqu'ils sont heureux.

Une minute après, le joli couple prenait place parmi les danseurs.

— Ainsi, vous continuez à garder le silence, murmura Dominique, désireux d'obtenir une parole décisive. Vous ai-je déplu ?

— Oh ! non ! repartit vivement Gratienne.

— Alors, souffrez que je vous aime et que je vous le dise avec toutes les effusions de mon âme ?

— Oui, mais devant mon père. Il est très-favorablement disposé pour vous. Il vous écoutera avec une sollicitude dont, j'ose le croire, vous serez satisfait.

— Vous êtes un ange ! repartit Dominique en accentuant d'un regard enthousiaste ce lieu commun de tous les amoureux.

Le lendemain, il vint à l'hôtel Dornans. On remarquait en toute sa personne une certaine solennité. Un domestique l'introduisit dans le grand salon. Gratienne s'y trouvait, occupée attentivement à feuilleter un recueil général des armoiries de la noblesse française. Toute confuse d'être surprise en cette étude de la science héraldique, elle ferma vivement le livre ; mais il échappa de ses mains et alla rouler sur le tapis du parquet, où il étala deux pages magnifiquement illustrées de blasons. Dominique le ramassa. Il ne put s'empêcher de lire sur l'un des feuillets le nom des ducs de Navarreins et remarqua parfaitement leurs armoiries : « De sinople au lion d'argent, couronné et lampassé d'or, au chef d'hermines. » Comme il remettait l'armorial à Gratienne, M. Dornans parut au salon. Il était accompagné d'un homme d'une trentaine d'années environ, très-distingué, très-pâle, ayant un grand air de tristesse et de fierté qui imposait.

L'étranger salua avec une suprême élégance la jeune fille, qui s'inclina profondément devant lui. Puis il s'éloigna, reconduit par M. Dornans.

— C'est M. le duc de Navarreins, dit Gratienne en se rasseyant toute pensive. Il passe pour un gentilhomme accompli.

A ces mots, Dominique ressentit dans l'âme une impression étrange, indéfinissable. Il demeura immobile et silencieux.

VII

M. Dornans rentra bientôt au salon.

— Ce duc de Navarreins est un homme charmant, dit-il. En un quart d'heure, nous avons terminé l'affaire qui m'a valu sa visite et que son notaire ajournait depuis six mois avec entêtement.

— Comment as-tu fait, père ? demanda Gratienne avec l'expression d'une vive curiosité.

— J'offrais un million d'un immeuble qu'il possède au faubourg Saint-Honoré. Il voulait le vendre onze cent mille francs. Eh bien ! nous venons de couper la différence par la moitié. Il a ma parole, j'ai la sienne, et dans quelques jours nous signerons le contrat.

— Est-ce qu'il est bien riche, ce duc ? reprit la jeune fille, attentive et sérieuse.

— Peuh ! j'en doute ; il a mené grand train dit-on. Il s'est montré généreux jusqu'à la prodigalité, en sorte que les hypothèques grèvent son patrimoine. On assure qu'il se réforme, mais un peu tard. N'importe, je le trouve parfait. Il m'a promis d'assister à notre prochain bal.

Le visage de Gratienne s'épanouit.

— Ah ! il a promis cela ? s'écria-t-elle gaiement. C'est bien à lui ; et tu aurais dû, père, lui accorder les onze cent mille francs !

— Vertuchoux ! repartit M. Dornans en riant, c'eût été payer un peu cher l'honneur de faire danser un duc.

Cette saillie n'avait pu dérider le front soucieux de Dominique. Il gardait toujours le silence. Son attitude était empreinte de tristesse et de dignité. M. Dornans devina sans doute la nature de sa préoccupation, car il s'efforça par une cordialité plus expressive que jamais, de dissiper le nuage. Il ne tarda pas à réussir. Une heure après, le jeune homme rasséréné, enhardi, lui présentait une lettre scellé d'un grand cachet armorié.

— De mon aïeul, le chevalier de Kerlaz, dit-il.

Cette lettre était une demande en mariage que, à tout hasard, Dominique avait sollicitée du gentilhomme dans l'espérance qu'il la pourrait mettre à profit en quelque circonstance favorable et prochaine. L'occasion s'était offerte plus tôt encore qu'il ne l'avait prévu. M. Dornans lut attentivement la missive aristocratique. Il paraissait heureux.

— Votre grand-père, dit-il en terminant, est aimable comme un grand seigneur du XVIII° siècle. Sa lettre est un modèle de grâce et d'esprit. Pour ma part, je lui accorde, sans hésitation, ce qu'il demande. Je suis enchanté de lui témoigner ainsi la haute estime et le profond respect qu'il m'inspire.

Puis, tendant à Gratienne le pli solennel :

— J'espère, ajouta-t-il d'un air riant et fin, que ma fille ne contredira pas ma résolution, et qu'elle souscrira, plus empressée que moi-même, aux vœux de M. le chevalier de Kerlaz.

Avant de lire, Gratienne regarda rapidement les armoiries qui composaient le cachet de la lettre. Olympe et Caliste lui avaient appris à déchiffrer, tant bien que mal, un blason. Elle s'expliqua sans peine le signe héraldique des Kerlaz : de gueules au fermail en losange d'argent. Le tout était surmonté d'une couronne de baron. Chose étrange ! la curieuse soupira imperceptiblement. Peut-être eût elle préféré les armoiries plus élégantes et plus compliquées des ducs de Navarreins, accompagnées qu'elles étaient de la couronne ducale à huit fleurons d'or. Quoi qu'il en soit, elle parcourut avec intérêt la demande en mariage. Elle se sentit touchée par les paroles charmantes de tendresse qui lui étaient adressées. Rougissante et réservée, elle balbutia bientôt qu'elle serait heureuse de se soumettre aux volontés de son père. Dominique plia le genou devant elle, sa joie éclata dans un frémissement de ses lèvres qui imprimèrent toute son âme sur les mains adorées de celle qui consentait à lui donner sa vie. Cependant, si profond et si doux qu'il fût, son bonheur n'était pas exempt d'une vague inquiétude ; une fois, déjà, ne s'était-il pas vu à la veille de réaliser son espérance, et la chimère ne lui avait-elle pas échappé au moment où il croyait la saisir ? Les déceptions rendent timide et craintif : le souvenir d'un premier désenchantement s'éveillait au cœur de Dominique en ébranlant sa sécurité.

Le soir, deux incidents, en apparence sans gravité, l'attristèrent malgré lui. D'abord Gratienne, examinant de nouveau le cachet armorié qui avait scellé la lettre du vieux gentilhomme breton, s'étonna d'y voir une couronne de baron.

— Pourquoi, demanda-t-elle, votre aïeul, s'il est baron, ne se fait-il appeler que M. le chevalier ?

— Parce que le titre de baron, sans grande valeur aristocratique, fut octroyé à ma famille sous le roi Louis XV. C'est un titre à brevet personnel, non transmissible à la rigueur ; tandis que la qualité de sire ou chevalier de Kerlaz est une attribution résultant d'un ancien fief, c'est-à-dire d'un bien noble, qui prouve la race et constitue le gentilhomme.

Dominique n'était guère entiché de sa noblesse. Un souffle de l'esprit moderne l'animait. Aussi avait-il fait cette réponse simplement, sans orgueil. La jeune fille garda le silence un instant ; puis, avec une moue qui souriait à demi :

— C'est égal, dit-elle, j'aimerais bien être madame la baronne.

Comme elle exhalait cette petite phrase vaniteuse dans un léger soupir, M. Dornans vint annoncer qu'il était l'heure de partir pour les Italiens.

Au théâtre, dans un entr'acte, Gratienne aperçut le duc de Navarreins. Il occupait une stalle de balcon. Elle fut la première à le signaler. Ses yeux se dirigeaient souvent vers lui. plusieurs reprises même, elle inclina la tête hors de la loge comme pour provoquer un salut. Le duc la reconnut, en effet, et la salua. Elle rougit de plaisir, puis elle vanta l'urbanité des grands seigneurs. Un moment après, elle vit entrer dans une loge d'avant-scène la belle duchesse de Rieux, qui fut accueillie par un murmure d'admiration.

(La suite au prochain numéro.)

Le propriétaire-gérant : F. ROY.

LES MYSTÈRES DE PARIS

— Au fond du coffre, je découvre un joli portefeuille avec ces mots : *Le voisin à sa voisine.* (Page 282.)

Malgré la tristesse que lui avait inspirée la vue des aliénés, madame Georges ne put s'empêcher de s'arrêter un moment en passant devant une cour grillée où étaient enfermés les idiots incurables. Pauvres êtres, qui souvent n'ont pas même l'instinct de la bête, et dont on ignore presque toujours l'origine ; inconnus de tous et d'eux-mêmes, ils traversent ainsi la vie, absolument étrangers aux sentiments, à la pensée, éprouvant seulement les besoins animaux les plus limités... Le hideux accouplement de la misère et de la débauche, au plus profond des bouges les plus infects, cause ordinairement cet effroyable abâtardissement de l'espèce... qui atteint en général les classes pauvres. Si généralement la folie ne se révèle pas tout d'abord à l'observateur superficiel par la seule inspection de la physionomie de l'aliéné, il n'est que trop facile de reconnaître les caractères physiques de l'idiotisme. Le docteur Herbin n'eut pas besoin de faire remarquer à madame Georges l'expression d'abrutisssement sauvage, d'insensibilité stupide ou d'ébahissement imbécile qui donnait aux traits de ces malheureux une expression à la fois hideuse et pénible à voir. Presque tous étaient vêtus de longues souquenilles sordides en lambeaux; car, malgré toute la surveillance possible, on ne peut empêcher ces êtres, absolument privés d'instinct et de raison, de lacérer, de souiller leurs vêtements en rampant, en se roulant comme des bêtes dans la fange des cours [1] où ils restent pendant le jour.

Les uns, accroupis dans les coins les plus obscurs d'un hangar qui les abritait, pelotonnés, ramassés sur eux-mêmes comme des animaux dans leurs tanières, faisaient entendre une sorte de râlement sourd et continuel. D'autres, adossés au mur, debout, immobiles, muets, regardaient fixement le soleil. Un vieillard d'une obésité difforme, assis sur une chaise de bois, dévorait sa pitance avec une voracité animale, en jetant de côté et d'autre des regards obliques et courroucés. Ceux-ci marchaient circulairement et en hâte dans un tout petit espace qu'ils se limitaient; cet étrange exercice durait des heures entières sans interruption. Ceux-là, assis par terre, se balançaient incessamment en jetant alternativement le haut de leur corps en avant et en arrière, n'interrompant ce mouvement d'une monotonie vertigineuse que pour rire aux éclats, de ce rire strident, guttural, de l'idiotisme. D'autres enfin, dans un complet anéantissement, n'ouvraient les yeux qu'aux heures du repas, et restaient inertes, inanimés, sourds, muets, aveugles, sans qu'un cri, sans qu'un geste annonçât leur vitalité...

L'absence complète de communication verbale ou intelligente est un des caractères les plus sinistres d'une réunion d'idiots. Au moins, malgré l'incohérence de leur parole et de leur pensée, les fous se parlent, se reconnaissent, se recherchent; mais entre les idiots, il règne une indifférence stupide, un isolement farouche... Jamais on ne les entend prononcer une parole articulée, ce sont de temps à autre quelques rires sauvages ou des gémissements et des cris qui n'ont rien d'humain... à peine un très-petit nombre d'entre eux reconnaissent-ils leurs gardiens... Et pourtant, répétons-le avec admiration, ces infortunés qui semblent ne plus appartenir à notre espèce, et pas même à l'espèce animale par le complet anéantissement de leurs facultés intellectuelles; ces êtres incurablement frappés, tenant plus du mollusque que de l'être animé, et qui traversent tous les âges d'une longue carrière, sont entourés de soins recherchés et d'un bien-être dont ils n'ont pas même la conscience... Sans doute, il est beau de respecter ainsi le principe de la dignité humaine jusque dans ces malheureux qui de l'homme n'ont plus que l'enveloppe... mais, répétons-le toujours, on devrait songer aussi à la dignité de ceux qui, doués de toute leur intelligence, remplis de zèle, d'activité, sont la force vive de la nation; leur donner conscience de cette dignité en l'encourageant, en la récompensant lorsqu'elle s'est manifestée par l'amour du travail, par la résignation, par la probité; ne pas dire enfin avec un égoïsme semi-orthodoxe :

— Punissons ici-bas, Dieu récompensera là-haut . . . .

— Pauvres gens ! — dit madame Georges, — qu'il est triste de songer qu'il n'y a aucun remède à leurs maux !

— Hélas ! aucun, madame, — répondit le docteur, — surtout arrivés à cet âge; car, maintenant, grâce aux progrès de la science, les enfants idiots reçoivent une sorte d'éducation qui développe au moins l'atome d'intelligence incomplète dont ils sont quelquefois doués. Nous avons ici une école [1] dirigée avec autant de persévérance que de patience éclairée, qui offre déjà des résultats on ne peut plus satisfaisants; par des moyens très-ingénieux et

---

1. Disons à ce propos qu'il est impossible de voir sans une profonde admiration pour les intelligences charitables qui ont combiné ces recherches de propreté hygiénique, de voir, disons-nous, les dortoirs et les lits consacrés aux idiots. Quand on pense qu'autrefois ces malheureux croupissaient dans une paille infecte, et qu'à cette heure ils ont des lits excellents, maintenus dans un état de salubrité parfaite par des moyens vraiment merveilleux, on ne peut, encore une fois, que glorifier ceux qui se sont voués à l'adoucissement de telles misères. Là, nulle reconnaissance à attendre, pas même la gratitude de l'animal pour son maître. C'est donc le bien seulement fait pour le bien au saint nom de l'humanité; et cela n'en est que plus digne, que plus grand. On ne saurait donc trop louer MM. les administrateurs et médecins de Bicêtre, dignement soutenus d'ailleurs par la haute et juste autorité du célèbre docteur Ferrus, chargé de l'inspection générale des hospices d'aliénés, et auquel on doit l'excellente *loi sur les aliénés*, loi basée sur ses savantes observations.

1. Cette école est encore une des institutions les plus curieuses et les plus intéressantes.

exclusivement appropriés à leur état, on exerce à la fois le physique et le moral de ces pauvres enfants, et beaucoup parviennent à connaître les lettres, les chiffres, à se rendre compte des couleurs ; on est même arrivé à leur apprendre à chanter en chœur, et je vous assure, madame, qu'il y a une sorte de charme étrange, à la fois triste et touchant, à entendre ces voix étonnées, plaintives, quelquefois douloureuses, s'élever vers le ciel dans un cantique dont presque tous les mots, quoique français, leur sont inconnus... Mais nous voici arrivés au bâtiment où se trouve Morel. J'ai recommandé qu'on le laissât seul ce matin, afin que l'effet que j'espère produire sur lui eût une plus grande action.

— Et quelle est donc sa folie, monsieur ? dit tout bas madame Georges au docteur, afin de n'être pas entendue de Louise.

— Il s'imagine que s'il n'a pas gagné treize cents francs dans sa journée pour payer une dette contractée envers un notaire nommé Ferrand, Louise doit mourir sur l'échafaud pour crime d'infanticide.

— Ah ! monsieur, ce notaire était un monstre ! s'écria madame Georges. — Louise Morel... son père... ne sont pas ses seuls victimes... il a poursuivi mon fils avec un impitoyable acharnement.

— Louise Morel m'a tout dit, madame, — répondit le docteur ; — Dieu merci, ce misérable a cessé de vivre... Mais veuillez m'attendre un moment avec ces braves gens... je vais voir comment se trouve Morel.

Puis, s'adressant à la fille du lapidaire :

— Je vous en prie, Louise, soyez bien attentive : au moment où je crierai : *Venez !* paraissez aussitôt, mais seule... Quand je dirai une seconde fois : *Venez...* les autres personnes entreront avec vous.

— Ah ! monsieur, le cœur me manque, — dit Louise en essuyant ses larmes ; — pauvre père... si cette épreuve était inutile !...

— J'espère qu'elle le sauvera. Depuis longtemps je la ménage... Allons, rassurez-vous, et songez à mes recommandations.

Et le docteur, quittant les personnes qui l'accompagnaient, entra dans une chambre dont les fenêtres grillées ouvraient sur un jardin.

Grâce au repos, à un régime salubre, aux soins dont on l'entourait, les traits de Morel le lapidaire n'étaient plus pâles, hâves et creusés par une maigreur maladive ; son visage plein, légèrement coloré, annonçait le retour de la santé ; mais un sourire mélancolique, une certaine fixité qui souvent encore immobilisait son regard, annonçaient que sa raison n'était pas encore complétement rétablie.

Lorsque le docteur entra, Morel, assis et courbé devant une table, simulait l'exercice de son métier de lapidaire en disant ;

— Treize cents francs, treize cents francs... ou sinon Louise sur l'échafaud... treize cents francs... travaillons... travaillons... travaillons...

Cette aberration, dont les accès étaient d'ailleurs de moins en moins fréquents, avait toujours été le système primordial de sa folie. Le médecin, d'abord contrarié de trouver Morel en ce moment sous l'influence de sa monomanie, espéra bientôt faire servir cette circonstance à son projet ; il prit dans sa poche une bourse contenant soixante-cinq louis qu'il y avait placés d'avance, versa cet or dans sa main, et dit brusquement à Morel qui, absorbé par son simulacre de travail, ne s'était pas aperçu de l'arrivée du docteur :

— Mon brave Morel... assez travaillé... vous avez enfin gagné les treize cents francs qu'il vous faut pour sauver Louise... les voilà...

Et le docteur jeta sur la table la poignée d'or.

— Louise est sauvée !... — s'écria le lapidaire en ramassant l'or avec avidité. — Je cours chez le notaire.

Et se levant précipitamment il courut vers la porte.

— Venez... — cria le docteur avec une vive angoisse, car la guérison instantanée du lapidaire pouvait dépendre de cette première impression.

A peine eut-il dit : *Venez*, que Louise parut à la porte au moment même où son père s'y présentait. Morel, stupéfait, recula deux pas en arrière et laissa tomber l'or qu'il tenait... Pendant quelques minutes il contempla Louise dans un ébahissement profond, ne la reconnaissant pas encore... Il semblait pourtant tâcher de rappeler ses souvenirs : puis, se rapprochant d'elle peu à peu, il la regarda avec une curiosité inquiète et craintive... Louise, tremblante d'émotion, contenait difficilement ses larmes, pendant que le docteur, lui recommandant par un geste de rester muette, épiait, attentif et silencieux, les moindres mouvements de la physionomie du lapidaire.

Celui-ci, toujours penché vers sa fille, commença à pâlir ; il passa ses deux mains sur son front inondé de sueur ; puis, faisant un nouveau pas vers elle, il voulut lui parler ; mais sa voix expira sur ses lèvres, sa pâleur augmenta, et il regarda autour de lui avec surprise, comme s'il sortait peu à peu d'un songe.

— Bien... bien... — dit tout bas le docteur à Louise, — c'est bon signe... Quand je dirai : *Venez*, jetez-vous dans ses bras en l'appelant votre père.

Le lapidaire porta les mains sur sa poitrine en se regardant, si cela se peut dire, des pieds à la tête, comme pour se bien convaincre de son identité. Ses traits exprimaient une incertitude douloureuse ; au lieu d'attacher ses yeux sur sa fille, il semblait vouloir se dérober à sa vue. Alors il se dit à voix basse d'une voix entrecoupée :

— Non !... non !... un songe... où suis-je ?... impossible !... un songe... ce n'est pas elle...

Puis, voyant les pièces d'or éparses sur le plancher :

— Et cet or... je ne me rappelle pas... Je m'éveille donc ?... la tête me tourne... je n'ose pas regarder... j'ai honte... ce n'est pas Louise...

— *Venez*, — dit le docteur à voix haute.

— Mon père... reconnaissez-moi donc, je suis Louise... votre fille !... — s'écria-t-elle fondant en larmes et en se jetant dans les bras du lapidaire, au moment où entraient la femme de Morel, Rigolette, madame Georges, Germain et les Pipelet.

— Oh ! mon Dieu ! — disait Morel, que Louise accablait de caresses, — où suis-je ?... que me veut-on ?... que s'est-il passé ?... je ne peux pas croire...

Puis, après quelques instants de silence, il prit brusquement entre ses deux mains la tête de Louise, la regarda fixement et s'écria, après quelques instants d'émotion croissante :

— Louise !...

— Il est sauvé, — dit le docteur.

— Mon mari... mon pauvre Morel !... — s'écria la femme du lapidaire en venant se joindre à Louise.

— Ma femme ! — reprit Morel, — ma femme et ma fille !

— Et moi aussi, monsieur Morel... — dit Rigolette, — tous vos amis se sont donné rendez-vous ici.

— Tous vos amis !... vous voyez, monsieur Morel, — ajouta Germain.

— Mademoiselle Rigolette !... monsieur Germain !... — dit le lapidaire en reconnaissant chaque personnage avec un nouvel étonnement.

— Et les vieux amis de la loge, donc !... — dit Anastasie en s'approchant à son tour avec Alfred, — les voilà, les Pipelet... les vieux Pipelet... amis à mort... et alllllez donc... père Morel... voilà une bonne journée...

— M. Pipelet et sa femme !... tant de monde autour de moi ! il me semble qu'il y a si longtemps !... Et... mais... mais enfin... c'est toi, Louise, n'est-ce pas ?... — s'écria-t-il avec entraînement en serrant sa fille dans ses bras. — C'est toi, Louise ? bien sûr ?...

— Mon pauvre père... oui... c'est moi... c'est ma mère... ce sont tous vos amis... vous ne nous quitterez plus... vous n'aurez plus de chagrin... nous serons heureux maintenant, tous heureux...

— Tous heureux... attendez donc que je me souvienne... tous heureux ; il me semble pourtant qu'on était venu te chercher pour te conduire en prison, Louise.

— Oui... mon père... mais j'en suis sortie... acquittée... vous le voyez... me voici... près de vous...

— Attendez encore... attendez... voilà la mémoire qui me revient...

Puis le lapidaire reprit avec effroi :

— Et le notaire ?

— Mort... Il est mort, mon père... — murmura Louise.

— Mort !... lui !... alors... je vous crois... nous pouvons être heureux... Mais où suis-je ?... comment suis-je ici... depuis combien de temps... et pourquoi ? je ne me rappelle pas bien...

— Vous avez été si malade, — lui dit le docteur, — qu'on vous a transporté ici... à la campagne... Vous avez eu une fièvre... très-violente... le délire...

— Oui... oui... je me souviens... de la dernière chose... avant ma maladie j'étais à parler avec ma fille... et... qui donc... qui donc ?... Ah ! un homme bien généreux, M. Rodolphe... il m'avait empêché d'être arrêté... Depuis... par exemple... je ne me souviens de rien...

— Votre maladie... s'était compliquée d'une absence de mémoire, — dit le médecin. La vue de votre fille, de votre femme, de vos amis vous l'a rendue...

— Et chez qui suis-je donc ici ?

— Chez un ami... de M. Rodolphe, — se hâta

de dire Germain ; — on avait songé que le changement d'air vous serait utile.

— A merveille, — dit tout bas le docteur. Et s'adressant à un surveillant, il ajouta :

— Envoyez le fiacre au bout de la ruelle du jardin, afin qu'il n'ait pas à traverser les cours et sortir par la grande porte.

Ainsi que cela arrive quelquefois dans les cas de folie, Morel n'avait aucunement le souvenir et la conscience de l'aliénation dont il avait été atteint.

Quelques moments après, appuyé sur le bras de sa femme, de sa fille, et accompagné d'un élève chirurgien que, pour plus de prudence le docteur avait commis à sa surveillance jusqu'à Paris, Morel montait en fiacre et quittait Bicêtre sans soupçonner qu'il y avait été enfermé comme fou.

— Vous croyez ce pauvre homme complétement guéri ? — disait madame Georges au docteur, qui la reconduisait jusqu'à la grande porte de Bicêtre.

— Je le crois, madame, et j'ai voulu le laisser sous l'heureuse influence de ce rapprochement avec sa famille ; j'aurais craint de l'en séparer. Du reste, un de mes élèves ne le quittera pas et indiquera le régime à suivre. Tous les jours j'irai le visiter jusqu'à ce que sa guérison soit tout à fait consolidée ; car non-seulement il m'intéresse beaucoup, mais il m'a encore été très-particulièrement recommandé, à son entrée à Bicêtre, par le chargé d'affaires du grand-duc de Gerolstein.

Germain et sa mère échangèrent un coup d'œil significatif

— Je vous remercie, monsieur, — dit madame Georges, — de la bonté avec laquelle vous avez bien voulu me faire visiter ce bel établissement, et je me félicite d'avoir assisté à la scène touchante que votre savoir avait si habilement prévue et annoncée.

— Et moi, madame, je me félicite doublement de ce succès qui rend un si excellent homme à la tendresse de sa famille.

Encore tout émus de ce qu'ils venaient de voir, madame Georges, Rigolette, et Germain reprirent le chemin de Paris, ainsi que M. et madame Pipelet.

Au moment où le docteur Herbin rentrait dans les cours, il rencontra un employé supérieur de la maison qui lui dit :

— Ah ! mon cher monsieur Herbin, vous ne sauriez vous imaginer à quelle scène je viens d'assister... Pour un observateur comme vous, c'eût été une source inépuisable.

— Comment donc ? quelle scène ?

— Vous savez que nous avons ici deux femmes condamnées à mort... la mère et la fille... qui seront exécutées demain ?

— Sans doute.

— Eh bien ! de ma vie je n'ai vu une audace et un sang-froid semblable à celui de la mère... C'est une femme infernale.

— N'est-ce pas cette veuve Martial... qui a montré tant de cynisme dans les débats ?

— Elle-même.

— Et qu'a-t-elle fait encore ?

— Elle avait demandé à être enfermée dans le même cabanon que sa fille... jusqu'au moment de leur exécution. On avait accédé à sa demande. Sa fille, beaucoup moins endurcie qu'elle, paraît s'amollir à mesure que le moment fatal approche, tandis que l'assurance diabolique de la veuve augmente encore, s'il est possible... Tout à l'heure le vénérable aumônier de la prison est entré dans leur cachot pour leur offrir les consolations de la religion... La fille se préparait à les accepter, lorsque sa mère, sans perdre un moment son sang-froid glacial, l'a accablée, elle et l'aumônier, de si indignes sarcasmes, que ce vénérable prêtre a dû quitter le cachot après avoir tenté de faire entendre quelques saintes paroles à cette femme indomptable.

— A la veille de monter sur l'échafaud !... une telle audace est effrayante, — dit le docteur.

— Du reste, on dirait une de ces famille poursuivie par la fatalité antique... Le père est mort sur l'échafaud... un autre fils est au bagne... Le fils aîné seul et deux jeunes enfants ont échappé à cette épouvantable contagion... Pourtant cette femme a fait demander à ce fils aîné... le seul honnête homme de cette exécrable race... de venir demain matin recevoir ses dernières volontés !...

— Quelle entrevue !...

— Vous n'êtes pas curieux d'y assister ?

— Franchement, non... Vous connaissez mes principes au sujet de la peine de mort... et je n'ai pas besoin d'un si affreux spectacle pour m'affermir dans ma manière de voir... Si cette horrible femme porte son caractère indomptable jusque sur l'échafaud, quel déplorable exemple pour le peuple !

(*La suite au prochain numéro.*)

COMMENT ON AIME

LA CHIMÈRE
(SUITE)

— Elle est vraiment éblouissante, dit Gratienne à son père. Mais aussi, elle est duchesse ! et cela ajoute singulièrement à son éclat... Être duchesse, murmura-t-elle ensuite... quel bonheur !

M. Dornans entendit seul ce mélancolique *a parte*. Il haussa les épaules en souriant.

— Petite folle ! répliqua-t-il avec l'expression d'une infinie bonté paternelle.

A la suite de ces deux incidents, d'une nature si caractéristique, Dominique comprit aisément qu'il y avait plus d'ambition que de tendresse dans le cœur de Gratienne ; que sa plus grande préoccupation était de s'allier à la noblesse, de rehausser les millions de son père avec le lustre aristocratique d'un titre et d'un blason. Il se sentait humilié de n'avoir sans doute aux yeux de sa fiancée d'autre valeur que le mérite de sa naissance, et il souffrait surtout de soupçonner que la jeune fille n'aimait sérieusement en lui que le nom des aïeux. Toute la soirée, il fut grave et réservé. Sa poitrine se gonflait, il la contint : ses yeux se mouillaient, il les sécha. M. Dornans devina-t-il ses secrètes agitations ? Il est permis de le croire, car l'excellent homme fut envers lui d'une bonne grâce exquise, d'une inexprimable effusion d'amitié. Il fit même si bien que sa fille, un peu trop distraite par le voisinage du duc de Navarreins et de la duchesse de Rieux, ramena soudain toute son attention vers son fiancé. Elle le gronda de paraître soucieux ; elle dissipa, en un mot, sous un sourire radieux, toutes les tristesses qui pesaient sur son esprit. On excuse si vite quand on aime ! et Dominique aimait Gratienne avec une si pure et si noble sincérité !

Le duc de Navarreins tint parole. Il vint au bal de M. Dornans. Un domestique l'annonça pendant un repos de la danse. Son entrée fit impression sur la foule bourgeoise, toujours curieuse d'envisager de près ceux qui représentent la distinction de la naissance et celle du talent. Avec cette aisance qui caractérise essentiellement les hommes du grand monde, le duc pénétra dans les salons sous le feu croisé des regards investigateurs. Il rencontra d'abord M. Dornans, auquel il serra la main avec une cordialité parfaite. Puis il alla s'incliner devant Gratienne, qui trahit à son approche une vive émotion.

— Ah ! monsieur le duc, balbutia-t-elle, que c'est aimable à vous d'être venu !

— Mon amabilité ne m'a coûté aucune peine, mademoiselle, répondit M. de Navarreins, et elle me rendrait bien heureux s'il m'était permis de valser avec vous.

Dirigé par Strauss lui-même, l'orchestre attaquait en ce moment le prélude d'une valse avec un mordant qui valait la piqûre de mille tarentules. Gratienne se leva aussitôt, elle s'appuya sur le duc. A peine avait-elle fait un pas, lorsque Dominique parut devant elle ; il fit valoir un droit d'antériorité. La jeune fille hésita d'abord, puis elle s'excusa vaguement, promit une autre valse à son fiancé, et suivit M. de Navarreins qui l'entraînait vers le tourbillon, sans prendre garde aux réclamations de son concurrent. Dominique se sentit mortifié, il fut sur le point de quitter le bal ; mais il avait au cœur encore plus d'amour que de susceptibilité, et il resta. Comme il se tenait à l'écart, Gratienne, avec une coquetterie touchante, vint lui tendre la main. Cette démarche le fléchit, il pardonna. Il ne garda de rancune que contre le duc, qui lui inspirait une secrète aversion. Un conflit nouveau aggrava cette antipathie instinctive. Étourderie ou préméditation, mademoiselle Dornans accepta spontanément l'invitation du duc pour une redowa qu'elle avait promise à Dominique de Kerlaz.

— Cette fois, déclara ce dernier d'un ton poli mais ferme, je maintiens mon droit.

— Vous réclamez toujours, repartit ironiquement le duc en enlaçant la taille de la jeune fille.

— Je ne réclame que ce qui m'est dû, et c'est légitime, vous en conviendrez.

— Quel créancier rigide vous faites ! Si je

vous devais quelque chose, je me hâterais de m'acquitter.

Disant cela, M. de Navarreins commençait à rédower, sans que sa danseuse essayât de le retenir.

— Justement, monsieur le duc, vous me devez, répliqua Dominique avec un éclair dans le regard.

— Eh bien ! je paierai, répondit tranquillement le grand seigneur, qui disparut dans les plis onduleux de la rédowa.

Ces paroles ayant été prononcées de part et d'autre sans violence apparente, mademoiselle Dornans n'en soupçonna pas toute la gravité. Cette fois encore, elle s'efforça de réparer une erreur, peut-être volontaire, en invitant elle-même son fiancé pour la danse qui devait suivre. Elle obtint sans peine une seconde absolution. Mais l'hostilité secrète qui animait Dominique contre le duc n'en subsista pas moins. Tous deux, sans être remarqués, se rencontrèrent dans un salon écarté. Ils échangèrent leurs noms, et prirent rendez-vous pour le lendemain.

Ils se battirent à l'épée. Après quelques passes où ils déployèrent l'un et l'autre une dextérité remarquable, un sang-froid parfait, Dominique fut touché gravement en pleine poitrine. Le chirurgien qui pansa sa blessure lui recommanda le repos et l'immobilité. Il dut garder la chambre pendant un mois. M. Dornans vint assidûment le visiter. Il se faisait un devoir de passer de longues heures près du jeune homme, qui s'étonnait cependant que Gratienne n'accompagnât jamais son père. Les convenances imposaient-elles une réserve si absolue ? Le monde exigeait-il qu'une fiancée se montrât si indifférente à l'éloignement forcé de celui qui allait devenir son époux ? Une retenue, poussée à ce degré de prudence et de calcul, n'annonçait-elle pas une affligeante tiédeur de sentiment, une véritable paralysie du cœur ? Quoi qu'il en soit, Dominique en souffrait. Il en souffrait sans se plaindre, car les âmes tendres ont des excès de délicatesse ; il y a en elles comme une pudeur du mal qui leur est fait. Le silence est leur dignité.

Dès que le docteur lui permit de quitter la chambre, Dominique s'achemina vers l'hôtel Dornans. Il faisait grand soleil, l'air frais et pur exhalait un parfum de violette hâtive, les visages reflétaient le bien-être ; le printemps, encore éloigné sur la carte des almanachs, faisait une apparition coquette et rayonnante dans les rues de Paris. De tièdes effluves caressaient le cœur de notre convalescent. Il était si charmé de reprendre possession de lui-même, de s'en aller librement par la ville, que tout le ravissait. Il frémissait de joie à la pensée de revoir Gratienne ; et tel était l'empire de son indulgence, qu'il se reprochait de l'avoir injustement accusée de froideur et d'insensibilité, lorsqu'elle n'avait fait qu'obéir, à regret sans doute, aux prescriptions rigoureuses de la société. Ce fut dans ces dispositions d'esprit qu'il arriva chez M. Dornans. Par une coïncidence bizarre, aucun domestique n'était là pour l'annoncer. Il se dirigea vers le grand salon, dont la portière en brocatelle de soie orange était à demi soulevée. Soudain il s'arrêta tout interdit : il venait d'entendre prononcer son nom et presque en même temps le nom du duc de Navarreins. Son énergie morale l'abandonna, ses pieds restèrent comme cloués sur le tapis. Il ne perdit pas un seul mot du dialogue suivant, qui terminait sans doute un plus long débat.

— Es-tu folle, ma fille ? disait M. Dornans. Quoi ! au point où sont arrivées les choses entre Dominique et toi, tu veux que j'encourage les démarches du duc de Navarreins ! Mais une telle conduite manquerait de loyauté, mon caractère y répugne formellement. A quoi bon, d'ailleurs ! Dominique n'est-il pas ton fiancé ? n'est-ce pas à ton instigation qu'il l'est devenu ? Épouse-le donc au plus vite. Moi, je vais répondre au duc que sa demande en mariage me touche infiniment, mais qu'elle m'arrive trop tard et que je regrette d'être dans l'impossibilité de lui faire honneur.

— Père, je te supplie de ne pas écrire cela.

— Pourquoi ?

— Parce que je ne suis pas encore mariée, et que j'ai bien le droit, jusqu'à la dernière minute, de disposer de mon cœur et de ma main.

— Ah ! ça, Gratienne, songerais-tu à repousser Dominique ? Mais, je te le répète c'est toi-même qui l'as désigné à mon choix ! En vérité, je ne te comprends plus.

— Sois indulgent, père, et ne m'accable pas. Je vais m'expliquer.

Après un effort, elle reprit résolument :

— Père, je veux être duchesse !... Oh ! ne te fâche pas ! Écoute-moi encore, et tu comprendras... Tu m'as fait élever au Sacré-Cœur. Là, je me suis liée avec des jeunes filles nobles, dont quelques-unes sont devenues mes amies... Singulières amies, qui n'ont jamais laissé échapper une occasion de m'humilier parce que je ne suis pas, comme elles, sortie d'une souche aristocratique. Eh bien, père, j'ai résolu, pour me venger, de n'épouser qu'un gentilhomme, afin de monter au niveau de ces orgueilleuses, dont l'une, d'ailleurs, vient de s'abaisser en se mésalliant.

— Mais il me semble que ton but serait atteint, si tu épousais Dominique de Kerlaz?

— Sans doute. Pas assez, cependant. J'entrevois une vengeance plus complète, et je la préfère.

— Comment cela?

— M. de Kerlaz est à peine baron, père. En devenant sa femme, c'est tout au plus si je serais baronne, un titre bien modeste, va! Tandis que si j'épouse M. de Navarreins, je serai duchesse, et je blesserai la vue des Rochebrune et des Treuil avec l'éclat de ma couronne ducale.

— Ah! Gratienne, tu es bien vaniteuse, mon enfant! Prends garde!

— A quoi, père? M. de Navarreins est un gentilhomme accompli, beau, brave, généreux. Que puis-je craindre en me confiant à lui?

— Il est dissipateur, tu le sais.

— Oui, mais je sais aussi qu'il commence à se corriger. Il continuera, crois-moi.

— Ne t'y fie pas, et redoute qu'il ne soit moins épris de ta personne que de ta dot.

— Bah! je vaux bien la peine qu'on m'épouse un peu pour moi toute seule, fût-on même un duc.

— Coquette! reprit M. Dornans, qui faiblissait sensiblement. N'importe! je n'aurai jamais le courage de déclarer à ce pauvre Dominique que tu renonces à lui. Quel prétexte donner, qui ait l'ombre du sens commun?

— Nous le trouverons. En cherchant on trouve toujours. Tu verras.

— Du tout. Je ne désire pas voir cela.

— O mon bon petit père! repartit la terrible enfant d'une voix irrésistiblement caressante, tu ne veux donc pas me faire heureuse!

— Eh! je ne rêve que ton bonheur, au contraire. Mais...

— Mais ne rêve plus, père, et réalise, c'est facile: Consens à m'unir à M. de Navarreins.

— Impossible! Si je cédais à ton caprice, plus tard tu me le reprocherais peut-être.

— Jamais, je te le jure!

— Entêtée! que tu mériterais bien la leçon sévère de l'avenir!

— Eh bien! soit. J'en veux courir les risques. Ainsi, c'est accordé: je serai duchesse.

— Je n'ai pas dit cela.

— Alors, qu'as-tu dit?

— Rien. Je réfléchirai.

Cette altercation du père et de la fille se prolongea pendant quelques minutes encore. Il était évident que M. Dornans se laissait fléchir de plus en plus par les obsessions de Gratienne. Cependant il résistait toujours lorsqu'un domestique parut, une lettre à la main.

— De M. Dominique de Kerlaz! dit-il, il sort d'ici.

M. Dornans, stupéfait, lut ce qui suit:

Monsieur.

« Le hasard m'a fait entendre une partie de votre entretien. Je remercie le hasard qui me permet de vous venir en aide au milieu de vos perplexités. Désireux de vous prouver toute ma reconnaissance pour les bons sentiments dont vous m'honorez, je renonce à l'espérance que j'avais conçue, et je m'éloigne en vous priant de recevoir mes adieux.

« DOMINIQUE DE KERLAZ. »

Un mois après, Gratienne Dornans était duchesse de Navarreins, et Dominique avait repris le chemin de la Bretagne, pour la seconde fois, où il allait, chercher le repos et l'oubli.

VIII

Il en est des déceptions comme des batailles: la première seule trouble profondément. L'âme s'aguerrit ensuite et supporte avec fermeté les autres violences du combat de la vie. Le chevalier de Kerlaz n'essaya même pas de consoler son petit-fils: il avait compris que c'était inutile, parce que le jeune homme renfermait dans son propre cœur l'expérience du chagrin, cette source amère, mais souveraine, de toute consolation. En effet, il se montrait calme, presque heureux. Quand il parlait du passé, son langage était légèrement ironique, mais sans aigreur; il s'en moquait même parfois gaiement. Un dimanche que, par une tiède matinée de printemps, il se promenait dans le parc en compagnie de Claudine et du chevalier, il demanda pourquoi la jolie enfant ne se mariait pas plus que lui.

(*La suite au prochain numéro.*)

Le propriétaire-gérant : F. ROY.

LES MYSTÈRES DE PARIS

Cabrion s'écria : —Je pars pour toujours... à toi pour la vie! (Page 284.)

— Il y a encore quelque chose dans cette exécution qui me paraît très-singulière, c'est le jour qu'on a choisi pour la faire.
— Comment?
— C'est aujourd'hui la mi-carême!
— Eh bien?
— Demain, l'exécution a lieu à sept heures... Or des bandes de gens déguisés, qui auront passé cette nuit dans les bals de barrière, se croiseront nécessairement, en rentrant dans Paris, avec le funèbre cortége...
— Vous avez raison... ce sera un contraste hideux.
— Sans compter que de la place de l'exécution... *barrière Saint-Jacques*, on entendra au loin la musique des guinguettes environnantes,

car, pour fêter le dernier jour du carnaval, on danse dans ces cabarets jusqu'à dix ou onze heures du matin.

Le lendemain, le soleil se leva radieux, éblouissant.

A quatre heures du matin, plusieurs piquets d'infanterie et de cavalerie vinrent entourer et garder les abords de Bicêtre.

Nous conduirons le lecteur dans le cabanon où se trouvaient réunies la veuve du supplicié et sa fille Calebasse.

CHAPITRE XV
LA TOILETTE

A Bicêtre, un sombre corridor percé çà et là de quelques fenêtres grillées, sortes de soupiraux situés un peu au-dessus du sol d'une cour supérieure, conduisait au cachot des condamnés à mort... Ce cachot ne prenait de jour que par un large guichet pratiqué à la partie supérieure de la porte, qui ouvrait sur le passage à peine éclairé dont nous avons parlé. Dans ce cabanon au plafond écrasé, aux murs humides et verdâtres, au sol dallé de pierres froides comme les pierres du sépulcre, sont renfermées la femme Martial et sa fille Calebasse. La figure anguleuse de la veuve du supplicié se détache, dure, impassible et blafarde comme un masque de marbre au milieu de la demi-obscurité qui règne dans le cachot. Privée de l'usage de ses mains, car par-dessus sa robe noire, elle porte la camisole de force, sorte de longue casaque de grosse toile grise lacée derrière le dos et dont les manches se terminent et se ferment en forme de sac, elle demande qu'on lui ôte son bonnet, se plaignant d'une vive chaleur à la tête... Ses cheveux gris tombent épars sur ses épaules. Assise au bord de son lit, ses pieds reposent sur la dalle ; elle regarde fixement sa fille Calebasse, séparée d'elle par la largeur du cachot. Celle-ci, à demi couchée et vêtue aussi de la camisole de force, s'adosse au mur. Elle a la tête baissée sur sa poitrine, l'œil fixe, la respiration saccadée. Un léger tremblement convulsif de temps à autre agite sa mâchoire inférieure ; ses traits paraissent assez calmes, malgré leur pâleur livide. Dans l'intérieur et à l'extrémité du cachot, au-dessous du guichet ouvert, un vétéran décoré, à figure rude et basanée, au crâne chauve, aux longues moustaches grises, est assis sur une chaise. Il garde à vue les condamnées.

— Il fait un froid glacial ici !... et pourtant les yeux me brûlent... et puis j'ai soif... toujours soif... — dit Calebasse au bout de quelques instants.

Puis, s'adressant au vétéran, elle ajouta :

— De l'eau, s'il vous plaît, monsieur...

Le vieux soldat se leva, prit sur un escabeau un broc d'étain plein d'eau, en remplit un verre, s'approcha de Calebasse et la fit boire lentement, la camisole de force empêchant la condamnée de se servir de ses mains.

Après avoir bu avec avidité, elle dit :

— Merci, monsieur.

— Voulez-vous boire ?... — demanda le soldat à la veuve.

Celle-ci répondit par un signe négatif. Le vétéran alla se rasseoir.

— Quelle heure est-il, monsieur ? — demanda Calebasse.

— Bientôt quatre heures et demie... — dit le soldat.

— Dans trois heures ! — reprit Calebasse avec un sourire sardonique et sinistre, faisant allusion au moment fixé pour son exécution, — dans trois heures !...

Elle n'osa pas achever.

La veuve haussa les épaules... Sa fille comprit sa pensée, et reprit :

— Vous avez plus de courage que moi... ma mère... Vous ne faiblissez jamais... vous...

— Jamais !...

— Je le sais bien... je le vois bien... Votre figure est aussi tranquille que si vous étiez assise au coin du feu de notre cuisine... occupée à coudre... Ah ! il est loin, ce bon temps-là !... il est loin !...

— Bavarde !

— C'est vrai... au lieu de rester là à penser... sans rien dire... j'aime mieux parler... j'aime mieux...

— T'étourdir... poltronne !

— Quand cela serait, ma mère, tout le monde n'a pas votre courage, non plus... J'ai fait ce que j'ai pu pour vous imiter ; je n'ai pas écouté le prêtre, parce que vous ne le vouliez pas. Ça n'empêche pas que j'ai peut-être eu tort, car enfin, — ajouta la condamnée en frissonnant, — *après*... qui sait ? et *après*... c'est bientôt... c'est bientôt... c'est... dans...

— Dans trois heures.

— Comme vous dites cela froidement, ma mère ! Mon Dieu ! mon Dieu ! c'est pourtant vrai... que nous sommes là, toutes les deux... que nous ne sommes pas malades, que nous ne voudrions pas mourir, et que, dans trois heures...

— Dans trois heures tu auras fini en vraie Martial... *Tu auras vu noir*... voilà tout... Hardi, ma fille !

— Cela n'est pas beau de parler ainsi à votre fille, — dit le vieux soldat d'une voix grave ; — vous auriez mieux fait de lui laisser écouter le prêtre.

La veuve haussa de nouveau les épaules avec un dédain farouche, et reprit en s'adressant à Calebasse, sans seulement tourner la tête du côté du vétéran :

— Courage, ma fille, nous montrerons que des femmes ont plus de cœur que ces hommes... avec leurs prêtres. Les lâches !

— Le commandant Leblond était le plus brave officier du 3ᵉ chasseurs à pied. Je l'ai vu, criblé de blessures à la brèche de Saragosse... mourir en faisant le signe de la croix... — dit le vétéran.

— Vous étiez donc son sacristain ? — lui demanda la veuve en poussant un éclat de rire sauvage.

— J'étais son soldat, — répondit doucement le vétéran. — C'était seulement pour vous dire qu'on peut, au moment de mourir sans être lâche...

Calebasse regarda attentivement cet homme au visage basané, type parfait et populaire du soldat de l'empire ; une profonde cicatrice sillonnait sa joue gauche et se perdait dans sa large moustache grise. Les simples paroles de ce vétéran, dont les traits, les blessures et le ruban rouge semblaient annoncer la bravoure calme et éprouvée par les batailles, frappèrent profondément la fille de la veuve. Elle avait refusé les consolations du prêtre encore plus par fausse honte et par crainte des sarcasmes de sa mère que par endurcissement. Dans sa pensée incertaine et mourante, elle opposa aux railleries sacriléges de la veuve l'assentiment du soldat. Forte de ce témoignage, elle crut pouvoir écouter sans lâcheté des instincts religieux auxquels des hommes intrépides avaient obéi.

— Au fait, — reprit-elle avec angoisse, — pourquoi n'ai-je pas voulu entendre le prêtre ? Il n'y avait pas de faiblesse à cela... D'ailleurs, ça m'aurait étourdie... et puis... enfin... *après*... qui sait ?

— Encore ! dit la veuve d'un ton de mépris écrasant. — Le temps manque... c'est dommage... tu serais religieuse. L'arrivée de ton frère Martial achèvera ta conversion...

Mais il ne viendra pas, l'honnête homme, le bon fils !

Au moment où la veuve prononçait ces paroles, l'énorme serrure de la prison retentit bruyamment, et la porte s'ouvrit.

— Déjà !... — s'écria Calebasse en faisant un bond convulsif. — Oh ! mon Dieu... on a avancé l'heure ! On nous trompait !

Et ses traits commençaient à se décomposer d'une manière effrayante.

— Tant mieux... si la montre du bourreau avance... tes béguineries ne me déshonoreront pas.

— Madame, — dit un employé de la prison avec cette sorte de commisération doucereuse qui *sent la mort*, — votre fils est là... voulez-vous le voir ?

— Oui, — répondit la veuve sans tourner la tête.

Martial entra. Le vétéran resta dans le cachot, dont on laissa, pour plus de précaution, la porte ouverte. A travers la pénombre du corridor à demi éclairé par le jour naissant et par un réverbère, on voyait plusieurs soldats et gardiens, les uns assis sur un banc, les autres debout.

Martial était aussi livide que sa mère ; ses traits exprimaient une angoisse, une horreur profonde ; ses genoux tremblaient sous lui. Malgré les crimes de cette femme, malgré l'aversion qu'elle lui avait toujours témoignée, il s'était cru obligé d'obéir à sa dernière volonté. Dès qu'il entra dans le cachot, la veuve jeta sur lui un regard perçant, et lui dit d'une voix sourdement courroucée et comme pour éveiller dans l'âme de son fils une haine profonde :

— Tu vois... ce qu'on va faire... de ta mère... de ta sœur !...

— Ah ! ma mère... c'est affreux... mais je vous l'avais dit, hélas !...

La veuve serra ses lèvres blanches avec colère ; son fils ne la comprenait pas ; cependant elle reprit :

— On va nous tuer... comme on a tué ton père.

— Mon Dieu !... mon Dieu !... et je n'y puis rien... c'est fini. Maintenant, que voulez-vous que je fasse ?..... pourquoi ne pas m'avoir écouté... ni vous ni ma sœur ?... vous n'en seriez pas là...

— Ah !... c'est ainsi... — reprit la veuve avec

son habituelle et farouche ironie, — tu trouves cela bien?

— Ma mère!...

— Te voilà content... tu pourras dire, sans mentir, que ta mère est morte; tu ne rougiras plus d'elle.

— Si j'étais mauvais fils, — répondit brusquement Martial, révolté de l'injuste dureté de sa mère, — je ne serais pas ici.

— Tu viens... par curiosité...

— Je viens pour vous obéir...

— Ah! si je t'avais écouté, Martial, au lieu d'écouter ma mère... je ne serais pas ici, — s'écria Calebasse d'une voix déchirante et cédant enfin à ses angoisses, à ses terreurs, jusqu'alors contenues par l'influence de la veuve. — C'est votre faute... Soyez maudite, ma mère!

— Elle se repent... elle m'accuse... Tu dois jouir, hein? — dit la veuve à son fils avec un éclat de rire diabolique.

Sans lui répondre, Martial se rapprocha de Calebasse, dont l'agonie commençait, et lui dit avec compassion :

— Pauvre sœur... il est trop tard maintenant...

— Jamais trop tard., pour être lâche! — dit la mère avec une fureur froide. — Oh! quelle race!... Heureusement Nicolas est évadé... François et Amandine t'échapperont. Ils ont déjà du vice... la misère les achèvera!

— Ah! Martial!... veille bien sur eux... ou ils finiront..., comme nous deux ma mère... On leur coupera aussi la tête! — s'écria Calebasse en poussant de sourds gémissements.

— Il aura beau veiller sur eux, — s'écria la veuve avec une exaltation féroce, — le vice et la misère seront plus forts que lui... et un jour... ils vengeront père, mère et sœur...

— Votre horrible espérance sera trompée, ma mère, — répondit Martial indigné. — Ni eux ni moi nous n'aurons jamais la misère à craindre... La Louve a sauvé la jeune fille que Nicolas voulait noyer... les parents de cette jeune fille nous ont proposé ou beaucoup d'argent, ou moins d'argent et des terres en Alger. Nous avons préféré les terres. Demain nous partirons avec les enfants, et de notre vie nous ne reviendrons en Europe...

— Ce que tu dis là est vrai? — demanda la veuve à Martial d'un ton de surprise irritée.

— Je ne mens jamais.

— Tu mens aujourd'hui pour me mettre en colère.

— En colère! parce que le sort de ces enfants est assuré?

— Oui... de louveteaux on en fera des agneaux... Le sang de ton père, de ta sœur, le mien ne sera pas vengé...

— A ce moment... ne parlez pas ainsi.

— J'ai tué... on me tue... je suis quitte.

— Ma mère... le repentir...

La veuve poussa un nouvel éclat de rire.

— Je vis depuis trente ans dans le crime... et pour me repentir de trente ans... on me donne trois jours... avec la mort au bout... Est-ce que j'aurais le temps?... Non, non; quand ma tête tombera... elle grincera de rage et de haine.

— Mon frère, au secours... emmène-moi d'ici... ils vont venir... — murmura Calebasse d'une voix défaillante, car la misérable commençait à délirer.

— Veux-tu te taire... — dit la veuve exaspérée par la faiblesse de Calebasse; veux-tu te taire!... Oh! l'infâme!... et c'est ma fille!

— Ma mère! ma mère!... — s'écria Martial déchiré par cette horrible scène, — pourquoi m'avez-vous fait venir ici?...

— Parce que je croyais te donner du cœur et de la haine... mais qui n'a pas l'un... n'a pas l'autre... lâche!

— Ma mère!...

— Lâche... lâche... lâche!...

A ce moment il se fit un assez grand bruit de pas dans le corridor. Le vétéran tira sa montre et regarda l'heure. Le soleil se levant au dehors, éblouissant et radieux, jeta tout à coup une nappe de clarté dorée par le soupirail pratiqué dans le corridor en face de la porte du cachot, et l'entrée du cabanon se trouva vivement éclairée. Au milieu de cette zone lumineuse, des gardiens apportèrent deux chaises[1], puis le greffier vint dire à la veuve d'une voix émue :

— Madame... il est temps.

La condamnée se leva droite, impassible; Calebasse poussa des cris aigus.

Quatre hommes entrèrent... Trois d'entre eux, assez mal vêtus, tenaient à la main de petits paquets de corde très-déliée, mais très-forte. Le plus grand de ces quatre hommes, correctement habillé de noir, portant un cha-

---

[1]. Ordinairement *la toilette* des condamnés a lieu dans l'avant-greffe, mais quelques réparations indispensables obligeaient de faire dans le cachot les sinistres apprêts.

peau rond et une cravate blanche, remit au greffier un papier. Cet homme était le bourreau... Ce papier était un reçu des deux femmes bonnes à guillotiner... Le bourreau prenait possession de ces deux créatures de Dieu; désormais il en répondait seul.

A l'effroi désespéré de Calebasse avait succédé une torpeur hébétée. Deux aides du bourreau furent obligés de l'asseoir sur son lit et de l'y soutenir. Ses mâchoires, serrées par une convulsion tétanique, lui permettaient à peine de prononcer quelques mots sans suite... Elle roulait autour d'elle des yeux déjà ternes et sans regards... son menton touchait à sa poitrine, et, sans l'appui des deux aides, son corps serait tombé en avant comme une masse inerte...

Martial, après avoir une dernière fois embrassé cette malheureuse, restait immobile, épouvanté, n'osant, ne pouvant faire un pas, et comme fasciné par cette terrible scène.

La froide audace de la veuve ne se démentait pas : la tête haute et froide, elle aidait elle-même à se dépouiller de la camisole de force qui emprisonnait ses mouvements. Cette toile tomba; elle se trouva vêtue d'une vieille robe de laine noire.

— Où faut-il me mettre ? — demanda-t-elle d'une voix ferme.

— Ayez la bonté de vous asseoir sur une de ces chaises... — lui dit le bourreau en lui indiquant un des deux sièges placés à l'entrée du cachot.

La porte étant restée ouverte, on voyait dans le corridor plusieurs gardiens, le directeur de la prison et quelques curieux privilégiés.

La veuve se dirigeait d'un pas hardi vers la place qu'on lui avait indiquée; lorsqu'elle passa devant sa fille... elle s'arrêta, s'approcha d'elle, et lui dit d'une voix légèrement émue :

— Ma fille, embrasse-moi...

A la voix de sa mère, Calebasse sortit de son apathie, se dressa sur son séant, et, avec un geste de malédiction, elle s'écria :

— S'il y a un enfer... descendez-y, maudite !...

— Ma fille !... embrasse-moi !... — dit encore la veuve en faisant un pas.

— Ne m'approchez pas !... vous m'avez perdue !... murmura la malheureuse en jetant ses mains en avant pour repousser sa mère.

— Pardonne-moi !...

— Non ! non !... — dit Calebasse d'une voix convulsive, et cet effort ayant épuisé ses forces, elle retomba presque sans connaissance entre les bras des aides. Un nuage passa sur le front indomptable de la veuve; un instant ses yeux secs et ardents devinrent humides. Elle rencontra le regard de son fils. Après un moment d'hésitation, et comme si elle eût cédé à l'effort d'une lutte intérieure, elle lui dit :

— Et toi ?...

Martial se précipita en sanglotant dans les bras de sa mère.

— Assez !... — dit la veuve en surmontant son émotion et en se dégageant des étreintes de son fils, — monsieur attend... — ajouta-t-elle en montrant le bourreau.

Puis elle marcha rapidement vers la chaise, où elle s'assit résolûment. La lueur de sensibilité maternelle qui avait un moment éclairé les noires profondeurs de cette âme abominable s'éteignit tout à coup.

— Monsieur, — dit le vétéran à Martial en s'approchant de lui avec intérêt, — ne restez pas ici... Venez... venez...

Martial, égaré par l'horreur et par l'épouvante, suivit machinalement le soldat.

Deux aides avaient apporté sur la chaise Calebasse agonisante; l'un maintenait ce corps déjà presque privé de vie, pendant que l'autre, au moyen de cordes de fouet excessivement minces, et très-longues, lui attachait les mains derrière le dos par des nœuds inextricables, et lui nouait aux chevilles une corde assez longue pour que la marche à petits pas fût possible.

Cette opération était à la fois étrange et horrible ; on eût dit que les longues cordes minces qu'on distinguait à peine dans l'ombre, et dont ces hommes silencieux entouraient, garrottaient la condamnée avec autant de rapidité que de dextérité, sortaient de leurs mains comme les fils ténus dont les araignées enveloppent aussi leurs victimes avant de la dévorer. Le bourreau et son autre aide enchevêtraient la veuve avec agilité, sans que les traits de cette femme offrissent la moindre altération. Seulement de temps à autre elle toussait légèrement. Lorsque la condamnée fut ainsi mise dans l'impossibilité de faire un mouvement, le bourreau, tirant de sa poche une longue paire de ciseaux, lui dit avec politesse :

— Ayez la complaisance de baisser la tête, madame...

La veuve baissa la tête en disant :

(La suite au prochain numéro.)

COMMENT ON AIME

LA CHIMÈRE

(SUITE)

— Je suppose, ajouta-t-il en riant, qu'elle n'a pas les mêmes raisons que moi.

Le chevalier hocha la tête et répondit que si elle restait fille c'était assurément sa faute, car elle n'avait qu'à le vouloir pour se marier.

— Est-ce que Mathurin Lesgoët aurait fait quelque nouvelle démarche? reprit Dominique.

— Bien plus huppé que lui, ma foi ! Tu ne devinerais jamais qui la petite folle a remercié poliment, mais résolument... Un noble !...

— Un noble?

— Oui, notre voisin de campagne, le comte de Moëland, qui s'était épris d'elle et voulait l'épouser. Il n'est plus de la première jeunesse, j'en conviens; mais il a tout juste une quarantaine d'années, et c'est encore un fort bel homme, qu'elle a eu grand tort de dédaigner. Gronde-la, mon ami, elle le mérite bien.

Dominique restait stupéfait. Il venait de fixer son regard sur la jeune fille, qui, tout émue, toute rougissante, s'était mise à cueillir des violettes dans l'herbe, afin de se donner une contenance. Pour la première fois peut-être depuis son retour, il examinait attentivement la transformation qui s'était produite dans l'extérieur de Claudine. Par ordre du chevalier, elle avait abandonné le costume breton, et elle s'était vêtue comme une demoiselle de la ville. Ses nouveaux habits lui allaient si bien qu'il semblait qu'elle n'en eût jamais porté d'autres. Sa taille souple et fine ondulait à ravir sous une robe de mousseline blanche serrée à la ceinture par un long ruban rose. Elle portait un large chapeau de paille d'Italie qui ombrait avec grâce son visage d'ordinaire un peu pâle, mais d'une blancheur harmonieuse sous le reflet nacré de ses beaux cheveux blonds. Les doigts s'échappaient effilés et mignons d'une mitaine noire, ses pieds se cambraient le plus coquettement du monde dans de petits brodequins de coutil. Dominique la trouvait adorable ainsi.

— Je comprends, dit-il, que Claudine ait fait la conquête du comte de Moëland, mais je ne m'explique pas qu'elle ait refusé un si brillant parti.

— Elle te l'expliquera peut-être elle-même, répondit le chevalier, interroge-la.

D'un ton moitié sévère, moitié plaisant, Dominique demanda à la jeune fille pourquoi elle n'avait pas consenti à devenir comtesse.

— Parce que je n'aime pas le comte de Moëland, répondit simplement Claudine, sans interrompre son bouquet de violettes.

— Il s'agit bien d'aimer ! répliqua le jeune homme avec une certaine amertume. Il s'agit d'être grande dame, insensée ! Grande dame ! songes-y donc ! Ah ça, est-ce que tu ne serais pas vaniteuse, toi?

— Vaniteuse? à quoi bon? je veux être heureuse, voilà tout. Or, je vous le répète, je suis heureuse à Kerlaz. Si je ne vous gêne pas, je resterai.

Puis elle ajouta d'un ton suppliant :

— Dois-je rester?... Oui... Merci !

— C'est un ange ! murmura le chevalier.

— Il y a donc des anges sur la terre? demanda Dominique, pensif.

— Peut-être, repartit doucement Claudine, mais ils sont invisibles.

A ces mots, elle offrait son bouquet au jeune homme qui la remerciait avec une singulière vivacité. Mais cette émotion, dont il ne chercha point à se rendre compte, se dissipa bientôt. Une aptitude idéale vint d'ailleurs le distraire de toute réalité. Il sentit palpiter en lui l'âme d'un poëte et se mit à rimer avec une indicible ardeur. La muse est une femme étrange qui visite surtout les parias de l'amour. Cette fille du ciel semble aimer de préférence ceux qui dédaignent les filles de la terre. A ce titre, Dominique fut souvent visité par elle. Il s'égarait à sa suite dans les campagnes et sur l'Océan. Au retour de ces rendez-vous mystérieux, il rapportait ses poches pleines d'élégies et de dithyrambes, dont il méditait peut-être de composer un volume, mais qu'il n'osait communiquer à personne, contrairement à la coutume indiscrète de tous les *enfants d'Apollon*. Mais le hasard ne voulait pas que ses strophes restassent inconnues. Il mit sur le chemin du jeune homme un poëte illustre de la Bretagne qui devint son ami, surprit ses vers, les trouva charmants, et en provoqua la publication. Ils obtinrent un succès de vogue dans le cercle restreint du pays natal, et valurent de grands éloges à l'auteur. Plus tard, le poëte célèbre écrivit à Dominique :

« Mon ami,

« Paris seul fait les réputations ; vous méritez qu'il fasse la vôtre : accourez donc à Paris. Ceux qui ont, ici, lu vos vers les estiment et les aiment. Ils découvrent en eux l'inspiration. Je sais même une jeune fille qui ose déjà proclamer votre supériorité. C'est une belle personne, un peu exaltée peut-être, mais très-intelligente, à coup sûr. Elle exerce une certaine influence sur le directeur d'une grande Revue, qui est son parent, et elle se propose d'obtenir pour votre talent cette magnifique publicité. Au reste, je dois vous prévenir qu'un grain de reconnaissance se mêle à son enthousiasme, car elle assure que vous lui avez sauvé la vie dans la baie de Douarnenez. On la nomme Olympe de Treuil. Profitez de la bonne fortune, arrivez vite. Je vous attends.

« ÉLIE MARIAKER. »

Cette lettre lui causa d'abord une certaine joie, car elle flattait son amour-propre poétique et lui promettait un avenir de célébrité, toujours si chatoyant aux yeux de la jeunesse. Mais bientôt le nom d'Olympe de Treuil lui rappela ceux de Caliste de Rochebrune et de Gratienne Dornans. Une crainte superstitieuse s'empara de son âme, elle lui présageait une nouvelle trahison. « Ce trio de jeunes filles est destiné sans doute à me porter malheur, se dit-il. Il est temps encore d'éviter la troisième... Je l'éviterai. » Sa résolution se maintint quelques jours. Puis il s'accusa de pusillanimité, se trouva ridicule de laisser, sous l'empire d'une vaine frayeur, échapper l'occasion de prendre une place dans le monde élevé de la littérature et des arts. D'ailleurs, en y réfléchissant bien, il ne voyait rien qui pût, soit comme position, soit comme caractère, assimiler Olympe à ses deux amies. Sous le double rapport de la fortune et de la naissance, Olympe était merveilleusement favorisée : elle avait une famille riche et titrée. Sa beauté, que Dominique se retraçait avec précision, la distinguait essentiellement : c'était une beauté sérieuse qui décelait les plus nobles instincts. Qu'avait donc cette fois à redouter Dominique, même en supposant que, malgré lui, il devint amoureux d'Olympe et que la jeune fille encourageât ce nouvel élan de son cœur? Assurément ce ne pouvait être ni l'intérêt, ni la vanité, ces deux pierres d'achoppement contre lesquelles s'étaient brisées naguère ses espérances de bonheur.

Il hésita quelque temps encore, puis il prit la résolution de retourner à Paris. Quand il annonça son départ au chevalier, le vieillard lui reprocha doucement de contracter un peu trop l'habitude de la vie parisienne. Cependant il n'essaya pas de le retenir.

— Va, mon enfant, lui dit-il avec effort, et puisses-tu enfin réussir !

— A quoi, grand-père?

— A prendre au vol la chimère que tu poursuis, répliqua mélancoliquement le chevalier.

La voiture qui, pour la troisième fois, emportait le jeune homme vers la capitale, franchit l'avenue de Kerlaz. Elle allait disparaître dans le repli de deux haies de troënes, lorsque Claudine, pâle, chancelante, arriva sur le bord du chemin. Elle dirigea son regard navré vers l'horizon ; puis elle appliqua sur ses lèvres un bouquet de violettes fanées que Dominique eût sans doute reconnu ; et, sans verser une larme, sans exhaler un soupir, elle s'évanouit.

IX

Un mois après ces événements, Dominique écrivait au chevalier la lettre que voici :

« Oui, grondez-moi, grand-père, grondez-moi sans miséricorde. En négligeant de vous envoyer de mes nouvelles depuis le jour où je vous ai appris mon arrivée à Paris, j'ai mérité les reproches de votre cœur, si aimant et si bon. Je n'ai vraiment pas d'excuse valable, à moins que votre indulgence n'accepte comme raison suffisante un certain désir instinctif qui me portait à ne plus vous parler de mes affaires que lorsqu'elles auraient pris une tournure un peu caractérisée. A ce compte, le moment est venu de vous mettre au courant de ce qui m'intéresse, et je vais compenser la rareté de mes lettres par la longueur de celle-ci :

« Je vous dirai tout d'abord que notre poëte, Élie Mariaker, m'a présenté dans la famille de mademoiselle Olympe de Treuil. J'y ai été reçu à merveille. Il m'a fallu, néanmoins, essuyer de nouveau, à bout portant, le feu des éloges les plus excessifs au sujet de ma conduite *héroïque* dans la baie de Douarnenez. Par bonheur, cela n'a pas duré longtemps, et l'on a eu le bon esprit d'oublier bien vite mes qualités de sauveteur, que je commençais à prendre en exécration. A part ce léger désagrément auquel je devais m'attendre, je n'ai eu qu'à me louer jusqu'à ce jour de mes relations avec cette famille. Le marquis de Treuil est un homme distingué, érudit comme un encyclopédiste, distrait comme un mathématicien. A vrai dire, il ne se préoccupe guère de ce qui se passe autour de lui, et, pourvu qu'on ne le dérange pas trop de sa bibliothèque, où il vit heureux, il se montre toujours souriant, toujours satisfait. Quant à la marquise, moralement elle ressemble à son mari. C'est une aimable femme, instruite, spirituelle, mais insouciante. Peu lui importe, en réalité, qui circule chez elle. Elle a le même visage bienveillant pour tous. Une seule chose l'intéresse et l'absorbe : c'est une magnifique volière où elle entretient à grands frais les oiseaux les plus rares et les plus merveilleux de la création. Pour obtenir quelque peu d'estime de cette noble oiselière, il importe d'être savant en ornithologie. Entre ces deux monomanies inoffensives du père et de la mère, se meut dans une entière indépendance la fille, mademoiselle Olympe de Treuil. Elle est souveraine de la demeure. Personne n'est admis sans son approbation. Elle exerce d'ailleurs son autocratie avec discernement, et ceux qu'elle reçoit méritent à coup sûr une telle distinction. Les poëtes surtout ont accès auprès d'elle. Elle les aime, elle les préfère, et, lorsqu'elle parle d'eux, on voit s'agiter sous son calme habituel un enthousiasme profond. Un jour, le grand inspiré des *Harmonies* l'ayant appelé sa *Muse*, elle rougit de bonheur, et le surnom lui est resté.

« Cette muse-là, grand-père, m'accueille avec une faveur marquée. Elle a résolu très-sérieusement de faire de moi une illustration de ce siècle. Il est déjà convenu entre nous que je vais écrire un poëme comme le Jocelyn de Lamartine, ou comme la Marie de Brizeux, afin que mon début dans la Revue universelle soit — je me sers de son expression, — un événement pour le monde des lettres et des arts. Je me suis donc mis vaillamment à l'œuvre. Mon âme est inondée d'un effluve enivrant. Je me sens tout ému, *delirium tremens*. Eh! comment n'en serait-il pas ainsi, puisque c'est la muse elle-même qui surexcite mon imagination! En effet, elle m'a donné mes grandes et mes petites entrées dans le sanctuaire où, confidente des strophes fraîchement écloses, elle m'écoute, m'applaudit, me conseille et me soutient. Ah? grand-père, quel esprit judicieux! quelle intelligence élevée! comme elle est loin de ressembler à ces pensionnaires frivoles qui n'ont de goût que pour les chevaux de race et les armoiries orgueilleuses du blason! Les belles pensées et les beaux vers éveillent seuls sa sympathie, et si jamais son cœur d'élite se rend accessible aux intimes émotions, celui-là ne sera pas un homme vulgaire qui, riche ou pauvre, titré ou non, se fera aimer de la sublime enfant et deviendra son époux.

« Les premiers jours du soleil ardent ont fait émigrer la famille de Treuil à la campagne, aux environs de Paris; car elle n'a coutume de se rendre dans le Morvan que vers l'époque de la chasse, qui seule parvient à distraire le marquis de la docte société des livres de sa bibliothèque. C'est à Fontenay-aux-Roses qu'est située l'élégante villa dont mademoiselle Olympe m'a permis l'accès. J'y vais souvent, et l'on ne semble pas trouver que j'abuse. Au contraire, on daigne me gronder lorsque je laisse s'écouler huit grands jours sans paraître sous les ombrages de la retraite hospitalière. Il y a là un admirable jardin anglais au fond duquel s'arrondit un épais berceau de charmille et de clématite, où nous nous réfugions, la belle jeune fille et moi, où le rimeur lit à la muse les périodes achevées du poëme qui s'accomplit. Avec quelle émotion douce et perplexe je m'achemine vers ce rendez-vous de l'intelligence! Comme je tremble de ne pas mériter l'éloge enthousiaste de celle dont le goût est si fin et le jugement si sûr! Ah! grand-père, félicitez-moi! Elle est satisfaite! Que dis-je! elle est ravie! Déjà elle me prédit un triomphe et m'assure un avenir de gloire. C'est à peine cependant si l'œuvre est réalisé. Mais ce qui est fait répond, paraît-il, de ce qui reste à faire, et le chef-d'œuvre est certain.

(La suite au prochain numéro.)

Le propriétaire-gérant : F. ROY.

LES MYSTÈRES DE PARIS

Le Maître d'école était assis sur un banc, accoudé sur un de ses genoux. (Page 202.)

— Nous sommes de bonnes pratiques ; vous avez eu mon mari... maintenant voilà sa femme et sa fille...

Sans répondre, le bourreau ramassa dans sa main gauche les longs cheveux gris de la condamnée, et se mit à les couper très-ras... surtout à la nuque.

— Ça fait que j'aurai été coiffée trois fois dans ma vie, — dit la veuve avec un ricanement sinistre : — le jour de ma première communion, quand on m'a mis le voile, le jour de mon mariage, quand on m'a mis la fleur d'oranger... et puis aujourd'hui, n'est-ce pas... coiffeur de la mort?

Le bourreau resta muet. Les cheveux de la condamnée étant épais et rudes, l'opération fut si longue, que la chevelure de Calebasse tombait entièrement sur les dalles alors que celle de sa mère n'était coupée qu'à demi.

— Vous ne savez pas à quoi je pense? — dit la veuve au bourreau, après avoir de nouveau contemplé sa fille.

Le bourreau continua de garder le silence.

On n'entendait que le grincement sonore des ciseaux et que l'espèce de hoquet et de râle qui de temps à autre soulevait la poitrine de Calebasse. A ce moment on vit dans le corridor un prêtre à figure vénérable s'approcher du directeur de la prison et causer à voix basse avec lui. Ce saint ministre venait tenter une dernière fois d'arracher l'âme de la veuve à l'endurcissement.

— Je pense, — reprit la veuve en voyant que le bourreau ne lui répondait pas, — je pense qu'à cinq ans... ma fille... à qui on va couper la tête... était le plus joli enfant qu'on puisse voir... Elle avait des cheveux blonds et des joues roses et blanches... Alors... qui est-ce qui lui aurait dit... que...

Puis, ensuite d'un nouveau silence, elle s'écria avec un éclat de rire et une expression impossible à rendre:

— Quelle comédie que le sort!!!

A ce moment, les dernières mèches de la chevelure de la condamnée tombèrent sur ses épaules.

— C'est fini, madame, — dit poliment le bourreau.

— Merci... je vous recommande mon fils Nicolas, — dit la veuve, — vous le coifferez un de ces jours!...

Un gardien vint dire quelques mots tout bas à la condamnée.

— Non... je vous ai déjà dit que non... — répondit-elle brusquement.

Le prêtre entendit ces mots, leva les yeux au ciel, joignit les mains, et disparut.

— Madame... nous allons partir... Vous ne voulez rien prendre? — dit obséquieusement le bourreau.

— Merci... ce soir je prendrai une gorgée de terre...

Et la veuve, après ce nouveau sarcasme, se leva droite; ses mains étaient attachées derrière son dos, et un lien assez lâche pour qu'elle pût marcher la garrottait d'une cheville à l'autre. Quoique son pas fût ferme et résolu, le bourreau et un aide voulurent obligeamment la soutenir; elle fit un geste d'impatience, et dit d'une voix impérieuse et dure:

— Ne me touchez pas... j'ai bon pied, bon œil... Sur l'échafaud on verra si j'ai une bonne voix, et si je dis des paroles de repentance...

Et la veuve, accostée du bourreau et d'un aide, sortant du cachot, entra dans le corridor. Les deux autres aides furent obligés de transporter Calebasse sur sa chaise; elle était mourante.

Après avoir traversé le long corridor, le funèbre cortège monta un escalier de pierre qui conduisait à une cour extérieure.

Le soleil inondait de sa lumière chaude et dorée le faîte des hautes murailles blanches qui entouraient la cour et se découpaient sur un ciel d'un bleu splendide... l'air était doux et tiède... jamais journée de printemps ne fut plus riante, plus magnifique. Dans cette cour on voyait un piquet de gendarmerie départementale, un fiacre et une voiture longue, étroite, à caisse jaune, attelée de trois chevaux de poste qui hennissaient gaiement en faisant tinter leurs grelots retentissants. On montait dans cette voiture comme dans un omnibus, par une portière située à l'arrière. Cette ressemblance inspira une dernière raillerie à la veuve.

— Le conducteur ne dira pas... *Complet!...* — dit-elle.

Et elle gravit le marchepied aussi lestement que le lui permettaient ses entraves.

Calebasse, expirante et soutenue par un aide, fut placée dans la voiture en face de sa mère... puis on ferma la portière.

Le cocher du fiacre s'était endormi, le bourreau le secoua...

— Excusez, bourgeois, — dit le cocher en se réveillant et en descendant pesamment de son siège; — mais une nuit de mi-carême, c'est rude... Je venais justement de conduire aux *Vendanges de Bourgogne* une tapée de débardeurs et de débardeuses qui chantaient la Mère Godichon, quand vous m'avez pris à l'heure...

— Allons, c'est bon. Suivez cette voiture... *boulevard Saint-Jacques.*

— Excusez, bourgeois... il y a une heure aux *Vendanges*... maintenant à la guillotine!... Ça prouve que les courses se suivent et ne se ressemblent pas, comme dit c't autre!

Les deux voitures, précédées et suivies du piquet de gendarmerie, sortirent de la porte extérieure de Bicêtre, et prirent au grand trot la route de Paris.

. . . .
Nous avons présenté le tableau de *la toilette* des condamnés dans toute son effroyable vérité, parce qu'il nous semble qu'il ressort de cette peinture de puissants arguments :

Contre la peine de mort ; contre la manière dont cette peine est appliquée ; contre l'effet qu'on en attend comme exemple donné aux populations.

Quoique dépouillée de cet appareil à la fois formidable et religieux dont devraient être entourés tous les actes du suprême châtiment que la loi inflige au nom de la vindicte publique, *la toilette* est ce qu'il y de plus terrifiant dans l'exécution de l'arrêt de mort, et c'est cela que l'on cache à la multitude.

Au contraire, en Espagne, par exemple, le condamné reste exposé pendant trois jours dans une chapelle ardente, son cercueil est continuellement sous ses yeux ; les prêtres disent les prières des agonisants, les cloches de l'église tintent jour et nuit un glas funèbre.

On conçoit que cette espèce d'initiation à une mort prochaine puisse épouvanter les criminels les plus endurcis, et inspirer une terreur salutaire à la foule qui se presse aux grilles de la chapelle mortuaire. Puis, le jour du supplice est un jour de deuil public : les cloches de toutes les paroisses sonnent les *trépassés* ; le condamné est lentement conduit à l'échafaud avec une pompe imposante, lugubre, son cercueil toujours porté devant lui ; les prêtres, chantant les prières des morts, marchent à ses côtés ; viennent ensuite les confréries religieuses, et enfin des frères quêteurs demandant à la foule de quoi dire des messes pour le repos de l'âme du supplicié. Jamais la foule ne resta sourde à cet appel. Sans doute tout cela est épouvantable, mais cela est logique, mais cela est imposant, mais cela montre que l'on ne retranche pas de ce monde une créature de Dieu pleine de vie et de force comme on égorge un bœuf... Mais cela donne à penser à la multitude, qui juge toujours de la grandeur du crime par la grandeur de la peine... que l'homicide est un forfait bien abominable, puisque son châtiment ébranle, attriste, émeut toute une ville. Ce redoutable spectacle peut faire naître de graves réflexions, inspirer un utile effroi... et ce qu'il y a de barbare dans ce sacrifice humain est au moins couvert par la terrible majesté de son exécution. Mais, nous le demandons, les choses se passant exactement comme nous les avons rapportées (et quelquefois même *moins gravement*), de quel exemple cela peut-il être ?

De grand matin on prend le condamné, on le garrotte, on le jette dans une voiture fermée, le postillon fouette, *touche* à l'échafaud, la bascule joue, et une tête tombe dans un panier... au milieu des railleries atroces de ce qu'il y a de plus corrompu dans la populace !... Dans cette exécution rapide et furtive, où est l'exemple ? où est l'épouvante ?... L'exécution ayant lieu pour ainsi dire à huis-clos, dans un endroit parfaitement décoré, avec une précipitation sournoise, toute la ville ignore cet acte sanglant et solennel ; rien ne lui annonce que ce jour-là on *tue un homme*... les théâtres rient et chantent... la foule bourdonne insoucieuse et bruyante...

Au point de vue de la société, de la religion, de l'humanité, c'est pourquoi quelque chose qui doit importer à *tous* que cet homicide juridique commis au nom de l'*intérêt de tous.*

Enfin, disons-le encore, disons-le toujours, voici le glaive, mais où est la couronne ? A côté de la punition montrez la récompense ; alors seulement la leçon sera complète et féconde... Si le lendemain de ce jour de deuil et de mort, le peuple, qui a vu la veille le sang d'un grand criminel rougir l'échafaud, voyait rémunérer et exalter un grand homme de bien, il redouterait d'autant plus le supplice du premier, qu'il ambitionnerait davantage le triomphe du second ; la terreur empêche à peine le crime, jamais elle n'inspire la vertu.

Considère-t-on l'effet de la peine de mort sur les condamnés eux-mêmes :

Ou ils la bravent avec un cynisme audacieux... ou ils la subissent inanimés, à demi-morts d'épouvante... ou ils offrent leur tête avec un repentir sincère...

Or la peine est insuffisante pour ceux qui la narguent... inutile pour ceux qui sont déjà morts moralement... exagérée pour ceux qui se repentent...

La société ne tue le meurtrier ni pour le faire souffrir ni pour lui infliger la loi du talion... Elle le tue pour le mettre dans l'impossibilité de nuire... elle le tue pour que l'exemple de sa punition serve de frein aux meurtriers à venir...

Nous croyons, nous, que la peine est trop barbare, et qu'elle n'épouvante pas assez... Nous croyons, nous, que dans quelques crimes, tels que le parricide ou autres forfaits qualifiés, l'*aveuglement* et un isolement perpétuel mettraient un condamné dans l'impossibilité de nuire, et le puniraient d'une manière mille fois plus redoutable, tout en lui laissant le temps du repentir et de la rédemption... — Si l'on doutait de cette assertion, nous rappellerions beaucoup de faits constatant l'horreur invincible des criminels endurcis pour l'isolement... Ne sait-on pas que quelques-uns ont commis des meurtres pour être condamnés à mort, préférant ce supplice à une cellule?... Quelle serait donc leur terreur lorsque l'*aveuglement* joint à l'isolement ôterait au condamné l'espoir de s'évader, espoir qu'il conserve et qu'il réalise quelquefois même en cellule et chargé de fers!... Nous pensons aussi que l'abolition des condamnations capitales serait une des conséquences forcées de l'isolement pénitentiaire, l'effroi que cet isolement inspire à la génération qui peuple à cette heure les prisons et les bagnes étant tel que beaucoup de ces incurables préféreront encourir le dernier supplice à l'emprisonnement cellulaire, alors il faudra sans doute supprimer la peine de mort pour leur enlever cette dernière et épouvantable alternative.

CHAPITRE XVI

MARTIAL ET LE CHOURINEUR

Avant de poursuivre notre récit, disons quelques mots des relations récemment établies entre le Chourineur et Martial.

Une fois Germain sorti de prison, le Chourineur prouva facilement qu'il s'était volé lui-même, avoua au juge d'instruction le but de cette singulière mystification, et fut mis en liberté après avoir été sévèrement admonesté. Voulant récompenser le Chourineur de ce nouvel acte de dévouement, Rodolphe, pour combler les vœux de son protégé, l'avait logé à l'hôtel de la rue Plumet, lui promettant de l'emmener lorsqu'il retournerait en Allemagne. Le Chourineur éprouvait pour Rodolphe l'attachement aveugle, obstiné du chien pour son maître. Demeurer sous le même toit que le prince, le voir quelquefois, attendre une nouvelle occasion de se sacrifier à lui ou aux siens, là se bornaient l'ambition et le bonheur du Chourineur, qui préférait mille fois cette condition à l'argent et à la ferme que Rodolphe lui avait offerts.

Mais lorsque le prince eut retrouvé sa fille, tout changea; malgré sa vive reconnaissance pour l'homme qui lui avait sauvé la vie, il ne put se résoudre à emmener avec lui en Allemagne ce témoin de la première honte de Fleur-de-Marie... Bien décidé d'ailleurs à combler tous les désirs du Chourineur, il le fit venir une dernière fois, et lui dit qu'il attendait de son attachement un nouveau service. A ces mots, la physionomie du Chourineur rayonna; mais elle devint bientôt consternée lorsqu'il apprit que non-seulement il ne pourrait suivre le prince en Allemagne, mais qu'il faudrait quitter l'hôtel le jour même. Il est inutile de dire les compensations brillantes que Rodolphe offrit au Chourineur : — l'argent qui lui était destiné, — le contrat de vente de la ferme en Algérie, — plus encore, s'il le voulait... Le Chourineur, frappé au cœur, refusa, et, pour la première fois de sa vie peut-être, cet homme pleura... Il fallut l'insistance de Rodolphe pour le décider à accepter ses bienfaits.

Le lendemain, le prince fit venir la Louve et Martial, et leur demanda ce qu'il pouvait faire pour eux. Se souvenant de ce que Fleur-de-Marie lui avait dit des goûts un peu sauvages de la Louve et de son mari, il proposa au hardi ménage ou une somme d'argent considérable, ou bien la moitié de cette somme et des terres en plein rapport dépendant d'une ferme voisine de celle qu'il avait fait acheter pour le Chourineur. En faisant cette offre, le prince avait encore songé que Martial et le Chourineur, tous deux rudes, énergiques, tous deux doués de bons et valeureux instincts, sympathiseraient d'autant mieux qu'ils avaient aussi tous deux des raisons de rechercher la solitude, l'un à cause de son passé, l'autre à cause des crimes de sa famille. Il ne se trompait pas. Martial et la Louve acceptèrent avec transport; puis, ayant été mis en rapport avec le Chourineur, tous trois se félicitèrent bientôt des relations que promettait leur voisinage en Algérie.

Le Chourineur, touché des avances cordiales de Martial et de sa femme, y répondit avec effusion. Bientôt une amitié sincère unit les futurs colons; les gens de cette trempe se jugent vite et s'aiment de même... Instruit de la pénible entrevue à laquelle Martial devait se rendre pour obéir aux dernières volontés de sa mère. Le Chourineur voulut accompagner son nouvel ami jusqu'à la porte de Bicêtre. Il l'attendit dans le fiacre qui les avait amenés, et qui les reconduisait à Paris après que Martial, épouvanté, eut quitté le cachot où se faisait les terribles préparatifs de l'exécution de sa mère et de sa sœur.

La physionomie du Chourineur était complétement changée, l'expression d'audace et de bonne humeur qui caractérisait ordinairement sa mâle figure avait fait place à un morne abattement; sa voix même avait perdu quelque chose de sa rudesse : une douleur de l'âme, douleur jusqu'alors inconnue de lui, avait rompu, brisé cette nature énergique. Il regardait Martial avec compassion.

— Courage! — lui disait le Chourineur, — vous avez fait tout ce qu'un brave garçon pouvait faire... C'est fini... Songez à votre femme à ces enfants que vous avez empêchés d'être des gueux comme père et mère... Et puis enfin... ce soir nous aurons quitté Paris pour n'y plus revenir, et vous n'entendrez plus jamais parler de ce qui vous afflige.

— C'est égal... après tout, c'est ma mère... c'est ma sœur...

— Enfin, que voulez-vous... ça est... et quand les choses sont... il faut bien s'y soumettre... — dit le Chourineur en étouffant un soupir.

Après un moment de silence, Martial lui dit cordialement :

— Moi aussi je devrais vous consoler pauvre garçon... toujours cette tristesse... Enfin... moi et ma femme, nous comptons qu'une fois hors de Paris... ça vous passera...

— Oui, — dit le Chourineur en frémissant, — si je sors de Paris...

— Puisque... nous partons ce soir...

— C'est-à-dire *vous autres*... vous partez ce soir...

— Et vous donc? Est-ce que vous changez d'idée maintenant?

— Non... Tenez, Martial... vous allez hausser les épaules... Mais j'aime autant tout vous dire... S'il m'arrive quelque chose, au moins ça prouvera que je ne me serai pas trompé. Quand... M. Rodolphe... nous a fait demander s'il nous conviendrait de partir ensemble pour Alger et d'y être voisins, je n'ai pas voulu vous tromper... je vous ai dit.... ce que j'avais été.,.

— Ne parlons plus de cela... Vous avez subi votre peine... vous êtes aussi bon et aussi brave que pas un... Mais je conçois que, comme moi, vous aimiez mieux aller vivre au loin... que de rester ici, où, si honnêtes que nous soyons, on nous reprocherait toujours, à vous un méfait que vous avez payé et dont vous vous repentez pourtant encore... à moi les crimes de mes parents... dont je ne suis pas responsable... Mais de vous à nous... le passé est passé... et bien passé... Soyez tranquille... nous comptons sur vous comme vous pouvez compter sur nous...

— De vous à moi... peut-être... le passé est passé; mais, voyez-vous, Martial,... il y a quelque chose là-haut... et j'ai tué un homme...

— C'est un grand malheur; mais enfin, dans ce moment là vous ne vous connaissiez plus... vous étiez comme fou... et puis enfin vous avez sauvé la vie à d'autres personnes... et ça doit vous compter...

— Si je vous reparle de mon malheur... voilà pourquoi... Autrefois j'avais souvent un rêve... dans lequel je voyais... le sergent que j'ai tué... Depuis longtemps... je ne l'avais plus... ce rêve... et cette nuit... je l'ai eu... ça m'annonce un malheur pour aujourd'hui... J'ai un pressentiment que je ne sortirai pas de Paris...

— Votre chagrin de quitter notre bienfaiteur... la pensée de me conduire aujourd'hui à Bicêtre... où de si tristes choses m'attendaient... tout cela vous aura agité cette nuit; alors naturellement votre rêve... vous sera revenu...

Le Chourineur secoua tristement la tête.

— Il m'est revenu juste la veille du départ de M. Rodolphe... car c'est aujourd'hui qu'il part... Hier j'ai envoyé un commissionnaire à son hôtel... n'osant pas y aller moi-même... On dit que le prince partait ce matin, à onze heures... par la barrière de Charenton... Aussi, une fois que nous allons être arrivés à Paris... je me posterai là... pour tâcher de le voir; ce sera la dernière fois!... la dernière !...

— Il paraît si bon que je comprends bien que vous l'aimiez...

— L'aimer!... — dit le Chourineur avec une émotion profonde et concentrée. — Oh! oui... allez... Voyez-vous, Martial... coucher par terre, manger du pain noir... être son chien... mais être où il aurait été, je ne demandais pas plus... C'était trop... il n'a pas voulu.

— Il a été si généreux pour vous !

— Ce n'est pas cela qui fait que je l'aime tant... c'est parce qu'il m'avait dit que j'avais du cœur et de l'honneur... Oui, et dans un temps où j'étais farouche comme une bête brute, où je me méprisais comme le rebut de la canaille... lui m'a fait comprendre qu'il y avait encore du bon en moi, puisque, ma peine faite, je m'étais repenti, et qu'après avoir souffert la misère des misères sans voler, j'avais travaillé avec courage pour gagner honnêtement ma vie... sans vouloir de mal à personne, quoique tout le monde m'ait regardé comme un brigand fini, ce qui n'était pas encourageant.

(*La suite au prochain numéro.*)

COMMENT ON AIME

LA CHIMÈRE

(SUITE)

« A parler franchement, je ne suis pas, moi, encore bien convaincu. Il se peut que ma confidente s'illusionne. On comprend qu'elle s'exagère la valeur d'un poëme conseillé et inspiré par elle. Son opinion, trop présomptueuse sans doute, résulte naturellement de sa complicité. Mais que m'importe! elle me fortifie et m'anime, et je travaille avec joie sous le stimulant de cet esprit charmé.

« Vous l'avouerai-je toutefois, grand-père? Depuis deux jours je me sens l'âme inondée d'une langueur inexprimable. Est-ce fatigue? est-ce découragement? Je l'ignore. Toujours est-il que mon application ordinaire m'a fait défaut. A peine ai-je eu le courage de rimer un sonnet en l'honneur de ma muse. J'ai osé le lui montrer; elle l'a lu attentivement, puis elle a rougi. A cette vue, je me suis troublé et j'ai rougi moi-même jusqu'au blanc des yeux.

— Monsieur Dominique, m'a-t-elle dit lorsque l'impression se fut un peu effacée, il ne faut pas de distraction dans l'accomplissement d'une œuvre sérieuse. Pour être robuste, l'inspiration doit se concentrer. Ne m'adressez plus de vers.

— Vous ai-je offensée? repris-je réellement inquiet.

— Non, répondit-elle avec une gracieuse dignité. Votre sonnet est charmant, et je vous en remercie.

Elle me tendit sa main que je saisis et retins longtemps pressée dans les miennes sans qu'elle essayât de me la retirer. Il me sembla en ce moment que toute ma jeunesse faisait explosion comme une fleur de palmier et que jamais mon cœur ne s'était épanoui avec autant de puissance et d'éclat. Suis-je donc encore sur le point d'aimer? Après les rudes secousses qui l'ont ébranlée, mon âme à peine remise serait-elle impatiente de nouveaux orages? Je ne sais. Mais comme j'ai un presssentiment d'amour. Ah! grondez-moi de nouveau, grand-père, car je n'ai pas le sens commun! Que voulez-vous? tout conspire contre ma raison, tout m'entraîne, et l'on ose même prétendre que je suis aimé! Aimé d'Olympe de Treuil, moi! allons donc! je n'en crois absolument rien!... Et cependant je voudrais bien y croire un peu. Quelle folie!

« Mes prochaines lettres ne se feront pas attendre, je vous le promets. Soyez comme toujours le confident des rêves, des espérances, et aussi des déceptions

« De votre DOMINIQUE. »

« J'embrasse ma petite Claudine, et je lui ordonne formellement de se marier... je lui en eusse donné l'exemple, si j'avais pu. »

Huit jours après le chevalier de Kerlaz lisait ce qui suit :

« Il y a du nouveau, grand-père. Il y a surtout de l'imprévu. Elie Mariaker avait raison lorsqu'il prétendait que j'étais aimé! Je suis aimé, en effet, de la belle et intelligente Olympe de Treuil! C'est elle-même qui a daigné me le dire avec une franchise calme et chaste qui rappelle les habitudes loyales des *Misses* de l'Angleterre et des États-Unis. Je savais d'ailleurs qu'elle méprisait les minauderies sournoises que l'éducation française enseigne à nos jeunes filles, et je n'ai pas été surpris de sa noble et touchante sincérité. Mais je me hâte de vous apprendre en quelles circonstances s'est produit l'événement, car c'est un véritable événement pour moi.

« Je m'étais rendu à Fontenay-aux-Roses, et j'apportais un fragment considérable de mon poëme, fragment improvisé en quelque sorte dans la fièvre des insomnies. Lorsque Olympe m'aperçut, elle comprit, à l'expression de mon visage, que j'avais beaucoup travaillé et que j'étais satisfait du résultat de mes efforts. Elle abandonna sa mère, qui lui faisait admirer de magnifiques cardinaux au plumage de feu, et m'entraîna au fond du jardin, sous la charmille consacrée par le poëte et la muse; là elle me dit de sa voix harmonieuse et grave : — Ce doit être beau. Je vous écoute... Pendant plus d'une heure je lus. Je lus avec éloquence, avec entraînement. Il y avait dans mon accent une vibration électrique qui m'étonnait moi-même et communiquait à mes vers une étrange, une irrésistible séduction. Olympe observait un profond silence ; mais le rayonnement de son regard, la pâleur de ses joues, l'agitation de sa poitrine, me révélaient assez son enthousiasme et son admiration. Elle était comme magnétisée par ma parole, et son âme s'attachait à chacune de mes strophes comme l'abeille au fond des roses pour en exprimer les parfums et les sucs. Tout concourait à favoriser une heureuse impression : le ciel était d'un bleu suave ; l'air lumineux exhalait une délicieuse odeur de printemps ; la verdure luxuriante s'étoilait de fleurs multicolores ; les oiseaux gazouillaient en sourdine leurs plus délicates mélodies, et les sylphes invisibles murmuraient au cœur de la jeunesse l'hymne éternel et sacré de l'amour. J'avais achevé ma lecture, et j'attendais l'éloge. Mais Olympe restait muette, si l'on peut appeler mutisme ce cri sonore des yeux, plus expressif mille fois que les bravos retentissants sortis de la bouche humaine. J'étais un peu oppressé ; l'animation avait mis à mes tempes une légère moiteur. Ma compagne s'en aperçut.

— Penchez-vous, me dit-elle.

Et elle essuya mon front avec son mouchoir, plus doux qu'une aile de papillon. Cette fois ses doigts effleurèrent mes lèvres, et j'y laissai l'imperceptible empreinte de deux ou trois baisers furtifs.

— Vous avez mérité cela, reprit-elle en souriant.

— Que vous êtes généreuse ! murmurai-je avec ardeur. Je voudrais être Dante ou Pétarque pour vous immortaliser !

— Je ne tiens pas à devenir immortelle. Mais j'ambitionne pour vous la célébrité !

— Alors je serai célèbre ! répliquai-je en m'exaltant. Mais aimez-moi !...

Elle hésita d'abord, confuse et palpitante. Puis, se calmant par un suprême effort, elle me répondit avec une angélique fermeté d'accent et d'âme :

— Eh bien, je vous aime ! A vous l'amour ! à vous la gloire !

— Je suis au ciel ! m'écriai-je à ses pieds, mains jointes, comme en adoration.

« Et voilà, grand-père, avec quelle promptitude inattendue vient d'éclater ce sublime aveu.

Il est décidé — et c'est Olympe toute seule qui a décidé cela — que nous nous marierons aussitôt après que j'aurai mis la dernière main à mon poëme. Je lui exprimai la crainte que sa famille ne s'opposât à nos résolutions, elle me rassura en me disant que son père et sa mère la laissaient entièrement maîtresse d'arranger son avenir.

— Les oiseaux et les livres, ajouta-t-elle avec une douce malice, ne leur permettent pas de contrarier mes actions. Ce qu'il y a de plus vrai sans doute, c'est qu'ils ont confiance en la droiture de son esprit, en la prudence de ses sentiments, et ils ont bien raison. Donc me voici, pour la troisième fois, sur le point d'attacher à ma vie la guirlande fleurie de l'hymen. Qu'elle est bizarre cette facilité avec laquelle le cœur meurtri de la jeunesse reprend sa plénitude et sa vigueur ! Il me semble que je n'ai jamais aimé ni Caliste de Rochebrune ni Gratienne Dornans avec la passion dont je me sens animé pour Olympe de Treuil. Je vous dirai que j'ai revu les deux premières, l'une au bois en splendide équipage, l'autre au bal avec une couronne de duchesse au front ; et sincèrement, après une légère et rapide émotion causée par la surprise, leur aspect m'a laissé tout à fait indifférent. Ah ! le proverbe a raison : un clou chasse l'autre. Un nouvel amour affranchit.

« Jusqu'à présent je n'entrevois rien qui puisse m'alarmer. Aucun nuage sur l'horizon de mes rêves. Olympe reçoit beaucoup d'hommes illustres à Fontenay-aux-Roses ; mais presque tous sont académiciens ou sénateurs. Leur gravité effraye ; on les honore, et voilà tout. Il n'y a là de jeune et d'aimable qu'Élie Mariaker ; mais sa nature sympathise peu avec celle d'Olympe. Il la trouve trop brillante et trop lettrée. Il préfère les jeunes filles réservées et modestes. Ce sont à peu près les seules qu'ait chantées sa poésie bretonne, mais avec quelle grâce et quel sentiment !

« Je travaille sans relâche, et j'aurai bientôt fini mon poëme ; c'est vous dire que le mariage n'est pas éloigné. Préparez-vous donc à venir, en compagnie de ma chère petite Claudine, rejoindre à Paris

« Votre heureux DOMINIQUE. »

« Élie Mariaker m'annonce qu'il part pour la Bretagne et se rend à Douarnenez, où il a des intérêts de famille. Il se charge de vous porter ma lettre. Accueillez-le, grand-père, avec votre plus charmante cordialité. »

Une troisième lettre de Dominique annonça bientôt la fin de son poëme et le jour fixé pour son mariage avec Olympe de Treuil. Il écrivait :

« Hâtez-vous, grand-père. Toutes les dispositions sont prises. On n'attend plus que votre concours. Ne retardons pas trop le bonheur : il est si capricieux, si inconstant! Ce n'est pas que je doute des résolutions d'Olympe ; assurément non. Elle est la franchise, la loyauté même. Mais, en général, le dieu de l'hymen n'aime pas les ajournements.

« J'ai été présenté au directeur de la *Revue universelle*. C'est un homme poli mais froid, d'une bienveillance contenue et qui craint de s'engager. Il y a en lui du diplomate : il écoute beaucoup et parle peu. Mais on devine aisément que sous son silence observateur se cache un esprit fin et délicat. Il a lu mon poëme. Hélas ! il ne paraît pas ressentir l'enchantement d'Olympe. Les observations qu'il m'a faites sont, je dois l'avouer, marquées au bon coin de la saine critique. Peut-être a-t-il trop modéré la partie des éloges ; mais, au demeurant, il m'a fait pressentir son intention formelle d'accorder à mon œuvre la publicité de sa Revue. Dans une prochaine conférence, mon judicieux Aristarque m'indiquera avec précision les passages qu'il s'agit de modifier. Les modifications accomplies, les portes de la renommée me seront ouvertes à deux battants. J'en serai ravi, surtout pour Olympe, car la chère enfant est toute contristée de voir que le célèbre directeur ne montre pas un enthousiasme égal au sien. Il me semble même — je me trompe sans doute — que sa bonne opinion sur mon talent poétique en a subi un amoindrissement sensible. Est-ce que le cœur des femmes serait toujours comme une glace que le moindre souffle ternit ?

« A ce propos, je ne dois pas oublier de vous dire qu'un point noir vient de paraître dans mon ciel. Mais je répugne à croire qu'il contienne une menace pour mon avenir. En deux mots voici le fait : Un immense succès théâtral s'est produit, la presse l'a célébré par d'unanimes fanfares, et la foule curieuse, haletante, se précipite aux représentations du drame en vers acclamé chaque soir. L'auteur est un jeune homme, hier inconnu, dédaigné; aujourd'hui, glorieux, assailli. On l'a introduit dans la famille de Treuil où tout le monde, même Olympe, lui a dressé un arc de triomphe. Certes, mon âme est pure de ce limon qu'on nomme l'envie. Cependant l'exagération d'un tel accueil m'a choqué. Je ne trouvais pas là cette justice distributive qui proportionne la récompense au mérite, la célébrité au nombre des chefs-d'œuvre. Qu'eût-on fait de plus s'il était agi de rendre hommage au génie consacré par l'expérience et par le temps? On n'admire plus, on s'engoue.

« J'ajouterai bien vite qu'Olympe n'a pas cessé d'être pour moi remplie de grâce, de tendresse et de bonté. C'est elle qui presse le plus vivement notre union. Tout en comblant d'éloges le nouveau poëte dramatique, elle se moque entre nous de sa laideur, qu'elle déclare aussi *remarquable* que son talent. Si j'étais fat, je me sentirais complètement rassuré. Mais, Dieu merci ! la fatuité n'est pas mon défaut, et l'estime profonde que m'inspire ma noble Olympe cause seule, ma sécurité. Au reste, il ne me paraît pas que ce Carl Martyun soit laid au degré qu'on prétend. Il est petit et chétif, mais son corps a de la souplesse et de l'harmonie. Son visage manque de régularité, mais l'animation lui communique parfois un rayonnement qui éblouit. Si la nature l'a mal doné physiquement, en revanche elle lui a doné l'âme d'une poëte, et l'âme a toujours d'incomparables reflets de beauté. Vous voyez, grand-père, que je ne suis pas injuste envers lui. Je me flatte d'être d'autant plus impartial que je ne veux ni le craindre ni le dédaigner.

« Allons, grand'père, reprenez pour quelques semaines toute la vivacité de la jeunesse, surprenez-moi par la promptitude de votre arrivée à Paris, où vous attend, pour vous embrasser.

« Votre impatient Dominique. »

« Décidément ce Carl Martynn est déjà plein de présomption et de vanité. Le succès le grise, il ose entourer Olympe de ses obsessions. Je soupçonne même que ce soir il a poussé loin la hardiesse en lui parlant à voix basse, car elle a rougi et son regard s'est empreint de sévérité.

« Ah ! qu'il y prenne garde !... Mais bah ! ses assiduités cesseront bientôt, j'en réponds; grand-père, hâtez-vous. »

(La suite au prochain numéro.)

Le propriétaire-gérant : F ROY.

LES MYSTÈRES DE PARIS

— Ne me touchez pas... j'ai bon pied bon œil...on le verra sur l'échafaud. (Page 314.)

« Aussi, quand M. Rodolphe me les a eu dits, ces mots, dame ! voyez-vous, le cœur m'a battu haut et fier... Depuis ce temps-là, je me mettrais dans le feu pour le bien...

— C'est justement parce que vous êtes meilleur que vous n'étiez, que vous ne devez pas avoir de mauvais pressentiments... Votre rêve ne signifie rien.

— Nous verrons... ce n'est pas que je cherche un malheur exprès... il n'y en a pas pour moi de plus grand que celui qui m'arrive... ne plus le voir... M. Rodolphe! moi qui croyais ne plus le quitter... Dans mon espèce, bien entendu... j'aurais été là, à lui corps et âme, toujours prêt... C'est égal, il a peut-être tort... Tenez, Martial, je ne suis qu'un ver de terre auprès de lui... eh bien! quelquefois il arrive que les plus petits peuvent être utiles aux plus grands. Si cela devait être, je ne lui pardonnerais de ma vie de s'être privé de moi.

— Qui sait?...un jour peut-être vous le reverrez...

— Oh non? il m'a dit : « Mon garçon, il faut que tu me promettes de ne jamais chercher à me revoir, cela me rendra service. » Vous comprenez, Martial, j'ai promis... Foi d'homme, je tiendrai... mais c'est dur...

— Une fois là-bas, vous oublierez peu à peu ce qui vous chagrine. Nous travaillerons, nous vivrons seuls, tranquilles, comme de bons fermiers, sauf à faire quelquefois le coup de fusil avec les arabes... Tant mieux! ça nous ira à nous deux ma femme; car elle est crâne, allez, la Louve!

— S'il s'agit de coups de fusil, ça me regardera, Martial! — dit le Chourineur un peu moins accablé. — Je suis garçon, et j'ai été troupier.

— Et moi braconnier!

— Mais vous... vous avez votre femme, et ces deux enfants dont vous êtes comme le père... Moi, je n'ai que ma peau... et, puisqu'elle ne peut plus être bonne à faire un paravent à M. Rodolphe, je n'y tiens guère. Ainsi s'il y a un coup de peigne à se donner, ça me regardera.

— Ça nous regardera tous les deux.

— Non, moi seul... tonnerre!... A moi les Bédouins!

— A la bonne heure, j'aime mieux vous entendre parler ainsi que comme tout à l'heure... Allez, Chourineur... nous serons de vrais frères; et puis vous pourrez vous entretenir de vos chagrins, s'ils durent encore, car j'aurai les miens. La journée d'aujourd'hui comptera longtemps dans ma vie, allez... On ne voit pas sa mère, sa sœur... comme je les ai vues... sans que ça vous revienne à l'esprit... Nous nous ressemblons, vous et moi, dans trop de choses pour qu'il ne nous soit pas bon d'être ensemble. Nous ne boudons au danger ni l'un ni l'autre, eh bien nous serons moitié fermiers, moitié soldats... Il y a de la chasse là-bas... nous chasserons... Si vous voulez vivre seul chez vous, vous y vivrez et nous voisinerons... sinon... nous logerons tous ensemble. Nous élèverons les enfants comme de braves gens, et vous serez quasi leur oncle... puisque nous serons frères. Ça vous va-t-il? — dit Martial en tendant la main au Chourineur.

— Ça me va, mon brave Martial... et puis enfin... le chagrin me tuera ou je le tuerai... comme on dit.

— Il ne vous tuera pas nous vieillirons ensemble, et tous les soirs nous dirons : *Frère... merci à M. Rodolphe...* ça sera notre prière pour lui...

— Tenez, Martial... vous me mettez du baume dans le sang...

— A la bonne heure... Ce bête de rêve... vous n'y pensez plus, j'espère?...

— Je tâcherai...

— Ah çà! vous venez nous prendre à quatre heures? la diligence part à cinq.

— C'est convenu... Mais nous voici bientôt à Paris; je vais arrêter le fiacre, j'irai à pied jusqu'à la barrière de Charenton; j'attendrai M. Rodolphe pour le voir passer.

La voiture s'arrêta, le Chourineur descendit.

CHAPITRE XVII

LE DOIGT DE DIEU

Le Chourineur avait oublié qu'on était au lendemain de la mi-carême; aussi fut-il étrangement surpris du spectacle à la fois bizarre et hideux qui s'offrit à sa vue lorsqu'il eut parcouru une partie du boulevard extérieur, qu'il suivait pour se rendre à la barrière de Charenton. Au bout de quelques instants, il se trouvait emporté malgré lui par une foule compacte, torrent populaire qui, descendant des cabarets du faubourg de la Glacière, s'amoncelait aux abords de cette barrière, pour se répandre ensuite sur le boulevard Saint-Jacques, où allait avoir lieu l'exécution; quoiqu'il fît grand jour, on entendait encore au loin la musique retentissante de l'orchestre des guinguettes, où éclataient surtout les vibrations sonores des cornets à pistons.

Il faudrait le pinceau de Callot, de Rembrandt ou de Goya, pour rendre l'aspect bizarre, hideux, presque fantastique de cette multitude. Presque tous, hommes, femmes, enfants, étaient vêtus de vieux costumes de mascarade; ceux qui n'avaient pu s'élever jusqu'à ce luxe portaient sur leurs vêtements des guenilles de couleurs tranchantes; quelques jeunes gens étaient affublés de robes de femme à demi déchirées et souillées de boue; tous ces visages, flétris par la débauche et le vice, marbrés par l'ivresse, étincelaient d'une joie sauvage en songeant qu'après une nuit de crapuleuse orgie ils allaient voir mettre à mort deux femmes dont l'échafaud était dressé[1]. Écume fangeuse et fétide de la population de Paris, cette immense cohue se composait de bandits et de femmes perdues qui demandent chaque jour au crime le pain de la journée... et qui chaque soir rentrent largement repus dans leurs tanières[2]. Le boulevard extérieur étant fort resserré à cet endroit, la foule entassée refluait et entravait absolument la circulation. Malgré sa force athlétique, le Chourineur fut obligé de rester presque immobile au milieu de cette masse compacte... Il se résigna... Le prince, partant de la rue Plumet à dix heures lui avait-on dit, ne devait passer à la barrière de Charenton qu'à onze heures environ, et il n'était pas sept heures.

Quoiqu'il eût naguère forcément fréquenté les classes dégradées auxquelles appartenait cette populace, le Chourineur en se retrouvant au milieu d'elles, éprouvait un dégoût invincible. Poussé par le reflux de la foule jusqu'auprès d'une des guinguettes dont fourmillent ces boulevards, il assista malgré lui à un spectacle étrange... Dans une vaste salle basse, occupée à l'une de ses extrémités par les musiciens, entourée de bancs et de tables chargées de débris de repas, d'assiettes cassées, de bouteilles renversées, une douzaine d'hommes et de femmes déguisés, à moitié ivres, se livraient avec emportement à cette danse folle et obscène appelée la chahut, à laquelle un petit nombre d'habitués de ces lieux ne s'abandonnent qu'à la fin du bal, alors que les gardes municipaux en surveillance se sont retirés. Parmi les ignobles couples qui figuraient dans cette saturnale, le Chourineur en remarqua deux qui se faisaient surtout applaudir par le cynisme révoltant de leurs poses, de leurs gestes et de leurs paroles. Le premier couple se composait d'un homme à peu près déguisé en ours au moyen d'une veste et d'un pantalon de peau de mouton noir. La tête de l'animal, sans doute trop gênante à porter, avait été remplacée par une sorte de capuce à longs poils qui recouvrait entièrement le visage; deux trous à la hauteur des yeux, une large fente à la hauteur de la bouche, permettaient de voir, de parler et de respirer. Cet homme masqué, l'un des principaux évadés de la Force (parmi lesquels se trouvaient aussi Barbillon et les deux meurtriers

---

[1]. L'exécution de Norbert et de Desprès a eu lieu cette année le lendemain de la mi-carême...
[2]. Selon M. Frégier, l'excellent historien des classes dangereuses de la société, il existe à Paris environ trente mille personnes qui n'ont d'autre moyen d'existence que le vo¹.

arrêtés chez l'ogresse du tapis-franc au commencement de ce récit) ; cet homme masqué était Nicolas Martial, le fils, le frère des deux femmes dont l'échafaud était dressé à quelques pas... Entraîné dans cet acte d'insensibilité atroce, d'audacieuse forfanterie, par un de ses compagnons, ce misérable osait, à l'aide de ce travestissement, se livrer aux dernières joies du carnaval... La femme qui dansait avec lui, costumée en vivandière, portait un chapeau de cuir bouilli bossué, à rubans déchirés, une sorte de justaucorps de drap rouge passé, orné de trois rangs de boutons de cuivre, une jupe verte et des pantalons de calicot blanc ; ses cheveux noirs tombaient en désordre sur son front ; ses traits hâves et plombés respiraient l'effronterie et l'impudeur.

Le vis-à-vis de ces danseurs était non moins ignoble. L'homme, d'une très grande taille, déguisé en Robert Macaire, avait tellement barbouillé de suie sa figure osseuse, qu'il était méconnaissable ; d'ailleurs un large bandeau, couvrait son œil gauche, et le blanc mat du globe de l'œil droit, se détachant sur cette face noire, la rendait plus hideuse encore. Le bas du visage du Squelette (on l'a déjà reconnu sans doute) disparaissait entièrement dans une haute cravate faite d'un vieux châle rouge. Coiffé selon la tradition, d'un chapeau gris râpé, aplati, sordide et sans fond ; vêtu d'un habit vert en lambeaux et d'un pantalon garance rapiécé en mille endroits, et attaché aux chevilles avec des ficelles, cet assassin, outrant les poses les plus grotesques et les plus cyniques de la chahut, lançant de droite, de gauche, en avant, en arrière, ses longs membres durs comme du fer, les pliait et les repliait avec tant de vigueur et d'élasticité, qu'on les eût dit mis en mouvement par des ressorts d'acier... Digne coryphée de cette immonde saturnale, sa danseuse, grande et leste créature au visage impudent et aviné, costumée en débardeur, coiffée d'un bonnet de police incliné sur une perruque poudrée, à grosse queue, portait une veste et un pantalon de velours vert éraillé, assujetti à la taille par une écharpe orange aux longs bouts flottant derrière le dos.

Une grosse femme, ignoble et hommasse, l'ogresse du tapis-franc, assise sur un des bancs, tenait sur ses genoux les manteaux de tartan de cette créature et de la vivandière, pendant qu'elles rivalisaient toutes deux de bonds et de postures cyniques avec le Squelette et Nicolas Martial.

Parmi les autres danseurs, on remarquait encore un enfant boiteux habillé en diable au moyen d'un tricot noir beaucoup trop grand pour lui, d'un caleçon rouge, et d'un masque vert horrible et grimaçant. Malgré son infirmité, ce petit monstre était d'une agilité surprenante ; sa dépravation précoce atteignait, si elle ne dépassait pas, celle de ses affreux compagnons, et il gambadait aussi effrontément que pas un devant une grosse femme déguisée en bergère, qui excitait encore le dévergondage de son partenaire par ses éclats de rire. Aucune charge ne s'étant élevée contre Tortillard (on l'a déjà reconnu) et Bras-Rouge ayant été provisoirement laissé en prison, l'enfant, à la demande de son père, avait été réclamé par Micou, le recéleur de la Brasserie, que ses complices n'avaient pas dénoncé.

Comme figures secondaires du tableau que nous essayons de peindre, qu'on s'imagine tout ce qu'il y a de plus bas, de plus honteux, de plus monstrueux dans la crapule oisive, audacieuse, rapace, sanguinaire, qui se montre de plus en plus hostile à l'ordre social, et sur laquelle nous avons voulu rappeler l'attention des penseurs en terminant ce récit... Puisse cette dernière et horrible scène symboliser le péril imminent qui menace incessamment la société !...

Oui, que l'on y songe, la cohésion, l'augmentation inquiétante de cette race de voleurs et de meurtriers est une sorte de protestation vivante contre le vice des lois répressives et surtout contre l'absence des *mesures préventives*, d'une *législation prévoyante*, de *larges institutions préservatrices*, destinées à surveiller, à moraliser dès l'enfance cette foule de malheureux, abandonnés ou pervertis par d'effroyables exemples. Encore une fois, ces êtres déshérités que Dieu n'a faits ni plus mauvais ni meilleurs que ses autres créatures, ne se vicient, ne se gangrènent ainsi incurablement que dans la fange de misère, d'ignorance et d'abrutissement où ils se traînent en naissant.

Encore excités par les rires, par les bravos de la foule pressée aux fenêtres, les acteurs de l'abominable orgie que nous racontons crièrent à l'orchestre de jouer un dernier galop. Les musiciens, ravis de toucher à la fin d'une séance si pénible pour leurs poumons, se rendirent au vœu général, et jouèrent un air de galop d'une mesure entraînante et précipitée. A ces accords vibrants des instruments de cuivre, l'exaltation redoubla ; tous les couples s'étreignirent, s'ébranlèrent, et, suivant le Squelette et sa danseuse, commencèrent une ronde infernale en poussant des hurlements sauvages. Une poussière épaisse, soulevée par ces piétinements furieux, s'éleva du plancher et jeta une sorte de nuage roux et sinistre sur ce tourbillon d'hommes et de femmes enlacés, qui tournoyaient avec une rapidité vertigineuse. Bientôt, pour ces têtes exaspérées par le vin, par le mouvement, par leurs propres cris, ce ne fut plus même de l'ivresse, ce fut du délire, de la frénésie ; l'espace leur manqua... Le Squelette cria d'une voix haletante :

— Gare !... la porte !... Nous allons sortir... sur le boulevard !

— Oui... oui !... — cria la foule entassée aux fenêtres. — un galop jusqu'à la barrière Saint-Jacques !

— Voilà bientôt l'heure où l'on va raccourcir les deux *largues*.

— Le bourreau fait coup double : c'est drôle !

— Avec accompagnement de cornets à piston.

— Nous danserons la contredanse de *la guillotine !*

— En avant la femme sans tête !... — cria Tortillard.

— Ça égayera les condamnées. J'invite la veuve...

— Moi, la fille... Ça mettra le vieux Charlot en gaieté...

— Il chahutera sur sa boutique avec ses employés.

— Mort aux *pantes !* vivent les *grinches* et les *escarpes !!!* — cria le Squelette d'une voix frémissante.

Ces railleries, ces menaces de cannibales, accompagnées de chants obscènes, de cris, de sifflets, de huées, augmentèrent encore lorsque la bande du Squelette eut fait, par la violence impétueuse de son impulsion, une large trouée au milieu de cette foule compacte. Ce fut alors une mêlée épouvantable ; on entendit des rugissements, des imprécations, des éclats de rire qui n'avaient plus rien d'humain.

Le tumulte fut tout à coup porté à son comble par deux nouveaux incidents.

La voiture renfermant les condamnées, accompagnée de son escorte de cavalerie, parut au loin à l'angle du boulevard ; alors toute cette populace se rua dans cette direction en poussant un hurlement de satisfaction féroce. A ce moment aussi la foule fut rejointe par un courrier venant du boulevard des Invalides et se dirigeant au galop vers la barrière de Charenton. Il était vêtu d'une veste bleu clair à collet jaune, doublement galonnée d'argent sur toutes les coutures ; mais en signe de grand deuil il portait des culottes noires avec ses bottes fortes ; sa casquette, aussi largement bordée d'argent, était entourée d'un crêpe ; enfin, sur les œillères de la bride à collier de grelots, on voyait en relief les armes souveraines de Gerolstein. Le courrier mit son cheval au pas ; mais, sa marche devenant de plus en plus embarrassée, il fut presque obligé de s'arrêter lorsqu'il se trouva au milieu du flot de populace dont nous avons parlé... Quoiqu'il criât :

— Gare !... et qu'il conduisît sa monture avec la plus grande précaution, des cris, des injures et des menaces s'élevèrent bientôt contre lui.

— Est-ce qu'il veut nous monter sur le dos avec son chameau... celui-là ?...

— Que ça de plat d'argent sur le corps... merci... — cria Tortillard sous son masque vert à langue rouge.

— S'il nous embête... mettons-le à pied... et on lui décourda les *galuches* de sa veste pour les fondre... — dit Nicolas.

— Et on te décourda le ventre, si tu n'es pas content, mauvaise valetaille... — ajouta le Squelette en s'adressant au courrier et en saisissant la bride de son cheval ; car la foule était devenue si compacte, que le bandit avait renoncé à son projet de danse jusqu'à la barrière.

Le courrier, homme vigoureux et résolu, dit au Squelette en levant le manche de son fouet :

— Si tu ne lâches pas la bride de mon cheval, je te coupe la figure.

— Toi... méchant mufle ?

— Oui. Je vais au pas, je crie gare ; tu n'as pas le droit de m'arrêter. La voiture de monseigneur arrive derrière moi... J'entends déjà les fouets... Laissez-moi passer.

— Ton seigneur ? — dit le Squelette. — Qu'est-ce que ça me fait, à moi, ton seigneur... Je l'*estourbirai* si ça me plaît, Je n'en ai jamais refroidi de seigneurs... et ça m'en donne l'envie.

— Il n'y a plus de seigneurs... *Vive la charte !* — cria Tortillard ; et tout en fredonnant ces vers de *la Parisienne* : « En avant, marchons contre leurs canons, » il se cramponna brusquement à une des bottes du courrier, y pesa de tout son poids, et le fit trébucher sur sa selle. Un coup de manche de fouet rudement asséné sur la tête de Tortillard le punit de son audace. Mais aussitôt la populace en fureur se précipita sur le courrier ; il eut beau mettre ses éperons dans le ventre de son cheval pour le porter en avant et se dégager, il n'y put parvenir. Démonté, renversé au milieu de cris et de huées enragés, il allait être assommé sans l'arrivée de la voiture de Rodolphe, qui fit diversion à l'emportement stupide de ces misérables.

Depuis quelque temps le coupé du prince, attelé de quatre chevaux de poste, n'allait qu'au pas, et un des deux valets de pied, assis sur le siège de derrière, était même prudemment descendu, se tenant à une des portières, la voiture étant très-basse. Les postillons criaient : Gare ! et avançaient avec précaution.

Rodolphe, vêtu de grand deuil comme sa fille, dont il tenait une des mains dans les siennes, la regardait avec bonheur et attendrissement. La douce et charmante figure de Fleur-de-Marie s'encadrait dans une petite capote de crêpe noir qui faisait ressortir encore la blancheur éblouissante de son teint et les reflets brillants de ses jolis cheveux blonds ; on eût dit que l'azur de ce beau jour se reflétait dans ses grands yeux, qui n'avaient jamais été d'un bleu plus limpide et plus doux... Quoique sa figure, doucement souriante, exprimât le calme, le bonheur, lorsqu'elle regardait son père, une teinte de mélancolie, quelquefois même de tristesse indéfinissable, jetait souvent son ombre sur ses traits quand les yeux de son père n'étaient plus attachés sur elle.

— Tu ne m'en veux pas de t'avoir fait lever de si bonne heure... et d'avoir ainsi avancé le moment de notre départ ? — lui dit Rodolphe en souriant.

— Oh ! non, mon père ; cette matinée est si belle !...

— C'est que j'ai pensé, vois-tu, que notre journée serait mieux occupée en partant de bonne heure... et que tu serais moins fatiguée... Murph, mes aides de camp et la voiture de suite, où sont tes femmes, nous rejoindront à notre première halte, où tu te reposeras.

— Bon père... c'est moi... toujours moi qui vous préoccupe...

— Oui, mademoiselle... et, sans reproche... il m'est impossible d'avoir aucune autre pensée... — dit le prince en souriant ; puis il ajouta avec un élan de tendresse : — Oh ! je t'aime tant... je t'aime tant... Ton front... vite...

Fleur-de-Marie s'inclina vers son père, et Rodolphe posa ses lèvres avec délices sur son front charmant.

(*La suite au prochain numéro.*)

COMMENT ON AIME

LA CHIMÈRE

(SUITE)

X

La réponse du chevalier ne se fit pas attendre. Malheureusement elle n'était guère satisfaisante. Le vieillard était très-souffrant, l'altération de sa santé ne lui permettait pas un long voyage.

« Me rétablirai-je? ajoutait-il avec une mélancolique gaieté. J'y compte bien, en dépit de mon grand âge, car je me sens encore de la vigueur à l'âme, et je tiens à embrasser celle qui va devenir la compagne de ta vie. Mais, crois-moi, mon cher Dominique, n'attends pas mon rétablissement qui peut être tardif, et marie-toi sans mon intervention. Je pense aussi qu'il ne faut pas ajourner le bonheur, car il a des ailes et s'envole aisément. Je t'envoie mille vœux, mille bénédictions. Partage-les avec ta fiancée, mon ami, et venez vite tous deux vers le pauvre malade qui s'attriste de ne pouvoir aller vers vous! »

Dominique communiqua la lettre à Olympe, qui parut la lire avec une vive émotion. Elle jugea convenable, néanmoins, de retarder d'un mois la cérémonie nuptiale, dans l'espoir que ce laps de temps suffirait à rendre la santé au chevalier.

— Je désire qu'il me donne la main pendant la solennité, dit-elle; les vieux parents portent bonne chance aux jeunes époux.

Ce sentiment était trop louable pour que Dominique essayât de le combattre. Malgré lui, cependant, il s'étonnait de voir qu'Olympe, si impatiente naguère de conclure le mariage projeté, en éloignait elle-même l'accomplissement. Mais il ne voulut point s'appesantir sur cette réflexion, et il s'empressa d'écrire à Kerlaz pour faire valoir tout le prix que la jeune fille attachait à la présence du vieillard.

Sur ces entrefaites, il avait une longue conférence avec le directeur de la *Revue universelle*. Attentif et modeste, il écoutait, pour en tenir compte, les observations approfondies et minutieuses dont son poëme était l'objet. Mais il s'aperçut bientôt que les corrections et les remaniements exigés nécessitaient la refonte complète de son œuvre. Il se sentit profondément découragé, et dut refuser, en définitive, de subir une tyrannie qui, si intelligente qu'elle fût, lui enlevait son indépendance et son originalité. Il existe ainsi, par le monde des Mécènes et des Aristarques, de certains esprits exclusifs et dominateurs qui se sont créé un idéal et veulent l'imposer aux tempéraments les plus divers. Ils s'efforcent de couler dans le même moule toutes les imaginations, tous les talents, au risque de leur enlever leur harmonieuse, leur effigie saillante. Ils n'acceptent que ce qui procède d'eux-mêmes, méconnaissant cette loi supérieure qui crée l'intérêt dans la variété. Ce sont les doctrinaires de la littérature et des arts, gens d'esprit et de goût assurément, mais beaucoup trop orgueilleux, beaucoup trop convaincus que seuls ils possèdent le type unique de ce qui est bon et beau dans l'univers intellectuel. Aussi la foule souveraine, aréopage éclectique, se rit-elle parfois de leur vaniteuse présomption, en dédaignant ce qu'ils ont glorifié, en glorifiant ce qu'ils ont dédaigné.

Quoi qu'il en soit, lorsqu'elle apprit le résultat de la conférence, Olympe fut violemment contrariée. Elle se plaignit d'abord de l'excessive rigueur du juge, trop prompt à substituer sa pensée systématique à l'inspiration libre et spontanée du poëte. Puis, par un revirement capricieux, elle reprocha bientôt à Dominique de n'avoir pas su sacrifier son amour-propre aux exigences d'une publicité qui récompensait les soumissions par le retentissement et l'éclat. Dominique ne croyait pas mériter un tel reproche, il en fut blessé. Une certaine froideur se glissa dans ses rapports avec la jeune fille. Mais il l'aimait déjà trop profondément pour lui garder longtemps rancune; et, avec cette faiblesse naturelle aux cœurs bien épris, il ne tarda pas à s'avouer coupable d'un orgueil imaginaire. Il consentit à se mettre au travail pour habiller son œuvre à la mode de la *Revue universelle.* Cette condescendance sembla lui faire recouvrer les bonnes grâce de la muse. Jour et nuit il se dépensa en efforts multipliés. Il retourna comme un gant sa pensée et ses vers. Mais le talent ne se transforme pas en s'abdiquant, et Dominique reconnut bientôt, épuisé de courage, inondé de tristesse, qu'il avait réussi à détruire, non à édifier. Ses qualités intimes avaient disparu, mais il n'avait pas acquis les mérites hétérogènes dont il voulait l'assimilation. Un sombre abattement s'empara de lui. Olympe s'en aperçut, elle lui en demanda la cause. Il confessa son impuissance et déclara qu'il n'avait plus la force de continuer une lutte où son intelligence se consumait en vain. La jeune fille fut touchée, elle le consola. Mais un observateur attentif eût peut-être entrevu comme une sorte de contrainte et de mésestime sous les encouragements qu'elle lui prodiguait.

Pendant ce temps, Carl Martynn voyait grandir sa réputation. Tout lui réussissait. Il devenait un des collaborateurs les mieux prônés de cette Revue hautaine, au seuil de laquelle Dominique tombait haletant et brisé. Ce n'est pas que Carl annonçât un de ces génies qui font époque dans l'art. Il n'avait, en réalité, ni puissance d'imagination, ni originalité d'esprit. Mais son talent se distinguait par l'élégance et la pureté. C'était moins un talent d'instinct robuste que d'étude opiniâtre. Son éclat n'avait pas de foyer qui lui fût propre : ce n'était qu'un reflet charmant qui convenait à merveille à la délicate myopie de la *Revue universelle.* Le directeur de cette Revue vantait à tout propos devant Olympe les œuvres de Carl Martynn, qu'il considérait, disait-il, comme un poëte de premier ordre. Ces éloges avaient d'abord irrité la muse, elle les avait combattus avec une certaine âpreté. Puis, mobile parce qu'elle n'était pas convaincue, elle s'était lassée de la contradiction et elle avait insensiblement uni sa voix au concert louangeur. Si légitime que lui parût ce revirement, Dominique n'avait pu, toutefois, se défendre d'un sentiment jaloux. Sa jalousie s'accrut encore lorsqu'il remarqua que Carl se faisait l'hôte presque quotidien de la villa de Fontenay-aux-Roses, et qu'Olympe encourageait tacitement cette étrange assiduité.

Un soir qu'il se promenait pensif et soucieux au fond du jardin, il entendit un bruit de pas sur le sable d'une allée qu'un massif dérobait à sa vue. Un pressentiment lui cria dans l'âme que ceux qui passaient là n'étaient autres qu'Olympe et Carl. L'œil fixe, l'oreille tendue, sans un souffle aux lèvres, il écouta. Il entendit d'abord ouvrir une petite porte pratiquée dans le mur d'enceinte et donnant accès sur la campagne, non loin de la station du chemin de fer. Puis il aperçut distinctement deux murmures, un baiser et un adieu.

Il bondit aussitôt comme un lion blessé et s'arrêta en face de la jeune fille, qui tressaillit en voyant sa pâleur et son agitation.

— M. Carl Martynn vient de partir, dit-elle avec un calme forcé.

— Pour revenir demain, sans doute? répliqua Dominique, la voix vibrante et l'œil étincelant.

— Je crois qu'oui, balbutia-t-elle... Est-ce que cela vous déplait?

— Supposez-vous donc que je puisse m'en réjouir? Pourquoi ne me réjouirais-je pas aussi des libertés qu'il prend avec vous?

— Quelles libertés?

— J'ai parfaitement entendu...

— Le bruit de ses lèvres sur sa main? voyez le grand crime!

— Il se fit, à ces mots, un silence embarrassé pendant lequel Olympe et Dominique entrechoquèrent leurs regards. Dominique était fiévreux et sombre, Olympe froide et hautaine. Elle reprit d'un ton sec :

— Demain je ferai comprendre à M. Carl Martynn que ses visites sont trop fréquentes. Au besoin même, je le prierai de ne plus revenir.

Elle allait s'éloigner, Dominique la retint. Sa colère s'était fondue, un flot de larmes roulait dans ses yeux.

— J'ai eu tort, dit-il, confus et suppliant, pardonnez-moi !

Olympe hésita, puis répondit avec une douceur imperceptiblement dédaigneuse :

— Soit, je vous pardonne.

— Que Carl Martynn vous poursuive de ses obséquiosités, que m'importe? je vous aime, et j'ai confiance en vous !

— Cette confiance m'honore, dit la jeune fille en souriant, mais je ne veux point en abuser. Et, puisque la santé de votre grand-père ne se rétablit pas, je consens à ce que notre mariage ne soit plus ajourné.

Dominique se sentit consolé comme par enchantement. Il saisit les mains d'Olympe et les couvrit de baisers.

— Prenez garde! reprit-elle malicieusement. La main droite a une tache!
— Je viens de l'effacer, reprit-il d'un air radieux.

Le lendemain, Olympe reçut froidement Carl Martynn. Dominique en fut témoin, il eut des palpitations d'allégresse au cœur, et ses yeux inondèrent la jeune fille d'un ardent rayon de reconnaissance et d'amour. Cependant il était naturellement bon, et ne put voir sans une sorte de commisération la tristesse et le désappointement de Carl. Il intercéda pour lui auprès de la jeune fille, et il obtint qu'elle lui fit un moins rigide accueil. « Laissez-moi être magnanime, ô ma belle Olympe! dit-il. J'ai tant de joie dans l'âme que je voudrais avoir la puissance de consoler tous les malheureux! » Elle lui sourit. S'il eût été plus attentif et plus pénétrant, il eût peut-être entrevu une légère teinte d'ironie dans le repli de la lèvre qui lui souriait. Mais comment se fût-il alarmé? N'était-il pas à la veille du jour solennel? Tout n'était-il pas prêt pour le bonheur ambitionné par lui? Aucun danger ne menaçait, aucun obstacle n'eût eu le temps de naître. Il le croyait sincèrement du moins, quoique l'expérience lui eût appris le doute, la circonspection. Il était même si confiant alors, qu'un retard causé par une indisposition d'Olympe ne lui inspira aucune inquiétude, et que, sans songer à mal, il la vit, encore souffrante, se rendre avec empressement à la première représentation d'une pièce nouvelle de Carl Martynn.

Dans tous les ordres de mérite, il est des priviligiés de la fortune, cette grande capricieuse. Carl était, en réalité, un élu du destin. Sa seconde œuvre dramatique eut le même succès que la première. Elle fut acclamée avec frénésie. On la couvrit littéralement de bravos et de fleurs. Tout cela était excessif assurément; le talent précieux et maniéré de Carl ne méritait pas un tel enthousiasme. Que de prétendus chefs-d'œuvre d'hier sont incompris et dédaignés aujourd'hui! Que d'engouements irréfléchis se calment sous le sévère examen du temps! Réussir n'est bien souvent qu'une question de date et d'opportunité. Ainsi pensait Dominique, qui assistait à la représentation. En dépit de la droiture de son caractère, il s'attristait du triomphe de son rival. Il souffrait surtout de l'enchantement d'Olympe, qui laissait éclater ses émotions, sans se préoccuper du contre-coup douloureux qu'en pouvait recevoir l'âme de son fiancé. Après le spectacle, comme elle prenait place dans sa voiture, elle aperçut devant elle sur un coussin un splendide bouquet. Elle crut d'abord que c'était une galanterie de Dominique, mais elle apprit que c'était un hommage de Carl Martynn. Une étrange sensation l'agita. Elle porta le bouquet à son visage pour en dissimuler le trouble, et respira le parfum avec une sorte d'enivrement.

La veille de la cérémonie nuptiale, Dominique se rendit de bonne heure à Fontenay-aux-Roses, pour fixer en famille quelques points de détail. Il était sombre et soucieux. Une sensation bizarre lui oppressait le cœur. La matinée était fraîche, il souffrait comme si l'air eût été lourd et brûlant. La marquise fut la première personne qu'il rencontra sous le vestibule de la villa de Treuil. Elle portait dans une cage des septicolores du Brésil, qu'elle venait de recevoir. Elle s'empressa de les montrer à Dominique.

— Ils sont charmants, dit-il un peu distrait.
— Remarquez-vous comme leur plumage est varié? Il y a là sept couleurs bien distinctes.
— En effet. Je n'ai rien vu de plus brillant ni de plus harmonieux. Ces oiseaux sont des arcs-en-ciel.
— Vous avez dit le mot, repartit madame de Treuil en souriant.

Puis, silencieuse, elle savoura du regard chacune des beautés de ses septicolores.

— Mademoiselle Olympe est-elle visible? demanda Dominique, impatient de voir sa fiancée.

Mais la marquise ne parut pas avoir entendu cette question. Elle reprit :

— Ceux-ci sont les plus beaux de la famille *tangaras*, même on pourrait ajouter de tous les oiseaux connus, s'ils n'avaient des rivaux en éclat et en perfection dans les cotingas du Mexique.

— Ah! les cotingas?...

— Sont tout simplement éblouissants. Naturalistes et voyageurs en parlent avec un enthousiasme inouï. Il me semble que le Créateur ait pris plaisir à ne rassembler sur sa palette que des couleurs choisies pour les répandre avec profusion sur l'habit de fête qu'il leur a donné. On m'a promis de m'en procurer un couple vivant. Je n'ose espérer... Je doute...

(*La suite au prochain numéro.*)

Le propriétaire-gérant : F. ROY.

LES ROMANS PARISIENS

LES MYSTÈRES DE PARIS

— Si tu ne lâches pas la bride de mon cheval, je te coupe la figure. (Page 325.)

C'était à cet instant que la voiture, approchant de la foule, avait commencé de marcher très-lentement. Rodolphe, étonné, baissa la glace, et il dit en allemand au valet de pied qui se tenait près de la portière :

— Eh bien ! Frantz... qu'y a-t-il ? quel est ce tumulte ?

— Monseigneur... il y a tant de foule... que les chevaux ne peuvent plus avancer.

— Et pourquoi cette foule ?

— Monseigneur...

— Eh bien ?...

— C'est que, Votre Altesse...

— Parle donc...

— Je viens d'entendre dire qu'il y a là-bas.. une exécution à mort.

— Ah ! c'est affreux ! — s'écria Rodolphe en se rejetant au fond de la voiture.

— Qu'avez-vous, mon père? — dit vivement Fleur-de-Marie avec inquiétude.

— Rien... rien... mon enfant.

— Mais ces cris menaçants... entendez-vous? ils approchent... Qu'est-ce que cela, mon Dieu?

— Frantz, ordonne aux postillons de retourner et de gagner Charenton par un autre chemin... quel qu'il soit, — dit Rodolphe.

— Monseigneur, il est trop tard... nous voilà dans la foule... On arrête les chevaux... des gens de mauvaise mine...

Le valet de pied ne put parler davantage. La foule, exaspérée par les forfanteries sanguinaires du Squelette et de Nicolas, entoura tout à coup la voiture en vociférant. Malgré les efforts, les menaces des postillons, les chevaux furent arrêtés, et Rodolphe ne vit de tous côtés, au niveau des portières, que des visages horribles, furieux, menaçants, et, les dominant de sa grande taille, le Squelette, qui s'avança à la portière.

— Mon père... prenez garde!... — s'écria Fleur-de-Marie en jetant ses bras autour du cou de Rodolphe.

— C'est donc vous qui êtes le seigneur? — dit le Squelette en avançant sa tête hideuse jusque dans la voiture.

A cette insolence, Rodolphe, sans la présence de sa fille, se fût livré à la violence de son caractère; mais il se contint et répondit froidement :

— Que voulez-vous?... Pourquoi arrêtez-vous ma voiture?...

— Parce que ça nous plaît, — dit le Squelette en mettant ses mains osseuses sur le rebord de la portière. — Chacun son tour... hier tu écrasais la canaille... aujourd'hui la canaille t'écrasera si tu bouges...

— Mon père, nous sommes perdus!... — murmura Fleur-de-Marie.

— Rassure-toi... je comprends... — dit le prince, — c'est le dernier jour du carnaval... ces gens sont ivres... je vais m'en débarrasser.

— Il faut le faire descendre.. Et sa *largue* aussi... — cria Nicolas. — Pourquoi qu'ils écrasent le pauvre monde?

— Vous me paraissez déjà avoir beaucoup bu et avoir envie de boire encore, — dit Rodolphe en tirant une bourse de sa poche. — Tenez... voilà pour vous... ne retenez pas ma voiture plus longtemps.

Et il jeta sa bourse.

Tortillard l'attrapa au vol.

— Au fait, tu pars en voyage, tu dois avoir les goussets garnis; aboule encore de l'argent, ou je te tue... Je n'ai rien à risquer... je te demande la bourse ou la vie en plein soleil... C'est farce! — dit le Squelette complétement ivre de vin et de rage sanguinaire.

Et il ouvrit brusquement la portière.

La patience de Rodolphe était à bout; inquiet pour Fleur-de-Marie, dont l'effroi augmentait à chaque minute, et pensant qu'un acte de vigueur imposerait à ce misérable, qu'il croyait seulement ivre, il sauta de sa voiture pour saisir le Squelette à la gorge... D'abord celui-ci se recula vivement en tirant de sa poche un long couteau-poignard, puis il se jeta sur Rodolphe.

Fleur-de-Marie, voyant le poignard du bandit levé sur son père, poussa un cri déchirant, se précipita hors de la voiture, et l'enlaça de ses bras...

C'en était fait d'elle et de son père sans le Chourineur, qui, au commencement de cette rixe, ayant reconnu la livrée du prince, était parvenu après des efforts surhumains, à s'approcher du Squelette. Au moment où celui-ci menaçait le prince de son couteau, le Chourineur arrêta le bras du brigand d'une main, et de l'autre le saisit au collet et le renversa à demi en arrière... Quoique surpris à l'improviste et par derrière, le Squelette put se retourner, reconnut le Chourineur, et s'écria :

— L'homme à la blouse grise de la Force!... cette fois-ci je le tue...

Et, se précipitant avec furie sur le Chourineur, il lui plongea son couteau dans la poitrine...

Le Chourineur chancela... mais ne tomba pas... la foule le soutenait...

— La garde! voici la garde!... — crièrent quelques voix effrayées.

A ces mots, à la vue du meurtre du Chourineur, toute cette foule si compacte, craignant d'être compromise dans cet assassinat, se dispersa comme par enchantement, et se mit à fuir dans toutes les directions... Le Squelette, Nicolas Martial et Tortillard disparurent aussi...

Lorsque la garde arriva, guidée par le courrier, qui était parvenu à s'échapper lorsque la foule l'avait abandonné pour entourer la voiture du prince, il ne restait sur le théâtre de cette lugubre scène que Rodolphe, sa fille et le Chourineur inondé de sang. Les deux valets de pied du prince l'avaient assis par terre et adossé à un arbre.

Tout ceci s'était passé plus rapidement qu'il n'est possible de l'écrire, à quelques pas de la guinguette d'où étaient sortis le Squelette et sa bande.

Le prince, pâle et ému, entourait de ses bras Fleur-de-Marie défaillante, pendant que les postillons rajustaient les traits brisés dans la bagarre.

— Vite, — dit le prince à ses gens occupés à secourir le Chourineur, — transportez ce malheureux dans ce cabaret... Et toi, — ajouta-t-il en s'adressant à son courrier, — monte sur le siège, et qu'on aille ventre à terre chercher à l'hôtel le docteur David : il ne doit partir qu'à onze heures... on le trouvera...

Quelques minutes après, la voiture partait au galop, et les deux domestiques transportaient le Chourineur dans la salle basse où avait eu lieu l'orgie et où se trouvaient encore quelques-unes des femmes qui y avaient figuré.

— Ma pauvre enfant, — dit Rodolphe à sa fille, — je vais te conduire dans une chambre de cette maison... et tu m'y attendras... car je ne puis abandonner aux seuls soins de mes gens cet homme courageux qui vient de me sauver encore la vie...

— Oh! mon père, je vous en prie... ne me quittez pas... — s'écria Fleur-de-Marie avec épouvante en saisissant le bras de Rodolphe ; — ne me laissez pas seule... je mourrais de frayeur... J'irai où vous irez...

— Mais ce spectacle est affreux!

— Mais, grâce à cet homme... vous vivez pour moi, mon père... permettez au moins que je me joigne à vous pour le remercier et pour le consoler.

La perplexité du prince était grande : sa fille témoignait une si juste frayeur de rester seule dans une chambre de cette ignoble taverne, qu'il se résigna à entrer avec elle dans la salle basse où se trouvait le Chourineur.

Le maître de la guinguette et plusieurs d'entre les femmes qui y étaient restées (parmi lesquelles se trouvait l'ogresse du tapis franc) avaient à la hâte étendu le blessé sur un matelas, et puis étanché, tamponné sa plaie avec des serviettes. Le Chourineur venait d'ouvrir les yeux lorsque Rodolphe entra... A la vue du prince, ses traits, d'une pâleur de mort, se ranimèrent un peu... Il sourit péniblement et lui dit d'une voix faible :

— Ah! monsieur Rodolphe... comme ça s'est heureusement rencontré que je me sois trouvé là !

— Brave et dévoué... comme toujours ! — lui dit le prince avec un accent désolé ; tu me sauves encore...

— J'allais aller... à la barrière de Charenton... pour tâcher de vous voir partir... heureusement... je me suis trouvé arrêté ici par la foule... ça devait d'ailleurs m'arriver... je l'ai dit à Martial... j'avais un pressentiment.

— Un pressentiment !...

— Oui... monsieur Rodolphe... le rêve du sergent... cette nuit je l'ai eu...

— Oubliez ces idées... espérez... votre blessure ne sera pas mortelle.

— Oh si ! le Squelette a piqué juste... C'est égal, j'avais raison... de dire à Martial... qu'un ver de terre comme moi pouvait quelquefois être utile... à un grand seigneur comme vous...

— Mais c'est la vie... la vie que je vous dois encore...

— Nous sommes quittes... monsieur Rodolphe... Vous m'avez dit que j'avais du cœur et de l'honneur... Ce mot-là... voyez-vous... Oh !... j'étouffe... Monsieur... sans vous commander... faites-moi l'honneur de... votre main... je sens que je m'en vais...

— Non... c'est impossible... s'écria le prince en se courbant vers le Chourineur et serrant dans ses mains la main glacée du moribond, — non... vous vivrez... vous vivrez...

— Monsieur Rodolphe... voyez-vous qu'il y a quelque chose... là-haut... J'ai tué... d'un coup de couteau... je meurs d'un coup... de... couteau, — dit le Chourineur d'une voix de plus en plus faible et étouffée.

A ce moment, ses regards s'arrêtèrent sur Fleur-de-Marie, qu'il n'avait pas encore aperçue. L'étonnement se peignit sur sa figure mourante; il fit un mouvement, et dit :

— Ah !... mon Dieu !... la Goualeuse...

— Oui... c'est ma fille... elle vous bénit de lui avoir conservé son père...

— Elle... votre fille... ici... ça me rappelle notre connaissance... monsieur Rodolphe... et les... coups de poing... de la fin... mais... ce... coup de couteau-là... sera aussi... le coup... de la fin... J'ai chouriné... on me chourine... c'est juste...

Puis il fit un profond soupir en renversant sa tête en arrière... Il était mort.

Le bruit des chevaux retentit au dehors; la voiture de Rodolphe avait rencontré celle de

Murph et de David, qui, dans leur empressement de rejoindre le prince, avaient précipité leur départ. David et le squire entrèrent.

— David, — dit Rodolphe en essuyant ses larmes et en montrant le Chourineur, — ne reste-t-il aucun espoir, mon Dieu?

— Aucun, monseigneur, — dit le docteur après une minute d'examen.

Pendant cette minute, il s'était passé une scène muette et effrayante entre Fleur-de-Marie et l'ogresse... que Rodolphe, lui, n'avait pas remarquée. Lorsque le Chourineur avait prononcé à demi-voix le nom de la Goualeuse, l'ogresse, levant vivement la tête, avait vu Fleur-de-Marie... Déjà l'horrible femme avait reconnu Rodolphe; on l'appelait monseigneur... il appelait la Goualeuse sa fille... Une telle métamorphose stupéfiait l'ogresse, qui attachait opiniâtrément ses yeux stupidement effarés sur son ancienne victime...

Fleur-de-Marie, pâle, épouvantée, semblait fascinée par ce regard. La mort du Chourineur, l'apparition inattendue de l'ogresse qui venait réveiller, plus douloureux que jamais, le souvenir de sa dégradation première, lui paraissaient d'un sinistre présage... De ce moment, Fleur-de-Marie fut frappée d'un de ces pressentiments qui souvent ont sur des caractères tels que le sien une irrésistible influence. . . . .

Peu de temps après ces tristes événements, Rodolphe et sa fille avaient pour jamais quitté Paris.

ÉPILOGUE

CHAPITRE PREMIER

GÉROLSTEIN

Oldenzaal, 25 août 1841 [1].

Le prince Henri d'Herkaüsen-Oldenzaal au comte Maximilien Kaminetz.

J'arrive de Gerolstein, où j'ai passé trois mois auprès du grand-duc et de sa famille; je croyais trouver une lettre m'annonçant votre arrivée à Oldenzaal, mon cher Maximilien. Jugez de ma surprise, de mon chagrin, lorsque j'apprends que vous êtes encore retenu en Hongrie pour plusieurs semaines. Depuis quatre mois je n'ai pu vous écrire, ne sachant où vous adresser mes lettres, grâce à votre manière originale et aventureuse de voyager; vous m'aviez pourtant formellement promis à Vienne, au moment de notre séparation, de vous trouver le 1er août à Oldenzaal. Il me faut donc renoncer au plaisir de vous voir, et pourtant jamais je n'aurais eu plus besoin d'épancher mon cœur dans le vôtre, mon bon Maximilien, mon plus vieil ami, car, quoique bien jeunes encore, notre amitié est ancienne, elle date de notre enfance.

Que vous dirais-je? Depuis trois mois une révolution complète s'est opérée en moi... Je touche à l'un de ces instants qui décident de l'existence d'un homme... Jugez si votre présence, si vos conseils me manquent! Mais vous ne me manquerez pas longtemps, quels que soient les intérêts qui vous retiennent en Hongrie. Vous viendrez, Maximilien, vous viendrez, je vous en conjure, car j'aurai besoin sans doute de puissantes consolations... et je ne puis aller vous chercher... Mon père, dont la santé est de plus en plus chancelante, m'a rappelé de Gerolstein. Il s'affaiblit chaque jour davantage; il m'est impossible de le quitter...

J'ai tant à vous dire que je serai prolixe, il me faut vous raconter l'époque la plus pleine, la plus romanesque de ma vie. Etrange et triste hasard! pendant cette époque nous sommes fatalement restés éloignés l'un de l'autre, nous les *inséparables*, nous les *deux frères*, nous les deux plus fervents apôtres de la trois fois sainte amitié! nous enfin si fiers de prouver que le Carlos et le Posa de notre Schiller ne sont pas des idéalités, et que, comme ces divines créations du grand poëte, nous savons goûter les suaves délices d'un tendre et mutuel attachement! O mon ami, que n'êtes-vous là! que n'étiez-vous là! Depuis trois mois mon cœur déborde d'émotions à la fois d'une douceur ou d'une tristesse inexprimable. Et j'étais seul, et je suis seul... Plaignez-moi, vous qui connaissez

---

1. Nous rappellerons au lecteur qu'environ quinze mois se sont passés depuis le jour où Rodolphe a quitté Paris par la barrière Saint-Jacques, après le meurtre du Chourineur.

ma sensibilité quelquefois si bizarrement expansive, vous qui souvent avez vu mes yeux se mouiller de larmes au naïf récit d'une action généreuse, au simple aspect d'un beau soleil couchant ou d'une nuit d'été paisible et étoilée! Vous souvenez-vous, l'an passé, lors de notre excursion aux ruines d'Oppenfeld... au bord du grand lac... nos rêveries silencieuses pendant cette magnifique soirée si remplie de calme, de poésie et de sérénité ?

Bizarre contraste!... c'était trois jours avant ce duel sanglant où je n'ai pas voulu vous prendre pour second, car j'aurais trop souffert pour vous si j'avais été blessé sous vos yeux ; ce duel où, pour une querelle de jeu, mon second, à moi, a malheureusement tué ce jeune Français, le vicomte de Saint-Remy... A propos, savez-vous ce qu'est devenue cette dangereuse sirène que M. de Saint-Remy avait amenée à Oppenfeld, et qui se nommait, je crois, Cecily David?

Mon ami, vous devez sourire de pitié en me voyant m'égarer ainsi parmi de vagues souvenirs du passé, au lieu d'arriver aux graves confidences que je vous annonce : c'est que, malgré moi, je recule l'instant de ces confidences ; je connais votre sévérité, et j'ai peur d'être *grondé*, oui, grondé, parce qu'au lieu d'agir avec réflexion, avec sagesse (une sagesse de vingt et un ans, hélas !), j'ai agi follement, ou plutôt je n'ai pas agi... je me suis laissé aveuglément emporter au courant qui m'entraînait... et c'est seulement depuis mon retour de Gerolstein que je me suis pour ainsi dire éveillé du songe enchanteur qui m'a bercé pendant trois mois... et ce réveil est funeste...

Allons, mon ami, mon bon Maximilien, *je prends mon grand courage*... Écoutez-moi avec indulgence... Je commence en baissant les yeux. Je n'ose vous regarder, car en lisant ces lignes vos traits doivent être devenus si graves, si sévères... homme stoïque !

Ayant obtenu un congé de six mois, je quittai Vienne et je restai ici quelque temps auprès de mon père ; sa santé étant bonne alors, il me conseilla d'aller visiter mon excellente tante, la princesse Juliane, supérieure de l'abbaye de Gerolstein. Je vous ai dit, je crois, mon ami, que mon aïeule était cousine germaine de l'aïeul du grand-duc actuel, et que ce dernier, Gustave-Rodolphe, grâce à cette parenté, a toujours bien voulu nous traiter, moi et mon père, très-affectueusement de *cousins*. Vous savez aussi, je crois, que pendant un assez long voyage que le prince fit dernièrement en France, il chargea mon père de l'administration du grand-duché. Ce n'est nullement par orgueil, vous le pensez, mon ami, que je vous parle de ces circonstances, c'est pour vous expliquer les causes de l'extrême intimité dans laquelle j'ai vécu avec le grand-duc et sa famille pendant mon séjour à Gerolstein.

Vous souvenez-vous que l'an passé, lors de notre voyage des bords du Rhin, on nous apprit que le prince avait retrouvé en France et épousé *in extremis* madame la comtesse Mac-Gregor, afin de légitimer la naissance d'une fille qu'il avait eue d'elle lors d'une première union secrète, plus tard cassée pour vice de forme, et parce qu'elle avait été contractée malgré la volonté du grand-duc alors régnant? Cette jeune fille, ainsi solennellement reconnue, est cette charmante princesse Amélie[1] dont lord Dudley, qui l'avait vue à Gerolstein il y a maintenant une année environ, nous parlait cet hiver, à Vienne, avec un enthousiasme que nous accusions d'exagération... Étrange hasard!... qui m'eût dit alors !...

Mais, quoique vous ayez sans doute maintenant à peu près deviné mon secret, laissez-moi suivre la marche des événements sans l'intervertir...

Le couvent de Sainte-Hermangilde, dont ma tante est abbesse, est à peine éloigné d'un demi-quart de lieue de Gerolstein, car les jardins de l'abbaye touchent aux faubourgs de la ville ; une charmante maison, complétement isolée du cloître, avait été mise à ma disposition par ma tante, qui m'aime, vous le savez, avec une tendresse maternelle.

Le jour de mon arrivée, elle m'apprit qu'il y avait le lendemain réception solennelle et fête à la cour, le grand-duc devant ce jour-là officiellement annoncer son prochain mariage avec madame la marquise d'Harville, arrivée depuis peu à Gerolstein, accompagnée de son père M. le comte d'Orbigny[2].

---

[1]. Le nom de Marie rappelant à Rodolphe et à sa fille de tristes souvenirs, il lui avait donné le nom d'Amélie, l'un des deux noms de sa mère à lui.
[2]. Nous rappelons au lecteur, pour la vraisemblance de ce récit, que la dernière princesse souveraine de Courlande, femme aussi remarquable par la rare supériorité de son esprit que par le charme de son caractère et l'adorable bonté de son cœur, était mademoiselle de Medem.

(La suite au prochain numéro.)

COMMENT ON AIME

LA CHIMÈRE

(SUITE)

Elle soupira et se tut. Dominique lui demanda de nouveau si Olympe pouvait le recevoir. Mais il achevait à peine, lorsque le marquis parut à l'entrée du vestibule. M. de Treuil compulsait un bouquin qu'il venait d'acheter dans une vente, faite le matin même à Fontenay, de la bibliothèque d'un vieux savant.

— Enfin, la voici! s'écria-t-il le plus gaiement du monde.

— Quoi donc? dit la marquise.

— Eh! parbleu! la première édition des œuvres d'Horace, imprimée en 1470. Elle manquait à la collection de ma bibliothèque de campagne. Dieu soit loué, je la possède! Je l'ai payée cher, mais je l'ai.

— En sorte que vous voilà heureux! reprit la marquise. Eh bien! moi aussi, je suis heureuse, car je...

M. de Treuil l'interrompit, et s'adressant à Dominique :

— Regardez-moi cela, mon cher ami, dit-il. Le cachet des siècles est-il assez imprimé là-dessus. L'exemplaire, d'ailleurs, est fort bien conservé. On voit qu'il a passé en de bonnes mains. Il a appartenu à deux bibliophiles émérites du XVIII° siècle, le duc de la Vallière et le comte de Hoyon.

Dominique s'efforça de s'extasier. Puis, par une adroite transition, il demanda qu'on lui permît d'aller saluer sa future. Mais M. de Treuil était préoccupé et ne l'écouta pas.

— Hélas! reprit le noble érudit, que ne puis-je tenir la première édition de Virgile comme je tiens en ce moment la première édition d'Horace! Celle-là est une édition pour ainsi dire introuvable. A peine en reste-t-il cinq ou six exemplaires dans la circulation. Ils valent un prix fou. Je donnerais de grand cœur dix mille francs pour en posséder un.

— Dix mille francs pour un bouquin! s'écria la marquise avec une légère expression de dédain! Mais c'est fantastique! mais c'est insensé!

— Ni plus fantastique ni plus insensé, relativement, que le prix de vos azurins de Cochinchine et de vos moucherolles de Virginie!

— Mes oiseaux vivent, du moins.

— Oui, mais ils meurent aussi, et vous n'en jouissez guère.

— Bah! on les fait empailler.

— La belle ressource! Qu'est-ce que ça chante alors? Nos livres, ma chère, ont une voix qui ne s'éteint jamais et qui parle éternellement à l'esprit.

Les monomanies sont d'ordinaire exclusives et passionnées. Cette altercation menaçait de s'aigrir. Dominique intervint. Il insista vivement pour qu'on le mît en présence d'Olympe. Cette fois M. et madame de Treuil entendirent à merveille, mais ils se regardèrent avec stupéfaction.

— Pourquoi cet étonnement? demanda le jeune homme anxieux. Je ne comprends pas.

— Vous ignorez donc?... commença la marquise tout ébahie.

— Est-ce que la terrible enfant ne vous aurait pas prévenu? ajouta le marquis d'un air surpris et mécontent.

— Expliquez-vous, de grâce! balbutia Dominique. Qu'a-t-elle fait?

— Mais elle est partie avec sa gouvernante!

— Partie, malgré nos remontrances!

— Partie... pour Paris?

— Non... pour la Suisse.

Dominique resta abasourdi, muet, hébété. La stupeur le pétrifiait.

Madame de Treuil fut émue.

— Ah! croyez-moi, dit-elle sympathiquement je n'ai pas épargné à ma fille les reproches sévères. A plusieurs reprises j'ai tenté de lui faire comprendre toute l'inconvenance de la conduite qu'elle allait tenir; mais j'ai eu l'ennui de me heurter contre une inflexible résolution.

— Pour moi, dit le marquis, j'étais indigné contre Olympe, et j'ai refusé tout net de recevoir ses adieux; mais l'effrontée a forcé la porte de ma bibliothèque et m'a positivement contraint de l'embrasser. Baiser froid, je vous le jure, car je ne voulais pas accorder ma sanction à son inqualifiable versatilité.

— Consolez-vous, monsieur Dominique : tant d'inconstance ne mérite pas un regret.

— Oui, oubliez la méchante enfant, ajouta madame de Treuil, et restez notre ami.

— Tous deux pressèrent la main du jeune homme toujours immobile et silencieux ; après quoi madame de Treuil alla porter ses septicolores dans la volière et le marquis se dirigea vers sa bibliothèque pour y placer la précieuse édition des œuvres d'Horace.

En ce moment une lettre était remise à Dominique. Il en brisa le cachet et lut d'un coup d'œil ce qui suit :

« Je m'éloigne et renonce à vous. Pardonnez-moi. La fatalité m'entraîne. Vainement ai-je essayé de lutter contre elle. Je suis vaincue. J'aime Carl Martynn et ne puis être qu'à lui. Les mouvements du cœur sont involontaires, c'est là mon excuse. Je vous en supplie encore : soyez généreux et pardonnez-moi.

« OLYMPE DE TREUIL. »

Dominique éclata de rire comme un fou. Puis il s'élança hors de la villa. Tandis qu'il gagnait d'un pas rapide et saccadé la station du chemin de fer, il rencontra le directeur de la *Revue universelle* lequel lui demanda s'il était vrai qu'Olympe fût partie pour la Suisse.

— Parfaitement vrai ! répondit-il. Elle est sur le grand chemin de la gloire littéraire en compagnie de Carl Martynn ! Bon voyage je leur souhaite, et sans rancune surtout !

XI

Lorsqu'il arriva au manoir de Kerlaz, Dominique trouva le chevalier mourant. Il y a des baisers qui font revivre. Il y a des étreintes qui retiennent sur le bord de la tombe. En l'embrassant et le serrant contre son cœur, le jeune homme ranima le vieillard qui eut la force de refouler dans sa poitrine les dernières flammes qui commençaient à s'en échapper.

En quelques mots Dominique apprit à son grand-père le départ imprévu d'Olympe, séduite par la gloriole du talent et le retentissement d'un nom.

— Elle a choisi le poëte triomphant ! ajouta-t-il. Elle va épouser le succès du jour !

Un éclair de joie illumina le visage du moribond. Il regarda Claudine qui, amaigrie par la fatigue, mortellement pâle, mais belle encore comme une vierge de marbre blanc priait en silence, agenouillée au chevet du lit.

— Retire-toi, chère enfant, lui dit-il d'une voix ineffable. Il faut que je cause seul avec mon petit-fils. Tu reviendras bientôt, car je ne veux pas m'en aller sans t'avoir souri une fois encore, mon doux ange gardien !

Claudine se leva comme un ombre et disparut sans bruit.

Le chevalier reprit d'un ton faible et lent :

— Ainsi, Olympe de Treuil t'a abandonné ? Elle t'a préféré sans doute ce Carl Martynn ?

— Oui, grand-père. Mais je suis déjà consolé, et je rapporte tout mon cœur à Kerlaz.

— Je sais une jeune fille qui n'eût pas fait comme cette Olympe, poursuivit le vieillard.

— De qui donc voulez-vous parler ? demanda Dominique avec étonnement.

— De celle qui a prouvé qu'elle n'était ni cupide ni vaine de celle qui a refusé d'être la femme de Mathurin Lesgoët et du comte de Moëland.

— De Claudine ?

— Oui, de Claudine, qu'Elie Mariaker voulait épouser il y a huit jours, et qui a décliné cet honneur avec modestie, mais aussi avec fermeté.

Dominique se montra stupéfait.

— Quoi ! dit-il, elle a refusé la main de l'illustre poëte breton ? Une telle fantaisie est étrange, incompréhensible ? Claudine est vraiment déraisonnable.

Le vieillard hocha la tête avec effort.

— Non, répondit-il. Elle est insensible à tous les calculs, mon ami, et la célébrité elle-même n'a pu l'émouvoir.

— Mais elle a sans doute une raison ?

— Oui... Elle aime !

— Elle vous l'a dit ?

— Non... Je l'ai deviné.

— Et qui donc aime-t-elle ?

— Celui qui l'a recueillie orpheline et lui a donné un refuge au manoir de Kerlaz ;... celui qui l'a prise généreusement sous sa tutelle et s'est fait un devoir de développer son intelligence, de former son esprit ;... celui enfin qui a ouvert son cœur à la reconnaissance et y a semé, sans le savoir le germe fécond, le germe indestructible du véritable amour.

— Quels indices vous ont fait deviner cela ? balbutia-t-il.

— D'abord, le jour de ton premier départ pour Paris, je la trouvai toute sanglotante. Je dus croire que l'amitié seule se désolait en elle... Mais plus tard tu nous quittas de nouveau : je la surpris encore, le visage ruisselant de larmes silencieuses que rien ne semblait tarir. Une simple affection ne pleure pas ainsi. Je soupçonnai un secret... Puis tu nous dis adieu pour la troisième fois ; un quart d'heure après je la rencontrai, elle était évanouie sur le bord du chemin où tu venais de disparaître. Comment n'eussé-je pas compris, dès lors, que la pauvre enfant t'aimait, qu'elle t'aimait sans espoir, mais irrévocablement, dans le douloureux mystère de son cœur !... Et voilà pourquoi aucune ambition ne la sollicite, aucun avenir ne la tente. Elle a refusé fortune, titre, réputation ; elle refuserait une couronne, mon ami, pour vivre et mourir fidèle au culte de ses sentiments... Ainsi, tandis que tu poursuivais à travers l'agitation du monde le vol brillant et fantasque de la chimère, la réalité modeste, gracieuse et constante était ici à notre foyer, dans l'air tranquille et pur, tout parfumé du souvenir de tes bienfaits.

En s'exprimant ainsi, le vieillard s'était exalté. La surexcitation avait épuisé en lui un reste d'énergie. Son corps, demi soulevé, retomba inerte, ses yeux se fermèrent, ses lèvres blêmirent, comme si le dernier souffle eût été sur le point de s'en échapper, Dominique poussa un cri. Le chevalier fit un signe pour calmer l'angoisse du jeune homme. Après quelques minutes de repos, il souleva ses paupières alourdies, sa bouche déjà tendue s'agita, et de cette voix débile qui ressemble à un murmure lointain, il reprit :

— Ecoute-moi, Dominique. Ecoute-moi bien, mon cher enfant. Dans quelques instants sans doute j'aurai cessé de vivre, le regard de mon âme entrevoit déjà l'infini... A l'heure suprême où je suis arrivé, les choses de ce monde se rapetissent, et les préjugés humains, ce produit de l'orgueil, paraissent bien misérables devant la grande égalité de la mort... Tout se révèle alors sous un jour nouveau, sous un jour vrai, dont la lumière jaillit du fond de l'éternité... Eh bien ! crois-moi, mon fils, car je sais maintenant comment il faut apprécier la vie, rien ne vaut ici-bas une tendresse éprouvée, un dévouement qui ne faiblit jamais... Dominique, aime Claudine... Dominique, épouse l'humble et généreuse créature qui n'hésiterait pas à mourir pour toi !...

Le petit-fils recueillait pieusement les solennelles paroles de l'aïeul.

— Grand-père, répondit-il résolument, j'aimerai Claudine, je vous le jure, et je l'épouserai.

La jeune fille rentra bientôt. Elle alla reprendre en silence sa place au chevet du mourant. Celui-ci lui sourit avec une indicible expression de bonheur, puis il étendit ses deux mains tremblantes au-dessus des jeunes gens agenouillés.

— Je vous bénis, mes enfants, murmura-t-il, et je vous fiance au nom du Dieu de justice et de bonté qui me regarde et m'approuve.

A ces mots, il exala doucement le dernier soupir.

Trois mois plus tard, Dominique et Claudine étaient unis. Le manoir breton abrite leur vie heureuse, si heureuse qu'elle semble protégée par l'âme invisible, mais toujours présente et toujours tutélaire, du vieux chevalier de Kerlaz.

FIN DE LA CHIMÈRE

Le propriétaire-gérant : F. ROY.

LES MYSTÈRES DE PARIS

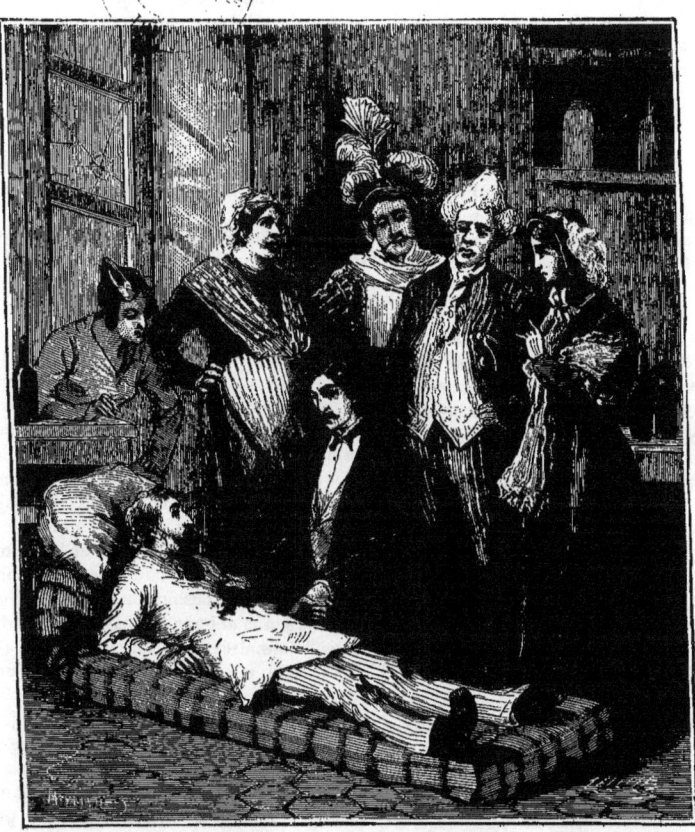

Le Chôurlueur fit un profond soupir en renversant sa tête en arrière... Il était mort. (Page 331.)

Les uns blâmaient le prince de n'avoir pas recherché encore cette fois une alliance souveraine (la grande-duchesse dont le prince était veuf appartenait à la maison de Bavière); d'autres, au contraire, et ma tante était du nombre, le félicitaient d'avoir préféré à des vues d'ambitieuses convenances une jeune et aimable femme qu'il adorait, et qui appartenait d'ailleurs à la plus haute noblesse de France. Vous savez d'ailleurs, mon ami, que ma tante a toujours eu pour le grand-duc Rodolphe l'attachement le plus profond; mieux que personne elle pouvait apprécier les éminentes qualités du prince.

— Mon cher enfant, — me dit-elle à propos de cette réception solennelle où je devais me rendre le lendemain de mon arrivée, — mon cher enfant, ce que vous verrez de plus merveilleux dans cette fête sera sans contredit la *perle de Gerolstein*...

— De qui voulez-vous parler, ma bonne tante?

— De la princesse Amélie...

— La fille du grand-duc! En effet, lord Dudley nous en avait parlé à Vienne avec un enthousiasme que nous avions taxé d'exagération poétique.

— A mon âge, avec mon caractère et dans ma position, — reprit ma tante, — on s'exalte assez peu; aussi vous croirez à l'impartialité de mon jugement, mon cher enfant. Eh bien! je vous dis, moi, que de ma vie je n'ai rien connu de plus enchanteur que la princesse Amélie. Je vous parlerais de son angélique beauté, si elle n'était pas douée d'un charme inexprimable qui est encore supérieur à la beauté. Figurez-vous la candeur dans la dignité et la grâce dans la modestie. Dès le premier jour où le grand-duc m'a présentée à elle, j'ai senti pour cette jeune princesse une sympathie involontaire. Du reste, je ne suis pas la seule: l'archiduchesse Sophie est à Gerolstein depuis quelques jours; c'est bien la plus fière et la plus hautaine princesse que je sache...

— Il est vrai, ma tante, son ironie est terrible, peu de personnes échappent à ses mordantes plaisanteries. A Vienne on la craignait comme le feu... La princesse Amélie aurait-elle trouvé grâce devant elle?

— L'autre jour elle vint ici après avoir visité la maison d'asile placée sous la surveillance de la jeune princesse. « Savez-vous une chose? me dit cette redoutable archiduchesse avec sa brusque franchise: j'ai l'esprit singulièrement tourné à la satire, n'est-ce pas? Eh bien! si je vivais longtemps avec la fille du grand-duc, je deviendrais, j'en suis sûre, inoffensive... tant sa bonté est pénétrante et *contagieuse*. »

— Mais c'est donc une enchanteresse que ma cousine? — dis-je à ma tante en souriant.

— Son plus puissant attrait, à mes yeux du moins, — reprit ma tante, — est ce mélange de douceur, de modestie et de dignité dont je vous ai parlé, et qui donne à son visage angélique l'expression la plus touchante.

— Certes, ma tante, la modestie est une rare qualité chez une princesse si jeune si belle et si heureuse.

— Songez encore, mon enfant, qu'il est d'autant mieux à la princesse Amélie de jouir sans ostentation vaniteuse de la haute position qui lui est acquise, que son élévation est récente[1]:

— Et dans son entretien avec vous, ma tante la princesse a-t-elle fait quelque allusion à sa fortune passée?

— Non; mais lorsque, malgré mon grand âge, je lui parlai avec le respect qui lui est dû, puisque Son Altesse est la fille de notre souverain, son trouble ingénu, mêlé de reconnaissance et de vénération pour moi, m'a profondément émue; car sa réserve, remplie de noblesse et d'affabilité, me prouvait que le présent ne l'enivrait pas assez pour qu'elle oubliât le passé, et qu'elle rendait à mon âge ce que j'accordais à son rang.

— Il faut en effet, — dis-je à ma tante, — un tact exquis pour observer ces nuances si délicates.

— Aussi, mon cher enfant, plus j'ai vu la princesse Amélie, plus je me suis félicitée de ma première impression. Depuis qu'elle est ici, ce qu'elle a fait de bonnes œuvres est incroyable, et cela avec une réflexion, une maturité de jugement, qui me confondent chez une personne de son âge. Jugez-en: à sa demande, le grand-duc a fondé à Gérolstein un établissement pour les petites orphelines de cinq ou six ans et pour les jeunes filles, orphelines aussi ou abandonnées, qui ont atteint seize ans, âge si fatal pour les infortunées que rien ne défend contre la séduction du vice ou l'obsession du besoin. Ce sont des religieuses nobles de mon abbaye qui enseignent et dirigent les pensionnaires de cette maison. En allant la visiter, j'ai eu souvent occasion de juger de l'adoration que ces pauvres créatures déshéritées ont pour la princesse Amélie. Chaque jour elle va passer quelques heures dans cet établissement, placé sous sa protection spéciale; et, je vous le répète, mon enfant, ce n'est pas seulement du respect, de la reconnaissance, que les pensionnaires et les religieuses ressentent pour Son Altesse, c'est presque du fanatisme.

— Mais c'est un ange que la princesse Amélie, — dis-je à ma tante.

— Un ange... oui, un ange, — reprit-elle, — car vous ne pouvez vous imaginer avec quelle attendrissante bonté elle traite ses protégées, de quelle pieuse sollicitude elle les entoure. Jamais je n'ai vu ménager avec plus de délica-

[1]. En arrivant en Allemagne, Rodolphe avait dit que Fleur-de-Marie, longtemps crue morte, n'avait jamais quitté sa mère, la comtesse Sarah.

tesse la susceptibilité du malheur : on dirait qu'une irrésistible sympathie attire surtout la princesse vers cette classe de pauvres abandonnées. Enfin, le croiriez-vous? elle... fille d'un souverain, n'appelle jamais autrement ces jeunes filles que *mes sœurs*.

A ces derniers mots de ma tante, je vous l'avoue, Maximilien, une larme me vint aux yeux. Ne trouvez-vous pas en effet belle et sainte la conduite de cette jeune princesse?

— Puisque la princesse, — lui dis-je, — est si merveilleusement douée, j'éprouverai un grand trouble lorsque demain je lui serai présenté; vous connaissez mon insurmontable timidité, vous savez que l'élévation du caractère m'impose encore plus que le rang; je suis donc certain de paraître à la princesse aussi stupide qu'embarrassé, j'en prends mon parti d'avance.

— Allons, allons, — me dit ma tante en souriant, — elle aura pitié de vous, mon cher enfant, d'autant plus que vous ne serez pas pour elle une nouvelle connaissance.

— Moi, ma tante?
— Sans doute.
— Et comment cela?

— Vous vous souvenez que lorsqu'à l'âge de seize ans vous avez quitté Oldenzaal pour faire un voyage en Russie et en Angleterre avec votre père, j'ai fait faire de vous un portrait dans le costume que vous portiez au premier bal costumé donné par feu la grande-duchesse.

— Oui, ma tante, un costume de page allemand du XVI° siècle.

— Notre excellent peintre, Fritz Mocker, tout en reproduisant fidèlement vos traits, n'avait pas seulement retracé un personnage du XVI° siècle; mais, par un caprice d'artiste, il s'était plu à imiter jusqu'à la vétusté des tableaux peints à cette époque. Quelques jours après son arrivée en Allemagne, la princesse Amélie, étant venue me voir avec son père, remarqua votre portrait, et me demanda naïvement quelle était cette charmante figure des temps passés. Son père sourit, me fit signe, et lui répondit : « Ce portrait est celui d'un de nos cousins, qui aurait maintenant, vous le voyez à son costume, ma chère Amélie, quelque trois cents ans, mais qui, bien jeune, avait déjà témoigné d'une rare intrépidité et d'un cœur excellent : ne porte-t-il pas, en effet, la bravoure dans le regard et la bonté dans le sourire? »

(Je vous en supplie, Maximilien, ne haussez pas les épaules avec un impatient dédain en me voyant écrire de telles choses à propos de *moi-même;* la suite de ce récit vous prouvera que ces puérils détails, dont je sens le ridicule amer, sont malheureusement indispensables. Je ferme cette parenthèse et je continue.)

— La princesse Amélie, — reprit ma tante, — dupe de cette plaisanterie, partagea l'avis de son père sur l'expression douce et fière de votre physionomie, après avoir plus attentivement considéré le portrait. Plus tard, lorsque j'allai la voir à Gerolstein, elle me demanda en souriant des nouvelles de *son cousin des temps passés.* Je lui avouai alors notre supercherie, lui disant que le beau page du XVI° siècle était simplement mon neveu, le prince Henri d'Herkaüsen-Oldenzaal, actuellement âgé de vingt et un ans, capitaine aux gardes de Sa Majesté l'empereur d'Autriche, et en tout, sauf le costume, fort ressemblant d'ailleurs à son portrait. A ces mots, la princesse Amélie, — ajouta ma tante, — rougit et redevint sérieuse, comme elle l'est presque toujours. Depuis, elle ne m'a naturellement jamais reparlé du tableau. Néanmoins, vous voyez, mon cher enfant, que vous ne serez pas complétement un nouveau visage pour *votre cousine*, comme dit le grand-duc. Ainsi donc, rassurez-vous, et soutenez l'honneur de votre portrait, — ajouta ma tante en souriant.

Cette conversation avait eu lieu, je vous l'ai dit, mon cher Maximilien, la veille du jour où je devais être présenté à la princesse ma cousine; je quittai ma tante et je rentrai chez moi.

II

Vous m'avez dit bien des fois, mon cher Maximilien, que j'étais dépourvu de toute vanité; je le crois, j'ai besoin de le croire pour continuer ce récit sans m'exposer à passer à vos yeux pour un présomptueux. Lorsque je fus seul chez moi, me rappelant l'entretien de ma tante, je ne pus m'empêcher de songer, avec une secrète satisfaction, que la princesse Amélie, ayant remarqué ce portrait de moi fait depuis six ou sept ans, avait quelques jours après demandé en plaisantant des nouvelles de *son cousin des temps passés.* Rien n'était plus sot que de baser le moindre espoir sur une circonstance aussi insignifiante, j'en conviens; mais, je serai comme toujours, envers vous, de la plus entière franchise : eh bien! cette insignifiante circonstance me ravit. Sans doute les louanges que j'avais entendu donner à la princesse Amélie par une femme aussi grave, aussi austère que ma tante, en élevant davantage la princesse à mes yeux, me rendaient plus sensible encore la distinction qu'elle avait daigné m'accorder... ou plutôt qu'elle avait accordée à mon portrait... Pourtant, que vous dirai-je? cette distinction éveilla en moi des espérances si folles, que, jetant à cette heure un regard plus calme sur le passé, je me demande comment j'ai pu me laisser entraîner à ces pensées qui aboutissaient inévitablement à un abîme. Quoique parent du grand-duc, et toujours parfaitement accueilli de lui, il m'était impossible de concevoir la moindre espérance de mariage avec la princesse, lors même qu'elle eût agréé mon amour, ce qui était plus qu'improbable. Notre famille tient honorablement son rang, mais elle est pauvre, si on compare notre fortune aux immenses domaines du grand-duc, le prince le plus riche de la Confédération germanique; et puis enfin, j'avais vingt et un ans à peine, j'étais simple capitaine aux gardes, sans renom, sans position personnelle! jamais, en un mot, le grand-duc ne pouvait songer à moi pour sa fille.

Toutes ces réflexions auraient dû me préserver d'une passion que je n'éprouvais pas encore, mais dont j'avais pour ainsi dire le singulier pressentiment. Hélas! je m'abandonnai au contraire à de nouvelles puérilités. Je portais au doigt une bague qui m'avait été autrefois donnée par Thécla (la bonne comtesse que vous connaissez); quoique ce gage d'un amour facile et léger ne pût *me gêner* beaucoup, j'en fis héroïquement le sacrifice à mon amour naissant, et le pauvre anneau disparut dans les eaux rapides de la rivière qui coule sous mes fenêtres.

Vous dire la nuit que je passai est inutile. Je savais la princesse Amélie blonde et d'une angélique beauté; je tâchai de m'imaginer ses traits, sa taille, son maintien, le son de sa voix, l'expression de son regard; puis, songeant à mon portrait qu'elle avait remarqué, je me rappelai à regret que l'artiste maudit m'avait dangereusement flatté; de plus, je comparais avec désespoir le costume pittoresque du page du XVIe siècle au sévère uniforme du capitaine aux gardes de Sa Majesté Impériale. Puis à ces niaises préoccupations succédaient çà et là, je vous l'assure, mon ami, quelques pensées généreuses, quelques nobles élans de l'âme; je me sentais ému, oh! profondément ému, au ressouvenir de cette adorable bonté de la princesse Amélie, qui appelait les pauvres abandonnées qu'elle protégeait, — *ses sœurs*, — m'avait dit ma tante.

Le lendemain l'heure de la réception arriva. J'essayai deux ou trois habits d'uniforme, les trouvant plus mal faits les uns que les autres, et je partis pour le palais grand-ducal, très-mécontent de moi.

Quoique Gerolstein soit à peine éloigné d'un quart de lieue de l'abbaye de Sainte-Hermangilde, durant ce court trajet mille pensées m'assaillirent, toutes les puérilités dont j'avais été si occupé disparurent devant une idée grave, triste, presque menaçante... un invincible pressentiment m'annonçait une de ces crises qui dominaient la vie tout entière, une sorte de révélation me disait que j'allais aimer... aimer passionément, aimer comme on n'aime qu'une fois... et, pour comble de fatalité, cet amour aussi hautement que dignement placé devait être pour moi toujours malheureux.

Vous ne connaissez pas le palais grand-ducal de Gerolstein, mon ami? Selon tous ceux qui ont visité les capitales de l'Europe, il n'est pas, à l'exception de Versailles, une résidence royale dont l'ensemble et les abords soient d'un aspect plus majestueux. Si j'entre dans quelques détails à ce sujet, c'est qu'en me souvenant à cette heure de ces imposantes splendeurs, je me demande comment elles ne m'ont pas tout d'abord rappelé à mon néant; car enfin la princesse Amélie était fille du souverain maître de ce palais, de ces gardes, de ces richesses merveilleuses. On arrivait au palais par la *cour de marbre*, vaste hémicycle, ainsi appelée parce que, à l'exception d'un large chemin de ceinture où circulent les voitures, elle est dallée de marbres de toutes couleurs, formant de magnifiques mosaïques, au centre desquelles se dessine un immense bassin revêtu de brèche antique, alimenté par d'abondantes eaux qui tombent incessamment d'une large vasque de porphyre. Cette cour d'honneur est circulairement entourée d'une rangée de statues de marbre blanc du plus haut style, portant des torchères de bronze doré, d'où jaillissent des flots de gaz éblouissant. Alternant avec des statues, des vases Médicis, exhaussés sur leurs socles richement sculptés, renfermaient d'énormes lauriers-roses, véritables buissons fleuris, dont le feuillage lustré vu aux lumières resplendissait d'une verdure métallique. Les voitures s'arrêtaient au pied d'une double rampe à balustres qui conduisait au péristyle du palais : au pied de cet escalier se tenaient en vedette, montés sur leurs chevaux noirs, deux cavaliers du régiment des gardes du grand-duc, qui choisit ces soldats parmi les sous-officiers les plus grands de son armée. Vous, mon ami, qui aimez tant les gens de guerre, vous eussiez été frappé de la tournure sévère et martiale de ces deux colosses, dont la cuirasse et le casque d'acier d'un profil antique, sans crinière, étincelaient aux lumières; ces cavaliers portaient l'habit bleu à collet jaune, le pantalon de daim blanc et les bottes fortes montant au-dessus du genou. Enfin pour vous, mon ami, qui aimez ces détails militaires, j'ajouterai qu'au haut de l'escalier, de chaque côté de la porte, deux grenadiers du régiment d'infanterie de la garde grand'ducale étaient en faction. Leur tenue, sauf la couleur de l'habit et des revers, ressemblait, m'a-t-on dit, à celle des grenadiers de Napoléon.

Après avoir traversé le vestibule où se tenaient hallebarde en main les suisses de livrée du prince, je montai un imposant escalier de marbre blanc qui aboutissait à un portique orné de colonnes de jaspe et surmonté d'une coupole peinte dorée. Là se trouvaient deux longues files de valets de pied. J'entrai ensuite dans la salle des gardes, à la porte de laquelle se tenaient toujours un chambellan et un aide de camp de service, chargés de conduire auprès de Son Altesse Royale les personnes qui avaient droit à lui être particulièrement présentées. Ma parenté, quoique éloignée, me valut cet honneur : un aide de camp me précéda dans une longue galerie remplie d'hommes en habits de cour ou d'uniforme, et de femmes en grande parure.

Pendant que je traversais lentement cette foule brillante, j'entendis quelques paroles qui augmentèrent encore mon émotion : de tous côtés on admirait l'angélique beauté de la princesse Amélie, les traits charmants de la marquise d'Harville, et l'air véritablement impérial de l'archiduchesse Sophie, qui, récemment arrivée de Munich avec l'archiduc Stanislas, allait bientôt repartir pour Varsovie; mais tout en rendant hommage à l'altière dignité de l'archiduchesse, à la gracieuse distinction de la marquise d'Harville, on reconnaissait que rien n'était plus idéal que la figure enchanteresse de la princesse Amélie.

A mesure que j'approchais de l'endroit où se tenaient le grand-duc et sa fille, je sentais mon cœur battre avec violence. Au moment où j'arrivai à la porte de ce salon (j'ai oublié de vous dire qu'il y avait bal et concert à la cour), l'illustre Liszt venait de se mettre au piano; aussi le silence le plus recueilli succéda-t-il au léger murmure des conversations. En attendant la fin du morceau, que le grand artiste jouait avec sa supériorité accoutumée, je restai dans l'embrasure d'une porte.

Alors, mon cher Maximilien, pour la première fois je vis la princesse Amélie... Laissez-moi vous dépeindre cette scène, car j'éprouve un charme indicible à rassembler ces souvenirs.

Figurez-vous, mon ami, un vaste salon meublé avec une somptuosité royale, éblouissant de lumières et tendu d'étoffe de soie cramoisie, sur laquelle courait un feuillage d'or, brodé en relief. Au premier rang, sur de grands fauteuils dorés, se tenaient l'archiduchesse Sophie, à sa gauche madame la marquise d'Harville, et à sa droite la princesse Amélie; debout derrière elle était le grand-duc portant l'uniforme de colonel de ses gardes; il semblait rajeuni par le bonheur et ne pas avoir plus de trente ans; l'habit militaire faisait encore valoir l'élégance de sa taille et la beauté de ses traits; auprès de lui était l'archiduc Stanislas en costume de feld-maréchal; puis venaient ensuite les dames d'honneur de la princesse Amélie, les femmes des grands dignitaires de la cour, et enfin ceux-ci. Ai-je besoin de vous dire que la princesse Amélie, moins encore par son rang que par sa grâce et sa beauté, dominait cette foule étincelante? Ne me condamnez pas, mon ami, sans lire ce portrait... Quoiqu'il soit mille fois encore au-dessous de la réalité, vous comprendrez mon adoration; vous comprendrez que dès que je la vis... je l'aimai, et que la rapidité de cette passion ne put être égalée que par sa violence et son éternité. La princesse Amélie, vêtue d'une simple robe de moire blanche, portait, comme l'archiduchesse Sophie, le grand cordon de l'ordre impérial de Saint-Népomucène qui lui avait été récemment envoyé par l'impératrice. Un bandeau de perles, entourant son front noble et candide, s'harmoniait à ravir avec les deux grosses nattes de cheveux d'un blond cendré magnifique qui encadraient ses joues légèrement rosées; ses bras charmants, plus blancs encore que les flots de dentelles d'où ils sortaient, étaient à demi cachés par des gants qui s'arrêtaient au-dessous de son coude à fossette; rien de plus accompli que sa taille, rien de plus joli que son pied chaussé de satin blanc.

Au moment où je la vis, ses grands yeux du

plus pur azur étaient rêveurs; je ne sais même si à cet instant elle subissait l'influence de quelque pensée sérieuse ou si elle était vivement impressionnée par la sombre harmonie du morceau que jouait Liszt, mais son demi-sourire me parut d'une douceur et d'une mélancolie indicibles...

Jamais je ne pourrai vous exprimer ce que je ressentis alors : tout ce que m'avait dit ma tante de l'ineffable bonté de la princesse Amélie me revint à la pensée... Souriez, mon ami... mais malgré moi je sentis mes yeux devenir humides en voyant rêveuse, presque triste, cette jeune fille si admirablement belle, entourée d'honneurs, de respects, et idolâtrée par un père tel que le grand-duc...

Vous savez combien l'étiquette et la hiérarchie des rangs sont scrupuleusement observées chez nous. Grâce à mon titre et aux liens de parenté qui m'attachent au grand-duc, les personnes au milieu desquelles je m'étais d'abord placé s'étaient peu à peu reculées, de sorte que je restai presque seul et très en évidence au premier rang, dans l'embrasure de la porte de la galerie. Il fallut cette circonstance pour que la princesse Amélie, sortant de sa rêverie, m'aperçût et me remarquât sans doute, car elle fit un léger mouvement de surprise et rougit. Elle avait vu mon portrait à l'abbaye, chez ma tante, elle me reconnaissait, rien de plus simple. La princesse m'avait à peine regardé pendant une seconde, mais ce regard me fit éprouver une commotion violente, profonde; je sentis mes joues en feu, je baissai les yeux et je restai quelques minutes sans oser les lever de nouveau sur la princesse... Lorsque je m'y hasardai, elle causait tout bas avec l'archiduchesse Sophie, qui semblait l'écouter avec le plus affectueux intérêt.

Liszt ayant mis un intervalle de quelques minutes entre les deux morceaux qu'il devait jouer, le grand-duc profita de ce moment pour lui exprimer son admiration. Le prince, revenant à sa place, m'aperçut, me fit un signe de tête rempli de bienveillance, et dit quelques mots à l'archiduchesse en me désignant du regard. Celle-ci, après m'avoir un instant considéré, se retourna vers le grand-duc, qui ne put s'empêcher de sourire en lui répondant et en adressant la parole à sa fille. La princesse Amélie me parut embarrassée, car elle rougit de nouveau.

J'étais au supplice; malheureusement l'étiquette ne me permettait pas de quitter la place où je me trouvais avant la fin du concert, qui recommença bientôt. Deux ou trois fois je regardai la princesse Amélie à la dérobée; elle me sembla pensive et attristée : mon cœur se serra; je souffrais de la légère contrariété que je venais de lui causer involontairement et que je croyais deviner. Sans doute le grand-duc lui avait demandé en plaisantant si elle me trouvait quelque ressemblance avec le portrait de son *cousin des temps passés;* et dans son ingénuité elle se reprochait peut-être de n'avoir pas dit à son père qu'elle m'avait déjà reconnu.

Le concert terminé, je suivis l'aide de camp de service; il me conduisit auprès du grand-duc, qui voulut bien faire quelques pas au-devant de moi, me prit cordialement par le bras, et dit à l'archiduchesse Sophie en s'approchant d'elle :

— Je demande à Votre Altesse Impériale la permission de lui présenter mon cousin le prince Henri d'Herkaüsen-Oldenzaal.

— J'ai déjà vu le prince à Vienne, et je le retrouve ici avec plaisir, — répondit l'archiduchesse devant laquelle je m'inclinai profondément.

— Ma chère Amélie, — reprit le prince en s'adressant à sa fille, — je vous présente le prince Henri, votre cousin; il est fils du prince Paul, l'un de mes plus vénérables amis, que je regrette bien de ne pas voir aujourd'hui à Gerolstein.

— Voudriez-vous, monsieur, faire savoir au prince Paul que je partage vivement les regrets de mon père? car je serai toujours bien heureuse de connaître ses amis, — me répondit ma cousine avec une sincérité pleine de grâce...

Je n'avais jamais entendu le son de la voix de la princesse; imaginez-vous, mon ami, le timbre le plus frais, le plus harmonieux, enfin un de ces accents qui font vibrer les cordes les plus délicates de l'âme.

— J'espère, mon cher Henri, que vous resterez quelque temps chez votre tante, que j'aime, que je respecte comme ma mère, — me dit le grand-duc avec bonté. — Venez souvent nous voir en famille, à la fin de la matinée, sur les trois heures; si nous sortons, vous partagerez notre promenade : vous savez que je vous ai toujours aimé, parce que vous êtes un des plus nobles cœurs que je connaisse.

— Je ne sais comment exprimer à Votre Altesse Royale ma reconnaissance pour le bienveillant accueil qu'elle daigne me faire.

(La suite au prochain numéro.)

COMMENT ON AIME

LA MÉTAIRIE DES GENETS

I

— Allons, Ysolette, à ton tour de monter sur Trotte-Menu.

— Pour ça non, Mariannic ; il n'y a pas cinq minutes que tu es dessus, et d'ailleurs je ne suis pas fatiguée encore.

— Je t'en prie, Ysolette.

— Oh! non... oh! non, Mariannic.

Mais, sans écouter le refus très-bien accentué d'Ysolette, Mariannic sauta à bas de son âne, saisit sa compagne à bras-le-corps, l'enleva comme une plume et la posa sur Trotte-Menu.

— Ah mais! — fit-elle d'un air impérieux et vainqueur. Ysolette voulut glisser à terre, Mariannic la tint ferme sur la selle. — Pas moyen d'échapper, ma petite! Au reste, si tu t'avises de descendre, je te remonte et je t'attache ; voilà!

— Vilaine Mariannic! féroce Mariannic!

Mariannic partit d'un franc éclat de rire ; Ysolette voulut bouder, mais elle ne put en venir à bout, et finit par partager l'hilarité de sa compagne, qu'elle embrassa gentiment. Cette gaieté soudaine et bruyante effraya quelques moineaux qui couraient allègrement sur le sable du chemin et s'enfuirent en pépiant dans les genêts en fleurs.

Mariannic, Ysolette et Trotte-Menu continuèrent leur route sous les rayons dorés d'un soleil couchant qui animait magiquement les belles campagnes de Quimper au bourg de Fouesnant. Mariannic était une grande et forte fille de vingt-deux ans, un peu rousse et marquée de la petite vérole, mais l'air résolu, franc et bon. Ysolette, au contraire, frêle enfant de seize ans à peine, était si mignonne et si jolie avec ses grands yeux noirs expressifs, sa peau blanche et rosée, qu'on l'eût prise volontiers pour une jeune fille de la ville déguisée en paysanne. Quant à Trotte-Menu, c'était une excellente bête, haute de trois pieds, robuste, patiente, et point têtue, quoique d'origine bretonne ; ce qui prouve qu'il y a d'excellentes gens partout. Bientôt on quitta le chemin pour prendre un délicieux sentier ombragé et serpentant entre deux belles marges de mousse diaprée de pâquerettes et de scorsonères. Trotte-Menu, sans y être sollicité par le frein, s'engagea dans ce sentier bien connu, tandis que Mariannic s'arrêtait sur la lisière. La bonne fille ne riait plus ; elle était devenue toute pensive et toute triste.

— Eh bien! — lui cria Ysolette, — qu'est-ce que tu fais là?... Viens donc!

Mariannic passa vivement la main sur ses yeux et rejoignit sa compagne.

— Tiens! — reprit Ysolette, — tu as les yeux tout rouges! on dirait que tu as envie de pleurer!

— Un peu, — répondit Mariannic.

— Bon! je devine... Encore le souvenir de Gabriel, je parie?

— C'est vrai, c'est plus fort que moi : j'y pense toujours quand j'arrive à l'endroit où je l'ai quitté à son départ pour la grande ville de Paris. Il y a pourtant de cela plus de deux ans.

— Et voilà bien longtemps qu'il ne t'a écrit, le vilain!

— Il est peut-être bien malheureux et n'ose pas me le dire.

— Ou très-riche, et il sera devenu fier.

— Fier, lui! On voit bien que tu ne le connais pas, Ysolette. Le meilleur garçon de la terre, le cœur sur la main ; avec ça de l'esprit, du talent...

— Ah, dame! il paraît qu'il faisait de la bien belle peinture.

— Si belle, Ysolette, qu'on lui a conseillé d'aller à Paris, et qu'après la mort de son père il a vendu le peu de bien qui lui revenait, et il est parti... Mais je t'ai déjà conté tout ça, petite.

— Pas mal souvent, — dit malicieusement l'enfant. — C'est égal, ça me fait toujours plaisir, car, vois-tu, j'aime beaucoup ton cousin Gabriel, sans le connaître. A peine Ysolette avait-elle prononcé ces mots qu'elle poussa un cri. — Ah! mon Dieu! — dit-elle, — un mort!

— Un mort!... Et où donc?

— Là! là!

Mariannic jeta les yeux dans la direction indiquée, et vit en effet, sur l'un des tertres verdoyants qui encaissaient le sentier, un jeune homme étendu pâle et sans mouvement; il était vêtu d'une blouse bleue et d'un pantalon de toile grise; un petit paquet et un bâton étaient à ses pieds. En un bond Mariannic fut auprès de l'inconnu, elle se pencha vers lui et tressaillit aussitôt. Une violente émotion contractait son visage.

— Gabriel! c'est Gabriel! — s'écria-t-elle avec douleur.

Ysolette, à ce nom, s'élança à terre; Trotte-Menu, l'intelligent animal, s'arrêta tout court et brouta paisiblement l'herbe fleurie. Les deux Bretonnes s'empressèrent à l'envi autour du jeune homme, dont la belle figure était à demi couverte de longues mèches de cheveux blond cendré qu'elles écartèrent. D'abord elles crurent qu'il n'était qu'endormi, mais elles ne tarderont pas à se convaincre qu'il était évanoui. Agenouillées sur l'herbe, elles s'efforcèrent de le rappeler à la vie, Ysolette en prenant dans ses petites mains moites les mains glacées de Gabriel, Mariannic en humectant son front avec un mouchoir trempé dans le ruisseau voisin. Leurs efforts furent suivis de succès : le jeune homme rouvrit les yeux et proféra quelques sons mal articulés; ces sons devinrent de plus en plus saisissables; enfin il murmura distinctement :

— J'ai faim! — A ces mots, Mariannic et Ysolette se regardèrent avec stupéfaction; elles croyaient avoir mal entendu. — J'ai faim! — répéta Gabriel sans avoir conscience de ce qu'il disait, mais en remuant les lèvres d'une façon significative.

Deux ruisseaux de larmes jaillirent simultanément des yeux des deux paysannes.

— Le malheureux! — s'écria Ysolette, — il sera tombé de fatigue et de besoin.

Mariannic s'était levée sans prononcer un seul mot; elle avait arraché un panier qui pendait sur le devant de la selle de Trotte-Menu, et déjà elle présentait aux lèvres décolorées de Gabriel de petites crêpes, restant de leur provision du matin; Gabriel parut se ranimer fortement à l'odeur savoureuse de ces crêpes bretonnes; il les dévora sans regarder la main qui les lui offrait; et à mesure qu'il les dévorait, le sang revenait à ses joues et l'intelligence s'allumait dans ses yeux. A la dernière crêpe, mais seulement à la dernière, le pauvre garçon regarda Mariannic en face et la reconnut.

— Ma cousine! — exclama-t-il. — Ma chère cousine Mariannic!

Il laissa tomber de joie le morceau de crêpe qu'il tenait entre ses dents; mais il est vrai de dire qu'il le ramassa presque aussitôt et n'en fit qu'une bouchée.

— Eh! oui, c'est moi! — répondit Mariannic qui pouvait à peine parler tant son cœur battait fort; — c'est moi votre cousine, votre amie, moi qui ai tant eu de chagrin quand vous avez quitté le pays, et qui suis bien contente, oh! bien contente de vous revoir... Mais voilà que vous vous étouffez à présent; allons, vite, gourmand, buvez-moi ça!

Gabriel avala tout d'un trait un gobelet rempli d'eau que Mariannic avait puisée au plus clair du ruisseau.

— Ah! — fit alors le jeune homme en respirant à pleine poitrine, — ça va mieux maintenant... Dieu! les bonnes crêpes!

Il promena le bout de sa langue sur ses lèvres tout imprégnées encore d'un succulent parfum.

— Vous en mangeriez bien d'autres, n'est-ce pas, monsieur Gabriel? — dit alors Ysolette de sa voix argentine.

— Oh! certainement, — dit-il avec vivacité.

En même temps il tourna la tête du côté de la jeune paysanne, qu'il n'avait pas encore remarquée. Sa maladive et belle physionomie refléta un naïf mélange de surprise et d'admiration. Se retournant ensuite vers sa cousine, il l'interrogea du regard.

— C'est Ysolette, — répondit Mariannic, — la fille de Maugerou, le pêcheur de Douarnenez, le vieil ami de mon père. Le bonhomme Maugerou est mort il y a plus d'un an; Ysolette restait orpheline, je l'ai prise avec moi, et je n'en suis pas fâchée, car elle est aussi bonne qu'elle est jolie, la chère enfant!

(*La suite au prochain numéro.*)

Le propriétaire-gérant : F. ROY.

LES MYSTERES DE PARIS

— Ce portrait est celui d'un de nos cousins. (Page 339.)

— Eh bien! pour me prouver votre reconnaissance, — dit le prince en souriant, — invitez votre cousine pour la deuxième contredanse, car la première appartient de droit à l'archiduc.
— Votre Altesse voudra-t-elle m'accorder cette grâce?... — dis-je à la princesse Amélie en m'inclinant devant elle.
— Appelez-vous simplement *cousin* et *cousine*, selon la bonne vieille coutume allemande, — dit gaiement le grand-duc; — le cérémonial ne convient pas entre parents.
— Ma cousine me fera-t-elle l'honneur de danser cette contredanse avec moi?
— Oui, mon cousin, — me répondit la princesse Amélie.

Je ne saurais vous dire, mon ami, combien je fus à la fois heureux et peiné de la paternelle cordialité du grand-duc; la confiance qu'il me témoignait, l'affectueuse bonté avec laquelle il avait engagé sa fille et moi à substituer aux formules de l'étiquette ces appellations de famille d'une intimité si douce, tout me pénétrait de reconnaissance : je me reprochais d'autant plus amèrement le charme fatal d'un amour qui ne devait ni ne pouvait être agréé par le prince.

Je m'étais promis (je n'ai pas failli à cette résolution) de ne jamais dire un mot qui pût faire soupçonner à ma cousine l'amour que je ressentais ; mais je craignais que mon émotion, que mes regards ne me trahissent... Malgré moi pourtant, ce sentiment, si muet, si caché qu'il dût être, me semblait coupable... J'eus le temps de faire ces réflexions pendant que la princesse Amélie dansait la première contredanse avec l'archiduc Stanislas. Ici, comme partout, la danse n'est plus qu'une sorte de marche qui suit la mesure de l'orchestre ; rien ne pouvait faire valoir davantage la grâce sérieuse du maintien de ma cousine. J'attendais avec un bonheur mêlé d'anxiété le moment d'entretien que la liberté du bal allait me permettre d'avoir avec elle. Je fus assez maître de moi pour cacher mon trouble lorsque j'allai la chercher auprès de la marquise d'Harville. En songeant aux circonstances du portrait, je m'attendais à voir la princesse Amélie partager mon embarras ; je ne me trompais pas, je me souviens presque mot pour mot de notre première conversation ; laissez-moi vous la rapporter, mon ami :

— Votre Altesse me permettra-t-elle, — lui dis-je, — de l'appeler *ma cousine*, ainsi que le grand-duc m'y autorise.

— Sans doute, mon cousin, — me répondit-elle avec grâce ; — je suis toujours heureuse d'obéir à mon père.

— Et je suis d'autant plus fier de cette familiarité, ma cousine, que j'ai appris par ma tante à vous connaître, c'est-à-dire à vous apprécier.

— Souvent aussi mon père m'a parlé de vous, mon cousin, et ce qui vous étonnera peut-être, — ajouta-t-elle timidement, — c'est que je vous connaissais déjà, si cela se peut dire, de vue... Madame la supérieure de Sainte-Hermangilde, pour qui j'ai la plus respectueuse affection, nous avait un jour montré, à mon père et à moi... un portrait...

— Où j'étais représenté en page du XVIe siècle.

— Oui, mon cousin ; et mon père fit même la petite supercherie de me dire que ce portrait était celui d'un de nos parents du temps passé, en ajoutant d'ailleurs des paroles si bienveillantes pour ce cousin d'autrefois, que notre famille doit se féliciter de le compter parmi nos parents d'aujourd'hui...

— Hélas ! ma cousine, je crains de ne pas plus ressembler au portrait moral que le grand-duc a daigné faire de moi qu'au page du XVIe siècle.

— Vous vous trompez, mon cousin, — me dit naïvement la princesse ; — car à la fin du concert, en jetant par hasard les yeux du côté de la galerie, je vous ai reconnu tout de suite, malgré la différence du costume.

Puis, voulant changer sans doute un sujet de conversation qui l'embarrassait, elle me dit :

— Quel admirable talent que celui de M. Liszt, n'est-ce pas ?

— Admirable. Avec quel plaisir vous l'écoutiez !

— C'est qu'en effet il y a, ce me semble, un double charme dans la musique sans paroles : non-seulement on jouit d'une excellente exécution, mais on peut appliquer sa pensée du moment aux mélodies que l'on écoute, et qui en deviennent pour ainsi dire l'accompagnement... Je ne sais si vous me comprenez ?

— Parfaitement. Les pensées sont alors des paroles que l'on met mentalement sur l'air que l'on entend.

— C'est cela, c'est cela, vous me comprenez, — dit-elle avec un mouvement de gracieuse satisfaction ; — je craignais de mal expliquer ce que je ressentais tout à l'heure pendant cette mélodie si plaintive et si touchante.

— Grâce à Dieu, ma cousine, — lui dis-je en souriant, — vous n'avez aucune parole à mettre sur un air si triste.

Soit que ma question fût indiscrète et qu'elle voulût éviter d'y répondre, soit qu'elle ne l'eût pas entendue, tout à coup la princesse Amélie me dit en me montrant le grand-duc, qui, donnant le bras à l'archiduchesse Sophie, traversait alors la galerie où l'on dansait :

— Mon cousin, voyez donc mon père, comme il est beau !... quel air noble et bon ! comme tous les regards le suivent avec sollicitude ! Il me semble qu'on l'aime encore plus qu'on ne le révère...

— Ah ! — m'écriai-je, — ce n'est pas seulement ici, au milieu de sa cour, qu'il est chéri ! Si les bénédictions du peuple retentissaient dans la postérité, le nom de Rodolphe de Gerolstein serait justement immortel !

En parlant ainsi, mon exaltation était sincère ;

car vous savez, mon ami, qu'on appelle à bon droit les États du prince le *Paradis de l'Allemagne*. Il m'est impossible de vous peindre le regard reconnaissant que ma cousine jeta sur moi en m'entendant parler de la sorte.

— Apprécier ainsi mon père, — me dit-elle avec émotion, — c'est être bien digne de l'attachement qu'il vous porte...

— C'est que personne plus que moi ne l'aime et ne l'admire! En outre des rares qualités qui font les grands princes, n'a-t-il pas le génie de la bonté, qui fait les princes adorés?...

— Vous ne savez pas combien vous dites vrai... — s'écria la princesse encore plus émue.

— Oh! je le sais, je le sais; et tous ceux qu'il gouverne le savent comme moi. On l'aime tant, que l'on s'affligerait de ses chagrins comme on se réjouit de son bonheur; l'empressement de tous à venir offrir leurs hommages à madame la marquise d'Harville consacre à la fois et le choix de Son Altesse Royale, et la valeur de la future grande-duchesse.

— Madame la marquise d'Harville est plus digne que qui que ce soit de l'attachement de mon père, c'est le plus bel éloge que je puisse vous faire d'elle.

— Et vous pouvez sans doute l'apprécier justement; car vous l'avez probablement connue en France, ma cousine?

A peine avais-je prononcé ces derniers mots, que je ne sais quelle soudaine pensée vint à l'esprit de la princesse Amélie; elle baissa les yeux, et pendant une seconde ses traits prirent une expression de tristesse qui me rendit muet de surprise. Nous étions alors à la fin de la contredanse, la dernière *figure* me sépara un instant de ma cousine. Lorsque je la reconduisis auprès de madame d'Harville, il me sembla que ses traits étaient légèrement altérés... Je crus et je crois encore que mon allusion au séjour de la princesse en France, lui ayant rappelé la mort de sa mère, lui causa l'impression pénible dont je viens de vous parler. Pendant cette soirée, je remarquai une circonstance qui vous paraîtra peut-être puérile, mais qui m'a été une nouvelle preuve de l'intérêt que cette jeune fille inspire à tous. Son bandeau de perles s'étant un peu dérangé, l'archiduchesse Sophie, à qui elle donnait alors le bras, eut la bonté de vouloir lui replacer elle-même ce bijou sur le front. Or, pour qui connaît la hauteur proverbiale de l'archiduchesse, une telle prévenance de sa part semble à peine croyable. Du reste, la princesse Amélie, que j'observais attentivement à ce moment, parut à la fois si confuse, si reconnaissante, je dirais presque si embarrassée, de cette gracieuse attention, que je crus voir briller une larme dans ses yeux.

Telle fut, mon ami, ma première soirée à Gerolstein. Si je vous l'ai racontée avec tant de détails, c'est que presque toutes ces circonstances ont eu plus tard pour moi leurs conséquences. Maintenant j'abrégerai; je ne vous parlerai que de quelques faits relatifs à mes fréquentes entrevues avec ma cousine et son père.

Le surlendemain de cette fête, je fus du très-petit nombre de personnes invitées à la célébration du mariage du grand-duc avec madame la marquise d'Harville. Jamais je ne vis la physionomie de la princesse Amélie plus radieuse et plus sereine. Elle contemplait son père et la marquise avec une sorte de religieux ravissement qui donnait un nouveau charme à ses traits; on eût dit qu'ils reflétaient le bonheur ineffable du prince et de madame d'Harville.

Quelques jours après le mariage du grand-duc, j'eus avec lui une assez longue conversation; il m'interrogea sur le passé, sur mes projets d'avenir; il me donna les conseils les plus sages, les encouragements les plus flatteurs; enfin que vous dirai-je? un moment l'idée la plus folle me traversa l'esprit: je crus que le prince avait deviné mon amour, et que dans cet entretien il voulait m'étudier, me pressentir, et peut-être m'amener à un aveu...

Malheureusement cet espoir insensé ne dura pas longtemps; le prince termina la conversation en me disant que le temps des grandes guerres était fini, que je devais profiter de mon nom, de mes alliances, de l'éducation que j'avais reçue et de l'étroite amitié qui unissait mon père au prince de M..., premier ministre de l'empereur, pour parcourir la carrière diplomatique au lieu de la carrière militaire, ajoutant que toutes les questions qui se décidaient autrefois sur les champs de bataille se décideraient désormais dans les congrès; que bientôt les traditions tortueuses et perfides de l'ancienne diplomatie feraient place à une politique large et *humaine*, en rapport avec les véritables intérêts des peuples, qui de jour en jour avaient davantage la conscience de leurs droits; qu'un esprit élevé, loyal et généreux pourrait avoir avant quelques années un noble et grand rôle à jouer dans les affaires politiques, et faire ainsi beaucoup de bien. Il me proposait enfin le concours de sa souveraine protection pour me faciliter les abords de la carrière qu'il m'engageait instamment à parcourir. Vous comprenez, mon ami, que si le prince avait eu le moindre projet sur moi, il ne m'eût pas fait de telles ouvertures. Je le remerciai de ses offres avec une vive reconnaissance, en ajoutant que je sentais tout le prix de ses conseils et que j'étais décidé à les suivre.

J'avais d'abord mis la plus grande réserve dans mes visites au palais; mais, grâce à l'insistance du grand-duc, j'y vins bientôt presque chaque jour vers les trois heures. On y vivait dans toute la charmante simplicité de nos cours germaniques. C'était la vie des grands châteaux d'Angleterre, rendue plus attrayante par la simplicité cordiale, la douce liberté des mœurs allemandes. Lorsque le temps le permettait, nous faisions de longues promenades à cheval avec le grand-duc, la grande-duchesse, ma cousine et les personnes de leur maison. Lorsque nous restions au palais, nous avions nos occupations de musique, je chantais avec la grande-duchesse et ma cousine, dont la voix avait un timbre d'une pureté, d'une suavité sans égales, et que je n'ai jamais pu entendre sans me sentir remué jusqu'au fond de l'âme. D'autres fois nous visitions en détail les merveilleuses collections de tableaux et d'objets d'art, ou les admirables bibliothèques du prince, qui, vous le savez, est un des hommes les plus savants et les plus éclairés de l'Europe; assez souvent je revenais dîner au palais, et les jours d'opéra j'accompagnais au théâtre la famille grand-ducale.

Chaque jour passait comme un songe; peu à peu ma cousine me traita avec une familiarité toute fraternelle; elle ne me cachait pas le plaisir qu'elle éprouvait à me voir, elle me confiait tout ce qui l'intéressait; deux ou trois fois elle me pria de l'accompagner lorsqu'elle allait avec la grande-duchesse visiter ses jeunes orphelines; souvent aussi elle me parlait de mon avenir avec une maturité de raison, avec un intérêt sérieux et réfléchi qui me confondaient de la part d'une jeune fille de son âge; elle aimait aussi beaucoup à s'informer de mon enfance, de ma mère, hélas! toujours si regrettée. Chaque fois que j'écrivais à mon père, elle me priait de la rappeler à son souvenir; puis, comme elle brodait à ravir, elle me remit un jour pour lui une charmante tapisserie à laquelle elle avait longtemps travaillé. Que vous dirai-je, mon ami? un frère et une sœur, se retrouvant après de longues années de séparation, n'eussent pas joui d'une intimité plus douce. Du reste, lorsque, par le plus grand des hasards, nous restions seuls, l'arrivée d'un tiers ne pouvait jamais changer le sujet ou même l'accent de notre conversation. Vous vous étonnerez peut-être, mon ami, de cette fraternité entre deux jeunes gens, surtout en songeant aux aveux que je vous fais; mais plus ma cousine me témoignait de confiance et de familiarité, plus je m'observais, plus je me contraignais, de peur de voir cesser cette adorable familiarité. Et puis, ce qui augmentait encore ma réserve, c'est que la princesse mettait dans ses relations avec moi tant de franchise, tant de noble confiance, que je suis presque certain qu'elle a toujours ignoré ma violente passion. Il me reste un léger doute à ce sujet, à propos d'une circonstance que je vous raconterai tout à l'heure.

Si cette intimité fraternelle avait dû toujours durer, peut-être ce bonheur m'eût suffi; mais par cela même que j'en jouissais avec délices, je songeais que bientôt mon service ou la nouvelle carrière que le prince m'engageait à parcourir m'appellerait à Vienne ou à l'étranger; je songeais enfin que prochainement peut-être le grand-duc penserait à marier sa fille d'une manière digne d'elle... Ces pensées me devinrent d'autant plus pénibles que le moment de mon départ approchait. Ma cousine remarqua bientôt le changement qui s'était opéré en moi. La veille du jour où je la quittai, elle me dit que depuis quelque temps elle me trouvait sombre, préoccupé. Je tâchai d'éluder ces questions; j'attribuai ma tristesse à un vague ennui.

— Je ne puis vous croire, — me dit-elle; — mon père vous traite presque comme un fils, tout le monde vous aime; vous trouver malheureux serait de l'ingratitude.

— Eh bien! — lui dis-je sans pouvoir vaincre mon émotion, — ce n'est pas de l'ennui, c'est du chagrin, oui, c'est un profond chagrin que j'éprouve.

— Et pourquoi? que vous est-il arrivé? — me demanda-t-elle avec intérêt.

— Tout à l'heure, ma cousine, vous m'avez dit que votre père me traitait comme un fils... qu'ici tout le monde m'aimait... Eh bien! avant peu, il me faudra renoncer à ces affections si précieuses, il faudra enfin... quitter Gerolstein, et, je vous l'avoue, cette pensée me désespère.

— Et le souvenir de ceux qui nous sont chers... n'est-ce donc rien, mon cousin?

— Sans doute... mais les années, mais les

événements amènent tant de changements imprévus!

— Il est du moins des affections qui ne sont pas changeantes : celle que mon père vous a toujours témoignée... celle que je ressens pour vous sont de ce nombre, vous le savez bien ; on est frère et sœur... pour ne jamais s'oublier, — ajouta-t-elle en levant sur moi ses grands yeux bleus humides de larmes.

Ce regard me bouleversa, je fus sur le point de me trahir ; heureusement je me contins.

— Il est vrai que les affections durent, — lui dis-je avec embarras ; — mais les positions changent... Ainsi, ma cousine, quand je reviendrai dans quelques années, croyez-vous qu'alors cette intimité, dont j'apprécie tout le charme, puisse encore durer?

— Pourquoi ne durerait-elle pas?

— C'est qu'alors vous serez sans doute mariée, ma cousine... vous aurez d'autres devoirs... et vous aurez oublié votre pauvre frère...

Je vous le jure, mon ami, je ne lui dis rien de plus ; j'ignore encore si elle vit dans ces mots un aveu qui l'offensa, ou si elle fut comme moi douloureusement frappée des changements inévitables que l'avenir devait nécessairement apporter à nos relations. Mais au lieu de me répondre, elle resta un moment silencieuse, accablée ; puis se levant brusquement, pâle, la figure altérée, elle sortit après avoir regardé pendant quelques secondes la tapisserie de la jeune comtesse d'Oppenheim, une de ses dames d'honneur, qui travaillait dans l'embrasure d'une des fenêtres du salon où avait lieu notre entretien.

Le soir même de ce jour, je reçus de mon père une nouvelle lettre qui me rappelait précipitamment ici. Le lendemain matin j'allai prendre congé du grand-duc ; il me dit que ma cousine était un peu souffrante, qu'il se chargerait de mes adieux pour elle ; il me serra paternellement dans ses bras, regrettant, ajoutait-il, mon prompt départ, et surtout que ce départ fût causé par les inquiétudes que me donnait la santé de mon père ; puis, me rappelant avec la plus grande bonté ses conseils au sujet de la nouvelle carrière qu'il m'engageait très-instamment à embrasser, il ajouta qu'au retour de mes missions, ou pendant mes congés, il me reverrait toujours à Gerolstein avec un vif plaisir. Heureusement, à mon arrivée ici, je trouvai l'état de mon père un peu amélioré ; il est encore alité, et toujours d'une grande faiblesse, mais il ne me donne plus d'inquiétude

sérieuse. Malheureusement il s'est aperçu de mon abattement, de ma sombre taciturnité ; plusieurs fois, mais en vain, il m'a déjà supplié de lui confier la cause de mon morne chagrin. Je n'oserais, malgré son aveugle tendresse pour moi ; vous savez sa sévérité au sujet de tout ce qui lui paraît manquer de franchise et de loyauté. Hier je le veillais ; seul auprès de lui, le croyant endormi, je n'avais pu retenir mes larmes, qui coulaient silencieusement, en songeant à mes beaux jours de Gerolstein. Il me vit pleurer, car il sommeillait à peine, et j'étais complètement absorbé par ma douleur ; il m'interrogea avec la plus touchante bonté ; j'attribuai ma tristesse aux inquiétudes que m'avait données sa santé, mais il ne fut pas dupe de cette défaite.

Maintenant que vous savez tout, mon bon Maximilien, dites, mon sort est-il assez désespéré!... Que faire?... que résoudre?

Ah! mon ami, je ne puis vous dire mon angoisse. Que va-t-il arriver, mon Dieu?... Tout est à jamais perdu! Je suis le plus malheureux des hommes, si mon père ne renonce pas à son projet. Voici ce qui vient d'arriver :

Tout à l'heure je terminais cette lettre, lorsqu'à mon grand étonnement, mon père, que je croyais couché, est entré dans mon cabinet où je vous écrivais ; il vit sur mon bureau mes grandes pages déjà remplies, j'étais à la fin de celles-ci.

— A qui écris-tu si longuement? — me demanda-t-il en souriant.

— A Maximilien, mon père.

— Oh! — me dit-il avec une expression d'affectueux reproche, — je sais qu'il a toute ta confiance... *il est bien heureux, lui!*...

Il prononça ces derniers mots d'un ton si douloureusement navré, que, touché de son accent, je lui répondis en lui donnant ma lettre presque sans réflexion : — Lisez, mon père...

Mon ami, il a tout lu. Savez-vous ce qu'il m'a dit ensuite après être resté quelque temps méditatif? — Henri, je vais écrire au grand-duc ce qui s'est passé pendant votre séjour à Gerolstein.

— Mon père, je vous en conjure, ne faites pas cela.

— Ce que vous racontez à Maximilien est-il scrupuleusement vrai?

— Oui, mon père.

— En ce cas, jusqu'ici votre conduite a été loyale... Le prince l'appréciera. Mais il ne faut pas qu'à l'avenir vous vous montriez indigne de sa noble confiance, ce qui arriverait si, abusant de son offre, vous retourniez plus tard à Gerolstein, dans l'intention peut-être de vous faire aimer de sa fille.

— Mon père, pouvez-vous penser...

— Je pense que vous aimez avec passion, et que la passion est tôt ou tard mauvaise conseillère.

— Comment! mon père, vous écrirez au prince que...

— Que vous aimez éperdument votre cousine.

— Au nom du ciel, mon père, je vous en supplie, n'en faites rien!

— Aimez-vous votre cousine?

— Je l'aime avec idolâtrie, mais...

Mon père m'interrompit.

— En ce cas je vais écrire au grand-duc et lui demander pour vous la main de sa fille...

— Mais, mon père, une telle prétention est insensée de ma part!

— Il est vrai... Néanmoins, je dois faire franchement cette demande au prince, en lui exposant les raisons qui m'imposent cette démarche. Il vous a accueilli avec la plus loyale hospitalité, il s'est montré pour vous d'une bonté paternelle, il serait indigne de moi et de vous de le tromper. Je connais l'élévation de son âme, il sera sensible à mon procédé d'honnête homme ; s'il refuse de vous donner sa fille, comme cela est presque indubitable, il saura du moins qu'à l'avenir, si vous retourniez à Gerolstein, vous ne devez plus vivre avec elle dans la même intimité. Vous m'avez, mon enfant, — ajouta mon père avec bonté, — librement montré la lettre que vous écriviez à Maximilien. Je suis maintenant instruit de tout, il est de mon *devoir* d'écrire au grand-duc... et je vais lui écrire à l'instant.

Vous le savez, mon ami, mon père est le meilleur des hommes, mais il est d'une inflexible ténacité de volonté, lorsqu'il s'agit de ce qu'il regarde comme *son devoir;* jugez de mes angoisses, de mes craintes! Quoique la démarche qu'il va tenter soit, après tout, franche et honorable, elle ne m'en inquiète pas moins. Comment le grand-duc accueillera-t-il cette folle demande? N'en sera-t-il pas choqué? Et la princesse Amélie ne sera-t-elle pas aussi blessée que j'aie laissé mon père prendre une résolution pareille sans son agrément?

Ah! mon ami, plaignez-moi, je ne sais que penser. Il me semble que je contemple un abîme et que le vertige me saisit...

Je termine à la hâte cette longue lettre ; bientôt je vous écrirai. Encore une fois, plaignez-moi, car en vérité je crains de devenir fou si la fièvre qui m'agite dure longtemps encore. Adieu, adieu, tout à vous de cœur et à toujours.

HENRY D'H.-O.

. . . .

Maintenant nous conduirons le lecteur au palais de Gerolstein, habité par Fleur-de-Marie depuis son retour de France.

CHAPITRE II

LA PRINCESSE AMÉLIE

L'appartement occupé par Fleur-de-Marie (nous ne l'appellerons la princesse Amélie qu'*officiellement*) avait été meublé, par les soins de Rodolphe, avec un goût et une élégance extrêmes. Du balcon de l'oratoire de la jeune fille, on découvrait au loin les deux tours du couvent de Sainte-Hermangilde, qui, dominant d'immenses massifs de verdure, étaient elles-mêmes dominées par une haute montagne boisée, au pied de laquelle s'élevait l'abbaye.

Par une belle matinée d'été, Fleur-de-Marie laissait errer ses regards sur ce splendide paysage, qui s'étendait au loin. Coiffée en cheveux, elle portait une robe montante d'étoffe printanière blanche à petites raies bleues ; un large col de batiste très-simple, rabattu sur ses épaules, laissait voir les deux bouts et le nœud d'une petite cravate de soie du même bleu que la ceinture de sa robe. Assise dans un grand fauteuil d'ébène sculpté, le coude soutenu par un des bras de ce siège, la tête un peu baissée, elle appuyait sa joue sur le revers de sa petite main blanche, légèrement veinée d'azur. L'attitude languissante de Fleur-de-Marie, sa pâleur, la fixité de son regard, l'amertume de son demi-sourire, révélaient une mélancolie profonde. Au bout de quelques moments, un soupir profond, douloureux, souleva son sein. Laissant alors retomber la main où elle appuyait sa joue, elle inclina davantage encore sa tête sur sa poitrine. On eût dit que l'infortunée se courbait sous le poids de quelque grand malheur.

A cet instant, une femme d'un âge mûr, d'une physionomie grave et distinguée, vêtue avec une élégante simplicité, entra presque timidement dans l'oratoire, et toussa légèrement pour attirer l'attention de Fleur-de-Marie.

(La suite au prochain numéro.)

COMMENT ON AIME

LA MÉTAIRIE DES GENETS

(SUITE)

— Alors elle doit être joliment bonne ! — repartit en souriant Gabriel, — bonne comme vous, Mariannic.

Ysolette devint rouge comme un coquelicot ; Mariannic pressa robustement la main du jeune homme et reprit :

— Maintenant, cousin, nous gagnerons le village, si vous le voulez bien. Vous monterez sur Trotte-Menu, et, une fois à notre métairie, nous verrons à vous remettre le cœur tout à fait. Puis, quand il sera bien remis, vous nous conterez comment il se fait...

— Que vous m'avez trouvé là évanoui ? — interrompit Gabriel, dont le front se chargea d'un nuage. — Oui, je vous dirai cela ; c'est une triste histoire, allez !

Il se leva.

Il allait refuser de monter sur l'âne ; mais il se sentit si faible qu'il mit de côté toute cérémonie. Et l'on chemina doucement le long du sentier, à travers coteaux et vallons, jusqu'au bourg de Fouesnant, qui se cache comme un nid d'oiseau dans les verts ombrages à peu de distance de la mer.

. . . .

A la vue des beaux sites qu'il avait tant parcourus et tant aimés autrefois, Gabriel éprouvait une vive émotion ; mais, en apercevant le bourg, il frémit de plaisir, une larme roula sous sa paupière, il se découvrit et dit avec tendresse :

— Salut, ô mon doux village ! toi que je n'aurais jamais dû quitter. Ton heureux et tranquille aspect sourit à mon cœur fatigué de tourments et de misères. Ah ! laisse-moi reposer un peu à l'ombre de ton odorante verdure, ô mon doux village ! car j'ai bien souffert loin de toi.

Mariannic et Ysolette entendirent cette allocution, poétique élan d'un noble cœur éprouvé ; elles portèrent sur Gabriel un regard admiratif et sympathique.

La métairie de Mariannic était située à l'entrée du bourg. On la nommait la *métairie des Genêts*, parce qu'une haie touffue de ces frêles arbustes courait gracieusement autour d'elle. On y arriva bientôt.

II

L'air des campagnes natales a souvent une puissante influence sur les organisations délicates et sensibles. Il n'est pas de peine, si tenace qu'elle soit, qui ne se dissipe en partie au souffle salutaire des brises du pays. Gabriel ne tarda pas à ressentir cet effet rassérénant. Ses forces épuisés lui revinrent magiquement. Il parcourut avec joie, presque avec délire, son bourg chéri, où à chaque pas il rencontre un visage ami. Il bondit comme un chevreau à travers la métairie hospitalière ; il mangea comme un ogre le souper rustique ; en un mot, il fut follement heureux, comme il arrive quand on a longtemps été sevré de tout bonheur. Mariannic se montrait si bonne et si empressée, Ysolette si vive et de si belle humeur ! Aussi lorsque, à la nuit tombée, assis entre les deux jeunes filles sur un banc de bois à la porte de la chaumière, on lui demanda de raconter son histoire :

— Ah ! — dit-il, — j'avais déjà oublié tous mes ennuis passés.

Un sourire épanoui sur ses lèvres disparut aussitôt, et il reprit d'un air pensif :

— Vous le voulez ? eh bien ! je vous obéis. Vous vous rappelez sans doute, Mariannic, ce qui a déterminé mon départ pour Paris ? Vous savez que, après avoir reçu au collège de Quimper plus d'instruction qu'il ne convenait peut-être pour l'état que je devais embrasser, je me pris de goût à ce qu'on appelle les arts, et particulièrement à la peinture ? Un vieux professeur de dessin, qui me témoignait beaucoup d'affection, m'avait enseigné à me servir de la palette et des pinceaux et je peignais avec ardeur : déjà même je rêvais une carrière qu'on ne connaît guère au village, carrière douce et charmante en apparence, mais âpre et triste en réalité, la carrière des arts. Car, hélas! chers enfants, c'est un peu la folie de tous les jeunes gens instruits qui n'envisagent la vie que sous son côté brillant et superficiel. Mon père, riche fermier alors, me rappela à sa ferme et me confia le soin de surveiller les travaux. J'aimais mon père et je me soumis à ses ordres. Mais mes occupations, si simples et si faciles qu'elles fussent, me fatiguaient et me répugnaient profondément. A peine avais-je un instant de liberté que je courais me blottir dans un grenier de notre maisonnette, dont j'avais fait un atelier de peinture. Là, palette et pinceaux en mains, je me livrais à de petites compositions que je pris bientôt pour de véritables chefs-d'œuvre. C'est l'habitude en pareil cas.

— Et c'était bien joli tout de même ! — s'écria Mariannic avec enthousiasme. — Vous m'en avez donné un de ces chefs-d'œuvre : ah dame! c'est que j'y tiens comme à la prunelle de mes yeux.

— Il faudra bien que j'en aie un aussi, moi, — dit Ysolette en ouvrant ses grands yeux noirs d'un air suppliant.

— J'ai fait serment de ne plus peindre, — répondit Gabriel souriant avec mélancolie.

— Ah! vraiment, — fit Ysolette toute contristée. — Quel dommage !

Gabriel continua :

— Une circonstance vint me confirmer dans ma vaniteuse présomption au sujet de mon talent. Je rencontrai un jour sur le bord de la mer un peintre, un grand peintre, qui étudiait un effet de l'Océan. Je parvins à l'emmener jusqu'à mon réduit d'artiste, où il vit mes propres ébauches. L'imprudent! il me complimenta, il me donna de bienveillants conseils. Je pris ses éloges au pied de la lettre; mon cœur en tressaillit et ma tête s'exalta; je me crus prédestiné pour la gloire. Dès lors je négligeai la surveillance des travaux de la ferme pour redoubler d'ardeur à l'étude de la peinture. Une pensée soudaine, persistante, tyrannique, s'empara de mon âme : aller à Paris! J'avais entendu dire que le talent y était toujours consacré, honoré, enrichi, et je ne doutais pas que je dusse réussir rapidement à conquérir la gloire. Folles illusions, qu'êtes-vous devenues? Ce fut au milieu de ces dispositions de mon esprit que je vis tout à coup mon père succomber au chagrin d'avoir été ruiné par la banqueroute d'un vieil ami pour lequel il s'était inconsidérément engagé. Je pleurai amèrement la mort de mon pauvre père ; quant à la perte de mon patrimoine, j'étais trop désintéressé pour en être frappé. Notre ferme fut vendue, les dettes furent liquidées, et quinze cents francs à peine furent tout mon héritage. Quinze cents francs! Pauvre pécule ! Mais n'avais-je pas vingt ans? Je partis donc bravement. Je me souviens, Mariannic, que vous et que quelques amis me fîtes la conduite jusqu'à la route. Mon cœur se serra en vous quittant ; mais de trop belles espérances me souriaient en voltigeant devant mes pas pour que je ressentisse longtemps le regret de ce que je laissais derrière moi.

« J'arrivai dans la capitale, une grande ville radieuse et sombre à la fois, pleine d'opulence fastueuse et de misère profonde, et je m'y installai fort mal, moyennant beaucoup d'argent. Déjà la couronne de mes chimères se détachait un peu de mon front. Mon premier soin fut de rendre visite au grand peintre qui m'avait encouragé de ses éloges. Il me reçut avec bonté. Toutefois, en apprenant que j'étais venu à Paris pour tenter la carrière des arts, il prit un air sérieux et me déclara que, s'il avait pu prévoir que ses encouragements m'eussent inspiré l'idée funeste de devenir peintre, il se serait bien gardé de me les adresser. Il me traça alors un sinistre tableau de la vie d'artiste, et termina en m'engageant à retourner au pays. C'était là ma première déception, elle fut affreuse : mon cœur se déchira, et je fondis en larmes, abattu, terrifié, j'eus d'abord l'envie de suivre le conseil de la prudence, mais je ne sais quelle suggestion perfide de mon orgueil paralysa cette résolution. Je m'écriai bientôt avec énergie en saisissant mes pinceaux : « Non, je ne partirai pas ! je deviendrai illustre aussi, dussé-je abréger ma vie à force de travail ! » Et je me mis à l'œuvre avec une sorte d'acharnement. Levé avec l'aube, je ne me couchais que fort tard dans la nuit, sans cesse cloué devant mon chevalet ou ma table à dessiner, sans cesse combattu entre le découragement et l'espoir, jugeant parfois ma peinture estimable, mais souvent aussi la trouvant odieuse et foulant aux pieds le lendemain ce que j'avais accompli la veille avec mille efforts.

(La suite au prochain numéro.)

Le propriétaire-gérant : F. ROY.

LES MYSTERES DE PARIS

— Mon père, dit Henri, je vous en conjure, ne faites pas cela! (Page 349.)

Celle-ci, sortant de sa rêverie, releva vivement la tête, et dit en saluant avec un mouvement plein de grâce :

— Que voulez-vous, ma chère comtesse?

— Je viens prévenir Votre Altesse que monseigneur la prie de l'attendre, car il va se rendre ici dans quelques minutes, répondit la dame d'honneur de la princesse avec une formalité respectueuse.

— Aussi je m'étonnais de n'avoir pas encore embrassé mon père aujourd'hui ; j'attends avec tant d'impatience sa visite de chaque matin !... Mais j'espère que je ne dois pas à une indisposition de mademoiselle d'Harneim le plaisir de vous voir deux jours de suite au palais, ma chère comtesse?

— Que Votre Altesse n'ait aucune inquiétude à ce sujet; mademoiselle d'Harneim m'a priée de la remplacer aujourd'hui; demain elle aura l'honneur de reprendre son service auprès de Votre Altesse, qui daignera peut-être excuser ce changement.

— Certainement, car je n'y perdrai rien : après avoir eu le plaisir de vous voir deux jours de suite, ma chère comtesse, j'aurai pendant deux autres jours mademoiselle d'Harneim auprès de moi.

— Votre Altesse nous comble, — répondit la dame d'honneur en s'inclinant; — son extrême bienveillance m'encourage à lui demander une grâce!

— Parlez... vous connaissez mon empressement à vous être agréable...

— Il est vrai que depuis longtemps Votre Altesse m'a habituée à ses bontés; mais il s'agit d'un sujet tellement pénible, que je n'aurais pas le courage de l'aborder, s'il ne s'agissait d'une action très-méritante; aussi j'ose compter sur l'indulgence extrême de Votre Altesse.

— Vous n'avez nullement besoin de mon indulgence, ma chère comtesse; je suis toujours très-reconnaissante des occasions que l'on me donne de faire un peu de bien.

— Il s'agit d'une pauvre créature qui malheureusement avait quitté Gerolstein avant que Votre Altesse eût fondé son œuvre si utile et si charitable pour les jeunes filles orphelines ou abandonnées, que rien ne défend contre les mauvaises passions.

— Et qu'a-t-elle fait? que réclamez-vous pour elle?

— Son père, homme très-aventureux, avait été chercher fortune en Amérique, laissant sa femme et sa fille dans une existence assez précaire. La mère mourut; la fille, âgée de seize ans à peine, livrée à elle-même, quitta le pays pour suivre à Vienne un séducteur qui la délaissa bientôt. Ainsi que cela arrive toujours, ce premier pas dans le sentier du vice conduisit cette malheureuse à un abîme d'infamie; en peu de temps elle devint, comme tant d'autres misérables... l'opprobre de son sexe...

Fleur-de-Marie baissa les yeux, rougit et ne put cacher un léger tressaillement qui n'échappa pas à sa dame d'honneur. Celle-ci craignant d'avoir blessé la chaste susceptibilité de la princesse en l'entretenant d'une telle créature, reprit avec embarras :

— Je demande mille pardons à Votre Altesse, je l'ai choquée sans doute en attirant son attention sur une existence aussi flétrie; mais l'infortuné manifeste un repentir si sincère... que j'ai cru pouvoir solliciter pour elle un peu de pitié.

— Et vous avez eu raison. Continuez... je vous en prie, — dit Fleur-de-Marie en surmontant sa douloureuse émotion; — tous les égarements sont en effet dignes de pitié, lorsque le repentir leur succède.

— C'est ce qui est arrivé dans cette circonstance, ainsi que je l'ai fait observer à Votre Altesse. Après deux années de cette vie abominable, la grâce toucha cette abandonnée... Saisie d'un tardif remords, elle est revenue ici. Le hasard a fait qu'en arrivant elle a été se loger dans une maison qui appartient à une digne veuve, dont la douceur et la piété sont populaires. Encouragée par la pieuse bonté de la veuve, la pauvre créature lui a avoué ses fautes, ajoutant qu'elle ressentait une juste horreur pour sa vie passée, et qu'elle achèterait au prix de la pénitence la plus rude le bonheur d'entrer dans une maison religieuse, où elle pourrait expier ses égarements et mériter leur rédemption. La digne veuve à qui elle fit cette confidence, sachant que j'appartenais à Votre Altesse, m'avait écrit pour me recommander cette malheureuse, qui, par la toute-puissante intervention de Votre Altesse, pourrait espérer d'entrer sœur converse au couvent de Sainte-Hermangilde; elle demande comme une faveur d'être employée aux travaux les plus pénibles, pour que sa pénitence soit plus méritoire. J'ai voulu entretenir plusieurs fois cette femme avant de me permettre d'implorer pour elle la pitié de Votre Altesse, et je suis fermement convaincue que son repentir sera durable. Ce n'est ni le besoin ni l'âge qui la ramènent au bien; elle a dix-huit ans à peine, elle est très-belle encore et possède une petite somme d'argent qu'elle veut affecter à une œuvre charitable, si elle obtient la faveur qu'elle sollicite.

— Je me charge de votre protégée, — dit Fleur-de-Marie en contenant difficilement son trouble, tant sa vie passée offrait de ressemblance avec celle de la malheureuse en faveur de qui on la sollicitait? puis elle ajouta : — Le repentir de cette infortunée est trop louable pour ne pas l'encourager. Elle a été coupable, elle se repent... — dit Fleur-de-Marie avec un accent de commisération indicible, — il est juste d'avoir pitié d'elle... Plus ses remords sont sincères, plus ils doivent être douloureux...

— J'entends, je crois, monseigneur, — dit

tout à coup la dame d'honneur sans remarquer l'émotion profonde et croissante de Fleur-de-Marie.

En effet, Rodolphe entra, tenant à la main un énorme bouquet de roses. A la vue du prince la comtesse se retira discrètement. A peine eut-elle disparu, que Fleur-de-Marie se jeta au cou de son père, appuya son front sur son épaule, et resta ainsi quelques secondes sans parler.

— Bonjour... bonjour, mon enfant chérie, — dit Rodolphe en serrant sa fille dans ses bras avec effusion, sans s'apercevoir encore de sa tristesse. — Vois donc ce buisson de roses; quelle belle moisson j'ai faite ce matin pour toi ! c'est ce qui m'a empêché de venir plus tôt; j'espère que je ne t'ai jamais apporté un plus magnifique bouquet... Tiens.

Et le prince, ayant toujours son bouquet à la main, fit un léger mouvement en arrière pour se dégager des bras de sa fille et la regarder; mais, la voyant fondre en larmes, il jeta le bouquet sur une table, prit les mains de Fleur-de-Marie dans les siennes, et s'écria :

— Tu pleures, mon Dieu ! qu'as-tu donc ?

— Rien... rien... mon bon père... — dit Fleur-de-Marie en essuyant ses larmes et tâchant de sourire à Rodolphe.

— Je t'en conjure, dis-moi ce que tu as... Qui peut t'avoir attristée ?

— Je vous assure, mon père, qu'il n'y a pas de quoi vous inquiéter. La comtesse était venue solliciter mon intérêt pour une pauvre femme si intéressante... si malheureuse... que malgré moi je me suis attendrie à son récit.

— Bien vrai ?... ce n'est que cela ?...

— Ce n'est que cela, — reprit Fleur-de-Marie en prenant sur une table les fleurs que Rodolphe avait jetées. — Mais comme vous me gâtez ! — ajouta-t-elle... — quel bouquet magnifique... et quand je pense que chaque jour... vous m'en apportez un pareil... cueilli par vous...

— Mon enfant, — dit Rodolphe en contemplant sa fille avec anxiété, — tu me caches quelque chose... Ton sourire est douloureux, contraint; je t'en conjure, dis-moi ce qui t'afflige... ne t'occupe pas de ce bouquet.

— Oh ! vous le savez, ce bouquet est ma joie de chaque matin, et puis j'aime tant les roses... je les ai toujours tant aimées... Vous vous souvenez, — ajouta-t-elle avec un sourire navrant, — vous vous souvenez de mon pauvre petit rosier... dont j'ai toujours gardé les débris ?...

A cette pénible allusion au temps passé, Rodolphe s'écria :

— Malheureuse enfant ! mes soupçons seraient-ils fondés ?... Au milieu de l'éclat qui t'environne, songerais-tu encore quelquefois à cet horrible temps ?... Hélas ! j'avais cru cependant te le faire oublier à force de tendresse !

— Pardon, pardon... mon père ! Ces paroles m'ont échappé... Je vous afflige...

— Je m'afflige, pauvre ange, — dit tristement Rodolphe, — parce que ces retours vers le passé doivent être affreux pour toi... parce qu'ils empoisonneraient ta vie, si tu avais la faiblesse de t'y abandonner.

— Mon père... c'est par hasard... Depuis notre arrivée ici, c'est la première fois...

— C'est la première fois que tu m'en parles... oui... mais ce n'est peut-être pas la première fois que ces pensées te tourmentent... Je m'étais aperçu de tes accès de mélancolie, et quelquefois j'accusais le passé de causer ta tristesse... Mais, faute de certitude, je n'osais pas même essayer de combattre la funeste influence de ces ressouvenirs; car si ton chagrin avait eu une autre cause, si le passé avait été pour toi ce qu'il doit être, un vain et mauvais songe, je risquais d'éveiller en toi les idées pénibles que je voulais détruire.

— Combien ces craintes témoignent encore de votre ineffable tendresse.

— Que veux-tu... ma position était si difficile, si délicate... Encore une fois, je ne te disais rien, mais j'étais sans cesse préoccupé de ce qui te touchait... En contractant ce mariage, qui comblait tous mes vœux, j'avais aussi cru donner une garantie de plus à ton repos. Je connaissais trop l'excessive délicatesse de ton cœur pour espérer que jamais... jamais tu ne songerais plus au passé; mais je me disais que si par hasard ta pensée s'y arrêtait, tu devais, en te sentant maternellement chérie par la noble femme qui t'a connue et aimée au plus profond de ton malheur, tu devais, dis-je, regarder le passé comme suffisamment expié par tes atroces misères, et être indulgente ou plutôt juste envers toi-même; car enfin une femme a droit par ses rares qualités aux respects de tous, n'est-ce pas ? Eh bien, dès que tu es pour elle une fille, une sœur chérie, ne dois-tu pas être rassurée ? Son tendre attachement n'est-il pas une réhabilitation complète ? Ne te dit-il pas qu'elle sait comme toi que tu as été victime et non coupable, qu'on ne peut enfin, te reprocher *que le malheur...* qui t'a accablée dès ta naissance? Aurais-tu même commis de grandes fautes, ne seraient-elles pas mille fois expiées, rachetées par tout ce que tu as fait de bien, par tout ce qui s'est développé d'excellent et d'adorable en toi?...

— Mon père...

— Oh! je t'en prie, laisse-moi te dire ma pensée entière, puisqu'un hasard qu'il faudra bénir, sans doute, a amené cet entretien. Depuis longtemps je le désirais et je le redoutais à la fois... Dieu veuille qu'il ait un succès salutaire! J'ai à te faire oublier tant d'affreux chagrins; j'ai à remplir auprès de toi une mission si auguste, si sacrée, que j'aurais eu le courage de sacrifier à ton repos mon amour pour madame d'Harville... mon amitié pour Murph, si j'avais pensé que leur présence t'eût trop douloureusement rappelé le passé.

— Oh! pouvez-vous le croire?... Leur présence, à eux, qui savent... *ce que j'étais...* et qui pourtant m'aiment tendrement, ne personnifient-elle pas au contraire l'oubli et le pardon?... Enfin, ma vie entière n'eût-elle pas été désolée, si pour moi vous aviez renoncé à votre mariage avec madame d'Harville?

— Oh! je n'aurais pas été seul à vouloir ce sacrifice, s'il avait dû assurer ton bonheur... Tu ne sais pas quel renoncement Clémence s'était déjà volontairement imposé... car elle aussi comprend toute l'étendue de mes devoirs envers toi.

— Vos devoirs envers moi, mon Dieu! Et qu'ai-je fait pour mériter autant?

— Ce que tu as fait, pauvre ange aimé!... Jusqu'au moment où tu m'as été rendue, ta vie n'a été qu'amertume, misère, désolation... et tes souffrances passées je me les reproche comme si je les avais causées! Aussi, lorsque je te vois souriante, satisfaite, je me crois pardonné... Mon seul but, mon seul vœu est de te rendre aussi idéalement heureuse que tu as été infortunée, de t'élever autant que tu as été abaissée, car il me semble que les derniers vestiges du passé s'effacent lorsque les personnes les plus éminentes, les plus honorables, te rendent les respects qui te sont dus.

— A moi du respect?... non, non, mon père... mais à mon rang, ou plutôt à celui que vous m'avez donné.

— Oh! ce n'est pas ton rang qu'on aime et révère... c'est toi, entends-tu bien, mon enfant chérie, c'est toi-même, c'est toi seule... Il est des hommages imposés par le rang, mais il en est aussi d'imposés par le charme et par l'attrait! Tu ne sais pas distinguer ceux-là, toi, parce que tu t'ignores, parce que tu ne sais pas que, par un prodige d'esprit et de tact qui me rend aussi fier qu'idolâtre de toi, un mélange de dignité, de modestie et de grâce, auquel ne peuvent résister les caractères les plus hautains...

— Vous m'aimez tant, mon père, et on vous aime tant, que l'on est sûr de vous plaire en me témoignant de la déférence.

— O la méchante enfant! — s'écria Rodolphe en interrompant sa fille et en l'embrassant avec tendresse, — la méchante enfant, qui ne veut accorder aucune satisfaction à mon orgueil de père!

— Cet orgueil n'est-il pas aussi satisfait en vous attribuant à vous seul la bienveillance que l'on me témoigne, mon bon père?

— Non, certainement, mademoiselle, — dit le prince en souriant à sa fille pour chasser la tristesse dont il la voyait encore atteinte; non, — mademoiselle, ce n'est pas la même chose; car il ne m'est pas permis d'être fier de moi, et je puis et je dois être fier de vous... oui, fier. Encore une fois, tu ne sais pas combien tu es divinement douée... En quinze mois ton éducation s'est si merveilleusement accomplie, que la mère la plus difficile serait enthousiaste de toi; et cette éducation a encore augmenté l'influence presque irrésistible que tu exerces autour de toi sans t'en douter.

— Mon père... vos louanges me rendent confuse.

— Je dis la vérité, rien que la vérité. En veux-tu des exemples? Parlons hardiment du passé, c'est un ennemi que je veux combattre corps à corps, il faut le regarder en face. Eh bien! te souviens-tu de la Louve, de cette scène de la prison que tu m'as racontée : une foule de détenues plus stupides encore que méchantes s'acharnaient à tourmenter une de leurs compagnes faible et infirme, leur souffre-douleur : tu parais, tu parles... et voilà aussitôt ces furies, rougissant de leur lâche cruauté envers leur victime, se montrent aussi charitables qu'elles avaient été méchantes? N'est-ce donc rien cela? Enfin, est-ce, oui ou non, grâce à toi que la Louve, cette femme indomptable, a connu le repentir et désiré une vie honnête et laborieuse? Va, crois-moi, mon enfant chérie, celle qui avait dominé la Louve et ses turbulentes compagnes par le seul ascendant de la bonté jointe à une rare élévation d'esprit, celle-là, quoique dans une sphère tout opposée, devait par le même charme (n'allez pas sourire de ce rapprochement, mademoiselle) fasciner aussi l'altière archiduchesse Sophie et tout mon entourage : car bons et méchants, grands et petits subissent presque toujours l'influence des âmes supérieures... Je ne veux pas dire que tu sois *née princesse* dans l'acception aristocratique du mot, cela serait une pauvre flatterie à te faire, mon enfant... mais tu es de ce petit nombre d'êtres privilégiés qui sont nés pour dire à une reine ce qu'il faut pour la charmer et s'en faire aimer... et aussi pour dire à une pauvre créature avilie et abandonnée ce qu'il faut pour la rendre meilleure, la consoler et s'en faire adorer.

— Mon bon père... de grâce...

A ce moment-là la porte du salon s'ouvrit, et Clémence, grande duchesse de Gerolstein, entra, tenant une lettre à la main.

— Voici, mon ami, — dit-elle à Rodolphe, — une lettre de France. J'ai voulu vous l'apporter, afin de dire bonjour à ma paresseuse enfant, que je n'ai pas encore vue ce matin, — ajouta Clémence en embrassant Fleur-de-Marie.

— Cette lettre arrive à merveille, — dit gaiement Rodolphe après l'avoir parcourue; — nous causions justement du passé... de ce monstre que nous allons incessamment combattre, ma chère Clémence... car il menace le repos et le bonheur de notre enfant.

— Serait-il vrai, mon ami? Ces accès de mélancolie que nous avions remarquée...

— N'avaient pas d'autre cause que de méchants souvenirs; mais heureusement nous connaissons maintenant notre ennemi... et nous en triompherons.

— Mais de qui donc est cette lettre, mon ami? — demanda Clémence.

— De la gentille Rigolette... la femme de Germain.

— Rigolette!... — s'écria Fleur-de-Marie; — quel bonheur d'avoir de ses nouvelles!

— Mon ami, — tout bas Clémence à Rodolphe, — ne craignez-vous pas que cette lettre ne lui rappelle des idées pénibles?

— Ce sont justement ces souvenirs que je veux anéantir, ma chère Clémence; il faut les aborder hardiment, et je suis sûr que je trouverai dans la lettre de Rigolette d'excellentes armes contre eux... car cette bonne petite créature adorait notre enfant, et l'appréciait comme elle devait l'être.

Et Rodolphe lut à haute voix la lettre suivante :

« Ferme de Bouqueval, 15 août 1841.

« Monseigneur,

« Je prends la liberté de vous écrire encore pour vous faire part d'un bien grand bonheur qui nous est arrivé, et pour vous demander une nouvelle faveur, à vous à qui nous devons déjà tant, ou plutôt à qui nous devons le vrai paradis où nous vivons, moi, mon Germain et sa bonne mère.

« Voilà de quoi il s'agit, monseigneur : depuis dix jours je suis comme folle de joie, car il y a dix jours que j'ai un amour de petite fille. Moi je trouve que c'est tout le portrait de Germain, lui, que c'est tout le mien; notre chère maman Georges dit qu'elle nous ressemble à tous les deux; le fait est qu'elle a de charmants yeux bleus comme Germain, et des cheveux noirs tout frisés comme moi. Par exemple, contre son habitude, mon mari est injuste, il veut toujours avoir notre petite sur ses genoux, tandis que moi, c'est mon droit, n'est-ce pas, monseigneur?... »

— Braves et dignes jeunes gens! qu'ils doivent être heureux! — dit Rodolphe. — Si jamais couple fut bien assorti... c'est celui-là.

« Mais au fait, monseigneur, pardon de vous entretenir de ces gentilles querelles de ménage, qui finissent toujours par un baiser. Du reste, les oreilles doivent joliment vous tinter, monseigneur, car il ne se passe de jour que nous ne nous disions, en nous regardant, nous deux Germain : Sommes-nous heureux, mon Dieu... sommes-nous heureux!... et naturellement votre nom vient tout de suite après ces mots-là... Excusez ce griffonnage qu'il y a là... monseigneur, avec un pâté : c'est que, sans y penser, j'avais écrit *monsieur Rodolphe*, comme je disais autrefois, et j'ai raturé. J'espère, à propos de cela, que vous trouverez que mon écriture a bien gagné, ainsi que mon orthographe; car Germain me montre toujours, et je ne fais plus des grands bâtons en allant de travers, comme du temps où vous me tailliez mes plumes... »

— Je dois avouer, — dit Rodolphe en riant, — que ma petite protégée se fait illusion, et je suis sûr que Germain s'occupe plutôt de baiser la main de son élève que de la diriger.

— Allons, mon ami, vous êtes injuste, — dit Clémence en regardant la lettre ; c'est un peu gros, mais très-lisible.

— Le fait est qu'il y a progrès, — reprit Rodolphe ; — autrefois il lui aurait fallu huit pages pour contenir ce qu'elle écrit maintenant en deux.

Et il continua :

« C'est pourtant vrai que vous m'avez taillé des plumes, monseigneur : quand nous y pensons, nous deux Germain, nous en sommes tout honteux, en nous rappelant que vous étiez si peu fier... Ah! mon Dieu! voilà encore que je me surprends à vous parler d'autre chose que de ce que nous voulons vous demander, monseigneur ; car mon mari se joint à moi, et c'est bien important ; nous y attachons une idée... Vous allez voir.

« Nous vous supplions donc, monseigneur, d'avoir la bonté de nous choisir et de nous donner un nom pour notre petite fille chérie ; c'est convenu avec le parrain et la marraine ; et ce parrain et cette marraine, savez-vous qui c'est, monseigneur? deux des personnes que vous et madame la marquise d'Harville vous avez tirées de la peine pour les rendre bien heureuses, aussi heureuses que nous. En un mot, c'est Morel le lapidaire et Jeanne Duport, une digne femme que j'avais vue en prison quand j'allais y visiter mon pauvre Germain, et que plus tard madame la marquise a fait sortir de l'hôpital.

« Maintenant, monseigneur, il faut que vous sachiez pourquoi nous avons choisi M. Morel pour parrain, et Jeanne Duport pour marraine. Nous sommes dit, nous deux Germain : Ça sera comme une manière de remercier encore M. Rodolphe de ses bontés que de prendre pour parrain et marraine de notre petite fille des dignes gens qui doivent tout à lui et à madame la marquise... sans compter que Morel le lapidaire et Jeanne Duport sont la crème des honnêtes gens. Ils sont de notre classe, et de plus, comme nous disons avec Germain, ils sont nos *parents en bonheur,* puisqu'ils sont comme nous de *la famille de vos protégés.* »

— Ah! mon père, ne trouvez-vous pas cette idée d'une délicatesse charmante? — dit Fleur-de-Marie. — Prendre pour parrain et pour marraine de leur enfant des personnes qui vous doivent tout à vous et à ma seconde mère?

— Vous avez raison, chère enfant, — dit Clémence, — je suis on ne peut plus touchée de ce souvenir.

— Et moi, je suis très-heureux d'avoir si bien placé mes bienfaits, — dit Rodolphe en continuant sa lecture :

« Du reste, au moyen de l'argent que vous lui avez fait donner, Morel est maintenant courtier en pierres fines, il gagne de quoi bien élever sa famille. La bonne et pauvre Louise va, je crois, se marier avec un digne ouvrier qui l'aime et la respecte comme elle doit l'être, car elle a été bien malheureuse, mais non coupable, et le fiancé de Louise a assez de cœur pour comprendre cela... »

— J'étais bien sûr, — s'écria Rodolphe en s'adressant à sa fille, — de trouver dans la lettre de cette chère petite Rigolette des armes contre notre ennemi!... Tu entends, c'est l'expression du simple bon sens de cette âme honnête et droite... Elle dit de Louise : *Elle a été malheureuse et non coupable, et son fiancé a assez de cœur pour comprendre cela.*

Fleur-de-Marie, de plus en plus émue et attristée par la lecture de cette lettre, tressaillit du regard que son père attacha un moment sur elle en prononçant les derniers mots que nous avons soulignés. Le prince continua :

« Je vous dirai encore, monseigneur, que Jeanne Duport, par la générosité de madame la marquise, a pu se faire séparer de son mari, ce vilain homme qui lui mangeait tout et la battait ; elle a repris sa fille aînée auprès d'elle, et elle tient une petite boutique de passementerie ; leur commerce prospère. Il n'y a pas non plus de gens plus heureux, et cela, grâce à vous, monseigneur, grâce à madame la marquise, qui tous deux, savez si bien donner, et donner si à propos.

« A propos de ça, Germain vous écrit comme d'ordinaire, monseigneur, à la fin du mois, au sujet de la *Banque des Travailleurs sans ouvrage et des Prêts gratuits;* il n'y a presque jamais de remboursements en retard, et on s'aperçoit déjà beaucoup du bien-être que cela répand dans le quartier. Au moins maintenant de pauvres familles peuvent supporter la morte saison du travail sans mettre leur linge et leur matelas au mont-de-piété.

(*La suite au prochain numéro.*)

COMMENT ON AIME

LA MÉTAIRIE DES GENETS

(SUITE)

« En présence des admirables productions de l'art ancien et de l'art moderne, dont Paris abonde, je commençais à reconnaître toute ma faiblesse et toute mon ignorance ; je comprenais enfin qu'il me faudrait de longues années d'application pour parvenir à tirer de ma palette d'honorables moyens d'existence. Mais, hélas ! mes faibles ressources ne diminuaient-elles pas de jour en jour à vue d'œil, malgré la stricte économie que j'apportais dans mes dépenses, et ne fallait-il pas que je songeasse à les renouveler bientôt ? En effet, après un an environ, que me restait-il de mes quinze cents francs ? Rien, ou presque rien. L'avenir s'assombrissait terriblement, et je voyais en frissonnant s'approcher la misère.

« La misère, — reprit Gabriel ! — Ah ! vous n'avez pas l'idée de la misère à Paris ! Ce n'est pas à Paris comme en vos campagnes, où le pauvre qui a faim vient en passant s'asseoir à la table des chaumières : on l'y reçoit de bon cœur, et il laisse à son départ une bénédiction pour remercîment. La misère à Paris s'entasse tristement dans les dépôts de mendicité, ou bien elle se cache avec pudeur en d'affreux réduits, où la faim lui dévore les entrailles. Dans ce dernier cas, on languit, on meurt dans l'ombre, fièrement, en cachant son affreuse détresse, et nul ne se doute que vous succombez d'inanition. Noble et navrant orgueil !... Je fus bientôt réduit à l'extrémité. Pas un de mes tableaux ne se vendait ; car, pour être acheté, il faut qu'un tableau, bon ou mauvais, soit signé d'un nom connu, et je n'avais point de réputation. En vain, poussé par la nécessité, allais-je moi-même proposer mes œuvres au plus vil prix : nul n'en voulait, ou bien on m'en offrait à peine la modique somme que j'avais dépensée. C'était poignant ! et je rentrais chez moi la rage au cœur, avec une ardente tentation de tout briser dans mon atelier, d'anéantir jusqu'au dernier vestige de mes ingrates études. Mais je n'en avais pas la force, la colère faisait bientôt place à la mélancolie : je contemplais avec une douloureuse tristesse toutes mes infructueuses compositions ; elles me semblaient empreintes de grâce et de sentiment, et je sentais que je les aimais, ces pauvres dédaignées, en dépit du profond chagrin qu'elles me causaient. Ah ! je le dis avec sincérité, elles méritaient un meilleur accueil, car si elles n'étaient pas le fruit d'un talent consommé, elles étaient du moins l'œuvre d'un talent patient, laborieux et déjà même habile.

— Mon Dieu ! mon Dieu ! — s'écria Ysolette, touchée jusqu'au fond du cœur, — comme j'aurais donc voulu vous connaître et être riche, bien riche ! je vous aurais acheté tout ça aussi cher que vous auriez voulu.

— Et moi, — dit Mariannic avec un geste expressif, — que n'étais-je près de vous, cousin, pour vous encourager, pour vous consoler, pour partager avec vous mon petit revenu ? Peut-être qu'après vous auriez pu faire fortune !

Gabriel leur prit les mains qu'il pressa tendrement dans les siennes et continua :

— Je n'ai pas eu le bonheur de rencontrer dans ma détresse une jolie protectrice comme vous l'eussiez été, Ysolette, ni une amie dévouée comme vous n'eussiez pas manqué de l'être, Mariannic. Aussi je me vis contraint d'abandonner mon petit logement d'artiste et son modeste atelier pour me réfugier dans une horrible mansarde. Alors commença pour moi une de ces existences sombres et désolées où le corps s'use aux privations et aux souffrances de chaque jour, où l'âme s'abat et se flétrit sous le découragement et l'anathème, où les spectres du froid et de la faim se dressent à notre chevet maudit et nous conseillent le suicide. Je passai un hiver presque sans feu, un été presque sans pain, cachant ma misère à tous les yeux, résolu de mourir en silence sur mon grabat solitaire. Je n'eus pas le courage d'attendre, et, un matin, je me levai avec la ferme intention d'en finir avec la vie. Ne voulant rien laisser après moi de moi-même sur la terre, je brûlai toutes mes toiles peintes accrochées aux parois nues de mon grenier ; ce ne fut pas sans un affreux serrement de cœur. Le soir, je me dirigeai vers la rivière, et, m'élançant par-dessus le parapet d'un pont, je me jetai à l'eau... je perdis connaissance...

« Quand je repris mes sens, j'étais couché dans un hôpital, en proie aux souffrances aiguës d'une fièvre cérébrale. Il me fallut plusieurs mois pour me rétablir ; ma convalescence surtout fut longue ; mais, je l'avoue, je la trouvai pleine de charmes. J'avais été jusque-là tant tourmenté qu'il me fallait peu de chose pour me rendre heureux : du repos et des rêves, c'en était assez. Aussi, avec quelle intime volupté je savourais mon tranquille bien-être d'hôpital ! Oublieux des ennuis passés, je ne songeais à l'avenir que pour l'embellir des plus riantes images, des plus doux bonheurs. Une pensée surtout s'était emparée de mon cœur et le caressait ineffablement ; revoir mon village ! L'aspect de la verdure des arbres me retraçait ses délicieux ombrages ; le souffle frais du matin me rappelait ses brises de mer vivifiantes ; en un mot, tout me ramenait en idée à ce beau coin de terre de ma Bretagne, où désormais je voulais aller vivre et mourir. En effet, un jour je quittai l'hôpital, et le même jour je me mis en marche. J'étais riche : j'avais dix francs qu'un pauvre compagnon de chambre, à qui je contais mes rêves de convalescent, m'avait légués à son lit de mort pour m'aider à faire le voyage. C'était tout ce qu'il possédait, le brave jeune homme ! Dix francs pour franchir cent cinquante lieues ! Je serais parti sans rien. Pour simplifier mes dépenses, j'avisai un excellent expédient : je marchais la nuit et je dormais le jour. Un tapis d'herbe à l'ombre me servait de lit, cela ne me coûtait qu'un peu de courbature. De la sorte je franchis une grande distance, et je n'étais plus qu'à vingt lieues d'ici lorsque je m'aperçus que de mes dix francs il ne me restait plus une obole. Je me reprochai d'avoir été prodigue, et je hâtai gaiement le pas ; j'étais si près de Fouesnant, que je savais si hospitalier ! Pour cette fois je marchai nuit et jour, sans manger, sans me reposer, redoublant d'ardeur à mesure que j'avançais. Mais voilà que tout à coup je sens mes forces m'abandonner, je m'assieds sur le bord du chemin, une vague défaillance s'empare de mon estomac, mes yeux se troublent, ma tête se penche, et je m'évanouis... Deux fées de mon village, — ajouta-t-il en souriant, — vinrent me porter secours, et... vous savez le reste.

— Mariannic et Ysolette avaient de grosses larmes le long des joues. Cette triste élégie d'une vie d'artiste, racontée avec un sentiment vrai qui la rendait plus touchante encore, avait profondément ému ces deux naïves filles de campagne. Il y avait à la fois de l'admiration et de l'attendrissement dans ce qu'elles éprouvaient pour ce pauvre jeune homme si laborieux et si durement éprouvé.

— Ah ! cousin, — disait l'une, — vous ne quitterez plus Fouesnant, n'est-ce pas ? vous me le promettez ?

— Votre Paris, — reprenait l'autre, est une vilaine ville que je déteste, nous ne souffrirons pas que vous y retourniez.

— Je doute fort que la capitale me revoie jamais, — répondit Gabriel, dont le cœur se dilatait d'aise à la vue de cette franche sympathie qu'on lui témoignait. — Je vais chercher à m'occuper au pays, dussé-je me mettre à labourer la terre.

— Bon ! j'ai ce qu'il vous faut, — s'écria joyeusement Mariannic.

— Quoi donc ? quoi donc ? — demandèrent à la fois Ysolette et Gabriel.

— Chut ! A demain les affaires sérieuses, — répondit doctoralement Mariannic.

Les deux Bretonnes rentrèrent dans leur chaumière. Gabriel alla coucher chez une vieille voisine, ancienne amie de sa famille.

Est-il besoin d'ajouter que Mariannic et Ysolette ne s'endormirent que fort tard dans la nuit et qu'elles parlèrent beaucoup de Gabriel ?

Quant à Gabriel, il rêva un peu de la bonne Mariannic, et un peu plus de la jolie Ysolette.

III

Le lendemain, quand Gabriel revint à la métairie des Genêts, il ne trouva qu'Ysolette. Elle tenait à la main une brosse qu'elle passait et repassait avec ardeur sur un chapeau de feutre à larges rebords relevés en ourlet, comme on les porte en Cornouaille. Il remarqua qu'une belle veste bretonne, bleu de ciel, à ganses écarlates, était étalée sur le lit.

(*La suite au prochain numéro.*)

Le propriétaire-gérant : F. ROY.

LES MYSTÈRES DE PARIS

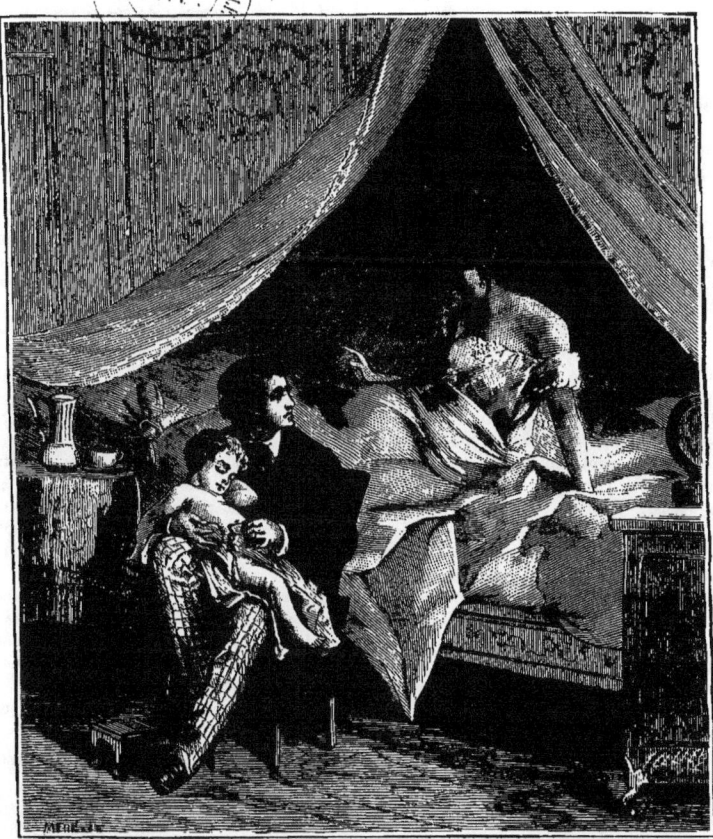

« Mon mari est injuste : il veut toujours avoir notre petit sur ses genoux. » (Page 357.)

« Aussi, quand l'ouvrage revient, faut voir avec quel cœur ils s'y mettent... Ils sont si fiers qu'on ait eu confiance dans leur travail et dans leur probité !... ils n'ont que ça. Aussi, comme ils vous bénissent de leur avoir fait prêter là-dessus ! Oui, monseigneur, ils vous bénissent, *vous;* car, quoique vous disiez que vous n'êtes pour rien dans cette fondation, sauf la nomination de Germain, et que c'est un inconnu qui a fait ce grand bien, nous aimons mieux croire que c'est à vous qu'on le doit; c'est plus naturel. D'ailleurs, il y a une fameuse trompette pour répéter à tout bout de champ que c'est vous qu'on doit bénir; cette trompette est madame Pipelet, qui répète à chacun qu'il n'y a que *son roi des locataires* (excusez, monsieur Rodolphe, elle vous appelle toujours ainsi) qui puisse avoir fait cette œuvre charitable, et *son vieux chéri* d'Alfred est toujours de son avis. Quant à lui, il est si fier et si content de son poste de gardien de la banque, qu'il dit que les poursuites de M. Cabrion lui seraient maintenant indifférentes. Pour en finir avec votre famille de reconnaissants, monseigneur, j'ajouterai que Germain a lu dans les journaux que le nommé Martial, un colon d'Algérie, avait été cité avec de grands éloges pour le courage qu'il avait montré en repoussant à la tête de ses métayers une attaque d'Arabes pillards, et que sa femme, aussi intrépide que lui, avait été légèrement blessée en combattant à ses côtés, où elle tirait des coups de fusil comme un vrai grenadier. Depuis ce temps-là, dit-on dans le journal, on l'a baptisée *madame Carabine*.

« Excusez de cette longue lettre, monseigneur; mais j'ai pensé que vous ne seriez pas fâché d'avoir par nous des nouvelles de tous ceux dont vous avez été la providence... Je vous écris de la ferme de Bouqueval où nous sommes depuis le printemps avec notre bonne mère. Germain part le matin pour ses affaires et il revient le soir. A l'automne nous retournerons habiter Paris... Comme c'est drôle, monsieur Rodolphe, moi qui n'aimais pas la campagne, je l'adore maintenant... Je m'explique ça, parce Germain l'aime beaucoup. A propos de la ferme, monsieur Rodolphe, vous qui savez sans doute où est cette bonne petite Goualeuse, si vous en avez l'occasion, dites-lui donc qu'on se souvient toujours d'elle comme de ce qu'il y a de plus doux et de meilleur au monde, et que, pour moi, je ne pense jamais à notre bonheur sans me dire : Puisque M. Rodolphe était aussi le M. Rodolphe de cette chère Fleur-de-Marie, grâce à lui elle doit être heureuse comme nous autres, et ça me fait trouver mon bonheur encore meilleur.

« Mon Dieu! mon Dieu! comme je bavarde! qu'est-ce que vous allez dire, monseigneur? Mais bah! vous êtes si bon!... Et puis, voyez-vous, c'est votre faute si je gazouille autant et aussi joyeusement que *papa Crétu* et *Ramonette*, qui n'osent plus lutter maintenant de chant avec moi. Allez, monsieur Rodolphe, je vous en réponds, je les mets sur les dents.

« Vous ne nous refuserez pas notre demande, n'est-ce pas, monseigneur? Si vous donnez un nom à notre petite fille chérie, il nous semble que ça lui portera bonheur, que ce sera comme

sa bonne étoile. Tenez, monsieur Rodolphe, quelquefois moi et mon bon Germain nous nous félicitons presque d'avoir connu la peine, parce que nous sentons doublement combien notre enfant sera heureuse de ne pas savoir ce que c'est que la misère par où nous avons passé.

« Si je finis en vous disant, monsieur Rodolphe, que nous tâchons de secourir par-ci par-là de pauvres gens selon nos moyens, ce n'est pas pour nous vanter, mais pour que vous sachiez que nous ne gardons pas pour nous seuls tout ce bonheur que vous nous avez donné; d'ailleurs nous disons toujours à ceux que nous secourons : « Ce n'est pas nous qu'il faut remercier et bénir... c'est M. Rodolphe, l'homme le meilleur, le plus généreux qu'il y ait au monde ; » et ils vous prennent pour une espèce de *saint*, si ce n'est plus.

« Adieu, monseigneur; croyez que lorsque notre petite fille commencera à épeler, le premier mot qu'elle lira sera votre nom, monsieur Rodolphe; et puis après, ceux-ci que vous avez fait écrire sur ma corbeille de noces : *Travail et Sagesse. — Honneur et bonheur*.

« Grâce à ces quatre mots-là, à notre tendresse et à nos soins, nous espérons, monseigneur, que notre enfant sera toujours digne de prononcer le nom de celui qui a été notre providence et celle de tous les malheureux qu'il a connus.

« Pardon, monseigneur, c'est que j'ai en finissant comme de grosses larmes dans les yeux... mais c'est de bonnes larmes... Excusez, s'il vous plaît... ce n'est pas ma faute... mais je n'y vois plus bien clair, et je griffonne...

« J'ai l'honneur, monseigneur, de vous saluer avec autant de respect que de reconnaissance.

« RIGOLETTE, femme GERMAIN.

« *P. S.* — Ah! mon Dieu! monseigneur, en relisant ma lettre, je m'aperçois que j'ai mis bien des fois *monsieur Rodolphe*. Vous me pardonnerez, n'est-ce pas? Vous savez bien que sous un nom ou sous un autre nous vous respectons et nous vous bénissons la même chose, monseigneur. »

— Chère petite Rigolette! — dit Clémence attendrie par la lecture que venait de faire Rodolphe. — Cette lettre naïve est remplie de sensibilité.

— Sans doute, — reprit Rodolphe; — on ne pouvait mieux placer un bienfait. Notre proté-

gée est douée d'un excellent naturel; c'est un cœur d'or, et notre chère enfant l'apprécie comme nous, — ajouta-t-il en s'adressant à sa fille. Puis, frappé de sa pâleur, il s'écria :
— Mais qu'as-tu donc?
— Hélas! quel douloureux contraste entre ma position et celle de Rigolette... *Travail et sagesse... honneur et bonheur*, ces quatre mots disent tout ce qu'a été... tout ce que doit être sa vie... Jeune fille laborieuse et sage, épouse chérie, heureuse mère, femme honorée... telle est sa destinée!... tandis que moi...
— Grand Dieu!... que dis-tu?
— Grâce... mon bon père; ne m'accusez pas d'ingratitude... mais malgré votre ineffable tendresse, malgré celle de ma seconde mère, malgré les respects et les splendeurs dont je suis entourée... malgré votre puissance souveraine, ma honte est incurable. Rien ne peut anéantir le passé... Encore une fois, pardonnez-moi, mon père... je vous l'ai caché jusqu'à présent... mais le souvenir de ma dégradation première me désespère et me tue...
— Clémence, vous l'entendez!... — s'écria Rodolphe avec désespoir.
— Mais, malheureuse enfant! — dit Clémence, — notre tendresse, l'affection de ceux qui vous entourent, et que vous méritez, tout ne vous prouve-t-il pas que ce passé ne doit plus être pour vous qu'un vain et mauvais songe?
— Oh! fatalité... fatalité! — reprit Rodolphe.
— Maintenant je maudis mes craintes, mon silence; cette funeste idée, depuis longtemps enracinée dans son esprit, y a fait à la longue d'affreux ravages, et il est trop tard pour combattre cette déplorable erreur... Ah! je suis bien malheureux!
— Courage, mon ami, — dit Clémence à Rodolphe, — vous le disiez tout à l'heure, il vaut mieux connaître l'ennemi qui nous menace... Nous savons maintenant la cause du chagrin de notre enfant; nous en triompherons, parce que nous aurons pour nous la raison, la justice et notre tendresse.
— Et puis enfin parce qu'elle verra que son affliction, si elle était incurable, rendrait la nôtre incurable aussi, — reprit Rodolphe; — car, en vérité, ce serait à désespérer de toute justice humaine et divine, si cette infortunée n'avait fait que changer de tourments.
Après un assez long silence pendant lequel Fleur-de-Marie parut se recueillir, elle prit d'une main la main de Rodolphe, de l'autre celle de Clémence, et leur dit d'une voix profondément altérée : — Écoutez-moi, mon bon père... et vous aussi, ma tendre mère... ce jour est solennel... Dieu a voulu, et je l'en remercie, qu'il me fût impossible de vous cacher davantage ce que je ressens. Avant peu, d'ailleurs, je vous aurais fait l'aveu que vous allez entendre, car toute souffrance a son terme... et, si cachée que fût la mienne, je n'aurais pu la taire plus longtemps.
— Ah!... je comprends tout, — s'écria Rodolphe, — il n'y a plus d'espoir pour elle.
— J'espère dans l'avenir, mon père; et cet espoir me donne la force de vous parler ainsi.
— Et que peux-tu espérer de l'avenir... pauvre enfant, puisque ton sort présent ne te cause que chagrins et amertume?
— Je vais vous le dire, mon père... mais avant, permettez-moi de vous rappeler le passé... de vous avouer devant Dieu qui m'entend ce que j'ai ressenti jusqu'ici.
— Parle... parle... nous t'écoutons, — dit Rodolphe.
— Tant que je suis restée à Paris... auprès de vous, mon père, j'ai été si heureuse, que ces beaux jours ne seraient pas trop payés par des années de souffrances... Vous le voyez... j'ai du moins connu le bonheur.
— Pendant quelques jours peut-être...
— Oui; mais quelle félicité pure et sans mélange!... Vous m'entouriez, comme toujours, des soins les plus tendres!... Je me livrais sans crainte aux élans de reconnaissance et d'affection qui, à chaque instant, emportaient mon cœur vers vous... L'avenir m'éblouissait : un père à adorer, une seconde mère à chérir doublement, car elle devait remplacer la mienne... que je n'avais jamais connue... Et puis... je dois tout avouer... mon orgueil s'exaltait malgré moi, tant j'étais honorée de vous appartenir. Si alors je pensais quelquefois vaguement au passé, c'était pour me dire : Moi, jadis si avilie, je suis la fille chérie d'un prince souverain que chacun bénit et révère; moi, jadis si misérable, je jouis de toutes les splendeurs du luxe et d'une existence presque royale! Hélas! que voulez-vous, mon père, ma fortune était si imprévue... votre puissance m'entourait d'un si splendide éclat, que j'étais excusable peut-être de me laisser aveugler ainsi.
— Excusable!... mais rien de plus naturel, pauvre ange aimé. Quel mal de t'enorgueillir

d'un rang qui était le tien? de jouir des avantages de la position que je t'avais rendue? Aussi dans ce temps-là, je me le rappelle bien, tu étais d'une gaieté charmante; que de fois je t'ai vue tomber dans mes bras comme accablée par la félicité, et me dire avec un accent enchanteur ces mots qu'hélas! je ne dois plus entendre : *Mon père, c'est trop... trop de bonheur!*... Malheureusement ce sont ces souvenirs-là... vois-tu, qui m'ont endormi dans une sécurité trompeuse...

— Mais dites-nous donc, mon enfant, — reprit Clémence, — qui a pu changer en tristesse cette joie si pure, si légitime, que vous éprouviez d'abord?

— Hélas! une circonstance bien funeste et bien imprévue!...

— Quelle circonstance?

— Vous vous rappelez, mon père... — dit Fleur-de-Marie ne pouvant vaincre un frémissement d'horreur, — vous vous rappelez la terrible scène qui a précédé notre départ de Paris... lorsque votre voiture a été arrêtée?

— Oui... — répondit tristement Rodolphe. — Brave Chourineur!... après m'avoir encore une fois sauvé la vie, il est mort... là... devant nous...

— Eh bien... mon père... au moment où ce malheureux expirait, savez-vous qui j'ai vu... me regarder fixement?... Oh! ce regard... ce regard... il m'a toujours poursuivie depuis, — ajouta Fleur-de-Marie en frissonnant.

— Quel regard? de qui parles-tu? — s'écria Rodolphe.

— De l'*ogresse du tapis-franc*... — murmura Fleur-de-Marie.

— Ce monstre! tu l'as revu? et où cela?

— Vous ne l'avez pas aperçue dans la taverne où est mort le Chourineur? elle se trouvait parmi les femmes qui l'entouraient...

— Ah! maintenant, — dit Rodolphe avec accablement, — je comprends... Déjà frappée de terreur par le meurtre du Chourineur, tu auras cru voir quelque chose de providentiel dans cette affreuse rencontre?

— Il n'est que trop vrai, mon père ; à la vue de l'ogresse je ressentis un froid mortel; il me sembla que sous son regard mon cœur, jusqu'alors rayonnant de bonheur et d'espoir, se glaçait tout à coup. Oui, rencontrer cette femme au moment même où le Chourineur disait en mourant: *Le ciel est juste!* cela me parut un blâme providentiel de mon orgueilleux oubli du passé, que je devais expier à force d'humiliation et de repentir.

— Mais le passé, on te l'a imposé, tu n'en peux répondre devant Dieu!

— Vous avez été contrainte... enivrée... malheureuse enfant...

— Une fois précipitée malgré toi dans cet abîme, tu ne pouvais plus en sortir, malgré tes remords et ton désespoir, grâce à l'atroce indifférence de cette société dont tu étais victime... Tu te voyais à jamais enchaînée dans cet antre; il a fallu pour t'en arracher le hasard qui t'a placée sur mon chemin.

— Et puis, enfin, mon enfant, votre père vous le dit, vous étiez victime et non complice de cette infamie!... — s'écria Clémence.

— Mais cette infamie... je l'ai subie... ma mère... — reprit douloureusement Fleur-de-Marie. — Rien ne peut anéantir ses affreux souvenirs... Sans cesse ils me poursuivent, non plus comme autrefois au milieu des paisibles habitants d'une ferme ou des femmes dégradées, mes compagnes de Saint-Lazare... mais ils me poursuivent jusque dans ce palais... peuplé de l'élite de l'Allemagne... ils me poursuivent enfin jusque dans les bras de mon père, jusque sur les marches de son trône.

Et Fleur-de-Marie fondit en larmes.

Rodolphe et Clémence restèrent muets devant cette effrayante expression d'un remords invincible; ils pleuraient aussi, car ils sentaient l'impuissance de leurs consolations.

— Depuis lors, — reprit Fleur-de-Marie en essuyant ses larmes, — à chaque instant du jour je me dis avec une honte amère : On m'honore, on me révère; les personnes les plus éminentes, les plus vénérables m'entourent de respects. Aux yeux de toute une cour, la sœur d'un empereur a daigné rattacher mon bandeau sur mon front; et j'ai vécu dans la fange de la Cité, tutoyée par des voleurs et des assassins... Oh! mon père, pardonnez-moi ; mais plus ma position s'est élevée... plus j'ai été frappée de la dégradation profonde où j'étais tombée. A chaque hommage qu'on me rend, je me sens coupable d'une profanation ; songez-y donc, mon Dieu! après avoir été *ce que j'ai été*... souffrir que des vieillards s'inclinent devant moi... souffrir que de nobles jeunes filles, que des femmes justement respectées se trouvent flattées de m'entourer... souffrir enfin que des princesses, doublement augustes et par l'âge et par leur caractère sacerdotal, me comblent de prévenances et d'éloges... cela n'est-il pas impie et sacrilége! Et puis si vous saviez, mon père, ce que j'ai souffert... ce que je souffre encore chaque jour en disant : Si Dieu voulait que le passé fût connu... avec quel mépris mérité on traiterait celle qu'à cette heure on élève si haut! Quelle juste et effrayante punition!...

— Mais, malheureuse enfant, ma femme et moi nous connaissons le passé; nous sommes dignes de notre rang et pourtant nous te chérissons...

— Vous avez pour moi l'aveugle tendresse d'un père et d'une mère...

— Et tout le bien que tu as fait depuis ton séjour ici? et cette institution belle et sainte, cet asile ouvert par toi aux orphelines et aux pauvres filles abandonnées, ces soins admirables d'intelligence et de dévouement dont tu les entoures? N'est-ce rien pour la rédemption de fautes qui ne furent pas les tiennes? Enfin l'affection que te témoigne la digne abbesse de Sainte-Hermangilde, ne la dois-tu pas absolument à l'élévation de ton esprit, à la beauté de ton âme, à ta piété sincère?

— Tant que les louanges de l'abbesse de Sainte-Hermangilde ne s'adressent qu'à ma conduite présente, j'en jouis sans scrupule; mais lorsqu'elle cite mon exemple aux demoiselles nobles qui sont en religion dans l'abbaye; mais lorsque celles-ci voient en moi un modèle de toutes les vertus, je me sens mourir de confusion, comme si j'étais complice d'un mensonge indigne...

Après un assez long silence, Rodolphe reprit avec un abattement douloureux:

— Je le vois, il faut désespérer de te persuader : les raisonnements sont impuissants contre une conviction d'autant plus inébranlable qu'elle a sa source dans un sentiment généreux et élevé... Le contraste de tes souvenirs et de ta position présente doit être en effet pour toi un supplice continuel... Pardon, à mon tour, pauvre enfant !

— Vous... mon bon père... me demander pardon !... et de quoi, grand Dieu ?...

— De n'avoir pas prévu tes susceptibilités... D'après l'excessive délicatesse de ton cœur, j'aurais dû les deviner... Et pourtant... que pouvais-je faire?... Il était de mon devoir de te reconnaître solennellement pour ma fille... alors ces respects, dont l'hommage t'est si douloureux, venaient nécessairement t'entourer... Oui, mais j'ai eu un tort... j'ai été, vois-tu, trop orgueilleux de toi... j'ai trop voulu jouir du charme que ta beauté, ton esprit, que ton caractère inspiraient à tous ceux qui t'approchaient... J'aurais dû cacher mon trésor... vivre presque dans la retraite avec Clémence et toi... renoncer à ces fêtes, à ces réceptions nombreuses où j'aimais tant à te voir briller... croyant follement t'élever si haut... si haut... que le passé disparaîtrait entièrement à tes yeux... Mais, hélas ! le contraire est arrivé... et plus tu t'es élevée, plus l'abîme dont je t'ai retirée t'a paru sombre et profond. Encore une fois, c'est ma faute... j'avais pourtant cru bien faire !... mais je me suis trompé... Et puis je me suis cru pardonné trop tôt... la vengeance de Dieu n'est pas satisfaite... elle me poursuit encore dans le bonheur de ma fille !...

Quelques coups discrètement frappés à la porte du salon interrompirent ce triste entretien. Rodolphe entr'ouvrit la porte. Il vit Murph, qui lui dit :

— Je demande pardon à Votre Altesse Royale de venir la déranger; mais un courrier du prince d'Herkaüsen-Oldenzaal vient d'apporter cette lettre, qui, dit-il, est très-importante et doit être sur-le-champ remise à Votre Altesse.

— Merci, mon bon Murph... Ne t'éloigne pas, — lui dit Rodolphe avec un soupir, — tout à l'heure j'aurai besoin de causer avec toi. — Et le prince, ayant fermé la porte, resta un moment dans le salon pour y lire la lettre que Murph venait de lui remettre. Elle était ainsi conçue :

« Monseigneur,

« Puis-je espérer que les liens de parenté qui m'attachent à Votre Altesse Royale, et que l'amitié dont elle a toujours daigné m'honorer excuseront une démarche qui serait d'une grande témérité, si elle ne m'était pas imposée par une conscience d'honnête homme?

« Il y a quinze mois, monseigneur, vous reveniez de France, ramenant avec vous une fille d'autant plus chérie que vous l'aviez crue perdue pour toujours, tandis qu'au contraire elle n'avait jamais quitté sa mère, que vous avez épousée *in extremis*, afin de légitimer la naissance de la princesse Amélie. — Sa naissance est ainsi donc souveraine, sa beauté incomparable, son cœur est aussi digne de sa beauté, ainsi que me l'a dit ma sœur, l'abbesse de Sainte-Hermangilde, qui a souvent l'honneur de voir la fille bien-aimée de Votre Altesse Royale. Maintenant, monseigneur, j'aborderai franchement le sujet de cette lettre, puisque malheureusement une maladie grave me retient à Oldenzaal et m'empêche de me rendre auprès de Votre Altesse Royale. Pendant le temps que mon fils a passé à Gerolstein, il a vu presque chaque jour la princesse Amélie... il l'aime éperdument... mais il lui a toujours caché cet amour. J'ai cru devoir, monseigneur, vous en instruire. Vous avez daigné accueillir paternellement mon fils et l'engager à revenir au sein de votre famille vivre dans cette intimité qui lui était si précieuse... j'aurais indignement manqué à la loyauté en dissimulant à Votre Altesse Royale une circonstance qui doit modifier l'accueil qui était réservé à mon fils. Je sais que la fille dont vous êtes à bon droit si fier, monseigneur, doit prétendre à de hautes destinées. Mais je sais aussi que vous êtes le plus tendre des pères, et que si vous jugiez jamais mon fils digne de vous appartenir et de faire le bonheur de la princesse Amélie, vous ne seriez pas arrêté par les graves disproportions qui rendent pour nous une telle fortune inespérée. Il ne m'appartient pas de faire l'éloge d'Henri; mais j'en appelle aux encouragements et aux louanges que vous avez daigné si souvent lui accorder. Je n'ose et ne puis vous en dire davantage, monseigneur, mon émotion est trop profonde. Quelle que soit votre détermination, veuillez croire que nous nous y soumettons avec respect, et que je serai toujours fidèle aux sentiments profondément dévoués avec lesquels j'ai l'honneur d'être, de Votre Altesse Royale, le très-humble et obéissant serviteur,

« GUSTAVE-PAUL,
prince d'Herkaüsen-Oldenzaal. »

Après la lecture de cette lettre, Rodolphe resta quelque temps triste et pensif; puis, un rayon d'espoir éclairant son front, il revint auprès de sa fille, à qui Clémence prodiguait en vain les plus tendres consolations.

— Mon enfant, tu l'as dit toi-même, Dieu a voulu que ce jour fût celui des explications solennelles, — dit Rodolphe à Fleur-de-Marie; — je ne prévoyais pas qu'une nouvelle et grave circonstance dût encore justifier tes paroles.

— De quoi s'agit-il, mon père?
— De nouveaux sujets de crainte.
— Pour qui donc, mon père?
— Pour toi... Tu ne nous as avoué que la moitié de tes chagrins...

— Soyez assez bon... pour vous expliquer... mon père, — dit Fleur-de-Marie en rougissant.

— Maintenant, je le puis; je n'ai pu le faire plus tôt, ignorant que tu désespérais à ce point de ton sort. Écoute, ma fille chérie, tu te crois. ou plutôt tu es bien malheureuse... Lorsque, au commencement de notre entretien... tu m'as parlé des espérances qui te restaient... j'ai compris... mon cœur a été brisé... car il s'agissait pour moi de te perdre à jamais... de te voir descendre vivante dans un tombeau. Tu voudrais entrer au couvent?...

— Mon père...
— Mon enfant, est-ce vrai?
— Oui... si vous me le permettez... — répondit Fleur-de-Marie d'une voix étouffée.
— Nous quitter! — s'écria Clémence.
— L'abbaye de Sainte-Hermangilde est bien rapprochée de Gerolstein; je vous verrais souvent, vous et mon père...
— Songez donc que de tels vœux sont éternels, ma chère enfant... Vous n'avez pas dix-huit ans... et peut-être... un jour...
— Oh! je ne me repentirai jamais de la résolution que je prends... je ne trouverai le repos et l'oubli que dans la solitude d'un cloître, si toutefois mon père et vous, ma seconde mère, vous me continuez votre affection.
— Les devoirs, les consolations de la vie religieuse pourraient, en effet, — dit Rodolphe, — sinon guérir, du moins calmer les douleurs de ta pauvre âme abattue et déchirée... Et quoiqu'il s'agisse de la moitié du bonheur de ma vie, il se peut que j'approuve ta résolution... Je sais ce que tu souffres, et je ne dis pas que le renoncement au monde ne doive pas être le terme fatalement logique de ta triste existence..,
— Quoi! vous aussi, Rodolphe! — s'écria Clémence.
— Permettez-moi, mon amie, d'exprimer toute ma pensée, — reprit Rodolphe. Puis s'adressant à sa fille :
— Mais avant de prendre cette détermination extrême, il faut examiner si un autre avenir ne serait pas plus selon tes vœux et selon les nôtres. Dans ce cas, aucun sacrifice ne me coûterait pour t'assurer cet avenir.

Fleur-de-Marie et Clémence firent un mouvement de surprise; Rodolphe reprit en regardant fixement sa fille :
— Que penses-tu... de ton cousin, le prince Henri?

(*La suite au prochain numéro.*)

COMMENT ON AIME

LA MÉTAIRIE DES GENETS

(SUITE)

— Est-ce que vous allez vous déguiser en gars, Ysolette ? — lui dit-il.

— Eh ! non, — répondit la jeune fille d'un air malin, — ne reconnaissez-vous donc pas... ?

— Ces effets ? ma foi ! non.

— Ce sont pourtant les vôtres, Gabriel. Vous ne vous souvenenez donc plus que, en partant pour Paris, vous n'avez pas voulu vous en charger, et vous les avez donnés à Mariannic, en lui disant : « Pour votre futur mari, cousine. » Mariannic ne s'est point mariée, et elle vous les rend. Ça vaudra toujours mieux que votre blouse déchirée et votre vilaine casquette. Ainsi donc, vite, mettez ça.

— Volontiers ! — répondit Gabriel, éprouvant une joie ingénue à revoir ses vêtements cornouaillais.

Il jeta sa casquette, retira sa blouse ; Ysolette, avec un comique empressement, l'aida à endosser la veste rustique et lui posa coquettement le chapeau sur l'oreille : puis elle recula de trois pas pour mieux juger de l'ensemble.

— A la bonne heure ! — s'écria-t-elle avec enthousiasme en frappant dans ses mains. — Vous êtes tout à fait gentil ! Quand Mariannic vous verra...

— Elle dira comme toi, Ysolette : Gabriel est à merveille ainsi !

Mariannic s'était arrêtée sur le seuil de la chaumière et restait en contemplation devant son cousin : il y avait dans son regard une expression indéfinissable. Gabriel alla gaiement au-devant d'elle et l'embrassa au front ; elle tressaillit.

— Et maintenant, — dit-il, — il ne me manque plus que d'être occupé au village ou aux champs. Vous m'avez dit hier, bonne cousine, que vous aviez mon affaire ; je compte que vous me direz ce matin ce dont il s'agit.

— D'abord, il s'agit de vous reposer pendant quelques jours. Après...

— Eh bien ?

— Après, vous choisirez, cousin : ou vous resterez avec nous pour nous aider à conduire notre petite métairie des Genêts, ou vous entrerez chez le père Coëtivy, l'adjoint de la commune, le plus gros fermier de l'endroit, comme vous le savez. Je viens de le rencontrer, il m'a dit qu'il serait content de vous avoir pour surveiller les travaux de sa ferme.

— Convenu ! j'entrerai chez le père Coëtivy, — répondit Gabriel. — Merci, cousine ! Mariannic.

— Ainsi, vous ne voulez pas rester avec nous ? — dirent à la fois les deux Bretonnes d'un air peiné.

— Pour vous être à charge ! oh ! non. Votre gentille métairie des Genêts ne saurait avoir besoin de mes soins ; autrement, vous le savez bien, je me mettrais tout de suite à votre service ; j'y serai si heureux.

Mariannic insista, mais Gabriel lui prouva loyalement qu'elle n'avait pas besoin de lui.

— Placé chez le père Coëtivy, — ajouta-t-il, — je ne quitte pas mon village, et je verrai tous les jours mes seules affections désormais ; Mariannic et Ysolette. Que puis-je demander de plus, à moins d'être parfaitement déraisonnable ?

Il y avait dans l'accentuation de Gabriel ce je ne sais quoi de tendre et de gracieux qui va droit au cœur. C'était en effet un charmant jeune homme que ce Gabriel : enthousiaste et raisonnable, expansif et réservé, plein des plus excellentes qualités. Autant il avait mis d'ardeur à s'élancer à tire-d'ailes dans la voie périlleuse des arts, autant il mettait de calme, de résignation à revenir vers son modeste point de départ. Il en agissait ainsi noblement, sans regret comme sans fierté, et son renoncement ne lui paraissait ni humiliant ni héroïque. Peintre, il avait échoué dans le court temps d'essai que lui permettaient ses faibles ressources : la nécessité ne lui faisait-elle pas un devoir de demander sa vie à de plus humbles occupations, à de plus sûrs travaux? Et d'ailleurs n'était-il pas heureux d'avoir trouvé au pays deux jeunes paysannes qui lui ouvraient fraternellement leur cœur, et qui lui offraient avec largesse une affection dont il avait toujours été sevré à Paris. Il est si bon d'être aimé! Il est si bon d'aimer! Or, Gabriel aimait bien sincèrement Mariannic depuis l'enfance, et il sentait qu'il n'aimait pas moins Ysolette depuis la veille; seulement il entrevoyait déjà, entre les sentiments qu'il éprouvait pour l'une et pour l'autre, une différence sensible : Mariannic lui était chère comme une sœur, mais Ysolette! oh!... Ysolette!... Il y a des sympathies plus vives que l'amitié et qui naissent parfois d'un premier regard, d'un premier sourire.

Gabriel, avant d'entrer au service du père Coëtivy, profita de quelques jours d'indépendance. Il les employa à se promener dans les coulées bocagères du pays, ou à voguer en bateau sur la vaste baie de la Forêt. Mariannic, souvent occupée des travaux de sa métairie, ne pouvait l'accompagner toujours, c'était à Ysolette qu'était le plus ordinairement dévolu le soin de faire au jeune homme les honneurs des champs, des bois et de l'Océan. Ysolette, brune, vive, spirituelle, et Gabriel, blond, sentimental, éloquent, formaient un de ces contrastes délicieux comme on en rencontre bien rarement au village depuis que le temps des Estelles et des Némorins s'est à jamais enfui. Les paysans des bourgs voisins les prenaient pour de nouveaux époux ou de jeunes promis, et leur disaient en les saluant : « Bonheur à vous dans le mariage, amis! bonheur à vous? » et, toutes les fois qu'ils étaient salués ainsi, Ysolette rougissait malgré elle, et Gabriel souriait en regardant la jeune fille qui disait quelquefois :

— Sont-ils singuliers de nous prendre pour ce que nous ne sommes pas?

— Est-ce que cela vous fâche, Ysolette?

— Au contraire! — répondit-elle avec une naïve vivacité.

Cette idylle en action avait les plus doux charmes pour Gabriel, que le séjour de la grande ville n'avait nullement dégoûté des impressions champêtres, des rustiques habitudes. Après quelques jours de cette vie indépendante, passée à courir capricieusement à travers collines et vallées avec la plus jolie compagne de toute la Cornouaille, Gabriel se mit à la disposition du père Coëtivy. Il devint son *factotum*, moyennant une faible rétribution, car notre riche fermier était un avare renforcé, et il ne fallait rien moins que les fréquents accès de goutte auxquels il était en proie pour qu'il chargeât un autre que lui-même de surveiller ses établissements agricoles. Gabriel ne songeait pas à se plaindre de l'extrême modicité de son salaire; tout au contraire, il se croyait devenu le plus heureux des hommes. Tantôt à pied, tantôt à cheval, il parcourait le pays, allant d'une métairie à une autre métairie, d'un pré verdoyant à un champs de sarrasin, d'une épaisse futaie à une zone d'ajoncs, retrempant ainsi sa santé débile à l'air si pur des sites agrestes et maritimes de la côte. Il lui arrivait quelquefois de rencontrer par hasard sur son chemin Mariannic ou Ysolette, Ysolette plus souvent que Mariannic, toujours par hasard, et cela suffisait pour l'entretenir en belle humeur tout le reste de la journée.

Le soir, il allait passer quelques heures avec ses deux amies; on s'asseyait sur l'herbe fleurie du verger, et Gabriel racontait alors mainte petite anecdote de sa vie parisienne, qui ne manquait pas d'exciter un vif intérêt; car Gabriel, rendons-lui cette justice, racontait en perfection, et volontiers serait-on resté toute une nuit à l'écouter. Cependant il sembla bientôt que tout ce simple et frais bonheur du village commençait à se dissiper sous un souffle mystérieux et funeste. Cette loi inflexible, à laquelle l'homme est fatalement soumis, et qui ne lui permet pas de conserver longtemps l'équilibre d'un bonheur, s'appesantissait déjà sur la métairie des Genêts. Mariannic était devenue triste et morose; on la surprenait avec des larmes dans les yeux; il lui arrivait parfois de repousser brutalement Ysolette quand celle-ci accourait pour l'embrasser; puis, par un retour aussi subit que bizarre, elle la serrait sur son cœur à la briser. C'était facile à voir, Mariannic n'était plus heureuse, elle souffrait en secret. Mais quelle pouvait être la nature de sa souffrance? En vain Gabriel l'interrogeait-il avec tendresse, elle s'obstinait à répondre qu'elle n'avait aucun motif de chagrin. Et cependant, de jour en jour, le progrès sensible d'une douleur qui la minait se décelait sur son visage par d'alarmants indices.

(*La suite au prochain numéro.*)

Le propriétaire-gérant : F. ROY.

LES MYSTÈRES DE PARIS

Fleur-de-Marie se jeta dans les bras du prince en pleurant. (Page 369).

Fleur-de-Marie tressaillit et devint pourpre. Après un moment d'hésitation, elle se jeta dans les bras du prince en pleurant.

— Tu l'aimes, pauvre enfant?

— Vous ne me l'aviez jamais demandé, mon père!

— Ainsi, tu l'aimes... — ajouta Rodolphe en prenant les mains de sa fille dans les siennes; — tu l'aimes bien, mon enfant chérie?

— Oh! si vous saviez, — reprit Fleur-de-Marie, — ce qu'il m'en a coûté de vous cacher ce sentiment dès que je l'ai eu découvert dans mon cœur. Hélas! à la moindre question de votre part, je vous aurais tout avoué. Mais la honte me retenait et m'aurait toujours retenue.

— Et crois-tu qu'Henri... connaisse ton amour pour lui? — dit Rodolphe.

28 Octobre 1878.

— Grand Dieu! mon père, je ne le pense pas! — s'écria Fleur-de-Marie avec effroi.

— Et lui... crois-tu qu'il t'aime?

— Non, mon père... non... Oh! j'espère que non... il souffrirait trop.

— Et comment cet amour est-il venu, mon ange aimé?

— Hélas! presque à mon insu... Vous vous souvenez d'un portrait de page?

— Qui se trouvait dans l'appartement de l'abbesse de Sainte-Hermangilde... c'était le portrait d'Henri.

— Oui, mon père... Croyant cette peinture d'une autre époque, un jour, en votre présence, je ne cachai pas à la supérieure que j'étais frappée de la beauté de ce portrait. Vous me dites alors, en plaisantant, que ce tableau représentait un de nos parents d'autrefois, qui, très-jeune encore, avait montré un grand courage et d'excellentes qualités, et cela ne fit qu'ajouter encore à ma première impression... Depuis ce jour, souvent je m'étais plu à me rappeler ce portrait, sans le moindre scrupule, croyant qu'il s'agissait d'un de nos cousins mort depuis longtemps... Peu à peu je m'habituai à ces douces pensées... sachant qu'il ne m'était pas permis d'aimer sur cette terre... — ajouta Fleur-de-Marie avec une expression navrante. — Je me fis de ces rêveries bizarres une sorte de mélancolique intérêt, moitié sourire et moitié larmes; je regardais ce joli page des temps passés comme un fiancé d'outre-tombe... que je retrouverais peut-être un jour dans l'éternité; il me semblait qu'un tel amour était seul digne d'un cœur qui vous appartenait tout entier, mon père... Mais pardonnez-moi ces tristes enfantillages.

— Rien n'est plus touchant, au contraire, pauvre enfant! dit Clémence profondément émue.

— Maintenant, — reprit Rodolphe, — je comprends pourquoi tu m'as reproché un jour, d'un air chagrin, de t'avoir trompée sur ce portrait.

— Hélas! oui, mon père. Jugez de ma confusion lorsque plus tard la supérieure m'apprit que ce portrait était celui de son neveu, l'un de nos parents... Alors mon trouble fut extrême; je tâchai d'oublier mes premières impressions; mais plus j'y tâchais, plus elles s'enracinaient dans mon cœur, par suite même de la persévérance de mes efforts... Malheureusement encore, souvent je vous entendis, mon père, vanter le cœur, l'esprit, le caractère du prince Henri...

— Tu l'aimais déjà, mon enfant chérie, alors que tu n'avais encore vu que son portrait et entendu parler que de ses rares qualités.

— Sans l'aimer, mon père, je sentais pour lui un attrait que je me reprochais amèrement; mais je me consolais en pensant que personne au monde ne saurait ce triste secret. Oser aimer... moi... moi... et puis ne pas me contenter de votre tendresse, de celle de ma seconde mère! Ne vous devais-je pas assez pour employer toutes les forces, toutes les ressources de mon cœur à vous chérir tous deux?... Enfin, pour la première fois, je vis mon cousin... à cette grande fête que vous donniez à l'archiduchesse Sophie; le prince Henri ressemblait d'une manière si saisissante à son portrait, que je le reconnus tout d'abord... Le soir même, mon père, vous m'avez présenté mon cousin, en autorisant entre nous l'intimité que permet la parenté.

— Et bientôt vous vous êtes aimés?

— Ah! mon père, il exprimait son respect, son admiration pour vous avec tant d'éloquence... vous m'aviez dit vous-même tant de bien de lui!...

— Il le méritait... Il n'est pas de caractère plus élevé, il n'est pas de meilleur et de plus valeureux cœur.

— Ah! de grâce... mon père... ne le louez pas ainsi... Je suis déjà si malheureuse!

— Et moi, je tiens à te bien convaincre de toutes les rares qualités de ton cousin... Ce que je te dis t'étonne... je le conçois, mon enfant... Continue.

— Je sentais le danger que je courais en voyant le prince Henri chaque jour, et je ne pouvais me soustraire à ce danger. Malgré mon aveugle confiance en vous, mon père, je n'osais vous exprimer mes craintes... Je mis tout mon courage à cacher cet amour; pourtant, je vous l'avoue, mon père, malgré mes remords, souvent, dans cette fraternelle intimité de chaque jour, oubliant le passé, j'éprouvais des éclairs de bonheur inconnus jusqu'alors... mais bientôt suivie, hélas! de sombres désespoirs, dès que je retombais sous l'influence de mes tristes souvenirs... Car, hélas! s'ils me poursuivaient au milieu des hommages et des respects de personnes presque indifférentes, jugez... jugez, mon père, de mes tortures lorsque le prince Henri me prodiguait les louanges les plus délicates... m'entourait d'une adoration candide et pieuse, mettant, disait-il, l'attachement fraternel qu'il ressentait pour moi sous la protection de sa mère, qu'il avait perdue bien jeune. Du moins, ce doux nom de sœur qu'il me donnait, je tâchais de le mériter, en conseillant mon cousin sur son avenir, selon mes faibles lumières, en m'intéressant à tout ce qui le touchait, en me promettant de toujours vous demander pour lui votre bienveillant appui... Mais souvent aussi, que de tourments, que de pleurs dévorés, lorsque par hasard le prince Henri m'interrogeait sur mon enfance, sur n'a première jeunesse... Oh! tromper... toujours tromper... toujours craindre... toujours mentir... toujours trembler devant le regard de celui qu'on aime et qu'on respecte, comme le criminel tremble devant le regard inexorable de son juge!... Oh! mon père, j'étais coupable, je le sais, je n'avais pas le droit d'aimer; mais j'expiais ce triste amour par bien des douleurs... Que vous dirai-je! le départ du prince Henri, en me causant un nouveau et violent chagrin, m'a éclairée; j'ai vu que je l'aimais plus encore que je ne le croyais... Aussi, — ajouta Fleur-de-Marie avec accablement, et comme si cette confession eût épuisé ses forces, — bientôt je vous aurais fait cet aveu... car ce fatal amour a comblé la mesure de ce que je souffre... Dites, maintenant que vous savez tout, dites, mon père, est-il pour moi un autre avenir que celui du cloître?...

— Il en est un autre, mon enfant... oui... et cet avenir est aussi doux, aussi riant, aussi heureux que celui du couvent est morne et sinistre!

— Que dites-vous mon père?

— Écoute-moi à ton tour... Tu sens bien que je t'aime trop, que ma tendresse est trop clairvoyante pour que ton amour et celui d'Henri m'aient échappé : au bout de quelques jours je fus certain qu'il t'aimait... plus encore peut-être que tu ne l'aimes...

— Mon père... non... non... c'est impossible, il ne m'aime pas à ce point.

— Il t'aime, dis-je... il t'aime avec passion, avec délire.

— Oh! mon Dieu! mon Dieu!

— Écoute encore... Lorsque je t'ai fait cette plaisanterie du portrait, j'ignorais qu'Henri dût venir bientôt voir sa tante à Gerolstein. Lorsqu'il y vint, je cédai au penchant qu'il m'a toujours inspiré, je l'invitai à nous voir souvent... Jusqu'alors je l'avais traité comme mon fils, je ne changeai rien à ma manière d'être envers lui...

Au bout de quelques jours, Clémence et moi nous ne pûmes douter de l'attrait que vous éprouviez l'un pour l'autre... Si ta position était douloureuse, ma pauvre enfant, la mienne aussi était pénible, et surtout d'une délicatesse extrême... Comme père... sachant les rares et excellentes qualités d'Henri, je ne pouvais qu'être profondément heureux de votre attachement, car jamais je n'aurais pu rêver un époux plus digne de toi. Mais, comme homme d'honneur, je songeais au triste passé de mon enfant... Aussi, loin d'encourager les espérances d'Henri, dans plusieurs entretiens je lui donnai des conseils absolument contraires à ceux qu'il aurait dû attendre de moi, si j'avais songé à lui accorder ta main. Dans des conjectures si délicates, comme père et comme homme d'honneur, je devais garder une neutralité rigoureuse, ne pas encourager l'amour de ton cousin, mais le traiter avec la même affabilité que par le passé... Tu as été jusqu'ici si malheureuse, mon enfant chérie, que, te voyant pour ainsi dire renaître sous l'influence de ce noble et pur amour, pour rien au monde je n'aurais voulu te ravir ces joies divines et rares... En admettant même que cet amour dût être brisé plus tard... tu aurais au moins connu quelques jours d'innocent bonheur... Et puis enfin... cet amour pouvait assurer ton repos à venir...

— Mon repos?

— Écoute encore... Le père d'Henri, le prince Paul, vient de m'écrire; voici sa lettre... Quoiqu'il regarde cette alliance comme une faveur inespérée... il me demande ta main pour son fils, qui, me dit-il, éprouve pour toi l'amour le plus respectueux et le plus passionné.

— Oh! mon Dieu! mon Dieu? — dit Fleur-de-Marie en cachant son visage dans ses mains, — j'aurais pu être si heureuse!

— Courage, ma fille bien-aimée! si tu le veux, ce bonheur est à toi! — s'écria tendrement Rodolphe.

— Oh! jamais!... jamais!... Oubliez-vous?...

— Je n'oublie rien... Mais que demain tu entres au couvent, non-seulement je te perds à jamais... mais tu me quittes pour une vie de de larmes et d'austérité... Eh bien, te perdre... pour te perdre, j'aime mieux te sache heureuse et mariée à celui que tu aimes... et qui t'adore.

— Mariée avec lui... moi, mon père!...

— Oui... mais à la condition que, sitôt après votre mariage, contracté ici, la nuit, sans d'autres témoins que Murph pour toi et que le baron de Graün pour Henri, vous partirez tous deux pour aller dans quelque tranquille retraite de Suisse ou d'Italie vivre inconnus, en riches bourgeois. Maintenant, ma fille chérie, sais-tu pourquoi je me résigne à t'éloigner de moi! sais-tu pourquoi je désire qu'Henri quitte son titre une fois hors de l'Allemagne? C'est que je suis sûr qu'au milieu d'un bonheur solitaire, concentré dans une existence dépouillée de tout faste, peu à peu tu oublieras cet odieux passé, qui t'est surtout pénible parce qu'il contraste amèrement avec les cérémonieux hommages dont à chaque instant tu es entourée.

— Rodolphe a raison! — s'écria Clémence.

— Seule avec Henri, continuellement heureuse de son bonheur et du vôtre, il ne vous restera pas le temps de songer à vos chagrins d'autrefois, mon enfant.

— Puis, comme il me serait impossible d'être longtemps sans te voir, chaque année Clémence et moi nous irons vous visiter.

— Et un jour... lorsque la plaie dont vous souffrez tant, pauvre petite, sera cicatrisée... lorsque vous aurez trouvé l'oubli dans le bonheur... vous reviendrez près de nous pour ne plus nous quitter!

— L'oubli... dans le bonheur?... — murmura Fleur-de-Marie, qui malgré elle se laissait bercer par ce songe enchanteur.

— Oui... oui... mon enfant, — reprit Clémence, — lorsqu'à chaque instant du jour vous vous verrez bénie, respectée, adorée par l'époux de votre choix, par l'homme dont votre père vous a mille fois vanté le cœur noble et généreux... aurez-vous le loisir de penser au passé?...

— Enfin, c'est vrai... car, dis-moi, mon enfant, — reprit Rodolphe, qui pouvait à peine contenir des larmes de joie en voyant sa fille ébranlée, — en présence de l'idolâtrie de ton mari pour toi... lorsque tu auras la conscience et la preuve du bonheur qu'il te doit... quels reproches pourras-tu te faire?

— Mon père, — dit Fleur-de-Marie, oubliant le passé pour cette espérance ineffable, — tant de bonheur me serait-il encore réservé?

— Ah! j'en étais bien sûr! — s'écria Rodolphe dans un élan de joie triomphante; — est-ce qu'après tout un père qui le veut... ne peut pas rendre au bonheur son enfant adorée!...

— Épouser Henri... et un jour... passer ma vie entre lui... ma seconde mère et mon père...

— répéta Fleur-de-Marie, subissant de plus en plus la douce ivresse de ces pensées.

— Oui, mon ange aimé, nous serons tous heureux!... Je vais répondre au père d'Henri que je consens au mariage! — s'écria Rodolphe en serrant Fleur-de-Marie dans ses bras avec une émotion indicible. — Rassure-toi, notre séparation sera passagère... les nouveaux devoirs que le mariage va t'imposer raffermiront encore tes pas dans cette voie d'oubli et de félicité où tu vas marcher désormais... car si un jour tu es mère, ce ne sera pas seulement pour toi qu'il faudra être heureuse.

— Ah! — s'écria Fleur-de-Marie avec un cri déchirant, car ce mot de *mère* la réveilla du songe enchanteur qui la berçait, — mère!... moi?... Oh! jamais!... je suis indigne de ce saint nom... Je mourrais de honte devant mon enfant... si je n'étais pas morte de honte devant son père... en lui faisant l'aveu du passé...

— Que dit-elle, mon Dieu! — s'écria Rodolphe foudroyé par ce brusque changement.

— Moi mère! — reprit Fleur-de-Marie avec une amertume désespérée, — moi respectée, moi bénie par un enfant innocent et candide! Moi autrefois l'objet du mépris de tous! moi profaner ainsi le nom sacré de mère!... oh! jamais!... Misérable folle que j'étais de me laisser entraîner à un espoir indigne!...

— Ma fille, par pitié, écoute-moi.

Fleur-de-Marie se leva droite, pâle et belle de la majesté d'un malheur incurable. — Mon père... nous oublions qu'avant de m'épouser... le prince Henri doit connaître ma vie passée...

— Je ne l'avais point oublié! — s'écria Rodolphe; — il doit tout savoir... il saura tout...

— Et vous ne voulez pas que je meure de me voir ainsi dégradée à ses yeux!

— Mais il saura aussi quelle irrésistible fatalité t'a jeté dans l'abîme... mais il saura ta réhabilitation.

— Et il sentira enfin, — reprit Clémence, — que lorsque je vous appelle *ma fille*... il peut sans honte vous appeler *sa femme*...

— Et moi... ma mère... j'aime trop... j'estime trop le prince Henri pour jamais lui donner une main qui a été touchée par les bandits de la Cité...

Peu de temps après cette scène douloureuse, on lisait dans la *Gazette officielle de Gerolstein* :

« Hier a eu lieu, en l'abbaye grand-ducale de Sainte-Hermangilde, en présence de Son Altesse Royale le grand-duc régnant et de toute la cour, la prise de voile de très-haute et très-puissante princesse Son Altesse Amélie de Gerolstein. Le noviciat a été reçu par l'illustrissime et révérendissime seigneur monseigneur Charles-Maxime, archevêque-duc d'Openheim. Monseigneur Annibal-André Montano, des princes de Delphes, évêque de Ceuta *in partibus infidelium* et nonce apostolique, y a donné le salut et la BÉNÉDICTION PAPALE. Le sermon a été prononcé par le révérendissime seigneur Pierre d'Asfeld, chanoine du chapitre de Cologne, comte du Saint-Empire romain.

« VENI, CREATOR OPTIME. »

CHAPITRE III

LA PROFESSION

Rodolphe à Clémence.

« Gérolstein, 12 janvier 1842 [1].

« En me rassurant complètement aujourd'hui sur la santé de votre père, mon amie, vous me faites espérer que vous pourrez avant la fin de cette semaine le ramener ici. Je l'avais prévenu que dans la résidence de Rosenfeld, située au milieu des forêts, il serait exposé, malgré toutes les précautions possibles, à l'âpre rigueur de nos froids ; malheureusement sa passion pour la chasse a rendu nos conseils inutiles. Je vous en conjure, Clémence, dès que votre père pourra supporter le mouvement de la voiture, partez aussitôt ; quittez ce pays sauvage et cette sauvage demeure, seulement habitable pour ces vieux Germains au corps de fer, dont la race a disparu. Je tremble qu'à votre tour vous ne tombiez malade ; les fatigues de ce voyage précipité, les inquiétudes auxquelles vous avez été en proie jusqu'à votre arrivée auprès de votre père, toutes ces causes ont dû réagir cruellement sur vous. Que n'ai-je pu vous accompagner !...

« Clémence, je vous en supplie, pas d'imprudence ; je sais combien vous êtes vaillante et dévouée... je sais de quels soins empressés vous allez entourer votre père ; mais il serait aussi désespéré que moi, si votre santé s'altérait pendant ce voyage. Je déplore doublement la maladie du comte, car elle vous éloigne de moi dans un moment où j'aurais puisé bien des consolations dans votre tendresse...

« La cérémonie de la *profession* de notre pauvre enfant est toujours fixée à demain... 13 *janvier*, époque fatale... C'est le TREIZE JANVIER que j'ai tiré l'épée contre mon père...

« Ah ! mon amie... je m'étais cru pardonné trop tôt... L'enivrant espoir de passer ma vie auprès de vous et de ma fille m'avait fait oublier que ce n'était pas moi, mais *elle*, qui avait été punie jusqu'à présent, et que mon châtiment était encore à venir. — Et il est venu... lorsqu'il y a six mois l'infortunée nous a dévoilé la double torture de son cœur : — *sa honte incurable du passé... jointe à son malheureux amour pour Henri...* Ces deux amers et brûlants ressentiments, exaltés l'un par l'autre, devaient par une logique fatale amener son inébranlable résolution de prendre le voile. Vous le savez, mon amie, en combattant ce dessein de toutes les forces de notre adoration pour elle, nous ne pouvions nous dissimuler que sa digne et courageuse conduite eût été la nôtre... Que répondre à ces mots terribles : *J'aime trop le prince Henri pour lui donner une main touchée par les bandits de la Cité ?...*

« Elle a dû se sacrifier à ses nobles scrupules, au souvenir ineffaçable de sa honte ; elle l'a fait vaillamment... elle a renoncé aux splendeurs du monde, elle est descendue des marches d'un trône pour s'agenouiller, vêtue de bure, sur la dalle d'une église ; elle a croisé ses mains sur sa poitrine, courbé sa tête angélique... et ses beaux cheveux blonds, que j'aimais tant et que je conserve comme un trésor... sont tombés tranchés par le fer...

« Oh ! mon amie, vous savez notre émotion déchirante à ce moment lugubre et solennel ; cette émotion est, à cette heure, aussi poignante que par le passé... En vous écrivant ces mots, je pleure comme un enfant...

« Je l'ai vue ce matin : quoiqu'elle m'ait paru moins pâle que d'habitude, et qu'elle prétende ne pas souffrir... sa santé m'inquiète mortellement. Hélas ! lorsque sous le voile et le bandeau qui entourent son noble front, je vois ses traits amaigris qui ont la froide blancheur du marbre, et qui font paraître ses grands yeux bleus plus grands encore, je ne puis m'empêcher de songer au doux et pur éclat dont brillait sa beauté lors de notre mariage. Jamais nous ne l'avions vue plus charmante ; notre bonheur

---

[1]. Environ six mois se sont passés depuis que Fleur-de-Marie est entrée au couvent de Sainte-Hermangilde.

semblait rayonner sur son délicieux visage. Comme je vous le disais, je l'ai vue ce matin; elle n'est pas prévenue que la princesse Juliane se démet en sa faveur de sa dignité abbatiale : demain donc, jour de sa profession, notre enfant sera élue abbesse, puisqu'il y a unanimité parmi les demoiselles nobles de la communauté pour lui conférer cette dignité.

« Depuis le commencement de son noviciat, il n'y a qu'une voix sur sa piété, sur sa charité, sur sa religieuse exactitude à remplir toutes les règles de son ordre, dont elle exagère malheureusement les austérités... Elle a exercé dans ce couvent l'influence qu'elle exerce partout, sans y prétendre et en l'ignorant, ce qui en augmente la puissance...

« Son entretien de ce matin m'a confirmé ce dont je me doutais : elle n'a pas trouvé dans la solitude du cloître et dans la pratique sévère de la vie monastique le repos et l'oubli... Elle se félicite pourtant de sa résolution, qu'elle considère comme l'accomplissement d'un devoir impérieux; mais elle souffre toujours, car elle n'est pas née pour ces contemplations mystiques, au milieu desquelles certaines personnes, oubliant toutes les affections, tous les souvenirs terrestres, se perdent en ravissements ascétiques. Non, Fleur-de-Marie croit, elle prie, elle se soumet à la rigoureuse et dure observance de son ordre; elle prodigue les consolations les plus évangéliques, les soins les plus humbles aux pauvres femmes malades qui sont traitées dans l'hospice de l'abbaye. Elle a refusé jusqu'à l'aide d'une sœur converse pour le modeste ménage de cette triste cellule froide et nue où nous avons remarqué avec un si douloureux étonnement, vous vous le rappelez, mon amie, les branches desséchées de *son petit rosier*, suspendues au-dessous de son christ. Elle est enfin l'exemple chéri, le modèle vénéré de la communauté... Mais elle me l'a avoué ce matin, en se reprochant cette faiblesse avec amertume, elle n'est pas tellement absorbée par la pratique et par les austérités de la vie religieuse, que le passé ne lui apparaisse sans cesse, non-seulement tel qu'il a été... mais tel qu'il aurait pu être.

« Je m'en accuse, mon père, me disait-elle avec cette calme et douce résignation que vous lui connaissez; je m'en accuse, mais je ne puis m'empêcher de songer souvent que, si Dieu avait voulu m'épargner la dégradation qui a flétri à jamais mon avenir, j'aurais pu vivre toujours auprès de vous, aimée de l'époux de votre choix. Malgré moi, ma vie se partage entre ces douloureux regrets et les effroyables souvenirs de *la Cité;* en vain je prie Dieu de me délivrer de ces obsessions, de remplir uniquement mon cœur de son pieux amour, de ses saintes espérances, de me prendre enfin tout entière, puisque je veux me donner tout entière à lui... il n'exauce pas mes vœux... sans doute parce que mes préoccupations terrestres me rendent indigne d'entrer en communion avec lui. »

« — Mais alors, m'écriai-je, saisi d'une folle lueur d'espérance, — il en est temps encore : aujourd'hui ton noviciat finit, mais c'est seulement demain qu'aura lieu ta profession solennelle; tu es encore libre : renonce à cette vie si rude et si austère qui ne t'offre pas les consolations que tu attendais; souffrir pour souffrir, viens souffrir dans nos bras, notre tendresse adoucira ces chagrins.

« Secouant tristement la tête, elle me répondit avec cette inflexible justesse de raisonnement qui nous a si souvent frappés :

« — Sans doute, mon bon père, la solitude du cloître est bien triste pour moi... pour moi déjà si habituée à vos tendresses de chaque instant. Sans doute je suis poursuivie par d'amers regrets, par de navrants souvenirs; mais au moins j'ai la conscience d'accomplir un devoir... mais je comprends, mais je sais que partout ailleurs qu'ici je serais déplacée; je me verrais dans cette condition si cruellement fausse... dont j'ai tant souffert... et pour moi... et pour vous... car j'ai ma fierté aussi. Votre fille sera ce qu'elle doit être... fera ce qu'elle doit faire, subira ce qu'elle doit subir... Demain tous sauraient de quelle fange vous m'avez tirée... qu'en me voyant repentante au pied de la croix, on me pardonnerait peut-être le passé en faveur de mon humilité présente... Et il n'en serait pas ainsi, n'est-ce pas, mon bon père, si l'on me voyait, comme il y a quelques mois, briller au milieu des splendeurs de votre cour. D'ailleurs, satisfaire aux justes et sévères exigences du monde, c'est me satisfaire moi-même : aussi je remercie et je bénis Dieu de toute la puissance de mon âme, en songeant que *lui seul* pouvait offrir à votre fille un asile et une position dignes d'elle et de vous... une position enfin qui ne formât pas un affligeant contraste avec ma dégradation première... et qui pût me mériter le seul respect qui me soit dû... celui que l'on accorde au repentir et à l'humilité. »

(La suite au prochain numéro.)

COMMENT ON AIME

LA MÉTAIRIE DES GENETS

(SUITE)

Sa bonne figure, ordinairement rouge, se couvrait d'une pâleur morbide; sa grande taille droite et robuste s'affaissait tristement; sa voix s'était empreinte de gravité, et rarement le sourire venait-il effleurer ses grosses lèvres toutes chargées d'affectueuse bonté. Mariannic faisait peine, elle avait toujours eu jusqu'alors de si franches allures, une santé si robuste! Tout le monde s'étonnait, et nul n'avait deviné pourquoi elle dépérissait à vue d'œil. Un jour qu'elle sarclait avec Ysolette les mauvaises herbes d'un champ, elle vit au loin Gabriel qui descendait un coteau; elle le suivit des yeux pendant quelques minutes sans avertir sa compagne. Mais tout à coup Ysolette aperçut le jeune homme et s'écria avec une joie enfantine :

— Gabriel! voilà Gabriel là-bas! Regarde donc, Mariannic?

Mariannic tressaillit douloureusement, comme si on l'arrachait avec violence à un spectacle dont elle était heureuse de profiter seule.

— Gabriel!... Gabriel... — répliqua-t-elle durement. Eh! que vous fait Gabriel! Si vous prêtiez plus d'attention à votre besogne, vous ne verriez pas le premier venu qui passe!

A cette rude apostrophe, Ysolette rougit et demeura tout interdite; elle regarda Mariannic avec stupéfaction et, effrayée de la sombre expression de sa physionomie, elle se remit tranquillement à l'ouvrage; mais les battements mal contenus de son sein et les pleurs silencieux qui ruisselaient sur ses joues révélaient assez l'oppression de son cœur. Elle sentit bientôt deux mains s'appuyer sur sa tête, la renverser en arrière; puis elle vit Mariannic se pencher et l'embrasser avec effusion.

— Pardonne-moi, pauvre Ysolette! — dit-elle d'une voix entrecoupée, — pardonne-moi, chère petite! Je suis bien méchante, n'est-ce pas! Oh! si tu savais comme je souffre!

Et, disant cela, elle enleva la jolie enfant qu'elle pressa sur son cœur; Ysolette avait essuyé ses larmes.

— Je ne t'en veux pas, Mariannic; oh! pas du tout, je t'assure. Seulement, si tu es affligée, pourquoi ne pas me confier tes peines? ça soulage. Qui sait? Gabriel et moi nous saurions peut-être te consoler.

Trop jeune et trop naïve pour être bien pénétrante, Ysolette ne devinait pas qu'en parlant de Gabriel avec cette douce familiarité elle ravivait les plaies de sa compagne. Mariannic la remit à terre et lui répondit avec mélancolie :

— Il y a des moments comme ça dans la vie, chère enfant : on n'a pas sujet de souffrir et l'on n'est pas heureux, on a envie de pleurer et l'on ne saurait dire pourquoi. Peut-être que plus tard tu connaîtras ces petits chagrins tout vagues. Mais, va, je ne te le souhaite pas.

Elles se remirent à sarcler. Vers le soir, elles retournèrent au village; arrivés au bord d'un ruisseau d'une limpidité cristalline, elle se penchèrent pour y tremper leurs mains. Leurs images s'y réfléchirent avec une netteté parfaite. Pour la première fois peut-être Mariannic fit attention à son visage ainsi reflété à côté du joli minois d'Ysolette : hélas! elle se trouva bien laide! Son cœur se serra, et ce fut par une sorte de mouvement convulsif qu'elle agita l'onde avec ses deux mains pour échapper à cette navrante vision du mirage. Depuis ce temps, Mariannic se sentit à l'âme une irritation constante, un découragement inexprimable. Elle s'observait toutefois pour réprimer dès leur origine ses durs accès d'humeur; mais il était facile de remarquer l'altération de ses traits lorsque Gabrielle et Ysolette couraient et jouaient ensemble comme de jeunes chevreaux. Parfois la robuste fille ne pouvait résister au débordement de son cœur irrité; alors elle s'enfuyait brusquement, laissant les deux joueurs impitoyables fort étonnés de sa disparition.

Un dimanche que tous trois revenaient du *pardon* d'un bourg voisin, Mariannic disparut tout à coup au détour d'un sentier. Ysolette et Gabriel la cherchèrent de çà et de là sans la rencontrer. Les champs étaient coupés de haies et de taillis qui permettaient de se dérober facilement.

— Ah çà! mais qu'est-ce que cela veut dire? et pourquoi nous abandonne-t-elle ainsi?

— Le fait est, dit Gabriel, — qu'elle devient d'une bizarrerie extraordinaire... Enfin, continuons notre chemin, ne cherchons point à la deviner, puisqu'elle semble ne pas le vouloir.

Et ils reprirent leur marche vers Fouesnant, un peu préoccupés d'abord de cette escapade, mais bientôt ramenés au sentiment intime qui les rattachait l'un à l'autre. La fatigue les obligea de s'asseoir sur un tertre moussu et fleuri au pied d'une haie d'aubépine ombragée de grands chênes. Cet endroit était tranquille et solitaire : le murmure des feuilles et le chant des oiseaux en troublaient seuls le silence ; la campagne veloutée au reflet d'un soleil incliné sur l'horizon, l'air chargé de tièdes et aromatiques senteurs, toutes ces suaves harmonies de la nature ne pouvaient manquer d'inspirer à l'âme cette douce poésie d'amour, la plus délicieuse de toutes les poésies de ce monde. Après un moment de silence :

— Si jamais je reprends les pinceaux, Ysolette, — dit Gabriel, — ce sera pour faire votre portrait.

— Mon portrait? — s'écria la jeune Bretonne.

— Quoi! vous feriez mon portrait? Oh! quel plaisir!

Et elle joignait les mains d'un air ingénument suppliant. Gabriel les prit doucement dans les siennes.

— Ce sera à une condition, Ysolette, — ajouta-t-il.

— Laquelle? j'y consens d'avance, — répondit-elle étourdiment.

— Prenez garde, imprudente!

— Vous me faites peur! Voyons, parlez vite!

— C'est que vous me promettiez d'aimer... oh! mais de tout votre cœur... quelqu'un que je vous nommerai.

Ysolette prit un air réfléchi.

— Oh! oh! — dit-elle, est-ce qu'on fait jamais de ces promesses-là sans savoir...?

Gabriel l'interrompit et lui dit avec une expresive tendresse :

— Curieuse! j'ai mes raisons pour tenir votre parole avant de vous révéler le nom. Si je vous le disais, je craindrais d'être refusé tout net.

— Bah! dites toujours.

— Vous ne devinez pas?
— Mon Dieu! pas du tout.
— Eh bien!... c'est moi, Ysolette.

A ces simples paroles, auxquelles elle s'attendait sans aucun doute, la jeune Cornouaillaise se troubla visiblement : elle pâlit et rougit tour à tour et ne sut que répondre.

— Moi! — reprit Gabriel en s'exaltant, — moi qui vous aime depuis le moment où je vous ai vue pour la première fois sur le chemin de Fouesnant! moi qui ne trouve sans doute ma vie si heureuse au pays que parce que vous êtes là, près de nous, et que je vous vois, et que je vous entends tous les jours, et que vous animez magiquement à mes yeux tout ce qui m'entoure, village, coteaux et vallons! moi enfin qui, pour me fixer à jamais en ces lieux, ne demanderais qu'une chose : qu'Ysolette m'aimât et devînt la compagne de ma vie, la consolatrice de mes derniers ennuis!...

C'était là une déclaration dans les règles, avec cette particularité fort rare qu'elle était aussi vivement sentie que bien débitée. Quelques oiseaux, blottis dans la haie, s'enfuirent à tire-d'ailes comme s'ils eussent été effarouchés par le ton passionné de Gabriel. Ysolette, elle, ne s'enfuit pas, mais elle demeura toute joyeuse, toute suffoquée, voulut répondre, et n'en eut pas la force.

— Eh quoi! vous ne dites rien? — reprit Gabriel.

— Que voulez-vous que je dise? — repartit enfin Ysolette d'un air un peu sournois : — je vous écoute avec... plaisir. Voilà tout ce que je sais.

— Ne savez-vous pas encore si je suis payé de retour, Ysolette?

— Oh! pour ça, j'en ai bien peur.

— Et ne seriez-vous pas contente que Gabriel devînt votre mari?

— Bien contente!... c'est-à-dire, si Mariannic y consent, car elle me sert de mère en même temps qu'elle est ma meilleure amie, cette chère Mariannic!

— C'est juste! et j'irai bientôt lui demander votre main, n'est-ce pas?

— Quand vous voudrez... Ah! mais, j'y songe, reprit-elle en posant gravement le doigt sur ses lèvres.

— A quoi donc?

(*La suite au prochain numéro.*)

Le propriétaire-gérant : F. ROY.

LES MYSTÈRES DE PARIS

Chaque religieuse allait s'incliner devant notre enfant et lui baiser la main. (Page 382.)

« Hélas! que répondre à cela!... Fatalité! fatalité! car cette malheureuse enfant est douée d'une inexorab'e *logique* en tout ce qui touche les délicatesses du cœur et de l'honneur. Avec un esprit et une âme pareils, il ne faut pas songer à pallier, à *tourner* les positions fausses, il faut en subir les implacables conséquences...

« Je l'ai quittée, comme toujours, le cœur brisé. Sans fonder le moindre espoir sur cette entrevue, qui sera la dernière avant sa *profession*, je m'étais dit : Aujourd'hui encore elle peut renoncer au cloître... Mais, vous le voyez, sa volonté est irrévocable, et je dois, hélas! en convenir avec elle, et répéter ses paroles : — *Dieu seul pouvait lui offrir un asile et une position dignes d'elle et de moi.*

« Encore une fois, sa résolution est admirablement convenable et logique au point de vue de la société où nous vivons... Avec l'exquise susceptibilité de Fleur-de-Marie, il n'y a pas pour elle d'autre condition possible. Mais je vous l'ai dit bien souvent, mon amie, si des devoirs sacrés, plus sacrés encore que ceux de la famille, ne me retenaient pas au milieu de ce peuple qui m'aime, et dont je suis un peu la providence, je serais allé avec vous, ma fille, Henri et Murph, vivre heureux et obscur dans quelque retraite ignorée. Alors, loin des lois impérieuses d'une société impuissante à guérir les maux qu'elle a faits, nous aurions bien forcé cette malheureuse enfant au bonheur et à l'oubli... tandis qu'ici, au milieu de cet éclat, de ce cérémonial, si restreint qu'il fût, c'est impossible... Mais, encore une fois, fatalité !... fatalité !... je ne puis abdiquer mon pouvoir sans compromettre le bonheur de ce peuple qui compte sur moi... Braves et dignes gens !... qu'ils ignorent toujours ce que leur félicité me coûte !...

« Adieu, tendrement adieu, ma bien-aimée Clémence. Il m'est presque consolant de vous voir aussi affligée que moi du sort de mon enfant; car ainsi je puis dire *notre* chagrin, et il n'y a pas d'égoïsme dans ma souffrance. — Quelquefois je me demande avec effroi ce que je serais devenu sans vous, au milieu de circonstances si douloureuses... Souvent aussi ces pensées m'apitoient encore davantage sur le sort de Fleur-de-Marie... car vous me restez, vous... Et à elle, que lui reste-t-il ?

« Adieu encore, et tristement adieu, noble amie, bon ange des jours mauvais. Revenez bientôt, cette absence vous pèse autant qu'à moi...

« A vous ma vie et mon amour !... âme et cœur, à vous !

« R. »

« Je vous envoie cette lettre par un courrier ; à moins de changement imprévu, je vous en expédierai un autre demain sitôt après la triste cérémonie. Mille vœux et espoirs à votre père pour son prompt rétablissement. J'oubliais de vous donner des nouvelles du pauvre Henri ; son état s'améliore et ne donne plus de si graves inquiétudes. Son excellent père, malade lui-même, a retrouvé des forces pour le soigner, pour le veiller ; miracle d'amour paternel... qui ne nous étonne pas, nous autres. — Ainsi donc, amie, à demain... demain... jour sinistre et néfaste pour moi... A vous encore, à vous toujours.

« R. »

« Abbaye de Sainte-Hermangilde, quatre heures du matin.

« Rassurez-vous, Clémence... rassurez-vous, quoique l'heure à laquelle je vous écris cette lettre et le lieu d'où elle est datée doivent vous effrayer... Grâce à Dieu, le danger est passé, mais la crise a été terrible...

« Hier, après vous avoir écrit, agité par je ne sais quel funeste pressentiment, me rappelant la pâleur, l'air souffrant de ma fille, l'état de faiblesse où elle languit depuis quelque temps, songeant enfin qu'elle devait passer en prières, dans une immense et glaciale église, presque toute cette nuit qui précède sa profession, j'ai envoyé Murph et David à l'abbaye demander à la princesse Juliane de leur permettre de rester jusqu'à demain dans la maison extérieure qu'Henri habitait ordinairement. Ainsi ma fille pouvait avoir de prompts secours et moi de ses nouvelles, si les forces lui manquaient pour accomplir cette rigoureuse... je ne veux pas dire cruelle... obligation de rester une nuit de janvier en prières, par un froid excessif. J'avais aussi écrit à Fleur-de-Marie que, tout en respectant l'exercice de ses devoirs religieux, je la suppliais de songer à sa santé, et de faire sa veillée de prières dans sa cellule, et non dans l'église. Voici ce qu'elle m'a répondu :

« Mon bon père, je vous remercie du plus profond de mon cœur de cette nouvelle et tendre preuve de votre intérêt ; n'ayez aucune inquiétude, je me crois en état d'accomplir mon devoir... Votre fille, mon bon père, ne peut témoigner ni crainte ni faiblesse... la règle est telle, je dois m'y conformer. En résultât-il quelques souffrances physiques, c'est avec joie que je les offrirais à Dieu ! Vous m'approuverez, je l'espère, vous qui avez toujours pratiqué le renoncement, et le devoir avec tant de courage... Adieu, mon bon père... Je ne vous dirai pas que je vais prier pour vous... en priant Dieu, je vous prie toujours, car il m'est impossible de ne pas vous confondre avec la divinité que j'implore ; vous avez été pour moi sur la terre ce que Dieu, si je le mérite, sera pour moi dans le ciel.

« Daignez bénir ce soir votre fille par la pensée, mon bon père... elle sera demain l'épouse du Seigneur... Elle vous baise les mains avec un pieux respect.

« Sœur AMÉLIE. »

« Cette lettre, que je ne pus lire sans fondre en

larmes, me rassura pourtant quelque peu ; je devais, moi aussi, accomplir une veillée sinistre. La nuit venue, j'allai m'enfermer dans le pavillon que j'ai fait construire non loin du monument élevé au souvenir de mon père... en expiation de cette nuit fatale.

« Vers une heure du matin, j'entendis la voix de Murph, je frissonnai d'épouvante ; il arrivait en toute hâte du couvent. Ainsi que je l'avais prévu, la malheureuse enfant, malgré son courage et sa volonté, n'a pas eu la force d'accomplir entièrement cette pratique barbare, dont il avait été impossible de la dispenser, la règle étant formelle à ce sujet. A huit heures du soir, Fleur-de-Marie s'est agenouillée sur la pierre de cette église... Jusqu'à plus de minuit elle a prié... Mais à cette heure, succombant à sa faiblesse, à cet horrible froid, à son émotion, car elle a longuement et silencieusement pleuré... elle s'est évanouie. Deux religieuses qui avaient partagé sa veillée... vinrent la relever et la transportèrent dans sa cellule... David fut à l'instant prévenu ; Murph monta en voiture, accourut me chercher ; je volai au couvent ; je fus reçu par la princesse Juliane. Elle me dit que David craignait que ma vue ne fît une trop vive impression sur ma fille, que son évanouissement, dont elle était revenue, ne présentait rien de très-alarmant, ayant été seulement causé par une grande faiblesse...

« D'abord une horrible pensée me vint... Je crus qu'on voulait me cacher quelque grand malheur, ou du moins me préparer à l'apprendre ; mais la supérieure me dit :

« Je vous l'affirme, monseigneur, la princesse Amélie est hors de danger ; un léger cordial que le docteur David lui a fait prendre a ranimé ses forces. »

« Je ne pouvais douter de ce que m'affirmait l'abbesse ; je la crus, et j'attendis des nouvelles de ma fille avec une douloureuse impatience. Au bout d'un quart d'heure d'angoisses, David revint. Grâce à Dieu, elle allait mieux... et elle avait voulu continuer sa veillée de prières dans l'église, en consentant seulement à s'agenouiller sur un coussin... Et comme je me révoltais et m'indignais de ce que la supérieure et lui eussent accédé à son désir, ajoutant que je m'y opposais formellement, il me répondit qu'il eût été dangereux de contrarier la volonté de ma fille dans un moment où elle était sous l'influence d'une vive émotion nerveuse, et que d'ailleurs il était convenu avec la princesse Juliane que la pauvre enfant quitterait l'église à l'heure des matines pour prendre un peu de repos et se préparer à la cérémonie.

« — Elle est donc maintenant à l'église ? — lui dis-je.

« — Oui, monseigneur... mais avant une demi-heure elle l'aura quittée...

« Je me fis aussitôt conduire à notre tribune du nord, d'où l'on domine tout le chœur. Là, au milieu des ténèbres de cette vaste église, seulement éclairée par la pâle clarté de la lampe du sanctuaire, je la vis près de la grille... agenouillée, les mains jointes et priant encore avec ferveur. Moi aussi je m'agenouillai en pensant à mon enfant.

« Trois heures sonnèrent ; deux sœurs assises dans les stalles, qui ne l'avaient pas quittée des yeux, vinrent lui parler bas... Au bout de quelques moments, elle se signa, se leva et traversa le chœur d'un pas assez ferme... et pourtant, mon amie, lorsqu'elle passa sous la lampe, son visage me parut aussi blanc que le long voile qui flottait autour d'elle... Je sortis aussitôt de la tribune, voulant d'abord aller la rejoindre, mais je craignis qu'une nouvelle émotion ne l'empêchât de goûter quelques moments de repos. J'envoyai David savoir comment elle se trouvait... il revint me dire qu'elle se sentait mieux et qu'elle allait tâcher de dormir un peu...

« Je reste à l'abbaye... pour la cérémonie qui aura lieu ce matin.

« Je pense maintenant, mon amie, qu'il est inutile de vous envoyer cette lettre incomplète... Je la terminerai demain en vous racontant les événements de cette triste journée.

« A bientôt donc, mon amie. Je suis brisé de douleur... Plaignez-moi. »

CHAPITRE DERNIER
LE 13 JANVIER

Rodolphe à Clémence.

« TREIZE JANVIER... anniversaire maintenant doublement sinistre !

« Mon amie... nous la perdons à jamais ! Tout est fini... tout !... Écoutez ce récit.

« Il est donc vrai... on éprouve une volupté atroce à raconter une horrible douleur.

« Hier je me plaignais du hasard qui vous retenait loin de moi... aujourd'hui, Clémence, je me félicite de ce que vous n'êtes pas ici ; vous souffririez trop...

« Ce matin, je sommeillais à peine, j'ai été éveillé par le son des cloches... j'ai tressailli d'effroi... cela m'a semblé funèbre... on eût dit un glas de funérailles... En effet, ma fille est morte pour nous, morte, entendez-vous... Dès aujourd'hui, Clémence, il faut commencer à porter son deuil dans votre cœur, dans votre cœur toujours pour elle si maternel... Que notre enfant soit ensevelie sous le marbre d'un tombeau ou sous la voûte d'un cloître... pour nous... quelle est la différence? Dès aujourd'hui, entendez-vous, Clémence... il faut la regarder comme morte... D'ailleurs... elle est d'une si grande faiblesse... sa santé, altérée par tant de chagrins, par tant de secousses, est si chancelante... pourquoi pas aussi cette autre mort, plus complète encore? La fatalité n'est pas lasse... Et puis d'ailleurs... d'après ma lettre d'hier... vous devez comprendre que cela serait peut-être plus heureux pour elle... qu'elle fût morte.

« MORTE... ces cinq lettres ont une physionomie étrange... ne trouvez-vous pas?... quand on les écrit à propos d'une fille idolâtrée... d'une fille si belle, si charmante, d'une bonté si angélique... Dix-huit ans à peine... et morte au monde!

« Au fait... pour nous et pour elle, à quoi bon végéter souffrante dans la morne tranquillité de ce cloître? qu'importe qu'elle vive si elle est perdue pour nous? Elle doit tant l'aimer, la vie... que la fatalité lui a faite!

« Ce que je dis là est affreux... il y a un égoïsme barbare dans l'amour paternel!

....

« A midi, sa *profession* a eu lieu avec une pompe solennelle. Caché derrière les rideaux de notre tribune, j'y ai assisté... J'ai ressenti, mais avec encore plus d'intensité, toutes les poignantes émotions que nous avions éprouvées lors de son noviciat...

« Chose bizarre! elle est adorée; on croit généralement qu'elle est attirée vers la vie religieuse par une irrésistible vocation; on devrait voir dans sa profession un événement heureux pour elle, et, au contraire, une accablante tristesse pesait sur la foule.

« Au fond de l'église, parmi le peuple... j'ai vu deux sous-officiers de mes gardes, deux vieux et rudes soldats, baisser la tête et pleurer... On eût dit qu'il y avait *dans l'air* un douloureux pressentiment. Du moins, s'il était fondé, il n'est réalisé qu'à demi...

« La profession terminée, on a ramené notre enfant dans la salle du chapitre où devait avoir lieu la nomination de la nouvelle abbesse. Grâce à mon privilége souverain, j'allais dans cette salle attendre Fleur-de-Marie au retour du chœur. Elle entra bientôt... Son émotion, sa faiblesse étaient si grandes que deux sœurs la soutenaient. Je fus effrayé, moins encore de sa pâleur et de la profonde altération de ses traits que de l'expression de son sourire... il me parut empreint d'une sorte de satisfaction sinistre...

« Clémence... je vous le dis... peut-être bientôt nous faudra-t-il du courage... bien du courage. *Je sens* pour ainsi dire *en moi* que notre enfant est mortellement frappée.

« Après tout, sa vie serait si malheureuse... Voilà deux fois que je me dis, en pensant à la mort possible de ma fille... que cette mort mettrait du moins un terme à sa cruelle existence... Cette pensée est un horrible symptôme... Mais si ce malheur doit nous frapper, il vaut mieux y être préparé, n'est-ce pas, Clémence?

« Se préparer à un pareil malheur, c'est en savourer peu à peu et d'avance les lentes angoisses... C'est un raffinement de douleurs inouï... Cela est mille fois plus affreux que le coup qui vous frappe, imprévu... Au moins la stupeur, l'anéantissement vous épargnent une partie de cet atroce déchirement... Mais les usages de la compassion veulent qu'on vous *prépare*... Probablement je n'agirais pas autrement moi-même, pauvre amie... si j'avais à vous apprendre le funeste événement dont je vous parle... Ainsi épouvantez-vous, si vous remarquez que je vous entretiens d'*elle*... avec des ménagements, des détours d'une tristesse désespérée, après vous avoir annoncé que sa santé ne me donnait pourtant pas de graves inquiétudes.

« Oui, épouvantez-vous si je vous parle comme je vous écris maintenant... car, quoique je l'ai quittée assez calme il y a une heure pour venir terminer cette lettre, je vous le répète, Clémence, il me semble *ressentir en moi* qu'elle est plus souffrante qu'elle ne le paraît... Fasse le ciel que je me trompe et que je prenne pour des pressentiments la désespérante tristesse que m'a inspirée cette cérémonie lugubre!

« Fleur-de-Marie entra donc dans la grande salle du chapitre. Toutes les stalles furent successivement occupées par les religieuses. Elle alla modestement se mettre à la dernière place de la rangée de gauche; elle s'appuyait sur le bras d'une des sœurs, car elle semblait toujours bien faible. Au haut bout de la salle, la princesse Juliane était assise, ayant d'un côté la grande prieure, de l'autre une seconde dignitaire, tenant à la main la crosse d'or, symbole de l'autorité abbatiale.

« Il se fit un profond silence, la princesse se leva, prit sa crosse en main, et dit d'une voix grave et émue :

« Mes chères filles, mon grand âge m'oblige de confier à des mains plus jeunes cet emblème de mon pouvoir spirituel, — et elle montra sa crosse. — J'y suis autorisée par une bulle de notre Saint-Père. Je présenterai donc à la bénédiction de monseigneur l'évêque d'Oppenheim et à l'approbation de Son Altesse le grand-duc, notre souverain, celle de vous, mes chères filles, qui par vous aura été désignée pour me succéder. Notre grande prieure va vous faire connaître le résultat de l'élection, et à celle-là que vous aurez élue je remettrai ma crosse et mon anneau. »

« Je ne quittais pas ma fille des yeux. Debout dans sa stalle, les deux mains jointes sur sa poitrine, les yeux baissés, à demi enveloppée de son voile blanc et des longs plis traînants de sa robe noire, elle se tenait immobile et pensive, elle n'avait pas un moment supposé qu'on pût l'élire, son élévation n'avait été confiée qu'à moi par l'abesse.

« La grande prieure prit un registre et lut :

« Chacune de nos chères sœurs ayant été, suivant la règle, invitée, il y a huit jours, à déposer son vote entre les mains de notre sainte mère et à tenir son choix secret jusqu'à ce moment ; au nom de notre sainte mère, je déclare qu'une de vous, mes chères sœurs, a, par sa piété exemplaire, par ses vertus évangéliques, mérité le suffrage unanime de la communauté, et celle-là est notre sœur Amélie, *de son vivant* très-haute et très-puissante princesse de Gerolstein. »

« A ces mots, une sorte de murmure de douce surprise et d'heureuse satisfaction circula dans la salle ; tous les regards des religieuses se fixèrent sur ma fille avec une expression de tendre sympathie ; malgré mes accablantes préoccupations, je fus moi-même vivement ému de cette nomination, qui, faite isolément et secrètement, offrait néanmoins une si touchante unanimité. Fleur-de-Marie, stupéfaite, devint encore plus pâle ; ses genoux tremblaient si fort qu'elle fut obligée de s'appuyer d'une main sur le rebord de la stalle...

« L'abbesse reprit d'une voix haute et grave :

« — Mes chères filles, c'est bien sœur Amélie que vous croyez la plus digne et la plus méritante de vous toutes ? C'est bien elle que vous reconnaissez pour votre supérieure spirituelle ? Que chacune de vous me réponde à son tour, mes chères filles. »

« Et chaque religieuse répondit à haute voix :

« — Librement et volontairement, j'ai choisi et je choisis sœur Amélie pour ma sainte mère et supérieure. »

« Saisie d'une émotion inexprimable, ma pauvre enfant tomba à genoux, joignit les mains, et resta ainsi jusqu'à ce que chaque vote fût émis.

« Alors l'abbesse, déposant la crosse et l'anneau entre les mains de la grande prieure, s'avança vers ma fille pour la prendre par la main et la conduire au siège abbatial...

« — Relevez-vous, ma chère fille, lui dit l'abbesse, venez prendre la place qui vous appartient ; vos vertus évangéliques, et non votre rang, vous l'ont gagnée. »

« En disant ces mots, la vénérable princesse se pencha vers ma fille pour l'aider à se relever.

« Fleur-de-Marie fit quelques pas en tremblant, puis arrivant au milieu de la salle du chapitre, elle s'arrêta et dit d'une voix dont le calme et la fermeté m'étonnèrent :

« — Pardonnez-moi, sainte mère... je voudrais parler à mes sœurs.

« — Montez d'abord, ma chère fille, sur votre siège abbatial, dit la princesse, c'est de là que vous devez leur faire entendre votre voix...

« — Cette place, sainte mère... ne peut être la mienne, répondit Fleur-de-Marie d'une voix basse et tremblante.

« — Que dites-vous, ma chère fille ?

« — Une si haute dignité n'est pas faite pour moi, sainte mère.

« — Mais les vœux de toutes vos sœurs vous y appellent.

« — Permettez-moi, sainte mère, de faire ici à deux genoux une confession solennelle ; mes sœurs verront bien, et vous aussi, sainte mère, que la condition la plus humble n'est pas encore assez humble pour moi.

« — Votre modestie vous abuse, ma chère fille, » dit la supérieure avec bonté, croyant qu'en effet la malheureuse enfant cédait à un sentiment de modestie exagérée ; mais moi je devinai ces aveux que Fleur-de-Marie allait faire. Saisi d'effroi, je m'écriai d'une voix suppliante :

« — Mon enfant... je t'en conjure!... »

« A ces mots... vous dire, mon amie, tout ce que je lus dans le profond regard que Fleur-de-Marie me jeta serait impossible... Ainsi que vous le saurez dans un instant, elle m'avait compris. Oui, elle avait compris que je devais partager la honte de cette horrible révélation... Elle avait compris qu'après de tels aveux on pouvait m'accuser... moi, de mensonge... car j'avais toujours dû laisser croire que jamais Fleur-de-Marie n'avait quitté sa mère... A cette pensée la pauvre enfant s'était crue coupable envers moi d'une noire ingratitude... Elle n'eut pas la force de continuer elle se tut et baissa la tête avec accablement...

« — Encore une fois, ma chère fille, reprit l'abbesse, votre modestie vous trompe... l'unanimité du choix de vos sœurs vous prouve combien vous êtes digne de me remplacer... Par cela même que vous avez pris part aux joies du monde, votre renoncement à ces joies n'en est que plus méritant... Ce n'est pas Son Altesse la princesse Amélie qui est élue, c'est *sœur Amélie*... Pour nous, votre vie a commencé du jour où vous avez mis le pied dans la maison du Seigneur... et c'est cette exemplaire et sainte vie que nous récompensons... Je vous dirai plus, ma chère fille : avant d'entrer au bercail, votre existence aurait été aussi égarée qu'elle a été au contraire pure et louable... que les vertus évangéliques dont vous nous avez donné l'exemple depuis votre séjour ici, expieraient et rachèteraient encore aux yeux du Seigneur un passé si coupable qu'il fût... D'après cela, chère fille, jugez si votre modestie doit être rassurée. »

« Ces paroles de l'abbesse furent, comme vous le pensez, mon amie, d'autant plus précieuses pour Fleur-de-Marie qu'elle croyait le passé ineffaçable. Malheureusement, cette scène l'avait profondément émue, et quoiqu'elle affectât du calme et de la fermeté, il me sembla que ses traits s'altéraient d'une manière inquiétante... Par deux fois elle tressaillit en passant sur son front sa pauvre main amaigrie.

« — Je crois vous avoir convaincue, ma chère fille, reprit la princesse Juliane, et vous ne voudrez pas causer à vos sœurs un vif chagrin en refusant cette marque de leur confiance et de leur affection.

« — Non, sainte mère, dit-elle avec une expression qui me frappa et d'une voix de plus en plus faible ; je crois *maintenant* pouvoir accepter... Mais comme je me sens bien fatiguée et un peu souffrante, si vous le permettiez, sainte mère, la cérémonie de ma consécration n'aurait lieu que dans quelques jours...

« — Il sera fait comme vous le désirez, ma chère fille... mais, en attendant que votre dignité soit bénie et consacrée... prenez cet anneau... venez à votre place... nos chères sœurs vous rendront hommage selon notre règle. »

« Et la supérieure, glissant son anneau pastoral au doigt de Fleur-de-Marie, la conduisit au siége abbatial...

« Ce fut un spectacle simple et touchant.

« Auprès de ce siége où elle s'assit se tenaient, d'un côté, la grande prieure, portant la crosse d'or ; de l'autre, la princesse Juliane. Chaque religieuse alla s'incliner devant notre enfant et lui baiser respectueusement la main.

« Je voyais à chaque instant son émotion augmenter, ses traits se décomposer davantage ; enfin, cette scène fut sans doute au-dessus de ses forces... car elle s'évanouit avant que la procession des sœurs fût terminée. Jugez de mon épouvante!... Nous la transportâmes dans l'appartement de l'abbesse.

« David n'avait pas quitté le couvent ; il accourut, lui donna les premiers soins. Puisse-t-il ne m'avoir pas trompé! mais il m'a assuré que ce nouvel accident n'avait pour cause qu'une extrême faiblesse causée par le jeûne, les fatigues et la privation de sommeil que ma fille s'était imposés pendant son rude et long noviciat... Je l'ai cru, parce qu'en effet ses traits angéliques, quoique d'une effrayante pâleur, ne trahissaient aucune souffrance lorsqu'elle reprit connaissance... Je fus frappé de la sérénité qui rayonnait sur son beau front. De nouveau cette inquiétude m'effraya ; il me sembla qu'elle cachait le secret espoir d'une délivrance prochaine...

« La supérieure était retournée au chapitre pour clore la séance, je restai seul avec ma fille.

« Après m'avoir regardé en silence pendant quelques moments, elle me dit :

« — Mon bon père... pourrez-vous oublier mon ingratitude? Pourrez-vous oublier qu'au moment où j'allais faire cette pénible confession, vous m'avez demandé grâce?...

« — Tais-toi... je t'en supplie...

(La suite au prochain numéro.)

COMMENT ON AIME

LA MÉTAIRIE DES GENETS

(SUITE)

— Il me semble que, pour se mettre en ménage, il faut un petit avoir, un champ, une métairie, quelque chose enfin. Eh bien! nous ne possédons rien ni l'un ni l'autre, absolument rien : ça n'est peut-être pas assez.

— C'est juste! mais, bah! voici ce que j'ai l'intention de faire : le père Coëtivy a besoin de moi, je pense ; mais il ne me paye pas suffisamment. Je vais lui présenter mes conditions ; s'il ne les accepte pas, je le quitte et cherche ailleurs. Intelligence et bonne volonté, avec cela je ne saurais manquer d'obtenir une occupation lucrative. Alors nous économiserons bravement sou à sou pour nous acheter une jolie petite ferme ; qu'en pensez-vous?

— Oh! oui, ce sera gentil, et je serai bien heureuse!

— Pas autant que moi, j'en suis sûr!

Et, pour sceller en quelque sorte le contrat que les deux cœurs venaient d'accepter, Gabriel effleura de ses lèvres le beau front d'Ysolette, qui s'empourpra sous ce premier baiser.

Au même instant, un bruit semblable à un sanglot mal étouffé s'échappa de derrière la haie, accompagné d'un léger froissement d'herbe. Quelques oiseaux prirent leur volée. Les deux jeunes gens restèrent stupéfaits.

— Avez-vous entendu, Gabriel? — dit Ysolette. N'était-ce pas un soupir?

— Oui, — répondit Gabriel en regardant par-dessus l'épais buisson. — Mais je ne vois personne... Je ne sais vraiment à quoi attribuer cette étrange rumeur.

— Sinistre présage! — murmura Ysolette avec effroi.

— Superstitieuse! — dit Gabriel, qui lui-même n'était pas très-rassuré.

Mais, sans s'arrêter davantage à ce bizarre incident, ils regagnèrent le village.

Mariannic les attendait sur le seuil de sa chaumière. Elle les reçut en souriant : ce sourire, en dépit d'elle-même, était contraint et navrant.

— Par où donc avez-vous passé? — lui demandèrent-ils.

— Par le plus court, à travers champs. J'étais pressée d'arriver, et je ne voulais pas vous faire hâter le pas.

Cela n'était guère satisfaisant, mais Ysolette et Gabriel, soupçonnant bien qu'il y avait-là-dessous un secret à respecter, feignirent de se contenter de cette excuse. . . . .

. . . .

Après le souper, Mariannic conduisit Gabriel à l'écart et lui dit avec un effort héroïque :

— Vous aimez Ysolette, cousin, et vous voulez l'épouser?

— Qui a pu vous dire...?

— Cela se devine... Mais, reprit-elle, — vous êtes pauvres l'un et l'autre, et la pauvreté est une triste compagne en ménage.

— Je vais demander au père Coëtivy une augmentation de salaire.

— Il ne vous l'accordera pas : il est si avare!... Et puis il lui est arrivé un neveu à qui il ne sera pas fâché de donner votre place.

— Alors j'obtiendrai bien ailleurs...

Mariannic hocha la tête d'un air incrédule.

— Les occupations du genre de celles qui vous conviennent, cousin, ne se trouvent pas facilement au pays ; mais bah! comptez sur moi : Mariannic saura bien vous rendre heureux.

Elle tendit la main à son cousin, et refoula avec courage des larmes qui s'élançaient de son cœur à ses yeux

IV

Ce que Mariannic avait prédit arriva. Le père Coëtivy, à la demande de Gabriel se récria très-haut, et accepta sans hésitation le congé qu'on lui proposait. Gabriel, dont le malheur avait déjà ébranlé le caractère, fléchit sous l'étreinte de ce désappointement, et ce fut avec la plus pénible émotion qu'il alla porter le résultat de ses démarches à la métairie des Genêts. Il trouva

Mariannic montée sur cet excellent Trotte-Menu et près de se mettre en route.

— Je vous l'avais dit, — s'écria-t-elle du plus loin qu'elle l'aperçut, devinant à son air découragé qu'il avait été déçu dans son espérance.
— Mais patience, patience! nous verrons bien si l'on ne peut se passer de maître Coëtivy. Avant un ou deux jours nous aurons du nouveau, je vous en réponds, mes beaux amoureux!

En prononçant ces derniers mots, sa voix faiblit; on eût dit que ses forces trahissaient son courage. Elle reprit cependant avec un accent plus ferme :

— Avance, Ysolette, — dit-elle, — que je t'embrasse encore une fois!... A vous, Gabriel, une grosse poignée de main... Et maintenant, en marche, Trotte-Menu!

Et elle s'éloigna en accélérant autant que possible le trot pénible de son âne, naturellement peu taillé pour la course.

— Où va-t-elle donc? — demanda Gabriel à Ysolette.

— A Quimper, — répondit la jeune fille d'un air préoccupé. — Je ne sais ce qu'elle va y faire. Elle s'est contentée de me dire qu'elle allait s'occuper de nous, et que nous devions compter sur elle. Seulement il m'a semblé qu'en parlant ainsi elle pâlissait. Ah! bien sûr, Mariannic a du chagrin!

Si Gabriel et Ysolette avait pu voir Mariannic en ce moment, ce soupçon fût devenu une triste certitude. En effet, seule dans la campagne déserte, la pauvre fille avait perdu l'énergie factice qui l'avait soutenue jusque-là. Elle s'abandonnait sans défense au tourment intime et caché qui la rongeait. Affaissée sur elle-même, le visage nerveusement pâle, les yeux noyés de pleurs, elle laissait échapper ces mots entrecoupés :

— Oui, c'est bien décidé... je ferai leur bonheur!... N'est-ce pas assez de moi à être malheureuse?... Pauvre Mariannic... ils ne savent pas combien ils te font souffrir! Qu'ils l'ignorent toujours!... Allons, mon cœur... cœur insensé... aie le courage du dévouement!... Pleure, pleure, mais sacrifie-toi!... Ce sera peut-être là ta consolation. Et puis l'éloignement, l'absence... car rester ici pour assister au spectacle de leur bonheur... impossible... j'éclaterais ou je mourrais!... Oui, oui, je veux partir... j'irai bien loin... à Paris... me perdre dans la foule... et je ne le verrais plus, lui!... et je ne l'embrasserai plus, elle!... Oh! non, jamais!... jamais!...

A ce mot suprême, mot douloureux et poignant, elle cacha son visage dans ses mains et elle sanglota longtemps, tandis que Trotte-Menu comme affligé du chagrin de sa maîtresse, continuait son chemin l'oreille basse et d'un pas ralenti. Le soir, quand elle fut de retour pour le souper, elle était calme et résignée; il y avait dans sa voix, dans son regard, dans ses mouvements, cette gravité étrange et sublime que donne le sentiment d'un sacrifice accompli. Elle dit à Ysolette et à Gabriel qu'ils seraient bientôt en position de se marier.

— Il faut être bon l'un pour l'autre dans le mariage, et me garder une petite place au fond de votre cœur, — ajouta-t-elle avec une simplicité touchante.

Puis elle parla de choses indifférentes, surtout de Paris. A ce sujet même, elle sembla interroger Gabriel avec intérêt. On passa la soirée dans le verger à se promener en causant. Jamais le temps n'avait été plus suave, jamais les fleurs n'avaient exhalé plus de parfums, jamais aussi Gabriel ne s'était montré plus empressé et plus aimable envers Mariannic. On eût dit que tout se réunissait pour pénétrer le cœur de la jeune fille de sensations heureuses. Comme sa métairie des Genêts était charmante, au clair de lune, avec ses sillons fertiles et ses ruisseaux murmurants, avec son chaume vert et ses arbres touffus! Comme la campagne bretonne offrait au loin de pittoresques effets avec ses sites coquets et variés, sa riche culture, sa verdure luxuriante et sa mer agitée! O joies ineffables du pays natal, hélas! Mariannic savait bien vous goûter!

Le lendemain, à la pointe du jour, elle se leva, s'habilla avec soin, fit un paquet de quelques hardes, glissa furtivement une grosse bourse dans sa poche, et dit à Ysolette qu'elle allait à Concarneau pour affaire pressante. Elle tira d'un bahut une liasse de papiers cachetés et les posa sur la table.

— Voici pour Gabriel, — dit-elle du ton le plus tranquille. — Tu le prieras de ma part de s'acquitter tout de suite des commissions dont je le charge.

Et comme Ysolette, surprise, inquiète, attristée, ouvrait la bouche pour lui demander une explication, Mariannic la lui ferma en l'embrassant à plusieurs reprises et en trouvant la force de dire :

(*La suite au prochain numéro.*)

Le propriétaire-gérant : F. ROY.

LES MYSTÈRES DE PARIS

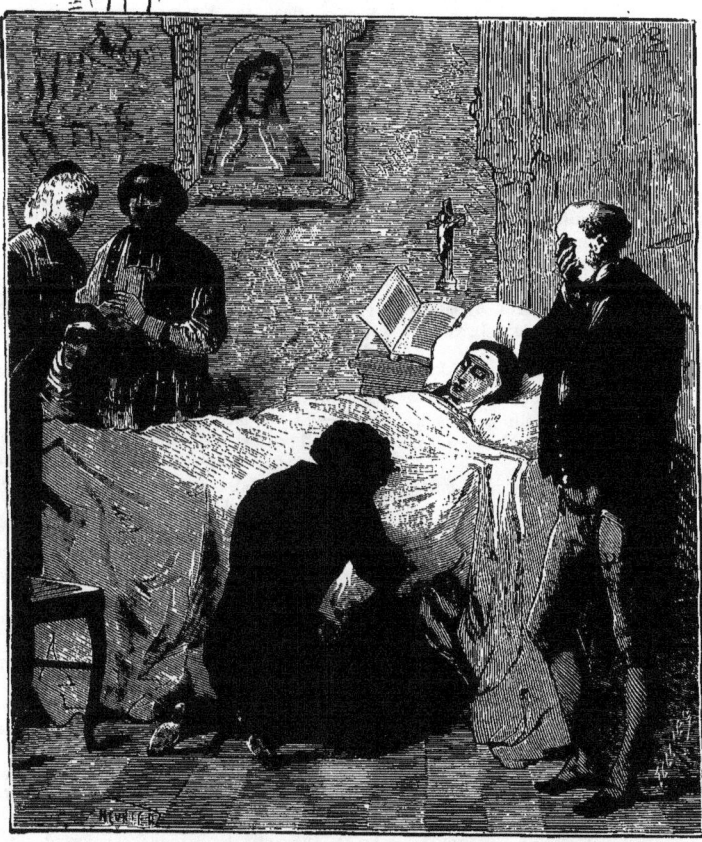

— Monseigneur tomba agenouillé à son chevet; il sanglotait. (Page 387.)

« — Et je n'avais pas songé, reprit-elle avec amertume, qu'en disant à la face de tous de quel abîme de dépravation vous m'aviez retirée... c'était révéler un secret que vous aviez gardé par tendresse pour moi... c'était vous accuser publiquement, vous, mon père, d'une dissimulation à laquelle vous ne vous étiez résigné que pour m'assurer une vie éclatante et honorée... Oh! pourrez-vous me pardonner? »

« Au lieu de lui répondre, je collai mes lèvres sur son front, elle sentit couler mes larmes...

« Après avoir baisé mes mains à plusieurs reprises, elle me dit :

« Maintenant je me sens mieux, mon bon père... maintenant que me voici, ainsi que le dit notre règle, morte au monde... je voudrais faire quelques dispositions en faveur de plusieurs personnes... mais comme tout ce que je possède

1er Novembre 1878.

est à vous... m'y autorisez-vous, mon bon père ?...

« — Peux-tu en douter?... Mais, je t'en supplie; lui dis-je, n'aie pas de ces pensées sinistres... Plus tard tu t'occuperas de ce soin... n'as-tu pas le temps?...

« — Sans doute, mon bon père, j'ai encore bien du temps à vivre, ajouta-t-elle avec un accent qui, je ne sais pourquoi, me fit de nouveau tressaillir.

« Je la regardai plus attentivement, aucun changement dans ses traits ne justifia mon inquiétude.

« — Oui, j'ai encore bien du temps à vivre, reprit-elle, mais je ne devrai plus m'occuper des choses terrestres... car aujourd'hui je renonce à tout ce qui m'attache au monde... Je vous en prie, ne me refusez pas...

« — Ordonne... je ferai ce que tu désires...

« — Je voudrais que ma tendre mère gardât toujours dans le petit salon où elle se tient habituellement... mon métier à broder... avec la tapisserie que j'avais commencée...

« — Tes désirs seront remplis, mon enfant. Ton appartement est resté comme il était le jour où tu as quitté le palais; car tout ce qui t'a appartenu est pour nous l'objet d'un culte religieux... Clémence sera profondément touchée de ta pensée...

« — Quant à vous, mon bon père, prenez, je vous en prie, mon grand fauteuil d'ébène, où j'ai tant pensé, tant rêvé...

« — Il sera placé à côté du mien, dans mon cabinet de travail, et je t'y verrai chaque jour assise près de moi, comme tu t'y asseyais si souvent, lui dis-je sans pouvoir retenir mes larmes.

« — Maintenant, je voudrais laisser quelques souvenirs de moi à ceux qui m'ont témoigné tant d'intérêt quand j'étais malheureuse. A madame Georges, je voudrais donner l'écritoire dont je me servais dernièrement. Ce don aura quelque à-propos, ajouta-t-elle avec son doux sourire, car c'est elle qui, à la ferme, a commencé de m'apprendre à écrire. Quand au vénérable curé de Bouqueval qui m'a instruite dans la religion, je lui destine le beau christ de mon oratoire...

« — Bien, mon enfant.

« — Je désirerais aussi envoyer mon bandeau de perles à ma bonne petite Rigolette... C'est un bijou simple qu'elle pourra porter sur ses beaux cheveux noirs... et puis, si cela était possible, puisque vous savez où se trouvent Martial et la Louve en Algérie, je voudrais que cette courageuse femme qui m'a sauvé la vie... eût ma croix d'or émaillée... Ces différents gages de souvenir, mon bon père, seraient remis à ceux à qui je les envoie, *de la part de Fleur-de-Marie*.

« — J'exécuterai tes volontés... Tu n'oublies personne ?...

« — Je ne crois pas... mon bon père.

« — Cherche bien, parmi ceux qui t'aiment... n'y a-t-il pas quelqu'un de bien malheureux, d'aussi malheureux que ta mère... et moi... quelqu'un enfin qui regrette aussi douloureusement que nous ton entrée au couvent? »

«La pauvre enfant me comprit, me serra la main; une légère rougeur colora un instant son pâle visage. Allant au-devant d'une question qu'elle craignait sans doute de me faire, je lui dis :

« — Il va mieux... on ne craint plus pour ses jours...

« — Et son père?...

« — Il se ressent de l'amélioration de la santé de son fils... il va mieux aussi... Et à Henri, que lui donnes-tu? Un souvenir de toi... lui serait une consolation si chère et si précieuse...

« — Mon père, offrez-lui mon prie-Dieu... Hélas! je l'ai bien souvent arrosé de mes larmes en demandant au ciel la force d'oublier Henri, puisque j'étais indigne de son amour...

« — Combien il sera heureux de voir que tu as eu une pensée pour lui...

« — Quant à la maison d'asile pour les orphelines et les jeunes filles abandonnées de leurs parents, je désirerais, mon bon père, que. »

Ici la lettre de Rodolphe était interrompue par ces mots presque illisibles :

«Clémence... Murph terminera cette lettre... je n'ai plus la tête à moi, je suis fou... Ah! le TREIZE JANVIER!!! » . . . .

La fin cette lettre, de l'écriture de Murph, était ainsi conçue :

« Madame,

« D'après les ordres de Son Altesse Royale, je complète ce triste récit. Les deux lettres de monseigneur auront dû préparer Votre Altesse Royale ; à l'accablante nouvelle qui me reste à lui apprendre.

« Il y a trois heures, monseigneur était occupé à écrire à Votre Altesse Royale; j'attendais dans une pièce voisine qu'il me remit la lettre pour l'expédier aussitôt par un courrier. Tout à coup, j'ai vu entrer la princesse Juliane d'un air consterné.

« — Où est Son Altesse Royale? me dit-elle d'une voix émue.

« — Princesse, monseigneur écrit à madame la grande-duchesse des nouvelles de la journée.

« — Sir Walter, il faut apprendre à monseigneur... un événement terrible... Vous êtes son ami... veuillez l'en instruire... De vous, ce coup lui sera moins terrible...

« Je compris tout; je crus plus prudent de me charger de cette funeste révélation... La supérieure ayant ajouté que la princese Amélie s'éteignait lentement, et que monseigneur devait se hâter de venir recevoir les derniers soupirs de sa fille, je n'avais malheureusement pas le temps d'employer des ménagements. J'entrai dans le salon; Son Altesse Royale s'aperçut de ma pâleur.

« — Tu viens m'apprendre un malheur!...

« — Un irréparable malheur, monseigneur... du courage!

« — Ah! mespressentiments!!! s'écria-t-il; et sans ajouter un mot, il courut au cloître. Je le suivis.

« De l'appartement de la supérieure, la princesse Amélie avait été transportée dans sa cellule après sa dernière entrevue avec monseigneur. Une des sœurs la veillait; au bout d'une heure, elle s'aperçut que la voix de la princesse Amélie, qui lui parlait par intervalles, s'affaiblissait et s'oppressait de plus en plus. La sœur s'empressa d'aller prévenir la supérieure. Le docteur David fut appelé; il crut remédier à cette nouvelle perte de force par un cordial, mais en vain, le pouls était à peine sensible... Il reconnut avec désespoir que des émotions réitérées ayant probablement usé le peu de forces de la princesse Amélie, il ne restait aucun espoir de la sauver. Ce fut alors que monseigneur arriva; la princesse Amélie venait de recevoir les derniers sacrements, une lueur de connaissance lui restait encore; dans une de ses mains croisées sur son sein, elle tenait les *débris de son petit rosier.*

« Monseigneur tomba agenouillé à son chevet; il sanglotait.

« — Ma fille!... mon enfant chérie... s'écriait-il d'une voix déchirante.

« La princesse Amélie l'entendit, tourna légèrement la tête vers lui, ouvrit les yeux... tâcha de sourire et dit d'une voix défaillante :

« — Mon bon père... pardon... aussi à Henri... à ma bonne mère... pardon...

« Ce furent ses derniers mots... Après une heure d'une agonie pour ainsi dire paisible... elle rendit son âme à Dieu...

« Lorsque sa fille eut rendu le dernier soupir, monseigneur ne dit pas un mot... son calme et son silence étaient effrayants... Il ferma les paupières de la princesse, la baisa plusieurs fois au front, prit pieusement les débris du petit rosier et sortit de la cellule. Je le suivis; il revint dans la maison extérieure du cloître, et, me montrant la lettre qu'il avait commencé d'écrire à Votre Altesse Royale, et à laquelle il voulut en vain ajouter quelques mots, car sa main tremblait convulsivement, il me dit :

« — Il m'est impossible d'écrire... je suis anéanti... ma tête se perd!... Écris à la grande-duchesse que je n'ai plus de fille!...

« J'ai exécuté les ordres de monseigneur.

« Qu'il me soit permis, comme à son vieux serviteur, de supplier Votre Altesse Royale de hâter son retour... autant que la santé de M. le comte d'Orbigny le permettra... La présence seule de Votre Altesse Royale pourrait calmer le désespoir de monseigneur... Il veut chaque nuit veiller sa fille jusqu'au jour où elle sera ensevelie dans la chapelle grand-ducale.

« J'ai accompli ma triste tâche, madame; veuillez excuser l'incohérence de cette lettre... et recevoir l'expression du respectueux dévouement avec lequel j'ai l'honneur d'être, de Votre Altesse Royale, le très-obéissant serviteur.

« WALTER MURPH. »

. . . .

La veille du service funèbre de la princesse Amélie, Clémence arriva à Gerolstein avec son père.

Rodolphe ne fut pas seul le jour des funérailles de Fleur-de-Marie.

FIN DES MYSTÈRES DE PARIS

(*Voir l'avis au dos de cette page.*)

AVIS

Sur la demande de plusieurs lecteurs, nous publions à la suite des *Mystères de Paris* le grand roman d'Eugène SUE,

LE JUIF ERRANT

Cette œuvre puissante a été lue et admirée par l'univers entier, depuis plus de trente ans, sans épuiser son succès sans cesse renaissant, tant il est vrai que, malgré son âge, le JUIF ERRANT est toujours d'une saisissante actualité.

La collection des **Romans parisiens** ne publie que des œuvres hors ligne. — Le JUIF ERRANT sera illustré de dessins nouveaux dans le texte, et nous donnerons en prime 25 grands dessins hors texte des principaux personnages du roman.

D'AUTRE PART

A côté du **JUIF-ERRANT**, dans le même numéro, nous publions un roman du plus grand intérêt :

LES MYSTÈRES DU NOUVEAU PARIS

Par F. DU BOISGOBEY

Aucun roman ne pouvait être mieux choisi que les Mystères **du (nouveau) Paris** pour faire suite aux **anciens Mystères de Paris**. Certes, l'œuvre d'EUGÈNE SUE est inimitable et porte en elle le souffle de son puissant génie; mais cependant, si admirable que soit son œuvre, EUGÈNE SUE n'a pu peindre que les mœurs d'une époque où il a vécu, et cette époque est déjà bien loin de nous, si l'on en juge surtout par les grandes transformations qui se sont accomplies dans la grande cité parisienne depuis 1840.

Il restait donc à faire les *Nouveaux Mystères de Paris* depuis cette époque. Mais, pour écrire un tel roman, il fallait un écrivain vaillant, érudit, doué d'un profond talent d'observation, connaissant à fond les mœurs actuelles, les habitudes et surtout l'argot de ces types crapuleux, ainsi que la langue verte en usage parmi les personnages qu'il allait mettre en scène.

Cet écrivain, nous l'avons déjà nommé, c'est **F. du BOISGOBEY**. Avant d'écrire son roman, il n'a pas hésité à parcourir sous divers déguisements les repaires sombres des vagabonds, les bouges infects, les cabarets borgnes où s'enfument et s'abrutissent accroupis dans le vice les êtres crapuleux qui sont la plaie hideuse de la grande et joyeuse cité parisienne. Après ses dangereuses excursions, l'auteur redevenait l'homme du monde, pénétrait dans les salons et dans les boudoirs où règne la cocotte élégante se pavanant au milieu de certains grands personnages connus par leurs relations avec les faux banquiers, les faussaires, les escrocs, les voleurs et les intrigants de toute espèce, qui, comme un météore, brillent un instant au sommet de l'échelle sociale pour finir au bagne ou sur l'échafaud ; coquins parfumés, en gilet blanc, cent fois plus coupables et plus dangereux que les misérables *grinches* de bas étage qui croupissent tout dépenaillés dans la fange du crime où la fatalité les a fait naître.

Ce roman est une étude de mœurs où l'intrigue amoureuse se mêle aux scènes dramatiques les plus attachantes, admettant parfois la note gaie et amusante qui le rend intéressant et agréable à lire.

Afin de faire connaître ces deux importants ouvrages, nous offrons à nos lecteurs, avec la fin des **MYSTÈRES DE PARIS**, un autre numéro contenant le **JUIF-ERRANT** et les **MYSTÈRES DU NOUVEAU PARIS**; les deux numéros au prix de 10 centimes seulement.

COMMENT ON AIME

LA MÉTAIRIE DES GENÊTS

(SUITE ET FIN.)

— Je serai bientôt de retour, chère Ysolette, et tu sauras tout alors.

Elle sortit d'un pas ferme. Mais le jour s'écoula sans que Mariannic revînt à la métairie des Genêts... Et, le soir, Ysolette et Gabriel, assis seuls dans la chaumière, pleuraient en relisant pour la centième fois ce mot d'écrit :

« Mes amis,

« Je vous donne mon bien, c'est de bon cœur ; acceptez-le de même. Mariez-vous et soyez heureux.

« Je m'en vais sans vous dire où, pour vous ôter toute envie de me refuser, et aussi parce que j'ai besoin de voir du pays, car je crois que j'ai le cœur un peu malade.

« Je ne vous en dis pas davantage, sinon que je vous aime et que je penserai toujours à vous.

« Votre chère et dévouée,
« Mariannic. »

« *P. S.* — Vous trouverez avec ce billet les titres de propriété et copie de l'acte de donation. Il faut que vous alliez chez le notaire pour signer votre acceptation.

« Adieu. »

Simple et touchante lettre ! Ysolette et Gabriel ne pouvaient en détacher les yeux, mais ils gardèrent un silence désolé. Peut-être avaient-ils deviné le triste secret de Mariannic ! Quoi qu'il en soit, après avoir fait de vains efforts pour retrouver leur amie, ils acceptèrent et se marièrent.

Quelques années après ce petit drame de l'amour au village, par une pâle soirée d'automne, une femme, enveloppée dans un mantelet et la tête encapuchonnée, arrivait à l'entrée du bourg de Fouesnant. A mesure qu'elle avançait, son pas semblait hésiter et se ralentir ; enfin elle s'arrêta devant la métairie des Genêts. Elle mit alors la main sur sa poitrine comme pour comprimer les battements de son cœur, et regarda dans l'intérieur de la chaumière à travers le vitrage d'une croisée. Elle aperçut Gabriel tenant une petite fille sur ses genoux et la couvrant de baisers. Gabriel paraissait bien vieilli. Il avait l'air malheureux.

Bientôt il se leva, et, posant l'enfant à terre :

— Allons, petite Mariannic, — lui dit-il d'une voix grave et triste, — il est temps de nous coucher. Va prier pour ta mère qui est au ciel et pour ta marraine qui est... je ne sais où.

La femme mystérieuse tressaillit violemment.

— Morte ! — dit-elle d'une voix brisée, — Ysolette morte !...

L'enfant alla s'agenouiller devant deux portraits placés à côté l'un de l'autre, et représentant Ysolette et Mariannic, portraits frappants, pour lesquels seulement Gabriel avait consenti une dernière fois à toucher à des pinceaux. Tandis que la petite fille priait, la porte de la chaumière s'ouvrit ; la femme toujours enveloppée de son mantelet et de son capuchon, entra. Elle s'arrêta devant les portraits, qu'elle considéra quelques secondes, saisit ensuite la petite fille effrayée, qu'elle couvrit de baisers.

— Chère orpheline ! pauvre Ysolette ! — murmura-t-elle d'une voix suffoquée.

Gabriel rejeta en arrière le capuchon de l'étrangère.

— Il y a deux ans que je vous attends, — lui dit-il avec une profonde émotion.

— Moi ? Et pourquoi, Gabriel ? lui demanda-t-elle, stupéfaite, anxieuse.

— Ysolette mourante a compté sur vous pour servir de mère à son enfant.

A ces mots, Mariannic pressa passionnément la petite fille sur sa poitrine et sanglota.

Peu de temps après, elle était la femme de Gabriel.

FIN DE LA MÉTAIRIE DES GENÊTS

TABLE

DU QUATRIÈME VOLUME DES MYSTÈRES DE PARIS

		Pag.
Chapitre	I. Pique-Vinaigre	1
—	II. Maître Boulard	20
—	III. François Germain	34
—	IV. La Fosse-aux-Lions	49
—	V. Le conteur	75
—	VI. Gringalet et Coupe-en-Deux	91
—	VII. Punition	140
—	VIII. Rodolphe et Sarah	178
—	IX. Furens Amoris	196
—	X. L'hospice	212
—	XI. Espérance	244
—	XII. Le père et la fille	253

		Pag
Chapitre	XIII. Le mariage	267
—	XIV. Bicêtre	274
—	XV. La toilette	306
—	XVI. Martial et le Chourineur	316
—	XVII. Le doigt de Dieu	

ÉPILOGUE

Chapitre	I. Gérolstein	332
—	II. La princesse Amélie	350
—	III. La profession	373
—	IV. Le 13 janvier	379

TABLE

DE COMMENT ON AIME

	Pag.		Pag.
Fleur-de-Printemps (suite)	6	Yorick	192
La Lettre de change	15	La Chimère	255
L'Ile des cygnes	48	La Métairie des genêts	343
Miss Mary	142		

SCEAUX. — IMP. M. ET P.-E. CHARAIRE.

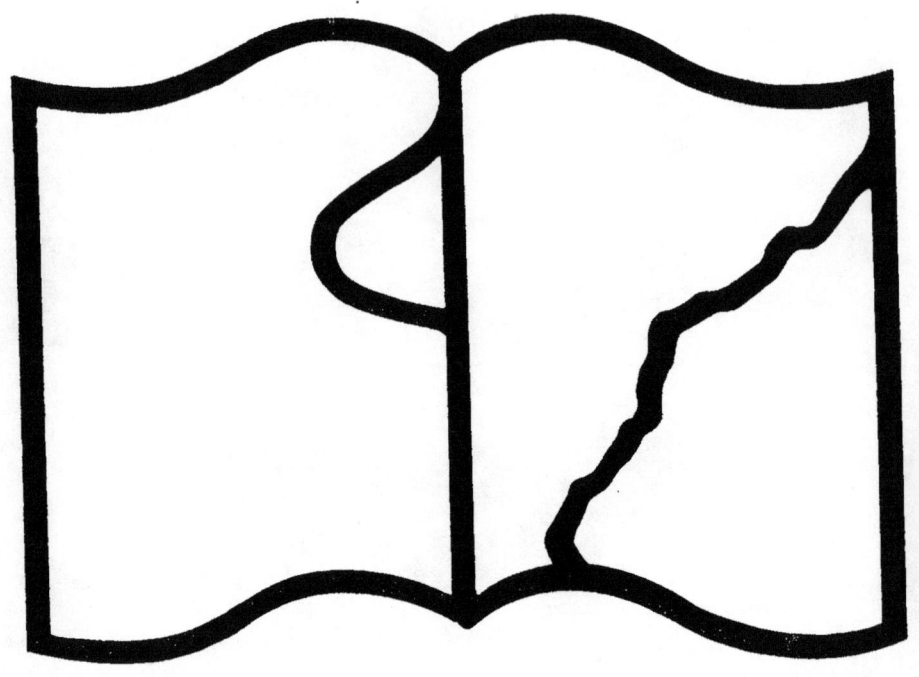

Texte détérioré — reliure défectueuse
NF Z 43-120-11

www.ingramcontent.com/pod-product-compliance
Lightning Source LLC
Chambersburg PA
CBHW050422170426
43201CB00008B/503